Die Entlassung

SCHRIFTENREIHE DES ROBERT-HAVEMANN-ARCHIVS   1

EINE DOKUMENTATION

Die Entlassung
Robert Havemann und die
Akademie der Wissenschaften
1965/66

Herausgegeben von
Silvia Müller und Bernd Florath

Berlin 1996

Für die Unterstützung bei der Arbeit in den Archiven sowie für die Publikationsgenehmigungen danken die Herausgeber den Mitarbeiterinnen und Mitarbeitern des Archivs der Robert-Havemann-Gesellschaft (RHG), der Stiftung Archiv der Parteien und Massenorganisationen des Bundesarchivs (SAPMO-BArch), des Archivs der Berlin-Brandenburgischen Akademie der Wissenschaften (AAW), des Ullstein-Bildarchivs, Katja Havemann und Rosemarie Heise. Für kritische Hinweise danken wir Dieter Hoffmann, der uns auf eine Reihe von Dokumenten im ehemaligen Zentralen Parteiarchiv aufmerksam machte.

Wir danken Werner Tzschoppe, Stefan Heym, Camilla Warnke, Peter Ruben, die uns mündlich und schriftlich Auskunft gaben. Ingeborg Hunzinger, Herwart Pietsch, Bodo Wenzlaff und andere Zeitzeugen bereicherten unsere Kenntnis durch ihre Beiträge auf einer Tagung, die die Robert-Havemann-Gesellschaft und die Evangelische Akademie Berlin-Brandenburg im Dezember 1994 in Berlin organisiert hatten. Der ehemalige Korrespondent des „Spiegel" in der DDR, Ulrich Schwarz, und Henning Windelbandt vom „Spiegel"-Archiv versorgten uns großzügig mit Material.

Besonderer Dank gilt den Mitarbeitern der Robert-Havemann-Gesellschaft, ohne deren geduldige Mitarbeit, Übernahme eines Großteils der Erfassung der Dokumente und mehrfache Korrektur die Dokumentation nicht zustande gekommen wäre. Namentlich gilt unser Dank Tina Krone und Werner Theuer, die durch ihre Recherchen im Archiv der DAW und dem SED-Archiv vieles von dem zusammentrugen, was hier veröffentlicht wird.

Katja Havemann, die den Nachlaß Havemanns der Robert-Havemann-Gesellschaft als Depositum übergeben hat, stellte uns darüber hinaus auch Dokumente aus der Stasi-Akte Robert Havemanns zur Verfügung. Sie unterstützte unser Vorhaben mit großer Aufmerksamkeit.

Die Herausgeber

ISBN 3-9804920-1-X
1. Auflage
© Robert-Havemann-Gesellschaft e.V., Berlin 1996
Schliemannstr. 23
10437 Berlin
Redaktionsschluß: September 1995
Titel, Layout: Petra Florath, Berlin
Titelbild: Robert Havemann auf der 15. Volkskammersitzung am 4. Oktober 1960.
Druck: Agit, Berlin
Alle Rechte vorbehalten.
Reproduktion (auch auszugsweise) nur mit Genehmigung der Robert-Havemann-Gesellschaft.

Inhaltsverzeichnis

EINLEITUNG   9

Bernd Florath
Vom Zweifel zum Dissens   13

    Zur Vorgeschichte einer Entlassung   13
    Die ersten Schwalben des (Prager) Frühlings   20
    „Tauwetter ist ein gefährliches Klima"   28
    Zwischen Frühjahrsfrösten und Wintereinbruch   35

Silvia Müller
Ein „akademie-internes" Szenario   41

    Politische Isolierung eines kritischen Geistes   42
    Der Stein des Anstoßes   45
    In der Schublade lag alles schon bereit   47
    Grundorientierung in der „Angelegenheit Havemann"   51
    Terminplan für den Ausschluß   53
    Bewährte Orientierung: Ohne Namensnennung   55
    Durchstellen des vorgefaßten Präsidiumsbeschlusses   58
    Eklat im Plenum am 24. März 1966   60
    Rechtsbruch als letzter Akt   62

Bernd Florath
Kleiner Behördenführer   65

    I. Deutsche Akademie der Wissenschaften zu Berlin   65
    II. Zum Aufbau der SED-Instanzen   69

Die Gesichter der Geschichte   73

DOKUMENTE

    Zu den Dokumenten   91

    Korrespondenzen eines Akademiemitgliedes
    27. April 1961 bis 4. November 1965   93

Das 11. Plenum und ein „Spiegel"-Artikel
15. Dezember 1965 bis 22. Dezember 1965   111

Entlassung zu Weihnachten
23. Dezember 1965 bis 5. Januar 1966   129

Akademiemitglied ohne Rechte
15. Januar 1966 bis 30. Januar 1966   149

Maßregelung nach Terminplan
31. Januar 1966 bis 10. Februar 1966   205

Interne und Offene Briefe
15. Februar 1966 bis 9. März 1966   231

Vorbereitung eines Tribunals
10. März 1966 bis 24. März 1966   297

Debakel im Plenum
24. März 1966 bis 31. März 1966   335

Ein Federstrich durch das Statut
31. März 1966 bis Oktober 1968   363

Rehabilitierung ohne Wiedergutmachung
16. November 1989   401

ANHANG

Dokumentenverzeichnis   405

Abkürzungsverzeichnis   414

Abbildungsverzeichnis   417

Robert Havemann: Biographische Daten   419

Personenregister   423

Die Herausgeber   455

Einleitung

„Das ist ein starkes Stück",[1] entfuhr es Robert Havemann. Er hatte im Rundfunk am Vormittag des 1. April 1966 gerade die Meldung gehört, daß ihn das Präsidium der Deutschen Akademie der Wissenschaften zu Berlin als Korrespondierendes Mitglied gestrichen hatte. Die Nachrichten wiederholten die Meldung, die in der Ausgabe des „Neuen Deutschlands" vom gleichen Tage abgedruckt worden war, die Havemann aber noch nicht lesen konnte, weil die Post die Zeitung erst später nach Grünheide brachte. Mit dem Briefträger und der Zeitung kam endlich die Erklärung des Akademiepräsidiums:

„Der dem Plenum der ordentlichen Mitglieder zugeleitete Antrag auf Beendigung der Mitgliedschaft fand in geheimer Abstimmung die Zustimmung von 70 Prozent. Bei einer größeren Zahl von Enthaltungen und einigen ablehnenden Stimmen wurde die für die formelle Beendigung der Mitgliedschaft statutengemäß erforderliche Dreiviertelmehrheit aber nicht erreicht.

Statutengemäß muß jedes Akademiemitglied einer Klasse angehören. Alle für eine Zugehörigkeit von Herrn Havemann in Frage kommenden Klassen haben sich in gründlichen Diskussionen eindeutig für eine Trennung von Herrn Havemann ausgesprochen. Damit sind die für ein tatsächliches Verbleiben als Akademiemitglied statutengemäß erforderlichen Voraussetzungen entfallen. Herr Havemann ist daher aus den Listen der Akademiemitglieder gestrichen worden."[2]

---

[1] BStU, ZOV „Leitz", XV/150/64. 1967 bedankte sich Wolf Biermann sarkastisch bei der Stasi für ihre Sekretärsdienste: „Ihr allein könnt Zeugnis geben/ wie mein ganzes Menschenstreben/ leidenschaftlich zart und wild/ unsrer großen Sache gilt/ Worte, die sonst wärn verscholln/ bannt ihr fest auf Tonbandrolln/ [...] – dankbar rechne ich euchs an:/ die Stasi ist mein Eckermann". (*Wolf Biermann*, Die Stasi-Ballade, in: Alle Lieder, Köln 1991, S. 204.) Tatsächlich ging die Stasi noch einen Schritt weiter. Sie transkribierte die Tonbänder, die sie in den verwanzten Wohnungen und Arbeitsräumen Biermanns und Havemanns aufgenommen hatte und archivierte diese Manuskripte sorgfältig. Da Havemann zumindest an zwei Orten durch Wanzen belauscht wurde: auf der von ihm bewohnten Datsche in Grünheide und in seiner Arbeitsstelle für Photochemie der DAW in Berlin-Köpenick, ist der Historiker in der seltenen Lage, seine Reaktion auf die Rundfunkmeldung vom 1. April 1966 nicht als annähernde Mutmaßung zu rekonstruieren, sondern er kann auf den Tonbandmitschnitt des entsprechenden Tages zurückgreifen, den die Stasi sorgfältig aufbewahrte.

[2] Dokument 137.

Mit dieser dreisten Verfahrensweise hatte er nicht gerechnet. In der Versammlung der Ordentlichen Akademiemitglieder, die eine Woche zuvor, am 24. März, stattgefunden hatte, war sein Ausschluß abgelehnt worden. Damit schienen die *legalen* Möglichkeiten, ihn für seine freimütigen Meinungsäußerungen formal korrekt zu maßregeln, erschöpft gewesen zu sein. Er hatte bereits aufgeatmet und gehofft, endlich wieder seine Arbeit aufnehmen zu können.[3] Und tatsächlich hatte Havemann das Akademiepräsidium und mit ihm die SED-Führung mit seiner Hartnäckigkeit in eine komplizierte Situation gebracht: Nunmehr mußten sie zum offenen Rechtsbruch schreiten. Robert Havemann war wohl weniger überrascht, weil er dies für unmöglich gehalten hatte, sondern weil die SED mit diesem Vorgehen auch den Akademiemitgliedern gegenüber das Gesicht verloren hatte.

Über drei Monate hinweg hatten das Sekretariat des Zentralkomitees der SED, dessen Abteilung Wissenschaften und das Geschäftsführende Präsidium der Deutschen Akademie der Wissenschaften versucht, mit allen Mitteln der Verleumdung, der gezielten Falschinformation, des moralischen Drucks die Akademiker dazu zu bringen, daß sie selbst den unbequemen Havemann ausschlössen. Seine Entlassung als Leiter einer Forschungseinrichtung konnte noch administrativ in die Wege geleitet werden, doch für den Ausschluß als Akademiemitglied wurde das Einverständnis der Akademiemitglieder benötigt. Zögerlich nur wollten sich diese zu Akteuren einer politischen Repression machen lassen, brachten immer wieder Einwände vor, nicht, weil sie Freunde von Robert Havemann waren oder seine Auffassungen teilten, sondern, weil sie die Akademie nicht zum Boden politischer Kämpfe werden lassen wollten. Man achtete auf Toleranz im Umgang miteinander, suchte die Freiheit wissenschaftlichen Forschens zu bewahren trotz der politischen Zwänge, die das Leben in der DDR allenthalben zeigte.

Der Ausschluß einiger weniger Akademiemitglieder wegen ihrer Beteiligung an der Naziherrschaft durch die sowjetischen Behörden nach 1945 war eine notwendige Trennung, wiewohl selbst der ehemalige Reichsforschungsratsvorsitzende Thiessen, nach zehnjähriger unfreiwilliger Arbeit an der sowjetischen Atombombe zurückgekehrt, längst wieder Akademiemitglied war und Vorsitzender des Forschungsrates der DDR. Peinlich in Erinnerung war allerdings der forcierte Ausschluß des bedeutendsten Philosophen in der DDR, Ernst Bloch, nach dessen Übersiedlung in die Bundesrepublik. Andere sozialistische Länder schienen politische Differenzen nicht auf der Ebene der Akademien auszutragen: Der als Revisionist stigmatisierte Georg Lukács blieb Mitglied der ungarischen Akademie, später sollte es selbst der KPdSU nicht gelingen, Andrej Sacharow auszuschließen.

So fanden sich unter den stimmberechtigten Akademiemitgliedern am 24. März 1966 hinreichend viele, die sich entweder der Abstimmung entzogen, sich der Stimme enthielten oder den Ausschlußantrag ablehnten. Darunter politisch nicht engagierte

---

[3] Vgl. Dokument 129.

Wissenschaftler, die die politische Instrumentalisierung der Akademie abwehren wollten, ebenso wie SED-Mitglieder, die diese Rückkehr zu den Methoden politischer Pression zurückwiesen.

Aber die SED-Führung wollte dem unbequemen Sozialisten Havemann die letzte Möglichkeit nehmen, innerhalb der DDR wirksam zu werden. Er sollte zur Unperson werden, außerhalb der Gesellschaft stehen. Keine Zeile sollte gedruckt werden, keine Plattform für Diskussion sollte bleiben, nicht einmal in einem kleinen Team von Kollegen. Freilich – er wurde nicht eingesperrt (zumindest vorerst)[4] oder gar ermordet, die Form hatte sich gewandelt, doch zum Schweigen sollte er gebracht werden.

Erst am 7. April brachte der Briefträger Robert Havemann die offizielle Mitteilung dessen, was seit Tagen über die Medien ging. Eine Woche hatte sie für den Weg gebraucht. In den Redaktionsstuben des „Neuen Deutschland" wurde die Meldung bereits gesetzt, als der Brief die Akademie noch gar nicht verlassen hatte:

„Sehr geehrter Herr Prof. Havemann!

Der tatsächliche Status Ihrer Mitgliedschaft widerspricht nach der Lage der Dinge dem § 12 Abs. 3 des Statuts der Deutschen Akademie der Wissenschaften zu Berlin vom 2. Mai 1963.

Das Präsidium hat deshalb Ihre Streichung aus den Listen der Akademie veranlaßt.

Mit vorzüglicher Hochachtung

Prof. Dr. Rienäcker"[5]

Mit diesen dürren zwei Sätzen – einer Lüge und einem Willkürakt – hoffte der Generalsekretär der DAW einen Schlußstrich unter eine Auseinandersetzung zu ziehen, die Robert Havemann spätestens seit 1956 mit der SED und den staatlichen Behörden der DDR geführt hatte und deren letzten Akt wir in unserem Buch dokumentieren wollen.

---

[4] 1976 wurde Havemann dann doch eingesperrt, allerdings erfand man für den prominenten Nazigegner eine besondere Form: Man stellte ihn und seine Familie unter Hausarrest, selbst wenn man dadurch den eigenen, wahrhaftig nicht kleinlichen politischen Strafrechtskatalog ad absurdum führte.
[5] Dokument 136.

Bernd Florath

Vom Zweifel zum Dissens

Zur Vorgeschichte einer Entlassung

In Gang gesetzt wurden die Auseinandersetzungen Robert Havemanns mit seiner Partei, der SED, letztlich durch die Enthüllungen Nikita Chruschtschows auf dem XX. Parteitag der KPdSU 1956 über den Terror Stalins gegen die Mitglieder der eignen Partei besonders in den 30er Jahren. Die von Chruschtschow in der geschlossenen Sitzung des Parteitages gehaltene, für die Öffentlichkeit geheime Rede[6] wurde gleichsam wie in einem „stille Post"-Spiel den Mitgliedern der kommunistischen Parteien übermittelt. Nirgendwo in der DDR wurde sie veröffentlicht, noch bis ins Jahr 1989 behandelte sie die SED-Führung offiziell, als wäre sie eine böswillig erfundene Fälschung westlicher Medien. Und doch wurde die Rede den SED-Politbüromitgliedern Otto Grotewohl, Walter Ulbricht, Karl Schirdewan und Alfred Neumann in derselben Nacht vorgelesen, in der sie Chruschtschow gehalten hatte: Auf deutsch, langsam, zum Mitschreiben.[7]

Auch einfache Mitglieder der SED wurden über diese Rede informiert, „ohne all die Details zu geben".[8] Waren bereits Mitglieder von Politbüro und Zentralkomitee, insbesondere jene, die nicht im sowjetischen Exil zu Zeugen oder Beteiligten der Metzeleien der Jeshowtschina[9] geworden waren, schwer erschüttert vom ihnen eröffneten Abgrund des Verbrechens, so mußte die Rede Chruschtschows auf all jene SED-Mitglieder, die Stalin zutiefst vertraut hatten, entsetzlich wirken. Karl Schirdewan war „sehr erregt, da ich dieses Ausmaß an furchtbaren Verbrechen nicht für möglich gehalten hatte".[10]

---

[6] *Nikita S. Chruschtschow*, Über den Personenkult und seine Folgen. Rede des Ersten Sekretärs des ZK der KPdSU auf dem XX. Parteitag KPdSU, 25. Februar 1956, in: Die Geheimrede Chruschtschows, Berlin 1990, S. 7–85.
[7] Vgl. *Karl Schirdewan*, Aufstand gegen Ulbricht. Im Kampf um politische Kurskorrektur, gegen stalinistische, dogmatische Politik, Berlin 1994, S. 77.
[8] *Walter Ulbricht*, Schlußwort auf der 26. Tagung des ZK der SED, 22. 3. 1956, in: Die DDR vor dem Mauerbau. Dokumente zur Geschichte des anderen deutschen Staates 1949–1961, hrsg. v. Dierk Hoffmann, Karl-Heinz Schmidt, Peter Skyba, München/Zürich 1993, S.248.
[9] Russische Bezeichnung für den Höhepunkt des Terrors in den Jahren 1936–38 nach dem damals amtierenden Volkskommissar des Inneren, Jeshow, der den 1938 erschossenen Jagoda ablöste und seinerseits unter seinem Nachfolger Berija erschossen wurde.
[10] *Schirdewan*, S. 77 f.

Der 76jährige, aus der SPD gekommene, Otto Buchwitz rang auf dem ZK-Plenum um Worte:

„Da befand ich mich wieder einmal hier in Berlin in der Prinz-Albrecht-Straße, wo ich sie habe schreien hören. Da wurde alles wieder lebendig in mir. Aber damals waren wir Genossen es, die von Faschisten gefoltert wurden. Doch was wir heute erfahren haben, da handelt es sich um Genossen, um unsere Genossen, die von einem Genossen gefoltert worden sind. Darüber komme ich nicht hinweg. Nein, das kann ich heute noch nicht fassen. Das muß ich schon sagen. Ich höre sie noch schreien, die Kameraden, und wir hier im Saal haben bestimmt ein paar Jahrzehnte Zuchthaus insgesamt durchmachen müssen, und es wird mancher darunter sein, der sich wie ich selber in der Zelle umgesehen und gesagt hat: Hältst du es noch aus, oder hängst du dich auf? – An diese Zeiten denke ich zurück. Und heute haben wir diese Offenbarung gehört [...] Aber nun entsteht die Frage: Wie soll es nun weitergehen? – Genosse Schirdewan hat am Anfang seiner Ausführungen, wenn ich richtig aufgepaßt habe, gesagt: Trotz der Fehler ist der Genosse Stalin ein guter, starker Marxist gewesen. – Ich werde das nie wieder in meinem Leben sagen. Das kann ich nicht, auch nicht bei Anerkennung seiner Verdienste. Ich habe ihn wirklich geachtet und verehrt. [...] Aber wie soll es weitergehen, Genossinnen und Genossen?"[11]

Robert Havemann erging es ähnlich. Kollegen seines Instituts an der Humboldt-Universität berichteten, daß ihm während der Information über die Chruschtschowsche Rede „buchstäblich die Gesichtszüge entglitten".[12] Als ein gewisser Hermann Knappe[13] 1965 Havemann im „Forum" vorhielt, bis zum Jahre 1956 selbst Stalinist gewesen zu sein,[14] entgegnete er: „Es war viel schlimmer" und beschrieb, wie der XX. Parteitag der KPdSU auf ihn gewirkt hatte:

„Wir hatten einen jahrzehntelangen schweren Kampf hinter uns. An einem Abschnitt dieses Kampfes, der ein Kampf auf Leben und Tod war, hatte ich in der antifaschistischen deutschen Widerstandsbewegung teilgenommen. Meine besten Freunde waren in diesem Kampf gefallen. Der Zusammenbruch des verhaß-

---

[11] *Otto Buchwitz*, Diskussionsrede auf der 26. Tagung des ZK der SED, in: Die DDR vor dem Mauerbau, S. 241 f.

[12] Robert Havemann. Dokumente eines Lebens, zusammengestellt u. eingel. v. Dirk Draheim, Hartmut Hecht, Dieter Hoffmann, Klaus Richter, Manfred Wilke, Berlin 1991, S.118.

[13] Hinter Hermann Knappe, womit der Autor seine eigne Stellung als Hermann (Axens – des Chefredakteurs des „Neuen Deutschland") Knappe umschrieb, versteckte sich nach übereinstimmender Erinnerung einer Reihe von Zeitzeugen der ND-Redakteur Harald Wessel. Wessel hielt Robert Havemann Mangel an Charakter vor, weil dieser sich nicht bei jenen entschuldigt hatte, die er als Stalinist in den 50er Jahren angegriffen hatte. Der Antwort Robert Havemanns auf diesen infamen Artikel verweigerte das „Forum" die Aufnahme.

[14] Vgl. *Hermann Knappe*, Weder Sklerose noch Osteomalazie. Auszüge aus früheren und heutigen Arbeiten Robert Havemanns mit Randglossen, in: Forum, 1965, Heft 2.

ten Hitler-Regimes war ein großer Sieg unserer guten Sache. Er war unter der Führung Stalins errungen worden. Meine Befreiung aus dem Zuchthaus, mein Leben, mein Denken – alles verdankte ich der Partei, verdankte ich Stalin. Ich las im Jahre 1945 das Buch Arthur Koestlers ‚Darkness at Noon'. Ein Offizier der US-Army hatte es mir geliehen. Alles Verleumdungen, gemeine raffinierte Lügen von Renegaten – das war mein Urteil. Bis im Jahre 1956 der XX. Parteitag der KPdSU kam. Unter den Stößen dieses Erdbebens brach das Bauwerk meines Glaubens zusammen."[15]

Robert Havemann begriff dieses Bauwerk seines Glaubens als ein selbsterrichtetes Gefängnis, aus dem auszubrechen nur möglich sein werde, wenn es gelänge, das eigne Denken der frischen Luft des freien Meinungsstreits auszusetzen, wo es keine letzte Autorität, keine Parteikontrolle durch ideologische Kommissionen, keine offiziellen Vertreter der Wahrheit gäbe. Ulbricht hatte das Resumé des XX. Parteitages zynisch auf die Sentenz gebracht, „daß Stalin kein Klassiker mehr" sei.[16] Doch da an die Stelle des alten Gottes – zumindest vorerst – kein neuer gestellt wurde, eröffnete sich die ungeahnte Möglichkeit, sich ein eignes Urteil zu bilden.

Auf einer SED-Versammlung an der Humboldt-Universität erklärte Havemann, was er für den Schlüssel zur Überwindung der dogmatischen Erstarrung des Marxismus hielt: „In freiem wissenschaftlichem Meinungsstreit mit allen Ideen der Welt müssen wir unsere alte Kraft wiedergewinnen. Unsere Philosophie ist modern, sie wird die Jugend begeistern. Wir müssen sie nur freilegen, mit neuen Ideen bereichern. Wir müssen uns endlich als Marxisten schöpferisch betätigen." Ulbricht, der an dieser Versammlung teilnahm, erklärte zur Überraschung der Mehrheit der dem Politbüro schmeichelnden Anwesenden Havemann für den einzigen, „der gezeigt hat, worauf es jetzt ankommt".[17] Mit seiner Rede hatte sich Havemann zwar viel Schulterklopfen eingehandelt, zugleich aber auch ein gehöriges Maß an Mißgunst unter den Anbetern der Parteilinie, denen er vorgeführt hatte, daß ihre Fähigkeit, den Erwartungen des jeweiligen Vorgesetzten vorauseilend zu entsprechen, just in dem Augenblick versagte, in dem es auf eigenständiges Denken ankam. Havemann sollte seine Gedanken in einem Artikel im „Neuen Deutschland" darlegen.

Dort schrieb er, daß es nur im offenen, unermüdlich und bis zu Ende geführten Meinungsstreit möglich sei, zu neuen Erkenntnissen zu kommen, daß die erste Voraussetzung eines solchen „wirklich produktiven, schöpferischen Meinungsstreites [...] die Respektierung aller ernsthaften und sachlichen von der Gegenseite vorgebrachten Ge-

---

[15] Robert Havemann, „Ja, ich hatte unrecht", in: Derselbe, Rückantworten an die Hauptverwaltung Ewige Wahrheiten", hrsg. v. Hartmut Jäckel, München 1971, S. 61.
[16] Schirdewan, S. 79.
[17] Robert Havemann, Fragen, Antworten, Fragen. Aus der Biographie eines deutschen Marxisten, München 1970, S. 110, 112.

genargumente – ja mehr noch, die Respektierung der Gegenansicht" ist. „Wer andere Meinungen nicht achtet und zu unterdrücken sucht, schätzt offensichtlich die Überzeugungskraft seiner eigenen Ideen gering ein."[18] Harsch kritisierte er die offizielle Philosophie der Universitätslehrstühle für Marxismus-Leninismus. Dem Worte nach war es ganz im Sinne der SED-Beschlüsse, wenn er gegen die stalinistische Zerstörung der Marxschen Philosophie darauf pochte, daß diese kein starres Dogma, sondern eine Methode zum Begreifen der Wirklichkeit sei.[19] Im Kern richtete sich seine Kritik aber gerade gegen die Verursacher dieser Beschlüsse. Wie das Politbüro das politische Leben der DDR er- und unterdrückte, so verhielt sich die offizielle Philosophie zu den Einzelwissenschaften. Havemann demonstrierte am Verhältnis der Philosophie zu den Einzelwissenschaften den lebensfremden Dirigismus des Politbüros über die Gesellschaft, forderte die öffentliche und freie Debatte. Indes ließ er diesen politischen Inhalt seiner Position in der Verpackung der Kritik des Verhältnisses der Naturwissenschaftler zu den Philosophen. Unverblümt resumierte er dieses Verhältnis als erkenntnishemmend und dem wissenschaftlichen Fortschritt im Wege stehend: Bedeutende naturwissenschaftliche Entdeckungen wurden verworfen, weil sie den Stalinschen Vorstellungen von Marxismus widersprachen. Havemann erinnerte in diesem Zusammenhang an die verhinderten Forschungen auf dem Gebiet der Teilchenphysik, die Disqualifizierung ganzer Wissenschaftsgebiete wie der Genetik oder der Kybernetik als bürgerliche Pseudowissenschaften. Unter Berufung auf Friedrich Engels[20] forderte er einerseits die Einzelwissenschaftler auf, sich der dialektischen Methode zu versichern, als auch die Philosophen, damit aufzuhören, sich den Wissenschaften gegenüber als letzte Instanz höherer Wahrheit aufzuspielen. Im Grunde, so meinte Havemann, hat die Philosophie gar keinen eignen Gegenstand jenseits der Gegenstände der einzelnen Wissenschaften, womit sie auch nicht schlauer sein könne als die Vertreter der Einzelwissenschaften.[21]

---

[18] *Derselbe*, Meinungsstreit fördert die Wissenschaften [Neues Deutschland, 8. Juli 1956], in: *Derselbe*, Rückantworten, S. 16 f.
[19] Im Kommuniqué des 26. Plenums des ZK der SED wurde als Ergebnis des XX. Parteitages der KPdSU festgehalten, „daß der Marxismus kein Dogma, sondern eine Anleitung zum Handeln ist". – Dokumente der Sozialistischen Einheitspartei Deutschlands, Bd. VI, Berlin 1958, S. 48.
[20] Vgl. *Friedrich Engels*, Anti-Dühring, in: *Marx/Engels*, Werke, Bd. 20, Berlin 1962, S. 24: „Sobald an jede Wissenschaft die Forderung herantritt, über ihre Stellung im Gesamtzusammenhang der Dinge und der Kenntnis von den Dingen sich klarzuwerden, ist jede besondre Wissenschaft vom Gesamtzusammenhang überflüssig. Was von der ganzen bisherigen Philosophie dann noch selbständig bestehn bleibt, ist die Lehre vom Denken und seinen Gesetzen – die formelle Logik und die Dialektik. Alles andre geht auf in die positive Wissenschaft von Natur und Geschichte."
[21] Vgl. *Havemann*, Meinungsstreit; *derselbe*, Rückantworten an die Hauptverwaltung „Ewige Wahrheiten" [Sonntag, 28. 10. 1956], in: *Derselbe*, Rückantworten, S. 42; *derselbe*, Unsere Philosophie und das Leben [Neues Deutschland, 20. 3. 1957], in: Ebenda, S. 46 ff.

Die Philosophen, die sich derart in ihrer Existenzberechtigung angegriffen sahen, reagierten mit äußerster Heftigkeit. Dabei fühlten sich von Havemann gar nicht attakkierte Philosophen gleichermaßen gescholten wie jene Dogmatiker, die er im Auge hatte. Rasch fanden sie eine Interpretation der Havemannschen Ausführungen, die diese als revisionistisch qualifizierte. Vorerst liefen ihre Vorhaltungen noch ins Leere. Doch die Debatten der kurzen Zeit des Tauwetters stellten nicht nur in der DDR die Macht des Politbüros in Frage. In Polen erzwangen Streiks in großen Betrieben den Sturz der alten Führung. In Ungarn erhoben sich die Bürger gegen das blutige Rákosi-Regime und erzwangen die Berufung einer Regierung des wenige Jahre zuvor gestürzten Reformers Imre Nagy, der auch der Philosoph Georg Lukács angehörte. In der DDR forderten Intellektuelle den Rücktritt Ulbrichts, entwickelten Ökonomen um Fritz Behrens und Arne Benary Konzepte zur Einschränkung des wirtschaftlichen Dirigismus der zentralen Planung und zur Eröffnung von Freiräumen für die Entfaltung freier Initiative, schlug Kurt Vieweg ein Ende der Zwangskollektivierung und eine stärkere Unterstützung der ökonomisch produktiveren mittelständischen Landwirtschaftsbetriebe vor. Die öffentliche und freie Debatte, die sich mühsam zu entfalten begann, rüttelte an der Macht. Deshalb wurde der Revisionismus wieder zum Hauptfeind erklärt und mit allen Mitteln bekämpft – schlagende Argumente wie Panzer in Ungarn, schießende Soldaten in Polen, Kampfgruppen vor der Humboldt-Universität, hohe Haftstrafen gegen Walter Janka, Wolfgang Harich, Erich Loest u. a. eingeschlossen.[22] Havemann blieb dennoch auf dem Standpunkt, daß der Dogmatismus das erste Hindernis für die Entfaltung der fruchtbaren Möglichkeiten des Marxismus sei und die „Überwindung aller dogmatischen und linkssektiererischen Tendenzen in der Partei [...] die Kampfkraft der Partei für die Abwehr und Überwindung des Revisionismus" stärke.[23]

Das Tauwetter war beendet, Havemann wurde unmißverständlich dazu aufgefordert, sich der Partei zu unterwerfen. Seinen Diskussionsbeiträgen wurden nicht bessere Argumente entgegengehalten, sondern wieder die höhere Weisheit einer anonymen Partei. Nicht die Frage, ob er recht oder unrecht hatte, war von Belang, sondern seine Loyalität zur Partei. Immerhin – noch galt er nicht als Parteifeind, noch hoffte man, auch seine guten Beziehungen zu Naturwissenschaftlern im westlichen Ausland nutzen zu können.[24] Also wurde er aufgefordert, seine Position „an der Peripherie der Partei [...] bedingungslos" aufzugeben und sich wieder den Naturwissenschaften zu widmen.[25]

---

[22] „Daß heißt also, auf ihn hatte Eindruck gemacht, daß in Ungarn die T 54 eingesetzt wurden. Das war das Argument, das auf ihn gewirkt hatte". – *Walter Ulbricht* über Harich auf der 30. Tagung des ZK der SED, 30. 1. 1957, in: Die DDR vor dem Mauerbau, S. 287.
[23] *Robert Havemann*, Marxistische Philosophie und Naturwissenschaft [Humboldt-Universität, Januar 1958], in: Robert Havemann. Dokumente, S. 167.
[24] Vgl. Abteilung Wissenschaften des ZK der SED, Hausmitteilung an Kurt Hager vom 13. 10. 1958, in: Ebenda, S. 173.
[25] *Hans Klotz*, Es geht um die Stellung der Partei. Zum Revisionismus in den Ansichten Gen. Prof. Havemanns [Humboldt-Universität, 24. 3. 1958], in: Ebenda, S. 171.

Noch am Tage vor der Geheimrede Chruschtschows war Havemann durch die Staatssicherheit als Geheimer Informator (GI) mit dem Decknamen „Leitz" verpflichtet worden, um „Kontakte zu westdeutschen Wissenschaftlern, insbesondere Physikern" zu knüpfen.[26] Er wollte den Sozialismus unterstützen, wofür ihm die Zusammenarbeit mit dessen Geheimdiensten keineswegs verwerflich erschien. An einer Destabilisierung der DDR war er nicht interessiert. Er sah sie als die fortschrittliche politische Alternative deutscher Geschichte gegenüber der Bundesrepublik. Deshalb stand er sowohl dem ungarischen Aufstand skeptisch distanziert gegenüber, als auch der Gruppe um Harich, von deren Aktivitäten er indes nicht viel Genaues wissen konnte.

Obwohl er die kommunistische Tradition konspirativer Arbeit noch keineswegs ablehnte, er Menschen, die diesen politischen Wertvorstellungen zufolge vermeintlich Feinde des Friedens waren,[27] selbst bei der Staatssicherheit denunzierte,[28] erschien ihm die kritische Diskussion politischer und wissenschaftlicher Alternativen zur Überwindung des Stalinismus nur in der Öffentlichkeit sinnvoll.[29] Völlig unakzeptabel erschien ihm dagegen Harichs konspiratives Vorgehen bei der Ausarbeitung einer politischen Plattform im Jahre 1956.

Die auf der III. Hochschulkonferenz 1958 in die Wege geleitete Hochschulreform war auch eine Reaktion der Parteiführung auf die oppositionellen Regungen an den Universitäten der DDR. Kurt Hager hielt Gericht über die verschiedensten als revisionistisch apostrophierten Ansichten, die unter DDR-Intellektuellen während des Tauwetters zutage getreten waren.[30] Robert Havemann, dem als Kommunisten die Einheit seiner Partei ein zu hoher Wert war, übte Selbstkritik und hielt sich in politischen Fragen einstweilen zurück. Er konzentrierte sich nunmehr vor allem auf die Fragen seines eignen Faches.[31] Die Verbindung seiner Wissenschaft mit der Praxis der Produktion, die Verbesserung der Hochschulausbildung und die stärkere Verbindung von fachwissenschaftlicher und philosophischer Lehre fanden sein besonderes Augenmerk an seinem Universitätslehrstuhl. Daß er seine Position nicht revidierte, sondern sie nach wie vor zumindest in Diskussionen innerhalb der SED vorbrachte, beweisen Denunziationen von Parteifunktionären der Universität beim ZK:

---

[26] Vgl. Deckname „Leitz", in: Der Spiegel, 1995, Nr. 21, S. 87 f.
[27] Vgl. *Robert Havemann*, Rede in der Volkskammer vom 11. August 1961, in: *Derselbe*, Rückantworten, S. 52: „Jeder muß wissen, daß der Weg hinüber in die Bundesrepublik die Gefahr des Krieges, der Vernichtung, der Vernichtung von uns allen, vergrößert, daß jeder, der dort hinübergeht, nicht nur unserer Sache, nicht nur der Sache der Deutschen Demokratischen Republik untreu wird, sondern auch der Sache des Friedens in der ganzen Welt."
[28] Vgl. BStU, OV „Leitz", Reg.-Nr. XV 150/64, Bd. 2 (= GI-Vorgang, Reg.-Nr. 413/56, Teil II), u. a. die Treffberichte vom 10. 1. 1959, Bl. 133 f.; 30. 4. 1958, Bl. 87 f.; 29. 5. 1958, Bl. 95.
[29] Vgl. Robert Havemann. Dokumente, S. 122.
[30] Vgl. Ebenda, S. 169 f.
[31] 1957 erschien sein Hochschullehrbuch „Einführung in die Thermodynamik".

„Genosse Havemann knüpfte an die letzte Universitätsparteileitungssitzung an, die äußerst unbefriedigend verlaufen sei. [...] Ausrufe: ‚Genossen, festigt euch doch endlich' nützten nichts. Man müsse nach den Ursachen des gegenwärtigen Zustandes fragen. Auch er mache sich viele Sorgen um die Partei an der Universität und sei zu folgenden Schlußfolgerungen gekommen:
Wir hätten mit dem Kulminationspunkt III. Hochschulreform einen sektiererischen und radikalistischen Kurs eingeschlagen. Über diesen fehlerhaften Kurs hätten sich die Parteifunktionäre nie Rechenschaft abgelegt. Sie täten so, als ob nichts gewesen sei und verträten heute mit derselben Selbstverständlichkeit eine ganz andere Politik. Das ginge natürlich nicht. Die Mitglieder würden das natürlich merken und brächten den Funktionären kein Vertrauen entgegen. In dieser Vertrauenskrise liegt die Ursache für diesen Zustand. Bei unseren Funktionären gäbe es viel Karrierismus. Man brauche ja nur einmal herumzufragen, was die Genossen von den führenden Universitäts-Funktionären hielten.
[...]
Es gäbe eben Genossen, die unter Aktivität der Partei nur eine sektiererische Aktivität verstehen könnten und die sich nur dann wohl fühlten. Im Grunde würden die unsere gegenwärtige Intelligenzpolitik als ein taktisches Manöver betrachten, das jederzeit wieder durch einen ‚scharfen Kurs' abgelöst werden könne. Das merkten natürlich auch die Parteilosen und brächten uns kein Vertrauen entgegen.
Auf die Frage, ob er die ganze III. Hochschulkonferenz insoweit (d. h. in der Frage ‚Radikalinskytum') für verfehlt halte: Selbstverständlich sei das so. Das könne man natürlich nicht in der Öffentlichkeit und auch nicht in der *Partei*öffentlichkeit sagen, aber man müsse sich darüber im klaren sein. Das sei nicht nur seine persönliche Einschätzung. Genosse Hager habe es bereits im Schlußwort für nötig gehalten, sehr entschieden unsere Politik der *Überzeugung* der Intelligenz darzulegen. Damals sei ein sehr bezeichnender Zwischenruf gekommen: ‚Da bekommst Du keinen Beifall, Genosse Hager.'
[...]
Am Schluß erklärte ich dem Genossen Havemann nochmals, daß ich mit dem ganzen System seiner Auffassungen nicht einverstanden sei. daß ich selbstverständlich den Genossen Singer von dieser Diskussion unterrichten würde und daß wir einen geeigneten Kreis bestimmen würden, um mit ihm diese Fragen zu diskutieren.
Genosse Havemann sagte, damit sei er einverstanden. [...]"[32]

---

[32] *Gregor Schirmer* an Hans Singer, Sekretär der Universitätsparteileitung der Humboldt-Universität, 8. 12. 1959: Gedächtnisprotokoll über eine Diskussion mit Havemann, 5. 12. 1959 (Kopie für Johannes Hörnig, Abteilung Wissenschaften des ZK der SED), Stiftung Archiv der Parteien und Massenorganisationen der DDR im Bundesarchiv, Bestand SED (im folgenden: SAPMO-BArch, SED), Bezirksparteiarchiv Berlin (im folgenden: BPA Berlin), IV A2/4/704.

Die philosophische Debatte, an der sich Havemann schon vor 1956 beteiligt hatte, war indes nicht abgeschlossen. Robert Havemann wehrte sich gegen jene Vorstellung von Kausalität, die aus der historischen Gesetzmäßigkeit der sozialistischen Entwicklung die Allmacht des Politbüros folgerte. Freilich blieb dieser Beitrag 1959 streng innerhalb der philosophischen Debatte.[33] Hermann Ley, Philosophieprofessor an der Humboldt-Universität und Rundfunkchef der DDR, hielt Havemann aufgeregt entgegen, daß Freiheit nicht im Brechen scheinbar unausweichlicher Determiniertheit, sondern „in der Richtung der gesellschaftlichen Entwicklungsgesetze [...] auf der Vermittlung von Einsicht und Handeln" beruhe.[34]

Die ersten Schwalben des (Prager) Frühlings

Der XXII. Parteitag der KPdSU, der die Auseinandersetzung mit dem euphemistisch als „Personenkult" umschriebenen Stalinismus 1961 erneut aufnahm, gab der 1957/58 abgebrochenen Debatte neuen Auftrieb, war zugleich der Anstoß zum zweiten Akt der Auseinandersetzung Robert Havemanns mit der SED.

Hatte die SED-Führung nach dem Bau der Mauer am 13. August 1961 zuerst geglaubt, ihre inneren Kritiker nunmehr mit offener Härte niederzudrücken, zeigten das hoffnungslose Scheitern des Siebenjahrplanes, die Versorgungsprobleme, die gleichsam als Strafe der Bauern für ihre erzwungene Sozialisierung dem „sozialistischen Frühling auf dem Lande" folgten, daß allein größerer Druck das Dilemma nicht beseitigte. Dem ökonomischen „Großen Sprung" folgte nicht nur in China der strukturelle Katzenjammer. In dieser Situation bewies Ulbricht, daß er als Virtuose des Machterhalts mehr von den wirtschaftlichen Voraussetzungen der Macht begriffen hatte, als sein Nachfolger: Er leitete den Reformversuch des „Neuen ökonomischen Systems der Planung und Leitung der Volkswirtschaft" (NÖS) ein. Dezentralisierung der Detailplanung, Dynamisierung der zentralen Perspektivplanung, Mobilisierung der intellektuellen Potenzen der DDR, Verwissenschaftlichung von Wirtschaft und Politik erforderten die sukzessive Öffnung der erziehungsdiktatorischen Behandlung der Bürgerinnen und Bürger. Besonders wurde auf die nachgewachsene Generation, deren Aufbruchs- und Neuerungsgeist – im Gegensatz zur bürokratischen Unbeweglichkeit der bisherigen Führungsschicht – gesetzt. Intelligenz wurde gebraucht und umworben. Doch die Dominanz der angestrebten ökonomischen Rationalität mußte den Konflikt mit den ideologisch fixierten Machtpolitikern des Apparats hervorrufen. Nur insoweit deren Macht zurück-

---

[33] *Robert Havemann*, Über Kausalität, in: Naturwissenschaft und Philosophie. Beiträge zum internationalen Symposium über Naturwissenschaft und Philosophie anläßlich der 550-Jahr-Feier der Karl-Marx-Universität Leipzig, hrsg. v. Gerhard Harig u. Josef Schleifstein, Berlin 1960, S. 113–128.

[34] *Hermann Ley*, Einige Bemerkungen zu den Beiträgen von Max von der Laue und Robert Havemann, in: Ebenda, S. 163.

gedrängt werden könnte, wären ökonomische Rationalität und Innovationsvermögen durchsetzbar gewesen. Mit dem Jahr 1962 wurden diese Probleme Gegenstand einer Diskussion, die, weil sie die zentralen machtpolitischen und ideologischen Grundfesten nicht tangieren durfte, zumeist auf scheinbaren Nebenfeldern entbrannte.

In seinem Vortrag auf der Leipziger Tagung „Die fortschrittlichen Traditionen in der deutschen Naturwissenschaft des 19. und 20. Jahrhunderts" im September 1962 unterwarf Havemann die Geschichte des Verhältnisses von marxistisch-leninistischer Philosophie und Naturwissenschaft in den sozialistischen Staaten einer niederschmetternden Diagnose: Die Frage, ob die Philosophie die Entwicklung der Naturwissenschaften befruchtet habe, verneinte er im wesentlichen. Freilich hatte er in seinem Vortrag die Entwicklung seit 1956 mit ihren produktiven Impulsen zu wenig berücksichtigt, doch seine schonungslose Bilanz, die nicht mit Namen und Adressen sparte, rief den Unmut seiner Kontrahenten hervor. Gerhard Harig weigerte sich, Havemanns Beitrag ins gedruckte Protokoll der Tagung aufzunehmen. Daraufhin ließ Havemann ihn vervielfältigen und verschickte ihn an Dutzende Kollegen im In- und Ausland. Der Konflikt, der sich entwickelte, beruht auf zwei Regelverletzungen: Hatte Harig sich geweigert, einem umstrittenen und streitbaren Beitrag die für die Debatte notwendige Öffentlichkeit zu geben und damit einer wissenschaftlichen Diskussion die Grundvoraussetzung entzogen, so hatte Havemann mit seiner eigenmächtigen Verbreitung ein politisches Tabu gebrochen, indem er Öffentlichkeit hergestellt hatte ohne das Placet der im Realsozialismus allein dafür autorisierten politischen Behörden. Die sich anschließende heftige Diskussion vermengte (zwangsläufig?) beide Dimensionen des Konflikts. Niemand bestritt Havemann offen das Recht auf die Debatte. Insofern konnte seinem Motiv nicht widersprochen werden. Der Vorwurf gegen ihn war unmittelbar politischer Natur. Havemann lehnte es ab, in dafür nicht kompetenten politischen Gremien eine philosophische Debatte zu führen, oder dort erst eine Erlaubnis für diese Debatte einzuholen.[35] Diese Weigerung führte rasch zum Versuch des ZK, ihn aus seinen Parteifunktionen zu entfernen:

„Ich hatte am Freitag Vormittag mit Genossen Selbmann eine Aussprache über das Vorgehen in der Frage Havemann und mache folgende Vorschläge:
1. Wir wenden uns offiziell an die Parteileitung der Humboldt-Universität mit dem Auftrag, beim Genossen Havemann festzustellen, an welche Persönlichkeiten er das Referat von Leipzig geschickt hat.
2. In der UPL wird mit Genossen Havemann eine Aussprache über sein unparteimäßiges Verhalten durchgeführt, in deren Ergebnis H. als Mitglied der UPL beurlaubt wird.
Genosse Klaus hat sich, wie besprochen, mit einem Brief an die Genossen in Moskau gewandt. Der Artikel im „Forum" erscheint in Nr. 6/63.

---

[35] Vgl. Protokoll der Sitzung der Universitätsparteileitung der Humboldt-Universität, 15. 4. 1963, SAPMO-BArch, SED, Zentrales Parteiarchiv (im folgenden: ZPA), IV A2/9.04/99.

Genosse Verner soll mit unseren Vorschlägen einverstanden sein und wollte darüber mit Genossen Ulbricht sprechen."[36]

Doch an der Universität fand Robert Havemann Unterstützung. Genossen und Kollegen wollten erreichen, daß zuerst die Diskussion über die Thesen stattfinde, ehe über den Verfasser gerichtet würde. Georg Klaus, Direktor des Philosophischen Instituts der Deutschen Akademie der Wissenschaften, einer der wenigen Philosophen, die Havemann aufrichtig schätzte, schrieb ihm: „Es ist mir, ehrlich gesagt, unverständlich, was Du mit dieser ganzen Aktion erreichen willst. Vielleicht wirst Du sagen: Kampf gegen den Dogmatismus! Ich glaube jedoch, daß Du gerade durch Dein Verhalten den Dogmatikern neue Argumente in die Hand gegeben hast."[37] An einem vom ZK geforderten polemischen Artikel gegen Havemann, den Klaus mit Alfred Kosing, einem leitenden Philosophen des Parteiinstituts für Gesellschaftswissenschaften, schreiben sollte, beteiligte sich Klaus nicht, weil er mit Kosings Entwurf nicht einverstanden war und Werner Tzschoppe, der Parteisekretär der Humboldt-Universität, ihm immer wieder abriet.[38] Klaus, aber auch einige andre DDR-Philosophen sahen die von Havemann und vielen Naturwissenschaftlern aufgeworfenen Fragen als berechtigt an und übten ihrerseits Kritik an der Bevormundung der Einzelwissenschaften durch die Ideologieproduzenten des philosophischen Fachs.[39] Während Hörnig und die andern subalternen Funktionäre der Abteilung Wissenschaften des ZK, Paul Verner und seine Berliner Bezirksleitung der SED sowie der Sekretär für Sicherheit des ZK, Erich Honecker, an Havemanns Abstrafung arbeiteten, stellte sich die Mehrheit der Universitätsparteileitung, vor allem deren 1. Sekretär, Werner Tzschoppe, und Havemanns Institutsparteiorganisation der Chemiker hinter ihn. Kurt Hager als verantwortlicher Ideologie-Sekretär

---

[36] *Johannes Hörnig* (Abteilung Wissenschaften des ZK der SED) an Kurt Hager, 9. 3. 1963, SAPMO-BArch, SED, ZPA, IV A2/9.04/99.

[37] *Georg Klaus* an Robert Havemann, 5. 3. 1963, Robert-Havemann-Gesellschaft (im folgenden: RHG), Archiv, NL Havemann.

[38] Sektor Gesellschaftswissenschaften der Abteilung Wissenschaften des ZK, Aktennotiz an die Abteilungsleitung (Hörnig), 5. 3. 1963, SAPMO-BArch, SED, ZPA, IV A2/9.04/99.

[39] Vgl. *Georg Klaus*, Ist Philosophie, sind Philosophen erforderlich?, in: Deutsche Zeitschrift für Philosophie, 12. Jg. (1964), S. 325–336, wo Klaus in der Reaktion auf einen Artikel von *Max Steenbeck* (Essay eines Naturwissenschaftlers über Philosophie und Naturwissenschaften, in: Ebenda, 11. Jg. [1963]) sowohl die sinnvolle Möglichkeit der Fragestellung nach der Notwendigkeit einer Fachphilosophie akzeptiert, obgleich er hier der entgegengesetzten Meinung Havemanns ist, als auch Steenbeck – und damit zugleich Havemann – Recht gibt, wenn er schreibt, „Philosophie darf keine Überwissenschaft in dem Sinne sein wollen, daß sie den anderen Wissenschaften etwa die Ergebnisse vorzuschreiben und ihnen die Arbeitsmethoden aufzuzwingen versucht." (S. 326) Vgl. auch *Klaus Zweiling*, Einige Gedanken zu Philosophie, Determiniertheit und Kausalität, in: Ebenda, 12. Jg. (1964), S. 1245: „Manche Naturwissenschaftler haben den Eindruck, daß wir (Philosophen – B.F.) ihnen Vorschriften darüber machen wollten, wie die objektive Realität, die sie erforschen, auszusehen habe."

des ZK war verunsichert und lavierte.[40] Immerhin gelang es nach mehreren Denunziationen, die einerseits Havemanns Ruf bei Hager zerstören sollten,[41] andrerseits Tzschoppes Unterstützung denunzierten,[42] Ende August 1963 Havemann aus der Universitätsparteileitung auszuschließen. Der Beschluß, der sich im Entwurf zur Begründung auf Havemanns Leipziger Vortrag bezog, wurde von der Abteilung Wissenschaften des ZK selbst korrigiert:

„Dem Aufbau des Materials kann man nicht zustimmen. Die Probleme, die Havemann in seinem Vortrag in Leipzig behandelt hat, gehören keinesfalls an die Spitze der Begründung.

An die Spitze der Begründung gehört sein mehrfaches prinzipienloses Auftreten bei den verschiedensten Anlässen und seine unparteimäßige Arbeit, besonders was den Einfluß auf die Grundorganisation Chemie betrifft, der sich geradezu demoralisierend und zersetzend auswirkt und die Kampfkraft der Grundorganisation wesentlich beeinträchtigt. Im Anschluß daran können die Einzelfragen aufgeführt werden, wobei hinsichtlich seines Vortrages in Leipzig vor allem die prinzipienlose Verschickung des Materials an alle möglichen Leute, die offene antisowjetische Linie, die Verleumdungen und Beleidigungen gegen die Sowjetunion und die sowjetischen Wissenschaftler und die Angriffe auf die Weltanschauung unserer Partei besonders hervorgehoben werden müssen. Des weiteren ist auf sein Auftreten in dem bekannten Forum einzugehen (fehlt bisher ganz) und sein beleidigendes und diskriminierendes Auftreten gegen Staatsfunktionäre und die bewußte Herabsetzung der Autorität der Partei und des Staates in der Beratung im Senat einzuschätzen. Danach ist stärker herauszuarbeiten, daß er in konspirativer Art eine Reihe schwankender Elemente um sich sammelte, um sie sich dienstbar zu machen, und in diesem Zusammenhang Genossen der Parteiführung verleumdete.

Der Haupttenor der Begründung für den Ausschluß aus der UPL muß also darin bestehen, daß Genosse Havemann grundsätzliche Vorbehalte gegen die Politik der Partei (besonders die Wirtschafts-, Kultur-, Schul- und Wissenschaftspolitik) hat und in prinzipienloser Weise gegen die Linie der Partei arbeitet."[43]

Der Ausschluß aus der Universitätsparteileitung blieb umstritten. Immer deutlicher spürten die Wächter des Apparates die Gefahren der entfachten Diskussionen. Sie drängten die Protagonisten der Reformen, hartere Sanktionen zu verhängen. Reformorientierte Funktionäre konnten sich aber nicht gegen die von Havemann begon-

---

[40] Hagers Rolle in dieser Auseinandersetzung ist uneindeutig. Er schwankt abwartend, so lange nicht eindeutig ersichtlich ist, wem in diesem Streit die Unterstützung Ulbrichts zukommt. Solange Havemann als dessen Protegé gilt, hält er sich zurück.
[41] Vgl. *Walter Mohrmann*, Aktennotiz, 23. 4. 1963, SAPMO-BArch, SED, ZPA, IV A2/9.04/99.
[42] Vgl. Anonymes Papier gegen Tzschoppe, April 1963, SAPMO-BArch, SED, ZPA, IV A2/9.04/99.
[43] Abteilung Wissenschaften an Universitätsparteileitung, o. D. (26. 8. 1963), SAPMO-BArch, SED, ZPA, IV A2/9.04/99.

nene Diskussion wenden, ohne die gerade erst anlaufenden Änderungen sofort wieder in Frage zu stellen. Havemann selbst fühlte sich „gerade in dieser Zeit, wo sich eine entscheidende Wandlung vollzieht, [...] noch nie so leidenschaftlich mit der Partei verbunden".[44]

Viele SED-Mitglieder, die durchaus mit politischen Vorstellungen Havemanns sympathisierten, wurden indes durch seine impulsive, mitunter persönlich verletzende Art zurückgestoßen.[45] Die Forderung, ihn zu disziplinieren, wurde auch von ihnen erhoben. Einige meinten, Havemann habe den Bogen überspannt.[46] Konservative Parteifunktionäre schürten diese Spannung und machten sie sich zu Nutze.

Doch vorerst gewannen die Möglichkeiten und Chancen offener Diskussion noch Raum. Nach einer eingehenden Diskussion mit dem sowjetischen Philosophen Kedrow, begann Robert Havemann im Oktober 1963 während des Herbst-/Wintersemesters an der Humboldt-Universität eine für Hörer aller Fakultäten offene Vorlesung über „Philosophische Aspekte naturwissenschaftlicher Probleme". Auf der Aktivtagung der SED im gleichen Monat herrschte ein offeneres Klima der Diskussion, die sich nicht ohne Grund auf ähnliche Prozesse in den Kommunistischen Parteien der Tschechoslowakei, Italiens, Österreichs und Frankreichs berufen konnte. Die Vorstöße Havemanns und vieler anderer Intellektueller korrespondierten mit denen Roger Garaudys in Frankreich, Ernst Fischers und Franz Mareks in Österreich, Leszek Kołakowskis und Adam Schaffs in Polen, Palmiro Togliattis in Italien, Eduard Goldstückers, Ota Šiks, Karel Kosíks in der ČSSR.[47] Nicht zuletzt fand dieses politische Klima sich selbst in offiziel-

---

[44] SED-Parteileitung. Humboldt-Universität, Protokoll. Leitungssitzung am 29. August 1963, SAPMO-BArch, SED, ZPA, IV A2/9.04/99.

[45] Selbst Friedrich Herneck, der nicht zuletzt dank der Unterstützung Havemanns die gegen ihn gerichteten politischen Angriffe 1956/57 überstanden hatte, ohne die Humboldt-Universität verlassen zu müssen, stand Havemanns „politischen Auffassungen und mehr noch den Formen, in denen er sie vertrat, ... kritisch gegenüber, ohne allerdings der Verurteilung Havemanns durch die SED auch nur im Ansatz zu folgen" – *Karl-Friedrich Wessel/Martin Koch*, Lügen ist überhaupt das Kennzeichen der Zeit, in: Berichte zur Wissenschaftsgeschichte, 18. Jg. (1995), S. 29.

[46] Vgl. *Arnošt Kolman*, Die verirrte Generation. So hätten wir nicht leben sollen. Eine Autobiographie., Frankfurt/M. 1982, S. 235.

[47] „Genosse Havemann behauptet, die Kulturpolitik, wie sie in Ungarn, Polen und der ČSSR betrieben wird, sei im Gegensatz zu unserer der richtige Weg und die theoretischen Auffassungen, die zu diesen Fragen von den italienischen, französischen und österreichischen Genossen vertreten würden (gemeint sind Togliatti, Garaudy, Fischer) entsprächen seinen Auffassungen." – Information der Abteilung Wissenschaften des ZK der SED, 29. 11. 1963, SAPMO-BArch, ZPA IV A2/9.04/99. „Ohne etwa mit Fischer, Garaudy, Aragon, Goldstücker usw. in allen Punkten einverstanden zu sein, hielt ich eine Reihe von Fragestellungen für sehr fruchtbar. Ich war der Meinung, daß wir in der DDR in dieser Beziehung erheblich im Rückstand seien." *Werner Tzschoppe* an Paul Verner, 15. 3. 1964, SAPMO-BArch, SED, ZPA IV A2/9.04/103. Havemann selbst sah sich in „geistiger Verwandtschaft mit Fischer, Österreich, und Garaudy, Frankreich [...] Er kenne diese Leute zwar nicht, aber er befände sich da wohl in guter Gesellschaft." – SAPMO-BArch, BPA IV A2/4/704.

len SED-Beschlüssen wieder. Im September veröffentlichte das Politbüro das „Jugendkommuniqué":

„Es geht nicht länger an, ‚unbequeme' Fragen von Jugendlichen als lästig oder gar als Provokation abzutun, da durch solche Praktiken Jugendliche auf den Weg der Heuchelei abgedrängt werden. Wir brauchen vielmehr den selbständigen und selbstbewußten Staatsbürger mit einem gefestigten Charakter, mit einem durch eigenes Denken und in der Auseinandersetzung mit rückständigen Auffassungen und reaktionären Ideologien errungenen sozialistischen Weltbild, das auf fortgeschrittenen wissenschaftlichen Erkenntnissen beruht."[48]

Zeitweise erschien es möglich, in der DDR doch noch Abschied vom Sozialismus Stalinscher Prägung zu nehmen, was 1956/57 verhindert worden war. Auf einer Tagung der Berliner Bezirksleitung der SED rief Ulbricht am 18. November 1963 Paul Verner zur Ordnung, der immer wieder auf administrativem Wege das Aufkeimen dessen unterband, was Ulbricht als das „geistig-kulturelle Leben" zu fördern gedachte. Er nahm sich den traditionellen Stil Verners grundsätzlich vor und betonte, daß

„es mir nach einer gründlichen Einschätzung der Lage notwendig erscheint, mit dem ABC, d. h. bei A anzufangen. Und das A, das ist die *Leitungstätigkeit*, die Anwendung des Leitungsstils, der im Jugendkommuniqué sichtbar ist, auf alle Zweige der Parteiarbeit, auf den Kampf um das wissenschaftlich-technische Höchstniveau und die Erhöhung der Arbeitsproduktivität in der Industrie, das heißt, bei der Durchsetzung des neuen ökonomischen Systems der Planung und Leitung der Volkswirtschaft."[49]

Ulbricht las dem Bezirkschef die Leviten, hielt ihm vor, daß er im eignen Territorium die politischen Brennpunkte schlechter kenne als das Zentralkomitee. Ja, er beschuldigte die Bezirksleitung – wahrscheinlich zutreffenderweise –, daß sie mit denselben Arbeitsmethoden operiere wie vor dem 13. August 1961. Im Tone des Landesvaters bescheinigte er indes den Berlinern, daß sie vernünftiges politisches Arbeiten in früheren Zeiten schon beherrscht hätten. „Aber dann gab es wieder Perioden der Verbürokratisierung. Der Bürokratismus bekommt die Oberhand. Es werden administrative Methoden angewandt, anstatt Überzeugungsarbeit zu leisten, statt das geistige Leben zu entfalten."[50] Ulbrichts unerwarteter antidogmatischer Rekurs auf die gemütlichen und demokratischen Zeiten der Sozialdemokratie vor dem ersten Weltkrieg wurde von ihm selbst begründet mit der Notwendigkeit, die Menschen für den neuen ökonomischen Kurs zu gewinnen: „*Wir sollten immer berücksichtigen, daß im Prozeß der großen tech-*

---

[48] Der Jugend Vertrauen und Verantwortung. Kommuniqué des Politbüros des Zentralkomitees, in: Dokumente der SED, Bd. IX, Berlin 1965, S. 691 f.
[49] *Walter Ulbricht*, Schlußwort auf der 9. Tagung der Bezirksleitung Groß-Berlin, 18. 11. 1963, SAPMO-BArch, SED, ZPA, J IV 2/2 J-1091.
[50] Ebenda.

nischen und wissenschaftlichen Revolution, die sich jetzt vollzieht, auch im ganzen Denken, in der Arbeit und im Leben der Menschen große Veränderungen vor sich gehen."[51] Wenige Tage später ließ Ulbricht die eigne Rede vom Politbüro zum Richtliniendokument der Zentrale befördern und an die Politbüromitglieder und -kandidaten sowie an alle Berliner Bezirksleitungsmitglieder und Kreissekretäre schicken. Auf der Politbürositzung wiederholte er seine Angriffe auf Verner:

„Die Hauptfrage ist die schöpferische Durchführung der Beschlüsse. Die Bezirkssekretäre müssen sich ihren Kopf anstrengen und neue Methoden entwickeln. Wie das jetzt gemacht wird, geht das schematisch. Solche Sachen wie die Versammlungen über die Ermordung Kennedys, das darf doch nichts besonderes sein. Versammlungen gehören doch zur normalen Tätigkeit jeder Parteiorganisation. Das klappt aber noch nicht. Man verbindet das nicht unmittelbar mit den Fragen, die bei der Bevölkerung eine Rolle spielen. Aus normalen Fragen macht man ‚heiße Eisen'. Die Lyrikabende z. B. haben geholfen, dann hat man wieder aufgehört, weil man die Gedichte nicht überprüfen konnte. Nun, jetzt hat man wieder angefangen. Aber können wir nicht übergehen zu einem normalen politischen Leben in der Hauptstadt.

[...] Ihr müßt in Berlin das geistige Leben organisieren, sonst wird euch das der Havemann organisieren. Wenn Havemann solche Sachen organisiert, dann kann sich die ZPKK damit befassen, wenn ihr aber nicht das geistige Leben organisiert, dann werden wir euch kritisieren. Das gilt auch für die Ideologische Kommission. Alle Bedingungen sind da, die Probleme sind im wesentlichen klar, hemmen tut uns nur unser Bürokratismus. [...] Jedenfalls wenn das geistige und politische Leben der Hauptstadt nicht anders wird, und zwar muß das noch unmittelbar vor Weihnachten geschehen. [...] Wir müssen endlich wegkommen von der Handwerkelei."[52]

Damit schien Verner der Wind aus den Segeln genommen. Während er im Sommer noch durch eine energische Intervention bei Hager den Ausschluß Havemanns aus der Universitätsparteileitung erzwungen hatte,[53] gestaltete sich jene Sitzung desselben Gremiums, die in den Räumen der Bezirksleitung im Dezember 1963 anberaumt wor-

---

[51] Ebenda (Hervorhebung im Original).
[52] Protokoll Nr. 43/63, Sitzung des Politbüros des Zentralkomitees, 3. 12. 1963, SAPMO-BArch, SED, ZPA J IV 2/2 A 1.001.
[53] *Werner Neugebauer*, SED-Bezirksleitung Berlin, an Kurt Hager, 30. 7. 63, SAPMO-BArch, SED, ZPA A2 /9.04/304: „Genosse Paul Verner bat noch vor seinem Abflug in den Urlaub darum, Dir nachstehenden Vorgang im Forschungszentrum Adlershof zur Kenntnis zu bringen. [...] 3. Genosse Verner hat zum Ausdruck gebracht, daß es nunmehr mit dem Genossen Havemann ‚reicht'. Genosse Verner bittet zu prüfen, ob Gen. Havemann nicht aus der Zentralen Parteileitung der Universität herausgenommen wird und daß dieser Vorgang von der Mitgliederversammlung bestätigt wird. Ich möchte Dich bitten, Deine Entscheidung zu diesen Fragen mitzuteilen. Mit sozialistischem Gruß [...]".

den war, im Unterschied zur Erwartung der Beteiligten nicht als der endgültige Versuch Verners, Tzschoppe, Havemann und ihre Genossen zu disziplinieren, sondern geradezu als Triumph:

> „Eine seltsame Sitzung, denn wir, die Universitätsparteileitung, pünktlich um neun Uhr, wie angeordnet, versammelt, mußten eine geschlagene Stunde warten, bis die beiden Herren erschienen – *Hager und Verner*. Die Reihenfolge deshalb, weil letzterer überhaupt nicht zu Worte kam. Es sprach nur Hager, der z. B. sagte, daß ein Dichter (Biermann), den man ewig als Gegner behandele, in der Tat ein Gegner werden könne usw. (was mir im Gedächtnis geblieben ist und uns als Sieg erschien)."[54]

Die zuerst überraschten Antidogmatiker begannen dann, diesen unverhofft entstandenen Freiraum zu nutzen, um nun ihrerseits aktiv den Einfluß der „Dogmatiker" zurückzudrängen. Gegen die üblichen Verfahrensweisen fordern die Gewerkschafter des Instituts für physikalische Chemie der Humboldt-Universität Havemanns Nominierung für die Wahlen zur Berliner Stadtverordnetenversammlung. Bis zu diesem Zeitpunkt Volkskammerabgeordneter[55], war er für die Neuwahlen nicht mehr aufgestellt worden. Auf Veranstaltungen kam Havemann nun deutlicher auf den politischen Kern der philosophischen Debatten. Die ZK-Abteilung Wissenschaften berichtete darüber:

> „Die Kommunistischen Parteien haben sich immer störend in die Entwicklung der Naturwissenschaft eingemischt, z. B. in der Diskussion um die Relativitätstheorie (Sowjetunion), Genetik, Einmischung Stalins durch einen Artikel in der Prawda. Die Philosophie könne ihre historische Mission nur erfüllen, wenn die Dinge – die oben genannt wurden – überwunden werden und wenn von den Philosophen gesagt wird, was sie falsch gemacht haben. *Die Fehler, die in der Zeit des Personenkults vorkamen, sind nicht nur Fehler Stalins, sondern Fragen eines inneren Systems.*[56] [...] Der dialektische Materialismus ist während des Personenkults verzerrt worden. [...] Der dialektische Materialismus kann nicht auf die Naturwissenschaften angewandt werden, sondern wird in ihnen wirksam. In seinen weiteren Ausführungen reduzierte er die Hauptaufgabe der Philosophie auf die Archivrolle und würdigte die historischen Leistungen von Marx und Engels herab. Im Grunde war der dialektische und historische Materialismus schon vor Marx und Engels da. [57]*Zum Beispiel wäre es eine zentrale Aufgabe eines philosophischen Instituts, sich mit der Bibel zu beschäftigen, um ihre Gedanken auszuschöpfen.*"[58]

---

[54] *Werner Tzschoppe* an d. Verf., 21. 10. 1994.
[55] Die Berliner Abgeordneten der Volkskammer wurden aufgrund alliierten Rechts damals nicht direkt gewählt, sondern indirekt aus der Mitte der Abgeordneten der Berliner Stadtverordnetenversammlung. Sie hatten in der Volkskammer nur beratende Stimme.
[56] Am Rand rot angestrichen.
[57] Am Rand rot angestrichen.
[58] *Johannes Hörnig* an Kurt Hager, 30. 9. 1963, Betr. Auftreten von Prof. Havemann auf einer wissenschaftlichen Tagung der Naturwissenschaftlichen Fakultäten und Philosophischen Institute

Auf ihrer Dezemberversammlung forderte die Parteiorganisation der Chemiker die Aufhebung des Ausschlusses Havemanns aus der Universitätsparteileitung.[59] Tzschoppe schickte im Einvernehmen mit Franz Dahlem im Staatssekretariat für Hoch- und Fachschulwesen Robert Naumann, den stalinistischen Prorektor für Gesellschaftswissenschaften, der Havemann als „Verkörperung des imperialistischen Feindes an der Universität" angegriffen hatte,[60] in Zwangsurlaub und setzte an dessen Stelle Wolfgang Heise ein. Die Universitätsparteileitung opponierte offen gegen Entscheidungen der Berliner Bezirksleitung.[61]

„Tauwetter ist ein gefährliches Klima"

Das war zuviel. Im Januar 1964 gab Ulbricht die Rückendeckung für Havemann auf. Die Stabilität seines Machtapparats war ihm wichtiger als die Experimente, die ihm für die neue Wirtschaftspolitik zeitweilig notwendig erschienen. „Havemann greift zu einer falschen Zeit an", räumte er Verner gegenüber ein und gab diesem den Freibrief, die Lage an der Humboldt-Universität wieder unter Kontrolle zu bringen.[62] In einer Besprechung bei Hager wurde die Debatte wieder auf den richtigen, d. h. „parteilichen" Boden gedrückt:

„Alle Probleme der Wissenschaftspolitik, Ökonomie, Kultur usw. sind sekundär. Mit ihnen kann man nicht beginnen.
Man muß anfangen mit dem Thema: Die Stellung des Mitgliedes der Partei, die Stellung der Grundorganisation zu den Beschlüssen und dem Statut. [...]

---

der Universitäten Rostock und Greifswald am 27./28. 9. in Greifswald, SAPMO-BArch, SED, ZPA, IV A2/9.04/99.
[59] Beschluß der Leitung GO Chemie, 21. 11. 1963, SAPMO-BArch, BPA IV A2/4/704.
[60] Vgl. *Franz Dahlem* an Johannes Hörnig, 6. 12. 1963, SAPMO-BArch, SED, ZPA, IV A2/9.04/100.
[61] Vgl. u. a. *Werner Tzschoppe* an Paul Verner, 20. 1. 1964: „In Deinem Schlußwort hast Du [...] mit Unterstellung, mit einer völlig aus der Luft gegriffenen Beschuldigung geantwortet. Danach sei ich im Gegensatz zur Partei der Auffassung, man müsse sich nach solchen Kräften richten, die Bauchschmerzen haben. Es ginge eben auch in der Universität genau um diese Frage, ob die Partei führen soll oder nicht. Ich halte es für unerläßlich, zu dieser schweren Beschuldigung vor dem Kollektiv der Universitätsparteileitung Stellung zu nehmen, da Du nicht nur mich, den Sekretär der Universitätsparteileitung, sondern auch indirekt die Parteileitung selbst angegriffen hast. Damit die Diskussion auf der Grundlage authentischen Materials stattfinden kann, bitte ich um eine Abschrift des Protokolls meiner Diskussionsrede sowie des Teiles Deines Schlußwortes, in dem Du Dich mit [m]einem Auftreten auf der Plenartagung beschäftigst. Außerdem möchte ich Dich im Einvernehmen mit den anderen Sekretären der Universitätsparteileitung für die am Dienstag, dem 11. Februar, 15.15 Uhr, stattfindende Sitzung der UPL einladen. Solltest Du einen anderen Termin für zweckmäßig halten, so sind wir selbstverständlich bereit, uns nach Dir zu richten."
[62] Vgl. SAPMO-BArch, SED, ZPA, NL 182/938, Bl. 142.

> Die Auswertung der Versammlung vor der UPL muß zum Anlaß genommen werden, um T[zschoppe] abzusetzen, der nicht imstande ist, die Leitung fest in der Hand zu haben, der ein betrügerisches Doppelspiel spielt und nicht klar sagt, mit welchen Fragen er nicht einverstanden ist. Dann werden einige Genossen wieder von Administration schreien. Aber welche Lage wollen wir haben? Kann jeder machen was er will?
> Von der Mitgliederversammlung der Grundorganisation muß auch gegen die Versäumnisse der UPL Stellung genommen werden. Die UPL hatte die Aufgabe, die Differenzierung voranzutreiben, Aussprachen zu führen und einen festen Kern zu schaffen. Nichts ist geschehen. Es geht sogar soweit, daß Vertreter der UPL nicht auf der Seite der Bezirksleitung und der Mitglieder des Zentralkomitees stehen.
> Was ist los? Genossen der UPL können nicht die Linie der Schiedsrichter oder Begutachter spielen. Man muß aufhören mit dem studentischen Kneip[en]milieu, das dort herrscht. Wir sind eine Kampfpartei. Wenn ein Mitglied des Politbüros Ordnung schaffen muß, dann ist es schon weit gediehen."[63]

Im Dezember 1963, kurz vor Weihnachten hatte auch die Staatssicherheit genug von ihrem GI „Leitz" und stellte weitere Treffen mit ihm ein. Schon seit 1959 hatten sie den immer zweifelhafter werdenden Mitarbeiter überwachen lassen.[64] Am 7. Mai 1963 wurde in einem Maßnahmeplan die Überwachung des GI Havemann angeordnet und dafür der Einsatz von Spitzeln und Wanzen in die Wege geleitet.[65] Am 4. Dezember wurde endgültig beschlossen, den Kontakt zu Havemann als GI abzubrechen. „Es wurde festgelegt, daß mit GI ‚Leitz' keine Gespräche mehr geführt werden und der Schwerpunkt auf die op.[erative] Bearbeitung zu legen ist."[66] Am 11. Januar 1964 wurde der GI-Vorgang „Leitz" schließlich in den Operativen Vorgang „Leitz" umgewidmet, aus dem schließlich *der* Zentrale Operative Vorgang werden sollte, dessen Akte bis zum Tode Havemanns 1982 auf mehr als 300 Bände mit Beobachtungen, Lauschprotokollen, Maßnahmeplänen, Spitzelberichten u. ä. m. anwuchs.[67]

Am 3. Februar 1964 wurde Werner Tzschoppe abgesetzt. Die zu diesem Zwecke wenige Tage zuvor einberaumte Versammlung der Universitätsparteileitung und der Par-

---

[63] Beratung zu Problemen der Grundorganisation Chemie am 23. Januar [1964] beim Genossen Hager. Aktennotiz der Abteilung Wissenschaften des ZK, SAPMO-BArch, BPA IV A2/4/704.
[64] „Die op.[erative] Überprüfung der bisher im Vorgang vorhandenen Hinweise in Verbindung mit den anliegenden Berichten, die den Verdacht der Unehrlichkeit des GI hervorrufen, wird durchgeführt". – Aktennotiz des Führungsoffiziers Maye vom 27. 2. 1959, BStU, a. a. O., Bd. 2 (Teil 2), Bl. 145.
[65] Ebenda, Bd. 1 (Teil 1), Bl. 288–290.
[66] Ebenda, Bd. 2 (Teil 2), Bl. 317.
[67] Vgl. Ebenda; vgl. auch Deckname „Leitz", in: Der Spiegel, 1995, Nr. 21, S. 87 f.

teisekretäre der Humboldt-Universität hatte sich diesem Ansinnen noch verweigert.[68] „Diese Sitzung dauerte von (wohl) 5 Uhr abends bis nachts halb drei. Ergebnislos, denn für meine Absetzung stimmte nur Prorektor Professor Robert Naumann, ein leider ziemlich ungebildeter ‚Zögling' der ‚Roten Professur' in Moskau."[69] Erst nachdem Tzschoppes Teilnahme für die Fortsetzung desselben Brainwashing am folgenden Tag unterbunden war und die Universitätsparteileitung nicht mehr in der Universität tagte, sondern in den Räumen der Bezirksleitung, stimmte die Mehrheit der Teilnehmer der Absetzung Tzschoppes zu, wohl auch in der Befürchtung, dieser sei bereits verhaftet.[70] Damit war dem Widerstand der Universitätsparteiorganisation das Rückgrat gebrochen.

Im unmittelbaren Anschluß daran, vom 3. bis 7. Februar, tagte das Zentralkomitee.[71] Von der Tribüne dieses mächtigen Gremiums verhängten Horst Sindermann, Erich Honecker, Hanna Wolf und Kurt Hager über die Auffassungen Robert Havemanns das Verdikt des Revisionismus – völlig konträr zum Tenor des Ulbrichtschen Referats auf demselben Plenum. Ulbricht attackierte nämlich nochmals mit herben Worten die Unbeweglichkeit des Apparats, forderte jene Beweglichkeit und Selbständigkeit, die Havemann vorexerziert hatte: „Kleinliche, engstirnige Beamtenseelen, die losgelöst vom Leben und vom Kampf der Werktätigen in der Volkswirtschaft den Blick für das Neue verloren haben, [...] können wir als Leiter ebensowenig gebrauchen wie alte Routiniers, die nicht begreifen wollen, daß es im Neuen Ökonomischen System der Planung und Leitung der Volkswirtschaft unmöglich ist, mit alteingefahrener administrativer und dogmatischer Arbeitsweise die Menschen zu führen."[72] Das Plenum zeigte in dieser Janusköpfigkeit die Diskrepanz zwischen den politischen Erfordernissen der Wirtschaftsreform und den Grenzen, die die gegebenen und nicht in Frage zu stellenden Machtstrukturen zogen.

Auf der sich dem Plenum anschließenden Aktivtagung der SED der Humboldt-Universität verdammten am 17. Februar dieselben Genossen, die Havemann über ein Jahr lang weitgehend vergeblich aufgefordert hatte, sich an der Diskussion seiner Überlegungen zu beteiligen, ihn und seine Vorlesungen als die Partei schädigend. In einem Beschluß verurteilten sie „das Auftreten des Genossen Professor Havemann ge-

---

[68] „Seit Sonnabend haben viele nachgedacht und anerkannten das Wesen der Kritik, auch für ihre eigene Arbeit." Bericht [der Abt. Wissenschaften] über die 2. Aussprache mit den Sekretären der Grundorganisationen der Humboldt-Universität am 3. 2. 1964, SAPMO-BArch, BPA IV A2/4/704.
[69] *Werner Tzschoppe* an d. Verf., 21. 10. 1994.
[70] Mitteilung von *Werner Tzschoppe* im Gespräch mit dem Verf. im September 1992.
[71] Verner hatte es mit Tzschoppes Sturz sichtlich eilig. Noch vor Zusammentreten des ZK-Plenums wollte er diesen schon als Exempel für das parteifremde Verhalten mangelnder Klassenwachsamkeit abgestraft demonstrieren. Nach vollbrachtem Scherbengericht teilte er Ulbricht stolz den Vollzug mit. – Vgl. *Verner* an Ulbricht, 1. 2. 1964, SAPMO-BArch, SED, ZPA, NL 182/915, Bl. 169.
[72] 5. Plenum des ZK der SED, Neues Deutschland, 5. 2. 1964, zit. nach: *Dietrich Staritz*, Geschichte der DDR. 1949–1985, Frankfurt/M. 1985, S. 157.

gen die Politik der Partei und die Weltanschauung der Arbeiterklasse" und verlangten von ihm, seine Vorlesungen „zu unterlassen, in denen er von den Beschlüssen der Partei abweichende Auffassungen vertreten hat".[73]

Doch so reibungslos die Disziplinierung der meisten Parteifunktionäre der Humboldt-Universität zu funktionieren schien: Die Grundorganisation der Chemiker, der Robert Havemann angehörte, widersetzte sich hartnäckig und nicht nur unter SED-Mitgliedern der Universität regte sich Widerspruch gegen das Administrieren von oben. Die erneuerte Universitätsparteileitung arbeitete ganze Kataloge von Maßnahmen aus, um dem Herr zu werden. Immer noch gab es:

„– Zweifel an der Richtigkeit der Absetzung der Vorlesungen des Genossen Havemann
– Falsche Einschätzung der politischen Lage unter unseren konkreten Bedingungen (Genosse Rauhut vertrat die Auffassung, daß der Dogmatismus unter unseren Bedingungen die Hauptgefahr darstelle)
– Zweifel an der Richtigkeit unserer Kulturpolitik (Genosse Gärtner: ‚Wenn ich Bitterfelder Weg höre, stößt es mir bitter auf'.)
– Einige Genossen teilen die Auffassungen Havemanns, daß der Personenkult keine zufällige Erscheinung darstelle."[74]

Viele waren mit der Ablösung von Tzschoppe nicht einverstanden. Inge Diersen sprach dagegen unter den Germanisten.[75] Wolfgang Heise machte bei seiner Ernennung zum amtierenden Prorektor explizit darauf aufmerksam, daß er diese Maßnahme ablehne und als einen „Verstoß gegen das Parteistatut" ansehe.[76] Er wurde daher am 23. März rückwirkend zum 16. März 1964 wieder abberufen.[77] Von Mitarbeitern und Studenten der Universität wurde bezweifelt, ob die Absetzung der Vorlesungen richtig sei. Der Parteisekretär der Chemiker, Harry Wielgosch, weigerte sich, eine sich von Havemann distanzierende Stellungnahme zu schreiben. Alles sah danach aus, als stünde eine lang andauernde Auseinandersetzung bevor. Der Dietz Verlag bereitete ein Buch vor, in dem die „Genossen Römer und Gruse" über 120 Seiten „Wider den Revisionismus des Gen. Prof. Dr. Havemann" zu Felde ziehen wollten.[78]

---

[73] Beschluß des Parteiaktivs der Humboldt-Universität vom 17. Februar 1964, SAPMO-BArch, BPA IV A2/4/704

[74] SED-Parteileitung, Humboldt-Universität, Informationsbericht, 3. 3. 1964, SAPMO-BArch, SED, ZPA, IV A2/9.04/103.

[75] Ebenda.

[76] *Schwiegerhausen*, Staatssekretariat für das Hoch- und Fachschulwesen, Aktennotiz, 11. 2. 1964, SAPMO-BArch, BPA IV A2/4/704.

[77] *Sanke* (Rektor der Humboldt-Universität) an Wolfgang Heise, 23. 3. 1964, Nachlaß Wolfgang Heise.

[78] *Erika Mieth* (Dietz Verlag) an Möhwaldt (Abt. Wissenschaften), 10. 3. 1964, SAPMO-BArch, SED, ZPA, IV A2/9.04/103.

Während es schien, als sei noch nicht alles verloren, verbreiteten sich in der Bundesrepublik Gerüchte, daß Robert Havemanns Vorlesungen verboten seien, er selbst entlassen und verhaftet worden sei. Am 10. März erschien ein dpa-Korrespondent bei ihm und befragte ihn. Havemann dementierte diese Gerüchte. Seine Vorlesungen wären regulär mit Semesterende beendet, er im Amte und frei und habe im übrigen am nächsten Tage ohnehin einen Termin im Staatssekretariat für das Hoch- und Fachschulwesen. Am Nachmittag des 11. März 1964 erschien im „Hamburger Echo am Abend" ein Interview mit Robert Havemann.[79] Das Interview beruhte auf Notizen, die sich der westdeutsche Journalist Neß einige Tage zuvor in einem Gespräch mit Havemann über in den Vorlesungen berührte juristische Probleme gemacht hatte. Es war von Havemann nicht autorisiert worden und gab in wesentlichen Passagen seine Aussagen sehr eigenwillig interpretiert wieder. Es diente trotzdem, wie auch die dpa-Meldungen, als Begründung für die sich nun überstürzenden Ereignisse.

Am folgenden Tage, vormittags um elf Uhr, hatte Havemann einen Termin im Staatssekretariat für das Hoch- und Fachschulwesen in seiner Funktion als Vorsitzender des wissenschaftlichen Beirates für Chemie. Dort hielt der Gesprächspartner Havemanns, der stellvertretende Staatssekretär Hermann Tschersich, ihm die dpa-Meldungen und das Interview vor.[80] Nachmittags gegen drei Uhr nahm Havemann an einer Sitzung seiner Fachgruppe der Akademie der Wissenschaften, der Klasse für Chemie, Geologie und Biologie teil, auf der die Vorschläge zur Wahl Korrespondierender zu Ordentlichen Akademiemitgliedern beraten wurden. Havemann wurde aus der Sitzung gerufen und zum Staatssekretär für das Hoch- und Fachschulwesen, Gießmann, bestellt, der ihm mitteilte, daß er ihn wegen des Interviews fristlos entlassen habe.[81] Im Entlassungsschreiben hieß es: „Sie hielten es nicht für unter Ihrer Würde, sich der Publikationsorgane in Westdeutschland zu bedienen und damit die gegen die Deutsche Demokratische Republik gerichteten Pläne der Militaristen und Revanchisten zu unterstützen."[82] Danach wurde Havemann in die Universitätsparteileitung zitiert. Einziger Tagesordnungspunkt: sein Ausschluß aus der SED. Havemann versuchte vergeblich, den Vorgang zu erklären, ihm die absurde verschwörerische Mystifizierung zu nehmen. „Es half nichts. Der Beschluß war längst gefaßt."[83] Havemann hatte gerade aus Loyalität zur DDR in dem Gespräch mit Neß versucht, die Gerüchte in den westdeutschen Medien zu entkräften. Dieses anscheinend völlig normale Vorgehen wurde ihm nun als Illoyalität vorgeworfen. Es war nicht mehr entscheidend, was er sagte, sondern allein, wo.

---

[79] *Robert Havemann*, „Wir Deutschen machen alles besonders gründlich", wieder abgedruckt in: *Derselbe*, Warum ich Stalinist war und Antistalinist wurde. Texte eines Unbequemen. hrsg. v. Dieter Hoffmann u. Hubert Laitko, Berlin 1990, S. 189–191.
[80] *Tschersich*, Aktennotiz, 12. 3. 1964, SAPMO-BArch, SED, ZPA, IV A2/9.04/103.
[81] Vgl. *Havemann*, Fragen, S. 127 f.
[82] *Gießmann* an Havemann, 12. 3. 1964, SAPMO-BArch, SED, ZPA, IV A2/9.04/103; Vgl. auch den Text von Dokument 21.
[83] *Havemann*, Fragen, S. 128.

Niemand war bereit, seine Argumente wenigstens zu erwägen. Einzig Wolfgang Heise erkannte, daß es sich um ein Manöver handelte, das nur dazu diente, Robert Havemann politisch kaltzustellen:

„Ich bin nicht ganz einverstanden mit den anderen Genossen. Mir ist klar, Genosse Havemann verläßt mit seinen Vorlesungen den Boden des Marxismus-Leninismus. Das Interview war politisch falsch. Das war ein Verletzen der Parteidisziplin. Einerseits ist Genosse Havemann auf eine Provokation hineingefallen. Ich bin der Meinung, die These, die gesagt wurde, daß Havemann diese Aussprache benutzt, ist für mich nicht überzeugend. Ich habe Angst, daß wir auf eine Provokation der Westdeutschen hereinfallen. Da mache ich noch nicht recht mit. Man sollte vom Genossen Havemann eine öffentliche Stellungnahme verlangen, wo er ganz klar Stellung nimmt. Eine Parteistrafe halte ich für nötig, aber Ausschluß, Genossen, Ausschluß ist der politische Tod. Die Logik ist mir klar, wenn er so weiter macht, dann ist das mit der Partei nicht mehr zu vereinbaren. Bis jetzt stand nicht die Frage einer organisatorischen Maßnahme. Jetzt machen wir das auf Grund eines Interviews."[84]

Heise war der einzige, der in der Universitätsparteileitung gegen den Ausschluß Havemanns votierte. Am Abend des 12. März 1964 war aus dem Genossen Ordinarius ein arbeitsloser Herr Professor geworden. So blieb ihm wenigstens die Versammlung des Parteiaktivs der Humboldt-Universität erspart, auf der Paul Verner den anwesenden SED-Mitgliedern die Richtigkeit und die politische Bedeutung des Parteiausschlusses einbleute: Gegen die immer noch widerspenstigen Chemiker wurden in den folgenden Wochen Parteiverfahren eröffnet.

Havemann erhob Einspruch – sowohl gegen die Entlassung als auch gegen den Parteiausschluß. In beiden Fällen hoffte er – wie sein Freund Wolf Biermann, der schon 1963 als SED-Kandidat gestrichen worden war – auf eine Korrektur:

„Es hackte die Partei
sich ab so manchen Fuß.
Jedoch im Unterschied
zu obengenanntem Mann
wächst der Partei manchmal
der Fuß auch wieder an."[85]

Havemanns Widerspruch gegen die Entlassung kam den Herren im Zentralkomitee sehr ungelegen, hatten sie doch in der Eile übersehen, daß der Staatssekretär gar nicht berechtigt war, einen Professor zu entlassen, sondern nur dessen Rektor infolge

---

[84] SED-Parteileitung Humboldt-Universität, Protokoll, Leitungssitzung am 12. März 1964, SAPMO-BArch, SED, ZPA, IV A2/9.04/103.
[85] *Wolf Biermann*, Ballade vom Mann, der sich eigenhändig beide Füße abhackte, in: Alle Lieder, Köln 1991, S. 98 f.

eines regulären Disziplinarverfahrens. Damit dieses angesichts der großen Sympathien, die Havemann unter den Wissenschaftlern noch immer genoß, nicht zu einem unerwarteten Ausgang führen könne, wurde es sorgfältig vorbereitet:
„Auf Grund des vorgetragenen Einspruchs Havemanns und um ihm keinerlei rechtliche Handhabe zu geben, wurde veranlaßt, daß mit Hilfe des Genossen Prof. Nathan noch einmal die gesetzlichen Vorschriften überprüft werden.
Dabei wurde deutlich, daß
1. für Staatsangestellte es prinzipiell gilt, daß sie von ihren Pflichten entbunden werden können, aber ein Disziplinarverfahren notwendig ist,
2. daß die Hochschullehrer insofern eine Ausnahme bilden, als der Staatssekretär Disziplinarverfahren gegen sie nicht an sich ziehen kann, gemäß Arbeitsgesetzbuch §§ 32/35 und 107.

Deshalb und wegen des geltend gemachten Einspruchs durch Havemann hat Genosse Staatssekretär Gießmann folgendes Schreiben an Havemann gesandt:
‚Sehr geehrter Herr Havemann!
Auf *Grund Ihres bei der* gestrigen Überreichung des Abberufungsschreibens gemachten Einspruchs habe ich veranlaßt, daß ein Disziplinarverfahren gegen Sie eingeleitet wird.
Mein Schreiben vom gestrigen Tage ist als Entbindung von Ihren Dienstverpflichtungen gemäß § 12 der Disziplinarordnung aufzufassen.'
Dieses Schreiben wird heute, am 13. 3., überreicht. Deshalb findet entsprechend den gesetzlichen Vorschriften am Sonnabend, dem 21. 3. 1964, das Disziplinarverfahren statt. Die Durchführung des Disziplinarverfahrens ist auf Grund der Zusammensetzung des Ausschusses gesichert. Vorsitzender ist der Rektor. Ihm gehören weiter an: Genosse Prof. Sanke, Prof. Steininger, *Genossin*[86] Prof. ~~Kettler~~ *Glaser*[86], und ein Vertreter der Mathematisch-Naturwissenschaftlichen Fakultät ~~(Genosse Prof. Vent oder Genosse Prof. Daber)~~. *Prof. Borland*[86].
Fakten: ~~Verletzung~~
1. Zwangsweise Zurückhaltung gegeben
2. Verletzung der Treuepflicht
/Interview vom Freitag"[87]

Ganz wie geplant wurde dieses Disziplinarverfahren am 21. März 1964 durchgeführt. Es brachte das erwünschte Ergebnis, obwohl der in der Regie nicht vorgesehene Vertreter der Fakultät Robert Havemanns, Prof. Dr. Bernhard, die Absurdität der Vorwürfe zu Protokoll gab:
„Ich möchte zu bedenken geben, daß unsere Beweisführung sehr wesentlich auf westlichen Informationsmaterialien basiert. Ich kenne das aus Erfahrung, ich

---

[86] Handschriftlich eingefügt.
[87] Abt. Wissenschaften, Betr.: Fristlose Entlassung Prof. Havemanns, 13. 3. 1964, SAPMO-BArch, SED, ZPA, IV A2/9.04/103. [Kursiv: Handschriftliche Korrekturen, Streichungen im Original.]

war über 10 Jahre in der Sowjetunion und nach meiner Rückkehr Gegenstand einer sehr raffinierten Spionageaktion geworden. Daß die Sache gut ausging, verdanke ich nicht meiner Intelligenz, sondern einem puren Zufall. Und auch meine Veröffentlichungen, was damals herauskam, waren starke Verstümmelungen, auf die man nicht einwirken konnte, und man soll doch bei der Beurteilung dieser ganzen Pressemeldungen Vorsicht walten lassen. Es steht zur Debatte: das Leben von Havemann und sein außerordentlich leichtfertiges Vergehen. [...] Nach der Disziplinarvorschrift müßte ich im Laufe des Tages 20–50 Telefongespräche führen, um alle ausländischen und westdeutschen Besucher beim Rektor anzumelden [...] Ich habe auch die Anweisung von der Akademie so aufgefaßt, daß nur Mitteilungen wissenschaftlicher Ergebnisse meldepflichtig sind, man muß da stark unterscheiden.

Ich habe das deutliche Gefühl, daß nicht nur Prof. Havemann Opfer einer raffinierten Aktion geworden ist und ob wir nicht alle als Schachfiguren agieren, denn so, wie die Figuren stehen, könnte es von der westlichen Seite aus nicht besser gemacht werden."[88]

Magnifizenz Prof. Dr. Schröder, Prof. Dr. Claassen, Prof. Dr. Steiniger, Prorektor Prof. Dr. Sanke und auch Dekan Prof. Dr. Bernhard vollendeten einstimmig einen „formal korrekten Unrechtsakt", wie es ihnen die Richter des Berliner Landesarbeitsgerichts im Frühjahr 1994 nachträglich beschieden,[89] und schlossen damit Robert Havemann von der einzigen Sphäre ab, in der er sich hätte wehren können: der Öffentlichkeit des Landes, in dem er lebte.

Zwischen Frühjahrsfrösten und Wintereinbruch

Am 24. März 1964 konnte Kurt Hager den Mitgliedern und Kandidaten des Politbüros Vollzug melden.[90] Robert Havemann war entlassen, aus der Partei verstoßen und vorläufig an die Akademie verbannt. Mit dem Exempel an Havemann wurde zugleich den unzufriedenen Genossen die Grenze demonstriert, die Eigeninitiative, Selbständigkeit und unabhängiges Denken nicht überschreiten durfte. Der Petőfi-Klub ungari-

---

[88] Protokoll über die mündliche Verhandlung im Disziplinarverfahren gegen Professor Dr. Havemann, SAPMO-BArch, SED, ZPA, IV A2/9.04/103.
[89] Vgl. V. G., Robert Havemann. Keinen Anspruch, in: Die Zeit, Nr. 4, 21. 1. 1994. Die Berliner Richter bescheinigten überdies dem „unstrittig ... politischen Willkürakt" nicht nur formaljuristische Korrektheit, sondern schlossen auch die Möglichkeit zur Revision mit der Begründung aus, daß Havemanns Entlassung kein exemplarischer Vorgang sei, sondern ein „Wald- und Wiesenfall wie jeder andere" auf dem weiten Felde arbeitsrechtlicher Streitigkeiten. Vgl. auch: Keine Entschädigung für Havemann-Witwe, in: die tageszeitung, 15. 1. 1994.
[90] *Kurt Hager* an die Mitglieder und Kandidaten des Politbüros, 24. 2. 1964, SAPMO-BArch, SED, ZPA, IV A2/9.04/103.

scher Intellektueller im Jahre 1956 und der 17. Juni 1953 waren die traumatischen Erfahrungen der Herrschenden, die sie jedesmal hinter laut werdendem Widerspruch befürchteten. Die Entwicklungen in der Tschechoslowakei und in Polen, die Überlegungen von Kommunisten in Österreich, Frankreich, Italien und Schweden ließen sie neue Gefahren erahnen, die sie bereits im Keim ersticken wollten.

Schon damals argwöhnten die Herrschenden im Apparat den „Prager Frühling"[91]: Im März 1964 resumierte der stellvertretende Vorsitzende der Ideologischen Kommission der Berliner SED-Bezirksleitung, Neugebauer, die Vorgänge:

„Aber das politische Programm Havemanns in den Vorlesungen setzt sich ja fort, zum Beispiel mit der Forderung nach Freiheit für jeden, also auch für die Militaristen und Imperialisten, mit der Forderung nach uneingeschränkter Information, also nach Einfließen der militaristischen und imperialistischen Presseerzeugnisse in die DDR. Übrigens war diese Forderung nach uneingeschränkter Information eine zentrale Forderung der ungarischen Konterrevolution. Sie wurde im Petőfi-Klub aufgestellt, und in der Folge wurden die besten Kommunisten gehängt. Diejenigen aber, die solche Forderungen aufgestellt haben, wie Lukács, schreiben heute Bücher über Ethik und Moral.

[...] Es wird (von Robert Havemann, Wolfgang Heise und Werner Tzschoppe – B. F.) die Erneuerung des Marxismus-Leninismus propagiert, die Renaissance (des Marxismus: Anspielung auf eine Äußerung von Ernst Fischer in Prag – B. F.) usw., die Erneuerung der Kultur, des geistigen Lebens und so fort. Warten nicht einige Kräfte an der Humboldt-Universität auf einen ‚Prager Frühling'?"[92]

Havemann wurde im Anschluß an seine Entlassung als hauptamtlicher Leiter der Arbeitsstelle für Photochemie der Deutschen Akademie der Wissenschaften zu Berlin übernommen.[93] Der Physikochemiker Havemann, so war offenbar das Kalkül, blieb

---

[91] Die scheinbar anachronistisch wirkende Bezeichnung benannte schon 1964 mit dem Etikett des alljährlich in der tschechischen Hauptstadt stattfindenden Musikfestivals jene geistige Atmosphäre, die sich in der CSSR im Kontext der verspäteten Entstalinisierung seit dem Frühling 1963 herausbildete, 1963 mit der Kafka-Konferenz erstmals für Schlagzeilen sorgte, um dann unter genau dieser Bezeichnung Synonym für den bedeutendsten demokratischen Umbruch in der Geschichte der kommunistischen Länder zu werden. Beteiligt an der Ausprägung dieser Metapher war wider Willen offenbar *Alfred Kurella*, der in seinem polemischen Artikel „Der Frühling, die Schwalben und Franz Kafka" (Sonntag, 1963, Nr. 31) gegen die ganze Richtung der Kafka-Konferenz gezetert hatte, besonders aber gegen Roger Garaudy, der in der Konferenz erste Schwalben eines neuen Frühlings des Marxismus sah. (Vgl. hierzu auch *Manfred Jäger*, Kultur und Politik in der DDR. 1945–1990, Köln 1994, S. 113 f.) Die Verwendung der Formulierung „Prager Frühling" in dieser Bedeutung bereits vor 1968 bestätigte auch *Werner Tzschoppe* im Gespräch mit d. Verf.

[92] *Neugebauer*, Diskussionsbeitrag auf der 12. Tagung der BL Berlin, 4./5. März 1964, S. 285–305, SAPMO-BArch, SED, BPA Berlin IV A 2/4/704.

[93] Vgl. Dokument 2.

vorerst unbeschädigt, wenngleich es auch galt, diese Arbeitsmöglichkeiten sukzessive einzuschränken. Ganz im Gegensatz zum politischen Wunschbild des allseitig gebildeten, politisch aktiven Staatsbürgers der DDR, sollte der real politisch aktive Havemann eingeschränkt nur als Fachgelehrter fortwirken. Bis hierher hatte er alle Möglichkeiten ausgeschöpft, eine politische Debatte zu führen, Möglichkeiten, die für ihn als Kommunisten mit schwer anfechtbarer politischer Biographie zweifellos größer waren als für die Mehrzahl seiner potentiellen oder tatsächlichen Mitstreiter.[94] Nunmehr mußte er dieses Wirkungsfeld von vornherein durch geschickte Regelauslegungen und notfalls auch -verletzungen neu definieren.

Die Ablehnung, auf die seine in der Form gar nicht beabsichtigte Benutzung westdeutscher Medien[95] selbst unter seinen Freunden gestoßen war,[96] signalisierte deutlich, daß die Notwendigkeit bestand, immer wieder zu beweisen, daß alle Möglichkeiten der Öffentlichkeit innerhalb der DDR ausgeschöpft waren und der Umweg über die Medien des Westens nur eine Notlösung darstellte, um wenigstens eine Teilöffentlichkeit zur Selbstverteidigung herstellen zu können. Bei allen seinen Publikationen im Westen behielt er sich deshalb zumindest die Rechte für die DDR und die sozialistischen Staaten vor. Dieses Verfahren stellte zwar eine Regelverletzung dar, war indes so geschickt begründet, daß die SED-Behörden mit hilfloser Wut reagierten: „Als Begründung entblödet sich Prof. Dr. Havemann nicht zu bemerken, das tue er darum, ‚damit

---

[94] Havemann verärgerte häufig mit diesem Ausschöpfen seiner persönlichen Möglichkeiten gerade jene Freunde, die ihm besonders nahe standen. Nur wenige akzeptierten, daß er sie dabei mitunter auch ausmanövrierte und vor Situationen stellte, in die sie selbst sich nicht zu begeben gewagt hätten: „Aber man muß bedenken, daß Havemann in seiner Existenz bei seiner Vergangenheit und Publizität unvergleichlich weniger in seiner physischen, vor allem aber seiner materiellen Existenz bedroht war als alle seine Freunde in der Universität. Folglich hatten wir alle äußerst unterschiedliche Vorstellungen davon, was man sich leisten sollte und kann. Und Havemann hätte nicht ein Drittel dessen getan, was er wirklich tat, wenn er auf dieser Ebene den Ratschlägen seiner Sympathisanten gefolgt wäre – was ich natürlich auch auf mich beziehe, denn ich wurde vom ihm (entgegen den Versprechungen unter vier Augen) mehrfach ‚reingelegt'. Aber ich habe das verstanden und nicht sehr ernst genommen." – *Werner Tzschoppe* an d. Verf., 21. 10. 1994.

[95] „Hätte mir die Partei die Möglichkeit zu einer Erklärung gegenüber den Auslassungen des Hamburger ‚Echo am Abend' gegeben, wäre die ganze Hetze der Gegner zusammengebrochen." – *Robert Havemann* an die ZPKK, in: Bericht der ZPKK über die Ablehnung des Einspruchs Havemanns gegen seinen Parteiausschluß, 16. 6. 1964, SAPMO-BArch, SED, ZPA IV 2/ 11/4920.

[96] Sowohl Wolfgang Heises Verteidigung Havemanns an der Universität als auch die abgeforderten Stellungnahmen Werner Tzschoppes für die Berliner Bezirksleitung der SED distanzierten sich klar von der Tatsache, daß Havemann der Westpresse ein Interview gegeben habe. Dies waren nicht ausschließlich taktische Erklärungen zum Schutz der eignen Position, sondern vielmehr Konsequenzen einer tief in der Arbeiterbewegung verwurzelten Tradition der Quarantäne für die Austragung interner Streitigkeiten in der „bürgerlichen Reptilienpresse", einer Tradition, die nicht bolschewistischen Ursprungs ist, sondern spätestens seit dem „Vorwärts"-Konflikt des Jahres 1905 in der deutschen Sozialdemokratie kodifiziert wurde.

in Westdeutschland diesen Falsifikationen und dem dauernden Diebstahl an meinem geistigen Eigentum ein Ende gemacht werden kann."[97]

Zugleich schrieb er der Zentralen Parteikontrollkommission, daß er sich noch nie so in Übereinstimmung mit der SED gesehen habe, wie nach Ulbrichts Referat auf dem 5. Plenum:

„Ich betrachte die Rede des Genossen Walter Ulbricht auf dem 5. Plenum als den bedeutendsten Schritt zur Überwindung der starren ökonomischen Prinzipien der Stalin-Ära, die ihre Berechtigung nur für eine quasi-Kriegswirtschaft hatten. [...] Mein Eindruck ist jedenfalls, daß unsere Partei auf diesem Gebiet (dem Gebiet der ökonomischen Politik) einen entscheidenden Schritt zur Überwindung der dogmatischen Erstarrung [...] gemacht hat".[98]

Es war keinesfalls nur Zweckoptimismus, der Havemann Ulbrichts Rede in so hohen Tönen preisen ließ. Das Dilemma, in dem sich der mit dem NÖS eingeleitete Kurs befand, war ihm durchaus bewußt, nur schien es sinnvoll, die Tendenz zur Öffnung, zur Zurückdrängung bürokratischer Autokratie der SED und ihrer Apparate mit dem Odium der Parteilinie zu versehen und als solche voranzutreiben. Die offensichtlichen Inkonsequenzen dieser Politik waren sowohl im Gegensatz zwischen Ulbrichts Tiraden gegen die Unbeweglichkeit der Funktionäre einerseits und der Disziplinierung der Intellektuellen der Humboldt-Universität andrerseits spürbar als auch in Ulbrichts gegensätzlichen Äußerungen selbst. Hielt er den eignen Apparatschiks den Geist des Jugendkommuniqués vor, so warnte er jene Intellektuellen, die diesen Geist zu beleben suchten, mit unzweideutigen Aufforderungen zur Abgrenzung von westlicher Dekadenz.[99] Mehr und mehr wurde deutlich, daß die zwei wesentlichen Aspekte der Modernisierung der DDR, die mit dem NÖS und den sie begleitenden Reformen verbunden waren, nicht gleichermaßen als notwendig angesehen wurden. Während die Einbeziehung der nachgewachsenen Generation und der jungen Intelligenz Wirtschaft und Politik qualifizieren sollte, gut ausgebildete Spezialisten gebraucht wurden, wie nie zuvor und wie niemals danach in die Wissenschaft investiert wurde, galt dieses Interesse vor allem den spezialisierten Fachleuten und keineswegs den selbständig denkenden und selbstbewußten Staatsbürgern. Die Verfasser des „Jugendkommuniqués", die Ulbricht an der Hierarchie des SED-Apparates und dem für Jugendarbeit zuständigen Sekretär Honecker vorbei ins Politbüro geholt hatte, waren gezwungen, einen zermürbenden und letztlich erfolglosen Zweifrontenkampf zu führen. Einerseits sahen sie sich den

---

[97] ZPKK, 26. 6. 1964, SAPMO-BArch, SED, ZPA IV 2/11/v. 4920.
[98] Ebenda.
[99] „Es geht nicht um Ästhetik. Es geht um die Arbeiter-und-Bauern-Macht, um den Weg zum Sozialismus. [...] Es ist kein Zufall, daß Menschen, die nihilistischen Auffassungen und der ideologischen Koexistenz zuneigen, Formalismus und Abstraktionismus als Waffe im Kampf gegen die sozialistische Ideologie benutzen. Unter der Losung des ‚Kampfes gegen den Personenkult' führen sie den Stoß gegen die führende Rolle der Partei der Arbeiterklasse." – Neues Deutschland, 4. 4. 1963, zit. nach: *Jäger*, S. 113.

pausenlosen Intrigen und Angriffen der alten Bürokratie ausgesetzt, gegen die sie den neuen Kurs durchsetzen sollten, andrerseits mußten sie Parteitreue unter Beweis stellen. Kurt Turba, Chef der Jugendkommission des Politbüros, den Ulbricht aus der Redaktion des „Forum"[100] geholt hatte, war Honeckers Intimfeind. In seiner ehemaligen Zeitung spiegelte sich die Schaukelpolitik, die an sich selbst scheitern mußte: „Ich erinnere mich, daß 1963 Nahke, damals Redakteur vom ‚Forum', mich anrief und sagte: ‚Kannst du mal vorbeikommen, ich muß dir den Umbruch zeigen von unsrer nächsten Nummer.' Er zeigte mir den Umbruch: ‚Hier haben wir Havemann angepißt, hier haben wir ein bißchen viel von Freiheit drin, da nehmen wir hier den Ulbricht ganz groß, und hier mußt du die Tschechen anpissen.' Ich habe das abgelehnt, aber so war die Zeit vor 1968."[101]

Nach Havemanns Parteiausschluß suchten eine Reihe von SED-Mitgliedern die Politik der Öffnung dadurch zu retten, daß sie ihre Parteitreue durch skrupellose Tiraden gegen den Ausgestoßenen unter Beweis stellten. Harald Wessel, der Autor des denunziatorischen Machwerks „Weder Sklerose noch Osteomalazie" war am Entstehen des Jugendkommuniqués selbst beteiligt. Diese janusköpfige Gesichtslosigkeit, die sich bereitwillig in den Dienst jeder Macht stellte, nur um die persönliche Position zu befestigen, verkaufte nicht nur die Hoffnungen auf eine neue Politik. Sie täuschte jene erwartungsvollen Menschen, die auf diese Hoffnung bauten, führte sie hinters Licht, lieferte sie einer Macht aus, die das Gegenteil von dem tat, was sie verkündet hatte.

„Sie haben sicher den FORUM-Artikel gelesen, in dem man H.[avemann]s Schriften von 52 und 64 gegenüberstellte. [...] Ich sagte einem Mitarbeiter des FORUM, daß ich die Gegenüberstellung unfair, dumm und außerdem instinktlos fände, traf aber auf solche Verständnislosigkeit, daß ich an der Sache ganz irre wurde. [...] Nun hat H. also eine Antwort geschrieben, die das FORUM nicht veröffentlicht – nachdem es ihn oft genug beschimpft hat, im übelsten Jargon, weil der arrogante H. auf die Vorwürfe des FORUM nicht eingehe. Gestern hörten wir über SFB den Aufsatz. [...] Ich sage mit Nachdruck, daß ich ihn billige. [...] Man könnte zur Tagesordnung übergehen. Aber ich kann nicht, ich bin erbittert und erbitterter über meine Ohnmacht. Was soll man tun? Schweigen? Totschweigen? Genau dieses Wort fiel über die Heym-Affäre: totschweigen. [...] Ich sitze zwischen Baum und Borke. Ich gehöre zur Jugendkommission, als einzige nicht Genosse; meine Freunde dort vertrauen mir, obgleich sie wissen, daß wir in manchen Fragen verschiedener Meinung sind. Jetzt, wenn ich protestiere, würde ich in einen unüberbrückbaren Gegensatz zu ihnen geraten, das ist eines, und das andere: ein Protest wäre ganz unwirksam, weil er ohnehin nicht veröffentlicht würde. Was soll man tun? Ja, und ich bin auch ein gebranntes Kind und

---

[100] Alle zwei Wochen erscheinende DDR-Zeitung „für Probleme der jungen Intelligenz".
[101] *Heiner Müller*, Krieg ohne Schlacht. Leben in zwei Diktaturen. Eine Autobiographie, erw. Neuausg., Köln 1994, S. 194.

habe kein Talent zum Märtyrer, will heißen: keinen hohen Mut. Ich will Bücher schreiben [...] Nur – wie kann man in Frieden Bücher schreiben, wenn man Unrecht zwar nicht tut, aber duldet? Und Dulden ist schon beinahe soviel wie Tun."[102]

Die anderthalb Jahre, die Havemann an der DAW arbeitete, waren kein Rückzug auf die Güter der Privatheit nach der verlorenen Schlacht, sie vergingen in einem permanenten Kampf um die Öffentlichkeit, um die Chance, sich einzumischen in die politische Entwicklung.

---

[102] *Brigitte Reimann* an Hermann Henselmann, 8. 5. 1965, in: *Dieselben*, Briefwechsel, hrsg. v. Ingrid Kirschey-Feix, Berlin 1994, S. 54 f.

Silvia Müller

Ein „akademie-internes" Szenario

Die in diesem Band veröffentlichten Dokumente veranschaulichen nicht nur das Szenario zum Rausschmiß Robert Havemanns aus der Deutschen Akademie der Wissenschaften (zwischen Dezember 1965 und März 1966); sie zeichnen auch ein Bild des Wissenschaftsbetriebes der DDR in den 60er Jahren und geben Einblick in die Herrschaftstechniken seiner politischen Steuerung.

Die von der SED-Politbürokratie 1965/66 erdachten Maßnahmen zur „politisch-ideologischen Zerschlagung" und „politischen Isolierung" des kritischen Geistes Robert Havemann bezweckten zugleich eine abschreckende Wirkung und die ideologische Disziplinierung einer wissenschaftlichen Einrichtung: nunmehr der Deutschen Akademie der Wissenschaften. Dabei war es der SED-Spitze daran gelegen, „Fehler" und massive Proteste, wie bei den Auseinandersetzungen im Frühjahr 1964 um den Ausschluß Robert Havemanns aus der SED, bei seiner fristlosen Entlassung und dem Hausverbot an der Humboldt-Universität, nicht zu wiederholen. Ein peinlichst genauer „Terminplan" (Dokument 62) wurde in Abstimmung zwischen ZK-Apparat und Akademiepräsidium erstellt. Das Szenario sollte sich hinter verschlossenen Türen vollziehen.

Ein Dokument aus der Abteilung Wissenschaften des ZK der SED belegt, wie schon 1964, am Tag der fristlosen Entlassung Robert Havemanns aus der Humboldt-Universität, ein Beschluß der Klasse für Chemie der DAW durch den Parteiapparat gekippt wurde:[103]

„In der Klassensitzung für Chemie, die unter Leitung des parteilosen Sekretärs der Klasse, Prof. Lehmann, stattfand, wurde über die Umwandlung der Mitgliedschaft (vom Korrespondierenden zum Ordentlichen Mitglied der DAW – S. M.) gesprochen [...] Als Prof. Lehmann neben anderen Namen, auf die eine solche Umwandlung der Mitgliedschaft zutrifft, auch den Namen Havemann nannte, meldete sich Prof. Havemann zu Wort und teilte den Klassenmitgliedern, ohne Nennung der Gründe, die soeben erfolgte fristlose Entlassung als Hochschullehrer mit. Die Klassenmitglieder, einschließlich der anwesenden Genossen, nahmen diese Tatsache zur Kenntnis und stimmten trotzdem der vorgeschlagenen Umwandlung in den Status eines ordentlichen Mitgliedes für Prof. Havemann zu."

---

[103] Abteilung Wissenschaften, Information, 18. 3. 1964, SAPMO-BArch, SED, ZPA, IV A 2/9.04/107.

Die Folge war eine Auswertung an höchster Stelle, „verbunden mit der prinzipiellen Kritik an den leitenden Genossen der Akademie (die zum großen Teil selbst Mitglied der Akademie-Parteileitung sind), wegen ihrer ungenügenden Zusammenarbeit mit der Parteileitung und ihrem subjektiven Verhalten bei prinzipiellen Fragen der Politik an der Akademie [...]. Genosse Schubert von der Abteilung Wissenschaften des ZK [...] erklärte, daß dieser Tatsache ideologische Ursachen zugrunde lägen. Sie bestehen darin, daß versucht wird, die politische von der wissenschaftlichen Seite Havemanns zu trennen. Das Verhalten Havemanns gegenüber Partei und Regierung ist für sie die eine Seite, die wissenschaftlichen Leistungen Havemanns die andere. Offensichtlich interessieren auch eine Reihe leitender Genossen der Akademie im wesentlichen nur die wissenschaftlichen Seiten."

Von der SED-Führung wurde einerseits Bedarf an wissenschaftlich begründeter langfristiger Planung und Leitung der Volkswirtschaft und beginnender Koordinierungsprozesse im RGW-Rahmen propagiert. Wissenschaft sollte als Mittel für „wirtschaftliche Rechnungsführung" und das neue „System ökonomischer Hebel" integriert werden. Andererseits sollte Wissenschaft dem politisch-ideologischen Auftrag immer wieder untergeordnet werden, so daß sie als „wissenschaftlich begründete Politik" der von der Partei vorgegebenen „objektiven Wahrheit" zur Legitimationstheorie verkam.

So erklärt sich, daß Kurt Hager auf einer Konferenz im März 1964 zugleich für die Anwendung mathematischer Methoden in der Ökonomie, für Kybernetik und Arbeitsspychologie eintrat und „soziologische Massenforschungen zu grundlegenden [...] Problemen unserer gesellschaftlichen Entwicklung" forderte, während er Historiker der Humboldt-Universität kritisierte, „weil sie einseitig [...] nur gegen den angeblichen Dogmatismus" kämpften, und Robert Havemann vorwarf, die Politik des Arbeiter- und Bauernstaates angegriffen zu haben.[104]

Politische Isolierung eines kritischen Geistes

Das über den verdienstvollen und bis 1964 hochgeehrten Wissenschaftler verhängte Publikationsverbot für seine gesellschaftskritischen Auffassungen sollte nun mit dem Entzug sämtlicher Arbeits- und Forschungsmöglichkeiten auf alle öffentlichen Äußerungen Havemanns ausgedehnt werden. Die SED-Führung machte Robert Havemann zu ihrem Feind: Auf ihrem 11. ZK-Plenum bezichtigte sie ihn der „bürgerlichen bzw. revisionistischen Ideologie"; nachdem Havemann seinen Artikel „Die Partei ist kein Gespenst. Plädoyer für eine neue KPD" (Dokument 15) im Westen publiziert hatte, stempelte sie ihn zum Staatsfeind; fortan schwieg die SED Robert Havemann tot und

---

[104] Zitiert nach: *Jochem Černý*, Versuch, ein Fazit zu ziehen, in: Kahlschlag. Das 11. Plenum des ZK der SED. Studien und Dokumente, hrsg. v. Günter Agde, Berlin 1991, S. 162.

behandelte ihn als Unperson. Robert Havemann beschrieb später selbst, wie die SED „fadenscheinige, unwahre und lächerliche Argumente heranzitieren [mußte], um ihre schmähliche Handlungsweise zu rechtfertigen"[105] und ihr schlechtes Gewissen dokumentierte, indem sie nicht den Mut aufbrachte, öffentlich die wahren Gründe anzuführen.

Nach seiner Entlassung aus der Humboldt-Universität war Havemann noch Korrespondierendes Mitglied der Deutschen Akademie der Wissenschaften. Um dem „Klassenfeind" nicht das Argument „Berufsverbot" zu bieten, verfügte der ZK-Apparat die Berufung Havemanns zum Leiter einer Forschungsstelle[106] mit einem Gehalt von 4000 Mark:

„[...] man war so großzügig, mir die Arbeitsstelle für Fotochemie bei der Akademie der Wissenschaften zu belassen und mich offiziell zum dortigen Leiter einzusetzen. Ich war zwar schon vorher der Leiter gewesen, aber ohne Vertrag und ohne Entgelt. Nun bekam ich dort mein Gehalt, zwar nicht in der Höhe wie als Universitätsprofessor, aber es war doch genug. Es wurde mir sogar versprochen, daß man mein Gehalt wieder auf die ursprüngliche Höhe erhöhen würde, wenn die Regierung es genehmigen würde. Diese Arbeitsstelle für Fotochemie sollte eigentlich das Embryonalstadium eines größeren Instituts für Fotochemie bei der Akademie der Wissenschaften werden. Ich hatte zahlreiche Mitarbeiter gewonnen und ein großes Arbeitsprogramm entworfen, das auch bis dahin in jeder Hinsicht gefördert worden war. Aber nun war es damit zu Ende. Schon im ersten Jahr zeigte sich, daß die finanziellen Mittel für unsere Arbeitsstelle reduziert wurden, daß die Zahl der zulässigen Forschungsthemen herabgesetzt wurde, daß man in jeder Weise bemüht war, auch meine wissenschaftliche Tätigkeit unter wachsenden Druck zu setzen."[107]

Für diese Einschränkung seiner Arbeitsmöglichkeiten gab es kein Argument, das sich auf Havemanns wissenschaftliche Tätigkeit berufen konnte. Enthusiastisch hatte er gegenüber der Akademieleitung Projekte zur Photosynthese entwickelt, die sowohl für die sowjetische Raumfahrt als auch für die Entwicklung alternativer Energien von Bedeutung waren. Die erzwungene Schrumpfung seiner Arbeitsstelle und ihre Aufsplitterung auf verschiedene Institutionen hatten ausschließlich politische Gründe und diese lagen in der Person Robert Havemanns. Das Staatssekretariat für Forschung und Technik entschuldigte sich blumig beim Sekretariat des Zentralkomitees, daß es ihm nicht gelingen konnte, diesem politischem Eingriff einen aus vorgeschobenen wissenschaftlichen oder ökonomischen Gründen gewebten Deckmantel zu verpassen. Geradezu resignierend wurde festgehalten, daß

„*eine fachliche Begründung* der Reduzierung ausgeschlossen [ist]. Daher bleibt nur die Möglichkeit, Prof. Havemann die Reduzierung der Arbeitsstelle als Folge

---

[105] Robert Havemann – ein deutscher Kommunist, Reinbek 1978, S. 19.
[106] Vgl. Dokument 2.
[107] Robert Havemann – ein deutscher Kommunist, S. 20.

politischer Erwägungen über den Präsidenten als feststehende Tatsache mitzuteilen."[108]

Doch auch hiermit hielten sie nur fest, was ihnen die maßgeblichen Parteiinstanzen vorgeschrieben hatten, die am 26. November 1964 dem Staatssekretariat für Forschung und Technik erklärten,

„daß jede Frage, die mit der Person Havemann zusammenhängt, nicht durch Empfehlungen oder Beschlüsse des Forschungsrates oder einer anderen staatlichen Institution gelöst werden können (sic! – S. M.); es sei denn, es haben vorher Konsultationen mit der Parteiführung stattgefunden".[109]

Auf der Sitzung des ZK-Sekretariats am 20. Januar 1965 wurde im Beschluß Nr. 6/65 „über die weitere wissenschaftliche Arbeit von Prof. Havemann" das Vorgehen von Partei- und Staatsapparat festgelegt, u. a. die Reduzierung des Personalbestandes der Arbeitsstelle für Fotochemie an der DAW. Und, weil „das neuerliche provokatorische Auftreten Havemanns" mit seinem Artikel „Der Marxismus leidet an Sklerose" im „Spiegel"[110] „geeignete Maßnahmen" erfordert, erhält der stellvertretende Vorsitzende des Ministerrates, Alexander Abusch, den Auftrag, „einen Vertreter seines Büros, Herrn Havemann eine Erklärung *verlesen* zu lassen." (Dokumente 4 und 6)

Am 5. Februar 1965 verlesen die Regierungsfunktionäre Fleck und Langner den ihnen von der SED im wahrsten Sinne des Wortes vorgeschriebenen Text (Dokument 6), in dem sie Havemann auffordern, sich allein seinen wissenschaftlichen Arbeiten auf dem Gebiet der Fotochemie zu widmen und jeglicher politischer Äußerung zu enthalten. Unverblümt wurden ihm nicht näher bestimmte Konsequenzen angedroht, falls er sich wieder westdeutscher Medien bedienen sollte oder auch nur den Kontakt zu Journalisten aus dem kapitalistischen Ausland aufrecht hält. Robert Havemann wies diese Erpressung zurück und legte in Briefen an Ministerpräsident Stoph und Volkskammerpräsident Dieckmann gegen diese verfassungswidrigen Drohungen Beschwerde ein.[111]

---

[108] *Dr. Deters*, Information über die am 29. 1. 65 durchgeführte Besprechung über den Beschluß des Sekretariats des ZK zur Frage Reduzierung der Arbeitsstelle für Fotochemie der DAW, an Dr. Weiz, Staatssekretär für Forschung und Technik, 29. 1. 1965, SAPMO-BArch, SED, ZPA, IV A 2/9.04/107.

[109] Abteilung Wissenschaften des ZK, Aktennotiz, 26. 11. 1964, SAPMO-BArch, SED, ZPA IV A 2/9.04/107.

[110] *Robert Havemann*, Der Marxismus leidet an Sklerose. Gespräch mit Werner G. Knop, in: Der Spiegel, 18. Jg. (1964), Nr. 51, S. 37–49.

[111] *Robert Havemann* an Willi Stoph 5. 2. 1965 und 3. 3. 1965; *derselbe* an Johannes Dieckmann, 23. 3. 1965, RHG, Archiv, NL Havemann.

Der Stein des Anstoßes

Es war ein Dilemma, in dem Havemann steckte: Für eine politische Wirksamkeit war es ihm wichtig, „niemals seine Gedanken und Ideen zu verheimlichen, sondern alles zu tun, damit sie so früh wie möglich und noch im Stadium der ersten Entwicklung allgemein bekannt werden".[112]

Die Öffentlichkeit und uneingeschränkte Demokratie gehörten für ihn unabdingbar zur Idee des Sozialismus. Doch gerade die Möglichkeit zu öffentlicher Äußerung in der DDR wurde ihm nach seinem Parteiausschluß und der Entlassung als Hochschullehrer durch den Partei- und Staatsapparat verwehrt. Er hatte im Frühjahr 1964 die Skripten seiner Philosophievorlesungen – in der Akademie als „Vertrauliche Dienstsache" archiviert – dem Dietz Verlag, dem Verlag der Wissenschaften in Ostberlin und dem Rowohlt-Verlag in Hamburg zur Veröffentlichung angeboten, doch von den Ostberliner Verlagen hatte keiner auch nur eine offizielle Antwort gewagt. Schließlich erschienen die Vorlesungen im Juni bei Rowohlt.[113] Die Entscheidung, westliche Publikationsorgane zu nutzen war für ihn durchaus problematisch. Allein die Tatsache einer Veröffentlichung in Westmedien wurde immer von neuem als Beweis für Havemanns Feindschaft zum Sozialismus und seine Zusammenarbeit mit dem Klassenfeind denunziert. Havemann wurde vorgehalten, daß seine Kritik des realen Sozialismus auch von Antikommunisten und Kalten Kriegern benutzbar ist. Er wußte dies auch selbst, sah indes viel genauer, wie absurd die Feindbilder der SED in der sich ständig differenzierenden politischen Landschaft, auch der BRD, geworden waren. Die in sich selbst bestehende Widersprüchlichkeit der SED-Argumentation mußte seinen Widerspruch stets aufs neue herausfordern. In dieser nicht lösbaren Konfliktsituation entschied er sich gegen die vom SED-System geforderten disziplinarischen Rücksichten und hielt sich nicht an das Verbot, keinesfalls ohne ausdrückliche Zustimmung des Vorgesetzten in westlichen Medien zu publizieren.[114] Vertrauend auf die Überzeugungskraft der Ideen des von ihm nur als demokratisch begreifbaren Sozialismus hatte sich Havemann im August 1965 sogar mit einem Brief an SED-Ideologiechef Kurt Hager gewandt, in dem er sich „als der Partei zugehörig" fühlend erklärte und „einen Antrag auf Wiederaufnahme" in die SED stellen wollte. (Dokument 7)

So zog Robert Havemann immer wieder den besonderen Zorn und Druck der Ideologiesachwalter auf sich. In einem „vertraulichen Material" warf ihm die Abteilung Wissenschaften beim ZK der SED vor, er wolle

---

[112] Robert Havemann – ein deutscher Kommunist, S. 80.
[113] *Havemann*, Dialektik ohne Dogma; die entsprechenden Dokumente wurden von *Dieter Hoffmann* veröffentlicht: „In der Angelegenheit Prof. Havemann", in: die tageszeitung, 1. 10. 1990.
[114] Vgl. Aktenvermerk über eine Unterredung am 1. 6. 1964, Vertrauliche Dienstsache, Berlin-Brandenburgische Akademie der Wissenschaften, Zentrales Archiv (im folgenden: AAW), Leitung, Personalia, 161, Bl. 168.

„die feste sozialistische Ordnung durch eine weitgehende Anarchie und Liberalisierung, insbesondere auf dem Gebiet der Ideologie und Kultur, [...] ersetzen [...], beleidigte die Parteiführung als diktatorische ‚Behörde', rief weiter zur Kritik an den führenden Genossen auf und proklamierte den kleinbürgerlichen Geist des Zweifels und Skeptizismus als die angebliche Grundhaltung eines Parteimitgliedes und Marxisten". (Dokument 71)

In seinen autobiographischen Notizen beschreibt Robert Havemann diese letzte Phase des parteipolitischen Szenarios zu seiner Isolierung und Ausgrenzung innerhalb der DDR-Öffentlichkeit:

„Die Partei begann mit einem sich ständig verschärfenden Krieg gegen mich. Als ich dann im Dezember 1965 meinen Artikel im ‚Spiegel' veröffentlichte, in dem ich vorschlug, eine neue Kommunistische Partei in der Bundesrepublik zu gründen, nahm man das zum Anlaß, sich endgültig von mir zu trennen. Ich wurde vor Herrn Klare zitiert,[115] der jetzt Präsident der Akademie der Wissenschaften der DDR ist, damals war er Leiter der Adlershofer Forschungsinstitute. Obwohl der Mann meinen Artikel gar nicht gelesen hatte, erklärte er, ich hätte in diesem Artikel die Aufrechterhaltung des KPD-Verbots empfohlen und damit also einen unglaublichen Schaden verursacht. – Wem eigentlich? Ich habe, wie man ja weiß, das Gegenteil vorgeschlagen. Aus diesem Grunde sei ich fristlos zu entlassen und erhalte sofortiges Hausverbot für mein Institut in Adlershof.[116] In den Zeitungen der DDR war eine zweispaltige Erklärung des Parteivorstandes der KPD[117] abgedruckt worden, in der diese unglaubliche Behauptung aufgestellt worden war: Ich hätte das Verbot der KPD in der Bundesrepublik gerechtfertigt und mit dem Bundesnachrichtendienst zusammengearbeitet, weiteren Geheimdiensten als Agent gedient und all das, was man an Beschimpfungen und Verleumdungen gegen einen Menschen überhaupt zusammenschmieren kann."[118]

Bei all dem war Robert Havemann von einem besonders schmerzlich berührt: „Ob sie sich vorstellen könnten, wie merkwürdig es für einen Kommunisten sei, daß nicht nur der Rektor der Universität, der meine fristlose Entlassung aus der Universität, und nicht nur der Staatssekretär, der diese Entlassung angeordnet habe, sondern nun auch der Präsident der Akademie, der meine politische Maßregelung betrieb, daß alle diese ehrenwerten Herren ehemals Mitglieder der Nazipartei gewesen seien"[119], fragt Havemann die Vernehmer vom MfS später.

---

[115] Vgl. Dokumente 26, 27.
[116] Vgl. Dokument 24.
[117] Vgl. Dokument 17.
[118] Robert Havemann – ein deutscher Kommunist, Reinbek 1978, zit. nach: *Havemann*, Stimme des Gewissens, S. 141.
[119] *Havemann*, Fragen, S. 22.

In der Schublade lag alles schon bereit

Die Grundsatzentscheidung für den Akademieausschluß war bereits an zentraler Stelle, im Politbüro, im Apparat des ZK der SED, gefallen, und die Akademiefunktionäre setzten sie als willfährige Vollzugsorgane der Partei gegen den kritischen Wissenschaftler Havemann und die Proteste einiger Mitglieder der DAW durch.

Noch bevor die Ausgabe 52/1965 des „Spiegel" erschien, also allein auf dem Hintergrund der diesbezüglichen DPA-Meldung, fand am 20. Dezember eine außerordentliche Politbürositzung statt. Unter Tagesordnungspunkt 2 nahmen bezeichnenderweise die SED-Politbürokraten den – am folgenden Tag im „Neuen Deutschland" nachzulesenden – „Entwurf der Erklärung des Politbüros der KPD ‚Havemann will die KPD spalten' [...] zustimmend zur Kenntnis" und beauftragten die „Genossen Matern, Norden und Geggel [...], das Politbüro der KPD bei der Ausarbeitung der Materialien für die nächste Tagung des ZK der KPD zu unterstützen". (Dokument 16)

Nachweislich hatte Robert Havemann bevor er sein „Plädoyer für eine neue KPD" schrieb, sechs Wochen vor der „Spiegel"-Veröffentlichung, an den Chefideologen der SED, Kurt Hager, einen Brief mit der Bitte geschickt, ihm bei einem Artikel für das Nachrichtenmagazin „Der Spiegel" zum Thema „Wiederzulassung oder Neugründung einer Kommunistischen Partei in Deutschland?" behilflich zu sein:

Um „nicht nur auf meine eigenen Überlegungen angewiesen [zu] sein, [...] würde [ich] sehr gern mit Genossen unserer Partei oder der KPD, die über den Fragenkomplex gut orientiert sind, vorher sprechen [...] Ich glaube, daß es notwendig ist, daß Ihr mir in dieser Sache beisteht und dabei alle Differenzen mit mir einmal gänzlich außer Acht laßt." (Dokument 10; vgl. auch Dokument 87)

Eine Antwort war ausgeblieben[120] und kam nun verspätet aus der SED-Politbürositzung (auf der auch Hager anwesend war), übermittelt durch den KPD-Vorsitzenden Max Reimann, in Form von primitiven Unterstellungen.

In seinem „Plädoyer" ging es Havemann nicht nur um die „Aufhebung des Verbots der KPD", sondern vor allem darum, daß „die kommunistische Partei, die jetzt oder in Zukunft aus dem Schattendasein der Illegalität hervortritt, eine von Grund auf neue, gewandelte kommunistische Partei sein" muß, die den doktrinären Dogmatismus gründlich überwindet. Diese Hoffnungen, die mit dem Erstarken der Opposition gegen die CDU/FDP-Regierung in der Bundesrepublik und deren Kurs der „formierten Gesellschaft" verbunden waren, hatte Havemann Anfang Dezember 1965 in seinem „Spiegel"-Artikel niedergeschrieben. Er beschäftigte sich mit den Chancen, die sich sowohl für die Bundesrepublik, als auch für die deutsch-deutschen Beziehungen, nicht zuletzt aber auch für die DDR selbst ergeben würden, wenn es gelänge, in der Bundesrepublik eine neue, antistalinistische KPD zu gründen. Havemann schrieb:

---

[120] *Havemann*, Fragen, S. 156.

„In der DDR vollzieht sich gegenwärtig ein bedeutender Strukturwandel der sozialistischen Ökonomie. Diese Entwicklung wird sich fortsetzen und das gesamte politisch-gesellschaftliche Leben erfassen, um so schneller, je mehr die Erfolge der ökonomischen Reformen sich durchsetzen. Weiterer Wandel muß also folgen, soll der Aufbau des Sozialismus wirklich umfassend sein." (Dokument 15)

Doch die SED antwortete in ihrer Logik mit politischer Repression, um auch die verbliebenen Wirkungsmöglichkeiten Havemanns zu „zerschlagen". Er war ausersehen, als Mittelpunkt der Angriffe zu dienen, die die Politik der vergangenen Jahre beendeten. In dem seinerzeit nicht veröffentlichten Schlußwort auf dem 11. Plenum stellte Walter Ulbricht die Machtfrage:

„Es handelt sich um den Kreis Havemann, Heym, Biermann [...] also nicht [...] um eine Frage der Dichtkunst, sondern [...] um eine Gruppe, die einen politischen Kampf gegen die Arbeiter-und-Bauern-Macht zielbewußt geführt hat und führt [...] Prof. Havemann hat im ‚Spiegel' einen Artikel veröffentlicht, in dem er die Zulassung einer parlamentarischen Opposition in der ‚Sowjetzone' fordert [...], daß [...] die Freiheiten gegeben werden, die in der bürgerlichen Gesellschaft des Westens bestehen [...] Ist es jetzt allen Genossen klar, frage ich, daß es nicht um Literatur geht und auch nicht um höhere Philosophie [...]?" (Dokument 14)

Damit schloß sich jede Diskussion von selbst aus.
Am 20. Dezember, dem Tage der Politbürositzung wandte sich Präsident Hartke an den Generalsekretär der DAW bezüglich des Akademiemitgliedes Havemann, um „eine Beschlußvorlage ausarbeiten zu lassen". (Dokument 18) Schon einen Tag später rapportierte ein Funktionär der Abteilung Wissenschaften beim ZK:

„Im Auftrag des Genossen Hager übermittelte ich am 21. 12. 1965 dem Direktor der Hauptverwaltung der Forschungsgemeinschaft, Genossen Schober, daß das Gehalt und alle übrigen Zuwendungen für Prof. Havemann ab sofort gesperrt werden sollen. Genosse Schober erklärte sich ohne zu zögern bereit, dies zu tun. Jedoch wird diese Maßnahme im Dezember nicht mehr wirksam [...] Ferner vertrete ich die Ansicht, daß das Präsidium der Akademie Havemann sofort das Hausverbot für die Akademie und die Forschungsgemeinschaft erteilt." (Dokument 19)

Ein anschaulicher Beleg dafür, wie staatliche Maßnahmen von der Parteizentrale in Auftrag gegeben und von staatlichen Leitern „durchgestellt" wurden.

Zum zweiten Mal führte der Vorwand einer Veröffentlichung in Westmedien[121] zur fristlosen Entlassung des Professors Havemann aus seiner wissenschaftlichen Arbeitsstelle. Die „Abberufung mit sofortiger Wirkung" wurde Robert Havemann am Vor-

---

[121] Analog ist auch die Entlassung Robert Havemanns aus dem Kaiser-Wilhelm-Institut 1950 aufgrund einer Veröffentlichung im „Neuen Deutschland" zu erwähnen. Vgl. Dokument 21.

weihnachtstag 1965 schriftlich zugestellt. (Dokument 20) Am 24. Dezember 1965 protestierte Havemann gegen die fristlose Kündigung und forderte eine schriftliche Begründung. (Dokument 22)
Derweil wurde in den veranlaßten Pressemitteilungen am 25. Dezember als Entlassungsgrund angegeben:
„weil er Handlungen begangen hat, die mit seiner Dienststellung und dem Ansehen der Deutschen Akademie der Wissenschaften zu Berlin nicht zu vereinbaren sind". (Dokument 25)

Die Modalitäten zur Abberufung des Kritikers Havemann, dessen „fortgesetzte[n] Angriffe [...] auf die Wirtschafts- und Kulturpolitik der Partei und auf Grundfragen der marxistisch-leninistischen Weltanschauung"[122] die SED-Politbürokraten längst zu unterbinden trachteten, waren bereits im Juli 1964 ausgearbeitet worden und lagen seit fast eineinhalb Jahren in den Schubladen des Akademiepräsidiums bereit.[123] Nicht dokumentiert ist, was die SED-Führung bis dahin von diesem Schritt abgehalten hatte. Gab es – neben den internationalen Protesten[124] zugunsten des „Abweichlers" – bei einigen Politbüromitgliedern doch Bedenken, die sie bei der offenen und öffentlichen Ächtung des von Freislers NS-Volksgerichtshof zum Tode verurteilten alten Kommunisten Havemann hatten?

Das „streng vertraulich" gekennzeichnete Material vom Juli 1964 fand sich im Akademiearchiv, angeheftet den Dokumenten zur Abberufung und ihrer Begründung vom 23. Dezember 1965. Aus den vorbereiteten Papieren, in denen auch juristisch die „Beziehungen zur Akademie", das „Berufungsverhältnis", „Einzelvertrag" und „Abberufung" in ihrem „Rechtscharakter" und für den Einzelfall „des Prof. H." beschrieben sind, wurden zahlreiche Formulierungen übernommen: Sowohl in der vorbereiteten, wie in der letztendlich 1965 mündlich bekanntgegebenen Abberufungsbegründung werden „besondere Pflichten bei der Erfüllung der staatlichen Aufgaben und der sozialistischen Gesellschaftsordnung" angeführt, wobei Institutsdirektoren der Akademie als „Beauftragten der Arbeiter- und Bauernmacht" die Pflicht zukomme, „auf die politisch-ideologische Erziehung der Mitarbeiter im Sinne der Politik unserer Regierung Einfluß zu nehmen", was „eine eigene positive Haltung zu unserer Staats- und Gesellschaftsordnung sowie ein Vertrauensverhältnis zu den Repräsentanten der Staatsführung und der Leitung der Akademie" voraussetze. In beiden Papieren wird auf die „nach der fristlosen Entlassung aus dem Hochschulbereich" an die „auf Empfehlung der zuständigen Regierungsorgane" erfolgte hauptamtliche Übernahme in die Akademie geknüpfte „Erwartung" verwiesen, „daß er keine weiteren unsere Gesellschaft schädigenden Handlungen unternimmt und sich mit ganzer Kraft seinen Aufgaben als Leiter der

---

[122] SAPMO-BArch, SED, ZPA J IV 2/3/994.
[123] AAW, Leitung, Personalia, 161, Bl. 158–162.
[124] AAW, Leitung, Personalia, 161, Bl. 170, 187 ff. Albert Schweitzer, Linus Pauling u. a. richteten sich mit Schreiben im Frühjahr 1964 an Hartke.

Arbeitsstelle für Photochemie in loyaler Haltung unserem Staat und seiner Politik gegenüber widmet".[125]

Aus der Textfassung von 1964 wird die Formulierung; „Dieses Vertrauen hat er durch sein Vorhaben, seine als schädlich erkannten Vorlesungen und Vorträge in den kapitalistischen Ländern mit Hilfe des Rowohlt-Verlages zu veröffentlichen, gröblichst verletzt" verändert eingearbeitet und mit dem Vorwurf des „Spiegel"-Artikels ergänzt:
„Sie greifen darin ferner entscheidende politische Grundlagen der Staats- und Gesellschaftsordnung in der Deutschen Demokratischen Republik an. Mit dieser Handlungsweise haben Sie die Basis für Ihre Berufung bewußt zerstört und die weitere Ausübung Ihrer Funktion [...] unmöglich gemacht". (Dokument 26)

Das gesamte Vorgehen der SED gegen Robert Havemann, wie auch die zitierten – akribisch zusammengetragenen – Begründungen, belegen anschaulich die Allmacht des Apparates, das Politikmonopol dieser stalinistisch geprägten Partei gegen jede Kritik durchzusetzen. Es waren stets die gleichen Muster propagandistischer Bemäntelung; Verweise auf den äußeren Feind verhinderten letztlich jede Erneuerung im Inneren. Wer mit oder innerhalb der SED durch eigene Anstrengungen politischen Wandel bewirken wollte, mußte sich unausweichlich der verordneten Loyalität gegenüber dem Partei- und Staatsapparat widersetzen.

Da das lange vorgedachte Szenario dem Opponenten Havemann wenig Handhabe zur Erwiderung bieten sollte und die SED-Oberen das Licht der Öffentlichkeit scheuten, wurde Robert Havemann am 28. Dezember zur mündlichen „Bekanntgabe der Begründung zur Abberufung" vorgeladen. Bei dieser „Unterredung" mit den Herren Klare, Wittbrodt und Woytt betonte Havemann: „Die Öffentlichkeit habe ein Recht, die Gründe zu erfahren und seine Handlungsweise zu beurteilen." In einer Aktennotiz ist Havemanns Antwort wiedergegeben, „daß er als ‚alter Kommunist' für seine Überzeugung – unbeschadet seiner eigenen Person – kämpfen würde. Er habe diese Haltung in seinem Leben vielfach durch die Tat bewiesen und oft erfahren, daß der weitere Verlauf der Geschichte ihm Recht gegeben hätte. Er habe auch niemandem versprochen, seine politische Tätigkeit einzustellen. Er wäre kein Mensch, der sich nur seiner fachlichen Tätigkeit widmen könne." Vor allem verwahrte er sich „dagegen, daß ihm unterstellt werde, gegen die Aufhebung des Verbots der KPD in der Bundesrepublik in diesem Artikel eingetreten zu sein" und wies darauf hin, daß „Professor Klare sich überlegen solle, eine Begründung mit fehlerhaften und entstellenden Behauptungen zu unterschreiben". (Dokument 27)

Professor Klare, Leiter der Adlershofer Forschungsinstitute, revidierte sich daraufhin zumindest in einem Punkt: Der Halbsatz, Havemann hätte sich „gegen die von ihr [der DDR, d. Hrsg.] vertretene Verurteilung des Verbots der KPD" gewandt, wurde gestrichen. (Dokumente 26, 46, 53)

---

[125] Zitate nach der Vorlage für die Kündigungsbegründung vom Juli 1964. – AAW, Leitung, Personalia, 161, Bl. 158–162; vgl. Dokument 26.

Tags darauf hatte Havemann ein Schreiben zu quittieren, in dem ihm durch den Generalsekretär der DAW, Günther Rienäcker, „das Betreten aller Gebäude und Grundstücke der Akademie" untersagt wurde; statutenwidrig, denn noch war Havemann Korrespondierendes Mitglied. (Dokumente 28, 29)

Grundorientierung in der „Angelegenheit Havemann"

Seit Jahresbeginn 1966 war Robert Havemann ohne reguläres Einkommen. Dafür hatte das Staatssekretariat für Forschung und Technik nun endlich freie Hand für den „einzig ökonomisch konsequenten Schritt", die „inzwischen zu einem funktionstüchtigen Zentrum der Grundlagenforschung herangewachsen[e]" Arbeitsstelle für Photochemie der DAW „in die Industrie" zu überführen. Am 3. Januar richtete sich Staatssekretär Weiz in „vertraulicher Dienstsache" an den Vorsitzenden der Forschungsgemeinschaft Klare: „Die im Bereich der DAW verbliebene stark reduzierte Arbeitsstelle für Photochemie war demzufolge als eine mit der Person Havemanns verbundene, ausschließlich nach politischen Gesichtspunkten geschaffene Lösung anzusehen. Vom ökonomischen Standpunkt her wäre eine vollständige Konzentration auch schon damals erforderlich gewesen [...] Mit der durch die DAW verfügten Entlassung des bisherigen Leiters der Arbeitsstelle für Photochemie sind die politischen Aspekte, die bisher eine vollständige Konzentration verhinderten, gegenstandslos geworden." (Dokument 30) Im Klartext: nach anderthalbjähriger Behinderung darf nun wieder Forschung betrieben werden. Ein anschaulicher Beleg dafür, wie die SED-Politik auf Instrumentalisierung der Wissenschaft unter dem Diktat der Politik ausgerichtet war.

In den folgenden Tagen und Wochen gehen im Präsidium der DAW und im ZK der SED zahlreiche Proteste vor allem westlicher prominenter Wissenschaftler gegen die Abberufung ein; ernsthafte Bedenken um das Ansehen der Akademie melden einzelne in der DDR lebende Ordentliche Akademiemitglieder an; in den westlichen Medien wird ausführlich berichtet;[126] auch in den Räumen der Akademie schlagen die Wogen der Diskussion hoch.

Zunächst sollen die Klassensekretare[127] von Akademiepräsident Hartke auf das weitere Vorgehen eingestimmt und vorbereitet werden, doch die bringen Einwände vor. Professor Edgar Lehmann, Sekretar der Klasse für Chemie, Geologie und Biologie, meint zwar, „gerade Havemann müsse die Schwierigkeiten ermessen, die er der DAW bereite, denn er kenne das ZK", doch befürchtet er, „das totale Hausverbot werde wahrscheinlich so verstanden, daß man Havemann mundtot machen wolle" und man muß

---

[126] Schon am 28. 12. 1965 hatte *Rudolf Jungnickel*, der den Aufsatz Havemanns angeregt und dessen Veröffentlichung im „Spiegel" veranlaßt hatte, in der „Frankfurter Rundschau" ein „Plaidoyer für Robert Havemann" wider die ungeheuerlichen Angriffe auf ihn abgegeben.

[127] Klassensekretare sind Akademiemitglieder, die Sprecher der jeweiligen wissenschaftlichen Fachgruppe der Gelehrtengesellschaft, Klasse genannt, waren.

deshalb „alles tun, um einen Ausschluß Havemanns zu vermeiden". (Dokument 38) Die Professoren Gustav Hertz, Sekretar der Klasse für Mathematik, Physik und Technik, und Helmut Kraatz, Sekretar der Klasse für Medizin, finden „die Abberufung ohne Disziplinarverfahren [...] frappierend". „Insbesondere Hertz fragte, worin der durch Havemann angerichtete Schaden bestehe; ob eine freie Meinungsäußerung bei uns möglich sei, wenn die Meinung mit der Regierung nicht übereinstimme." (Dokument 42)

Akademiemitglied Professor Thilo hält es für „schädlich", daß sich die Akademie „in die ganze Sache überhaupt hineinziehen läßt [...] Immerhin würden Havemanns Thesen in allen kommunistischen ‚Nationen' in großer Breite diskutiert. Thilo werde im Kollegium der Forschungsgemeinschaft Informationen fordern." (Dokument 43)

Nach diesen ersten Meinungsumfragen war klar, in welche Richtung das gleichschaltende Räderwerk in der Akademie gedreht werden mußte. Wie im weiteren Verlauf die Richtlinien des ZK der SED durchgesetzt wurden, ist dem Bericht „Gegenwärtiger Stand der Angelegenheit Havemann" der Abteilung Wissenschaften des ZK (Dokument 51) zu entnehmen: Auf Parteigruppensitzungen des Präsidiums und des Plenums der Akademie „wurde ohne Einschränkung" die Auffassung des ZK vertreten, „daß die Akademie jetzt schnell und umfassend mit Havemann brechen müsse". Schließlich könne es sich die Akademie „gegenüber unserer Regierung [...] nicht leisten, auch nur andeutungsweise das Verhalten Havemanns [...] zu billigen."

Mit dieser, „von allen Genossen" getragenen „Grundorientierung für die Realisierung der Angelegenheit Havemann" wurden am 13. Januar 1966 im Geschäftsführenden Präsidium der DAW der Einspruch Havemanns gegen seine fristlose Entlassung abgelehnt und Festlegungen für den vorgesehenen Ausschluß als Korrespondierendes Mitglied behandelt. Im Beschlußprotokoll wird festgehalten, daß „Havemann keine schriftliche Ausfertigung der mündlich bekanntgegebenen Begründung" erhalten soll. Außerdem hofft man, mit einer Grundsatzerklärung „über Verhaltensnormen, die sich aus der Akademiemitgliedschaft ergeben", „auch allen zukünftigen Fällen wehren" zu können. (Dokument 46, 47)

Ein Akademieausschluß mußte laut Statut im Plenum behandelt und vier Wochen vorher bekanntgegeben werden. Weil das eine „weitaus größere Wirkung als ein Ausschlußantrag durch das Präsidium" versprach, wurde der Klasse für Chemie, Geologie und Biologie „im Interesse des [...] Vertrauensverhältnisses zur Regierung" zugedacht, den Ausschlußantrag zu stellen. (Dokument 51) Bis dahin, so wurde „mit den Sekretären der Akademieparteileitung [...] festgelegt", sollten weitere „Einzelgespräche [...] mit speziellen Wissenschaftlern, z. B. mit Mothes, Frings, Hertz" geführt werden. Professor Frings hatte nämlich in der Sitzung seiner Klasse für Sprachen, Literatur und Kunst von voreiligen Beschlüssen abgeraten und dabei an den Ausschluß von Professor Ernst Bloch vom Oktober 1961 erinnert, der „bekanntlich in der ganzen Welt mißbilligt werde". (Dokument 48) Ähnlich prinzipielle Bedenken hatte auch der Hallenser Biochemiker Kurt Mothes schon vorgebracht, doch auch seine Stimme ging unter, weshalb er dann im April wegen „grober Ungesetzlichkeiten und schwerer Verletzungen des Statuts", die zu einem „krisenhaften Zustande" der Akademie der Wissenschaften geführt haben, an Walter Ulbricht schrieb. (Dokument 147)

Zunächst aber wurde auf einer Aussprache im Präsidium am 27. Januar lange um die Frage debattiert, wie man sich verhalten sollte, wenn das Korrespondierende Akademiemitglied Havemann in die Klassensitzung käme. Vizepräsident Max Steenbeck und Klassensekretar Edgar Lehmann hatten Skrupel wegen des Hausverbotes. Aufgrund eines Briefes von Robert Havemann wandte Lehmann ein, in „einer akademischen Gesellschaft [...] die den Dialog pflegt" müsse doch die Gelegenheit eingeräumt werden, eine Erklärung abgeben zu dürfen. Nach „Auffassung Steenbecks sei die Beendigung der Mitgliedschaft Havemanns Angelegenheit des Präsidiums, das könne man der Klasse nicht überlassen". (Dokument 56) Sofort reagiert im „Großen Haus" des ZK der SED Abteilungsleiter Hörnig und arbeitet für Ideologiechef Hager ein Strategiepapier aus, in dem er „eine Reihe spezieller politischer und taktischer Maßnahmen" vorschlägt. (Dokument 57) Mit Lehmann und Steenbeck soll ein „direktes Gespräch" geführt werden, „damit die dauernden Querschüsse zu Randfragen aufhören". In einem „Zeitplan" wird der 24. März für die Plenarsitzung zum Akademieausschluß Havemanns vorgesehen. Für die Entscheidung, ob dem Delinquenten die Teilnahme am Plenum gestattet werde, sollte nicht die „formale, sondern die politische Seite des Problems zugrunde" gelegt und der „politische und erzieherische Erfolg" für die anderen Akademiemitglieder bedacht werden. Die Politbürokraten fürchten Havemanns Anwesenheit, denn „im Falle eines ‚klugen' Vorgehens" könnten einige „Akademiemitglieder eine schwankende Haltung einnehmen" und „bei flegelhaftem und provokatorischem Verhalten" würde „die Möglichkeit der klaren und prinzipiellen Verhandlungsführung genommen [...] und eine gewisse Verwirrung" entstehen. (Dokument 57)

Selbst aus dem Privatleben Havemanns weiß Hörnig zu berichten, daß sich „Genossin Havemann [...] scheiden lassen will". Doch, ob es stimme, daß Havemann für den Friedensnobelpreis vorgesehen sei, ließe sich selbst vom ZK nur „sehr schwer überprüfen". (Dokument 57)

Terminplan für den Ausschluß

SED-Politbürokraten und ihre Gefolgschaft im Akademiepräsidium übernahmen nun gemeinsam die Regie. Der Zeitplan aus der Abteilung Wissenschaften des ZK findet sich in den Akten ausgefeilt und unterschrieben von Lotar Ziert, Leiter des Büros des Generalsekretärs und zuständig für Sicherheitsfragen, datiert mit dem 31. Januar 1966. (Dokument 62) In den verbleibenden sechs Wochen bis zum Plenum mußte in allen Klassensitzungen die „Abrechnung" mit Havemann vorbereitet werden.

Robert Havemann saß, um seine Rechte kämpfend, hinter der Schreibmaschine, versandte zahlreiche Briefe. Am 5. Februar wandte er sich an die Mitglieder des Präsidiums und der Klasse für Chemie, Biologie und Geologie sowie an die Sekretare der Klassen: „Was nach den elementarsten Rechtsgrundsätzen als selbstverständlich gilt, daß nämlich vor einer solchen Beratung der Beschuldigte anzuhören ist und ihm Gelegenheit gegeben werden muß, vor dem beschließenden Gremium zu den Beschuldigungen Stellung zu nehmen, will man mir anscheinend verweigern." Er verlangte die

Aufhebung des „Hausverbots, für das es – wenn man von der NS-Zeit absieht – in der Geschichte der Akademie kein Beispiel gibt". Auf die gegen ihn vorgebrachte Anklage entgegnete er: „Zweifellos bestehen zwischen maßgeblichen Persönlichkeiten der DDR und mir erhebliche Meinungsverschiedenheiten in politischen Fragen. Aber es war nie meine Absicht, diese Meinungsverschiedenheiten vor das Forum der Akademie zu bringen". Man könne ihn nicht aus politischen Gründen aus der Akademie ausschließen wollen, und wenn er sich verteidigen will, vorhalten, er wolle der Akademie eine politische Diskussion aufzwingen. Zumal doch „die Frage der Mitgliedschaft in der Deutschen Akademie der Wissenschaften ausschließlich nach wissenschaftlichen Gesichtspunkten beurteilt werden darf". (Dokumente 63–66)

Doch, wie schon zuvor bei dem Ausschluß des Philosophen Ernst Bloch 1961, entsprach die Akademie der Wissenschaften nicht einmal diesem elementaren Anspruch, sondern ordnete sich der vom SED-Apparat vorgegebenen Linie unter, ohne auf Fragen nach der Legitimation für die konkrete Politik einzugehen.

Auf der Sitzung der Klasse für Chemie, Biologie und Geologie am 10. Februar, die eingeleitet wurde mit einem „Informationsbericht" des Präsidenten Hartke „über die philosophischen, politischen und vor allem die moralischen Gesichtspunkte im Verhalten des KAkM Havemann in den letzten beiden Jahren", wurde dann auch die Forderung Havemanns, ihm Gelegenheit zu einer Stellungnahme zu geben, abgelehnt. Hartke „bemerkt unter allgemeiner Zustimmung, daß das Verfahren der Beendigung der Mitgliedschaft und sein Ergebnis wohl am besten akademieintern bliebe". Die Klasse beschloß, „dem Geschäftsführenden Präsidium zu empfehlen, geeignete Maßnahmen einzuleiten, die die Mitgliedschaft von Hrn. Havemann als korrespondierendes Mitglied der Akademie beenden". (Dokumente 72, 73) Der achtseitige „Informationsbericht" Hartkes „über Angelegenheiten des KAkM Havemann" wurde fünf Tage später als „Vertrauliches akademie-internes Material" an alle Ordentlichen Mitglieder der DAW in der DDR verschickt. (Dokument 74) Darin sind die gegen Robert Havemann erhobenen Beschuldigungen unter drei Gesichtspunkten – Philosophie, politische Machtfrage und Treuepflicht – aufgeführt. Als Repräsentant der von der SED definierten „objektiven Wahrheit" meinte Hartke, den Vorwurf der Illoyalität damit belegen zu können, daß die Westveröffentlichungen Havemanns „objektiv mit dem Programm der Gegner der DDR zur Zersetzung unseres Staates und unserer Ordnung zusammen[fielen]". Die ganze „Anklageschrift" diente dem Zweck, den auch bei Nicht-SED-Mitgliedern und bei den zumeist unpolitischen Wissenschaftlern vorherrschenden Tenor, Havemann stifte nur Unruhe, da beuge man sich doch lieber der Parteipolitik, zu instrumentalisieren. Der demagogische Verweis Hartkes, Havemann hätte „durch eine nunmehr zwei Jahre lang bewußt lebendig gehaltene Affäre alles darauf angelegt, die Akademie und ihre Einrichtungen in öffentliche Konfliktsituationen mit Aufgaben und Gesetzen und mit der Regierung zu bringen" mündete in den Schlußsatz: „Durch niemand und nirgends kann man in solcher Weise prinzipielle Anarchie einziehen lassen." Damit sollte allen abstimmungsberechtigten DAW-Mitgliedern in der DDR für die entscheidende Plenarsitzung die Linie gewiesen werden.

Bewährte Orientierung: Ohne Namensnennung

Bereits seit Anfang Februar arbeiteten die Abteilungen Wissenschaften und Kultur an einer Vorlage für das Sekretariat des ZK der SED über die „weitere Taktik zur politisch-ideologischen Zerschlagung der Ansichten Havemanns, Heyms, Biermanns und Bielers" in Vollzug des 11. Plenums. (Dokumente 75, 81) In einem Brief an die Bezirks- und Kreisleitungen der SED mußte wieder der „Klassenfeind" als Legitimation für Repressalien an Kritikern von Dogmatismus und Stalinismus in der DDR herhalten: „Die Taktik der ideologischen Diversion, die der Gegner als Vorbereitung einer militärischen Aggression betreibt, muß entschieden zurückgeschlagen werden. Solche feindlichen Auffassungen, wie die von Havemann, Biermann, Heym und anderen, die eine Liberalisierung und Änderung der politischen Verhältnisse in der DDR zum Ziele haben, müssen im prinzipiellen ideologischen Kampf zerschlagen werden."[128] Die Vorlage vom 18. Februar, ausgearbeitet von Arwed Kempke, stellvertretender Leiter der Abteilung Wissenschaften beim ZK der SED, empfiehlt: „In der weiteren Auseinandersetzung mit Havemanns Ansichten sollte die bewährte Orientierung beibehalten werden, den Namen Havemann dabei möglichst nicht zu erwähnen." Als „Maßnahmen zur politischen Isolierung Havemanns" werden vorgeschlagen:
1. Die bereits „politisch vorbereitete" Abberufung Havemanns „mit der Plenarsitzung der Akademie am 24. 3. 1966 abzuschließen"; 2. eine Pressekampagne, bei der mit grundsätzlichen ideologischen Darlegungen „die philosophischen und politischen Ansichten Havemanns zerschlagen werden" sollen. Der vorgeschlagene Punkt 3, Havemann solle eine Arbeitsstelle als Chemiker in einem Betrieb außerhalb Berlins angeboten werden, so ist der Anlage (Dokument 81) zu entnehmen, wird als einziger vom ZK-Sekretariat auf seiner Sitzung am 23. Februar 1966 nicht beschlossen.[129]

---

[128] Abt. Kultur des ZK, Brief an die Bezirks- und Kreisleitungen der SED, 23. 2. 1966, SAPMO-BArch, SED, ZPA, J IV 2/2 A 1273, 2. Bd.

[129] Neun Jahre später plante das Politbüro auf seiner Sitzung am 24. Juni 1975 sogar das Szenarium der Zwangsausbürgerung für Havemann: Es wurde beschlossen, Robert Havemann durch den zuständigen Staatsanwalt der Abteilung I strafrechtliche Maßnahmen wegen staatsfeindlicher Hetze im schweren Fall androhen zu lassen. Weiterhin wurde beschlossen, daß im Falle der Fortsetzung dieserart Publikationstätigkeit in westlichen Publikationsorganen die zuständigen Organe nicht etwa das angedrohte Ermittlungsverfahren, sondern „seine Ausweisung aus der DDR entsprechend § 13 des Staatsbürgergesetzes vornehmen, und daß innerhalb der gesetzlich zulässigen Frist von 24 Stunden Havemann mitgeteilt wird, daß er aus der Staatsbürgerschaft der DDR entlassen wird und von den zuständigen Organen über die Staatsgrenze zu setzen ist." SAPMO-BArch, SED, ZPA J IV 2/2/1568.
Diese dann an dem im Westen auf genehmigter Konzertreise befindlichen Biermann heimtückisch vollzogene Maßnahme führte im November 1976 zur schwersten Krise der Beziehungen zwischen der wissenschaftlichen und künstlerischen Intelligenz und der Politbürokratie seit 1965. Vgl. *Thomas Klein*, Parteisäuberungen und Widerstand in der SED. Die innerbürokratische Logik von Repression und Disziplinierung, in: Visionen, Frankfurt/Oder 1995.

Entsprechend den Maßgaben, „nach denen die Angelegenheit als eilig" behandelt werden sollte, (Dokument 84) wurde im Akademiepräsidium tags darauf formal das Protokoll abgearbeitet und als Beschluß festgehalten: „Die Klassen werden gebeten, gemäß Abstimmungs- und Wahlordnung, Teil B § 2 Absatz 1 über den Antrag [...] auf Beendigung der Mitgliedschaft des Korrespondierenden AkM Robert Havemann eine Diskussion durchzuführen". (Dokumente 85, 86) An alle Ordentlichen Mitglieder der DAW ergingen schriftliche Einladungen zur Geschäftssitzung des Plenums am 24. März in der Otto-Nuschke-Straße, in denen sie „gemäß §§ 10 und 31 des Akademiestatuts [...] an ihre Pflicht zur Teilnahme [...] dringend erinnert" wurden. (Dokument 121)

Eine von verschiedenen Akademiemitgliedern angemahnte Aussprache mit Havemann war im Präsidium abschlägig beschieden worden. Allerdings, von einem Tag auf den anderen wurde Robert Havemann zum 2. März ins Dienstzimmer des Generalsekretärs Rienäcker geladen, wo ihm im Beisein des Büroleiters Ziert „die schriftlich fixierte Begründung für die Zurückweisung des Einspruchs" verlesen wurde. (Dokument 89) Havemann protestierte heftig, zumal ihm ein von der ersten Begründung abweichender Text zu Gehör kam. Er verwahrte sich gegen die Willkür, daß er bei der Behandlung des Einspruchs nicht gehört wurde und bestritt den angeblich schädigenden Charakter seiner Veröffentlichungen für „das Ansehen der Akademie und der Republik". Auch die im Schreiben des Präsidenten Hartke an über 100 Akademiemitglieder enthaltenen Verleumdungen, z. B. „über die Weitergabe von vertraulichen Informationen auf dem Gebiet der Photosynthese" wies Havemann zurück. Doch Rienäcker war nur erzürnt darüber, daß Havemann Kenntnis von diesem Material hatte, das doch „nur zur persönlichen Information der Ordentlichen Mitglieder bestimmt sei". (Dokument 89) Auch Akademiepräsident Hartke gab sich empört: „Ich habe mich längst zu der Auffassung durchgerungen, daß es im Dunstkreis um Prof. Havemann keine Verschwiegenheit gibt. Er proklamiert selbst, daß nach seiner Ansicht alle Dinge öffentlich seien. Das macht Schule." – So nachzulesen im Wortprotokoll einer Besprechung am 3. März im Akademiepräsidium. (Dokument 93) Die 21seitige Aktennotiz dieser strategischen Runde um die Frage „ob und wie es zweckmäßig sei, eine Besprechung mit Prof. Havemann durchzuführen", dokumentiert trefflich das selbstgerechte und zugleich ängstlich-taktierende Denken dieser Herren Richter im Parteiauftrag. Da erklärte Rienäcker „Havemann ist unbelehrbar". Hartke sah darin, daß Havemann „das erhaltene Material studiert hat" einen „erneuten Beweis seiner Illoyalität" und fürchtete, daß es ihn „als Präsident diskreditieren" würde, wenn Havemann ihm nicht Rechenschaft gäbe. Abzuwehren war vor allem eine Pressekampagne, weil dann „die Feststellung, die Akademie hat ihm keine Gelegenheit zum Sprechen gegeben, Munition gegen uns ist". Robert Rompe, Stellvertreter des Generalsekretärs, verstieg sich sogar darin, Havemann als „Bundesbruder vom Kongo-Müller" zu bezeichnen, „ein Spezialist des verdeckten Krieges. Er arbeitet mit allen Mitteln der Psychologie und der Menschenbestrickung, auch der weiblichen Welt". Dann brachte es Rompe auf den Punkt: „Wir müssen uns doch darüber klar sein, Havemann hat nichts gegen uns, [...] er meint die Genossen Ulbricht und Stoph usw. Der Präsident hat einmal gesagt, wir dürfen nicht vergessen, daß es sich hier nicht um einen normalen Fall eines Akademiemitgliedes handelt, sondern um den singulären Fall eines oppositionellen Berufspolitikers, der die Plattform der Akademie für seine politischen Ziele ausnutzen will." (Dokument 93) Im Ergebnis dieser Abstimmungsrunde stand fest: eine Erklärung vor dem Plenum soll Robert Havemann verwehrt werden. Um den Schein zu wahren, will man ihm einräumen, sich vor dem Akademiepräsidium zum „Tagesordnungspunkt Beendigung der Mitgliedschaft" zu äußern. (Dokument 98)

Am 9. März reagierte Robert Havemann auf die Anschuldigungen des Präsidenten Hartke in dem „vertraulichen akademie-internen" Material. In einem Brief wandte er sich nun seinerseits an die Akademiemitglieder: „Demnach soll mein Ausschluß aus der Akademie allein mit den in dieser Anklageschrift enthaltenen Behauptungen begründet werden, ohne daß ich als der Beschuldigte überhaupt irgend eine Möglichkeit erhalte, mich vor dem Kreis der Akademiemitglieder zu verantworten und zu rechtfertigen, die über meinen Ausschluß abstimmen sollen. Dieses Verfahren würde den elementarsten Rechtsgrundsätzen widersprechen, die eine Verurteilung ohne Anhören des Beklagten allein auf Grund einer Anklageschrift verbieten." Für die Möglichkeit einer schriftlichen Erwiderung forderte er eine Terminverschiebung des Plenums und hob hervor, „daß die über einen angeblichen Geheimnisverrat gemachten Darlegungen des Hrn. Hartke jeder Grundlage entbehren und an böswillige Verleumdung grenzen". Sollte ihm eine schriftliche und persönliche Verteidigung versagt werden, so appellierte er an die Akademiemitglieder, „eine Abstimmung im Plenum abzulehnen". (Dokument 96)

Diesen Brief verlas Robert Havemann am folgenden Tag in der gründlich vorbereiteten Präsidiumssitzung, zu der er geladen worden war. Dort war man sich darüber einig, Havemann regelrecht abzufertigen, um sich auf keine Diskussion mit ihm einlassen zu müssen. Zunächst übergab Präsident Hartke das Wort an Klassensekretar Professor Lehmann(-Gützlaff), der seine „im Auftrage des Präsidiums" schriftlich fixierten „Feststellungen der Klasse" vortrug: Die Klasse für Chemie, Geologie und Biologie „distanzierte sich [...] mit aller Entschiedenheit einstimmig" davon, „daß Sie sich zur Durchsetzung Ihrer politischen Gedanken solcher Mittel bedienten, deren bloße Verwendung als Angriff gegen die DDR von außen angesehen werden muß". Lehmann verwies dann auf die Notwendigkeit, „sich einer echten akademischen Disziplin" zu unterwerfen und argumentierte mit der Autonomie der DAW, die gefährdet sei,
„wenn die Akademie sich gleichsam schützend vor Mitglieder stellt, deren politische Initiative einer Störung der akademischen Gemeinschaftsarbeit von außen gleichkommt. Akademien [...] stehen nicht außerhalb des Staates oder der Politik".
Weiter erscheine der Klasse eine Aussprache „unter den gegebenen Verhältnissen nicht mehr als sinnvoll". (Dokument 101)

Als Havemann nach dem Verlesen seines Briefes erbat, ihm den akademie-internen Bericht Hartkes und den von Lehmann vorgetragenen Text auszuhändigen, antwortete Hartke: „Ich danke Ihnen. Damit ist der Tagesordnungspunkt abgeschlossen". (Do-

kument 99) Anschließend stellten die Präsidiumsmitglieder Überlegungen an, wie sie den Brief Havemanns „entgiften" könnten. Sie empörten sich über Havemanns hartnäckige Verteidigung, weil „es sich nicht um ein Gerichtsverfahren" handeln würde. Hartke bekannte:
„Wir hätten ihn natürlich auch mit einem Disziplinarverfahren hinausbringen können. Aber das wäre eine genaue Kopie des Verfahrens an der Humboldt-Universität gewesen".

Zur weiteren Verfahrensweise wurde beschlossen, die Erklärung Lehmanns zu vervielfältigen und in allen Klassensitzungen bekanntzugeben. Danach sollte der Brief Havemanns, allerdings kommentiert, von den Klassensekretaren verlesen werden. Lehmann war es wichtig, alles zu tun, „um äußeren Auswirkungen entgegenzutreten" und „jeden Anschein des Dogmatismus von uns zu nehmen". Da die Klassensitzungen noch am selben Tag stattfanden, mußte alles schnell organisiert werden, denn es ging darum, möglichst alle Akademiemitglieder zu einem klaren Votum für den Akademieausschluß Havemanns zu bewegen. Am liebsten hätten deshalb Hartke, Rompe, Rienäcker und Klare auf dem Stimmzettel die Möglichkeit der Enthaltung gar nicht vorgesehen, doch Steenbeck verwies beharrlich auf die Wahlordnung. Sein Argument, daß darin eine Enthaltung festgeschrieben ist, war nicht so einfach wegzuschieben. So wurden die Klassensekretare instruiert, darauf hinzuweisen, daß eine Enthaltung praktisch einem Votum gegen den Ausschluß Havemanns gleichkäme. (Dokument 109)

Durchstellen des vorgefaßten Präsidiumsbeschlusses

Nach diesem Muster liefen dann auch die Sitzungen in den sechs Klassen der DAW ab; ganz zum Wohlgefallen des Präsidiums. Nur wenige Akademiemitglieder wagten, wo ihnen doch „ein Vertrauensbeweis für die Regierung der DDR"[130] abverlangt wurde, noch vorsichtig für Professor Havemann das Wort zu nehmen, verweisend auf seine antifaschistische Vergangenheit, sein Engagement am 17. Juni 1953 und vor allem auf den Schaden, den die DAW vor der internationalen Öffentlichkeit nehmen könnte. (Vgl. Dokument 103) Die Sitzung der Klasse für Medizin wurde sogar unterbrochen, damit man Akademiepräsident Hartke konsultieren konnte, denn den Medizinern kam die Idee, ob Havemann ein „psychiatrischer Fall"[131] sein könnte. (Dokument 106) Doch diese Überlegung wurde verworfen: „Nach Ansicht des Präsidenten als Mitglied des Ministerrates ist eine variable Situation nicht mehr gegeben." (Dokument 106)

Im Zentralkomitee der SED wurden die Protokolle der Klassensitzungen gründlich ausgewertet und die Haltung jedes Wissenschaftlers registriert. Der stellvertreten-

---

[130] Dokumente 102–107; vgl. auch AAW, Leitung, Personalia, 163, Bl. 56.
[131] Gerichtsmediziner *Prokop*: „Man wird über uns im Ausland lachen, wenn Havemann ein wirklich psychiatrischer Fall ist und wir in der Klasse für Medizin das nicht erkennen" – Dokument 106.

de Abteilungsleiter Wissenschaften, Kempke, kommentierte das für Hager bestimmte Material:
„Am treffendsten kommt die Haltung der Akademiemitglieder in den Bemerkungen der Professoren Mothes, Prokop (Medizin), Frings (Sprache) zum Ausdruck, denen ein Eingreifen ‚von außerhalb der Akademie' (Regierung), ein ‚Verzicht Havemanns auf die korrespondierende Mitgliedschaft' oder ein ‚Gutachten seiner Unzurechnungsfähigkeit' lieber wäre, als die eigene Stellungnahme." (Dokument 112)

An mehr als 30 Ordentliche Akademiemitglieder, die auf den Klassensitzungen nicht anwesend waren, verschickte Generalsekretär Rienäcker „akademie-intern" und nur zur „persönlichen Information" Briefe, denen der von Lehmann vorgetragene Text beigelegt war. Neben „Informationen" zur „Orientierung", die Havemanns Argumente in seinem Brief vom 9. März entkräften sollten, wurden darin die Teilnahmepflicht am Plenum betont und Hinweise zum Abstimmungsverfahren erteilt. Auf dem anliegenden Formular wurde die Teilnahme an der Geschäftssitzung des Plenums am 24. März abgefragt, um anderenfalls die Vorwahl einleiten zu können. (Dokumente 108–110)

Nach diesem Regieaufwand und Berechnungen über die zu erwartende Beteiligung (Dokument 111) hofften die Drahtzieher im SED-Zentralkomitee und im Akademiepräsidium nun, daß „die Abstimmung positiv verlaufen" würde. (Dokument 112)

Da veröffentlichte am 18. März, nur eine Woche vor dem Plenum, die westdeutsche Wochenzeitung „Die Zeit" den akademie-internen Bericht des Präsidenten Hartke über „Angelegenheiten des KAkM Havemann" zusammen mit der Erwiderung Robert Havemanns in seinem Brief an die Akademiemitglieder.[132] Diese unliebsame Störung des hinter dem Rücken der Öffentlichkeit beabsichtigten Ablaufs brachte zu den bisherigen Protesten von Ranuccio Bianchi Bandinelli (Dokument 67), Linus Pauling (Dokument 70) und Werner Heisenberg (Dokument 68) noch weitere Briefe und Telegramme auf die Schreibtische im Akademiepräsidium und im SED-Zentralkomitee. Zu den westlichen Wissenschaftlern, Geistesschaffenden und politisch Engagierten, die sich gegen den angestrebten Akademieausschluß stellten, gehörten u. a. der Bundesvorsitzende des SDS Helmut Schauer, Wolfgang Abendroth, die Professoren der Freien Universität in Westberlin Ossip K. Flechtheim, v. Friedeburg, Furck, Dietrich Goldschmidt, Helmut Gollwitzer, Kurt Sontheimer und Wilhelm Weischedel, die Vorstandsmitglieder der Humanistischen Union Fritz Bauer, Ernst Buchholz, Thomas Ellwein, Jürgen Habermas, Werner Maihofer, Alexander Mitscherlich und Gerhard Szczesny (Dokumente 114–119) sowie die Akademiemitglieder Johann Kienle und Peter Debye.[133]

---
[132] Die Zeit, 18. 3. 1966; vgl. Dokumente 74, 96.
[133] Telegramm von Kienle, AAW, Leitung, Personalia, 164, Bl. 67, sowie Brief vom 17. 6. 1966 an Hartke, ebenda, Bl. 117; Telegramm von Debye, ebenda, Bl. 68..

Inwiefern solche Mahnungen, deren Unterzeichner sich zumeist ausdrücklich nicht in die inneren Angelegenheiten der DDR einmischen wollten, direkten oder indirekten Einfluß auf das Abstimmungsverhalten der DAW-Mitglieder hatten, (ob sie ihnen überhaupt bekannt wurden), läßt sich schwer beurteilen. Jedenfalls ließen sich die Mächtigen im Apparat des ZK bzw. der Akademie dadurch nicht von ihrem grundsätzlich konzipiertem Vorhaben abbringen.[134]

Eklat im Plenum am 24. März 1966

Zumindest hatten die „Zeit"-Veröffentlichung und die Reaktionen darauf eine außerordentliche Präsidiumssitzung am Morgen des einberufenen Plenums zur Folge. Präsident Hartke hielt das Echo und die Proteste in westdeutschen und westeuropäischen Medien für den Versuch, auf die Akademie politischen Druck auszuüben. Sich darauf einzulassen, würde der Akademie schaden. Auch über die Austritte, die es 1950 gab, würde heute niemand mehr sprechen. „Neue Fakten seien schließlich nicht gegeben", versuchte er auch die anderen Präsidiumsmitglieder zu überzeugen. Professor Gustav Hertz meinte zwar, man sollte die Proteste und die Namen der Unterzeichner den Akademiemitgliedern bekanntgeben. Doch Hartke ließ dies nur zu, insofern es sich um Stellungnahmen anderer Akademien oder Akademiemitglieder handelte. Rienäcker meinte, daß die Diskussion bereits beendet sei, da mit der Vorwahl die Abstimmung schon begonnen habe: „Wir stehen also [...] unter Klausur." Einig war man sich darüber, daß Havemann „nur eine Figur im politischen Spiel sei", interessant „als kalter Krieger". Die Forderung einiger Akademiemitglieder nach Information wurde als „eine gewisse Opposition" angesehen. Schließlich hätte sich für das Angebot, das Material im Sekretariat des Präsidenten einzusehen, nur ein einziges Akademiemitglied interessiert. Das Fazit zog wieder Hartke:

„Ich habe selbst bisher immer den Standpunkt eingenommen, ‚keine Publizität'. Aber nun ist es ohne unsere Schuld anders gekommen. Jetzt müssen wir eine geeignete Lösung finden [...] weil durch die Publikation im Westen die Akademie in ein schiefes Licht gerückt ist." (Dokument 122)

So eingestimmt auf entschlossenes Vorgehen beschritten die Herren um 16 Uhr den Plenarsaal in der Otto-Nuschke-Straße. Dort waren 85 Akademiemitglieder versammelt, als mit Punkt eins der Tagesordnung „Beendigung der Mitgliedschaft des KAkM Robert Havemann" der geschäftliche Teil des Plenums eröffnet wurde – in Abwesen-

---

[134] Am 23. März informierte Hartke Sekretar Hertz „über Vorliegen von einem Appell von FU-Professoren (außer den drei älteren Briefen); bleibt ohne Eindruck. Bestätigt Standpunkt: Schaden für DAW ist schon entstanden, nur Beendigung der Mitgliedschaft beendet weiteren Schaden." – *Hartke*, Aktennotiz, 23. 3. 1966, AAW, Leitung, Personalia, 163, Bl. 12.

heit von Robert Havemann. Nachdem das Präsidium den Beschlußantrag unterbreitet hatte, wurde nochmals darauf hingewiesen, daß eine „qualifizierte Mehrheit von ¾ der Anwesenden nötig" sei und nur ein Kreuz in der linken Spalte des Stimmzettels als Zustimmung zähle, während Enthaltung ebenso wie Ablehnung eine Stimme gegen den Antrag bedeute. Für die Wahlkommission waren Fred Oelßner (Klassensekretar Philosophie), Kurt Schröder (Klasse für Mathematik) und Werner Lange (Klasse für Bergbau) vorgesehen. (Dokument 123) Von dem Angebot der Vorabstimmung hatten 16 Akademiemitglieder Gebrauch gemacht. (Dokument 124)

Das Ergebnis der geheimen Abstimmung war ein Eklat: Nur 70 Akademiemitglieder stimmten für den Ausschluß, 13 dagegen und 17 enthielten sich der Stimme. Somit fehlten 6 Stimmen an der erforderlichen ¾-Mehrheit und der Satz: die „Mitgliedschaft des Herrn R. Havemann ist [...] mit sofortiger Wirkung aufgehoben", mußte in dem vorbereiteten Protokoll gestrichen werden. (Dokument 124)

Offenbar waren die Akademiefunktionäre auf solche Entwicklung nicht ausreichend vorbereitet. Den im Archiv der Akademie aufgefundenen Dokumenten ist zu entnehmen, daß tags darauf eine Präsidiumssitzung anberaumt wurde, die dann doch nicht stattfand. Eine Presseerklärung zum Abstimmungsergebnis wurde am 25. März ausgearbeitet, die dann aber – laut Aktenvermerk – nach Rücksprache mit dem Präsidenten nicht an die Presse ging. (Dokument 125) Am 26. März wurde die Zustimmung der Präsidiumsmitglieder für eine neuerliche Erklärung eingeholt, mit der aber Hertz und Steenbeck nicht einverstanden waren. Mußte sich Akademiepräsident Hartke, zugleich Mitglied des Ministerrates, erst mit dem ZK der SED konsultieren? Hertz jedenfalls hielt „es für das beste, wenn die Regierung sich in dieser Angelegenheit einschaltete". (Dokument 127)

Anscheinend standen SED- und Akademiefunktionäre unter dem Druck, die Information der Öffentlichkeit nicht allein den Westmedien zu überlassen. So wurde das Statement Lehmanns auf der Präsidiumssitzung vom 10. März an das Organ der Berliner SED-Bezirksleitung, die „Berliner Zeitung", weitergereicht und dort am 26. März in Auszügen veröffentlicht – als angeblicher Beleg für Havemanns „zur bewußten Lüge gewordene Behauptung, man habe ihm keine Gelegenheit zur Äußerung gegeben".

In dem nicht namentlich gezeichneten Artikel „Akademieunwürdiges Verhalten" wurden gar „die politischen Machenschaften Havemanns", seine „Publizitätssucht" und das Presse-„Konzept, das [...] im Westen schon [...] vorbereitet war" angeführt. (Dokument 130) Die „notwendige Richtigstellung" Havemanns (Dokument 131), mit der er auf die Sonnabendausgabe der „Berliner Zeitung" reagierte, wurde nicht veröffentlicht. Seine Bitte „um Mitteilung des Namens des Autors, damit ich geeignete Schritte zum Schutz gegen öffentliche Verleumdung unternehmen kann", wurde ignoriert.

Belegt ist in einer „Aktennotiz für den Genossen Prof. Hager" (Dokument 133), daß am 28. oder 29. März Werner Schubert von der Abteilung Wissenschaften beim ZK der SED ein Gespräch mit Hartke führte. Dabei wurde entsprechend der von Hager erteilten Hinweise festgelegt, auf der Präsidiumssitzung am 31. März die entscheidende Plenartagung kritisch auszuwerten und „Maßnahmen zum weiteren Verlauf der Angelegenheit Havemann" zu beschließen. Zuvor sollten in einer Parteigruppensitzung

„alle Genossen gründlich" darauf vorbereitet werden. Schubert teilte Hager mit: „Die Erklärung des Präsidiums, die im Sinne Deiner gegebenen Hinweise formuliert werden soll, wird uns Genosse Hartke noch vor der Präsidiumssitzung zur Kenntnis bringen".

Die Anlage über den weiteren Verfahrensweg gestatte nach Auffassung Schuberts, „die Maßnahmen der Regierung weitestgehend auszuschalten". Ein Eingreifen des Ministerpräsidenten, dem die Bestätigung oder Nichtbestätigung von Akademiemitgliedern oblag, erübrigte sich durch den im Akademiepräsidium mit juristischen Finessen geschmiedeten Plan. Hager informierte in der Sitzung des Sekretariats des ZK am 30. März entsprechend, wo die „vom Präsidium der Akademie vorgesehene Verfahrensweise zum Ausschluß von Havemann aus der Akademie [...] zur Kenntnis genommen" wurde. (Dokument 134)

Rechtsbruch als letzter Akt

Die Vorarbeit für diese Vorlage hatte Akademiejustitiar Grossgebauer übernommen. (Dokument 132) Er stellte einen „akademischen Notstand" fest, nachdem sich die Klasse, der Havemann formal noch zugehörte, von ihm bereits distanziert hat. „Das Statut kennt keine Mitgliedschaft an sich, [...] sondern nur in Verbindung mit der Zugehörigkeit zu einer Klasse [...] Die Leitung der Akademie ist verpflichtet, geeignete Schritte einzuleiten, um den eine starke Belastung des akademischen Lebens darstellenden Schwebezustand im Einklang mit dem Akademie-Statut zu beenden."

Entsprechend seinem Vorschlag wurden alle Klassensekretare vorab befragt, ob sie einem möglichen „in bezug auf ihre Klasse gestellten Antrag des Hr. Havemann" um Aufnahme zustimmen würden, und alle verneinten. Damit hatte Akademiepräsident Hartke freie Handhabe, dem Zentralkomitee „die Streichung" Robert Havemanns vorzuschlagen und dafür die Bestätigung des „Ministerpräsidenten, [...] die erforderlich ist, um das Statut wiederherzustellen", einzuholen. (Dokument 133) Dieser juristische Trick war quasi ein Ermächtigungsgesetz, mit dem das Präsidium das Votum des Akademieplenums einfach außer Kraft setzte. Die Fakten aber sind: Die Klasse für Chemie hatte lediglich dem Präsidium eine Empfehlung gegeben. Der daraufhin vom Präsidium gestellte Ausschlußantrag war vom Plenum nicht angenommen worden. Im Statut war für einen Antrag dieser Tragweite sehr gezielt die Sperrminorität vorgesehen. Somit war de jure Robert Havemann nach wie vor Mitglied der Klasse für Chemie, Geologie und Biologie, selbst wenn diese ihn nicht mehr wollte.

Doch bestärkt durch das ZK der SED und sich berufend auf die Zustimmung der 70 Akademiemitglieder im Plenum wähnte sich das Präsidium auf seiner Sitzung am 31. März 1966 hinreichend ermächtigt, die Streichung Professor Robert Havemanns aus den Listen der Akademie vorzunehmen und damit seine Mitgliedschaft zu beenden – ein klarer Statutenbruch. Begründet wurde dieses Vorgehen als von Havemann „verursacht, durch sein Verhalten, das allen Klassen Anlaß gab, sich von ihm zu distanzieren. Die *Komplizierung* haben diejenigen Akademiemitglieder geschaffen, die trotz aller vorangegangener Beschlüsse von Klassen, des Präsidiums und trotz eindeutiger Stellungnahmen der Klassen *einer Entscheidung auswichen und damit das Präsidium vor solche Entscheidung stellten.*" Schließlich wäre „ein *Diktat* durch das Verhalten einiger unentschlossener Mitglieder des Plenums [...] keiner Korporation [...] auch nur in Gedanken zuzumuten". (Dokument 139)

Robert Havemann erfuhr von diesem administrativen Willkürakt erst am 1. April aus der „Erklärung" des Akademiepräsidiums im „Neuen Deutschland" und anderen Zeitungen der DDR. (Dokument 137) In dieser mit dem Büro Hager abgestimmten Presseerklärung gab das Präsidium der DAW bekannt, es sehe „sich durch entstellende oder verleumderische Meldungen westlicher Nachrichtenorgane" zur „Richtigstellung veranlaßt".

Die amtliche Mitteilung des Generalsekretärs Rienäcker kam erst eine Woche später bei Robert Havemann an. (Dokument 136)

Zu diesem Zeitpunkt befaßte sich das Akademiepräsidium längst mit der „Auswertung der [...] letzten Monate": Es stellte die „Funktion des Plenums als beschließendes Organ [...] ernsthaft in Frage" und empfahl, „alle Ordnungen so zu ändern, daß [...] nur klare Entscheidungen für oder wider gewertet werden". Stimmen, die „nicht in diesem Sinne" seien, „sollten in keiner Weise in das Stimmenverhältnis eingerechnet werden". Das Präsidium verurteilte „Zeichen der Demoralisierung und Zersetzung der akademischen Gemeinschaft" und sah sich zu Maßnahmen veranlaßt, „die die strikte disziplinarische Sicherung der vollen Vertraulichkeit" gewährleisten. (Dokument 135)

Allen Instituten und Einrichtungen der DAW wurden Ergebenheits- und „Zustimmungserklärungen" abgefordert, denen sich nur einzelne Wissenschaftler verweigerten. (Dokumente 151–152)

Die Bilanz dieses Szenarios an der Deutschen Akademie der Wissenschaften ist, daß es der SED-Politbürokratie mittels des abschreckenden Exempels an ihrem schärfsten politischen Kritiker gelang, auch die wissenschaftliche Einrichtung Akademie zu instrumentalisieren und ihren Vorgaben unterzuordnen.

Einige Dokumente belegen, wie dieser schwere Eingriff auch bei ansonsten traditionell eher loyalen und relativ unpolitischen Wissenschaftlern das Vertrauen in die Prinzipien von Demokratie und Autonomie der akademischen Selbstverwaltung untergrub und als Angriff auf deren Grundlagen verstanden wurde. (Dokumente 140–150)

Am 16. November 1989 sah sich das Plenum der Akademie veranlaßt, die Streichung Robert Havemanns aus der Mitgliederliste rückgängig zu machen. Allerdings muß dieser Vorgang, an dem Personen mitwirkten, die 1966 an der Streichung beteiligt waren, als äußerst formal und halbherzig bewertet werden: Nicht einmal die Fakten des Szenarios an der DAW, sich Robert Havemanns zu entledigen, sind korrekt wiedergegeben. Da ist in der Empfehlung zu lesen, die „überwiegende Mehrheit des Plenums" hätte sich „für eine Streichung aus der Mitgliederliste" ausgesprochen (Dokument 157), während doch das Plenum nicht über Streichung, sondern über Ausschluß abgestimmt hatte, mit dem Ergebnis, daß der Antrag scheiterte. Die Rechtswidrigkeit des Aktes der Streichung aus den Mitgliederlisten der DAW, mit dem sich das Präsidium administrativ über das Votum des Plenums hinwegsetzte, wird überhaupt nicht aufgedeckt. Weder fand eine Analyse der beschämenden Vorgänge statt, mit denen der querdenkende Wissenschaftler Robert Havemann 1966 mit tatkräftiger Hilfe der Gelehrtengesellschaft zur Unperson gestempelt wurde, noch wurde sie wenigstens in die Wege geleitet. Keiner der seinerzeit Verantwortlichen wurde namentlich benannt oder gar zu einer Stellungnahme veranlaßt.

Bernd Florath

Kleiner Behördenführer

I. Deutsche Akademie der Wissenschaften zu Berlin

Die DAW wurde am 1. August 1946 auf Grund des Befehls Nr. 187 der Sowjetischen Militäradministration (SMAD) als Nachfolgerin der PREUSSISCHEN AKADEMIE DER WISSENSCHAFTEN ZU BERLIN gegründet. Ob es sich damit im juristischen Sinne um einen Akt der Neugründung oder unmittelbaren Rechtsnachfolge handelte, ist umstritten und kann hier nicht erörtert werden.[1] Faktisch war die DAW beides: Fortsetzung und Neugründung insofern, als sie einerseits die Arbeit der Preußischen Akademie der Wissenschaften, soweit diese in der Tradition der von Gottfried Wilhelm Leibniz im Jahre 1700 begründeten „Churfürstlich Brandenburgischen Societät der Wissenschaften" stand, fortsetzte und sie zugleich aber von den Folgen der NS-Herrschaft befreite. Mit der von den Alliierten vereinbarten Auflösung des Staates Preußen war auch die bis 1945 bestehende Gelehrtengesellschaft in ihrem personellen Bestand aufgelöst. Mit der DAW stellte die SMAD sie in gleicher Form wieder her bei Streichung der Mitgliedschaft von durch ihre Kollaboration mit den Nazis besonders belasteten Wissenschaftlern. Von den Ordentlichen und Korrespondierenden Mitgliedern wurden 15 gestrichen (darunter Peter Adolf Thiessen). Zugleich stellte die Gründung der DAW insofern eine Neugründung dar, als sie im Laufe der folgenden Jahre die unmittelbare Verantwortung für eine große Zahl außeruniversitärer Forschungseinrichtungen übernahm. Für die SMAD war die Unterstellung insbesondere der auf dem Gebiet der SBZ liegenden Einrichtungen der KAISER-WILHELM-GESELLSCHAFT ZUR FÖRDERUNG DER WISSENSCHAFTEN insofern ein logischer Schritt, als er der russischen Tradition der Integration außeruniversitärer Forschung in die Wissenschaftsakakdemie entsprach.[2]

---

[1] Vgl. Chronologische Dokumentation, in: Jahrbuch 1990/91 der Akademie der Wissenschaften der DDR und der Koordinierungs- und Abwicklungsstelle für die Institute und Einrichtungen der ehemaligen Akademie der Wissenschaften der DDR (KAI-AdW), hrsg. v. d. Koordinierungs- und Aufbau-Initiative für die Forschung in den Ländern Berlin, Brandenburg, Mecklenburg-Vorpommern, Sachsen, Sachsen-Anhalt und Thüringen e. V. (KAI e. V.) unter Mitwirkung von Mitgliedern und Mitarbeiter der ehemaligen Gelehrtensozietät, Berlin 1994, S. 162 ff.
[2] Interessanterweise war bereits die Gründung des Vorläufers der Kaiser-Wilhelm-Gesellschaft, der

Diese Art der Neugründung verlieh der DAW einen Doppelcharakter: Einerseits bestand sie aus der GELEHRTENGESELLSCHAFT, wie sie in dieser Grundstruktur von Leibniz 1700 als Brandenburgische Societät der Wissenschaften begründet worden war, andererseits aus der FORSCHUNGSGEMEINSCHAFT der außeruniversitären wissenschaftlichen Einrichtungen und Institute, die eher aus der Tradition der 1911 Gegründeten Kaiser-Wilhelm-Gesellschaft erwachsen waren. Da die Bezeichnung Akademie sowohl auf die Gelehrtengesellschaft selbst als auch auf die Gelehrtengesellschaft und Forschungsgemeinschaft umfassende Gesamtinstitution verwandt wird, kam unter nicht mit den verwickelten akademischen Strukturen vertrauten Menschen häufig der Irrtum zustande, daß jeder Mitarbeiter eines Forschungsinstituts Akademiemitglied sei, während Universitätsprofessoren, die Mitglieder der Gelehrtengesellschaft sind, nicht der Akademie zugerechnet wurden.

Die GELEHRTENGESELLSCHAFT bestand als eine Gemeinschaft herrausragender Universitätsprofessoren, die neben ihrer regulären Lehr- und Forschungstätigkeit an den Universitäten in der Akademie einen Raum wissenschaftlicher Kommunikation und insbesondere die Chance interdisziplinärer Diskussion fanden. Obwohl im Rahmen der Akademie selbst keine Forschung institutionalisiert wurde, entstanden doch vor allem im 19. Jahrhundert eine Reihe von ARBEITSVORHABEN, die Forschungsvorhaben ihrer Mitglieder unterstützen sollten. Es waren dies vor allem langfristige und kostenaufwendige Vorhaben in erster Linie auf Gebieten der geisteswissenschaftlichen und naturwissenschaftlichen Dokumentation und Edition. Hierzu zählten das Grimm'sche „Deutsche Wörterbuch", die „Monumenta Germaniae historica", die Ausgabe der Werke von Gottfried Wilhelm Leibniz, Immanuel Kant, Alexander von Humboldt u. a., die Editionen griechischer und lateinischer Inschriften, Münzen, medizinischer Schriften u. a., Kataloge der Fixsterne, der Pflanzen- und Tierwelt. In der Hauptsache bestand das Leben der Gelehrtengesellschaft indes im Austausch ihrer andernorts gewonnenen Forschungsergebnisse durch Vorträge vor den jeweiligen Versammlungen des PLENUMS der Akademiemitglieder bzw. ihrer KLASSEN.

Die Gelehrtengesellschaft bestand aus ORDENTLICHEN (OAkM oder OM), KORRESPONDIERENDEN (KAkM oder KM) und (vor 1945 sowie seit 1969) AUSWÄRTIGEN AKADEMIEMITGLIEDERN (AAkM oder AM), wobei nur die Ordentlichen Mitglieder das Recht genossen, über die internen Angelegenheiten der Akademie zu beschließen und neue

---

Physikalisch-technischen Reichsanstalt, im Jahre 1887 von ihrem Initiator Werner von Siemens ursprünglich in der Form von Forschungsinstituten der Akademie gedacht, uobei sich Siemens ausdrücklich auf das Vorbild der russischen Wissenschaftakademie berief: „In Rußland", schrieb Siemens am 20. März 1884 an die Reichsregierung, seien die Akademiemitglieder „nicht zur Lehrtätigkeit verpflichtet", die Akademie indes unterhalte „gut dotierte Laboratorien, in denen die Akademiker wissenschaftliche Forschung betreiben können". – *Werner von Siemens* an die Reichsregierung, 24. März 1884, in: Forschung und Prüfung. 50 Jahre Physikalisch-technische Reichsanstalt, Leipzig 1937, S. 11–15, zit. nach: *Conrad Grau*, Die Berliner Akademie der Wissenschaften in der Zeit des Imperialismus, Teil 1. Von den neunziger Jahren des 19. Jahrhunderts bis zur Großen Sozialistischen Oktoberrevolution, Berlin 1975, S. 5.

Mitglieder zu wählen. Die KAkM hatten lediglich das Recht, an der wissenschaftlichen Arbeit der Akademie teilzunehmen, besaßen in Fragen ihrer (Selbst-)Verwaltung aber keine Stimme. Zum Akademiemitglied wurden herausragende Wissenschaftler des In- und Auslandes auf Vorschlag der jeweiligen Klasse durch das PLENUM der OAkM gewählt. Die Grundsätze dieses Verfahrens der alten Akademie blieben auch in der SBZ/DDR erhalten, allerdings wurden die Prinzipien, nach denen die Wahl der Mitglieder durch Regierungsstellen sanktioniert werden mußte, immer wieder modifiziert. Da die Akademie von staatlicher Finanzierung abhing, war eine solche Bestätigung durch die jeweilig zuständigen Behörden auch vor 1945 üblich.

Die Akademiemitglieder waren nach Wissenschaftsbereichen in verschiedene KLASSEN unterteilt, in denen der größte Teil der wissenschaftlichen Veranstaltungen durchgeführt wurde. Die Zahl der Klassen änderte sich über die Zeiten: von 1946 zwei (philosophisch-historische und mathematisch-naturwissenschaftliche Klasse) bis zu elf Klassen 1989. Den Klassen standen SEKRETARE (bis 1968, von 1968 bis 1990: Vorsitzende) vor, die die Arbeit leiteten und die Ordentliche Akademiemitglieder sein mußten. Für die Organisation der Arbeit der Klasse gab es darüber hinaus Angestellte, zumeist jüngere, aber bereits promovierte wissenschaftliche Referenten, die keine Akademiemitglieder waren. Die Versammlung aller Akademiemitglieder nannte sich PLENUM, hier wurden wissenschaftliche Themen übergreifenden Interesses verhandelt sowie im zweiten, geschäftlichen Teil der Sitzung, für den nur die Ordentlichen Mitglieder zugelassen waren, Diskussion und Beschlußfassung über Satzungfragen, Ehrungen, Zu- und Abwahlen von Mitgliedern, die Wahl des PRÄSIDENTEN, der VIZEPRÄSIDENTEN, des GENERALSEKRETÄRS und der SEKRETARE durchgeführt. Die Mitglieder der Akademie waren bis auf den Generalsekretär nicht bei der Gelehrtengesellschaft angestellt. Sie arbeiteten vielmehr in den verschiedenen wissenschaftlichen Einrichtungen des In- und Auslandes, bzw. waren bereits emeritiert (die akademische Umschreibung des Ruhestandes). *Einige* von ihnen waren hauptamtlich an einem der Institute der Forschungsgemeinschaft der DAW beschäftigt.

Die DAW galt bis in die Mitte der 60er Jahre als eine gesamtdeutsche Institution. Dementsprechend hatten zwar Mitglieder nichtdeutscher Staaten nur den Status von KAkM, westdeutsche Gelehrte konnten indes durchaus vollgültige OAkM sein. Eine Reihe westdeutscher Wissenschaftler hatte diesen Rang bereits vor 1945 inne und behielt ihn auch über die Rekonstitution 1946 hinaus. Seither wurden einige hinzugewählt. Spätestens die „Angelegenheit Havemann" machte allerdings deutlich, daß die durch die SED auch von den AkM geforderte politische Loyalität zur DDR sich mit dem gesamtdeutschen Status der DAW nicht vertrug. Immerhin begriffen selbst Ulbricht und Hager, daß z. B. Werner Heisenberg Loyalität gegenüber der SED-Regierung nicht abzuverlangen war. Aus diesem Dilemma gab es nur zwei denkbare Auswege: Entweder wurde die Autonomie der DAW gestärkt, sie von Loyalitätszwängen gegenüber der Politik der DDR befreit, oder aber sie verzichtete auf den gesamtdeutschen Anspruch und wandelte sich zur Akademie der Wissenschaften der DDR. Das Vorgehen in der Angelegenheit Havemann demonstrierte, in welche Richtung die SED entschied. Mit der Akademiereform des Jahres 1969 verabschiedete sich die DAW vom gesamtdeutschen

Anspruch, degradierte die westdeutschen OAkM zu AAkM – ein Status, der dem der KAkM entsprach, und den auch die bisherigen auswärtigen KAkM bei der gleichen Gelegenheit erhielten – und änderte schließlich 1972 auch ihren Namen: Aus der Deutschen Akademie der Wissenschaften zu Berlin war nunmehr endgültig die Akademie der Wissenschaften der DDR geworden.

Der Präsident, die Vizepräsidenten, der Generalsekretär und die Klassensekretare gehörten dem PRÄSIDIUM der DAW an, das das kollektive Leitungsgremium der DAW bildete. Die DAW unterstand seit 1954 dem Ministerpräsidenten der DDR, aber keinem Fachministerium. Der Präsident war Mitglied des MINISTERRATES, somit faktisch Minister, wenngleich er nicht diesen Titel führte. An der DAW existierte eine SED-Parteiorganisation, deren Parteileitung die Arbeit des Präsidiums stark beeinflußte und in politischen Fragen leitete. Der Präsident gehörte, wenn er SED-Mitglied war, der SED-Parteileitung an. Seit 1969 hatte die SED-Parteileitung der Akademie den Status einer eigenständigen Kreisleitung im Rahmen der SED-Bezirksorganisation Berlin. (Das führte zu der Eigentümlichkeit, daß z. B. ein Mitarbeiter der DAW, der SED-Mitglied war und in einem Institut in Dresden arbeitete, der Berliner SED-Bezirksorganisation angehörte und nicht der Dresdner.)

Präsident und Generalsekretär waren die Bindeglieder zwischen GELEHRTENGESELLSCHAFT und FORSCHUNGSGEMEINSCHAFT. Obwohl im Rahmen und nach den Regeln der Gelehrtengesellschaft gewählt, standen sie auch den Forschungsgemeinschaften als Leiter vor. Administrativ regelte deren Geschäfte der Vorsitzende der „Forschungsgemeinschaft der naturwissenschaftlichen, technischen und medizinischen Institute" (1957 institutionell gebildet) und der „Arbeitsgemeinschaft der gesellschaftswissenschaftlichen Institute und Einrichtungen" (1963 institutionell gebildet). Bis 1957 waren die Institute der unmittelbaren Verantwortlichkeit der Klassen und der sie leitenden AkM unterstellt. Mit der Bildung der „Forschungsgemeinschaft" und der „Arbeitsgemeinschaft" wurden die Institute den Klassen entzogen und jeweils zuständigen VIZEPRÄSIDENTEN der DAW unterstellt.[3]

Zu den Forschungsgemeinschaften gehörte eine Vielzahl wissenschaftlicher INSTITUTE in der gesamten DDR mit 1989 über 20 000 Angestellten. Unter ihnen gab es kleine Forschungsgruppen wie die von Robert Havemann Anfang der 60er Jahre gebildete ARBEITSSTELLE FÜR PHOTOCHEMIE und große Institute wie z. B. das Institut für Kernforschung in Rossendorf bei Dresden oder das Institut für Krebsforschung in Berlin-Buch. 1969 wurden die Institute neu organisiert, viele kleinere Einrichtungen zu großen Zentralinstituten zusammengefaßt. Darüber hinaus gehörten auch Druckereien, technische Werkstätten und Versorgungseinrichtungen zu den Einrichtungen der Akademie. An den Instituten und Einrichtungen arbeiteten Wissenschaftlerinnen und Wissenschaftler, Technikerinnen und Techniker, Angestellte, Arbeiter, Lehrlinge. Geleitet wurden

---

[3] Vgl. *Conrad Grau*, Akademien in Berlin 1700 bis 1991, in: Berlin-Brandenburgische Akademie der Wissenschaften (vormals Preußische Akademie der Wissenschaften). Jahrbuch 1992/93, Berlin 1994, S. 26 f.

sie, soweit es sich um wissenschaftliche Einrichtungen handelte, zumeist von ausgewiesenen Fachleuten, von denen ein großer Teil Mitglieder der Gelehrtengesellschaft war. Einige der Einrichtungen wurden von Universitätsprofessoren nebenamtlich geleitet. Die Institute und Einrichtungen der DAW waren organisiert wie andere volkseigene Betriebe der DDR und verhielten sich zur Akademieleitung ungefähr wie Betriebe zum jeweiligen Kombinat oder zum entsprechenden Ministerium.

II. Zum Aufbau der SED-Instanzen

Wenn in der Literatur gemeinhin von ZENTRALKOMITEE die Rede ist, ist zumeist *nicht* jenes Gremium gemeint, das dem Statut der SED entsprechend auf den jeweiligen PARTEITAGEN gewählt wurde und zwei- bis sechsmal im Jahr zusammentrat, um politische Richtungsentscheidungen abzustimmen. In der Regel ist vielmehr der hauptamtliche APPARAT gemeint, der in Berlin die politischen Entscheidungen der SED prägte. Obwohl dieser Apparat faktisch über eine ungeheure Macht verfügte, hatte er satzungsgemäß keinen rechten Platz im organisatorischen Aufbau der Partei.

Die SED war aufgegliedert in GRUNDORGANISATIONEN (GO), die die Mitglieder dort zusammenfaßte, wo sie arbeiteten, d. h. nach dem „Produktionsprinzip". Neben diesen Grundorganisationen gab es auch territoriale WOHNPARTEIORGANISATIONEN (WPO), in denen nicht berufstätige SED-Mitglieder organisiert waren sowie – zumindest theoretisch – alle anderen Mitglieder gewissermaßen zum zweiten Male. Praktisch waren die WPO ohne Bedeutung, außer zur Disziplinierung von Genossen auch außerhalb ihres Arbeitsplatzes. In den GO und WPO wurden jeweils Parteileitungen gewählt. Die Mitglieder dieser Parteileitungen waren zum überwiegenden Teil ehrenamtliche Funktionäre, außer in großen Grundorganisationen, wo einige Parteisekretäre diese Funktion hauptamtlich, also bezahlt, ausübten. Der Leiter einer solchen Organisation wurde meist 1. SEKRETÄR, bzw. GO-SEKRETÄR genannt, sein Stellvertreter (in der Regel für organisatorische und sicherheitspolitische Fragen zuständig) 2. Sekretär. Alle zwei bis drei Jahre wurden Delegierte gewählt, die innerhalb eines Verwaltungskreises der DDR zu einer KREISDELEGIERTENKONFERENZ zusammentraten. Die Kreisdelegiertenkonferenz wählte die KREISLEITUNG der SED, welche aus ihrer Mitte die 1. und 2. Sekretäre wählte. Einige der Kreise waren nicht entsprechend den Territorialkreisen eingerichtet, so die Kreisorganisationen der großen Wissenschaftseinrichtungen DAW (ab 1969) und Humboldt-Universität (seit 1967), oder bestimmter Großbetriebe (z. B. Carl Zeiss Jena). Während die (stimmberechtigten) MITGLIEDER und die (nicht stimmberechtigten) KANDIDATEN DER KREISLEITUNGEN in der Mehrzahl ehrenamtliche Funktionäre waren und ihren Berufen weiterhin nachgingen, waren die Sekretäre der Kreisleitungen fest angestellt. Letztere hatten einen Stab von bezahlten politischen Mitarbeitern, die den APPARAT DER KREISLEITUNG bildeten. Bereits auf dieser Ebene fand jene Verwechslung statt, über die eingangs bezüglich des Zentralkomitees die Rede war: Wenn von Kreisleitung gesprochen wurde, waren Sekretäre und ihr Apparat gemeint, nicht aber das Kollegium der Kreisleitung, das sich periodisch traf und die Tätigkeit der Sekretäre und vor allem die

Beschlüsse höherer Leitungen beriet. Analog zur Kreisebene war die Bezirksebene aufgebaut. Allerdings war der Apparat der BEZIRKSLEITUNG bereits entschieden größer und vor allem mächtiger. Auch auf Bezirksebene gab es einige nichtterritoriale Organisationen wie die Bezirksorganisation des MfS, der SDAG Wismut, der NVA, des Innenministeriums oder des Bauwesens.

Die zentralen Organe der SED waren nach dem gleichen Muster aufgebaut: Alle vier (seit 1971 alle fünf) Jahre wählten die Delegierten des SED-PARTEITAGES, der nach dem Statut das höchste Entscheidungsgremium der SED sein sollte, das Zentralkomitee. Dieses wählte das POLITBÜRO und die Sekretäre des ZK. Im Unterschied zu den unteren Ebenen bildeten die Sekretäre des ZK, d. h. die leitenden Personen des ZK ein eigenständiges Gremium: das SEKRETARIAT des ZK, das in gewisser Hinsicht konkurrierend mit dem Politbüro bestand. Während das Politbüro, das der Satzung entsprechend zwischen den Tagungen des Zentralkomitees über die politische Linie entschied, theoretisch ein ehrenamtliches Gremium war, bestand das Sekretariat, das die Umsetzung der Beschlüsse des Politbüros zur Aufgabe hatte, aus hauptamtlichen Funktionären.

Dem am letzten Tag des VI. Parteitages der SED, am 21. Januar 1963 vom Zentralkomitee gewählten Politbüro gehörten Friedrich Ebert (zugleich Oberbürgermeister Ost-Berlins), Paul Fröhlich (zugleich 1. Sekretär der SED-Bezirksleitung Leipzig), Otto Grotewohl (zugleich Ministerpräsident der DDR), Kurt Hager (zugleich Sekretär des ZK), Erich Honecker (zugleich Sekretär des ZK), Bruno Leuschner (zugleich DDR-Vertreter bei der RGW-Exekutive) Hermann Matern (zugleich Vorsitzender der Zentralen Parteikontrollkommission), Erich Mückenberger (zugleich Vorsitzender der Gesellschaft für Deutsch-sowjetische Freundschaft), Alfred Neumann (zugleich Minister für Materialwirtschaft), Albert Norden (zugleich Sekretär des ZK), Willi Stoph (zugleich stellvertretender Ministerpräsident der DDR) Walter Ulbricht (zugleich Vorsitzender des Staatsrates und 1. Sekretär des ZK), Paul Verner (zugleich 1. Sekretär der SED-Bezirksleitung Berlin) und Herbert Warnke (zugleich Vorsitzender des Bundesvorstandes des FDGB) als (stimmberechtigte) MITGLIEDER sowie Erich Apel (zugleich Vorsitzender der Staatlichen Plankommission), Hermann Axen (zugleich Chefredakteur des „Neuen Deutschland"), Georg Ewald (zugleich Landwirtschaftsminister), Gerhard Grüneberg (zugleich Sekretär des ZK), Werner Jarowinsky (zugleich Sekretär des ZK), Günter Mittag (zugleich Sekretär des ZK), Margarete Müller (zugleich LPG-Vorsitzende in Kotelow) und Horst Sindermann (1. Sekretär der SED-Bezirksleitung Halle) als (nicht stimmberechtigte) KANDIDATEN an. Sekretäre des ZK waren Walter Ulbricht, als 1. Sekretär tonangebend für die Gesamtleitung, Gerhard Grüneberg, Sekretär für Landwirtschaft, Kurt Hager, Sekretär für Ideologie, Wissenschaft und Kultur, Erich Honecker, Sekretär für Sicherheit und Jugend, Günter Mittag, Sekretär für Wirtschaft, Albert Norden, Sekretär für Agitation und Paul Verner als Chef der hauptstädtischen SED-Organisation im Sekretariat verantwortlich für Kirchenfragen.

Jedem Sekretär unterstanden eine oder mehrere Abteilungen des Apparates des ZK, die verantwortlich waren für die Informationsgewinnung und die Erarbeitung von Vorlagen, die in den Sitzungen des Sekretariats verhandelt und beschlossen wurden. Am 27. Januar 1966 stellte das ZK-Sekretariat in der Beratung des Stellenplanes des eignen Hauses fest, daß der „Ist-Stand vom 12. 1. 1966: 707 polit[ische] Mitarbeiter (47 mehr als 1961, geplant sollen es 762 werden.) 932 techn[ische] Mitarbeiter (113 mehr als 1961, geplant sollen es 1038 werden)", sei.[4] 1639 Mitarbeiter waren in 26 ABTEILUNGEN, die in 77 SEKTOREN untergliedert waren, zehn ARBEITSGRUPPEN, einer KOMMISSION, fünf REDAKTIONEN, einem ARBEITSBÜRO sowie im BÜRO DES POLITBÜROS beschäftigt.[5] Für die „Angelegeheit Havemann" war vor allem die dem Sekretariat Hagers unterstellte ABTEILUNG WISSENSCHAFTEN zuständig. Hier flossen die aus der DAW stammenden Informationen zusammen und wurden die entscheidenden Anweisungen an die Akademieparteileitung ausgearbeitet, die entweder direkt dorthin gingen oder aber – soweit es sich um grundsätzliche Entscheidungen handelte – erst durch das Sekretariat beschlossen wurden. Für einen solchen Beschluß im Sekretariat oder dem Politbüro wurden schriftliche Vorlagen ausgearbeitet und beim zuständigen Sekretär (Hager) und beim Büro des Politbüros (geleitet von Otto Schön, einem Mitarbeiter Ulbrichts aus den 20er Jahren) eingereicht. Die Abteilung Wissenschaften war in vier Sektoren unterteilt. Sie hatte folgende Struktur und Besetzung: Abteilungsleiter (Johannes Hörnig); stellvertretender Abteilungsleiter; Sektor Naturwissenschaft und Technik: Sektorleiter, fünf politische Mitarbeiter; Sektor Gesellschaftswissenschaften: Sektorleiter, zehn politische Mitarbeiter; Sektor Hoch- und Fachschulpolitik: Sektorleiter, vier politische Mitarbeiter; Sektor Verlag: Sektorleiter, drei politische Mitarbeiter; ein Kadersachbearbeiter, eine Sekretärin, drei Stenotypistinnen.[6]

Neben den Abteilungen des ZK, die den Apparat des Sekretariats bildeten, bestanden noch KOMMISSIONEN, die dem Politbüro zugeordnet waren, wie z. B. die Ideologische Kommission, die für die Wirtschaft zuständigen Kommissionen oder die Jugendkommission. Diese wurden – was ihre Distanz zum Sekretariat zugleich wieder aufhob – zumeist von ZK-Sekretären geleitet, setzten sich aber nicht nur aus Mitarbeitern des Apparates zusammen, sondern auch aus SED-Mitgliedern anderer Bereiche und Leitungsebenen. Mitunter standen sie in gewollter Konkurrenz zu den entsprechenden Abteilungen. So wurde die JUGENDKOMMISSION offenbar von Ulbricht an der Honecker unterstehenden Abteilung Jugend vorbei eingerichtet und seiner unmittelbaren Anleitung unterstellt. Ulbricht setzte sie aus Parteimitgliedern zusammen, die nicht langjährige Mitarbeiter im Apparat waren, um hier politisches Neuland zu erkunden. In der Konkurrenz zur Abteilung Jugend unterlag diese Jugendkommission in der Konsequenz der Politik des 11. Plenums 1965, ihr Leiter Kurt Turba wurde im Januar

---
[4] Protokoll Nr. 9/66 der Sitzung des Sekretariats vom 27. 1. 1966, SAPMO-BArch[SED, ZPA, J IV 2/3 A 1261.
[5] Vgl. Ebenda.
[6] Vgl. ebenda.

1966 als für die Arbeit im Apparat des ZK völlig ungeeignet entlassen.[7] Die Kommission existierte formal bis 1989 weiter, unterstand indes nunmehr dem zuständigen Sekretär, mithin auch der Abteilung Jugend, womit sie jegliche politisch eigenständige Bedeutung verlor.

Neben dem Zentralkomitee existierten die ZENTRALE REVISIONSKOMMISSION (ZRK) – gewissermaßen der Rechnungshof der SED – und die ZENTRALE PARTEIKONTROLLKOMMISSION (ZPKK) – die innere Abteilung, die mit ihren Filialen auf Bezirks- und Kreisebene für die Disziplinierung der SED-Mitglieder zuständig war. Die ZPKK unter Hermann Matern arbeitete häufig als innerparteiliches Pendant der Staatssicherheit, ihre Ausschlußverfahren gegen eigenwillige Parteimitglieder endeten nicht selten mit der Eröffnung Operativer Vorgänge des MfS gegen die bereits in der SED Gemaßregelten.

---

[7] Protokoll Nr. 9/66 der Sitzung des Sekretariats vom 27. 1. 1966, SAPMO-BArch, SED, ZPA, J IV 2/ 3 A 1261: „Genosse Turba wird von seiner Funktion als Leiter der Abteilung Jugend des ZK und Vorsitzender der Jugendkommission beim Politbüro abgelöst, weil er auf Grund seines ganzen Verhaltens für die weitere Arbeit im Apparat des ZK nicht tragbar ist."

Die Gesichter der Geschichte

Gebäude der Deutschen Akademie der Wissenschaften am Gendarmenmarkt in Berlin in den fünfziger Jahren.

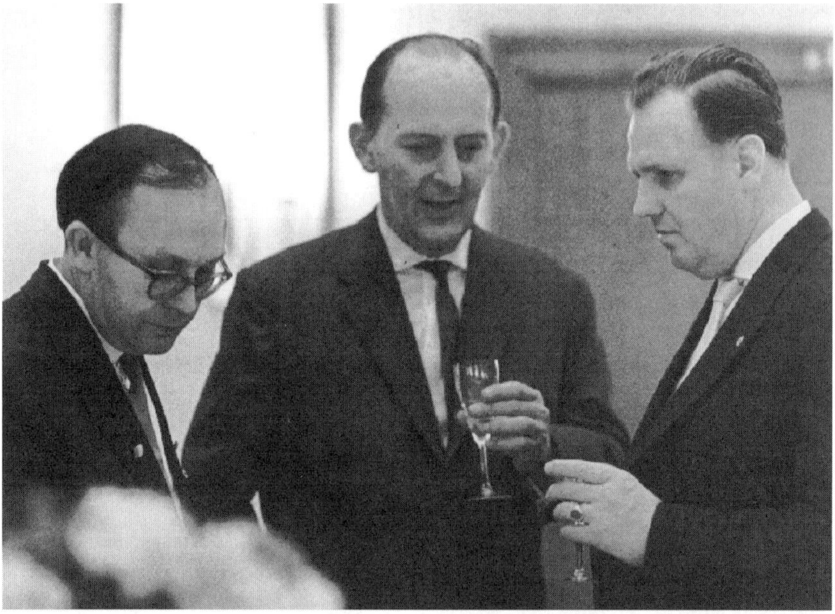

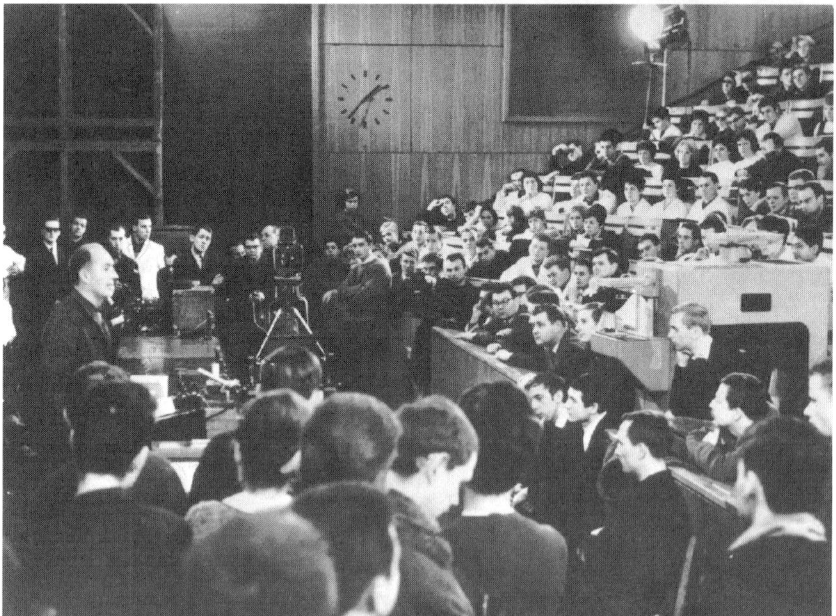

Die Gesichter der Geschichte 75

Kurt Hager, der Ideologie-Sekretär des ZK.

Seite 74:
Georg Klaus, Robert Havemann und der Sektorleiter der Abteilung Wissenschaften des ZK, Model, (v. l. n. r.) bei einer Feierstunde der Akademie der Wissenschaften zum 15. Jahrestag der SED am 19. April 1961.

Robert Havemann bei seiner letzten Vorlesung in der Humboldt-Universität am 17. Januar 1964.

Theodor Brugsch, Werner Hartke und Walter Ulbricht (v. l. n. r.) 1957.

Die Gesichter der Geschichte

Der Präsident der Deutschen Akademie der Wissenschaften zu Berlin,
Werner Hartke.

Seite 76:
Walter Ulbricht baut auf der V. Kunstausstellung der DDR in Dresden 1962 eine Stadt. Alfred Kurella und Paul Verner (v. r. n. l.) schauen zu.

Alexander Abusch (r.) und Otto Nagel 1958.

Der Vorsitzende der Forschungsgemeinschaft der naturwissenschaftlichen Institute und Einrichtungen der Deutschen Akademie der Wissenschaften zu Berlin, Hermann Klare.

Der Generalsekretär der Deutschen Akademie der Wissenschaften zu Berlin, Günther Rienäcker.

Die Gesichter der Geschichte

Der Slawist Wolfgang Steinitz, einer der Vizepräsidenten der Deutschen Akademie der Wissenschaften.

„Der Präsident der DDR, Wilhelm Pieck, empfing am 21. Januar 1955 in seinem Wohnsitz Berlin-Pankow den bekannten Wissenschaftler Prof. Dr. Robert Havemann." (ADN)

Die Nobelpreisträger Gustav Hertz (l.)
und Werner Heisenberg am
25. April 1958 bei der
Max-Planck-Feier in Berlin.

Wilhelm Pieck überreicht
Gustav Hertz den Nationalpreis,
6. Oktober 1955.

Die Gesichter der Geschichte

Edgar Lehmann (l.) mit dem tschecho-
slowakischen Geologen A. Zátopek
bei einem Symposium im Mai 1962.

Peter Adolf Thießen (l.) mit seinem
sowjetischen Kollegen Kabatschnik im
Institut für Physikalische Chemie der DAW
Mitte der sechziger Jahre.

Werner Heisenberg und Gustav Hertz bei der Max-Planck-Feier im April 1958 in Leipzig.

Die Gesichter der Geschichte

Der zweifache Nobelpreisträger Linus Pauling.

Linus Pauling auf einem Empfang der Düsseldorfer Stadtverwaltung. (links die Physikerin Renate Riemeck, rechts der SPD-Fraktionsvorsitzende im Düsseldorfer Stadtparlament, Ingenhut).

Walther Nernst-Symposium, 3. Oktober 1964.
Auf dem Empfang am Abend des Symposiums wurde von Angela Hahn, der Tochter Walther Nernsts, neben Nobelpreisträger Gustav Hertz der von der Universität entlassene Robert Havemann an ihren Tisch gebeten. Der Fotograf hielt die Szene fest und notierte die Sitzordnung (im Uhrzeigersinn): Robert Havemann, Angela Hahn, Gustav Hertz, Frau Cremer, Frau Hertz, John Eggert. Die Schere des Zensors ließ die linke Tischecke mit Robert Havemann verschwinden.

Die Teilnahme Havemanns am Nernst-Symposium in Ostberlin bereitete der Abteilung Wissenschaften des ZK schon im März 1964 Sorgen.[2] Sie konnte indes ebensowenig verhindert werden, wie die demonstrative Geste der Tochter Nernsts. „Zu einer Demonstration für Havemann – der nach Nernst einer der Leiter des Instituts [für Physikalische Chemie der Humboldt-Universität] gewesen ist – wurde ein Empfang im Ostberliner Haus der Kulturschaffenden, als der einzige in der Zone lebende Nobelpreisträger, Professor Hertz, sowie die Töchter von Walther Nernst sich mit Havemann an einen Tisch setzten. Der von der Partei eingesetzte Havemann-Nachfolger, Landsberg, wurde dagegen geschnitten."[3]

---

[2] Vgl. *Konrad Döring*, Aktennotiz, 23. 3. 1964, SAPMO-BArch, SED, ZPA, IV A 2/9.04/106.
[3] Kehrt Havemann zurück? SED hält Rehabilitierung für unvermeidlich, in: Berliner Morgenpost, Nr. 232, 4. 10. 1964, SAPMO-BArch, SED, ZPA, IV A 2/2.026/66, Bl. 63.

Die Gesichter der Geschichte 85

Der Indologe Walter Ruben im Gespräch mit Robert Havemann auf einer Sitzung des Kulturbundes am 5./6. Juni 1953.

Erweiterte Plenartagung des Deutschen Friedensrates eine Woche nach dem Aufstand des 17. Juni 1953 in Berlin. Robert Havemann, Frau Hoereth-Menge und Otto Buchwitz in einer Tagungspause.

Oben und unten: Plenum der Akademie der Wissenschaften am 28. Mai 1964.
Oben ganz links: Gustav Hertz. Unten erste Reihe: erster von rechts, am Bildrand,
Kurt Hager, dritter von rechts Werner Hartke, vierter von links Gustav Hertz, zweite
Reihe, erster von rechts, halb verdeckt: Jürgen Kuczynski.

Die Gesichter der Geschichte

DEUTSCHE DEMOKRATISCHE REPUBLIK

Vertraulich!

Personalbogen

Zur Beachtung: Sämtliche Fragen sind gewissenhaft und in gut lesbarer Schrift zu beantworten. Striche sind unzulässig. Falls die hier vorgesehenen Spalten zur genauen Beantwortung nicht ausreichen, ist eine Anlage beizufügen. Legen Sie einen ausführlichen handschriftlichen Lebenslauf bei.

Personalien

1. **Zuname** (bei Frauen auch Geburtsname) Havemann
2. **Vornamen** (Rufname unterstreichen) Robert, Hans, Günter
3. **Geburtsdatum und Geburtsort** 11. März 10, München
4. **Staatsangehörigkeit** deutsch   (seit wann?) Geburt
5. **Nummer des Deutschen Personalausweises und ausstellende Behörde** 575102/50
   Volkspolizei-Kreisamt Teltow/Mahlow

   a) **Jetzige Wohnung** (Telefonanschluß ist anzugeben) Klein-Machnow, Zehlendorferdamm 132
   Bln. NO18 Strausberger Platz 8465562

   b) **Sämtliche Wohnungsanschriften seit 1932**
   Berlin-Schöneberg, Rubensstr.7 (1932)
   " - Steglitz, Klingsorstr. (1532)
   " - Wilmersdorf, Hohenzollerndamm 133 (1932-33)
   " - Charlottenburg, Bismarckstr. 101 (1933-1943)
   Brandenburg/Havel-Görden, Zuchthaus (1943-45)
   Berlin-Neukölln, Thomasstrasse 23 (1945)
   " - Dahlem, Faradayweg 4/6 (1945)
   " - Dahlem, Faradayweg 8 (1945?-1950)
   " - Lichterfelde, Torweesenstr.9 (1950)
   Klein-Machnow, Zehlendorferdamm 132 (1950)

7. **Familienstand** verheiratet   **Eigener Hausstand?** ja
   (ledig / verheiratet / geschieden / verwitwet / getrennt lebend)

8. **Familienangehörige**

Name	Geburtsdatum	erlernter Beruf	jetzige Tätigkeit	Arbeitsstelle
Vater Dr. Hans H.	5.5.1887	Lehrer	Journalist	Kultur-Bund
Mutter Else H.	6.9.1874	Malerin	Hausfrau	—
Ehegatte Karin H. (geb. ...)	2.3.16	techn. Assistent.	Hausfrau	—
Kinder Ulrich	14.11.41	—	—	—
Frank	15.11.49	—	—	—
Sybille	17.3.57	—	—	—
Florian	11.1.59	—	—	—

Erste Seite des Personalbogens Robert Havemanns vom 31. Dezember 1950.

Dokumente

Zu den Dokumenten

Bei den nachfolgend abgedruckten Dokumenten handelt es sich um Akten aus folgenden Archiven:

- Stiftung Archiv der Parteien und Massenorganisationen der DDR im Bundesarchiv (SAPMO-BArch)[1];
- Archiv der Berlin-Brandenburgischen Akademie der Wissenschaften (AAW);
- Archiv der Robert-Havemann-Gesellschaft (RHG);
- Archiv des Bundesbeauftragten für die Unterlagen des Ministeriums für Staatssicherheit (BStU).

Der Fundort der einzelnen Dokumente ist jeweils einzeln vermerkt. Bei Dokumenten ohne Angabe der Blattnummer handelt es sich um solche aus nicht paginierten Akten. Die Dokumente sind, soweit nicht anders vermerkt, vollständig abgedruckt. Nicht abgedruckt wurden Absenderangaben (Briefköpfe), Adressaten sowie in der Regel die Verteiler. Bei dem über dem Dokument stehenden Titel handelt es sich, soweit dort vorhanden, um den Originaltitel des Dokuments. In Ausnahmefällen wurden Kürzungen vorgenommen, die durch Auslassungspunkte in eckigen Klammern [...] gekennzeichnet sind. Einige Dokumente wurden nur in solchen den Gegenstand der Publikation betreffenden Auszügen wiedergegeben. Sie sind im Titel als Auszug kenntlich gemacht. Offensichtliche Rechtschreibfehler sowie Eigenheiten der Schreibmaschinenmanuskripte (z. B. ss statt ß) wurden bis auf signifikante Fälle (z. B. die permanente Verwechslung von Sekretaren der Akademieklassen mit Sekretären in den SED-Akten) stillschweigend korrigiert. Textergänzungen der Herausgeber stehen in eckigen Klammern. Hervorhebungen im Original wurden unterschiedslos kursiv wiedergegeben. Im Original durchgestrichene Textpassagen, deren Aufnahme die Herausgeber für notwendig erachteten, sind als durchgestrichene Texte wiedergegeben.

---

[1] Die Akten aus dem ehemaligen Bezirksparteiarchiv Berlin der SED, die sich zur Zeit der Einsichtnahme noch in der Stiftung befanden, sind zwischenzeitlich an des Landesarchiv Berlin übergeben worden.

Die Dokumentation beschränkt sich auf den Zeitraum der Entlassung Robert Havemanns als Leiter der Arbeitsstelle für Photochemie der DAW am 23. Dezember 1965 und seiner Streichung aus der Liste der Akademiemitglieder am 31. März 1966. Die Dokumente über diese beiden miteinander verbundenen Vorgänge haben wir durch die Dokumente 1–10 ergänzt, die die unmittelbare Vorgeschichte seiner Tätigkeit an der Akademie belegen sowie mit einem von Robert Havemann verfaßten Resumé der Auseinandersetzung aus dem Jahre 1967 und dem Wortlaut der Aufhebung des Streichungsbeschlusses aus dem Jahre 1989.

Korrespondenzen eines Akademiemitgliedes

27. April 1961 bis 4. November 1965

1

Wahl Havemanns zum Korrespondierenden Akademiemitglied, April/Mai 1961

Robert Havemann wurde 1961 zum Korrespondierenden Mitglied der Deutschen Akademie der Wissenschaften gewählt. Den Wahlvorschlag unterbreitete Peter A. Thiessen Ende April dem Klassensekretar Heinrich Bertsch. Die den Wahlvorschlag im Akademieplenum begründende Laudatio, die im wesentlichen auf dem Text dieses Vorschlages beruhte, unterzeichneten die Klassenmitglieder Günther Rienäcker, Hans Falkenhagen, Eberhardt Leibnitz, Kurt Schwabe, Heinrich Bertsch und Peter A. Thiessen. Die Wahl war nicht unumstritten, galt Havemann doch als politisch sehr aktiver Mensch, was einige Akademiemitglieder für einer Gelehrtengesellschaft nicht angemessen hielten. So opponierte u. a. der Biochemiker und Präsident der Akademie der Naturforscher Leopoldina, Kurt Mothes, gegen die Wahl Havemanns. Er sperrte sich damit nicht gegen dessen Aufnahme, weil Havemann als bekannter und engagierter Kommunist konträr zu seinen politischen Vorstellungen stand, sondern vor allem, weil in seinen Augen diese Wahl einen erneuten Schritt zur Politisierung der Gelehrtengesellschaft darstellte.

Dok. 1 Peter A. Thiessen an Heinrich Bertsch, 27. 4. 1961
AAW, Leitung, Personalia, 159

Sehr geehrter Herr Bertsch!
Anbei übergebe ich die Begründung für den Vorschlag, R. Havemann zum Korrespondierenden Mitglied der Deutschen Akademie der Wissenschaften zu Berlin, Klasse für Chemie, Geologie und Biologie, zu wählen.
Ein Verzeichnis der Veröffentlichungen füge ich gleichfalls bei.[1]
Mit vorzüglicher Hochachtung
Thiessen

---

[1] Vgl. die von Dieter Hoffmann zusammengestellte Bibliographie der Havemann-Schriften in: Robert Havemann. Dokumente eines Lebens, Berlin 1991, S. 288–294.

Vorschlag für die Wahl des Herrn Prof. Dr. phil. Robert Havemann zum Korrespondierenden Mitglied der Deutschen Akademie der Wissenschaften zu Berlin, 27. 4. 1961
Prof. Dr. phil. Robert Havemann ist lange Jahre als Physikochemiker erfolgreich in Lehre und Forschung tätig. Allgemein anerkannte und sichtbare Leistungen vollbrachte er auf dem Gebiet der Photochemie, besonders der Photosynthese, der Reaktionskinetik sowie der Ausbildung von Kontrollmethoden der physikalisch-chemischen Verfahrenstechnik.
Besonders auf dem Gebiet der Photosynthese hat R. Havemann mit einigen unter seiner Leitung tätigen Mitarbeitern sehr wertvolle Beiträge geleistet für die Aufklärung der Elementarprozesse photosynthetischer Reaktionen und ihres Zusammenhanges mit der Konstitution der beteiligten Reaktionsträger. Zu unmittelbar technisch nutzbaren Ergebnissen haben die Arbeiten bisher noch nicht geführt. Es ist aber bereits zu erkennen, daß die weitere Verfolgung dieser Arbeiten die Möglichkeit einer künftigen technischen Anwendung der Photosynthese für die Schaffung von „Lichtakkumulatoren" und für die Erweiterung der menschlichen Ernährungsbasis verspricht.
Diese Arbeiten entstanden im Rahmen umfassender Untersuchungen über die chemische Reaktionskinetik. Sie wurde von R. Havemann theoretisch, vor allem aber experimentell und meßtechnisch wirksam gefördert.
R. Havemann entwickelte eine Reihe von originellen Meßgeräten, die in der Fachwelt sehr geschätzt sind und bereits weite Verbreitung in Laboratorien und Betrieben gefunden haben.
In den angegebenen Arbeitsbereichen hat R. Havemann 74 Arbeiten veröffentlicht. Unter seiner Leitung und Verantwortung wurden weitere 12 Arbeiten publiziert.
Als akademischer Lehrer hat R. Havemann junge Wissenschaftler herangebildet, deren bisherige Leistungen für die Zukunft eine wirksame Förderung der physikalischen Chemie in Forschung und Praxis versprechen. R. Havemann hat es verstanden, in diesen jungen Menschen die Begeisterung für ihr Fach zu erwecken und in ihnen Initiative und Entschlußfähigkeit zu entwickeln.
Besonders hervorzuheben ist, daß R. Havemann auch außerhalb seines engeren Arbeitsbereiches originelle Gedanken zur Erkenntnistheorie der Naturforschung und ihrer Stellung in der Gesellschaft entwickelt hat. In zahlreichen Vorträgen und einer Reihe von Veröffentlichungen hat er sich mit seinen Anschauungen zur Diskussion gestellt und dabei außerordentlich anregend gewirkt. Die gegenwärtige fruchtbare Richtung einer bodenständigen Philosophie auf naturwissenschaftlicher Ebene ist von ihm erkennbar gefördert worden.
Schließlich muß besonders hervorgehoben werden, daß R. Havemann unter hervorragendem persönlichen Einsatz und mit großer Unerschrockenheit allenthalben für die ausschließlich humanistischen Ziele der Wissenschaft eintritt.
An der wissenschaftlichen Gemeinschaftsarbeit aller Bereiche hat R. Havemann erfolgreich und eifrig teilgenommen.
Aus allen angeführten Gründen wird vorgeschlagen, R. Havemann zum *Korrespondierenden Mitglied der Deutschen Akademie der Wissenschaften zu Berlin* zu wählen.

Es ist mit Sicherheit zu erwarten, daß er am Leben der Akademie, im besonderen der Klasse für Chemie, Geologie und Biologie, tätigen und fruchtbaren Anteil nehmen wird.
Peter A. Thiessen

2

Fünf Tage nach dem Abschluß des Disziplinarverfahrens der Humboldt-Universität gegen Robert Havemann und einen Tag, nachdem Kurt Hager seinen „werten Genossen" Politbürokollegen dies zur Kenntnisnahme mitgeteilt hatte, befand das Sekretariat des ZK über das weitere Schicksal des Delinquenten. In der kleinen Arbeitsstelle für Photochemie der Akademie sollte er fernab von jedweder Öffentlichkeit als Wissenschaftler nützlich bleiben. Dort sollte er seine Forschungen unter Ausschluß der Öffentlichkeit betreiben, weshalb die Organisation und Genehmigung des für diese Arbeit unabläßlichen wissenschaftlichen Austausches in Form von Fachtagungen von vorgesetzten Behörden strengstens kontrolliert und reglementiert wurde.

Dok. 2 **Vorlage der Abteilung Wissenschaften für das Sekretariat des Zentralkomitees der SED, 25. 3. 1964**
SAPMO-BArch, SED, ZPA, IV A 2/9.04/106

Betrifft: Einsatz von Prof. Dr. Havemann
Beschluß:
1. Professor Havemann verbleibt als Leiter der Arbeitsstelle Fotochemie bei der Forschungsgemeinschaft der Deutschen Akademie der Wissenschaften.
2. Durch das Staatssekretariat für Forschung und Technik ist der Forschungsplan der Arbeitsstelle zu überprüfen und dem Prof. Havemann die persönliche Verantwortung für mehrere Forschungsaufträge zu übertragen.
3. Durch die Parteiorganisation der Deutschen Akademie der Wissenschaften sind in Zusammenhang mit der Abteilung Wissenschaften und dem Büro für Industrie und Bauwesen beim Politbüro eine Überprüfung der Mitarbeiter der Arbeitsstelle vorzunehmen und kadermäßige Veränderungen durchzuführen.
4 Vom Präsidenten der Deutschen Akademie der Wissenschaften und dem Vorsitzenden der Forschungsgemeinschaft ist Prof. Havemann zu beauftragen, jegliche Veranstaltung der Arbeitsstelle (Colloquium u. a.) vom Präsidenten der DAW genehmigen zu lassen.
Abteilung Wissenschaften
Hörnig

3

Am 24. März 1964 konnte Kurt Hager dem Politbüro mitteilen, daß Robert Havemanns Einspruch gegen seine fristlose Entlassung vom Lehrstuhl für physikalische Chemie an der Humboldt-Universität abgelehnt wurde. Die Berufungsinstanzen der Partei nahmen sich mehr Zeit. Für die Öffentlichkeit schien die Sache schon erledigt, Havemann war die Arbeitsmöglichkeit an der Universität ebenso genommen wie die Mitgliedschaft in der SED. In einer kleinen Arbeitsstelle der DAW in Köpenick wurde er am 8. April 1964 auf eine Stelle berufen, die er zwar schon seit mehreren Jahren neben seiner Arbeit als Universitätsprofessor wahrgenommen hatte, doch sollte sie nunmehr seinen Hauptberuf darstellen.

Auf seinen Einspruch gegen den statutenwidrigen Parteiausschluß verlangte die Zentrale Parteikontrollkommission Havemann eine Stellungnahme ab. Wie bereits zuvor wurde auch hier nirgendwo der wirkliche Grund für den Parteiausschluß erwähnt – Havemann sollte sich zur Wirtschafts- und Kulturpolitik der SED, zur Frage der Einheit Deutschlands und der friedlichen Koexistenz sowie zur Kritik des 5. Plenums an seinen Vorlesungen äußern. In seinem Papier wird deutlich, wie sehr sich Havemann gerade in Übereinstimmung zu den Reformansätzen befand, die mit der Politik des NÖS ausgelöst worden waren. „Die theoretischen Ausführungen des Genossen Ulbricht auf dem V. Plenum geben die theoretische Grundlage für die Lösung der komplizierten Probleme, die mit der Verwirklichung des neuen ökonomischen Systems verbunden sind. Ich betrachte die Rede des Genossen Ulbricht als den bedeutendsten Schritt zur Überwindung der starren ökonomischen Prinzipien der Stalin-Ära, die ihre Berechtigung nur für eine quasi-Kriegswirtschaft hatten." Er erhoffte sich gerade, daß diese neuen Prinzipien auch auf anderen Gebieten, so „auch auf dem Gebiet der Kulturpolitik in entsprechender Form angewendet werden".[1] Havemanns klare, die Unterstellungen seiner Gegner detailliert widerlegende Stellungnahme eignete sich freilich nicht für einen breiteren Leserkreis. Matern empfahl daher ausdrücklich, den Beschluß nicht zu veröffentlichen.

Dok. 3 Abschlußbericht der ZPKK zum SED-Ausschluß Havemanns, 24. 6. 1964
SAPMO-BArch, SED, ZPA, IV 2/11/v. 4920, Bl. 88–89

An das Sekretariat des Zentralkomitees
Werte Genossen!
Anbei den Beschluß der Zentralen Parteikontrollkommission in der Angelegenheit von Prof. Dr. Robert *Havemann*.

---

[1] Robert *Havemann* an die Zentrale Parteikontrollkommission, 5. 5. 1964, RHG, Archiv, NL Havemann..

Wir haben einen ausführlichen Anhang gemacht, um die ganzen Zusammenhänge klarzustellen.
Wahrscheinlich wird es zweckmäßig sein, wenn der Beschluß mit Anhang *nicht* veröffentlicht wird und ich wäre eigentlich *nicht* dafür, den Beschluß mit Anhang an die Bezirks- und Kreisleitungen zu senden, um sie zu informieren und auf diesem Wege in der Partei Klarheit zu schaffen.
Mit sozialistischem Gruß
26. Juni 1964   *Matern*

Betr.: Professor Dr. Robert *Havemann*, geb. am 11. 3. 1910
wohnhaft   :   Berlin NO 18, Strausberger Platz 19
soz. Herkunft   :   Intelligenz
erl. Beruf   :   Chemiker
war tätig   :   Prof. mit Lehrstuhl, Humboldt-Universität
jetzt tätig   :   Forschungsgemeinschaft der Deutschen Akademie der Wissenschaften, Leiter der Arbeitsstelle für Fotochemie
pol. org.   :   1932
Parteistrafen   :   keine

Beschluß der GO
Beschluß der BPKK Berlin vom 13. 3. 1964 – Ausschluß –
Beschluß der ZPKK: Dem Einspruch des Prof. Dr. Havemann gegen seinen Ausschluß aus der Partei vom 13. 3. 64 wird nicht stattgegeben.
Der Ausschluß besteht zu Recht.
        Prof. Dr. Havemann wird wegen parteifeindlichem Verhalten
        aus der Partei ausgeschlossen.
Begründung:
In der Ausschlußbegründung durch das Sekretariat der Bezirksleitung Berlin heißt es: „Prof. Dr. Robert Havemann hat gegen die Politik der Partei in der imperialistischen Presse Stellung genommen, gegen die Einheit und Reinheit der Partei verstoßen, ihre Beschlüsse nicht erfüllt, die innerparteiliche Demokratie mißachtet, die Parteidisziplin verletzt und sich eines Parteimitgliedes nicht würdig gezeigt."
Die Aussprachen vor der ZPKK und die schriftliche Stellungnahme von Prof. Dr. Havemann machen seine gegen die Politik der Partei gerichtete Linie noch offensichtlicher.
Prof. Dr. Havemann ist nicht gewillt, sein parteifeindliches Verhalten aufzugeben. Im Gegenteil. Noch während der Bearbeitung seines Einspruches durch die ZPKK machte er mit dem westdeutschen Verlag Rowohlt (Hamburg) einen Vertrag zwecks Veröffentlichung seiner Vorlesungen und unternahm damit einen offenen Angriff auf die Politik und die Interessen der Partei.
Das zeigt, daß Prof. Dr. Havemann seinen prinzipienlosen Kampf gegen die Partei weiterführt.
24. Juni 1964

4

Havemanns Entlassung als Universitätsprofessor, sein Parteiausschluß, seine Verbannung aus den Medien der DDR konnten die Diskussion, die er mit seinen Vorlesungen von 1963/64 ausgelöst hatte, nicht unterbinden. Das „kommunistische Buch"[1] „Dialektik ohne Dogma" wurde besonders unter den Studenten der Bundesrepublik rezipiert, Havemann erhielt Einladungen zu Diskussionen an westdeutschen Universitäten. Doch die notwendigen Visa wurden ihm ebenso verweigert, wie eine auch nur andeutungsweise Begründung für diese Blockade. Das Innenministerium verwies auf die Zuständigkeit der DAW für Reisen von Akademiemitarbeitern, die DAW lehnte die Befürwortung ab, weil das Thema der Veranstaltungen sich nicht aus den Arbeitsaufgaben des Leiters der Arbeitsstelle für Photochemie herleiten ließe. Havemann, des Hase-und-Igel-Spiels überdrüssig, teilte den Interessenten im Westen mit, daß er zwar fahren wolle, aber nicht dürfe. Dies führte zu einer erneuten Behandlung der „Angelegenheit Havemann" im Sekretariat des ZK der SED. Auf dieser Sitzung wies das SED-Gremium gleich drei Ministerien an, in der Sache aktiv zu werden. Diese nicht im Sinne politischer Empfehlungen gehaltenen, sondern bis in wörtliche Formulierungen ausgearbeiteten Beschlüsse degradierten die Verfassungsorgane der DDR zur nachgeordneten Exekutive der SED, brachen mithin in eklatanter aber bezeichnender Weise die geltende Verfassung der DDR.

Dok. 4 Sitzung des Sekretariats des ZK der SED, [Auszug], 20. 1. 1965
SAPMO-BArch, ZPA J IV 2/3 A 1.140

Protokoll Nr. 6/65
Anwesend waren die   Genossen Grüneberg, Honecker, Mittag, Norden,
                           Verner, Schön, Berger, Jarowinsky, Dohlus
Entschuldigt waren die   Genossen Ulbricht, Hager, Eberlein
Zur Sitzung wurden folgende Genossen hinzugezogen:
[...]
Zu Punkt 10:   Genosse Kempke, Abt. Wissenschaften
Sitzungsleitung: Genosse Honecker
[...]
10. Angelegenheit Havemann: Die Vorlage wird bestätigt.
Hörnig   Hager   (Anlage Nr. 5)
Weiz   Mittag
Rost   Pöschel
Abusch

---

[1] Robert Havemann, Dialektik ohne Dogma? Naturwissenschaft und Weltanschauung, Reinbek 1964, S. 5.

[Anlage Nr. 5]

Behandelt S 6-10
vom 20.1.65

15 Exemplare je 2 Seiten
10. " 2 Seiten

Abteilung Wissenschaften   Berlin, den 13. 1. 1965

V o r l a g e
an das Sekretariat des ZK

Anl.

Betrifft: Angelegenheit Havemann

Das neuerliche provokatorische Auftreten Havemanns – "Der Marxismus leidet an Sklerose", "Der Spiegel" Heft 51/54 – erfordert geeignete Maßnahmen.

1. Der Staatssekretär für Forschung und Technik, Genosse Dr. Weiz, und der Stellvertreter des Vorsitzenden der Forschungsgemeinschaft für den Fachbereich Reine und Angewandte Chemie, Genosse Prof. Dr. Dr. h.c. Leibnitz, werden beauftragt, gemeinsam mit dem Generaldirektor der VVB Chemiefaser und Fotochemie festzulegen, welche Forschungsthematik und welche konkreten, kontrollierbaren Forschungsaufträge die Arbeitsstelle für Photochemie der DAW erhält.
Die Arbeitsstelle ist gleichzeitig auf die unbedingt notwendige kadermäßige Größe zu reduzieren. Das hat im Zuge der Schaffung der zentralen Forschungsstelle für Photochemie in Berlin-Köpenick zu geschehen.
(Evtl. Größe: 1 Leiter, 3 wissenschaftliche Mitarbeiter, 4 technische Kräfte, 1 Sekretärin).

2. Der Präsident der Deutschen Akademie der Wissenschaften, Genosse Prof. Dr. Dr. h.c. Hartke wird beauftragt, auf der nächsten Sitzung des Präsidiums der DAW eine Erklärung zur Annahme vorzulegen, in der das dem Ansehen der DAW abträgliche Verhalten ihres korrespondierenden Mitgliedes Havemann entschieden verurteilt wird.

– 2 –

\- 2 -

3. Genosse Abusch beauftragt einen Vertreter seines Büros, Herrn Havemann eine Erklärung verlesen zu lassen, die etwa folgenden Wortlaut hat:

"Die Regierung der Deutschen Demokratischen Republik hat Herrn Havemann, trotz seines das Ansehen der DDR schädigenden Verhaltens die Möglichkeit gegeben, als Arbeitsstellenleiter in der Deutschen Akademie der Wissenschaften seinen wissenschaftlichen Arbeiten auf dem Gebiet der Photochemie weiter nachzugehen. Herr Havemann hat von diesem großzügigen Schritt nur bedingt Gebrauch gemacht. Sein neuerliches Auftreten, das die Fortsetzung seiner schädlichen, gegen die Politik der DDR gerichteten Aktivität darstellt, läßt den Schluß aufkommen, daß Herr Havemann nicht die notwendigen, einem Bürger der DDR zukommenden Schlüsse gezogen hat.

Die Regierung der DDR mißbilligt das Auftreten Havemanns in der Westpresse und die darin gegen die Politik der DDR gerichtete Hetze, die u. a. in einem Interview mit dem Korrespondenten Knop im Nachrichtenmagazin "Der Spiegel" enthalten ist. Die darin veröffentlichten Ansichten und Meinungen Havemanns widersprechen dem gesunden Empfinden der Bürger der DDR, des ersten deutschen Arbeiter-und-Bauern-Staates.

Die Regierung der DDR erwartet von Herrn Havemann, daß er sich künftig ganz seinen wissenschaftlichen Arbeiten auf dem Gebiet der Photochemie widmet und alles unterläßt, was dem Ansehen der DDR Schaden zufügt, insbesondere seine Beziehungen zu westdeutschen und Korrespondenten aus kapitalistischen Ländern unterhalten. Sollte dies nicht geschehen, so ist Herr Havemann für die sich daraus ergebenden Konsequenzen selbst verantwortlich."

Sekretär des ZK Abteilung Wissenschaften

Die Vorlage wurde ausgearbeitet vom Genossen Döring

Verteiler:
1. - 13. Exemplar Sekretariat
14.   "   Büro Hager
15.   "   Abt. Wissenschaften

5

Die Reaktion der Ministerialbürokratie auf die Weisungen aus dem ZK der SED erfolgte prompt: nicht etwa in Form einer Zurückweisung dieser Einmischung in staatliche Angelegenheiten, sondern als Erfüllungsbericht oder wie in diesem Falle als Entschuldigung bei der Sekretärin des Büros des Politbüros und der Bitte um Terminaufschub.

Dok. 5 Herbert Weiz, Staatssekretär für Forschung und Technik an Gisela Trautzsch, Sekretärin im Büro des Politbüros des ZK der SED, 2. 2. 1965
SAPMO-BArch, SED, ZPA, IV A2/2.024/66, Bl. 71

Gen. Hager zur K[enn]tn[is] [unleserliches Kürzel]
Sekretariatsbeschluß Nr. 6/65, Angelegenheit Havemann

Werte Genossin Trautzsch!
Der genannte Beschluß ist mir am 26. 1. 1965 zugestellt worden. Ich habe sofort entsprechende Maßnahmen zur Erfüllung des Punktes 1 veranlaßt, war aber bisher nicht in der Lage, den Auftrag abzuschließen.
Es hat sich herausgestellt, daß zur Erfüllung dieses Punktes noch einige Untersuchungen notwendig sind und bitte deshalb um Terminverlängerung bis 20. 2. 1965
Mit sozialistischem Gruß
Dr. Weiz

6

Dok. 6 Büro des Ministerrates der DDR.
Aktennotiz Betr.: Aussprache mit Professor Havemann, 5. 2. 1965
SAPMO-BArch, ZPA IV 2/11/v.4920, Bl. 77–79

Am 5. 2. 1965, 15.30 Uhr, empfingen Genosse Fleck und Genosse Langner, Mitarbeiter des Büros des Ministerrates, Herrn Prof. Havemann.

Genosse Fleck erklärte ihm, daß er beauftragt sei, ihm folgendes mitzuteilen:
„Die zuständigen Organe der Deutschen Demokratischen Republik haben Ihnen trotz Ihres, das Ansehen der DDR schädigenden Verhaltens, die Möglichkeit gegeben, als Arbeitsstellenleiter in der Deutschen Akademie der Wissenschaften Ihren wissenschaftlichen Arbeiten auf dem Gebiet der Fotochemie weiter nachzugehen. Ihr neuerliches Auftreten, das die Fortsetzung Ihrer schädlichen, gegen die Politik der DDR gerichteten Aktivität darstellt, läßt den Schluß aufkommen, daß Sie nicht die notwendigen, einem Bürger der DDR zukommenden Verpflichtungen erfüllen wollen.

Ihr Auftreten in der Westpresse und die darin gegen die Politik der DDR gerichtete Hetze, die u. a. in einem Interview mit dem Korrespondenten Knop im Nachrichtenmagazin „Der Spiegel", eine der schlimmsten antikommunistischen Zeitschriften Westdeutschlands, enthalten ist, wird entschieden mißbilligt. Ihre darin veröffentlichten Ansichten und Meinungen widersprechen den Interessen unseres Staates und unserer Bürger.

Es wird von Ihnen erwartet, daß Sie sich künftig ganz Ihren wissenschaftlichen Arbeiten auf dem Gebiet der Fotochemie widmen und alles unterlassen, was dem Ansehen der DDR Schaden zufügt, insbesondere haben Sie keine Beziehungen zu Korrespondenten aus Westdeutschland und anderen kapitalistischen Ländern zu unterhalten. Sollte dies nicht geschehen, so sind Sie selbst für die sich daraus ergebenden Konsequenzen verantwortlich."

Herr Professor Havemann erklärte folgendes
1. Er nehme den Hinweis zur Kenntnis, sei jedoch überrascht darüber und möchte darum bitten, daß ihm in einer anderen Aussprache genauer erläutert wird, womit er im einzelnen gegen die Interessen der DDR verstoßen habe. Die pauschale Verurteilung seiner Haltung könne er nicht anerkennen. Er habe nicht die Absicht, die DDR zu schädigen. Falls er Fehler begangen hätte, möchte er wenigstens im einzelnen wissen, worin sie bestünden.
2. In dem amerikanischen Korrespondenten Knop habe er einen aufgeschlossenen Journalisten gesehen, dem es darum ginge, objektive Vorstellungen über die DDR wiederzugeben, und der Annäherung zwischen Ost und West zu dienen. Er sei der Auffassung, daß er in dem betreffenden Interview sich nicht nur loyal verhalten habe, sondern geradezu leidenschaftlich für die DDR eingetreten sei.
3. Er wäre sehr an einem ausführlichen Gespräch über die ganze Problematik interessiert, auch über seine wissenschaftlichen Arbeitsverhältnisse. Bisher habe nur Professor Hartke einmal mit ihm gesprochen.
4. Er sehe sich außerstande, den Hinweis „Keine Beziehungen zu Korrespondenten aus Westdeutschland und anderen kapitalistischen Ländern zu unterhalten" einzuhalten. Mit allen Personen, die sich legal in der DDR aufhalten und die sich mit ihm unterhalten wollen, würde er auch weiterhin sprechen. Alles andere wäre für ihn eine Einschränkung der verfassungsmäßigen Rechte.

Wir stellten daraufhin fest, daß wir ihm einen ernsten Hinweis der Regierung zu übermitteln haben, jedoch nicht beabsichtigen, mit ihm im einzelnen darüber zu diskutieren. Zu seiner letzten Bemerkung machten wir ihn noch einmal entschieden darauf aufmerksam, daß er für sein weiteres Verhalten die volle Verantwortung trage.
Er bedauerte, daß er die Erklärung nicht schriftlich erhalten könne, da er dazu Stellung nehmen möchte. Die Erklärung wurde ihm abschließend noch einmal verlesen.

Fleck   Langner

7

Havemann hatte sich gegen das Ansinnen, künftig jeden Kontakt mit ausländischen Korrespondenten zu unterlassen, nicht allein gegenüber den Herren Fleck und Langner verwahrt. In Briefen an Ministerpräsident Stoph und Volkskammerpräsident Dieckmann versuchte er – allerdings vergeblich – sich des Inhalts des ihm nur verlesenen Textes zu versichern und erhob „Einspruch gegen die mir zugemutete Einschränkung meiner verfassungsmäßigen Rechte".[1] Havemann bat um Klarstellung, doch er wurde keiner Antwort gewürdigt. Deshalb mußte es ihn überraschen, daß Alexander Abusch, der Vorgesetzte der Herren Fleck und Langner, ihn später in einem Gespräch mit Stefan Heym als der Partei gegenüber unaufgeschlossen bezeichnete.

Dok. 7 Robert Havemann an Kurt Hager, [Kopie], 8. 8. 1965
RHG, Archiv, NL Havemann

Werter Genosse Kurt Hager,
Stefan Heym berichtete mir von einem Gespräch, das er kürzlich mit dem Genossen Abusch geführt hat. Auf die Frage Heyms – die sich aus dem Zusammenhang ergab –, warum niemand von der Partei mit mir eine Aussprache herbeiführt, sagte Abusch, daß ich ein Gespräch mit Dir gehabt hätte, worin ich mich aber „gänzlich unaufgeschlossen" gezeigt habe. Es kann nur das Gespräch gemeint gewesen sein, das wir im Februar 64 hatten.
Danach hatte ich am 29. 4. 65 noch ein längeres Gespräch mit dem Genossen Alfred Neumann in Brandenburg, anläßlich der Feier des 20. Jahrestages unserer Befreiung aus dem Zuchthaus. Ich sagte ihm, daß ich darauf hoffe, daß mein Parteiausschluß bald rückgängig gemacht wird. Genosse Neumann versprach mir ein Gespräch mit ihm oder anderen Genossen. Ein derartiges Gespräch hat leider bis heute nicht stattgefunden.
Es ist mir unerfindlich, was die Meinung begründen könnte, ich sei „unaufgeschlossen". Weder das Gespräch mit Dir, noch das mit Neumann geben meiner Meinung

---

[1] *Robert Havemann* an Johannes Dieckmann, 23. 3. 1965, vgl. auch *derselbe* denselben, 3. 3. 1965 und derselbe an Willi Stoph, 5. 2. 1965, RHG, Archiv, NL Havemann.

nach Anlaß zu diesem Urteil. Mit allem, was ich tue, versuche ich unserer Sache zu nützen. Ich glaube, Du wirst das anerkennen, selbst wenn Du in mancher Beziehung und in manchem Zusammenhang meine Ansichten nicht teilst. Ich bin mir natürlich völlig klar darüber, daß ich bei meinen Bemühungen Fehler machen kann, wie jeder andere auch, besonders in meiner jetzigen Lage. Wie aber soll ich mögliche Fehler vermeiden, wenn nur Menschen mit mir sprechen, die meine Anschauungen teilen?

Der Zweck dieses Briefes ist, völlig klar zu sagen, daß ich mich als der Partei zugehörig fühle und den Zustand der Trennung als unerträglich empfinde. Ich bin nicht „unaufgeschlossen" sondern bereit, jeden Irrtum einzusehen. Aber Du weißt, daß ich zu den Menschen gehöre, die ihre Meinungen nur ändern, wenn man sie wirklich überzeugt hat.

Ich möchte gern einen Antrag auf Wiederaufnahme in die Partei stellen. Aber ohne Deine Billigung hätte ein solcher Antrag wenig Aussicht. Ich bitte deshalb um ein Gespräch, damit ich mein Verhältnis zur Partei von jeder Unklarheit befreien kann.

Mit sozialistischem Gruß

8

Dok. 8 Kurt Hager an Robert Havemann, 16. 9. 1965
RHG, Archiv, NL Havemann

SOZIALISTISCHE EINHEITSPARTEI DEUTSCHLANDS
Zentralkomitee

HAUS DES ZENTRALKOMITEES AM MARX-ENGELS-PLATZ / 102 BERLIN / RUF 2028

MITGLIED DES POLITBÜROS
– Kurt Hager –

den 16.9.1965
B-68/65 H/Bn.

Herrn
Professor Dr. Robert Havemann

1252 Grünheide/Mark
Burgwallstr. 4

Werter Kollege Havemann !

Da ich bis Anfang September in Urlaub war, konnte ich auf Deinen Brief vom 8.8. nicht eher antworten.
Wir entnehmen dem Brief, daß Du eine Erklärung über Dein Verhältnis zur Partei abgeben möchtest. Der Leiter der Abteilung Wissenschaften, Gen. Hannes Hörnig, wurde beauftragt, diese Erklärung entgegenzunehmen. Die Zusammenkunft könnte Anfang Oktober stattfinden. Ich bitte Dich, mit dem Genossen Hörnig den Termin zu vereinbaren.

Mit sozialistischem Gruß

/Kurt Hager/

Hagers Antwort war trotz der provokativen Anrede „Kollege" und des absichtlichen Mißverständnisses, daß Havemann wünsche, eine Erklärung abzugeben, die erste Reaktion aus dem ZK, die Havemann zumindest die Chance eines Gespräches anzudeuten schien. Sorgfältig erwog er deshalb seine Antwort. Es lag ihm nicht daran, auf die glattzüngige Verweisung an subalterne Parteibeamte mit gleicher Münze zurückzuzahlen. Er sah in Hager noch immer den Genossen, der wie er im Kampf gegen die Nazis gestanden hatte, und den einflußreichen Funktionär, der in seinen Entscheidungen weniger von höheren Anweisungen abhängig war. Mit Hager, hoffte Havemann, bestand vielleicht noch eine Chance, jenseits von Eitelkeiten und Abhängigkeiten zu reden. Am 10. Oktober schickte er ihm eine Antwort, die nicht überliefert ist. Der Entwurf dieser Antwort fand sich in seinem Nachlaß.

Dok. 9 Robert Havemann an Kurt Hager, [Entwurf], 25. 9. 1965
RHG, Archiv, NL Havemann

Prof.Dr.Robert Havemann   1252 Grünheide/Mark
                                             Burgwallstraße 4
                                             25.9.65

Gen.Prof.Kurt Hager
102 Berlin,
Hausdes Zentralkomitees am Marx-Engels-Platz

Entwurf!

Werter Genosse Hager,
 tatsächlich hatte ich Dich nur um eine Unterredung gebeten. Aber zweifellos hätte es sich dabei auch darum gehandelt, daß ich der Partei zu einigen mich betreffenden Fragen Erklärungen zu geben habe, die erst einmal zur Kenntnis genommen werden müssen, bevor mir eine Antwort erteilt werden kann. Da mir an einer Klärung sehr gelegen ist, halte ich es nicht für zweckmäßig, diese Erklärung mündlich abzugeben, sondern will sie schriftlich geben:
 1. **Ich stelle den Antrag, meinen Ausschluß aus der Partei aufzuheben und meine Mitgliedschaft wiederherzustellen.**
Begründung:
   a. Weil die hauptsächliche Begründung für den Ausschluß (das angebliche Interview in der Zeitung "Echo am Abend") nicht zu Recht bestand und nur ein Vorwand war.
   b. Weil meine Vorlesungen - der wahre Grund - der Partei und unserer Sache nicht nur nicht geschadet sondern genützt haben. Geschadet hat nur, daß ich wegen dieser Vorlesungen aus der Partei ausgeschlossen wurde.
   c. Weil der Vorwurf, ich habe in meinen Vorlesungen Ansichten vertreten, die nicht richtig sind, kein Grund für einen Ausschluß aus der Partei ist.
   d. Weil die von mir dargelegten Meinungen, die von der Partei kritisiert wurden, nicht nur von vielen Genossen unserer Partei geteilt werden, sondern auch von führenden Genossen anderer kommunistischer Parteien öffentlich vertreten werden.

e. Weil durch die Fortdauer meines Ausschlusses aus der Partei die Klärung vieler wichtiger Fragen und die Überwindung ernster Meinungsverschiedenheiten in unserer Partei behindert wird.
f. Weil mein Ausschluß aus der Partei unter schwerer Verletzung des Parteistatuts durchgeführt wurde: Ich wurde ohne Eröffnung eines Parteiverfahrens, ohne Kenntnis meiner Grundorganisation, ohne Mitglied einer Leitung oder eines höheren Parteiorgans zu sein, in einer 1-stündigen Sitzung der Universitätsparteileitung ohne Anwesenheit eines Mitglieds der Leitung meiner Grundorganisation und trotz meiner Erklärung, daß der Vorwurf, ich habe ein Interview für die Zeitung in Hamburg oder überhaupt ein Interview gegeben, unwahr ist, aus der Partei ausgeschlossen.
g. Weil ich durch verschiedene Veröffentlichungen im Westen unserer Sache wertvolle Hilfe geleistet habe.
h. Weil ich ein Kommunist bin.
2. Ich beantrage die Aufhebung aller Maßnahmen, durch die ich an der Durchführung meiner wissenschaftlichen Arbeiten, an meiner Lehrtätigkeit und am Auftreten in der Öffentlichkeit gehindert werde.

Begründung:
a. Die Zerreißung der großen Photochemischen Forschungsgruppe, die ich im Laufe der letzten Jahre aufgebaut habe, sowie die ganz unzulängliche Form ihrer jetzigen Existenz stehen in krassem Widerspruch zu der dringlichen Notwendigkeit der Verstärkung unserer photochemischen Forschung im Interesse unserer Industrie.[1]
b. Mir stehen heute nur vier Mitarbeiter zur Seite, wodurch die Ausnutzung meiner wissenschaftlichen Arbeitskraft dezimiert wird.
c. Die aus politischen Gründen getroffenen Maßnahmen gegen meine wissenschaftlichen Arbeitsmöglichkeiten, so insbesondere auch die Kündigung der Mitarbeit der DDR am RGW-Forschungsthema 9,1 (Photosynthese), für das von mir geleitete Arbeitsstelle für Photochemie der gewählte internationale Koordinator war, haben dem Ansehen der Partei und der DDR bei Wissenschaftlern des In- und Auslandes geschadet.
d. Durch die Einschränkung der Forschungsthematik auf Probleme der Photographie wird das theoretische Niveau bedroht, die Fortsetzung sehr erfolgversprechender Forschungsarbeiten unmöglich gemacht und die Möglichkeit neuer, auch technisch interessanter Entwicklungen abgeschnitten.
e. Durch das Verbot meiner Teilnahme an auswärtigen Kongressen sowie durch die generelle Ablehnung von Reisegenehmigungen – zuletzt zur IUPAC[2]-Tagung in Moskau – werde ich in meiner wissenschaftlichen Arbeit und in meiner Freiheit, für den Kommunismus zu wirken, behindert, womit zugleich dem Ansehen unserer Partei und der DDR Schaden zugefügt wird.

---

[1] Darüber waren sich auch die Verantwortlichen im ZK und in den entsprechenden Ministerien vollkommen klar. Vgl. Vorwort, S. 43f.
[2] IUPAC: Internationale Union für Reine und Angewandte Chemie.

f. Durch das Verbot meiner öffentlichen Vortragstätigkeit und meiner Lehrtätigkeit an der Universität wird die Glaubwürdigkeit unserer sozialistischen Demokratie in Zweifel gezogen und das Vertrauen zur Partei und zu unserem Staat beeinträchtigt.
g. Meine Entlassung aus dem Hochschuldienst erfolgte mit der gleichen unwahren Begründung wie mein Parteiausschluß.

10

Im Oktober regte der westdeutsche Journalist Rudolf Jungnickel Robert Havemann an, für den „Spiegel" einen Artikel über die seit 1956 in der Bundesrepublik verbotene Kommunistische Partei Deutschlands zu schreiben. Er selbst hatte einige Zeit zuvor in einer dem Vizepräsidenten des Bundestages, Thomas Dehler (FDP), gewidmeten Denkschrift die Wiederzulassung der KPD empfohlen als einen Schritt, der „der SED eine höchst unerwünschte Konkurrenz bescherte und ihr wieder gesamtdeutsche Rücksichten auferlegte".[1] Jungnickel selbst hatte seine Erfahrungen mit der westdeutschen Staatsraison in einer Weise gemacht, die ihn Robert Havemann empfehlen mußte: Ende der fünfziger Jahre aufgrund seiner Kritik an Adenauers die Spaltung Deutschlands vom Westen her zementierender Politik wegen „Staatsgefährdung" angeklagt, konnte er erst vor dem Bundesgerichtshof seinen Freispruch erreichen.[2]

Havemann griff diese Anregung auf, nicht ohne sich der Brisanz der Problematik bewußt zu sein. Die Bundesregierung versperrte sich mit ihrem Anspruch auf die Souveränität Deutschlands in den Grenzen von 1937 selbst den Weg zum rationalen Umgang mit den Nachkriegsrealitäten in Osteuropa und der DDR. Die KPD galt ihr lediglich als politischer Statthalter der SED im Westen. Umgekehrt figurierte die Bundesrepublik in den Augen der SED-Führung als der politische Nachfolger des Dritten Reiches, vermochte sie deren demokratische Entwicklung nur als Feindseligkeit, nicht als Anknüpfungschance zu begreifen. Keine der beiden Seiten war tatsächlich so weit, die wie auch immer geliebten oder ungeliebten Realitäten als bestehend zu analysieren und nach Handlungsmöglichkeiten auf dieser Ebene zu suchen.

Havemann unterzog sich diesem Versuch. Da er sich vollkommen klar darüber war, daß dies Konsequenzen auch für die Deutschlandpolitik der SED aufwerfen mußte, wandte er sich nochmals an Hager. Er ignorierte die offensichtliche Feindseligkeit ihm gegenüber und appellierte an das gemeinsame politische Interesse jenseits der politischen Differenzen, die ihn vom SED-Chefideologen ansonsten schieden.

---

[1] *Rudolf Jungnickel*, Plädoyer für Professor Robert Havemann, in: Frankfurter Rundschau, 28. 12. 1965, SAPMO-BArch, SED, ZPA, IV A 2/9.04/108.
[2] Vgl. Havemann. Zeit der Bedrängnis, in: Der Spiegel, 1966, Nr. 1, S. 29.

Dok. 10 Robert Havemann an Kurt Hager, [Kopie], 4. 11. 1965
RHG, Archiv, NL Havemann

Prof.Dr.Robert Havemann   1252 Grünheide/Mark
                                        Burgwallstraße 4
                                        den 4.11.65

Gen.Prof.Kurt Hager
Zentralkomitee der SED
B e r l i n

Werter Genosse Hager,

ich warte zwar noch auf Antwort auf meinen Brief vom 10.Oktober, aber eine Angelegenheit, die mir wichtig und dringlich genug erscheint, veranlaßt mich, Dir erneut zu schreiben:
Das Nachrichtenmagazin der SPIEGEL ist mit dem Vorschlag an mich herangetreten, für eine ihrer nächsten Nummern einen Artikel zu schreiben über das Thema:
   "Wiederzulassung oder Neugründung einer Kommunistischen Partei in Deutschland?"
Bei der Abfassung des Artikels möchte ich aber nicht nur auf meine eigenen Überlegungen angewiesen sein. Ich würde sehr gern mit Genossen unserer Partei oder der KPD, die über den Fragenkomplex gut orientiert sind, vorher sprechen. Die Redaktion des SPIEGEL möchte das Manuskript des Artikels schon Mitte November haben.

Ich glaube, daß es notwendig ist, daß Ihr mir in dieser Sache beisteht und dabei alle Differenzen mit mir einmal gänzlich außer Acht laßt.

                                        Mit sozialistischem Gruß

Das 11. Plenum und ein „Spiegel"-Artikel

15. Dezember 1965 bis 22. Dezember 1965

11-14

11. Plenum des ZK der SED, 15.-18. 12. 1965
Während Havemann an seinem KPD-Essay für den „Spiegel" arbeitete, wurden die letzten Vorbereitungen für das 11. Plenum des ZK der SED abgeschlossen. Bis kurz vor Eröffnung des Plenums waren Indizien gegen die aufmüpfigen Intellektuellen des Landes gesammelt worden, deren Zurechtweisung und Reglementierung das Plenum wesentlich charakterisierte. Angelegt war es als Wirtschaftsplenum, doch sowohl die Moskauer Trendwende von Chruschtschow zu Breshnew als auch die politischen Konsequenzen der Reformpolitik der Jahre 1963/64 hatten der Betonfraktion Aufwind verschafft. Sie vermochte es erfolgreich, das Gespenst der Anarchie und des Autoritäts- und Machtverlustes vor die Augen des Apparates zu stellen. Skeptizismus, Nonkonformismus, Liberalisierungstendenzen, öffentliche Kritik an der Politik der SED waren das Menetekel, dem es zu wehren galt. Fest stand, „daß die Ursachen für diese Erscheinungen der Unmoral und einer dem Sozialismus fremden Lebensweise auch in einigen Filmen, Fernsehsendungen, Theaterstücken, literarischen Arbeiten und in Zeitschriften bei uns zu sehen sind".[1] Die Attacke beendete eine der produktivsten Phasen der geistigen Entwicklung in der DDR, eine Phase, in der die Ostdeutschen nicht nur zu begreifen begannen, sondern es auch artikulierten, daß sie es satt hatten, Versuchskaninchen in einem gesellschaftspolitischen Experiment zu sein, dessen Zwecke sie nicht zu entscheiden hatten.
Den Wirtschaftsreformen wurde das Rückgrat gebrochen, weshalb sich der Planungschef der DDR, Erich Apel – Havemanns Nachbar in Grünheide bei Berlin – eine Woche vor dem Plenum erschoß. Alt-FDJler Honecker erhielt den Freibrief, die von Ulbricht eingesetzte Jugendkommission zu zerstören und deren Chef, Kurt Turba, in die Wüste zu schicken, „weil er auf Grund seines gan-

---

[1] Bericht des Politbüros an die 11. Tagung des Zentralkomitees der SED. 15.-18. Dezember 1965, Berichterstatter: Genosse *Erich Honecker*, Berlin 1966, S. 57.

zen Verhaltens für die weitere Arbeit im Apparat des ZK nicht tragbar ist"[2] Den Ton auf diesem Wirtschafts- und Kulturplenum bestimmte Erich Honecker als Berichterstatter des Politbüros. Seine Tiraden gegen den „schädlichen Einfluß" der „geistesverwirrenden Beat-Musik" folgten den Verhaftungen junger Beatfans in Leipzig.[3] Hager erweiterte die mißmutige Bilanz auf eine Abrechnung mit der „übertriebenen" Entstalinisierung Chruschtschows, aus der Skeptizismus, „Entfremdungspropaganda" und Revisionismus erwachsen seien.[4]

Dok. 11 **Kurt Hager, Bemerkung auf einer das 11. Plenum vorbereitenden Beratung, [Auszug], 19. 11. 1965**
SAPMO-BArch, SED, ZPA, IV A 2/16/19;
zit. nach: Detlef Eckert, Die abgebrochene Demokratisierung, in: Brüche, Krisen, Wendepunkte. Neubefragung von DDR-Geschichte, hrsg. v. Jochem Černý, Leipzig/Jena/Berlin 1990, S. 213.

Wir zerschlagen alle Auffassungen, die besagen, daß unsere staatliche Entwicklung nichts anderes seit 1945 war als Administration, Bürokratie, Gewalt gegen Menschen. Wir zerschlagen Auffassungen, die das Ansehen unserer Justizorgane untergraben. Wir wenden uns gegen die Theorie der Entfremdung des einzelnen von seinem Staat, wie sie im Film „Das Kaninchen [bin ich]" zum Ausdruck kommt.

Dok. 12 **Walter Ulbricht, Referat auf dem 11. Plenum, [Auszug], 15. 12. 1965**
Walter Ulbricht, Probleme des Perspektivplanes bis 1970.
Referat auf der 11. Tagung des ZK der SED. 15.–18. Dezember 1965, Berlin 1965, S. 112.

Einige Kulturschaffende haben die große schöpferische Freiheit, die in unserer Gesellschaftsordnung für die Schriftsteller und Künstler besteht, so verstanden, daß die Organe der Gesellschaft auf jede Leitungstätigkeit verzichten und Freiheit für Nihilismus, Halbanarchismus, Pornographie und andere Methoden der amerikanischen Lebensweise gewähren.

---

[2] Protokoll der Sitzung des ZK-Sekretariats am 27. 1. 1966, SAPMO-BArch, SED, ZPA, J IV 2/3 A 1261.
[3] Am 31. Oktober 1965 verhaftete die Volkspolizei in Leipzig eine Reihe von Jugendlichen, die gegen das Verbot von Beat-Gruppen protestieren wollten. Einige von ihnen wurden daraufhin in Arbeitslager gesperrt, wozu Innenminister Dickel durch einen Beschluß des Sekretariats des ZK vom 11. 10. 1965 ausdrücklich beauftragt wurde. – Vgl. *Walter Ulbricht* an die 1. Sekretäre der Bezirksleitungen der SED, 2. 11. 1965; Beschluß des Sekretariats des ZK, 11. 10. 1965, in: Kahlschlag. Das 11. Plenum des ZK der SED 1965. Studien und Dokumente, hrsg. v. Günter Agde, Berlin 1991, S. 320 f.; vgl. auch *Michael Rauhut*, Beat in der Grauzone. DDR-Rock 1964–1972 – Politik und Alltag, Berlin 1993.
[4] Vgl. *Jochem Černý*, Versuch, ein Fazit zu ziehen, in: Kahlschlag, S. 164 f.

Das 11. Plenum und ein „Spiegel"-Artikel. 15. Dezember 1966 bis 22. Dezember 1966

Dok. 13 Kurt Hager, Diskussionsbeitrag auf dem 11. Plenum, [Auszug], 17. 12. 1965
Neues Deutschland, 21. 12. 1965

Louis Fürnberg schrieb das schöne Lied „Die Partei hat immer recht". Das gilt für die Vergangenheit, und das gilt für die Gegenwart und für die Zukunft.

Dok. 14 Walter Ulbricht, Schlußwort auf dem 11. Plenum, [Auszug], 18. 12. 1965
Kahlschlag. Das 11. Plenum des ZK der SED. Studien und Dokumente, hrsg. v. Günter Agde, Berlin 1991, S. 349–352

In diese Schmutzlinie haben sich Biermann und einige andere hineingeschoben und haben Politik gemacht. Wessen Politik? Es handelt sich um den Kreis Havemann, Heym, Biermann und – ich möchte jetzt die weiteren Namen nicht nennen, das kann man später nachholen. Es handelt sich also nicht um den Dichter Biermann als solchen oder um eine Frage der Dichtkunst, sondern es handelt sich um eine Gruppe, die einen politischen Kampf gegen die Arbeiter-und-Bauern-Macht zielbewußt geführt hat und führt. Ich möchte noch erwähnen, daß es selbstverständlich vorkommen kann, daß manche Genossen nicht sofort und rechtzeitig alle Zusammenhänge sehen. Das kann vorkommen. Nicht jeder hat die Übersicht, und manchmal scheint das eine oder andere gar nicht von so großer Bedeutung zu sein. Aber damit diejenigen, die an der Richtigkeit unserer Einschätzung der Lage Zweifel hatten, vollständig überzeugt werden, erlaube ich mir, aus dem Springerblatt von heute folgende Mitteilung hier bekanntzugeben:[1] Prof. Havemann hat im „Spiegel" einen Artikel veröffentlicht, in dem er die Zulassung einer parlamentarischen Opposition in der „Sowjetzone" fordert. Er fordert, daß in der „deutschen Sowjetzone", – wie es dort heißt, – die Freiheiten gegeben werden, die in der bürgerlichen Gesellschaft des Westens bestehen. Damit das etwas getarnt wird, sagt er, er sei auch für die Legalisierung der KPD in Westdeutschland. Und dann stellt er die Frage: „Kann es auch im Sozialismus eine parlamentarische Opposition geben"? – „d. h., er meint eine Oppositionspartei" – „und warum haben die Arbeiter kein Streikrecht oder – wenn sie nicht streiken wollen – warum können sie nicht wenigstens eine unfähige Betriebsleitung absetzen?"
So, ist alles klar?
(Zurufe: Völlig klar! Vollkommen klar!)
Ist es jetzt allen Genossen klar, frage ich, daß es nicht um Literatur geht und auch nicht um höhere Philosophie, sondern um einen politischen Kampf zwischen 2 Systemen? –

---

[1] *Robert Havemanns* Artikel „Die Partei ist kein Gespenst", der am 22. 12. 1965 im „Spiegel" erschien, war vorab in Auszügen, die, wie Rudolf Jungnickel schrieb, „lediglich die für westliche Aspekte interessanten Punkte herausklaubte und eine solcherart zurechtgetrimmte einseitige Interpretation Havemanns" von UPI verbreitet worden. Auf diesen Agenturauszügen beruhten auch die Vorabmeldungen über den Artikel, die in verschiedenen westdeutschen Zeitungen bereits am Samstag, dem 18. Dezember, dem letzten Tag des 11. Plenums, erschienen.

Ich hoffe, daß das inzwischen klargeworden ist. Selbstverständlich, für uns ist es manchmal nicht leicht, schon wenn wir andere Anhaltspunkte haben, Genossen zu überzeugen, bevor der Gegner selber bis zu Ende formuliert. Dann ist es selbstverständlich leichter.
Also worum geht es? Um die Gewährung der Freiheiten in der DDR, die in der bürgerlichen Gesellschaft des Westens üblich sind. – Aber wir haben viel weitergehende Freiheiten; wir haben nur keine Freiheit für Verrückte, sonst haben wir absolute Freiheiten überall.
(*Kurt Hager:* Und keine für solche Konterrevolutionäre!)
Für Konterrevolutionäre haben wir auch keine Freiheiten, das nicht.
Selbstverständlich, Genossen, wenn die Frage so gestellt wird, geht es um die prinzipielle Auseinandersetzung. Was sind denn demokratische Freiheiten? Besteht die demokratische Freiheit darin, daß jemand unter dem Druck der Meinungsfabriken der Bourgeoisie alle 4 Jahre einmal einen Stimmzettel abgeben darf, oder besteht die Demokratie in der ständigen Mitarbeit, in der Mitwirkung des werktätigen Volkes und darin, daß das werktätige Volk die Produktionsmittel besitzt und über sie verfügt?
Was ist los? Die Herren haben jetzt auch diejenigen, die bisher glaubten, sie könnten sich durchmanövrieren, die Herren haben alle gezwungen, die prinzipiellen Fragen bis zu Ende zu diskutieren. Einverstanden, wir nehmen den Kampf auf, wir sind gar nicht dagegen.

15

Robert Havemann: „Die Partei ist kein Gespenst", 22. 12. 1965
Der Artikel Havemanns entstand zwischen Anfang November und dem 4. Dezember 1965, an dem ihn Havemann an Jungnickel übergab. Havemann ging davon aus, daß Jungnickel „für eine wortgetreue, ungekürzte Wiedergabe [...] sorgen würde".[1] Obwohl sowohl Jungnickel als auch die „Spiegel"-Redaktion beteuerten, daß dies auch geschehen sei,[2] fand sich in der gedruckten Fassung ein Satz, dessen Herkunft ebenso unklar blieb, wie seine Wirkung unzweifelhaft sein mußte.
Robert Havemann schrieb an den „Spiegel"-Herausgeber: „Von der Fälschung des Artikels durch Hinzufügung eines nicht von mir stammenden Satzes, der die Gründung einer neuen SPD in der DDR empfiehlt, habe ich die Redaktion bereits telegraphisch unterrichtet und um Richtigstellung gebeten. Ich weiß nicht, von wem diese Fälschung stammt. Ich bin aber überzeugt, daß Sie meine Empörung verstehen – es handelt sich schließlich nicht um eine politische Bagatelle."[3] Er konnte nicht wissen, daß sein Telegramm an den „Spiegel" von

---

[1] *Jungnickel*, Plädoyer, a. a. O.
[2] Vgl. Havemann. Zeit der Bedrängnis, a. a. O.
[3] Ebenda.

Erste Seite der ersten Niederschrift des Artikels.

der Staatssicherheit abgefangen worden war.[4] Das Interesse des Mielke-Apparates, eine Richtigstellung zu verhindern, begründet die Vermutung, daß sie selbst Urheberin des inkriminierten Satzes war. Die Manuskripte des Artikels belegen das intensive Ringen Robert Havemanns um den Text. Über den ersten handschriftlichen Entwurf, der bereits eine Reihe der Anfangspassagen wörtlich enthält, spätere Ausführungen indes erst als Stichwortliste, bis zur vollständigen Textfassung mit Korrekturvorschlägen von Stefan Heym[5] (Havemann gab seinen Artikel vor der Übergabe an Jungnickel einer Reihe von Freunden zur kritischen Durchsicht, darunter u. a. Stefan Heym und Werner Tzschoppe) kann man die Entwicklung der Gedankenführung und die Suche nach den treffendsten Formulierungen verfolgen. Wir dokumentieren hier die Fassung, wie sie der „Spiegel" druckte.

Dok. 15 **Robert Havemann: „Die Partei ist kein Gespenst", 22. 12. 1965**
Der Spiegel, 1965, Nr. 52, 22. 12. 1965; Varianten nach: BStU, ZOV „Leitz", XV/150/64

Die Partei ist kein Gespenst
Plädoyer für eine neue KPD
Für eine Aufhebung des Verbots der KPD gibt es viele Gründe. Ich will zuerst einige nennen, die von Nicht-Kommunisten und sogar von Gegnern der Kommunisten bedacht und gebilligt werden können:
1. Die Bundesrepublik befindet sich unter den Ländern des Westens mit ihrem KPD-Verbot nicht in der besten Gesellschaft, jedenfalls nicht in der Gesellschaft demokratischer Staaten. In Europa sind es außer der Bundesrepublik nur die totalitären Regimes in Spanien und Portugal, die ihre KP verboten haben. Alle repräsentativen westlichen Demokratien leisten sich ihre KP, zum Beispiel: England, Frankreich, USA, Italien, Schweden, Norwegen, Dänemark, Holland, Belgien, Luxemburg, die Schweiz, Indien, Japan – um nur die wichtigsten zu nennen. Selbst in Griechenland existiert eine sehr rührige Nachfolgepartei der Kommunisten.
2. Antikommunismus = Antisowjetismus: diese nicht unbedingt allgemeingültige Gleichung gilt aber nach dem Urteil der Weltmeinung jedenfalls für die Deutschen, weil sie die Grundthese Hitlers war. Das KPD-Verbot ist deshalb ein wirksames Argument für die Behauptung, die Politik der Bundesrepublik sei revanchistisch.
3. Weil das KPD-Verbot die Bundesrepublik als einen besonders reaktionären Staat erscheinen läßt, erzeugt es besonders im Osten Zweifel an der Ehrlichkeit der wiederholten Erklärungen, man erstrebe friedliche Beziehungen zu den sozialistischen Ländern.
4. Die Erklärung der Bundesregierung, sie erstrebe die Wiedervereinigung auf friedlichem, demokratischem[6] Wege, wirkt angesichts des KPD-Verbots als scheinheilig:

---
[4] Vgl. BStU, ZOV „Leitz", XV/150/64.
[5] *Stefan Heym* an den Hrsg., 4. 3. 1995.

ihre Behauptung, sie sei von den beiden deutschen Regimen das einzige demokratische, wird selbst für notorische Antikommunisten zweifelhaft, ja unglaubwürdig. Staatliche Demokratie verträgt sich nicht mit einer Verurteilung der Kommunisten zu Illegalität und Konspiration. Die Behauptung, das Verbot der KPD diene dem Schutz der Demokratie, ist ein Widersinn. Schon einmal begann in Deutschland das Ende der Demokratie mit dem Verbot der kommunistischen Partei. Es war der erste Schritt ins Tausendjährige Reich. Dies sollten sich einmal diejenigen ganz besonders überlegen, denen die innere und äußere Sicherheit der Bundesrepublik von Berufs wegen am Herzen liegt.

5. Die Erklärung, man wolle ein Jahr vor der Durchführung gesamtdeutscher Wahlen die KPD wieder zulassen, damit sie am Wahlkampf teilnehmen kann, ist reine Spiegelfechterei. Im übrigen kommt in diesem fragwürdigen Vorschlag nur das schlechte Gewissen darüber zum Ausdruck, daß friedliche Wiedervereinigung und KPD-Verbot miteinander unvereinbar sind.

6. Das KPD-Verbot erweckt den Eindruck, als sei die KPD eine für die Bundesrepublik und ihre staatliche Ordnung gefährliche Partei. Ihre Wiederzulassung zu den Wahlen würde aber nur ihre derzeitige Schwäche offensichtlich machen. *Das könnte in Konsequenz auch die Frage einer neuen SPD in der DDR aufwerfen.*[7]

Mit den Möglichkeiten der Ausräumung der juristischen Gründe für die Aufrechterhaltung des KPD-Verbots will ich mich nicht befassen. Ich glaube, man muß das Juristen überlassen.

Aber es gibt auch noch eine gänzlich andere Lösung des Problems, nämlich die Gründung einer neuen kommunistischen Partei der Bundesrepublik, für deren Zulassung gemäß dem Grundgesetz das Verbot der alten kein Hinderungsgrund sein muß. Bei dieser Neugründung wäre allerdings der Nachweis zu erbringen, daß es sich wirklich um eine neue Partei handelt und nicht um eine getarnte Fortsetzung der alten Partei. Die Partei könnte sich KPB statt KPD nennen. Es mag Leute geben, die in jeder Suppe ein Haar finden und in dieser Bezeichnung eine versteckte Anerkennung der Zwei-Staaten-Theorie wittern. Aber darum brauchten sich die Kommunisten nun wirklich nicht zu kümmern. Das Grundgesetz verbietet ja keinem Bürger, die DDR als einen Staat zu betrachten. Man kann das auch kommunistischen Bürgern kaum verwehren. Die neue Partei soll keine getarnte Fortsetzung der alten Partei sein:[8] Soll das etwa bedeuten, daß die Neugründung nur erfolgt, um auf diese Weise dem bestehenden Verbot aus dem Wege zu gehen? Das hieße nichts anderes, als daß es sich doch um eine Neuauflage der alten KPD handelt. Oder soll das heißen, daß die neue Partei das gegen die alte ausgesprochene Verbot politisch und rechtlich anerkennt? Dies wiederum würde

---

6 In der letzten Manuskriptfassung Havemanns ist „demokratischem" unterstrichen.
7 Hervorhebung: d. Hrsg. – Dieser Satz wurde ohne Wissen und Einwilligung Robert Havemanns dem Artikel hinzugefügt. Nirgends in seinen Manuskripten findet sich ein solcher Satz, obwohl der vorausgehende Satz über die sich in Wahlen offenbarende Schwäche der KPD in unveränderter Form in allen Manuskripten enthalten ist.
8 In der letzten Manuskriptfassung Havemanns ist „Die neue [...] Partei sein:" unterstrichen.

nichts anderes bedeuten, als daß sich die neue Partei wohl als kommunistische deklariert, es aber in Wahrheit nicht ist. Eine kommunistische Partei, die das Karlsruher Verbot der KPD anerkennt, ist keine kommunistische Partei! Hic Rhodus, hic salta! Die Antwort in diesem Dilemma lautet: Ob Wiederzulassung oder ob Neugründung, in jedem Fall muß die kommunistische Partei, die jetzt oder in Zukunft aus dem Schattendasein der Illegalität hervortritt, eine von Grund auf neue, gewandelte kommunistische Partei sein. Die Partei muß zur alten KPD ja und zugleich nein sagen. Die Partei ist kein Gespenst, sondern ein lebendiges Wesen. Also muß sie lernen, muß Konsequenzen ziehen.

Keinesfalls darf aber diese neue KP der Bundesrepublik eine aus der alten KPD abgespaltene Sekte sein. Solche Sekten sind von vornherein zum Tode verurteilt und werden schlimmstenfalls für einige Jahre durch die Geheimdienste am Leben erhalten. Die neue KP muß von vielen anderen kommunistischen Parteien als eine der ihren anerkannt werden, zumindest von den großen Parteien in Westeuropa. Und sie muß sich auch als eine der ihren betrachten. Ob es eine solche Partei geben kann[9], wird also nicht in Karlsruhe oder Bonn entschieden.

Für den Aufbau einer von Grund auf neuen kommunistischen Partei in der Bundesrepublik gibt es viele Gründe, die mit der besonderen politischen Situation in Deutschland zunächst gar nichts zu tun haben. Sie leiten sich vielmehr her aus den tiefgreifenden Wandlungsprozessen, die sich gegenwärtig in der Phase der Überwindung des Stalinismus im internationalen Kommunismus vollziehen. Zugleich erfordert jedoch gerade die politische Entwicklung in Deutschland eine diesen Wandlungen gerecht werdende gründliche Neuorientierung der deutschen Kommunisten. Vielleicht wäre eine Aufhebung des KPD-Verbots statt einer Neugründung einer solchen gesunden Entwicklung sogar hinderlich (sie läge also eigentlich im Interesse der politischen Gegner der Kommunisten!).

Andererseits stehen einer Neugründung viele „traditionelle" Bedenken der alten Kommunisten entgegen. Bedeutet die Neugründung nicht, der kampferprobten Partei Rosa Luxemburgs und Karl Liebknechts und dem Erbe des von den Nazis erschlagenen Ernst Thälmann untreu zu werden? Ich glaube nicht! Im Gegenteil, die Erneuerung der Partei, die heute unausweichlich auf der Tagesordnung steht, kann und muß sich in vielen entscheidenden Punkten gerade auf Liebknecht und ganz besonders Rosa Luxemburg gründen, deren Schriften seit Jahrzehnten von den Stalinisten unterdrückt worden sind. Sie wurden unterdrückt, weil Rosa Luxemburg mit prophetischer Klarheit bereits die ersten gefährlichen Schritte zur Beseitigung der innerparteilichen Demokratie, die später zum Stalinismus führten, erkannt und schärfstens kritisiert hatte.

Den ersten sichtbaren Ausdruck einer wirklichen Wandlung würde ein neues Statut der Partei geben. Es müßte demokratisch sein und jeden Rückfall in den „stalinistischen" Zentralismus von vornherein unmöglich machen. Das neue Statut der KP Schwedens könnte als Vorbild dienen.[10] Es verbietet jeden Einfluß höherer Leitungen und

---

[9] In der letzten Manuskriptfassung Havemanns ist „kann" unterstrichen.

Parteiorgane auf die Parteiwahlen. Es gestattet die Bildung oppositioneller Fraktionen in der Partei und damit die öffentliche Kritik an der Politik der Partei durch ihre Mitglieder. Damit wird die Parteidisziplin in Meinungs- und Überzeugungsfragen aufgehoben, durch die ein Kommunist gezwungen werden könnte, in der Öffentlichkeit Meinungen zu rechtfertigen und zu vertreten, die er selbst für falsch hielt.
Natürlich kann ein noch so gutes Statut eine wirklich demokratische Struktur der Partei auch nicht garantieren. In viel höherem Maß wird hierfür das Programm der Partei entscheidend sein. Es ist hier nicht der Ort, Vorschläge auch nur für die Grundlinien eines Programms der neuen KP zu formulieren. Dies neue Programm muß aus gründlichen Beratungen innerhalb der Partei hervorgehen. Solange diese Beratungen allerdings unter den Erschwernissen der Illegalität geführt werden müssen, werden sie nur langsam voranschreiten. Wie heilsam wäre ihnen das Licht der Öffentlichkeit! Schon Lenin hat in seiner Schrift „Was tun?" erklärt, daß Konspiration und innerparteiliche Demokratie miteinander unvereinbar sind. Und er hat das bedauert!
Damit eine neue KP ein progressives Programm ausarbeiten kann und die Öffentlichkeit dabei zugleich die Möglichkeit hat, sich davon zu überzeugen, daß diese Partei ihren neuen Weg wirklich frei, selbständig und demokratisch bestimmt, ist die Wiederherstellung der Legalität für die Kommunisten – entweder durch Aufhebung des KPD-Verbots oder durch Zulassung einer neugegründeten Partei – unbedingt erforderlich. Sollten politische Weisheit und demokratische Gesinnung sich in der Bundesrepublik in dieser Frage durchsetzen, so wäre nicht nur ein häßlicher Fleck im Image dieses Staates beseitigt, sondern auch ein kluger Schritt in Richtung auf die Wiedervereinigung getan. Denn das Auftreten einer wirklich erneuerten und womöglich auch erfolgreicheren KP in der Bundesrepublik würde zweifellos in der DDR nicht ohne Wirkung bleiben.
Dies wird wohl besonders deutlich, wenn man sich vor Augen hält, zu welchen Fragen das Programm einer neuen KP unmißverständlich Stellung zu nehmen hätte. Viele dieser Fragen sind nicht nur in Deutschland aktuell, sondern bewegen die ganze kommunistische Welt. Sie sind auch keineswegs alle noch unbeantwortet. In der KP Italiens hat das berühmte Testament Togliattis einen Sturm neuer Ideen entfacht. Ich will nur Amendola und Lombardo Radice nennen, die für breite Demokratisierung der Partei, für gründliche Überwindung des doktrinären Dogmatismus, gegen die Herrschaft des Parteiapparates, für ideologische Koexistenz im Sinne einer schöpferischen Auseinandersetzung mit allen Ideen unserer Zeit und für Wiederherstellung der politischen Einheit der Arbeiterbewegung ohne Gängelung einer Mehrheit durch eine Minderheit eintreten.

---

[10] Die KP Schwedens (später in Linkspartei-Kommunisten umbenannt) hatte in der Mitte der 60er Jahre zuerst aus der stalinistischen Vorgeschichte der eigenen Organisation Konsequenzen bis in ihre Satzung gezogen. Sie galt lange Zeit als Vorbote dessen, was Mitte der 70er Jahre unter dem Namen des Eurokommunismus für Schlagzeilen sorgte. Sie war deshalb auch als erste westeuropäische Partei Objekt einer aus Moskau initiierten und gelenkten stalinistischen Gegengründung, der „Arbeiterpartei-Kommunisten".

Ich denke auch an die Ideen des österreichischen Kommunisten Ernst Fischer, an Franz Marek und an den hervorragenden polnischen Theoretiker L. Kołakowski, die sich mit dem Wesen und den Erscheinungsformen der „stalinistischen" Struktur und ihren historischen Quellen auseinandergesetzt haben und bedeutende Beiträge zu dem Problem „Sozialismus und Demokratie" geleistet haben.[11]
Ich will versuchen, hier nur einige der wichtigsten Fragen anzudeuten, mit denen sich die deutsche KP in ihrem Programm zu befassen hätte. Da wäre als erstes eine kritische Auseinandersetzung mit der eigenen Parteigeschichte dringend erforderlich. Die Erfahrungen, die die deutsche Arbeiterklasse im Ersten Weltkrieg und in der November-Revolution 1918 mit der SPD machte, waren gewiß bitter. Aber war die Spaltung der deutschen Arbeiterbewegung, ihre Polarisierung in die radikal revolutionäre KPD und die gemäßigte reformistische SPD, wovon sich die Kommunisten die baldige sozialistische Revolution in Deutschland erhofften, nicht schließlich doch ein Fehlschlag? Schuf diese Spaltung nicht die Voraussetzungen zur entscheidenden Schwächung der deutschen Arbeiterbewegung, ohne die der Sieg Hitlers im Jahre 1933 nicht möglich gewesen wäre? War es nicht grundfalsch, noch im Jahre 1932 die SPD als die Partei der „Sozialfaschisten" zu beschimpfen und als den Hauptfeind zu bezeichnen?
Während der kommunistische Rotfrontkämpferbund (RFB) sich mit den SPD-Genossen des „Reichsbanners" vor den Augen der SA prügelte, rollte die faschistische Dampfwalze fast ungehindert über die Reste der Weimarer Demokratie hinweg. Und da hieß es, man könne im Besitz der marxistischen Theorie den Lauf der Geschichte vorherbestimmen wie den Gang einer Uhr! Die schöpferische Kraft der Spontaneität der Volksmassen, aber auch ihre Blindheit und Ohnmacht zugleich, sind Fragen, die uns heute nicht weniger beunruhigen als vor 50 Jahren Rosa Luxemburg.
Es wäre auch notwendig, sich von der falschen Interpretation des Begriffes „Stalinismus" loszusagen, die nur die schlimmsten Auswüchse der Stalinschen Ära als Verfehlung anerkennt, die Arbeitslager, die grausamen Verfolgungen und Morde, nicht aber begreifen will, daß die Ursache vor allem nicht in der Person Stalins, sondern in der Struktur des Partei- und Staatsapparates lag, wo Demokratie bestenfalls nur noch als Fassade existierte, alle demokratischen Institutionen wie Parlament und örtliche Volksvertretungen, ja zeitweise sogar die Regierung selbst zu machtlosen Formalismen degradiert waren. Die scheußlichen Selbstzerfleischungen in den Moskauer Prozessen der Jahre 1936/38 und noch danach in den vierziger Jahren haben nicht wenige Opfer auch unter den deutschen Kommunisten gefordert. Das waren viele der Besten der deutschen Arbeiterbewegung. Die meisten sind heute rehabilitiert, als Tote.

---

[11] Im handschriftlichen Entwurf heißt es hier stichpunktartig:
„Revisionismus als moderne Entwicklung des Marxismus. Dogmatismus als scholastische Erstarrung in einer Pseudo-Religion. Die Ablehnung der ideologischen Koexistenz durch die Stalinisten eine Tarnung ihrer Unterdrückung freier Information und freien Meinungsstreites. Die Notwendigkeit, die Partei von der Herrschaft einer pseudomarxistischen doktrinären Ideologie zu befreien."

Man sollte also erwarten, daß eine erneuerte deutsche KP sich in ihrem Programm gründlich mit dem Problem des Stalinismus auseinandersetzt, sich auch Rechenschaft darüber ablegt, wo und in welchem Ausmaß diese Verunstaltung bereits überwunden wurde und wo nicht oder nur ganz unzulänglich. Wichtig in diesem Zusammenhang wäre auch eine Darlegung der Ansichten der Partei zur modernen Kunst und Literatur, insbesondere ihre Einstellung zum sogenannten „sozialistischen Realismus", der bereits in verschiedenen kommunistischen Parteien von führenden Theoretikern abgelehnt wird.
Ist es wirklich richtig, ist es vom Standpunkt eines wissenschaftlich verstandenen Marxismus überhaupt zulässig, die Hauptströmungen der Entwicklung von Kunst und Literatur als dekadent zu bezeichnen, „weil sich der Kapitalismus im Verfall, im Untergang befindet"? Steckt in allem diesem nicht ein tiefer Irrtum? Ist der Kapitalismus nicht geradezu beängstigend lebendig? Ich glaube, er trägt tatsächlich ein Kains-Mal, nur nicht da, wo es manche unserer Kulturpolitiker vermuten. Seine Dekadenz ist der Massenkitsch, die Entinnerlichung, die moralische Abnutzung, die Entfremdung vom Nächsten. Sein Kains-Mal ist der Massenmord in Vietnam, der Rassenhaß, das Sattgefressensein inmitten einer Welt, in der zwei Drittel der Menschheit Hungers sterben müssen. Sein Kains-Mal ist die nukleare Superbombe.
Wir leben aber nicht nur in der Zeit, in der sich eine neue Welt des Menschen in gewaltigen Geburtswehen ankündigt, wir leben auch in der Zeit der Bombe. Heute heißt Krieg nicht mehr dasselbe wie zu unserer Väter Zeiten. Kein Soldat wird mehr seine Heimat beschützen, denn im Atomkrieg werden die Soldaten zuletzt sterben. Weltkrieg heißt heute Welttod. Sollten darum nicht gerade die deutschen Kommunisten ihre Einstellung zum modernen Pazifismus gründlich überprüfen?
Für die innenpolitische Position der deutschen Kommunisten ist ihr Verhältnis zur SPD und zu den Gewerkschaften von großer Bedeutung. Um zu einer Zusammenarbeit kommen zu können, müßte die Partei erst einmal gewachsen sein, müßte wenigstens die Fünf-Prozent-Klausel überwunden und mit einer respektablen Zahl von Abgeordneten in den Bundestag eingezogen sein. Wo sollen die Kommunisten ihre Stimmen herbekommen? Sicherlich zum nicht geringen Teil aus dem Kreis bisheriger SPD-Wähler. Ich halte das sehr wohl für möglich. Ich glaube, die SPD würde unter einem Druck von links schließlich doch dazu gebracht werden können, ein Programm zu entwickeln, das eine wirkliche Alternative zur Politik der CDU darstellt.
Bei allem setze ich voraus, daß die Kommunisten es verstanden haben werden, sich von dem Odium einer radikalistischen Umsturzpartei zu befreien, deren Ziel die Errichtung einer totalitären Diktatur ist. Sozialismus mit weniger demokratischen Rechten und Freiheiten, als sie bereits der bürgerliche Staat verwirklicht hat, ist ein Zerrbild. Es muß klar sein, daß die neue Partei einen Sozialismus erstrebt, der die demokratischen Errungenschaften der Bourgeoisie nicht zerstört, sondern sichert und ihnen neue hinzufügt. Dann wird es der SPD-Abgeordnete Schmidt auch leichter haben, seine Genossen von der Notwendigkeit des Gesprächs mit *wirklichen* Kommunisten zu überzeugen, statt daß sie sich mit Traktätchen der Bonner Ministerien *über* Kommunismus begnügen müssen.

Vielleicht wird das „Gespräch mit den Kommunisten" einmal das entscheidende gesamtdeutsche Bindeglied! Gibt es die Linken nicht hüben und drüben? Könnten sie nicht die erste gesamtdeutsche Einheit bilden? Die Rechten sind dazu wohl kaum bereit! Die westliche Welt im allgemeinen und das westliche Deutschland im besonderen leiden am „horror communisticus". Wir Deutsche waren aus verständlichen Gründen besonders empfänglich für diese Neurose. Denn wir waren unter Hitler ja noch viel, viel schlimmer als alles Schlimme der Stalin-Ära. Wir haben es also dreifach nötig, uns von dieser geistigen Lähmung zu kurieren und auf klares Denken umzuschalten.

Ein weiteres großes Hauptkapitel eines Programms der neuen KP müßte sich wohl damit befassen, wie sich die Partei den Sozialismus vorstellt. Der Weg zum Sozialismus hängt in Deutschland wie in keinem anderen Land der Welt davon ab, wie man sich den Sozialismus vorstellt. Das liegt einfach daran, daß es die DDR gibt. In der DDR vollzieht sich gegenwärtig ein bedeutender Strukturwandel der sozialistischen Ökonomie. Diese Entwicklung wird sich fortsetzen und das gesamte politisch-gesellschaftliche Leben erfassen, um so schneller, je mehr die Erfolge der ökonomischen Reformen sich durchsetzen. Weiterer Wandel muß also folgen, soll der Aufbau des Sozialismus wirklich umfassend sein. Zum Glück leben wir ja in einer Welt, die sich in den letzten 100 Jahren öfter und gründlicher gewandelt hat als vorher in Jahrtausenden.

Wie also stellt sich eine neue KP den gewandelten Sozialismus vor? Was sagt sie zur bisherigen Entwicklung in der DDR? Was sagt sie zur Mauer? Und weiter: Soll die Frage „Sozialismus oder Kapitalismus?" in Deutschland nicht doch einmal durch den Volkswillen, also durch Wahlen entschieden werden?

In der DDR gibt es neben der SED noch mehrere politische Parteien, die allerdings bei den Wahlen mit einer Einheitsliste auftreten. Muß das für immer so bleiben? Kann es nicht auch im Sozialismus eine parlamentarische Opposition geben? Haben die Arbeiter das Streikrecht? Oder, wenn sie nicht streiken wollen, können sie dann statt dessen wenigstens eine unfähige Betriebsleitung absetzen? Was ist wirksamer und gibt der schöpferischen Initiative mehr Raum: Planwirtschaft oder Wirtschaftsplanung?[12]

Man könnte die Liste dieser Fragen wohl um ein Vielfaches verlängern. Ihre Beantwortung wird nicht immer leicht sein. Viele Beratungen, Diskussionen und Polemiken müßten darüber geführt werden – aber eben in der Öffentlichkeit, im Schutz der Demokratie. Es bleibt die Frage: Ist in der Bundesrepublik schon genug Demokratie, diesen Schutz zu gewähren?[13]

---

[12] Im handschriftlichen Entwurf finden sich hierzu die beiden Stichpunkte: „Kann im Sozialismus Gewinn erzielt werden?" „Wie wird im Sozialismus Gewinn verteilt?"

[13] Im Manuskript findet sich ein für den Druck offenbar noch getilgter, zusätzlicher Schlußabsatz: „Weil das aber heute noch Zukunftsmusik ist, will ich meine Betrachtungen zum Inhalt eines neu-en Programms der deutschen Kommunisten hier abbrechen. Ich habe mich bewußt auf Fragen beschränkt, von denen ich glaube, daß sie Kreuzfragen sind, deren Beantwortung darüber ent-scheidet, ob der große Sprung gelingen und erfolgreich sein wird, der Sprung aus dem gespenstischen Schattendasein der Illegalität in das grelle Licht der ,res publica' – der öffentlichen Sache aller."

16

Dok. 16 Protokoll Nr. 51/65 der außerordentlichen Sitzung des Politbüros des Zentralkomitees der SED, 20. 12. 1965
SAPMO-BArch, ZPA J IV 2/2 A 1269

Tagesordnung:
1. Auswertung der Tagung des Zentralkomitees
Berichterstatter: Genosse Erich Honecker
2. Die Aufforderung von Havemann zur Spaltung der KPD
Anwesende Mitglieder: Ulbricht, Ebert, Fröhlich, Hager, Honecker, Matern, Mückenberger, Neumann, Norden, Stoph, Verner, Warnke
Anwesende Kandidaten: Axen, Jarowinsky, Mittag, Müller, Sindermann
Als Gast: Reimann
Es fehlen entschuldigt: Ewald, Grüneberg
Zur Sitzung hinzugezogen:
Zu Punkt 2: Borning, Geggel, Mielke
Sitzungsleitung: Ulbricht
Protokollführung: Trautzsch
Beginn: 17.00 Uhr
Ende: 19.15 Uhr

Behandelt:
1. Auswertung der Tagung des Zentralkomitees:
Berichterstatter: Honecker
1. Anl.
BL + Abt.ltr.
2. Die Aufforderung von Havemann zur Spaltung der KPD:
Matern
Norden
Geggel

Beschlossen:
Die ersten Maßnahmen zur Auswertung der 11. Tagung des Zentralkomitees werden bestätigt.
(Anlage Nr. 1)

1. Der Entwurf der Erklärung des Politbüros der KPD „Havemann will die KPD spalten" wird zustimmend zur Kenntnis genommen.
(Anlage Nr. 2)[1]
2. Die Genossen Matern, Norden und Geggel werden beauftragt, das Politbüro der KPD bei der Ausarbeitung der Materialien für die nächste Tagung des ZK der KPD zu unterstützen.

---

[1] Siehe folgendes Dokument.

17

Die offizielle Zurückweisung der von Robert Havemann entwickelten Vorstellungen erfolgte auch in der DDR nicht durch die SED, sondern durch die illegale westdeutsche KPD, deren Führungsgremien im wesentlichen im ostdeutschen Exil arbeiteten. In gewisser Hinsicht wurde auch hier der direkten Auseinandersetzung mit Havemann aus dem Wege gegangen. Die SED versteckte sich mit dieser Erklärung hinter einer Organisation, deren angebliche Unabhängigkeit indes so durchschaubar war, daß jedem Leser bewußt war, hier spricht die Führung der SED selbst. Wie gering die Selbständigkeit des Politbüros der KPD in diesen Dingen war, erweist sich heute, wo aktenkundig ihre Abhängigkeit zu Tage tritt: Ihre Erklärung wurde am Tage vor der Veröffentlichung vom Politbüro des ZK der SED „zustimmend zur Kenntnis genommen" (siehe voriges Dokument). Die Erklärung wurde in der Bundesrepublik als Flugblatt verbreitet, in der DDR erschien sie in der Presse. Wer sie tatsächlich erarbeitet hat – die KPD-Führung selbst oder die Westabteilung des ZK der SED – läßt sich den Dokumenten indes nicht entnehmen. Die Unzahl der in der Erklärung enthaltenen Unterstellungen würde eine Kommentierung jedes Satzes erfordern, wenn sich nicht die Unwahrheit aus den meisten der in diesem Band abgedruckten Dokumenten deutlich ergäbe.

Dok. 17 **Erklärung des Politbüros des Zentralkomitees der KPD**
Neues Deutschland, Nr. 350, 21. 12. 1965, S. 2

Havemann will die KPD spalten
Der aus der SED ausgeschlossene Prof. Havemann hat im Einvernehmen mit westdeutschen Agenturen und unter Zustimmung des Bonner Ministers Mende[1] in einer Zeitschrift der westdeutschen Bourgeoisie, „Der Spiegel", einen bestellten Artikel veröffentlicht, in dem die Spaltung der KPD und der westdeutschen Arbeiterschaft propagiert wird. Herr Havemann wendet sich in seinem Artikel gegen die Aufhebung des KPD-Verbotes in der westdeutschen Bundesrepublik und schlägt vor, die KPD aufzulösen und an ihrer Stelle eine neue Kommunistische Partei der Bundesrepublik zu schaffen. Diese Partei soll nach der Meinung Havemanns vollständig von allen marxistisch-leni-

---

[1] Erich Mende, Bundesminister für gesamtdeutsche Fragen, hatte am 9. 12. 1965 also fünf Tage, nachdem Robert Havemann den Artikel beendet und Jungnickel übergeben hatte, auf dem Jahrestag des Kuratoriums Unteilbares Deutschland für einen nicht nur aus Deklamationen, sondern „im praktischen Engagement" bestehenden Einsatz für die Wiedervereinigung plädiert. Bei Aufrechterhaltung der Grundlinien der westdeutschen Deutschlandpolitik, so der Hallstein-Doktrin, der Alleinvertretung Deutschlands in internationalen Beziehungen durch die Bundesrepublik, entwickelte er ein Konzept der „kleinen und mittleren Schritte", der Intensivierung der technischen, menschlichen, wirtschaftlichen und kulturellen Kontakte mit der DDR mit dem Ziel der „Erhaltung des Bewußtseins der Deutschen, ein Volk zu sein". – Synopse zur Deutschlandpolitik. 1941 bis 1973, bearb. v. Werner Weber, Werner Jahn, Göttingen 1973, S. 655 f.

nistischen Ideen gereinigt sein und als eine Art Hilfstruppe des Verfassungsschutzes wirken.
Es ist kein Zufall, daß die Springer-Presse[2] Auszüge aus diesem Artikel bringen konnte, bevor er in der Zeitschrift erschienen war. Das zeigt, welche höheren Weisungen aus Bonn vorliegen. Die Eile, mit der Herr Mende die Auslassungen des Herrn Havemann aufgriff, läßt die Quellen deutlich erkennen.
Worum geht es?
In der Situation, wo in Westdeutschland die Regierung Notstandsgesetze vorbereitet, wo die Bundesregierung infolge ihrer Atomrüstungs- und Unterdrückungsmethoden gegen die Geistesschaffenden sich in der ganzen Welt diskreditiert hat, in dieser Situation fällt Herr Havemann der breiten Antiatombewegung und Antinotstandsgesetzbewegung in den Rücken und sucht Verwirrung in die Reihen der Arbeiterschaft und der Friedenskräfte zu bringen.
In der gegenwärtigen Situation, wo die Bonner Regierung ein ganzes Programm von Maßnahmen gegen die Werktätigen und vor allem die Gewerkschaften angekündigt hat, in solch einer Situation, wo die Einigung der Arbeiterschaft und aller Friedenskräfte das höchste Gebot ist, in dieser Situation hat sich Herr Havemann den Agenten des westdeutschen Verfassungsschutzes zu Spaltungsversuchen zur Verfügung gestellt.
Wir weisen den ebenso illusionären wie anmaßenden Versuch Havemanns, die Mitglieder der KPD auf eine antimarxistische Position zu bringen, entschieden zurück. Unsere Partei hat auf ihrem Parteitag 1963, auf den nachfolgenden Tagungen des Zentralkomitees und erst in jüngster Zeit auf der 6. ZK-Tagung eine Politik beschlossen, die darauf gerichtet ist zu verhindern, daß von westdeutschem Boden ein neuer Krieg ausgeht. Wir verfolgen das Ziel, das Grundgesetz zu schützen und all das zu verteidigen, was die Arbeiter- und Volksbewegung in den zwanzig Nachkriegsjahren an sozialen und demokratischen Rechten errungen hat. Von unseren Bemühungen für die Wiederherstellung der Legalität unserer Partei lassen wir uns durch niemand und durch nichts abbringen. Wir haben seit langem der Regierung, dem Bundestag und der Öffentlichkeit reale Vorschläge zur Wiederherstellung der Legalität der KPD unterbreitet. Wir sind der Meinung, daß der politische und juristische Weg über die Freilassung der verhafteten Kommunisten und anderer Friedenskräfte führt, die Einstellung all der Verfahren, die auf der Grundlage des KPD-Verbots anhängig sind; die Gewährung von Meinungsfreiheit in Wort und Schrift für alle Bürger, die sich zur kommunistischen Weltanschauung und Politik bekennen; die Sicherung des passiven Wahlrechts für alle Kommunisten und die Möglichkeit kommunistischer Listen bei den Wahlen; die Wiederherstellung der vollen Legalität der KPD.
Die wachsenden Gefahren, die von der Regierungspolitik für Frieden, Demokratie und soziale Sicherheit ausgehen, machen die Wiederherstellung der Legalität der KPD notwendiger denn je. Es liegt im Interesse aller demokratisch gesinnten Menschen unseres Landes, sich gemeinsam mit den Kommunisten für die freie politische Betätigung der Kommunistischen Partei Deutschlands einzusetzen.

---

[2] Vorab hatten viele Zeitungen Auszüge aus dem Artikel gedruckt.

18

Am Montag nach dem 11. Plenum und den ersten Meldungen über den für Mittwoch erwarteten „Spiegel"-Artikel Havemanns begann Akademiepräsident Hartke, wahrscheinlich, nachdem er sich mit Akademieparteisekretär Planert besprochen hatte, Aktivitäten einzuleiten, die einerseits noch ohne konkrete Folgen sein könnten, diese aber ermöglichten. Noch fehlte ihm die Orientierung darüber, was das ZK in der Angelegenheit beabsichtigte. So bewies er Wachsamkeit, ohne zu erwartenden zentralen Weisungen vorzugreifen.

Dok. 18 Werner Hartke an Günther Rienäcker, 20. 12. 1965
AAW, Leitung, Personalia, 161, Bl. 21

Dem Herrn Generalsekretär mit der Bitte, eine Beschlußvorlage ausarbeiten zu lassen.
1) AkM Havemann wird in das *Geschäftsführende Präsidium eingeladen,* um über die wiederholte Vernachlässigung der Forderung der Regierung, der DDR feindliche westdeutsche Presseorgane nicht zu Publikationen mit einem der Politik der DDR schädlichen Inhalt zu benutzen, gehört zu werden.
2) Das Geschäftsführende Präsidium beschließt die beigefügte Erklärung.
3) Die Erklärung ist dem Präsidium zur Kenntnis zu geben.
Begründung.
Ein Sprecher des Ministerrats hatte dem als Institutsdirektor der Regierung gegenüber besonders verpflichteten AkM Havemann mitgeteilt, die Regierung erwarte, daß er die Weitergabe von Informationen an Personen und Organe, deren illoyale oder feindliche Einstellung zur DDR bekannt ist, im Hinblick auf den für die DDR daraus entstandenen Schaden unterlasse. Trotzdem hat AkM Havemann der Zeitschrift „Spiegel", deren Mitarbeiter in der DDR wegen Angriffes auf das Staatsoberhaupt ausgeschlossen werden mußten, neuerdings einen Artikel überlassen. Der Artikel greift Prinzipien der Politik der DDR an.
Hartke

19

Am Dienstag nach der Politbürositzung wurden die drohenden Worte der Parteigremien in die Wirklichkeit übersetzt. Werner Schubert, Mitarbeiter der Abteilung Wissenschaften wies im Auftrag Hagers direkt den Verwaltungsdirektor der Forschungsgemeinschaft der Akademie an, die Gehaltszahlungen an Havemann sofort zu stoppen. Ist es überflüssig, anzumerken, daß die Abteilung Wissenschaften des ZK der SED keinerlei Weisungsbefugnis gegenüber der Verwaltung einer staatlichen Einrichtung hatte? Wie normal dieser außerhalb jeder Legalität stehende Schritt indes war, beweist die prompte Ausführung durch den dortigen Beamten. Ohne jegliche Handhabe, ohne Eröffnung, ja selbst ohne Ankündigung eines Disziplinarverfahrens brach die Akademie den Arbeitsvertrag und mehr noch, sie strich auch jene Vergütungen, die Havemann nicht als Angestellter der Forschungsgemeinschaft erhielt, sondern als deren Korrespondierendes Mitglied. Hierüber zu entscheiden war die Forschungsgemeinschaft überhaupt nicht befugt, sie verwaltete diese Gelder allenfalls treuhänderisch für eine andere Institution.

Dok. 19 **Werner Schubert an Kurt Hager, 21. 12. 1965**
SAPMO-BArch, SED, ZPA, IV A 2/9.04/106

Aktennotiz für Genossen Hager
Im Auftrage des Genossen Hager übermittelte ich am 21. 12. 1965 dem Direktor der Hauptverwaltung der Forschungsgemeinschaft, Genossen Schober, daß das Gehalt und alle übrigen Zuwendungen für Prof. Havemann ab sofort gesperrt werden sollen. Genosse Schober erklärte sich ohne zu zögern bereit, dies zu tun.
Jedoch wird diese Maßnahme im Dezember nicht mehr wirksam, da sowohl das Gehalt als auch die MDN 500,- für die korrespondierende Mitgliedschaft bereits ausgezahlt waren.
Bei dieser Gelegenheit informierte mich Genosse Schober, daß er am 20. 12. 1965 in einem Gespräch mit Prof. Klare bereits Fühlung genommen habe, wie Prof. Klare auf die neuerliche Aktivität Havemanns reagieren wird. Schober sagte etwa: „Wenn die Ankündigungen der Westpresse stimmen, daß Havemann einen derartigen Artikel geschrieben hat, dann wird er sich hinsichtlich seiner Mitarbeit in der Akademie sicher das Genick brechen." (Dieses Gespräch fand statt, als der „Spiegel"-Artikel noch nicht bekannt war.) Prof. Klare habe diese Meinung geteilt.
Ich halte es für angebracht, im Zusammenhang mit der Entlassung Havemanns nicht nur mit Genossen Prof. Hartke, sondern auch mit Prof. Klare zu sprechen, da er als Vorsitzender der Forschungsgemeinschaft einen direkten Einfluß auf die Arbeitsstelle für Fotochemie ausübt.
Ferner vertrete ich die Ansicht, daß das Präsidium der Akademie Havemann sofort das Hausverbot für die Akademie und die Forschungsgemeinschaft erteilt.
Sch.[ubert]

Entlassung zu Weihnachten

23. Dezember 1965 bis 5. Januar 1966

20-25

Fristlose Abberufung Havemanns, 23. 12. 1965
Am Vorweihnachtsabend 1965 wurde Robert Havemann die Abberufung als Leiter der Arbeitsstelle für Photochemie mit sofortiger Wirkung von Hermann Klare, dem Vorsitzenden der Forschungsgemeinschaft der naturwissenschaftlichen, technischen und medizinischen Institute der DAW, mitgeteilt. Während das Kündigungsschreiben keinerlei Begründung angab, findet sich im „Neuen Deutschland" eine Andeutung (Dokument 25), die Havemann zweifelsohne an die Begründung jener Kündigung erinnern mußte, die ihm 1950 aufgrund eines Artikels in eben jenem „Neuen Deutschland" ausgesprochen wurde (Dokument 21). Er protestierte gegen seine Abberufung und forderte eine schriftliche Begründung.
Dem Direktor der Hauptverwaltung der Forschungsgemeinschaft, Schober, war schon am 21. Dezember von der Abteilung Wissenschaften beim ZK übermittelt worden, Gehalt und Zuwendungen für Havemann sofort zu sperren. Als pflichtbewußter Genosse hatte er den sofortigen Zahlungsstop angewiesen und lieferte am Weihnachtstag die Begründung nach. Am gleichen Tag erteilte Wolfgang Schirmer Havemann Hausverbot für die Gelände der Adlershofer Forschungsgemeinschaft der Akademie und zum 1. Weihnachtsfeiertag bescherte das „Neue Deutschland" die festlich gestimmten Genossinnen und Genossen mit der frohen Botschaft.

Dok. 20 Hermann Klare an Robert Havemann, 23. 12. 1965
RHG, Archiv, NL Havemann

DEUTSCHE AKADEMIE DER WISSENSCHAFTEN ZU BERLIN
FORSCHUNGSGEMEINSCHAFT DER NATURWISSENSCHAFTLICHEN, TECHNISCHEN U. MEDIZINISCHEN INSTITUTE
Der Vorsitzende

1199 BERLIN-ADLERSHOF, den 23.12.65
RUDOWER CHAUSSEE 5

Herrn
Professor Dr. Robert Havemann
<u>1017 Berlin</u>
Strausberger Platz 19

Sehr geehrter Hr. Havemann,

ich spreche hiermit Ihre Abberufung als Leiter der Arbeitsstelle für Photochemie der Forschungsgemeinschaft der Deutschen Akademie der Wissenschaften zu Berlin mit sofortiger Wirkung gemäß § 37 Abs. 2 des Gesetzbuches der Arbeit in Verbindung mit §§ 3 ff. der Verordnung vom 15. Juni 1961 über das Verfahren bei der Berufung und Abberufung von Werktätigen (GBl II S. 235) aus.

Durch die Abberufung wird gleichzeitig der mit Ihnen am 28. April 1964 geschlossene Einzelvertrag beendet.

Da Sie heute leider nicht erreichbar waren, schlage ich Ihnen vor, zur Entgegennahme der Begründung mich am Dienstag, den 28. Dezember 1965, gegen 16 Uhr, in meinem Dienstzimmer in Berlin-Adlershof aufzusuchen.

Mit vorzüglicher Hochachtung

(Prof. Dr. H. Klare)

Dok. 21 Magistrat von Groß-Berlin [West],
Abteilung Volksbildung, an Robert Havemann, 27. 2. 1950
AAW, Leitung, Personalia, 159

Betr.: Ihre Tätigkeit in der Forschungsgruppe Dahlem
Ich habe mit Bedauern festgestellt, daß Sie das „Neue Deutschland" zu Ihrem Publikationsorgan gewählt haben (s. Ausg. 5. 2. 50), d. h. die Berliner Tageszeitung, die systematisch die freiheitliche Bevölkerung Berlins und ihre Körperschaften mit Schmutz bewirft. Besonders die Einleitung Ihres Aufsatzes zeigt eine auffallende Anpassung an die im „Neuen Deutschland" übliche Terminologie.
Ich kann darin nur einen von Ihnen bewußt herbeigeführten Affront erblicken, mit dem Sie das Vertrauen zerstören, das ich als Voraussetzung für Ihre Tätigkeit an einem Dahlemer Institut für unerläßlich halte.
Ich suspendiere Sie daher mit sofortiger Wirkung von Ihrer Tätigkeit und Ihren sämtlichen Funktionen innerhalb der Forschungsgruppe Dahlem. Ihre Suspendierung schließt das Verbot des Betretens der Institutsräume ein.
May
Stadtrat

Dok. 22 Robert Havemann an Hermann Klare, 24. 12. 1965
AAW, Leitung, Personalia, 162, Bl. 333

Prof. Dr. Robert Havemann   1017 Berlin, den 24.12.65
                                  Strausberger Pl. 19

An den
Herrn Vorsitzenden der Forschungsgemeinschaft
Prof. Dr. H. K l a r e
1199 B e r l i n
Rudower Chaussee 5

Sehr geehrter Hr. Klare!

   Ich erhebe hiermit Einspruch gegen meine fristlose
Kündigung. Die Kündigung ist im übrigen so lange rechts-
unwirksam, wie keine schriftliche Begründung für diese
Kündigung in meinen Händen ist. Auf Grund des § 10 des
Einzelvertrages, den die Forschungsgemeinschaft am 28.4.64
mit mir abgeschlossen hat, sind für die Entscheidung von
Streitigkeiten aus diesem Vertrag die Arbeitsgerichte
zuständig. Entsprechend den Bestimmungen des Absatzes 4
des § 10 dieses Vertrages rufe ich vor Inanspruchnahme
der Arbeitsgerichte den Vorstand der Forschungsgemeinschaft
zur Beilegung der Streitigkeit an. Dementsprechend bitte
ich Sie, mir Gelegenheit zu geben, gegen die etwaigen
Begründungen meiner Entlassung vor dem Vorstand der Forschungsgemeinschaft Stellung zu nehmen. Ich bitte Sie höflichst
mir die schriftliche Begründung für die ausgesprochene Kündigung auszuhändigen.

                        Mit vorzüglicher Hochachtung

                              (Prof. Dr. R. Havemann)

Entlassung zu Weihnachten. 23. Dezember 1965 bis 5. Januar 1966

Dok. 23 Hans-Heinz Schober an Gerhard Wipprecht, 24. 12. 1965
AAW, Leitung, Personalia, 168a

Werter Genosse Wipprecht!
Herr Prof. Dr. Havemann ist mit Wirkung vom 23. 12. 65 von seiner Funktion als Leiter der Arbeitsstelle für Photochemie abberufen worden.
Mit der Abberufung gilt der am 28. April 1964 geschlossene Einzelvertrag mit Wirkung vom 23. Dezember 1965 als beendet.
Ich bitte Sie sicherzustellen, daß ab sofort keinerlei Zahlungen mehr an Herrn Prof. Havemann erfolgen.
Den Empfang dieses Schreibens bitte ich auf beiliegender Durchschrift zu bestätigen.
Schober

Dok. 24 Wolfgang Schirmer an Robert Havemann, 24. 12. 1965
RHG, Archiv, NL Havemann

Sehr geehrter Herr Havemann!
Nachdem Ihre Abberufung als Leiter der Arbeitsstelle für Fotochemie erfolgt ist, stelle ich fest, daß Sie nicht mehr berechtigt sind, das Gelände des Forschungszentrums Adlershof zu betreten.
Ich fordere Sie auf, am Dienstag, dem 28. Dezember 1965, bis 17.00 Uhr – nach Entgegennahme der Begründung für Ihre Abberufung bei dem Vorsitzenden der Forschungsgemeinschaft – Ihren Dienstausweis und alle in Ihrem Besitz befindlichen dienstlichen Unterlagen und Gegenstände zurückzugeben sowie persönliche Sachen, die sich noch in Ihrem bisherigen Dienstzimmer befinden sollten, abzuholen.
Mit vorzüglicher Hochachtung
Prof. Dr. W. Schirmer
Vorsitzender des Rates der Direktoren

Dok. 25 Pressemitteilung der DAW über Havemanns Entlassung, 25. 12. 1965
Neues Deutschland, Nr. 354, 25. 12. 1965

Die Pressestelle der Deutschen Akademie der Wissenschaften zu Berlin teilt mit:
Prof. Dr. R. Havemann ist mit sofortiger Wirkung von der Leitung der Arbeitsstelle für Fotochemie der Forschungsgemeinschaft der Deutschen Akademie der Wissenschaften zu Berlin entbunden und aus seinem Arbeitsverhältnis entlassen worden, weil er Handlungen begangen hat, die mit seiner Dienststellung und dem Ansehen der Deutschen Akademie der Wissenschaften zu Berlin nicht zu vereinbaren sind.
Berlin, den 24. 12. 1965

26-27

Begründung der Abberufung Havemanns, 23./28. 12. 1965
Im Zentralen Archiv der DAW findet sich, datiert auf den 23. Dezember 1965, eine schriftliche Begründung der Abberufung Professor Havemanns als Leiter der Arbeitsstelle für Photochemie. Allerdings hat Robert Havemann diese von ihm wiederholt geforderte Begründung niemals zu Gesicht bekommen; sie wurde ihm am 28. Dezember lediglich mündlich bekanntgegeben. Dabei verwahrte er sich gegen die Unterstellung, in seinem Spiegelartikel „gegen die Aufhebung des Verbots der KPD" in der BRD eingetreten zu sein und forderte den Leiter der Adlershofer Institute Professor Klare auf, sich zu überlegen, „eine Begründung mit fehlerhaften und entstellenden Behauptungen zu unterschreiben". So erklärt sich der angefügte handschriftliche Zettel des persönlichen Referenten des Präsidenten, Richter, auf dem die nachträgliche Streichung der entsprechenden Passage vermerkt ist, „weil Hr. Klare es nicht für zweckmäßig hält, jetzt noch an diese Formulierung anzuknüpfen".
An diese Dokumente angeheftet findet sich im Archiv ein als „streng vertraulich" gekennzeichnetes Material vom Juli 1964.[1] Die Modalitäten zur Abberufung des Kritikers Havemann lagen seit fast eineinhalb Jahren in den Schubladen bereit. Aus den alten Papieren, wurden zahlreiche Formulierungen übernommen: Sowohl in der alten, wie in der 1965 verlesenen Abberufungsbegründung werden „besondere Pflichten bei der Erfüllung der staatlichen Aufgaben und der Weiterentwicklung der sozialistischen Gesellschaftsordnung" angeführt, wobei Institutsdirektoren der Akademie als „Beauftragten der Arbeiter- und Bauernmacht" die Pflicht zukommt, „auf die politisch-ideologische Erziehung der Mitarbeiter im Sinne der Politik unserer Regierung Einfluß zu nehmen", was „eine eigene positive Haltung zu unserer Staats- und Gesellschaftsordnung sowie ein Vertrauensverhältnis zu den Repräsentanten der Staatsführung und der Leitung der Akademie" voraussetze. In beiden Papieren wird auf die „Erwartung" verwiesen, die „nach der fristlosen Entlassung aus dem Hochschulbereich" an die „auf Empfehlung der zuständigen Regierungsorgane" erfolgte hauptamtliche Übernahme Havemanns in die Akademie geknüpft war: „keine weiteren unsere Gesellschaft schädigenden Handlungen" zu unternehmen „und sich mit ganzer Kraft" den „Aufgaben als Leiter der Arbeitsstelle für Photochemie in loyaler Haltung unserem Staat und seiner Politik gegenüber" zu widmen. Aus der Textfassung von 1964 wird die Formulierung: „Dieses Vertrauen hat er durch sein Vorhaben, seine als schädlich erkannten Vorlesungen und Vorträge in den kapitalistischen Ländern mit Hilfe des Rowohlt-Verlages zu veröffentlichen, gröblichst verletzt", verändert eingearbeitet und durch den Vorwurf des „Spiegel"-Artikels ergänzt.

---

[1] AAW, Leitung, Personalia, 161, Bl. 11–15 und 158–167.

Entlassung zu Weihnachten. 23. Dezember 1965 bis 5. Januar 1966 135

Dok. 26 Begründung für die Abberufung des Herrn Professor Dr. R. Havemann
von seiner Funktion als Leiter der Arbeitsstelle für Photochemie der
Forschungsgemeinschaft der DAW, 23. 12. 1965
AAW, Leitung, Personalia, 161, Bl. 3-5, 5bis

Nach den in dem Abberufungsbescheid vom 23. d. M. angeführten gesetzlichen Bestimmungen der Deutschen Demokratischen Republik ist ein Arbeitsrechtsverhältnis durch Berufung (staatlicher Hoheitsakt) zu begründen, wenn es sich um die Übertragung einer Funktion handelt, die für die Erfüllung der betreffenden staatlichen Aufgaben und die Weiterentwicklung der sozialistischen Gesellschaftsordnung besondere Bedeutung hat. Hierzu gehören nach § 5, Abs. 1 der Institutsrahmenordnung der Forschungsgemeinschaft der Deutschen Akademie der Wissenschaften vom 7. Mai 1963 („Beschlüsse und Mitteilungen" der DAW Nr. 5/63 S. 33) die Funktionen der Direktoren und Leiter der Institute und Einrichtungen der Forschungsgemeinschaft der DAW. Die Institutsleiter sind – wie alle Betriebsleiter und leitenden Mitarbeiter – Beauftragte der Arbeiter-und-Bauernmacht (§ 8 des Gesetzbuches der Arbeit) und stehen damit in einem besonderen Verantwortungs- und Vertrauensverhältnis zur Deutschen Demokratischen Republik. Jeder von ihnen trägt als Leiter eines Kollektivs von Mitarbeitern zugleich eine hohe Verantwortung für deren fachliche und politisch-ideologische Erziehung. Das setzt eine eigene positive Einstellung gegenüber der Staats- und Gesellschaftsordnung der DDR voraus.
Nachdem Ihnen durch Beschluß des Kuratoriums der Forschungsgemeinschaft vom 17. März 1960 die Leitung der Arbeitsstelle für Photochemie übertragen worden war, habe ich mit Schreiben vom 8. April 1964 Ihre Berufung zum Leiter dieser Arbeitsstelle auf hauptamtlicher Grundlage mit Wirkung vom 1. April 1964 bestätigt. Daran wurde die Erwartung geknüpft, daß Sie – nach Ihrer fristlosen Entlassung aus dem Hochschulbereich – keine weiteren unsere Gesellschaft schädigenden Handlungen unternehmen und sich mit ganzer Kraft Ihren Aufgaben als Leiter der Arbeitsstelle für Photochemie in loyaler Haltung unserem Staat und seiner Politik gegenüber widmen würden. Die Leitung der Akademie hat hierauf vertraut und gemeinsam mit Ihnen die wissenschaftlichen Aufgaben sowie die personellen und materiellen Voraussetzungen für die Tätigkeit Ihrer Arbeitsstelle festgelegt.
In der Folgezeit haben Sie jedoch das in Sie gesetzte Vertrauen mehrfach gröblich verletzt. Sie haben Ihre verantwortungslosen Beziehungen zu westdeutschen Publizisten fortgesetzt, zur Verbreitung Ihrer gegen die Deutsche Demokratische Republik gerichteten Angriffe erneut westdeutsche Publikationsorgane benutzt und die Hetze[2] gegen die Deutsche Demokratische Republik gefördert, obwohl deshalb bereits disziplinarische Maßnahmen gegen Sie getroffen werden mußten.
Nachdem Sie bereits im Juni 1964 durch die Veröffentlichung eigener Vorlesungen und Vorträge von einem westdeutschen Verlag prinzipielle Veränderungen in der Gesellschaftsordnung der Deutschen Demokratischen Republik propagiert hatten, haben Sie Ihrer Funktion als Leiter einer wissenschaftlichen Akademieeinrichtung in den letzten Tagen selbst dadurch vollends die Grundlage entzogen, daß Sie in der westdeutschen

Zeitschrift „Der Spiegel" einen Artikel publiziert haben, der mit ihren dienstlichen Pflichten in keiner Weise mehr zu vereinbaren ist. Sie wenden sich in diesen Ausführungen gegen die nationale und demokratische Politik der Regierung der Deutschen Demokratischen Republik und [3]gegen die von ihr vertretene Verurteilung des Verbots der KPD und[3] sprechen sich für die Gründung einer neuen kommunistischen Partei Ihrer Vorstellung aus. Sie greifen darin ferner entscheidende politische Grundlagen der Staats- und Gesellschaftsordnung in der Deutschen Demokratischen Republik an.

Mit dieser Handlungsweise haben Sie die Basis für Ihre Berufung bewußt zerstört und die weitere Ausübung Ihrer Funktion als Leiter der Arbeitsstelle für Photochemie der Forschungsgemeinschaft der Deutschen Akademie der Wissenschaften unmöglich gemacht.

Durch die mit Schreiben vom 23. d. M. ausgesprochene Abberufung wird das zwischen der Deutschen Akademie der Wissenschaften und Ihnen bestehende Arbeitsrechtsverhältnis mit Ablauf des 23. Dezember 1965 aufgelöst. Von diesem Zeitpunkt ab ist nach § 2 Abs. 3 der Verordnung vom 15. Juni 1961 über das Verfahren bei der Berufung und Abberufung von Werktätigen (GBl II S. 235) der mit Ihnen am 28. April 1964 geschlossene Einzelvertrag unwirksam.

Zu Ihrer Abberufung ist vorher die zuständige betriebliche Gewerkschaftsleitung gehört worden. Sie hat ihr Einverständnis mit dieser Maßnahme erklärt.

Rechtsmittelbelehrung:

Gegen die Abberufung ist nach § 5 Abs. 1 der Verordnung von 15. Juni 1961 innerhalb von 14 Tagen nach ihrer Bekanntgabe der Einspruch an das Geschäftsführende Präsidium der Deutschen Akademie der Wissenschaften zu Berlin zulässig. Der Einspruch hat keine aufschiebende Wirkung. Die Entscheidung des Geschäftsführenden Präsidiums ist endgültig. Die Konfliktkommissionen und die Gerichte sind für die Entscheidung von Streitigkeiten über Abberufungen nicht zuständig (§ 5 Abs. 3 der Verordnung vom 15. Juni 1961).

Berlin, den 23. Dezember 1965

Prof. Dr. H. Klare

---

[2] Anmerkung von Richter (s. u.): Wurde von Klare abgeschwächt verlesen.
[3] Anmerkung von Richter (s. u.): Dieser Halbsatz wurde nachträglich gestrichen.

Entlassung zu Weihnachten. 23. Dezember 1965 bis 5. Januar 1966

Dok. 27 Aktennotiz über die Bekanntgabe der Begründung zur Abberufung von Professor Dr. *Havemann* als Leiter der Arbeitsstelle für Photochemie, 16.00 Uhr, 28. 12. 1965
SAPMO-BArch, SED, ZPA, IV A 2/9.04/107, Faksimiles: AAW, Leitung, Personalia, 168a

Teilnehmer: Professor Dr. Klare
Dr. Wittbrodt
Dr. Woytt
Professor Dr. Havemann

Noch vor Beginn der Unterredung stellte Professor Havemann die Frage, ob er die Begründung schriftlich erhalten würde, da er sonst darauf verzichten müßte, die Begründung mündlich entgegenzunehmen. Professor Klare erwiderte darauf, daß die juristische Prüfung der Frage, ob und in welcher Weise Herrn Havemann die Begründung ausgehändigt werde, noch nicht abgeschlossen sei.

Professor Havemann wies darauf hin, daß er gegen seine „fristlose Entlassung" bereits mit Schreiben vom 24. 12. 65 Einspruch erhoben habe. Er wurde darauf aufmerksam gemacht, daß entsprechend dem neuen Statut der DAW das Geschäftsführende Präsidium für den Einspruch zuständig sei. Professor Klare sagte zu, den vorliegenden Einspruch an das Geschäftsführende Präsidium weiterzuleiten. Der Einspruch habe keine aufschiebende Wirkung, die Entscheidung des Geschäftsführenden Präsidiums sei endgültig. Für Streitigkeiten über Abberufungen der Institutsdirektoren und Leiter seien weder die Konfliktkommissionen noch die Arbeitsgerichte zuständig.

In der weiteren Verhandlung wurde dann der Begriff der Berufung im einzelnen erläutert und es wurden die Absätze 1 und 2 der Begründung verlesen.

Professor Havemann betonte nochmals, daß er großen Wert darauf lege, die Begründung schriftlich zu erhalten, da die Öffentlichkeit wissen müsse, mit welcher Begründung er abberufen worden sei. Die Öffentlichkeit habe ein Recht, die Gründe zu erfahren und seine Handlungsweise zu beurteilen.

Professor Klare wies dann darauf hin, daß der Präsident und er selbst Professor Havemann ermahnt hatten, sich jeder unsere Gesellschaft schädigenden Handlung zu enthalten und sich mit ganzer Kraft seinen Aufgaben als Leiter der Arbeitsstelle für Photochemie zu widmen. Er hätte erwartet, daß Professor Havemann nach seiner fristlosen Entlassung als Hochschullehrer eine loyale Haltung unserem Staat und seiner Politik gegenüber einnehmen würde. Professor Havemann erwiderte, daß er als „alter Kommunist" für seine Überzeugung – unbeschadet seiner eigenen Person – kämpfen würde. Er habe diese Haltung in seinem Leben vielfach durch die Tat bewiesen und oft erfahren, daß der weitere Verlauf der Geschichte ihm Recht gegeben hätte. Er habe auch niemandem versprochen, seine politische Tätigkeit einzustellen. Er wäre kein Mensch, der sich nur seiner fachlichen Arbeit widmen könne. Auf die Frage, warum er ausgerechnet in der westdeutschen Zeitschrift „Der Spiegel" einen politischen Artikel verfaßt habe, erklärte er, daß früher die Kommunisten jede Möglichkeit genutzt hätten, ihre Meinung zu verbreiten. Dies hätte er auch nur getan. In diesem Zusammenhang machte Professor Havemann darauf aufmerksam, daß in den letzten Jahren verschie-

dentlich prominente Persönlichkeiten der DDR im „Spiegel" und in anderen westdeutschen Zeitschriften Interviews und Artikel veröffentlicht hätten.
Im weiteren Verlauf des Gesprächs wurden dann die restlichen Abschnitte der Begründung verlesen. Dabei verwahrte sich Professor Havemann vor allem dagegen, daß ihm unterstellt werde, gegen die Aufhebung des Verbots der KPD in der Bundesrepublik in diesem Artikel eingetreten zu sein. Er verurteilte das Verbot der KPD aus politischen, juristischen und moralischen Gründen und habe das auch in dem Artikel im „Spiegel" zum Ausdruck gebracht. Die Erklärung des Politbüros der KPD zu dieser Frage stelle den Sachverhalt nicht richtig dar. Es gäbe in dem Artikel keine Formulierung, aus der man entnehmen könne, daß er für das Verbot der KPD eintrete. Er wies dann darauf hin, daß die Begründung zumindest die Tatsachen richtig widerspiegeln müsse und Professor Klare sich überlegen solle, eine Begründung mit fehlerhaften und entstellenden Behauptungen zu unterschreiben.
Professor Klare erklärte abschließend, daß er den Einspruch an das Geschäftsführende Präsidium weiterleiten und veranlassen werde, wie und in welcher Form Professor Havemann eine schriftliche Begründung für seine Abberufung übermittelt werden könne.
Im Anschluß an das Gespräch übergab Professor Havemann dem Leiter der Abteilung Kader/Arbeit des Forschungszentrums Adlershof seinen Dienstausweis und die sonstigen dienstlichen Unterlagen und verließ um 17.20 Uhr das Akademiegelände.[1]

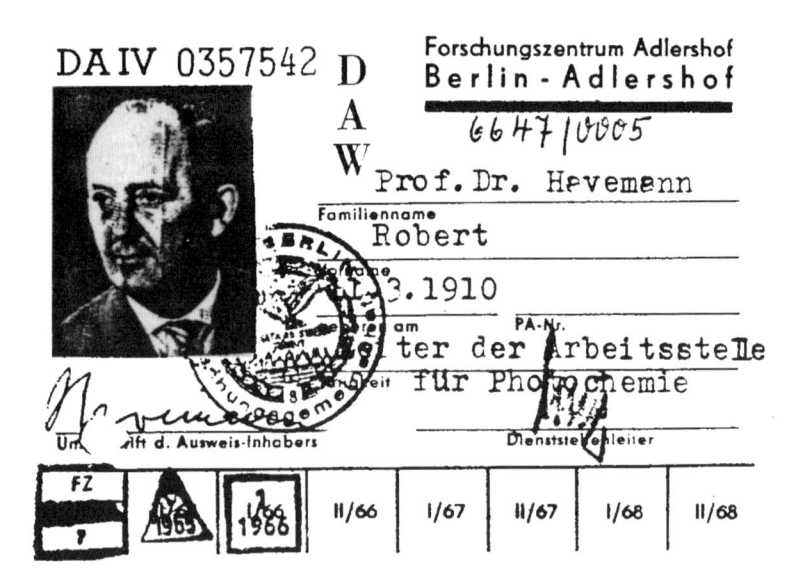

---

[1] Siehe die Faksimiles auf dieser und der folgenden Seite.

Entlassung zu Weihnachten. 23. Dezember 1965 bis 5. Januar 1966

DAdW - Forschungszentrum
— Abtg. Kader / Arbeit —

Adlershof, den 28.12.1965

Laufzettel

Der / die Kollege (in) Pr. Havemann, Robert

beendet am 23.12.1965 sein / ihr Arbeitsrechtsverhältnis im

Institut / Bereich FZ Arbeitsstelle f. Photochemie

zur Kenntnis an:

1. Bibliothek ....
2. Lager / Werkzeugausgabe ....
3. Arb.-Gr.-Ltr. / Meister ...... /. Pö.
4. Verwaltungsleitung ....
   Urlaubsanspruch 24 +3 Tage, davon gewährt ./. Tage
5. Kulturabteilung (Block A) ...... /. Pö.
6. ....
7. ....
8. Lohnbuchhaltung (Block A, Zi. 219) ...... erl. Pö.
9. Arbeitskräftelenkung (Block A, Zi. 210) 28.12.65 Pö.

Ich versichere, daß ich alle mir zeitweilig von der DAdW überlassenen Arbeitsmittel, Fachzeitschriften u. ä. zurückgegeben habe.

Berlin, den 28.12.65   Havemann
                                    Unterschrift

(z. d. A.)

Dienstausweis abgegeben Rönler

Faksimiles: Der am 28. Dezember 1965 unterschriebene Laufzettel und der am gleichen Tage abgegebene Dienstausweis Robert Havemanns (S. 138).

28-29

Obwohl Robert Havemann noch Korrespondierendes Akademiemitglied war, wurde ihm statutenwidrig durch den Generalsekretär der DAW, Günther Rienäcker, ein Hausverbot für alle Gebäude und Einrichtungen der Akademie erteilt. Eine entsprechende Anweisung erging an die Leiter aller Einrichtungen der DAW und mußte von ihnen quittiert werden (siehe folgende Seite).

Dok. 28 Hausverbot für Adlershof, 29. 12. 1965
AAW, Leitung, Personalia, 162, Bl. 359; Bestätigung der Kenntnisnahme: Bl. 360

An die Leiter aller Institute, Arbeitsstellen, Abteilungen, Büros und sonstiger Einrichtungen der Deutschen Akademie der Wissenschaften

Auf Grund von Handlungen, die mit seiner Dienststellung und dem Ansehen der Deutschen Akademie der Wissenschaften zu Berlin nicht zu vereinbaren sind, wurde Herr Prof. Dr. Havemann mit sofortiger Wirkung von der Leitung der Arbeitsstelle für Photochemie der Forschungsgemeinschaft der Deutschen Akademie der Wissenschaften zu Berlin entbunden und aus seinem Arbeitsrechtsverhältnis entlassen.
Außerdem habe ich Herrn Prof. Havemann ab sofort das Betreten aller Grundstücke und Gebäude der Deutschen Akademie der Wissenschaften zu Berlin untersagt.
Ich bitte Sie, für die strikte Einhaltung des vorstehenden Verbotes in Ihrem Zuständigkeitsbereich Sorge zu tragen. Die Durchführung dieser Anweisung liegt im Bereich Ihrer persönlichen Verantwortung als Leiter einer Akademieeinrichtung.
Prof. Dr. Rienäcker

Entlassung zu Weihnachten. 23. Dezember 1965 bis 5. Januar 1966

Berlin, den 3. Januar 1966

Leiter der Fahrzeugverwaltung
Leiter der Haushaltsabteilung
Leiter der Abt. Kader/Arbeit
Direktor der Hauptbibliothek
Leiter der Verwaltung
Direktor des Akademie-Archivs
Leiter des Büros f.wiss.Aspirantur
Leiter der Presseabteilung
Leiter der Protokollabteilung
Leiter der Auslandsabteilung
Referent der Klasse für Bergbau
Referent der Klasse für Mathematik
Büro für Verlag und Druckereien

Kenntnis genommen:
Referent der Klasse für Philosophie
Referent der Klasse für Sprachen
Referent der Klasse für Medizin
Referent der Klasse für Chemie
Herr Bülter
Herr Heinrich

Dok. 29 Günther Rienäcker an Robert Havemann, 29. 12. 1965
RHG, Archiv, NL Havemann

DEUTSCHE AKADEMIE DER WISSENSCHAFTEN ZU BERLIN

DER GENERALSEKRETÄR

Herrn
Professor Dr. R. H a v e m a n n

<u>1017 B e r l i n</u>
Straußberger Platz 19

Berlin, den 29. Dezember 1965

Sehr geehrter Hr. Havemann!

Ich untersage Ihnen ab sofort das Betreten aller Gebäude und Grundstücke der Deutschen Akademie der Wissenschaften zu Berlin.

– Prof. Dr. Rienäcker –

AAW, Leitung, Personalia, 162, Bl. 358

Berlin, den 30. Dezember 1965

Empfangsbescheinigung

Ich bestätige hiermit den Empfang des Briefes des Generalsekretärs der Deutschen Akademie der Wissenschaften zu Berlin vom 29. Dezember 1965.

30

Noch war die Tinte nicht trocken unter der Entlassung Havemanns, der Einspruch dagegen nicht verhandelt, da reagierte schon der zuständige Staatssekretär: Vertraulich teilte er dem Vorsitzenden der Forschungsgemeinschaft mit, daß nunmehr, da die politische Rücksichtnahme auf Havemann gefallen sei, man seine Arbeitsstelle gänzlich auflösen könne. Sie stand der volkswirtschaftlich und forschungspolitisch notwendigen Konzentration des wissenschaftlichen Potentials auf dem Gebiet der Photochemie im Wege. Havemann hatte gewissermaßen seine eigenen Forschungen behindert – allein er tat es nicht, weil er sich geweigert hätte, seiner Arbeit nachzugehen, sondern weil die SED-Führung eher die photochemische Forschung ganz eingestellt hätte, als sie Havemann durchführen zu lassen. Die Konzentration des Forschungspotentials, wesentliche Anregungen für zu behandelnde Themen, kamen von Havemann selbst. Die von Weiz zitierte „Konzeption zur Entwicklung der Forschungs- und Entwicklungskapazitäten auf dem Gebiet der Fotochemie" beruhte im wesentlichen auf Ausarbeitungen, die Havemanns Schüler und engster wissenschaftlicher Mitarbeiter an der Humboldt-Universität, Herward Pietsch, niedergeschrieben hatte. 1964 hatte das Staatssekretariat Pietsch beauftragt, ein solches Konzept zu erarbeiten, was dieser – selbstverständlich nicht ohne seinen Lehrer zu konsultieren –[1] tat. Erst die Abteilung Wissenschaften des ZK klärte das Staatssekretariat auf: „wie sich herausstellte, war den Genossen des Staatssekretariats die politische Haltung des Genossen Dr. Pietsch nicht bekannt".[2] In bestem Amtsdeutsch erklärte der Parteibürokrat dem Ministerialbürokraten die Machtfrage: „Ich machte den Genossen Dr. Teders darauf aufmerksam, daß jede Entscheidung, die mit der Person Havemanns zusammenhängt, nicht durch Empfehlung oder Beschlüsse des Forschungsrates oder einer anderen staatlichen Institution gelöst werden könne; es sei denn, es haben vorher Konsultationen mit der Parteiführung stattgefunden."[3]

Diese Situation behinderte die Planungen des Staatssekretariats tatsächlich, indes lag ihre Ursache nicht in der Person Havemanns, sondern in der Form, in der die SED-Führung der politischen Auseinandersetzung mit ihm aus dem Wege ging. Sie wollte ihn kaltstellen und totschweigen, jetzt, da sie ihn aus dem Wege geraumt hatte, sah das Staatssekretariat endlich freie Bahn.

---

[1] Information von *Herwart Pietsch*, 2. 12. 1994.
[2] *Döring*, Sektor Naturwissenschaft der Abt. Wissenschaften, Aktennotiz über die Vorlage des Staatssekretariats für Forschung und Technik zur Konzentration der Forschung auf dem Gebiet der Fotochemie, 24. 11. 1964, SAPMO-BArch, SED, ZPA, IV A 2/9.04/107.
[3] Ebenda.

Dok. 30 Herbert Weiz an Hermann Klare, 3. 1. 1966

SAPMO-BArch, SED, ZPA, IV A 2/9.04/107

Vertrauliche Dienstsache

Sehr geehrter Herr Professor Klare!

Mit der am 16. 11. 1964 beschlossenen „Konzeption zur Entwicklung der Forschungs- und Entwicklungskapazitäten auf dem Gebiet der Fotochemie" schuf der Vorstand des Forschungsrates die Voraussetzungen zum Aufbau eines Zentrums für Grundlagenforschung der fotochemischen Industrie im Bereiche der VVB Chemiefaser und Fotochemie. Da die zu bildende Arbeitsstelle für Grundlagenforschung der fotochemischen Industrie fast ausschließlich mit ehemaligen Mitarbeitern von Prof. Havemann sowohl aus dem Bereich der Humboldt-Universität als auch aus dem der DAW aufgebaut werden sollte, wurden wegen der politischen Aspekte der vorzunehmenden Maßnahmen im Hinblick auf die Person von Prof. Havemann durch das Sekretariat des Zentralkomitees der Sozialistischen Einheitspartei Deutschlands (VVS B 105 15/65) die erforderlichen Richtlinien beschlossen. Die im Bereich der DAW verbliebene stark reduzierte Arbeitsstelle für Photochemie war demzufolge als eine mit der Person Havemanns verbundene, ausschließlich nach politischen Gesichtspunkten geschaffene Lösung anzusehen. Vom ökonomischen Standpunkt her wäre eine vollständige Konzentration auch schon damals erforderlich gewesen. In diesem Zusammenhang sei auf die Bemühungen des Stellvertretenden Vorsitzenden des Forschungsrates, Prof. Schirmer, hingewiesen, der unter Anführung aller ökonomischen Aspekte für eine Überführung der gesamten Arbeitsstelle in die Industrie eintrat (siehe Vorlage für die Sitzung des Vorstandes des Forschungsrates vom 16. 11. 64). Dieser Vorschlag war damals wegen der mit der Person Havemanns verbundenen politischen Komplikationen nicht realisierbar.

Im Perspektivplan der naturwissenschaftlichen Forschung, Forschungskomplex „Physikalisch-chemische Grundlagen der Fotografika" wird an der Arbeitsstelle für Photochemie der DAW entsprechend den dort verbliebenen wissenschaftlichen Ausrüstungen und den Erfahrungen der Mitarbeiter ein Thema bearbeitet, das bei der Reduzierung der Arbeitskräfte bewußt so gewählt wurde, daß es nur in enger Zusammenarbeit mit der Arbeitsstelle der Industrie erfolgreich bearbeitet werden kann. Umgekehrt ist dieses Thema für die Arbeitsstelle für Grundlagenforschung der fotochemischen Industrie so bedeutend, daß wichtige Teilaufgaben auch hier nur in Zusammenarbeit mit der Adlershofer Arbeitsgruppe realisiert werden können. Da aus den oben angeführten Gründen eine organisatorische Trennung beider Arbeitsstellen aufrecht erhalten werden mußte, wurde entsprechend dem Beschluß des Sekretariats des ZK der SED ein Forschungsvertrag vorbereitet und von Ihnen und dem Generaldirektor der VVB Chemiefaser und Fotochemie bereits unterzeichnet.

Mit der durch die DAW verfügten Entlassung des bisherigen Leiters der Arbeitsstelle für Photochemie sind die politischen Aspekte, die bisher eine vollständige Konzentration verhinderten, gegenstandslos geworden. Es gibt meines Erachtens daher keinen Hinderungsgrund mehr, auch den in Adlershof verbliebenen Rest der Arbeitsstelle für Photochemie als einzig ökonomisch konsequenten Schritt der Arbeitsstelle für Grund-

lagenforschung in Köpenick anzugliedern, da diese auf Grund der oben erwähnten Beschlüsse inzwischen zu einem funktionstüchtigen Zentrum der fotochemischen Grundlagenforschung herangewachsen ist.
Durch die Konzentration aller Kräfte ist u. a. gewährleistet, daß die Arbeiten unter einer einheitlichen Leitung, unter Betreuung der F/E-Stelle des VEB Filmfabrik Wolfen, Prof. Meyer, durchgeführt werden, daß Doppelanschaffungen von bereits in Adlershof vorhandenen Geräten fortfallen, daß die vorhandenen Geräte intensiver und vielseitiger genutzt werden können, daß die in Adlershof vorhandene Hand- und Zeitschriftenbibliothek eine Neuanschaffung in Köpenick teilweise erübrigt, daß eine vollständigere Dokumentationsarbeit möglich wird und daß bessere Voraussetzungen zur Bearbeitung der gesamten Thematik des Forschungskomplexes 1.108 des Planes der naturwissenschaftlichen Forschung in einem sozialistischen Kollektiv gegeben sind.
Ich darf Sie daher bitten, unter Berücksichtigung der oben angeführten Überlegungen folgendem Vorschlag Ihre Zustimmung zu geben:
1. Das Thema der Arbeitsstelle für Photochemie der DAW im Perspektivplan der naturwissenschaftlichen Forschung wird ab sofort an die Arbeitsstelle für Grundlagenforschung der fotochemischen Industrie in Köpenick übertragen.
2. Die Mitarbeiter der Arbeitsstelle der DAW (5 Wissenschaftler, 1 Chemieingenieur, 3 techn. Mitarbeiter, 1 Mechaniker, 1 Verwaltungskraft, 1 Reinigungskraft) werden einschließlich der Planstellen ab sofort an die VVB Chemiefaser und Fotochemie zur Erweiterung der Arbeitsstelle in Köpenick überführt.
3. Das gesamte Inventar der Arbeitsstelle der DAW wird zu noch zu vereinbarenden Bedingungen der Arbeitsstelle in Köpenick übergeben.
4. Die Räumlichkeiten der Arbeitsstelle der DAW werden einstweilig der Arbeitsstelle in Köpenick vollständig zur Nutzung auf Mietbasis zur Verfügung gestellt, bis die VVB Chemiefaser und Fotochemie zusätzliche Arbeitsmöglichkeiten geschaffen hat.
Ich darf annehmen, daß Sie einer schnellen Lösung dieser Frage unter gesamtvolkswirtschaftlichen Gesichtspunkten Ihre Unterstützung nicht versagen werden. Einzelheiten der einzuleitenden Maßnahmen müßten zuständigkeitshalber mit dem Generaldirektor der VVB Chemiefaser und Fotochemie beraten werden, den ich durchschriftlich von diesem Schreiben in Kenntnis gesetzt habe.
Mit vorzüglicher Hochachtung
Dr. Welz

31-32

Für Havemann hat das Arbeitsrecht der DDR nur eingeschränkte Geltung
Das Recht der DDR kannte keinen Beamtenstatus. Der Staatsdiener mit seinen besonderen Verpflichtungen und Vergünstigungen, wie er in Deutschland aus dem öffentlichen Recht seiner spätabsolutistischen Feudalstaaten konserviert worden war, sollte abgeschafft werden. So hieß es wenigstens in der kommunistischen Programmatik. In den entsprechenden Passagen des Lenin-

schen Büchleins „Staat und Revolution", die Robert Havemann mit besonderer Vorliebe zu zitieren pflegte, hieß es: „vollkommene Wählbarkeit und Absetzbarkeit aller Amtspersonen ... die Reduzierung der Gehälter *aller* Amtspersonen im Staat auf das Niveau des ‚Arbeiterlohnes'".[1] Wie sehr alle Theorie ergrauen kann, zeigt das in das Arbeitsrecht der DDR eingeflossene Arbeitsverhältnis der Berufung: Einerseits verloren die Berufenen alle Privilegien des Beamtenstatus' wie Kündigungssicherheit und Pensionsberechtigung, andererseits behielten sie sowohl die Loyalitätspflicht gegenüber der Regierung bei als auch die außerhalb des gewöhnlichen Arbeitsrechts stehende disziplinarische Unterordnung unter ihre Obrigkeit. Die von Lenin (und Marx, auf den sich Lenin an dieser Stelle berief) gemeinte Obrigkeit, das als Klasse organisierte (und zwar demokratisch organisierte) Proletariat der Pariser Commune, war indes ersetzt durch die von der Parteiführung eingesetzten Nomenklatur. Das wilhelminische Kaiserreich verlangte seinen Beamten einen Loyalitätseid auf Se. Majestät ab, die SED verlangte keinen Eid, wohl aber ständige Loyalität gegenüber einer stets wechselnden Linie und krümmte so die Rücken ihrer Diener. Wer als Berufener die Interessen der Nomenklatur verletzte, für den galt das Arbeitsrecht nicht mehr, gab es kein Arbeitsgericht, vor dem er seine Rechte einklagen konnte, nicht einmal ein Arbeitsgericht der DDR.

Robert Havemann stand in einem solchen Berufungsverhältnis wie jeder Professor der DDR. Der Einzelvertrag – ein Privileg, das die SED am Anfang der 50er Jahre für die wirtschaftlich benötigte Intelligenz eingeführt hatte, um sie mit Sondergehältern, Sonderurlaubsheimen, Sonderrenten, bevorzugtem Zugang zu Büchern, Theaterkarten, Abitur- und Studienplätzen für ihre Kinder an den ungeliebten Staat zu binden – schützte gerade nicht vor den Sanktionen bei politisch unangepaßtem Verhalten. Wenigstens nicht mehr, nachdem die Mauer gebaut war und die Drohung, gen Westen zu gehen, obsolet geworden war. Doch selbst die den Beschäftigten schützenden Vorschriften des DDR-Arbeitsrechtes, die auf Robert Havemann zutrafen, wurden von der Akademieleitung ignoriert: Weder der besondere Kündigungsschutz für Tuberkulosekranke, noch jener, der den Verfolgten des Naziregimes in der DDR eingeräumt worden war,[2] interessierte auch nur einen Augenblick. Die für die Kündigung

---

[1] *W.I. Lenin*, Staat und Revolution, in: *Derselbe*, Werke, Bd. 25, Berlin 1960, S. 432 f.
[2] Vgl. Gesetzbuch der Arbeit der Deutschen Demokratischen Republik vom 12. April 1961 in der Fassung vom 17. April 1963, (GBl. I, S. 63 ff.), § 35,1: „Zur Kündigung oder fristlosen Entlassung von Kämpfern gegen den Faschismus oder Verfolgten des Faschismus, Schwerbeschädigten, Tuberkulosekranken und -rekonvaleszenten durch den Betrieb ist die vorherige schriftliche Zustimmung des Rates des Kreises erforderlich, der für den Betrieb zuständig ist. Bei der fristlosen Entlassung kann ausnahmsweise die Zustimmung innerhalb einer Woche nach erfolgter Entlassung nachgeholt werden. Der Betriebsleiter oder sein Beauftragter soll den Werktätigen über die Zustimmung unterrichten."

notwendigen Zustimmungen des Magistrats wurden weder vorher noch in der ausnahmsweise möglichen Frist nachträglich eingeholt, die verspätete, bloße Mitteilung an beide Instanzen reichte hin unter der Gewißheit, daß von dort nicht im entferntesten Widerspruch zu erwarten war.

Dok. 31 Hans Wittbrodt an das Amt für Arbeit, 4. 1. 1966
AAW, Leitung, Personalia, 162, Bl. 345

An den Magistrat von Groß-Berlin, Amt für Arbeit und Berufsberatung
Betr.: Abberufung des Herrn Professor Dr. R. Havemann

Wie bereits in der Presse mitgeteilt worden ist, wurde Herr Professor Dr. Havemann mit Wirkung vom 23. Dezember 1965 von seiner Funktion als Leiter der Arbeitsstelle für Photochemie der Forschungsgemeinschaft der Deutschen Akademie der Wissenschaften abberufen. Ein Arbeitsrechtsverhältnis mit der Deutschen Akademie der Wissenschaften besteht von diesem Zeitpunkt ab nicht mehr.
Da Herr Professor Dr. Havemann an Tuberkulose erkrankt ist, setzen wir Sie hiermit von seiner Abberufung in Kenntnis. Das Referat VdN des Magistrats haben wir davon ebenfalls informiert.
Dr.-Ing. H. Wittbrodt

Dok. 32 Hans Wittbrodt an das Referat VdN, 4. 1. 1966
AAW, Leitung, Personalia, 162, Bl. 408

An den Magistrat von Groß-Berlin, Referat VdN
Betr.: Abberufung des Herrn Professor Dr. R. Havemann

Wie bereits in der Presse mitgeteilt worden ist, wurde Herr Professor Dr. Havemann mit Wirkung vom 23. Dezember 1965 von seiner Funktion als Leiter der Arbeitsstelle für Photochemie der Forschungsgemeinschaft der Deutschen Akademie der Wissenschaften abberufen. Ein Arbeitsrechtsverhältnis mit der Deutschen Akademie der Wissenschaften besteht von diesem Zeitpunkt ab nicht mehr.
Da Herr Professor Dr. Havemann Verfolgter des Naziregimes ist, setzen wir Sie hiermit von seiner Abberufung in Kenntnis. Das Amt für Arbeit und Berufsberatung des Magistrats haben wir davon – im Hinblick auf die Erkrankung des Herrn Professor Dr. Havemann an Tuberkulose – ebenfalls informiert.
Dr.-Ing. H. Wittbrodt

33

Dok. 33 Robert Havemann an Günther Rienäcker, 5. 1. 1966
AAW, Leitung, Personalia, 162, Bl. 356

■ 8. Jan. 1966 /69 -k. 356

Prof.Dr. Robert Havemann   1017 Berlin
                                            den 5.1.66

Herrn Prof. Dr. G. Rienäcker
Generalsekretär der Deutschen Akademie der Wissenschaften zu Berlin
Berlin, Otto-Nuschke-Straße

Sehr geehrter Hr. Rienäcker!

Ich erhielt von Ihnen ein Schreiben vom 29.12.65, in welchem Sie mir ab sofort das Betreten aller Gebäude und Grundstücke der Deutschen Akademie der Wissenschaften untersagen. Eine Begründung für diese Anordnung ist in Ihrem Schreiben nicht enthalten.

Sollten Sie sich auf die gleiche Begründung berufen wollen, die mir Hr.Klare als Begründung für meine fristlose Abberufung als Leiter der Arbeitsstelle für Photochemie mündlich zur Kenntnis gebracht hat, muß ich Sie darauf hinweisen, wie ich es auch bereits Herrn Klare gegenüber getan habe, daß die entscheidenden Behauptungen dieser Begründung von mir für unwahr gehalten werden.

Als Mitglied der Akademie ist es mein Recht, gegen die mir gemachten Vorwürfe vor den Mitgliedern der Klasse für Chemie, Biologie und Geologie sowie vor dem Plenum in aller Form Einspruch zu erheben und mich zu rechtfertigen.

Ich erhebe deshalb hiermit Einspruch gegen das von Ihnen ausgesprochene Hausverbot.

                                            Hochachtungsvoll

                                            (Prof.Dr.R.Havemann)

Abschriften vom 8. 1. 1966
Verteiler:
1. Herrn Präsidenten Hartke
2. Prof. Steenbeck
3. Prof. Hager
4. Abt. Wissenschaft des ZK
5. Dr. Planert

Akademiemitglied ohne Rechte

5. Januar 1966 bis 30. Januar 1966

34

Anders als unter den restriktiven Bedingungen der DDR wurden Robert Havemanns philosophische Darlegungen im Ausland lebhaft wahrgenommen und kontrovers diskutiert. Die polnische philosophische Zeitschrift „Studia filozoficzne" brachte in ihrem 4. Heft des Jahres 1965 eine eingehende Abhandlung H. Eilsteins über die Buchfassung der Havemannschen Vorlesungen unter dem Titel „Die Überwindung des Dogmatismus". In Italien erschien 1965 eine Übersetzung der Vorlesungen im Verlag der Kommunistischen Partei. In einem Artikel in der „Rinascita", der theoretischen Diskussionszeitschrift der Italienischen KP, reagierte Galvano della Volpe eher skeptisch auf den Versuch Havemanns, der dialektischen Methode innerhalb der Naturwissenschaften Geltung zu verschaffen.[1] Am 5. Januar veröffentlichte die „Unità", das Zentralorgan der IKP, eine Rezension des Havemann-Buches aus der Feder Lucio Lombardo-Radices, einem der theoretischen Köpfe im Zentralkomitee der IKP.[2] Für die italienischen Marxisten waren diese beiden Stimmen eine durchaus normale Reaktion innerhalb einer wissenschaftlichen Kontroverse. „Der Marxismus entwickelt sich in der Debatte zwischen Marxisten und in der freien Auseinandersetzung aller geistigen und kulturellen Strömungen. Die italienische kommunistische Presse hat das oben erwähnte Prinzip besonders im Fall des Buches von Robert Havemann ‚Dialektik ohne Dogma' verwirklicht. Während Lucio Lombardo-Radice in der ‚Unità' in diesem Werk eine positive und originelle Entwicklung der Ideen sah, die in der ‚Dialektik der Natur' von Friedrich Engels enthalten sind, drückt Galvano della Volpe – wenn auch in größter Hochachtung dem Verfasser gegenüber – in der ‚Rinascita' seine Vorbehalte gegen-

---

[1] Vgl. *Galvano della Volpe*, Marxismus und die Wissenschaft vom Menschen (ital.), in: Rinascita, 25. 12. 1965.
[2] *Lucio Lombardo-Radice*, Der Marxismus und die Naturwissenschaften. Die „Dialektik ohne Dogma" Havemanns (ital.), in: L'Unità, 5. 1. 1966; dt. Übers. in: *Robert Havemann*, Dialektik ohne Dogma? Aufsätze, Dokumente und die vollständige Vorlesungsreihe zu naturwissenschaftlichen Aspekten philosophischer Probleme, hrsg. v. Dieter Hoffmann, Berlin 1990, S. 245–248.

über der Möglichkeit aus, im Hinblick auf die Naturwissenschaften von Dialektik zu sprechen."[3]
Auf Lombardo-Radices positive Rezension des Havemann-Buches reagierte die Abteilung Wissenschaften, indem sie an die Philosophen der Humboldt-Universität den Auftrag erteilte, den italienischen Genossen mit einer Belehrung darüber zu antworten, wie die „politisch-ideologische und theoretische Position" Havemanns *richtig* darzustellen sei und was tatsächlich der „Situation und [...] Entwicklung der marxistischen Philosophie in der DDR" entspräche.[4] Herbert Hörz und Alfred Kosing entwarfen diesen Brief, gingen zu Hager, der ihn korrigierte, und als sie die gewünschten Unterschriften einsammelten, stießen sie unerwartet auf Widerstand: Wolfgang Heise weigerte sich zu unterschreiben. Wolfgang Eichhorn II, der Heises Namen schon unter den Brief gesetzt hatte, wußte, daß dieser „in der internationalen Öffentlichkeit einen gewissen Ruf [genießt]. Als ich Genossen Heise mit auf den Brief setzte, wollte ich im Grunde genommen dadurch erreichen, daß sich Genosse Heise in dieser Frage engagiert. Das stand aber nicht im Vordergrund. Ich glaubte vor allem, daß dieser [dem] Brief mit Gewicht geben würde vom Namen her."[5] Heise war sich darüber klar, daß es nicht um eine philosophische Kontroverse ging, sondern um „indirekte Kritik an den ideologisch-strategischen Aspekten der Linie der italienischen KP". Fassungslos war er über den Versuch, Havemanns politische Vergangenheit umzufälschen:[6] „Mir scheint die Formulierung, daß Havemann von den Nazis ‚gemaßregelt' wurde, dem Sachverhalt in peinlicher Weise unangemessen. ... solch eine Formulierung impliziert die Zurücknahme unserer Einschätzung des faschistischen Terrors und des antifaschistischen Kampfes. ... Gerade hier muß man genau sein – zumal das Verhältnis von bürgerlichem Demokratismus, Antifaschismus und Kommunismus für die um die Macht kämpfenden kommunistischen Parteien ein zentrales Problem darstellt. Mit einem solchen ‚Wörtchen' zur Bezeichnung eines allgemein bekannten Sachverhaltes geben wir eine perspektivische Bewertung, die im Widerspruch zu unserer Theorie und unserer Praxis steht. Es ist mir unmöglich, hierin eine Formfrage zu sehen."[7]

---

[3] Ein Brief über den „Fall Havemann", in: Ebenda, S. 253.
[4] Vgl. Sieben Philosophen der DDR – Georg Klaus, Günter Heyden, Manfred Buhr, Hermann Ley, Alfred Kosing, Dieter Berger, Herbert Hörz – haben der Redaktion der „Unità" folgenden Brief geschickt, in: L'Unità, 5. 4. 1966; dt. Übers. in: Ebenda, S. 249–252.
[5] Bericht des Genossen *Wolfgang Eichhorn [II]*, Sekretär der Grundorganisation Philosophie-Lehrkörper, vor den Genossen Sekretären der Universitätsparteileitung am 4. März 1966, SAPMO-BArch, SED, ZPA, IV A 2/9.04/108.
[6] „Genosse Heise hat sich empört über das Wort gemaßregelt, das wäre eine Verniedlichung, da Havemann in der Todeszelle gesessen hat." – Ebenda.
[7] *Wolfgang Heise* an die Grundorganisation der SED des Instituts für Philosophie, 19. 6. 1966, SAPMO-BArch, SED, ZPA, IV A 2/9.04/108.

Im Briefentwurf von Hörz und Kosing hieß es ursprünglich: „Havemann wurde im Jahre 1950 in die SED als Kandidat aufgenommen; daß er ein ‚Alt-Kommunist' sei, ist eine Legendenbildung."[8] Diese vorsätzliche Lüge ging selbst Hager zu weit. Er modifizierte den Satz so, daß sich aus ihm zwar die Beteiligung Havemanns am antifaschistischen Widerstand ersehen ließ, behandelte diesen Teil der Biographie indes gleichzeitig wie eine belanglose Episode und betonte zugleich eine vorgebliche Distanz zur kommunistischen Partei noch mehr.[9] Heise, der ohnehin zu dieser Zeit wegen seiner Thesen zur Entfremdungsproblematik schweren Attacken ausgesetzt war und – daher – nach einem physischen Zusammenbruch zur Genesung an die Ostsee gefahren war, wurde von drei Kollegen (Herbert Hörz, Walter Jopke und Wolfgang Eichhorn II), die sich unter Vorgabe falscher Zwecke die Adresse verschafft hatten, dort heimgesucht und unter Druck gesetzt. Deren, wie er sehr zurückhaltend in seiner Stellungnahme schrieb, „wohlmeinende Hinweise auf für mich negative Folgen meiner Weigerung konnten mich nicht überzeugen". Er hielt fest: „Der Hinweis auf die Kollektivität der Ausarbeitung des Briefes enthebt mich nicht meiner persönlichen Verantwortung. Unter Bedingungen, welche die Realisierung der Kollektivität unmöglich machten, mußte ich mich schon gemäß meiner Einsicht, so begrenzt diese sein mag, entscheiden."[10] Das Philosophentrio versuchte Heise in die Enge zu treiben, die Frage alternativ zuzuspitzen. „Wir haben ihm dann gesagt, man muß sich im Leben entscheiden, man kann doch keine verwaschene Mittelposition einnehmen. [...] Wir haben ihm gesagt, es gibt doch Grenzlinien, wo das Entweder-Oder zur Entscheidung, zur Debatte steht. Wir haben ihn dann gefragt, was er von der politischen Entwicklung bei uns hält. Er sagte, in bezug auf ökonomische und landwirtschaftliche Politik gibt es nichts, aber in bezug auf das Problem des ideologischen Lebens, zu wenig Demokratie, die Dinge werden zu wenig ausdiskutiert. Insofern ist er mit diesen Dingen nicht einverstanden." Nachdem Heise durch die verweigerte Unterschrift die bereits bekannt gewordene Aktion öffentlich bloßgelegt hatte, sah Eichhorn nunmehr die Zeit für gekommen an, auch ihn politisch zu exkommunizieren: „Genosse Heise muß öffentlich in aller Form und auch theoretisch inhaltlich und politisch sich distanzieren vom sogenannten dritten Weg, der personell bei uns in der DDR verbunden ist mit Havemann, Tzschoppe und Biermann [...] Wenn sich die Fronten verhärten sehe ich, daß es in einer gewissen Zeit zum Ausschluß von Genossen Heise führt. Ich bin auch nicht bereit, noch

---

[8] An die Redaktion der „Unita", [Entwurf vom] 18. 1. 1966, SAPMO-BArch, SED, ZPA, IV A 2/9.04/108.

[9] „Vor 1945 war Havemann Antifaschist und wurde von den Nazis gemaßregelt, aber erst im Jahre 1950 wurde er in die SED als Kandidat aufgenommen". [überarbeiteter Entwurf, 16. 2. 1966] SAPMO-BArch, SED, ZPA, IV A 2/9.04/108.

[10] *Wolfgang Heise* an die Grundorganisation der SED des Instituts für Philosophie, 19. 6. 1966, SAPMO-BArch, SED, ZPA, IV A 2/9.04/108.

mal die Frage des Mitkommens zu stellen, jetzt muß Genosse Heise Farbe bekennen und muß in Entweder-Oder-Konflikte hineingebracht werden und muß sich entscheiden."[11]

Die italienischen Adressaten reagierten auf den Brief gelassen, aber unmißverständlich: Sie druckten die „Ketzerverurteilung" (Heise) in der „Unità" und stellten in einem eigenen Kommentar fest, daß es sehr wohl eine Debatte kontroverser Positionen unter Marxisten gibt, die in den Zeitungen der IKP Raum finden, keine dieser Positionen aber die Weihen höherer Wahrheit genieße, auch nicht die der DDR-Philosophen. Und wie zur Bestätigung dieser Haltung des freien Meinungsstreites veröffentlichte kurz darauf die „Rinascita" die Antwort Robert Havemanns auf die Einwände Galvano della Volpes.

Dok. 34 **Robert Havemann in der italienischen kommunistischen Zeitschrift „Rinascita", Januar 1966**
SAPMO-BArch, SED, ZPA, IV A 2/9.04/108

Ein Brief von Robert Havemann und eine Antwort von Galvano della Volpe:

Ideologie, Soziologie und Wissenschaft vom Menschen
Robert Havemann, Wissenschaftler Ostdeutschlands, der nunmehr auch einem breiteren italienischen Publikum durch die Veröffentlichung seines Bandes „Dialektik ohne Dogma" in italienischer Sprache bekannt ist, schickt uns den nachstehenden Antwortbrief auf einen Artikel von Galvano della Volpe unter der Überschrift „Ideologie, Soziologie und Wissenschaft vom Menschen", der im Monatsbeiheft der Rinascita, im „Contemporaneo" am 25. Dezember 1965 erschienen war.

Liebe Rinascita!
Mir scheint, daß Galvano della Volpe in einem Artikel vom 25. Dezember im Monatsbeiheft der Rinascita, im Contemporaneo, voller Besorgnis ist: „Heute – so ermahnt er uns – in der Zeit der Koexistenz zwischen den beiden größten politischen Weltsystemen und damit auch in einer Zeit, die dem ‚großzügigsten' ideologischen Eklektizismus einen günstigen Boden liefert ..., muß der Marxismus den ihm innewohnenden Charakter als Humanwissenschaft par excellence verteidigen; und das gar nicht so sehr und nicht nur gegen erklärte Feinde, wie das bereits einmal geschah, sondern vielmehr gegen unerwartete Freunde (in einem ökumenischen embrassons-nous), die den aus den verschiedensten und entferntesten Gebieten des unendlichen Reiches der Wissenschaft und Philosophie kommen."
Galvano della Volpe meint damit, daß zur Schar dieser unvorhergesehenen Freunde unter anderem die Naturwissenschaftler gehören. Zu dieser zweifelhaften Kategorie rechnet er auch die Betrachtungen, die ich in meinen Vorlesungen „Aspekte philoso-

---

[11] Bericht des Genossen *Wolfgang Eichhorn II* ..., SED, ZPA, IV A 2/9.04/108.

phischer Probleme der Naturwissenschaften" (veröffentlicht bei Einaudi, Nuovo Politecnico, 2, 1965 unter dem Titel „Dialektik ohne Dogma") angestellt habe und betrachtet sie, um hier einen Euphemismus zu gebrauchen, mit offener Besorgnis.
Sein Tadel ist in meinem Falle dagegen gerichtet, daß es sich um „interne Interventionen von Marxisten" handle, deren Ziel es ist, „eine Verschweißung oder Integration zwischen Marxismus und Naturwissenschaft" herbeizuführen.
Wenn ich ihn nicht mißverstehe, ist Galvano della Volpe der Meinung, daß der Marxismus mit den Naturwissenschaften nichts zu tun habe, und daß die Naturwissenschaften mit dem Marxismus nichts zu tun hätten, und das aus einem Grund von wahrhaft phantastischer Einfachheit: nur weil es, wie Galvano della Volpe meint, dem Marxismus zukommt, die „historisch-dialektische Methode" anzuwenden, während sich die Naturwissenschaften damit beschränken müßten, in der Ausarbeitung ihrer theoretischen Durchdringung einzig und allein von der mathematischen Logik auszugehen.
Mit diesem Argument widersetzt sich Galvano della Volpe auch der Möglichkeit, die Ethnologie als Naturwissenschaft mit dem Marxismus in einer sozialen Anthropologie in Einklang zu bringen; denn, man höre und staune, die Ethnologie hätte ohnehin nur einen Wert für das Studium der Urgemeinschaft, „die jedweder historischen Veränderung widersteht". Nach Galvano della Volpe besitzen nur die „menschlichen Gesellschaften, die unser Schicksal als moderne Menschen direkt bestimmen – wohl doch nicht etwa nur die modernen Industriegesellschaften? –, jenen historischen Charakter, der dem Marxismus eigen ist, während die Naturgesellschaften der Urgemeinschaft dazu verdammt sind, ewig statischen und unveränderlichen Charakter zu tragen. Und dort, wo alles unveränderlich ist, kann der heraklitische Satz ‚alles fließt' keine Anwendung finden."
In Wirklichkeit gibt es aber, und das möchte ich als Naturwissenschaftler unterstreichen, nirgends Unbeweglichkeit. Wo immer, nicht nur in der menschlichen Gesellschaft, sondern auch in der Natur, eine unaufhörliche und unaufhaltsame Veränderung vorgeht, da gibt es immer Neues, und alles was zuvor nicht bestand, wächst aus der Vergangenheit empor, aus der Vergangenheit, die etwas begründet ohne die geringste Aussicht auf eine mögliche Rückkehr.
In meinen Vorlesungen habe ich mich bemüht klarzumachen, daß die Dialektik der Wirklichkeit umso breitere Formen hat, wie sie sich nicht nur auf die Objekte der Humanwissenschaften in der Welt beschränkt. Ich hege keinerlei Absicht, „den Marxismus in die Naturwissenschaft" zu integrieren, sondern im Gegenteil. Ich möchte zeigen, daß die grundsätzliche Methode des Marxismus und ihre bewußte Anwendung die Grundlage des großen wissenschaftlichen Fortschritts darstellen, der durch den Marxismus erzielt wurde, und daß diese Methode des dialektischen Materialismus überall, also auch in den Naturwissenschaften, Gültigkeit haben kann.
Leider habe ich gleichzeitig auch darlegen müssen, weshalb die in den Naturwissenschaften mit dieser Methode erzielten Ergebnisse so bitter selten sind, nämlich wegen unserer dogmatischen Marxisten, die daran schuld sind und die behaupten, immer alles besser zu wissen, weil sie überzeugt sind, daß ihr Grad der Erleuchtung dank des dialektischen Materialismus jede fachliche Kompetenz überflüssig macht.

Aber wie unterschiedlich sind die Verhältnisse in den verschiedenen Ländern der Welt! In den Ländern, die ich kennengelernt habe, können wir Marxisten wahrhaftig nicht behaupten, daß wir uns gezwungen gesehen haben, uns gegen die Liebesbezeugungen unerwartet aufgetauchter Freunde auf dem Gebiet der Naturwissenschaften verteidigen zu müssen. Die übergroße Mehrheit von ihnen legt uns gegenüber nach wie vor eine äußerst reservierte Haltung an den Tag. Bisher jedenfalls sind sie bestens auch ohne unsere Philosophie davongekommen. Wir würden uns sehr freuen, wenn es gelänge, die zwischen ihnen und uns bestehenden Schranken hinweg zu fegen. Um das aber zu erreichen, wird es erforderlich sein, daß wir Marxisten beweisen, daß wir geduldige Zuhörer sind und uns bisweilen auch das Gepräge fleißiger Schüler geben.
Ich glaube nicht, daß es gut ist, wenn wir in der Hitze des Kampfes um die Verteidigung der „Reinheit" unserer Lehre Mauern um unseren marxistischen Garten herum errichten, um uns hinter diesen Mauern als absolute Herrscher zu fühlen.
Es kann ohne weiteres sein, und das wäre mir sogar lieb, daß ich in meinen Betrachtungen über die Ideen Galvano della Volpes einige Dinge zu unrecht überspitzt und sie nur einseitig verstanden habe. Um sich aber zu verstehen, ist es bisweilen notwendig, damit zu beginnen, daß man sich nicht versteht. Vielleicht kann diese meine Antwort auch überstürzt erscheinen, zumal Galvano della Volpe in seinem Artikel ankündigt, daß er „bei erster Gelegenheit" auf meine Vorlesungen zurückkommen will. Ich habe mich jedoch zu diesen Bemerkungen ermuntert gefühlt, eben um dazu beizutragen, von vornherein, die Breite der Meinungsverschiedenheiten und eventuell auch mögliche Mißverständnisse zu verringern.
Ausgehend von diesen Bemerkungen möchte ich zum Schluß noch ein paar Worte zur Kritik Galvano della Volpes an meinem 4. Seminar sagen, welches ein Thema behandelt, das mehr als alle anderen Teile meines Buches in seinen Zuständigkeitsbereich hineinragt.
Dieses 4. Seminar soll die verschiedenen Versuche der Rassisten, ihren reaktionären Theorien von der Elite eine naturwissenschaftlich fundierte Grundlage zu geben, vergleichen. Gleichzeitig habe ich versucht, eine Analyse über die Herausbildung und den Einfluß der Elite zu geben und habe als Prämisse dafür das Bestehen einer hierarchischen Struktur der Gesellschaft angegeben.
Galvano della Volpe bezeichnet meine soziologische Analyse als „korrekt", entrüstet sich aber gleich anschließend über die naturwissenschaftliche Argumentation, die ich gegen die Theorie von der Elite benutzt habe, eine Argumentation, die nach seinen Worten vollkommen überflüssig ist: „... und obwohl er dennoch zu dem richtigen (und selbstverständlichen) Schluß gelangt, daß das ‚geistige Leben des Menschen in seinen typischen Elementen, die ihn vom Tier unterscheiden, nicht a priori von biologischen Faktoren bestimmt wird, sondern sich durch das Leben des Individuums in der Gesellschaft herausbildet', gibt er sich nicht damit zufrieden und fühlt sich genötigt, den Leser noch auf die Übereinstimmung dieser Schlußfolgerungen ‚mit unseren wissenschaftlichen Erkenntnissen' aufmerksam zu machen".
Ich kann mir leicht vorstellen, daß es „marxistische" Theoretiker gab, die angesichts der Versuche der Rassisten, der Theorie von der Elite mit der angeblichen Vererbung

der intellektuellen Merkmale des Menschen ein Fundament zu geben, sagten: „Das entspricht nicht unserer Theorie und ist deshalb falsch" und damit basta.
Die Rassisten sagten übrigens das gleiche wie der Marxismus, aber ihre Behauptungen wären viel glaubwürdiger gewesen, wenn ihr Handeln, das von den Naturwissenschaften abgeleitet war, richtig gewesen wäre.
Ein rechtmäßiges wissenschaftliches Vorgehen besteht darin, daß eine richtige Theorie gestützt und geltend gemacht wird, indem man die Falschheit eines wissenschaftlichen Einspruchs und einer Theorie, die auf einem jener entgegengesetzten Einspruch beruht, zeigt.
In unserem Falle kommt noch als besonders erschwerendes Moment hinzu, daß diese falsche Theorie nicht irgendein Hirngespinst irgend eines isolierten kurzsichtigen Fachmannes ist, sondern daß diese „Theorie" einen durch eine pseudowissenschaftliche Fassade getarnten Irrtum darstellt; und das alles geschieht bei der Betrachtung der Natur der Gesellschaft. Das sind Irrtümer, die mit in die Faktoren einzureihen sind, auf denen die Ideologie der modernen Gesellschaft auf der Grundlage der Ausbeutung beruht. Und gerade in unserem Zeitalter, in dem Zeitalter des Sieges der Wissenschaft, werden in allen Teilen der Welt die ideologischen Fehler gern wissenschaftlich bemäntelt.
Ich bin der Meinung, daß angesichts der unvorstellbaren Verbreitung der Ideologie von der „Dummheit und erblichen Intelligenz" eine naturwissenschaftliche Widerlegung dieser Behauptung, die scheinbar eine Beziehung zur Naturwissenschaft hat, nicht ohne Interesse auch für die Soziologie sein kann.
Auf alle Fälle ist die Soziologie für unseren Kampf um die Entlarvung der Lügen und die Falschheit der bürgerlichen Ideologie, die nach Rechtfertigung der sozialen Unterschiede durch angebliche Unterschiede in den moralischen und intellektuellen Qualitäten des Menschen (die auf biologische Unterschiede zurückzuführen sind) und die der Natur des Menschen selbst inhärent sind, von Wert.
Robert Havemann

Es tut mir leid, welchen Eindruck meine kurze Notiz über Havemann in meinem Artikel „Ideologie, Soziologie und Wissenschaft vom Menschen" (im Contemporaneo vom Dezember vergangenen Jahres) auf ihn gemacht hat. Es tut mir umso mehr leid – abgesehen von der unterschiedlichen Methode des Herangehens an die „Wissenschaftlichkeit" der materialistischen Dialektik –, als ich grundsätzlich mit seinen gesellschaftsphilosophischen Schlußfolgerungen, die er selbst mutig in die Praxis umsetzt und die ihm, wie wir alle wissen, den Namen eines Philosophen eingebracht haben, übereingestimmt habe und noch übereinstimme. Und ich nutze die sich jetzt mir bietende Gelegenheit, um mich dazu näher zu äußern. Ich finde also, daß, wenn er sehr froh schreibt (auf Seite 223 der italienischen Ausgabe), daß „es die soziale Ungleichheit ist, die zur Herausbildung der Elite führt, die dann den intellektuellen Schutz über die unfähige Masse auszuüben vorgibt", er nicht – und das möchte ich wiederholen – davon auszugehen braucht, daß „wir denkende Wesen sein können, eben weil dem Menschen keine biologischen Grenzen gesetzt sind" (wenn dieser Satz nicht gerade zur

gerechtfertigten Polemik gegen die Argumente der Rassisten dient). Und es besteht meines Erachtens keine philosophische Notwendigkeit dazu, weil die rein historische Erscheinung der „sozialen Ungleichheit" genügt, um die Herausbildung der Elite zu erklären. Das braucht er schon nicht hervorzuheben auf Grund dessen, was er kurz danach in rein historisch-materialistischem Stil schreibt: „Aber auch in einer Welt der sozialen Gleichheit, die allen die gleichen Möglichkeiten zur Entfaltung ihrer intellektuellen Fähigkeiten bieten soll, werden die Menschen in einer heute noch unvorstellbaren Art und Weise mit Unterschieden behaftet sein. In einer freien und geistig hoch entwickelten Gesellschaft werden die Menschen wahrhaftig nicht alle gleich sein." Und schließlich bin ich aus den gleichen Gründen mit dem Grundgedanken der Havemannschen Analyse über die „neuen Formen der Tarnung der Wirklichkeit (der gesellschaftlichen Verhältnisse) in dieser neuen Epoche der gesellschaftlichen Umgestaltung" (Seiten 143, 153) einverstanden, d. h. mit dem Grundgedanken seiner Kritik an den neuen Widersprüchen (der stolzen sozialistischen Gesellschaft), die in den neuen zu lösenden entsprechenden Problemen liegen (das ist nicht nur das Problem einer sozialistischen Gesetzlichkeit, das seit einiger Zeit auch denjenigen betrifft, der schreibt, sondern das ist auch gleichzeitig das Problem der Wirtschaft, das Problem des Handels in einem sozialistischen Produktionssystem usw.). In der Hoffnung, jedes mögliche Mißverständnis ausgeschaltet zu haben, sende ich dem Genossen Havemann brüderliche Grüße.
Galvano della Volpe

35-37

Vizepräsident Steenbeck moniert die Statutenwidrigkeit des Hausverbotes

Für Max Steenbeck, der erst kurz zuvor als Nachfolger Thiessens zum Vorsitzenden des Forschungsrates berufen worden war, kam die Auseinandersetzung mit Havemann äußerst ungelegen. Im Forschungsrat, der die Entscheidungen für Forschungsstrategien entscheidend zu beeinflussen hatte, bündelte sich die Fachkompetenz von Naturwissenschaftlern der DDR, die zum überwiegenden Teil zwar bereit waren, der DDR politische Loyalität entgegenzubringen, allerdings erwarteten sie im Gegenzug, daß man einerseits ihre Kompetenz akzeptierte und respektierte und andererseits diese Loyalität nicht ständig durch wissenschaftsferne politische Zwänge auf die Probe stellte. Ihm war klar, daß mit der Abberufung und dem regelwidrigen Hausverbot gegen Havemann gleich zwei Regeln im gegenseitigen Umgang aufs äußerste strapaziert worden waren: Die Gültigkeit und Belastbarkeit der Einzelverträge und die Autonomie und Politikferne der internen Selbstverwaltung der Akademie der Wissenschaften. Wenn er seine Stellung gegenüber den Kollegen nicht einbüßen wollte, mußte er diese Einwände vorbringen. Zugleich wußte er auch, daß er dies nur tun konnte, indem er sich auf objektivierbare Zwänge beriefe, d. h. zumindest vorgab, persönlich zwar mit den eingeleiteten Repressalien einverstanden zu sein, ex officio aber diese Einwände geltend machen muß.

Dok. 35 Werner Hartke, Aktennotiz, 5. 1. 1966
SAPMO-BArch, SED, ZPA, IV A 2/9.04/106

Am 5. 1. 66 teilte AkM Steenbeck mir mit, daß er mit dem *totalen* Hausverbot für AkM Havemann nicht einverstanden sei.
Ich erläuterte ihm die Gründe für das vom Generalsekretär als staatlichem Leiter und verantwortlichem Sicherheitsbeauftragten erlassene Verbot auch für die wissenschaftlichen Sitzungen der Klassen und des Plenums:
1) Erwiesene Unbelehrbarkeit und Disziplinlosigkeit des AkM Havemann, der sich nicht an den ihm als KAkM durch das Statut gegebenen Rahmen hielt, sondern in geschäftliche Dinge eingegriffen hat, und der Wunsch der Akademie, dadurch nicht die Gremien der ordentlichen AkM in eine verzwickte Lage bringen zu lassen, bevor eine Entscheidung gefallen ist.
2) Erpressungsversuche H's gegenüber Präsident und neuerdings Vizepräsident Klare sowie erklärte Absicht H's, eine Diskussion seiner Abberufung als staatlicher Leiter in der Öffentlichkeit zu erzwingen.
3) Wunsch des Präsidenten und der staatlichen Stellen, dem AkM Havemann keine Gelegenheit zu geben, die gegen ihn als staatlichen Leiter getroffenen Entscheidungen irgendwo offiziell zur Diskussion zu bringen.
4) Absicht des Präsidenten, die Frage der Mitgliedschaft Havemanns zur Debatte zu stellen.

Vizepräsident Steenbeck warf ein:
1) Der Ausschluß eines KAkM von dem wissenschaftlichen Teil der Sitzungen ist „rechtswidrig" (Statut § 6 Ziffer 2).
2) Die KAkM in Westdeutschland und im Ausland legen Wert auf Teilnahme an diesem Teil der Veranstaltungen; der gesamtdeutsche Anspruch der DAW hängt davon ab. Dieses „Recht" sei aufgehoben durch das totale Hausverbot; als Grund tritt für alle auswärtigen KAkM der Spiegelartikel ein, der nach Meinung von Steenbeck für diese KAkM (z. B. Dirac, Heisenberg) *nicht* so gravierende Elemente enthält, daß ein verbrieftes Recht der KAkM dadurch beseitigt werde.
3) Eine ähnliche Meuterei erwarte er auch bei einigen Klassenmitgliedern.
4) Der Ausschluß republikflüchtiger AkM von der Teilnahme an dem wissenschaftlichen Teil der Sitzungen durch die staatlicherseits verfügte Einreisesperre sei nicht vergleichbar, weil dem AkM Havemann staatlicherseits kein Bewegungsverbot auferlegt sei.
5) Nach Steenbecks Meinung würden auch die auswärtigen Mitglieder die sich gegen den DDR-Bürger Havemann richtende Maßnahme der Abberufung als Leiter der Arbeitsstelle als Ahndung der Verletzung der Treuepflicht durchaus einsehen.
6) Vizepräsident Steenbeck betonte seine Bereitschaft, persönlich und verantwortlich klare Stellung gegen die Disziplinlosigkeiten Havemanns zu beziehen; er werde seine ganze Autorität gegen Havemann einsetzen, um Ordnung in den Beziehungen und den persönlichen Pflichten herzustellen, ggf. auch darüber in der Presse einen

Artikel schreiben. Für die Akademie sei Havemanns Disziplinlosigkeit und Verantwortungslosigkeit zu betonen.

7) Nach Steenbecks Meinung sei ein „Hausverbot" für den gesamten Bereich der Forschungsgemeinschaft sowie die gesamte Verwaltung am Platze gewesen, nicht jedoch für den wissenschaftlichen Teil der Sitzungen. Man hätte wohl eine „Empfehlung" aussprechen können, daß AkM Havemann die Sitzungen nicht besuche, und jedenfalls eine ernste Erinnerung geben müssen, daß KAkM Havemann unter keinen Umständen andere als zum wissenschaftlichem Teil gehörende Fragen aufwerfen dürfe.

Auf den entschiedenen Hinweis des Präsidenten, daß jeder Appell an Loyalität, Ehrauffassung und dgl. wegen des Subjektivismus von AkM Havemann erwiesenermaßen zwecklos und auch nicht gewährleistet sei, daß der Sekretär der Klasse bzw. die Mitglieder bei allem guten Willen disziplinlose Aktionen Havemanns radikal unterbinden, gab AkM Steenbeck zu, daß man die Leiter der Sitzungen der Klasse und des Plenums hätte verantwortlich machen müssen, daß KAkM Havemann sich nicht statutenwidrig in andere als rein wissenschaftliche Angelegenheiten einmischt; ggf. wäre dann die Sitzung sofort zu unterbrechen.

Und jedenfalls hätte ein solcher Verstoß Havemanns zu einem totalen Hausverbot berechtigt. Nach Meinung Steenbecks biete das jetzige generelle Hausverbot allen Anlaß zur Propaganda gegen die DAW oder zur Blamage des Generalsekretärs, wenn KAkM Havemann auf sein statutarisches Recht pochend das Verbot zu mißachten versuche und am Akademietag erscheine. Vizepräsident Steenbeck gab nicht nach und wird einen Brief an den Präsidenten richten; er schlägt vor, durch das G[eschäftsführende] P[räsidium] feststellen zu lassen, daß

1) wegen der erwiesenen Disziplinlosigkeit des AkM Havemann die Maßnahmen des G[eneral]S[ekretärs] im vollem Umfang als berechtigt erscheinen konnten, jedoch
2) dem Rechtsstandpunkt insoweit Rechnung getragen werden könne und solle, daß der Besuch des wissenschaftlichen Teils der Sitzungen, und nur dieser, mit den betr. Auflagen an AkM Havemann und die Leiter der Sitzungen, prinzipiell ermöglicht, aber mit der Empfehlung verbunden werde, dieses Recht nicht wahrzunehmen. Diese Angelegenheit könne in Zusammenhang mit der Behandlung des Einspruchs Havemanns gegen seine Abberufung verhandelt werden.

Vizepräsident Steenbeck stimmte zu, daß man die Frage, ob AkM Havemann Mitglied bleiben könne, nunmehr ernsthaft prüfen müsse.
Präsident

Dok. 36 Max Steenbeck an Kurt Hager, 6. 1. 1966
AAW, Leitung, Personalia, 163, Bl. 401

Sehr geehrter Herr Prof. Hager!
Haben Sie besten Dank für Ihre guten Wünsche zum neuen Jahr, die ich herzlich erwidere.
In der Anlage schicke ich Ihnen den Durchschlag eines Schreibens an Herrn Hartke,[1] weil ich in großer Sorge bin, daß die im neuen Fall Havemann getroffenen administrativen Maßnahmen den Fall nur formal erledigen und damit eine sehr große Gefahr für die Deutsche Akademie der Wissenschaften in ihrem Anspruch, Gesamtdeutschland zu vertreten, beinhalten. Ich lege allergrößten Wert auf eine inhaltlich klare Distanzierung und bin keineswegs in der Sache zu Kompromissen bereit. Es sollte aber ein Weg beschritten werden, der diese Stellungnahme auch dem Inhalt nach unzweideutig aufzeigt; ich möchte bei einer solchen Stellungnahme selbst sehr gerne mitarbeiten.
Wenn es Ihnen zur Begründung meiner Auffassung oder zur weiteren Klärung – die natürlich auch eine Aufklärung von mir sein könnte – dienlich erscheint, wäre ich an einer persönlichen Unterredung natürlich interessiert.
Mit den besten Grüßen
Ihr M. Steenbeck

Dok. 37 Max Steenbeck an Werner Hartke, 6. 1. 1966
AAW, Leitung, Personalia, 163, Bl. 398–400

Sehr geehrter Herr Präsident!
Wie ich Ihnen bereits in unserer gestrigen Unterredung mitteilte, bin ich mit der Reaktion unserer Akademie auf den neuen Fall Havemann keineswegs einverstanden. Erforderlich ist hier in erster Linie eine klare, eindeutig und unmißverständlich begründete Distanzierung. Vorerst sind aber nur administrative Maßnahmen erfolgt und zwar zum Teil in solcher Form, daß sie den durch Herrn Havemann angerichteten Schaden sogar noch verschlimmern können.
Eine offene, von tiefem Ernst getragene und vom Inhalt her gewichtige Erklärung, die von der Verantwortung des Wissenschaftlers in unserer Zeit ausgeht, und die den Verstoß gegen dieses Gebot durch Herrn Havemann nachdrücklich kennzeichnet – das wäre eine wahrhaft akademiewürdige und notwendige Reaktion; sie müßte von den Unterzeichnern mit dem ganzen Gewicht ihrer Namen und ihrer Stellung in unserer Gesellschaft vertreten werden und könnte so einen wirksamen Beitrag zu einer notwendigen Klärung unserer Situation überhaupt bedeuten.
Obwohl unbedingt notwendig, sind demgegenüber administrative Schritte, auf die sich die Maßnahmen der Akademie bisher beschränken, zweitrangig; sie können sogar ge-

---

[1] Siehe das folgende Dokument.

rade ein Ausweichen vor dieser notwendigen Klärung bedeuten. Ohne sachliche Begründung können sie darüber hinaus leicht mißdeutet und dadurch in ihren Folgen überaus gefährlich werden.
Die Entfernung von Herrn Havemann aus der Forschungsgemeinschaft war – vor allem auch in Anbetracht des Vorangegangenen – notwendig und ist auch formal durchaus rechtens erfolgt. Das trifft aber nach meiner Meinung nicht in allen Punkten bei dem von dem Herrn Generalsekretär ohne hinreichende Begründung ausgesprochenen generellen Hausverbot zu, durch das Herrn Havemann auch seine Rechte als korrespondierendes Mitglied der Akademie in einem reinen Verwaltungsakt praktisch abgesprochen werden; hier wäre es angebracht gewesen, Herrn Havemann nur nahezulegen, bis zur endgültigen Regelung seines Falles von diesen Rechten keinen Gebrauch zu machen. Unsere Akademie erhebt aus – auch politisch – guten Gründen den Anspruch, eine gesamtdeutsche Akademie zu sein, und es gibt hier für die Berufung und auch für das Ausscheiden der Mitglieder einen klar festgelegten Modus. Bei sehr vielen und nicht nur bei westdeutschen Mitgliedern unserer Akademie wird es das größte Befremden hervorrufen und als weitgehende Abwertung der Akademiemitgliedschaft überhaupt erscheinen, wenn auf administrativem Weg diese Mitgliedschaft ohne ausführliche Begründung praktisch aberkannt oder doch zumindest suspendiert werden kann.
Da Herr Havemann nur korrespondierendes Mitglied ist, bezieht sich dieses Verbot sowieso nur auf seine Teilnahme an wissenschaftlichen Veranstaltungen, auf denen der Leiter (der Klasse bzw. des Plenums) ohnehin jede Möglichkeit hat, andere als wissenschaftliche Diskussionen zu unterbinden, falls solche von Herrn Havemann versucht werden sollten. Ohne Durchführung eines ordnungsgemäßen Ausschlußverfahrens besteht auch kaum eine praktische Möglichkeit, Herrn Havemann an dem Besuch solcher Veranstaltungen zu hindern, es sei denn, man führt diese Veranstaltungen überhaupt nicht durch, wenn er erschienen wäre, oder man hinderte ihn mit Gewalt am Betreten des Hauses, womöglich im Blickfeld westlicher Photoreporter. In beiden Fällen wären die Folgen für die Arbeit und Aufgaben der Akademie so negativ wie nur denkbar – bzw. wie für unsere Gegner nur wünschbar.
Ich bitte Sie daher, im Geschäftsführenden Präsidium diese Ansicht vorzulegen und eine entsprechende Korrektur des Erlasses des Herrn Generalsekretärs zu beschließen, wobei daraus aber keinesfalls in irgend einer Weise auch nur entfernt eine Art Billigung des Verhaltens von Herrn Havemann entnommen werden kann. Ich bitte weiter eine Erklärung über die Verantwortung eines Wissenschaftlers, der jedes Mitglied unserer Akademie genügen muß, in Angriff zu nehmen. Das Vorliegen einer solchen Erklärung, die vielleicht zweckmäßig sogar vom Plenum angenommen werden sollte, wäre wohl auch Voraussetzung für die Einleitung eines Ausschlußverfahrens, das auch den Anschein eines Vorgehens ad hoc vermeiden müßte. Dieser Weg ist zwar mühsam, aber er ist auf die Dauer wirksamer und sicherer, weil er allen Mitgliedern unserer Akademie das Bewußtsein für ihre Verantwortung schärfen wird.
Mit ausgezeichneter Hochachtung
Prof. Dr. M. Steenbeck

38

Die Weichen waren gestellt. Nun mußten die Klassensekretare auf das weitere Vorgehen eingestimmt und vorbereitet werden. Akademiepräsident Werner Hartke lud sie zu Einzelgesprächen. An den für Havemann zuständigen Sekretar der Klasse für Chemie, Geologie und Biologie, Professor Edgar Lehmann, hatte Hartke schon in seinem Neujahrsgruß am 4. Januar in bezug auf den „routinemäßig wiederkehrenden Tagesordnungspunkt Havemann [...], bei dem Herr Klare rasch und entschlossen reagierte", geschrieben, sich mit ihm noch „vor dem nächsten Akademietag in Ruhe darüber unterhalten" zu wollen. Als es drei Tage später zu diesem Gespräch kam, erklärte sich Lehmann jedoch weder einverstanden mit dem Hausverbot, noch war er für den Ausschluß Havemanns aus der Akademie zu gewinnen. Dem persönlichen Referenten des Präsidenten der DAW, Werner Richter, hielt er am 11. Januar entgegen, daß er Herrn Havemann das Recht, in den Geschäftssitzungen der Klasse angehört zu werden, nicht verweigern könne.

Auch die Professoren Gustav Hertz, Sekretar der Klasse für Mathematik, Physik und Technik, und Helmut Kraatz, Sekretar der Klasse für Medizin, brachten am 12. Januar Einwände vor und wollten „die Akademie aus der ganzen Sache" lieber heraushalten. Beide hielten die Abberufung ohne Disziplinarverfahren für „frappierend". Hertz fragte den Akademiepräsidenten sogar, „worin der durch Havemann angerichtete Schaden bestehe; ob eine freie Meinungsäußerung bei uns möglich sei, wenn die Meinung mit der Regierung nicht übereinstimme."

Akademiemitglied Professor Thilo, dessen kritische Haltung bekannt war, wurde von Präsident Hartke ebenfalls am 12. Januar zu einem Gespräch geladen. Thilo bezeichnete das Vorgehen als „schädlich" für das Ansehen der Akademie im In- und Ausland. „Immerhin würden Havemanns Thesen in allen kommunistischen ‚Nationen' in großer Breite diskutiert. Thilo werde im Kollegium der Forschungsgemeinschaft Informationen fordern."

Nach diesen ersten Meinungsumfragen war klar, in welche Richtung das gleichschaltende Räderwerk in der Akademie gedreht werden mußte.

Dok. 38 Gespräch Werner Hartkes mit Edgar Lehmann, 7. 1. 1966
AAW, Leitung, Personalia, 163, Bl. 385

Aktennotiz vom 12. 1. 1966
Sekretar *Lehmann* erscheint am 7. 1. 66 auf Einladung beim Präsidenten, um eine Information über die Angelegenheit *Havemann* anzuhören.

Meinung von *Lehmann*:
1) Havemann vergißt unfair und rücksichtslos die Akademie. Gerade Havemann müsse die Schwierigkeiten ermessen, die er der DAW bereite, denn er kenne das ZK.

2) Das totale Hausverbot werde wahrscheinlich so verstanden werden, daß man Havemann mundtot machen wolle; es sei eine sehr bequeme Sache für die Sekretare, wenn sie sich darauf stützen wollten.
3) Man muß alles tun, um einen Ausschluß Havemanns zu vermeiden. Ausschluß werde gewissen Leuten Wasser auf die Mühlen geben. Lehmann zitierte eine Postkarte von Mothes, die Thilo 1964 bei den Verhandlungen in der Klasse über die Umwandlung der Mitgliedschaft Havemanns verlesen hatte: „Tun Sie (Thilo) alles, um den Makel von der Akademie abzuwenden, den ihr seinerzeit der Ausschluß von Bloch zugefügt hat."
4) Wenn Havemann uns vorher über den Spiegel-Artikel konsultiert hätte, bitte! Wenn er jetzt in die Klasse käme und redete jetzt darüber, wie es ihm ergehe, dann handelte er nicht als Vollakademiker. Die Akademie sei eine echte Gemeinschaft mit Charakter.
5) Lehmann wird sich, im Falle Havemann in der Klasse erscheint, auf den Standpunkt des Statuts stellen, daß jedes Mitglied das Recht hat, am wissenschaftlichen Teil der Veranstaltung teilzunehmen. Er wird Havemann auf die Folgen seines Verhaltens hinweisen, insbesondere wenn er im Widerspruch zu seinen Rechten andere Themen als die wissenschaftlichen aufwirft.

39

Dok. 39 Robert Havemann an Edgar Lehmann, 10. 1. 1966
RHG, Archiv, NL Havemann

Sehr geehrter Herr Sekretar!
Ich befinde mich in der Lage, Ihnen mitteilen zu müssen, daß ich vom Vorsitzenden der Forschungsgemeinschaft, Hrn. Klare, mit Wirkung vom 23. 12. 65 als Leiter der Arbeitsstelle für Photochemie fristlos abberufen wurde. Hierfür wurde mir bisher nur eine mündliche Begründung gegeben. In dieser Begründung wird gesagt, ich hätte mich in einem von mir im „Spiegel" veröffentlichten Artikel *für* die Aufrechterhaltung des Verbots der KPD erklärt und die DDR herabsetzend kritisiert.
Inzwischen wurde mir von dem Hrn. Generalsekretär außerdem Hausverbot für alle Gebäude und Grundstücke der Akademie erteilt.
Gegen beide Maßnahmen habe ich schriftlich Einspruch erhoben.
Damit Sie sich, sehr geehrter Hr. Lehmann, selbständig ein Urteil darüber bilden können, ob die gegen mich erhobenen Beschuldigungen den Tatsachen entsprechen, sende ich Ihnen beiliegend eine Abschrift des beanstandeten Artikels. Zugleich wende ich mich an Sie mit der Bitte, es mir zu ermöglichen, mich persönlich vor den Mitgliedern der Klasse zu rechtfertigen. Ich glaube, dies ist ein Recht, das mir die Akademie nicht verweigern kann.
Mit vorzüglicher Hochachtung
Robert Havemann

Akademiemitglied ohne Rechte. 5. Januar 1966 bis 30. Januar 1966

40

Dok. 40 Werner Richter, Aktennotiz über ein Gespräch mit dem Sekretar der Klasse für Chemie, Geologie und Biologie, Edgar Theodor Lehmann, 11. 1. 1966
AAW, Leitung, Personalia, 163, Bl. 390

Auftragsgemäß teilte ich Herrn Prof. Dr. Lehmann mit, daß Prof. Havemann beim Generalsekretär gegen das Hausverbot protestiert habe und in diesem Brief die Forderung erhoben habe, sich vor der Klasse und dem Plenum zu rehabilitieren. Ich verlas den entsprechenden Satz aus dem Schreiben von Prof. Havemann. Ich sagte, der gesamte Wortlaut liege im Klassenbüro für ihn bereit und der Herr Präsident hätte gern in dieser Angelegenheit einen Kontakt mit ihm aufgenommen.
Ehe ich noch ausdrücklich darauf hinweisen konnte, daß damit Prof. Havemann ein Verhalten zeige, wie es nach der Einschätzung der Akademieleitung von ihm erwartet wurde und wodurch auch die Berechtigung des Hausverbotes nur unterstrichen werde, unterbrach mich Prof. Lehmann. Er sagte, daß er das generelle Hausverbot für bedenklich erachte. Er glaube, daß dadurch Leute, die sonst sich ruhig verhalten würden, wahrscheinlich in starke Bewegung geraten. Er könne Herrn Havemann, sofern er erscheine, nicht das Recht, angehört zu werden, verweigern. Bisher habe er ihn immer zu den Geschäftssitzungen der Klasse eingeladen. Sollte Herr Havemann jedoch seine bekannte politische Aggressivität zeigen, so würde er ihn auffordern, abzubrechen. Als ich ihn nunmehr darauf aufmerksam machte, daß durch die schriftliche Erklärung Havemanns gegenüber dem Generalsekretär Prof. Havemann sich auch in dieser Form ausdrücklich ins Unrecht gesetzt habe, begann er m. E. die Bedeutung dieses Schrittes stärker zu würdigen und sagte, es würde ihm seinerseits auch an einem Kontakt mit dem Herrn Präsidenten gelegen sein. Er sei am Mittwoch, ab 16.00 Uhr, in Berlin zu erwarten und werde im Sekretariat Nachfrage halten, wann dieser Kontakt erfolgen kann.
Dr. Werner Richter

41

Dok. 41 Robert Havemann an Gustav Hertz, [Abschrift], 11. 1. 1966
AAW, Leitung, Personalia, 163, Bl. 391
RHG, Archiv, NL Havemann [Durchschlag des Originals]

Sehr geehrter Hr. Hertz!

Damit Sie sich ein selbständiges Urteil über die Anschuldigungen bilden können, die in der Presse gegen mich erhoben wurden und die die Leitung der Akademie zu meiner fristlosen Abberufung als Leiter der Arbeitsstelle für Photochemie veranlaßt haben, sende ich Ihnen beiliegend eine Abschrift des beanstandeten Artikels.

Hr. Klare hat zur Begründung meiner Abberufung behauptet, ich habe die Aufrechterhaltung des Verbots der KPD in der Bundesrepublik gefordert und das Ansehen der DDR herabgesetzt. Ein schriftlicher Text der Begründung wurde mir bis heute nicht ausgehändigt.

Ich bitte Sie, dafür einzutreten, daß ich das Recht habe, mich vor dem Plenum der Akademie zu rechtfertigen.

Hochachtungsvoll
Ihr sehr ergebener
Robert Havemann

42

Dok. 42 Werner Hartke, Aktennotiz, 12. 1. 1966
AAW, Leitung, Personalia, 163, Bl. 386 f.

Am 12. 1. 66 erschienen auf Einladung des Präsidenten die Sekretare *Kraatz* und *Hertz*, um eine Information über *Havemann* entgegenzunehmen.

Meinungen beider AkM:
1) Das Verhalten *Havemanns* ist scharf zu kritisieren und unmöglich.
2) Es wäre aber wünschenswert, die Akademie aus der ganze Sache herauszuhalten. Es muß andere Mittel geben, um das Erforderliche zu veranlassen.
3) Die Abberufung ohne Disziplinarverfahren wirkt frappierend.
4) Insbesondere *Hertz* fragte, worin der durch *Havemann* angerichtete Schaden bestehe; ob eine freie Meinungsäußerung bei uns möglich sei, wenn die Meinung mit der der Regierung nicht übereinstimme. Der größte Schaden, der durch Havemann angerichtet werden könnte, wäre sein Ausschluß aus der DAW.
5) Es wäre besser, wenn das Hausverbot und andere Maßnahmen kollektiv zustande gekommen wären.
6) Ein charakteristischer bzw. psychischer Defekt liege partiell bei sonst hervorragenden Fähigkeiten wohl vor, sei aber nur schwer zu definieren.
7) Beide AkM neigen zu einem Verfahren, das durch Freunde auf Havemann einwirkt, das seine Fähigkeiten in ein positives Bett durch Arbeitsauflagen und vorausschauende Sorge lenkt, unter Würdigung seiner fachlichen Verdienste, jede Festlegung der Akademie auf die Politik Havemanns strikt ablehnend.
8) *Hertz* vergleicht Havemann mit Barwich; beide Anarchisten. Es geht Barwich in Westdeutschland schlecht. Auch Havemann nach Westdeutschland abschieben; das wäre das beste. Es werde ihm bald genau so schlecht wie Barwich gehen.
9) Beide AkM betonen, daß man bei der Zuwahl Havemanns den Fehler gemacht habe, nur fachliche und politische Haltung zu berücksichtigen. Der Charakter sei für ein AkM ebenso wichtig. *Hertz* betonte, daß er deswegen strikt gegen eine Zuwahl Bar-

wichs opponiert habe; geschehene Wahlen seien allerdings schwer rückgängig zu machen.
10) Beide AkM: Havemann sucht den Ausschluß zu provozieren; will Märtyrer sein, wie Einstein, Bloch ...

43

Dok. 43 Werner Hartke, Aktennotiz, 12. 1. 1966
AAW, Leitung, Personalia, 163, Bl. 388-389

AkM *Thilo* erscheint am 12. 1. 66 auf Einladung des Präsidenten. Präsident informiert über die Entwicklung des Verhaltens von AkM *Havemann* bis zu den Maßnahmen der Abberufung und des Hausverbotes. Präsident erklärt, daß Fragen des Verhaltens von Havemann, nicht der Inhalt seiner Thesen, im Vordergrund stehen, obwohl viele Thesen scharf zu verurteilen seien und Verhalten und Thesen nicht prinzipiell voneinander getrennt werden könnten.

Meinungen von Thilo:
1) Höchst bedenklich und schädlich für die Akademie und ihr Ansehen im In- und Ausland ist es, daß sie sich in die ganze Sache überhaupt hineinziehen läßt. Die Akademie sollte dem Staat überlassen, AkM Havemann gegenüber pflichtgemäß zu handeln. Es ist immer bedenklich, wenn die Akademie strafend auftritt.
2) Die Sache ist um so bedenklicher, als bei weitem nicht genügend Informationen über alle Vorgänge gegeben worden sind und das meiste völlig unverständlich ist, bzw. sogar der Inhalt der Thesen Havemanns in den Vordergrund geschoben wird. Das gilt besonders für das gesamte Ausland. Immerhin würden Havemanns Thesen in allen kommunistischen „Nationen" in großer Breite diskutiert. Thilo werde im Kollegium der Forschungsgemeinschaft Informationen fordern.
3) Es besteht u.a. sehr große Unruhe darüber, daß es möglich ist, ohne Disziplinarverfahren eine Abberufung vorzunehmen und damit einen E[inzel]V[ertrag] aufzuheben; indem dabei wieder der Inhalt in den Vordergrund rückt, fragten sehr viele jetzt, wieso auf ein falsches Wort ihr EV aufgehoben werden konnte. Ein Disziplinarverfahren wäre besser gewesen (Widerspruch zu 1).
4) Es ist ein Fehler, der Angelegenheit Havemann eine so große Beachtung zu schenken und sie dadurch aufzubauschen. Havemann sei „halbirr", sei gar nicht auf Rücksicht auf seine Umgebung eingestellt und schädige damit die Menschen seiner Umgebung. Er langweile bereits mit seinen ewigen Wiederholungen desselben Themas. Damit mache er keinen Eindruck mehr. Man sollte ihn aber unbeachtet reden lassen, das sei die wirksamste Bekämpfung.
5) Das totale Hausverbot sei unter diesen Gesichtspunkten falsch: Der Sekretar müßte beauftragt werden, jeden Verstoß Havemanns gegen das Statut, indem er seine politischen Fragen in Klasse (bzw. Plenum) aufwirft, zu verhindern.

Verstöße Havemanns gegen das Statut müßten eigentlich zum Ausschluß führen. Thilo fragte u. a., ob Vizepräsident Klare von sich aus die Abberufung vorgenommen habe. – Auf einen Hinweis, daß die Institute der FG Institute der DDR seien, deren Leiter anders als die Mitglieder von Klassen und Plenum zur Loyalität gegenüber der Regierung verpflichtet seien, erklärte *Thilo*, dieser in der Tat im Statut von 1963 festgelegte Zustand sei vielfach nicht erkannt.

44

Dok. 44 Robert Havemann an Hermann Klare, 12. 1. 1966
RHG, Archiv, NL Havemann [Durchschlag]

Sehr geehrter Hr. Klare!
Seit dem mit Ihnen am 28. 12. 65 geführten Gespräch warte ich darauf, daß Sie mir die schriftliche Begründung für meine fristlose Abberufung, die Sie mir vorlasen, zustellen, wie Sie es versprachen. Ich sagte Ihnen schon, daß es schwer ist, sich gegen Vorwürfe zu verteidigen und zu rechtfertigen, die man nur einmal gehört hat. Wie Sie mir sagten, soll ich hierzu Anfang Januar vor das geschäftsführende Präsidium der Akademie geladen werden, dem Sie meinen Einspruch zugeleitet haben. Jetzt ist es schon fast Mitte Januar.
Ich sagte Ihnen am 28. 12. 65, daß ich mir nicht vorstellen kann, daß Sie bei genauer Kenntnis meines von der Akademie beanstandeten Artikels Ihre Unterschrift unter die Begründung setzen werden, die Sie mir vorgelesen haben. Damit ich ganz sicher sein kann, daß Sie diesen Artikel wirklich kennen, sende ich Ihnen beiliegend eine Abschrift. Ich glaube Sie werden meine Empfindungen besser verstehen, wenn Sie diesen Artikel gelesen haben.
Mit dem Ausdruck der vorzüglichsten Hochachtung Ihr sehr ergebener
(Robert Havemann)

45

Dok. 45 Werner Hartke an Edgar Lehmann, 13. 1. 1966
AAW, Leitung, Personalia, 163, Bl. 368

Sehr geehrter Herr Kollege!
Ich möchte Ihnen mitteilen, daß der Generalsekretär der Akademie dem Korrespondierenden Mitglied Hrn. Havemann am 29. 12. 1965 ein generelles Hausverbot erteilt hat. Hr. Havemann hat durch sein Verhalten, insbesondere die mündlich wie schriftlich angekündigte Absicht, Klasse und Plenum zum Forum für seine persönlichen, der Deutschen Demokratischen Republik schädlichen Ansichten zu machen, ernstlich die Frage seiner Mitglied[schaft] aufgeworfen. Ich bitte Sie, der Klasse darüber Mitteilung zu machen.
Mit kollegialem Gruß
Prof. Dr. Werner Hartke

46-47

Sitzung des Geschäftsführenden Präsidiums, 13. 1. 1966
Auf Parteigruppensitzungen des Präsidiums und des Plenums „wurde ohne Einschränkung" vertreten, „daß die Akademie jetzt schnell und umfassend mit Havemann brechen müsse". Schließlich könne es sich die Akademie „gegenüber unserer Regierung [...] nicht leisten, auch nur andeutungsweise das Verhalten Havemanns [...] zu billigen".
Mit dieser, „von allen Genossen" getragenen „Grundorientierung für die Realisierung der Angelegenheit Havemann" wurden am 13. 1. 1966 im Geschäftsführenden Präsidium der DAW der Einspruch Havemanns gegen seine fristlose Entlassung abgelehnt und Festlegungen für den vorgesehenen Ausschluß als Korrespondierendes Mitglied behandelt. Im Beschlußprotokoll wird festgehalten, daß „Havemann keine schriftliche Ausfertigung der mündlich bekanntgegebenen Begründung" erhalten soll. Außerdem hoffte man, mit einer Grundsatzerklärung „über Verhaltensnormen, die sich aus der Akademiemitgliedschaft ergeben", „auch allen zukünftigen Fällen wehren" zu können.
Ein Akademieausschluß mußte laut Statut im Plenum behandelt und vier Wochen vorher bekanntgegeben werden. Weil es eine „weitaus größere Wirkung als ein Ausschlußantrag durch das Präsidium" versprach, wurde der Klasse für Chemie, Geologie und Biologie „im Interesse des [...] Vertrauensverhältnisses zur Regierung" zugedacht, den Ausschlußantrag zu stellen.

Dok. 46 Sitzung des Geschäftsführenden Präsidiums, 13. 1. 1966
AAW, Leitung, Personalia, 163, Bl. 374-384

Vertraulich
Notiz aus der Sitzung des Geschäftsführenden Präsidiums am 13. 1. 1966 über die Angelegenheit Havemann

Hr. Hartke berichtet: am 23. 12. 65 erfolgte die Abberufung von Hrn. Havemann als Leiter der Arbeitsstelle für Photochemie der Forschungsgemeinschaft der DAW durch Hrn. Klare. Diese Maßnahme ist gesetzlich einwandfrei. Eine Bekanntgabe der Begründung ist in der entsprechenden Verordnung vorgesehen. Die Verordnung schreibt jedoch nicht vor, wie diese Bekanntgabe zu erfolgen hat.[1] Schlußfolgerung: die Angelegen-

---

[1] Es war zwar möglich, die Begründung der Abberufung mündlich durchzuführen und es bestand auch keine gesetzliche Verpflichtung, diese Abberufung schriftlich auszuhändigen, allerdings bestand die gesetzliche Verpflichtung, dem Abberufenen eine Beurteilung auszufertigen, die „dem Werktätigen zur Kenntnis zu geben und auf Verlangen auszuhändigen" ist (Gesetzbuch der Arbeit, § 38,1-2).

heit soll so behandelt werden, wie die Interessen der DAW es verlangen. Havemann habe gegen diese Abberufung Einspruch erhoben und die Forderung gestellt, diese Angelegenheit vorher im Vorstand der Forschungsgemeinschaft zu behandeln. Der Vorstand der Forschungsgemeinschaft kommt als beratendes Organ des Vorsitzenden für eine derartige Angelegenheit nicht in Frage. Hr. Hartke bittet Hrn. Klare um eine ausführliche Darstellung.
Hr. Klare informiert über das Gespräch, das am 28. 12. 65 stattgefunden hat. Hr. Havemann sei zur Entgegennahme der Begründung für die Abberufung geladen worden. In Anwesenheit von Dr. Wittbrodt und Dr. Woytt habe Hr. Klare ihm die Begründung mitteilen wollen. Hr. Havemann verlangte als erstes eine schriftliche Begründung, da sonst unterschiedliche Interpretationen möglich seien. Er sei durch Dr. Woytt belehrt worden, worauf nach der Rechtslage die Maßnahme der Abberufung fußt. Hr. Havemann hat auf die Aushändigung einer schriftlichen Begründung bestanden. Hr. Klare habe ihm daraufhin die Gründe mündlich erläutert, er habe Veröffentlichungen gegen die DDR in der Westpresse publiziert und sich disziplinlos verhalten. Hr. Havemann habe das bestritten; seine Handlungen entsprächen seiner Überzeugung, er sei in seinem Leben immer als Kämpfer aufgetreten. Hr. Klare habe ihm die Frage gestellt, weshalb er dann im „Spiegel" veröffentliche. Havemann habe erklärt, er benutze jede Möglichkeit und jedes Organ. Auch andere Persönlichkeiten der DDR hätten in westdeutschen Illustrierten publiziert (durch verschiedene Einwürfe wird festgestellt, daß H. offensichtlich das Interview von Walter Ulbricht mit dem „Spiegel" und dem „Stern" meine und daß man berücksichtigen müsse, daß sich gerade im Zusammenhang und nach diesen Interviews die Haltung dieser Organe sehr verschlechtert habe und infolgedessen unsere Einstellung zu ihnen konsequent ablehnend ist). Hr. Klare habe Hrn. Havemann dann darauf aufmerksam gemacht, daß jeder in jedem Staat der Welt entlassen werden würde, wenn er in einem feindlichen Organ veröffentliche. Hr. Havemann habe im Hinblick auf die Begründung bestritten, daß er gegen eine Verurteilung des KPD-Verbots aufgetreten sei. Hr. Klare machte darauf aufmerksam, daß nach der Lektüre des Havemannschen Artikels das tatsächlich nicht darin stehe und in der Begründung gestrichen werden müsse.
Hr. Rompe und *Hr. Hartke* verweisen auf die Forderung Havemanns, eine neue KPD zu gründen, ohne damit eine Neuauflage der alten KPD herbeizuführen.[2]
Hr. Klare fährt fort: Hr. Havemann habe ihm gedroht: „Sie, Herr Klare, werden schon sehen, was Sie von Ihrer Beteiligung in dieser Angelegenheit haben. Ich werde alles der Weltöffentlichkeit mitteilen und dann sind Sie derjenige, dessen Name darunter steht." Er habe dann wenigstens die Begründung angehört und habe sie, nachdem er nochmals gegen die Formulierung in Bezug auf die KPD Einspruch erhoben habe, in

---

[2] Dies trifft zwar, folgt man dem Worte des „Spiegel"-Artikels, zu, allerdings schließt Havemann eine KPD-Neugründung, die die Anerkennung der Gültigkeit des KPD-Verbots voraussetzt, unzweideutig aus: „Eine kommunistische Partei, die das Karlsruher Verbot der KPD anerkennt, ist keine kommunistische Partei! Hic Rhodus, hic salta!"

schriftlicher Form gefordert. *Hr.* Klare habe ihm zugesagt, das überprüfen zu lassen und seinen Einspruch weiterzuleiten.

Hr. Hartke erläutert anschließend die Rechtslage in der Angelegenheit des Einspruchs nach dem vorliegenden Rechtsgutachten des Juristen (Großgebauer).

Hr. Steenbeck weist darauf hin, daß Hr. Havemann den Anspruch erhebe, gehört zu werden.

Hr. Hartke bemerkt, daß er diese Forderung gegenüber der Klasse und dem Plenum erhebe, dazu besitze er kein Recht. Die Rechtsvorschriften sehen einen Anspruch ihn zu hören nicht vor.

Hr. Rompe weist auf folgendes hin: Wird ein Minister abberufen, so erlösche alles. Es handele sich um eine Berufungsfunktion. Havemann hatte ebenfalls eine solche.[3]

Hr. Steenbeck führt aus: Man müsse sich gegen jeden Vorwurf absichern, die Begründung werden wir Hrn. Havemann aushändigen müssen, sonst mache Havemann daraus, was er daraus machen will. Also kommt es darauf an, eine gut überlegte Begründung zu formulieren. Wenn Hr. Havemann sage, er habe die Begründung nicht bekommen, so wird das so empfunden, als hätten wir ein schlechtes Gewissen.

Hr. Rompe bemerkt, man dürfe hinter der juristischen die grundsätzliche Seite der Sache nicht vergessen. Im letzten „Spiegel" habe sich bereits gezeigt, daß in die Sache alles mögliche hineininterpretiert wird.

Hr. Hartke unterstützt den Hinweis von Hrn. Rompe. Die Erfahrungen zeigen, daß alles, was Havemann bekomme, zum Westen gehe. Es richtet sich immer gegen uns.

Hr. Rompe schlägt vor, den Vorschlag von Hrn. Steenbeck in seinem Brief an den Präsidenten aufzugreifen. Die Akademie sollte sich klar von Havemann distanzieren und eine solche Erklärung herausgeben.

Hr. Steenbeck hält es für einen guten Vorschlag, wenn die Akademie so reagieren würde. Den Einwand von Hrn. Rompe und Hrn. Hartke habe er nicht verstanden. Ein Mißbrauch sei bei mündlicher Erläuterung viel eher möglich. Er warne vor der Rückwirkung auf die Mitglieder. Man werde sich unwillkürlich fragen, „ich kann also abberufen werden ohne daß ich eine Formulierung dafür erhalte". Wir haben uns nicht zu scheuen.

Hr. Stern sieht keine größere Gefahr, wenn Havemann eine abgewogene Begründung übergeben wird. Er glaubt auch, daß evtl. zu befürchten sei, daß einige HH. aus falsch verstandenem Rechtsgefühl falsche Schlußfolgerungen ziehen. Wir sollten uns nicht in den Ruf hineinmanövrieren lassen, es liege ein Willkürakt vor.

Hr. Rompe schlägt vor, zunächst einen Brief herauszugeben, wie ihn Hr. Steenbeck vorschlägt, und sich von Havemann zu distanzieren und ihm dann die Begründung zuzustellen.

---

[3] Rompes Verweis auf die Gleichheit aller Berufungsverhältnisse ist unrichtig. Sonderregelungen, so in bezug auf den Wegfall der Anhörungspflicht der BGL bei einer Abberufung bezogen sich ausschließlich auf „Abberufungen, die durch die Volkskammer, den Staatsrat, den Ministerrat und die örtlichen Volksvertretungen erfolgen" (Gesetzbuch der Arbeit, § 37,3), also auf Funktionen, die im engeren Sinne Hoheitsfunktionen des Staates erfüllten. Dies war bei einem Arbeitsstellenleiter der Forschungsgemeinschaft der DAW zweifellos nicht der Fall.

Hr. Hartke weist darauf hin, daß Hr. Klare in keinem Falle die schriftliche Begründung geben dürfe, sonst würde es bedeuten, daß er einer Erpressung zum Opfer gefallen sei. Wenn überhaupt könne nur das Geschäftsführende Präsidium eine Begründung herausgeben, aber eine kürzere.
Hr. Steenbeck die distanzierende Grundsatzerklärung sowie die Begründung des Geschäftsführenden Präsidiums sollten im „Spektrum"[4] veröffentlicht werden, aber die Grundsatzerklärung vor der Begründung zu veröffentlichen, könnte heißen, daß sie nur für diesen Fall gemacht sei. Hr. Havemann solle also vom Präsidenten die Begründung erhalten. Der Einspruch von Hrn. Havemann ist insofern gut, als das Geschäftsführende Präsidium nun dazu Stellung nehmen kann, sonst wäre die Sache bei Hrn. Klare geblieben.
Die Grundsatzerklärung und die Begründung solle man zusammen veröffentlichen, aber die Reihenfolge beachten.
Hr. Stern betont, daß vor allem beachtet werden müsse, daß die Grundsatzerklärung auch allen zukünftigen Fällen wehren soll.
Hr. Steenbeck ja, ich habe eine maßlose Angst, daß es so erscheint, als hätten wir Gründe, etwas zu kaschieren.
Hr. Hartke schlägt vor, beide Aktionen parallel laufen zu lassen.
Hr. Steenbeck macht darauf aufmerksam, daß die Grundsatzerklärung so formuliert werden müsse, daß der gesamtdeutsche Anspruch der Akademie gewahrt wird, d. h. vom Bürger der Deutschen Demokratischen Republik mehr verlangt wird. Ein Riesenfehler wäre es, den Anspruch auf eine gesamtdeutsche Akademie aufzugeben.
Hr. Rompe betont, man müsse eine Gefahr vermeiden, daß die Begründung nicht mit der Grundsatzerklärung in allen Passagen genauestens in Einklang stehe. Deshalb solle man die Begründung nicht abgeben, ohne sie nicht auf alle Aspekte der Grundsatzerklärung abzustimmen.
Hr. Steenbeck legt Wert darauf, daß die Grundsatzerklärung sich nicht am Fall Havemann orientiere.
Dem wird zugestimmt.
Er führt weiter aus, in der Begründung für die Absetzung müsse auch betont werden, nach welchen Paragraphen und Verfahrensrichtlinien die Maßnahme erfolge. Das dürfe jedoch nicht der Schwerpunkt sein, Schwerpunkt sei die nichtjuristische Seite.
Hr. Stern fordert, man dürfe sich nicht auf die Ebene der Diskussion der Havemannschen Auffassungen, wie er das wolle, drängen lassen.
Hr. Steenbeck führt aus, einer der größten Fehler zur Zeit der Nazis sei gewesen, daß wir Leuten, die mit den Nazis zusammenarbeiteten, nicht die Mitarbeit aufgekündigt haben. Solchen Leuten gebe man nicht die Hand.
Herr Mond weist darauf hin, daß Berufungsvorgänge immer vom arbeitsrechtlichen Bereich völlig getrennt sind. Daher sei die Öffentlichkeit bei der Behandlung von Kon-

---

[4] Monatszeitschrift der DAW, die als Magazin über wissenschaftliche und institutionsinterne Ereignisse der Akademie und ihrer Forschungsinstitute berichtete. Wurde innerhalb der Akademie jeder Forschungsgruppe zugestellt. Erschien bis 1991.

flikten ausgeschlossen. In der Praxis habe man folgenden Weg gewählt: die Begründung für Entscheidungen seien verlesen und dem Betreffenden vorgelegt worden, der diesen Akt – ebenso wie der Dienstvorgesetzte – schriftlich bestätigen mußte.
Herr Ziert verliest den Text der diesbezüglichen Verordnung, der nicht die Verpflichtung, eine schriftliche Begründung zu übergeben, enthält.
Hr. Hartke erinnert an seine Ausgangsthese. Man müsse in dieser Angelegenheit nach dem Nutzen der DAW entscheiden. Er habe Bedenken, ob bei einer schriftlichen Begründung nicht ein Schuß von hinten uns treffen könne.
Hr. Steenbeck Sie muß von uns in vollem Wortlaut publiziert werden.
Hr. Hartke weist darauf hin, daß die Grundsatzerklärung den größeren Nutzen habe. Die Begründung für die Absetzung Havemanns trete an Bedeutung dahinter zurück, er wolle seine Bedenken allerdings nicht mehr so scharf ablehnend formulieren. Hr. Klare dürfe jedenfalls keine schriftliche Begründung herausgeben.
Hr. Steenbeck Das Geschäftsführende Präsidium sollte ausdrücklich das Vorgehen von Hrn. Klare billigen.
Hr. Hartke Das Geschäftsführende Präsidium solle feststellen, daß die von Hrn. Klare getroffenen Maßnahmen richtig gewesen waren und das Verfahren korrekt.
Hr. Rompe man müsse auch feststellen, daß Hr. Havemann versucht habe, Hrn. Klare zu erpressen.
Hr. Hartke das Geschäftsführende Präsidium müsse ausdrücklich feststellen, daß Hr. Klare keine schriftliche Begründung an Hrn. Havemann abgebe. Man solle ihm das mündlich erläutern und auf seinen Erpressungsversuch hinweisen. Er schlägt vor, das Geschäftsführende Präsidium solle eine grundsätzliche Erklärung abgeben und eine kurze schriftliche Begründung für die Abberufung formulieren.
Hr. Steenbeck bittet, die Reihenfolge umzukehren.
Hr. Klare stellt mit aller Betonung fest: die staatliche Leitung ist gezwungen, sich von Havemann zu trennen, weil er eine loyale Haltung zu der Institution, die ihn berufen hat und bezahlt, bewußt verletzt. So werde jede staatliche Leitung in der ganzen Welt verfahren. Wenn andere Mitarbeiter in der Akademie uns angreifen und deswegen zur Rede gestellt werden, so könnten sie sich, wenn hier keine Reaktion erfolgt, auf Hrn. Havemann berufen. Wäre Hr. Havemann fair, dann hätte er sagen müssen „ich verzichte von selbst auf meine Anstellung".
Hr. Stern bittet, die fortgesetzte Illoyalität von Hrn. Havemann besonders zu betonen.
Hr. Klare macht auf einen weiteren moralischen Aspekt aufmerksam. Es gibt Leute, die sich sehr für ihn eingesetzt haben. Er habe jedoch diese Haltung nicht honoriert, sondern riskiert, auch diese Leute durch sein Auftreten mit in Schwierigkeiten zu bringen.
Hr. Steenbeck betont, daß man Hrn. Havemann keine Unwissenheit zubilligen könne.
Hr. Hartke stellt fest, daß soweit die Verfahrensweise in der Angelegenheit des Einspruchs und seiner Abberufung durch das Geschäftsführende Präsidium abgeschlossen sei.
Es seien nunmehr weitergehende Maßnahmen des Generalsekretärs zu beraten: das generelle Hausverbot. Dazu gebe es einen Brief von Hrn. Steenbeck. Hr. Steenbeck möchte dazu sprechen.

Hr. Steenbeck berichtet über seine Meinung entsprechend seinem Brief an den Präsidenten. Wie wolle man Havemann am Hausverbot hindern,[5] wenn er zur Klasse gehe? Man muß mit einem Bildreporter rechnen. Wenn man ihn hinein kommen ließe, und dann die Sitzung nicht stattfinden ließe, gebe man Havemann alle Möglichkeit, das Leben der Akademie erheblich zu stören. Die Gefahr sei sehr groß, daß er sich nicht an das Hausverbot halte. Eine Bereinigung sei nur zu erreichen, wenn man sich von Havemann trenne. Das könne nach der Formulierung der Grundsatzerklärung geschehen, und wer dieser Grundsatzerklärung nicht zustimme, der solle seiner Ansicht auch die Konsequenzen ziehen und gehen. Im Hausverbot sieht Hr. Steenbeck eine ernsthafte Möglichkeit, uns zu stören. Es wäre besser gewesen, sich schnell über eine Grundsatzerklärung zu einigen. Es sei nun zu überlegen, was ist zu tun, wie kann man es regeln. Ihm nahezulegen, sich nur auf den wissenschaftlichen Teil zu beschränken, sei im Plenum einfach, ob das in der Klasse möglich sei, ist zweifelhaft, ungeachtet aller Bemühungen des Sekretars.

Hr. Hartke stellt fest, 1. dürfe man sich nicht provozieren lassen, auch nicht durch Hrn. Havemann; 2. im Anschluß an die Forderung, die Hr. Steenbeck erhoben hat, wird dann selbst das Hausverbot eine zweitrangige Sache.

Hr. Stern hält Hrn. Steenbecks Ausführungen für ganz in Ordnung. Aber Hr. Havemann halte sich nicht an Übereinkünfte, er könne ständig stören. Wenn Havemann sich so disqualifiziert hat, daß er abberufen wird, hat er selbst seine Mitgliedschaft in Frage gestellt. Die Klasse müsse nunmehr das Band zwischen sich und Havemann zerschneiden, eine Symbiose mit Havemann sei nicht möglich, er rechne nicht mit Identifizierung mit Havemann, aber die Klasse müsse sich in der nächsten oder übernächsten Sitzung von ihm trennen. Die Klasse müsse ihr Votum für die Mitgliederwahl zurückziehen.

Hr. Steenbeck stellt fest, es wäre natürlich gut, wenn die Klasse den Antrag auf Ausschluß aus der DAW stellen würde, doch das sei seiner Meinung nach nicht zu erwarten. Wenn die Klasse den Antrag nicht stelle, so solle das Geschäftsführende Präsidium ihn stellen. Er weist nochmals darauf hin, man müsse einen Unterschied gegenüber den Westdeutschen machen. Hätte Heisenberg sich im „Spiegel" oder anderen Organen geäußert, so würden die Dinge ganz anders liegen. Deshalb sei es so wichtig, daß der Ausschluß nicht wegen des Inhalts, sondern wegen der Ordnung erfolge.

Hr. Hartke stellt fest, daß nach dem Stand der Dinge das Hausverbot in den Hintergrund getreten sei. Ein Mitglied, gegen das ein Ausschlußverfahren läuft, müsse respektieren, daß es nur zu erscheinen habe, wenn es gebeten werde.

Hr. Steenbeck sieht eine Schwierigkeit nur darin: das Hausverbot sei erteilt, es passiere aber nichts, wenn Havemann sich darüber hinwegsetzt.

Hr. Hartke erläutert, wenn Havemann komme, so sei vorbereitet, daß die Pförtner ihn darauf aufmerksam machen und auffordern, das Verbot zu respektieren. Wenn er sich

---
[5] Gemeint ist offenbar: Wie wolle man Havemann am Betreten der Akademie hindern ...

darüber hinweggesetzt, so werde eben in der Klasse der Sekretar darauf aufmerksam und ihn für die Konsequenzen verantwortlich machen.

Hr. Rompe weist darauf hin, daß die letzten Ausführungen im „Spiegel"[6] interessant seien, die Mitteilung darüber, wie die Manuskripte herausgekommen seien aus der Wohnung Havemanns durch einen Boten nach Westberlin, bedeutet einen klaren Verstoß gegen alle Ordnung. Es handelt sich um einen Grad der Disziplinlosigkeit, der in den Bereich des Strafrechts falle. Allein das sei für den Generalsekretär schon Anlaß genug für das Hausverbot gewesen.

Hr. Hartke entscheidend sei jetzt die Verfahrensweise in der Klasse. Der Klasse müsse eine Mitteilung gemacht werden, daß die Diskussionen unter dem Aspekt des Ausschlusses geführt werden. Verhalte sich jemand so wie Havemann, so sei die Ausschlußfrage nicht zu umgehen.

Hr. Steenbeck bedauert nochmals, daß das Hausverbot erteilt wurde, ohne die Möglichkeit der Durchführung zu sichern.

Hr. Stern sieht den Wert des Hausverbots darin, daß es einen Index für die abgrundtiefe Schuld im Verhalten von Havemann abgibt.

Hr. Rompe schlägt vor, daß der Präsident mit dem Sekretar der Klasse ein Gespräch führt. Nach Ansicht von Hrn. Steenbeck reicht das nicht aus, Hr. Klare müsse mit Mitgliedern der Klasse sprechen.

Der Präsident erklärt seine Bereitschaft, in der Klasse zu dieser Angelegenheit zu sprechen.

Hr. Rompe stellt die Frage, ob es richtig sei, auch in der Klasse für Mathematik, Physik und Technik zu sprechen.

Hr. Hartke antwortet darauf, daß alle Sekretare über die Tatsachen informiert seien, ausgenommen natürlich die Ergebnisse der heutigen Sitzung.

Hr. Steenbeck empfiehlt, darüber nicht weiter zu informieren. Wenn weitere Anfragen kämen, wie die Meinung des Geschäftsführenden Präsidiums sei, müsse man mit dem Hinweis antworten, daß es sich um ein schwebendes Verfahren handele, in dem keine Auskunft erteilt werden könne.

---

[6] Vgl. Der Spiegel, 1966, Nr. 1.

Dok. 47 Beschlüsse des Geschäftsführenden Präsidiums, [Auszug], 13. 1. 1966
AAW, Leitung, Personalia, 163, Bl. 346–349

DEUTSCHE AKADEMIE DER WISSENSCHAFTEN ZU BERLIN
– Büro des Generalsekretärs

Herrn
Präsidenten Prof. Dr. Hartke

BERLIN W 8, 20. 1. 66
OTTO-NUSCHKE-STRASSE 22/23
Fernsprecher: 200481

Schr.

Betr.: Mitteilung eines Beschlusses des Präsidiums/Geschäftsführenden Präsidiums

25. JAN 1966

In der Sitzung am 13. 1. 66 wurde anliegender Beschluß gefaßt, der Ihnen zur Kenntnisnahme/Bearbeitung übermittelt wird. Erledigungsbestätigung wird erbeten.

[...] c) Behandlung des Einspruchs von AkM *Havemann* gegen seine Abberufung als Leiter der Arbeitsstelle für Photochemie der Forschungsgemeinschaft der DAW
Berichterstatter: AkM *Hartke*
AkM *Hartke* berichtet über die Abberufung von AkM *Havemann* als Leiter der Arbeitsstelle für Photochemie bei der Forschungsgemeinschaft der DAW durch AkM *Klare* am 23. 12. 65 und über den Einspruch von AkM *Havemann* gegen diese Entscheidung. Anschließend gibt AkM *Klare* eine ausführliche Darstellung des Sachverhaltes, insbesondere über die AkM *Havemann* am 28. 12. 65 bekanntgegebenen Gründe für die Abberufung und über das in Verbindung damit geführte Gespräch.
Es erfolgt eine ausführliche Diskussion zu den Gründen für diese Entscheidung und über die für Abberufungen geltenden Bestimmungen.
Dazu nehmen die AkM *Klare*, *Rompe*, *Hartke*, *Steenbeck* und *Stern* sowie die Herren *Mond* und *Ziert* das Wort.

Im Ergebnis werden im Hinblick auf den Einspruch von AkM *Havemann* folgende Beschlüsse gefaßt:

Beschluß 8/66
1 a) Das Geschäftsführende Präsidium stellt fest, daß die von AkM *Klare* ausgesprochene Abberufung sachlich und rechtlich begründet ist und daß das Verfahren korrekt durchgeführt wurde.

b) Der Einspruch des AkM *Havemann* wird deshalb abgelehnt; die Abberufung ist damit endgültig.

c) AkM *Klare* wird gebeten, AkM *Havemann* keine schriftliche Ausfertigung der mündlich bekanntgegebenen Begründung zu geben.

Das Geschäftsführende Präsidium wird eine kurze Mitteilung über die Ablehnung des Einspruchs sowie über die Gründe dafür formulieren und veröffentlichen. Diese Mitteilung wird AkM *Havemann* schriftlich zugestellt.

Verantwortlich: AkM *Rienäcker*

Beschluß 9/66

2 a) Das Geschäftsführende Präsidium wird eine Erklärung über Verhaltensnormen, die sich aus der Akademiemitgliedschaft ergeben, ausarbeiten und veröffentlichen. Diese Erklärung soll grundsätzlichen Charakter tragen.

b) Die Veröffentlichung der Grundsatzerklärung soll vor Bekanntgabe der Mitteilung über die Ablehnung des Einspruchs, wodurch die Abberufung des AkM *Havemann* endgültig geworden ist, erfolgen.

Verantwortlich: Zu 2a die AkM *Hartke,*
Steenbeck,
Rienäcker
Zu 2b AkM *Rienäcker*

AkM *Steenbeck* erläutert seine Meinung betr. Hausverbot des Generalsekretärs entsprechend seinem Brief an den Präsidenten vom 6. 1. 66.

Die anschließende Diskussion, in der die AkM *Hartke, Steenbeck, Rompe* und *Stern* das Wort nehmen, führt zu der übereinstimmenden Meinung, daß die Klasse für Chemie, Geologie und Biologie im Interesse des Ansehens der Akademie, insbesondere des Vertrauensverhältnisses zur Regierung und der Bevölkerung der Deutschen Demokratischen Republik, die Frage des Ausschlusses des AkM *Havemann* aufwerfen soll.

Beschluß 10/66

Es wird beschlossen:

1. Dem Sekretar der Klasse für Chemie, Geologie und Biologie ist über die bereits erfolgte Information hinaus eine weitere ausführliche Mitteilung zu geben über das Verhalten des AkM *Havemann* und über die Meinung des Geschäftsführenden Präsidiums, wonach die Klasse die Frage des Ausschlusses des AkM *Havemann* aufwerfen soll.

2. AkM *Hartke* ist bereit, auf Wunsch des Sekretars in einer Sitzung der Klasse detaillierte Informationen in dieser Angelegenheit zu geben.

3. Nach der Stellungnahme der Klasse wird das Geschäftsführende Präsidium die Angelegenheit weiter behandeln.

Verantwortlich: Zu 1 und 2 AkM *Hartke*
Zu 3 AkM *Rienäcker*

48-50

Sitzungen der Klassen der Akademie am 13. 1. 1966

Im Anschluß an die Sitzung des Geschäftsführenden Präsidiums fanden Sitzungen von Klassen der DAW statt, auf denen Präsidiumsmitglieder über die Entlassung Havemanns und das gegen ihn ausgesprochene Hausverbot informierten. Für viele Akademiemitglieder war dies die erste offizielle Information nach den vielfältigen Nachrichten, die sie wahrscheinlich den verschiedenen Medien entnommen hatten. Zugleich war es die erste Möglichkeit für sie, sich hierzu öffentlich als in gewisser Hinsicht Beteiligte zu äußern. In einigen Klassen wurde deutliches Unbehagen spürbar, so wurde an den für die Akademie schändlichen Ausschluß Ernst Blochs erinnert. In anderen Klassen (so der Klasse für Philosophie, Geschichte, Staats- Rechts- und Wirtschaftswissenschaften) wurde die Mitteilung ohne Diskussion zur Kenntnis genommen. Von besonderer Wichtigkeit war die Sitzung der Klasse für Chemie, Geologie und Biologie, der Havemann als Korrespondierendes Mitglied angehörte. Ihr war vom Präsidium zugedacht, einen Antrag auf Abwahl Havemanns an das Plenum zu stellen, weshalb die Herren Akademiemitglieder sorgfältig eingestimmt werden mußten.

Dok. 48 Aktennotiz zur Sitzung der Klasse für Sprachen, Literatur und Kunst, 14. 1. 1966
SAPMO-BArch, SED, ZPA, IV A 2/9.04/107

In der Sitzung der Klasse für Sprachen, Literatur und Kunst am 13. 1. 1966 gab der Stellvertretende Sekretar[1] die Mitteilung des Generalsekretärs über das totale Hausverbot für Akademiemitglied Havemann bekannt. Daraufhin erbat AkM Frings den Text und erklärte etwa folgendes:
1. Demnach sei ein Fall eingetreten wie beim Ausschluß des Prof. Bloch; bekanntlich werde das Verfahren der Akademie im Falle Bloch in der ganzen Welt mißbilligt.
2. Nach einer an Beispielen gegebenen Erläuterung des Verhaltens von AkM Havemann durch den Präsidenten erklärte Hr. Frings, daß es zweckmäßig sei, daß Akademiemitglieder mit hoher Autorität sich an AkM Havemann wenden und ihn auffordern, von sich aus die Konsequenzen zu ziehen. Der Präsident erklärte, daß einem solchen Verfahren nichts im Wege stünde, er aber Zweifel habe, ob es Eindruck auf AkM Havemann haben würde.

---

[1] Wolfgang Steinitz. Der Sekretar der Klasse, Walter Ruben, war erkrankt.

Dok. 49 [Helmut] Gra.[ßhoff], Aktennotiz, [Auszug], 17. 1. 1966
AAW, Leitung, Personalia, 163, Bl. 356 f.

Betr.: Stellungnahme der Klasse für Sprachen, Literatur und Kunst zur Entlassung Prof. Havemann aus der DAW
[...] Prof. Frings äußerte sich als einziger ausführlicher [...] und beanstandete das Fehlen einer näheren Begründung für diese einschneidenden Maßnahmen. Er warnte in diesem Zusammenhang vor voreiligen Beschlüssen, die sich wie im Falle des Ausschlusses von Prof. Bloch aus der DAW nachteilig (?) für die DAW auswirken könnten. Der Hr. Präsident, Prof. Hartke, beantwortete sehr eingehend und überzeugend die Anfrage von Prof. Frings und stellte eine grundsätzliche Erklärung der Akademieleitung mit allen notwendigen Einzelheiten[2] über die Entlassung und das Hausverbot in Aussicht. Der Präsident wies nachdrücklich auf 3 Forderungen hin, die an ein Akademiemitglied gestellt werden müssen: hervorragende wissenschaftliche Leistungen, einen fortschrittlichen politischen Standpunkt und schließlich auch charakterliche Anständigkeit. Havemann fehle vor allem letztere Eigenschaft, was übrigens auch auf Prof. Hans Mayer zugetroffen habe. Prof. Frings stimmte dem Standpunkt des Präsidenten – vornehmlich auch zur Person Hans Mayer's – uneingeschränkt zu und dankte für die durch den Präsidenten bei den Zuwahlen angelegten strengen wissenschaftlichen, politischen und moralischen Maßstäbe.
Prof. Bielfeldt wie auch die übrigen Klassenmitglieder sehen in der Entlassung Havemanns einen rein verwaltungsrechtlichen Akt, der von der eventuellen Aufhebung der Akademiemitgliedschaft des Korrespondierenden Mitglieds Havemann deutlich getrennt werden müsse und gegen den bei entsprechenden Gründen keine Bedenken erhoben werden können.
Der Präsident kündigte die Erörterung der Akademiemitgliedschaft Havemanns durch die zuständige Klasse an.
Ein Klassenmitglied (Prof. Magon?) machte den Vorschlag, Prof. Havemann zu ersuchen, seine Akademiemitgliedschaft von sich aus niederzulegen.

Dok. 50 Bericht über die Sitzung der Klasse für Chemie, Geologie und Biologie, [Auszug], 13. 1. 1966
AAW, Leitung, Personalia, 162, Bl. 362–365

Vertrauliche Aktennotiz für den Hrn. Präsidenten, 15. 1. 1966
In der Klassensitzung am 13. 1. wurde ausführlich über Hrn. Havemann, der nicht anwesend war, gesprochen. Das Ergebnis der Aussprache ist aus dem beiliegenden Protokollentwurf sowie aus dem Entwurf der Einladung zur übernächsten Klassensitzung am 10. 2. zu ersehen.

---

[2] Diese Stelle ist im Dokument am Rand durch ein Fragezeichen hervorgehoben.

Anwesend waren folgende HH.: Thilo, Correns, Bertsch, Leibnitz, Gersch, Thießen, Lehmann, Schirmer, Klare, Kleber, Weiß, Meyer und Riedel.
In der Diskussion sprachen nicht die HH. Gersch, Kleber und Riedel. Letzteres hat keine besondere Bedeutung, da am Vorabend in einem Gespräch mit den HH. Gersch und Kleber, das Hr. Lehmann mit ihnen führte, diese Gelegenheit hatten, ihre Meinung zu äußern.
Es wurde in allen Diskussionsbeiträgen ziemlich einheitlich die Meinung vertreten, daß Hr. Havemann durch sein Verhalten die Bande zwischen ihm und der Klasse durchschnitten hätte. Es wurde hierbei das die Akademie verpflichtende Verhalten der Regierung gegenüber der Akademie gewürdigt, von der Verpflichtung der Akademie gegenüber der Öffentlichkeit in der DDR gesprochen und festgestellt, daß Hr. Havemann insbesondere auch durch sein Verhalten den Bemühungen um Vertiefung und Ausweitung der Beziehungen zu westdeutschen Wissenschaftlern in den Rücken gefallen ist, indem er versuchte, die Akademie auf das Terrain seiner politischen Diskussionen zu ziehen.
Z. B. berichtete Hr. Meyer davon, daß er in einem Gespräch Hrn. Havemann darauf aufmerksam gemacht habe, daß er mit seinen Artikeln nur westdeutschen Journalisten zur Möglichkeit eines Geschäftes verhilft und den kalten Kriegern die Munition für ihren Krieg liefert.
Hr. Klare informierte die Klasse über die Gründe, die ihn dazu veranlaßten, die fristlose Abberufung auszusprechen. Aus der Reaktion der Klasse war deutlich ersichtlich, daß diese Information überzeugte und der Schritt von Hrn. Klare gebilligt wurde.
Einen größeren Raum der Diskussion nahm das Hausverbot gegenüber ihm als korr. Mitglied ein. Aber auch hier dürfte am Ende der Diskussion die Meinung einhellig gewesen sein, daß dieser Schritt notwendig, zum mindesten aber erklärbar sei, nachdem nämlich herausgestellt wurde, daß aufgrund der Erfahrungen man damit rechnen mußte, daß eine in der Klasse geführte Diskussion über dieses Thema in Kürze in der Westpresse ausgewertet würde. [...]
Diskutiert wurde auch über die fachlichen Leistungen von Hrn. Havemann, die etwa so eingeschätzt werden, daß seine Leistungen für die kurze Zeit seiner Präsenzpflicht beachtlich sind, daß er jedoch nicht seiner Begabung entsprechend die ihm zur Verfügung gestellten Mittel voll nutzte.
Weiterhin klang in der Diskussion auch an, daß Hr. Havemann früher die Möglichkeit gehabt hätte, seine Probleme mit Mitgliedern der Klasse zu diskutieren, wenn auch infrage gestellt wurde, ob er Ratschläge angenommen hätte, daß es jetzt jedoch für eine Diskussion mit ihm zu spät ist und man sich von einer Diskussion in der Klasse und im Plenum mit ihm nichts verspricht.
Für den Verlauf der Diskussion dürfte von wesentlichem Einfluß die Tatsache, die in der Diskussion auch herausgestellt wurde, sein, daß sich eine Reihe von Persönlichkeiten der Klasse seinerzeit für Hrn. Havemann und insbesondere für seine wissenschaftlichen Arbeiten mit ihrer ganzen Person eingesetzt hat und er das gröblichst mißbraucht hat.
Dr. Sinnecker

Akademiemitglied ohne Rechte. 5. Januar 1966 bis 30. Januar 1966

Auszug aus dem Protokollentwurf vom 13. 1. 66
2 b) Der Sekretar unterbreitet als Grundlage einer Diskussion der Klasse seine Stellungnahme zum Verhalten von Hrn. Havemann und verliest einen Brief von Hrn. Havemann an den Hrn. Generalsekretär. [...]
Die Klasse distanziert sich in jeglicher Hinsicht vom Verhalten des Hrn. Havemann. Sie erwartet noch die angekündigte Stellungnahme des Geschäftsführenden Präsidiums und eine detailliertere Information durch den Hrn. Präsidenten, um dann in der Sitzung vom 10. 2. die Frage des Verbleibens von Hrn. Havemann in der Akademie zu behandeln.
Zur Klassensitzung soll zu diesem Tagesordnungspunkt eingeladen werden, verbunden mit der Information, daß sich die Klasse in ihrer Sitzung vom 13. 1. mit dieser Frage ausführlich beschäftigt und sich von Hrn. Havemann vollständig distanziert hat

51-52

Die Parteileitung der DAW machte alle wichtigen Papiere – Sitzungsprotokolle, Aktennotizen, Briefe – der Abteilung Wissenschaften des ZK zugänglich. Dort wurden die Vorgänge anhand dieses Materials und der mündlichen Informationen, die die Akademieparteileitung und das Präsidium zusätzlich gaben, zusammengefaßt, Zwischenberichte über den Stand der Dinge, Analysen und Vorschläge für das weitere Vorgehen für Kurt Hager hergestellt. Hager entschied über weitere Maßnahmen, bzw. ließ diese Entscheidung vom Sekretariat des ZK – dem Gremium, dem alle ZK-Sekretäre angehörten – fällen. Für die Umsetzung dieser Beschlüsse sorgte dieselbe Abteilung Wissenschaften unter ihrem Chef Johannes Hörnig im Verein mit der Parteileitung der Akademie. Auf Parteiversammlungen der jeweiligen Gremien (Präsidium, Plenum, Klassen) wurden die Akademiemitglieder, die nicht selbst Parteifunktionen innehatten, über die entsprechenden Beschlüsse unterrichtet. Diese Informationen waren für sie im Rahmen der rigorosen Parteidisziplin verbindlich, so daß, die entsprechenden Mehrheitsverhältnisse in den staatlichen Gremien vorausgesetzt, ihre Durchsetzung in der Regel außer Frage stand. Problematisch war es nur dann, wenn dem ZK daran lag, auch unter den Parteilosen Einmütigkeit auf der Basis der SED Beschlüsse herzustellen. Hier mußte mit einem vielfältigen Instrumentarium gearbeitet werden. Den betreffenden Nicht-SED-Mitgliedern wurde in Einzelgesprächen die Lage erläutert und unter Umgehung einer öffentlichen Diskussion so jeder eventuelle Einwand atomisiert. Keines dieser Gespräche wurde protokolliert, nur die Beteiligten wissen, welche subtilen oder offenen Drohungen hier eine Rolle spielten, welche Gegenleistungen Widerspenstigen angeboten wurden, auf deren Mittun die SED Wert legte.

Dok. 51 Information der Abteilung Wissenschaften für Kurt Hager, 14. 1. 1966
SAPMO-BArch, SED, ZPA, IV A 2/9.04/106

Gegenwärtiger Stand der Angelegenheit Havemann
Am Donnerstag, dem 13. 1. 1966, wurde im Geschäftsführenden Präsidium der DAW der Einspruch Havemanns gegen seine fristlose Entlassung und der vorgesehene Ausschluß Havemanns als korrespondierendes Mitglied der Akademie behandelt. Am gleichen Tage wurden alle Klassen der Akademie über das gegen Havemann erlassene Hausverbot informiert.

In Vorbereitung dieser Maßnahmen fanden neben einer Reihe [von] Einzelgesprächen eine Parteigruppensitzung des Präsidiums und eine Parteigruppensitzung des Plenums der Akademie statt.

In beiden Parteigruppensitzungen wurde ohne Einschränkung die Meinung aller Genossen sichtbar, daß die Akademie jetzt schnell und umfassend mit Havemann brechen müsse. Die Akademie könne es sich gegenüber unserer Regierung und der Öffentlichkeit nicht leisten, auch nur andeutungsweise das Verhalten Havemanns als Akademiemitglied und als Bürger der DDR zu billigen. Es war bekannt, daß diese Grundhaltung auch von vielen parteilosen Akademiemitgliedern vertreten wird, daß es jedoch verschiedene Auffassungen über den Weg des Vorgehens bei ihnen gibt. Im wesentlichen beschränken sich diese Einwendungen auf das vom Generalsekretär erlassene Hausverbot, welches deshalb als unangebracht erschien, indem das Statut der Akademie einem Mitglied das uneingeschränkte Recht gewähre, an den wissenschaftlichen Veranstaltungen der Akademie teilzunehmen. Die Vertreter dieser Auffassung, zu der auch Prof. Steenbeck gehörte (der im übrigen keinesfalls das Verhalten Havemanns billigt!), sind der Ansicht, daß ein Ausschluß dem Hausverbot vorzuziehen sei. Diese Frage wurde ausdiskutiert und ein einheitlicher Standpunkt erreicht, der die Berechtigung dieses Hausverbotes anerkennt. Der einheitliche Standpunkt aller Genossen der Parteigruppe ergab:

1. Die fristlose Entlassung Havemanns ist gerechtfertigt, das Geschäftsführende Präsidium muß den Einspruch Havemanns zurückweisen und die Maßnahme des Vorsitzenden der Forschungsgemeinschaft in jeder Weise billigen.
2. Die Maßnahme des Generalsekretärs (Hausverbot) ist richtig und muß unterstützt werden.
3. Havemann muß ohne Aufschub als korrespondierendes Mitglied aus der Akademie ausgeschlossen werden (laut Statut muß dieser Ausschluß im Plenum verhandelt und vier Wochen vor dem Plenum bekannt gemacht werden).
4. Die Begründung dieses Ausschlusses darf nicht defensiv, sondern muß politisch offensiv behandelt werden anhand seines Verhaltens als Akademiemitglied und als Staatsbürger.
5. Der Vorschlag Prof. Steenbecks, eine Erklärung über die Verantwortung des Wissenschaftlers in unserer Zeit zu erarbeiten und dem Plenum vorzulegen, wird als richtig erachtet und muß durchgeführt werden. Diese Erklärung muß tragender Bestandteil des Ausschlußverfahrens Havemanns sein.

Die von allen Genossen gebilligte Grundorientierung für die Realisierung der Angelegenheit Havemann wurde am 13. 1. 1966 sowohl im Geschäftsführenden Präsidium als auch in den Klassensitzungen konsequent praktiziert und auch durchgesetzt. Dies kann durch folgende Einzelheiten belegt werden.
Das Geschäftsführende Präsidium hat einstimmig die Maßnahmen des Vorsitzenden der Forschungsgemeinschaft vollständig gebilligt und den Einspruch Havemanns als ungerechtfertigt zurückgewiesen. Havemann erhält einen diesbezüglichen Bescheid. Damit ist die fristlose Entlassung Havemanns, entsprechend der gesetzlichen Festlegungen, rechtskräftig.
Das Geschäftsführende Präsidium ist nunmehr einstimmig der Auffassung, daß das Hausverbot durch den Generalsekretär gerechtfertigt ist (auch Steenbeck hat seine Bedenken zurückgestellt) und daß Havemann als korrespondierendes Mitglied auszuschließen ist. Gleichzeitig wurde beschlossen, eine solche von Prof. Steenbeck vorgeschlagene Erklärung zu erarbeiten. Der Ausschluß Havemanns kann laut Statut der Akademie erst in vier Wochen realisiert werden.
In allen Klassen (außer der Klasse für Mathematik, Physik und Technik) wurde über das Hausverbot informiert. In keiner Klasse gab es dazu entgegengesetzte Meinungen.
In der Klasse für Sprachen und Literatur kam es zwischen *Prof. Frings* und Genossen Prof. Hartke zu einem kurzen Meinungsaustausch. Frings sagte, daß die kurze Begründung für das Hausverbot für einen Ausschluß Havemanns nicht ausreicht (das war auch nicht beabsichtigt!). Aus dem Meinungsaustausch war jedoch zu entnehmen, daß Frings bereit ist, über einen Ausschluß Havemanns mit zu diskutieren.
In der Klasse für Medizin brachte *Prof. Kraatz* zum Ausdruck, er hoffe, daß sich die Akademie in dieser Sache nicht so sehr anlegen muß, er hoffe daß andere Wege gefunden werden (offensichtlich erwartet Kraatz staatliche Maßnahmen!).
In der *Klasse für Chemie* ... (der Havemann angehört) wurde über zwei Stunden zur Sache Havemann diskutiert. Dabei gab es keine einzige Äußerung, die das Verhalten Havemanns entschuldigte oder bagatellisierte, es gab auch keine solche Meinung, man solle es doch noch mal mit ihm versuchen. Es haben faktisch alle anwesenden Klassenmitglieder gesprochen.
Haupttenor der Diskussion war: Man kann es sich nicht mehr leisten, dazu nichts zu sagen, wenn man nicht das Verhältnis der Akademie zur Bevölkerung der DDR und die Verantwortung gegenüber der Regierung aufs Spiel setzen will. Man müsse Schluß machen damit, daß Havemann die Zusammenarbeit mit westdeutschen Wissenschaftlern erschwert und Komplikationen im internationalen Maßstab heraufbeschwört.
Prof. Klare eröffnete seinen Beitrag mit dem Bemerken, daß er wegen der Entlassung Havemanns der Klasse gegenüber nicht rechenschaftspflichtig sei und daß er auch nicht beabsichtige, sich von der Klasse Rückenhalt zu holen. Er steht als Person voll hinter seiner Maßnahme, er wolle den Klassenmitgliedern aber gern seine Erfahrungen mit Havemann übermitteln. Am meisten empört habe ihn, daß Havemann ein solch rücksichtsloser und unberechenbarer Mensch sei und seine Kollegen in unmögliche Situationen bringe. Bekanntlich habe sich Klare nach dem Verfahren an der Humboldt-Universität ebenso energisch dafür eingesetzt, daß Havemann die Arbeitsmöglichkeit

an der Akademie erhalten bleibt, er habe ihm aber auch eindeutig gesagt, was er von Havemann erwarte, was er tun und was er lassen soll. Havemann habe sich nicht daran gehalten. Es habe keinerlei Anstoß bedurft, daß Klare jetzt die fristlose Entlassung ausgesprochen hat.

Prof. Thilo äußerte, daß er völlig einer Meinung sei mit Klare. Er sei auch einverstanden, daß man sich von Havemann trennen müsse.

Prof. Thiessen sprach besonders zum Problem der Erschwerung der Zusammenarbeit mit westdeutschen Wissenschaftlern, die das Verhalten Havemanns nach sich zieht und belegte das durch konkrete Beispiele.

Prof. Meyer sagte, daß er selbst von Politik und Philosophie nicht viel halte und trotzdem habe er in persönlichen Gesprächen mit Havemann empfohlen, daß er die Finger von solchen Dingen lassen solle. Seine Machenschaften haben zumindest zwei Wirkungen
a) hilft er den westdeutschen Redaktionen, ihr Geld zu verdienen,
b) „liefert er den kalten Kriegern die Munition zum Schießen".

Die Klassenmitglieder begrüßten, daß die Akademie eine Stellungnahme zur Verantwortung des Wissenschaftlers erarbeiten und veröffentlichen will, und daß sich die Akademie öffentlich von Havemann distanziert.

Prof. Correns sprach nochmals zum Hausverbot durch den Generalsekretär und brachte zum Ausdruck, daß er gar keine andere Möglichkeit hatte, wenn man an die Person Havemanns denkt. Wie sollen wir uns anders vor seinem provokatorischen Auftreten in der Klasse und im Plenum schützen? Man müsse dem Generalsekretär dankbar sein, daß er so gehandelt hat. Die Klasse legte fest, daß sie sich auf der nächsten Sitzung (außerhalb des normalen Turnus) mit dem „Verhältnis Havemanns zur Akademie" beschäftigt. Es steht außer Zweifel, daß die Klasse den Antrag stellt, Havemann auszuschließen.

Mit den Sekretären der Akademieparteileitung wurde festgelegt, daß sie folgende Maßnahmen sichern und kontrollieren:
1. Die Erarbeitung der Erklärung zur Verantwortung des Wissenschaftlers in unserer Zeit
2. Die Erarbeitung des Ausschlußantrages durch die Klasse für Chemie (denn das hätte eine weitaus größere Wirkung als ein Ausschlußantrag durch das Präsidium)
3. Weitere Durchführung von Einzelgesprächen führender Wissenschaftler der Akademie mit speziellen Wissenschaftlern, z. B. mit Mothes, Frings, Hertz u. a.

In diesem Zusammenhang muß die Frage aufgeworfen werden, ob Havemann bei der Behandlung seines Ausschlusses aus der Akademie anwesend sein soll. Formal gesehen, wäre das laut Statut nicht erforderlich, da korrespondierende Mitglieder nicht an den Geschäftssitzungen teilnehmen.

Andererseits wäre die Wirkung größer, wenn der Ausschluß in seinem Beisein stattfände. Nach dem bisherigen Verlauf der Diskussion müßte die Möglichkeit bestehen, daß ihm das Plenum Paroli bieten kann. Selbstverständlich müßten dann noch eine Reihe weiterer Maßnahmen zur Vorbereitung dieser Sitzung durchgeführt werden.

Hörnig berichtet über den Brief Havemanns an Prof. Dr. Gustav Hertz vom 11. 1. 1966 (Dokument 41). Hertz habe Rompe angesprochen und ihn gebeten, den Brief auch dem Parteisekretär zu zeigen.

Dok. 52 Johannes Hörnig an Kurt Hager, [Auszug], 15. 1. 1966
SAPMO-BArch, SED, ZPA, IV A 2/9.04/106

[...] Wir haben dem Parteisekretär empfohlen:
1. Man soll Prof. Hertz bitten, daß er Havemann schreibt, er solle ihn mit solchen Dingen verschonen.
2. Der Präsident soll mit Hertz sprechen und zeigen, wie unverfroren Havemann solch verdiente Wissenschaftler wie Hertz zu mißbrauchen beabsichtigt. Das wäre auch eine günstige Gelegenheit, Prof. Hertz auf die Sitzung des Plenums vorzubereiten, auf dem Havemann ausgeschlossen wird. [...]

Hörnig

53

Dok. 53 Hermann Klare an Werner Hartke, 16. 1. 1966
AAW, Leitung, Personalia, 163, Bl. 351 f. (Faksimile s. S. 184 f.)

Sehr geehrter Herr Präsident!
Gestern erhielt ich das anliegende Schreiben von Herrn Havemann.[1] Da ich heute vormittag nach Krefeld fahre, gestatte ich mir, Ihnen den Brief direkt zuzustellen. Zum Inhalt möchte ich folgendes feststellen:
1.) Ich habe Herrn H. am 28. 12. gesagt, daß ich ihn nach gehöriger Prüfung der Vorschriften die Begründung zukommen ließe. Dabei habe ich anerkannt, daß es rechtens sei – nach meiner Prüfung –, wenn dem Beschuldigten eine Begründung ausgehändigt würde.
2.) Von einer Vorladung vor das G[eschäftsführende] P[räsidium] habe ich nichts gesagt, da ich dem Entscheid des G. P. nicht vorgreifen konnte und wollte. Ich habe meines Wissens lediglich festgestellt, daß der Einspruch vom G. P. behandelt werde, wie das Statut es vorschreibe.
3.) Ich bin, wie ich bereits am 13. 1. in der Sitzung des G. P. sagte, allerdings der Meinung, daß man Herrn H. nicht den Vorwurf machen kann, er habe sich gegen die Aufhebung des Verbotes der KPD ausgesprochen. Dieser Passus müßte aus der Begründung gestrichen werden. Man sollte darin auch viel stärker seine dauernden Verstöße gegen die nun einmal von einem Institutsdirektor zu fordernde Disziplin betonen.

---

[1] Dokument 44.

Ich möchte Sie bitten, mir das anliegende Schreiben nach Kenntnisnahme wieder zurückzugeben.
Mit vorzüglicher Hochachtung!
Ihr Ihnen ergebener Hermann Klare

Prof. Dr. HERMANN KLARE
Kleinmachnow
Kreis Potsdam-Land
Philipp-Müller-Allee 112
Telefon Kleinmachnow 2552

3.) „Ich bin, wie ich bereits am 13. I. in der Sitzung des S.G. sagte, allerdings der Meinung, daß man Herrn H. nicht den Vorwurf machen kann, er habe sich gegen die Aufhebung des Verbots der KPD ausgesprochen. Dieser Passus müßte aus der Begründung gestrichen werden. Man sollte darin auch viel stärker sein dauerndes Verstöße gegen die nun einmal von einem Institutsdirektor zu fordernde Disziplin betonen."

Ich möchte Sie bitten, mir das anliegende Schreiben nach Kenntnisnahme wieder zurückzugeben.

Mit vorzüglicher Hochachtung!
Ihr Ihnen ergebener

Hermann Klare

54

Dok. 54 Einschreiben der BGL an Robert Havemann, 23. 1. 1966
RHG, Archiv, NL Havemann

DEUTSCHE AKADEMIE DER WISSENSCHAFTEN ZU BERLIN
FORSCHUNGSGEMEINSCHAFT DER NATURWISSENSCHAFTLICHEN, TECHNISCHEN UND MEDIZINISCHEN INSTITUTE
– Bereichsgewerkschaftsleitung –

BERLIN-ADLERSHOF, den 23. 1. 1966
RUDOWER CHAUSSEE 116-125

– Einschreiben –

Herrn
Prof. Dr. R. Havemann
1017 B e r l i n
Strausberger Platz 19

Die BGL des Forschungszentrums Berlin-Adlershof der Deutschen Akademie der Wissenschaften zu Berlin hat in ihrer Sitzung am 5. 1. 1966 beschlossen, Sie aus dem FDGB auszuschließen.

Sie verstießen mit Ihrer Handlungsweise gegen die in seiner Satzung gestellten Ziele des FDGB und verletzten die Pflichten eines Gewerkschaftsmitgliedes. Daher kamen wir zu dem Beschluß, Sie aus unserer Organisation auszuschließen. Wir fordern Sie auf, uns Ihr Mitgliedsbuch der Gewerkschaft zuzusenden. Gegen den BGL-Beschluß können Sie bei der übergeordneten Leitung Einspruch erheben.

(Dr. K. Wencke)
Vorsitzende

55

In der ersten Hälfte der 60er Jahre wuchsen nicht allein im Osten Deutschlands die kritischen Stimmen zur offiziellen Politik der Regierung, auch im Westen entstand aus der späten Auseinandersetzung mit dem rasch verdrängten Erbe des Dritten Reiches Opposition. Die erst unter Schwierigkeiten nach dem

Eichmann-Prozeß in Jerusalem in Gang kommende juristische Ahndung von Nazi- und Kriegsverbrechen, für die sich im Justizapparat vor allem die wenigen Juristen stark machten, die wie Fritz Bauer nicht aus dem Erbteil der Nazijustiz übernommen worden waren, sondern selbst im antifaschistischen Widerstand gestanden hatten, fand nicht nur immer neue Hemmnisse, sie wühlte die politische Öffentlichkeit auf. Wie im Osten waren es auch im Westen Schriftsteller, die das von der so gegensätzlich gemeinsamen Schlußstrichmentalität satte doppel-deutsche Bewußtsein aus der Selbstsicherheit rissen. Während verantwortliche Politiker die Verjährung der Taten der Mörder einleiteten, fragte nicht nur Max Frisch nach der Mitschuld der Biedermänner. Diese Art Frage mußte Konsequenzen im eigenen Handeln hervorrufen, konnte auch an heutigem Unrecht nicht lautlos vorübergehen. Daher protestierte der Autor des Bühnenstückes über den Prozeß gegen Naziverbrecher, „Die Ermittlung", Peter Weiss, gegen die Kampagne der SED gegen Wolf Biermann,[1] daher protestierten westdeutsche Schriftsteller gegen die Drangsalierung ihrer ostdeutschen Kollegen Stefan Heym, Wolf Biermann, Manfred Bieler, Günter Kunert und des Antifaschisten Robert Havemann, dem sie eine Kopie ihres Briefes zukommen ließen.

Dok. 55 Martin Walser, Heinrich Böll u. a. an Walter Ulbricht, [Kopie], 25. 1. 1966
RHG, Archiv, NL Havemann

Sehr verehrter Herr Vorsitzender des Staatsrates.
In ernster Besorgnis wenden wir uns an Sie mit einer zweifachen Bitte: Sie hat nicht nur die geistige Arbeit, den gesellschaftlichen Status und die Meinungsäußerungen einiger einzelner Bürger der DDR zum Gegenstand, sondern ebensosehr die gemeinsamen Interessen und Aufgaben, denen wir alle verpflichtet sind in der umfassenden Anstrengung, dem Frieden und der Verständigung zwischen Staaten und Völkern mit unterschiedlicher Wirtschafts- und Gesellschaftsordnung zu dienen.
In der DDR sind während der letzten Plenumstagung des ZK der SED und nachher mehrere Personen öffentlich scharf angegriffen und zum Teil auch administrativ gemaßregelt worden, deren öffentliches Wirken nach unserer Erfahrung und Einschätzung sowohl dem Ansehen der DDR als auch dem Gespräch zwischen allen an Frieden und Verständigung interessierten Kräften in der Welt zuträglich und förderlich war und ist – auch dann, wenn zwischen den künstlerischen Auffassungen, den Meinungen, Vorschlägen, Zielsetzungen dieser Personen und den Positionen der leitenden Gremien des Staates und der Sozialistischen Einheitspartei in der DDR bisweilen Unterschiede der Meinung und des Urteils über Mittel und Wege auftraten.

---

[1] *Peter Weiss* an Klaus Höpke, 28. 12. 1965; *derselbe* an Wilhelm Girnus, 28. 12. 1965; *derselbe* an Klaus Höpke und Wilhelm Girnus, 29. 12. 1965, in: Kahlschlag, S. 364–374.

Ihre Arbeiten und Äußerungen sind bei der Tagung des ZK-Plenums im Dezember und anschließend auch weiter in der Öffentlichkeit der DDR gerügt und verurteilt worden, ohne daß die inkriminierten Texte in der DDR veröffentlicht worden sind. Den Angegriffenen wurde nicht die Gelegenheit gegeben, sich öffentlich zu den Vorwürfen zu äußern, die ihnen vielfältig und in Form von Verdikten entgegengehalten werden. Gegen den Schriftsteller Wolf Biermann besteht Publikations- und Auftrittsverbot, über Arbeiten von Manfred Bieler und Günter Kunert wurde Publikationsverbot verhängt. Der Wissenschaftler Robert Havemann wurde nach Veröffentlichung seines „Plädoyer für eine neue KPD" im Nachrichtenmagazin DER SPIEGEL aus seinem Forschungsamt an der Deutschen Akademie der Wissenschaften fristlos entlassen. Nach unserer Beurteilung der uns zugänglichen Veröffentlichungen Havemanns sind seine Erwägungen, Vorschläge, Analysen unverkennbar von dem Bemühen bestimmt, innerhalb der DDR Möglichkeiten darzulegen und anzubieten, die nach seiner Auffassung bisher nicht oder nicht genügend wahrgenommen und genutzt worden sind, außerhalb der DDR aber für ein verbessertes, geklärtes Verständnis der Ziele und Interessen der DDR einzutreten.

Zu keinem Zeitpunkt und in keiner Frage hat Havemann seine kommunistische Überzeugung und Perspektive verleugnet, und im Gegensatz zu manchem, der heute über ihn zu Gericht sitzt, hat er im nationalsozialistischen Staat für seine politische Arbeit und Überzeugung extreme Risiken und Gefährdungen auf sich genommen.

Die leitenden Gremien der Sozialistischen Einheitspartei und des Staatsapparates der DDR haben Havemann und die angeprangerten Schriftsteller bei ihrer Suche nach neuen Argumenten, Wirkungsmöglichkeiten und Ausdrucksformen nicht mit unpolemischer, sachlicher Diskussion unterstützt, sondern haben ihre gesellschaftliche und ökonomische Benachteiligung betrieben. Statt eine klärende Diskussion einzuleiten, hat man administrative Maßregelungen erlassen und moralische Diskriminierungen der kritisierten Einzelnen verkündet. Gegen Machtlose wurde Macht gebraucht. Die immensen Vorteile unbehinderter öffentlicher Äußerung und Erörterung von verschiedenen Auffassungen politischer und gesellschaftlicher, künstlerischer und wissenschaftlicher Probleme wurden nicht verstanden, nicht genutzt.

Mit solchen Verfahrensweisen, Herr Vorsitzender, wird nichts Gutes erreicht. Im Gegenteil: Allen, denen daran gelegen ist, das Ansehen der DDR und des Sozialismus herabzusetzen, friedliche Regelungen politischer und ideologischer Konflikte zu vereiteln, werden willkommene Argumente geliefert. Geschädigt und desavouiert werden alle diejenigen, deren Wille und Ziel es ist, Frieden und Verständigung zu fördern.

Wir Unterzeichnenden wenden uns an Sie, Herr Vorsitzender, und nicht an die Öffentlichkeit, mit der Bitte, alle Ihre Möglichkeiten zu nutzen, um diesem verhängnisvollen Wirkungsverlauf Einhalt zu gebieten. Nur wenn Ihnen das auf Ihrer Seite gelingt, ist es uns auf unserer Seite möglich, weiterhin mit überzeugenden Argumenten für Annäherung, klärendes Verständnis und Versöhnung der Staaten und Völker in unserer gefährlich geteilten Welt zu wirken.

Die Mächtigen haben für das Gelingen dieses Gesprächs die besondere Verpflichtung, nicht durch Machtgebrauch sondern mit den Methoden der Vernunft zum Gelingen beizutragen. Als wichtigen und nötigen Schritt auf diesem Wege betrachten und befürworten wir Regelungen, die geeignet sind, den von öffentlicher Mißbilligung Betroffenen in der DDR Möglichkeiten der geistigen Arbeit und öffentlichen Meinungsäußerung zurückzugeben, die ihren Fähigkeiten und ihren Grundrechten Genüge tun. Jedes Individuum und jedes Kollektiv, das den Anspruch erhebt, in Staat und Gesellschaft Aufklärung zugunsten des Fortschritts bewirken zu wollen, macht sich unglaubwürdig, wenn es Meinungen, denen es nicht zustimmt, von der Diskussion ausschließt, statt sie durch die Qualität der eigenen Argumente zu widerlegen.

Nur mit methodischer Skepsis, mit umfassender Bereitschaft zu offener und sachlicher Diskussion, nur mit äußerster Vorsicht im Hinblick auf möglichen Machtgebrauch können die Anhänger von Frieden und Verständigung in aller Welt zusammenarbeiten, wenn sie die für die Menschheit lebensnotwendigen Erfolge erreichen und nicht durch Preisgabe des demokratischen Weges aufs Spiel setzen wollen.

Mit dem Wunsch, Sie möchten diese Zusammenarbeit in dem hier dargelegten Sinne unterstützen und dafür sorgen, daß in Ihrem Einflußbereich alles vermieden wird, was die Erfolgschancen dieser Bemühungen beeinträchtigen muß, verbinden wir die Hoffnung auf eine ermutigende Antwort, die wir an
Heinrich Böll, 5000 Köln-Müngersdorf, Belvederestr. 35, zu richten bitten.
Mit vorzüglicher Hochachtung

56

Auf einer Aussprache im Präsidium am 27. Januar wurde lange diskutiert, wie man sich verhalten wolle, wenn das Korrespondierende Akademiemitglied Havemann in die Klassensitzung komme. Klassensekretar Edgar Lehmann wollte zwar „Disziplin wahren und sich an die Festlegungen halten", doch das „Hausverbot über die Akademiemitgliedschaft zu stellen", sei für ihn falsch und problematisch. Aufgrund eines Briefes von Robert Havemann (Dokument 39) wandte Lehmann ein, in „einer akademischen Gesellschaft, [...] die den Dialog pflegt", müsse doch die Gelegenheit eingeräumt werden, eine Erklärung abgeben zu dürfen. In dieser Haltung wurde Lehmann durch Vizepräsident Max Steenbeck bestärkt, nach dessen Ansicht, die Beendigung der Mitgliedschaft Havemanns „Angelegenheit des Präsidiums" sei, das könne man der Klasse nicht überlassen. In dieser Aussprache können Steenbeck und Lehmann „nicht überzeugt" werden. Doch sogleich schaltete sich der 1. Sekretär der Akademieparteileitung, Planert, ein und informierte die Abteilung Wissenschaften des ZK der SED. (Vgl. Dokument 57)

Dok. 56 Sitzung des Präsidiums der DAW, 27. 1. 1966
AAW, Leitung, Personalia, 163, Bl. 300–311 (Bl. 311 als Faksimile auf S. 195)

Aktennotiz über eine Aussprache im Präsidium in der Angelegenheit Havemann im Anschluß an die Behandlung der Tagesordnung

Nach Abschluß der Verhandlungen der Tagesordnung bittet Hr. Lehmann ums Wort in der Angelegenheit Havemann. Er stellt fest, daß die Klasse eine einheitliche Meinung in der Angelegenheit Havemann habe. Die Klasse distanziere sich in aller Offenheit von Hrn. Havemann. Nun habe Hr. Havemann einen Brief an ihn geschrieben, mit der Bitte, ihm Gelegenheit zur Rechtfertigung seiner Standpunkte vor der Klasse zu geben. Hr. Lehmann halte es für notwendig, daß Hr. Havemann eine Antwort auf seine Anfragen erhalte und deshalb habe er ihm bereits darauf geantwortet: Er sehe sich nicht in der Lage, gegenwärtig auf das Ansinnen von Hrn. Havemann einzugehen. Das müsse einem spätere Zeitpunkt überlassen bleiben.

Hr. Lehmann sagte, selbstverständlich werde er die Disziplin wahren und sich an die Festlegungen halten. Es sei ihm bekannt, daß folgendes vorgesehen ist:
1. Der Präsident wolle in der nächsten Sitzung der Klasse über den Fall Havemann sprechen.
2. Es wird für die Öffentlichkeit in der Presse eine Erklärung über den Fall Havemann abgegeben.

Er halte es für notwendig zu sichern, daß nicht die gegenwärtig bestehende Unklarheit von Havemann ausgenutzt wird.

Hr. Hartke: Ich werde dem Wunsch der Klasse nachkommen. Die Klasse muß sich dann über ihre Schlußfolgerungen schlüssig werden. Was die Erklärung betreffe, so darf kein Mißverständnis bestehen. Es handele sich um eine grundsätzliche Erklärung, sozusagen eine Charta der Akademiemitglieder, nicht um eine Erörterung zum Fall Havemann. Selbstverständlich ist auch eine spezielle Information aller Akademiemitglieder, nachdem die Klasse sich über ihre Haltung in der Angelegenheit Havemann schlüssig geworden ist, notwendig und wird erfolgen. Es ist wichtig, noch einmal festzustellen, daß nicht der Inhalt der Havemannschen Artikel zur Debatte stehe. Ich möchte nicht verhehlen, daß ich dazu eine scharf ablehnende Haltung einnehme, aber zur Debatte steht die Disziplinlosigkeit des Havemann, seine Illoyalität gegenüber der Akademie und der Regierung der DDR.

Hr. Lehmann betont, in der Klasse sei das vollkommen klar. Hätte Hr. Havemann mit uns vorher über seine Ansichten gesprochen, hätte ihm jeder von uns sagen können, wie man sich in einem solchen Falle verhält.

Schwierig sei die Angelegenheit durch das Hausverbot und die Frage seiner Durchsetzung. Er hätte sich folgendermaßen verhalten, wenn Hr. Havemann doch im Klassenraum erschienen wäre: Die Teilnahme am wissenschaftlichen Teil der Klassensitzung hätte er ihm nicht verwehrt. Er hätte ihm auch die Möglichkeit zu einer Erklärung gegeben, allerdings nur kurz. Dann hätte er unter Hinweis auf das Hausverbot des Generalsekretärs, gegen das Hr. Havemann verstoße, ihn aufgefordert, das Lokal zu verlassen.

Hr. Hartke weist darauf hin, daß die endgültige Antwort, die Hr. Havemann natürlich erhalten müsse, identisch sei mit der Antwort auf die Frage, wie sich die Akademie zu Havemanns Mitgliedschaft stelle.
Hr. Steenbeck sagt, er würde sich auch so wie Hr. Lehmann verhalten, aber das Problem sei, daß dieses Verfahren im Widerspruch zum Hausverbot stehe. Er könnte sich gut vorstellen, daß Hr. Lehmann sich fragt: was soll man machen, wenn er kommt.
Hr. Leibnitz erklärt, man müsse bei der Beurteilung dieses Problems die Haltung der Mitglieder der Klasse in ihrer letzten Sitzung berücksichtigen. Die Mitglieder hätten eine einheitliche Meinung. Allen war vollkommen klar: Hrn. Havemann geht es nicht um die wissenschaftliche Arbeit, sondern er wolle ein Forum haben, dem er seine unmöglichen Dinge vorreden könne. Die HH. Correns, Meyer und Thilo, also geachteste Mitglieder der Klasse, haben gesagt, es sei blamabel und unerträglich, daß er uns in eine Sache hineinmanövriert, wo wir ihm sagen müssen, wir können uns nicht mit Ihnen darüber unterhalten. Nur dafür suche er Möglichkeiten. Er wolle doch nicht darüber reden, wie er sich als Mitglied der gelehrten Gesellschaft verhalten hat. Die Notwendigkeit des Hausverbotes ist in der Klasse klar herausgekommen.
Hr. Steenbeck stellt die Frage: hat sich in der Klasse die Meinung herausgebildet, wir wollen nichts mit Havemann zu tun haben? –
Hr. Leibnitz: Ja
Hr. Steenbeck: Was werden Sie tun wenn er kommt?
Hr. Leibnitz: Dann verlassen wir das Lokal und lassen ihn allein drin sitzen.
Hr. Lehmann sagt, jetzt sehe es so aus, als habe die Klasse eine Meinung und er als Sekretar eine andere. Er würde allerdings nicht hinausgehen. Ein von ihm hochgeschätzter Kollege habe ihm auf die Frage, wie er sich verhalten würde, wenn Havemann erscheint, gesagt, er würde hinausgehen. Er, Hr. Lehmann, habe ihn jedoch gebeten, in diesem Falle zu bleiben. Er habe sich darüber gefreut, daß dieser Kollege sich schließlich damit einverstanden erklärt habe. Er, Hr. Lehmann, werde aber klar gegenüber Havemann sprechen und ihm begründen, warum die Klasse ihn nicht haben wolle.
Hr. Steenbeck: Mit dieser Verfahrensweise setzen Sie sich in Widerspruch zu dem Hausverbot.
Hr. Rompe führt aus, daß die Korrespondierenden Mitglieder sich nach dem Statut auf die Teilnahme an der wissenschaftlichen Tätigkeit der Klasse zu beschränken haben. Das ist, sofern es sich um wissenschaftliche Belange handelt, klar. Was Havemann wolle, habe er mehrmals erklärt, aber das gehöre zum geschäftlichen Teil und damit würde er das Statut verletzen, also müsse man ihn hinausschicken.
Hr. Lehmann: Ich habe dagegen Bedenken, aus dem Geiste einer akademischen Gesellschaft heraus, die den Dialog pflegt. Wo einer sagt, ich möchte die Gelegenheit haben, um eine Erklärung abzugeben, muß man ihm diese Möglichkeit schaffen! Es dürfe nicht herauskommen, daß er sage: Ich habe keine Möglichkeit gehabt, etwas zu sagen. In der Angelegenheit selbst würde er Havemann eine klare unmißverständliche Antwort geben: Das könne überall auch gedruckt werden.
Hr. Klare: Es komme immer wieder auf dasselbe heraus. Das Hausverbot ist ausgesprochen. Was geschieht wenn er kommt? Man müsse sich auf den Standpunkt stellen, das

Hausverbot besteht, also gehe es darum, ihm den Zutritt zu verwehren. Wenn er komme und am Portal durchgehe und man kann ihn nicht daran hindern, in der Klasse zu erscheinen, dann müßte man ihn reden lassen, dann eine entsprechende Antwort erteilen und ihn hinausweisen.
Hr. Rompe: Das Hausverbot ist eine begründete Maßnahme. Es komme darauf an, daß sich jeder mit den gebotenen Mitteln dahinter stelle. Das erste Wort, daß [sic!] beim Erscheinen an ihn gerichtet werden müsse, ist: „Sie haben Hausverbot. Was wollen Sie hier." Das müsse auch der Sekretar tun.
Hr. Lehmann: Das wollte er auch. Er wollte ihm sagen: Mit Ihrem Erscheinen versetzen Sie uns in eine peinliche Lage. Das geschieht nicht zum ersten Mal. Bitte nehmen Sie Platz zum wissenschaftlichen Teil. – Er, Hr. Lehmann, halte das Hausverbot nicht für richtig. Das Hausverbot über die Akademiemitgliedschaft zu stellen sei problematisch.
Hr. Rompe: Sie halten das Hausverbot nicht für richtig und nach der Einschätzung, die eben Hr. Leibnitz hat, hält die Klasse es für richtig. Das ist in der Tat ein wichtiger Widerspruch. Dann müsse man das zu Ende diskutieren. Nach Hrn. Rompes Ansicht müsse das Hausverbot in jedem Falle respektiert werden.
Hr. Steenbeck: Das Hausverbot besteht nun einmal. Ich halte den Weg, den Hr. Lehmann beschreiten will, für richtig. Persönlich halte ich das Hausverbot für unmöglich. Es geht nicht an, durch einen administrativen Akt die Rechte des Korrespondierenden Mitgliedes aufzuheben. Ich habe deswegen einen Brief auch an Herrn Hager geschrieben und mit Herrn Hager gesprochen. Er hielt diese Form ebenfalls für übertrieben. Die Reaktion von Hrn. Lehmann wäre m. E. richtig, nachdem das Hausverbot besteht. Nach Ansicht von Hrn. Steenbeck werde man die Beendigung seiner Mitgliedschaft nicht der Klasse überlassen können. Das sei eine Angelegenheit des Präsidiums.
Hr. Lehmann weist darauf hin, daß das Ziel in der Trennung von Hrn. Havemann in klarster und prozessistischer Form sei. Wir müssen sagen: Hr. Havemann habe soviel Verständnis gefunden, aber er hat das nur mißbraucht, alle Hinweise habe er nicht beachtet. Dann stehen wir vor der Öffentlichkeit gerechtfertigt da.
Hr. Rompe erinnert noch einmal an die Ausführungen von Hrn. Leibnitz. Das Hausverbot sei nun einmal ausgesprochen. Es komme jetzt darauf an, daß alle es respektieren. Wir könnten nicht revozieren. Er kenne Havemann gut genug. Man müsse berücksichtigen, wie er reagiere, und dürfe keine Schwäche zeigen (Hr. Steenbeck: Schwäche???) Wir müßten uns an die Tatsachen halten. Daß Havemann kein Interesse daran habe, die wissenschaftliche Arbeit der Klasse zu fördern, ist eine erkennbare Tatsache. Er sei jemand, der ganz bewußt die Akademie für seine eigenen egoistischen, nicht zu rechtfertigenden Ziele benutze. Da müsse man auch schlau sein und sich nicht hereinlegen lassen. Was Hr. Lehmann sage, ehre ihn sehr. Aber er darf in seiner globalen Wertschätzung der Menschen nicht verkennen, daß Havemann völlig unbelehrbar sei und daß man damit rechnen muß. Sonst gelinge es Hrn. Havemann, einen Wurm in der Akademie zu deponieren.
Hr. Leibnitz: Er werde ein Unbehagen in der Sache nicht los. Wir entfernen uns immer wieder von den Tatbeständen. Havemann habe trotz aller Warnungen und Hinweise es nicht unterlassen, mit Leuten Verbindung zu suchen und zu halten, die man nur als allerdunkelste Existenzen bezeichnen kann. Der Generalsekretär und wir alle standen

vor der Situation, daß er sich schwer vergangen und Materialien über dunkelste, sumpfige Kanäle nach dem Westen geleitet habe. Das ist ein unerhörtes Gefahrenmoment. Nehme er am wissenschaftlichen Teil der Verhandlungen teil, dann habe er die Möglichkeit, mit diesem oder jenem alle möglichen Gespräche zu führen. Das zu verhindern sei das Ziel des Hausverbotes.

Hr. Steenbeck: Was Hr. Leibnitz sagt ist zweifellos richtig. Aber wie man sich von einem Korrespondierenden Mitglied trenne, das liege fest.

Präsident Hartke wirft ein: Aber man müsse differenzieren, von was für einem Korrespondierenden Mitglied. In diesem Falle von einem KAkM, das erklärtermaßen umgehend einen Bericht über die Klassensitzung an westdeutsche Nachrichtenorgane gelangen lassen werde. Und was aus solchen Informationen werden könnte, erläutert er im Fall Bloch. Er habe seinerzeit von einem westdeutschen KAkM eine Kritik am Verfahren der DAW unter Mitteilung von Auszügen aus der westdeutschen Presse erhalten, die als Begründung der Akademie für Blochs Ausschluß dort zitiert wurden. Er habe festgestellt, daß es sich um wörtliche Ausschnitte aus einem scharfen Artikel in unserer Presse handelte, der gegen Blochs Philosophie von einem seiner Schüler geschrieben war. Das war als offizielle Formulierung der Akademie ausgegeben worden. Er habe dies dem Akademiemitglied aus dem Westen mitgeteilt. Als dieses den Versuch unternahm, in der Westpresse für Aufklärung zu sorgen, hatten die westdeutschen Presseorgane keinen Platz dafür gegeben. Diese Erfahrung, daß so die Westpresse jede Information durch Havemann zur Diskriminierung der DAW mißbrauchen und frisieren werde, müsse man berücksichtigen. Wir schaden der Akademie durch eine Zulassung Havemanns zu Sitzungen heute mehr als durch ein Hausverbot. Man müsse auch feststellen, daß bisher kein Mensch wegen des Hausverbotes den vorausgesagten Wind gemacht habe.

Hr. Rienäcker erklärt die Motive, die ihn zur Erteilung des Hausverbotes veranlaßt haben. Havemann habe offen bekundet, daß er sich nicht nur als Wissenschaftler, sondern vor allem als Streiter für seine politischen Ansichten betrachte, und festgestellt, daß er die Akademie zum Forum seiner Ansichten machen wollte. Er als Generalsekretär sei hier der Hausherr und habe sich im Hinblick darauf gezwungen gesehen, das Hausverbot zu erteilen. Dabei sei zu berücksichtigen gewesen, daß von Havemann kein Zurück zu erwarten sei. Davon habe er sich leiten lassen.

Hr. Hartke: Der Generalsekretär habe das Problem ganz richtig erkannt, Als Präsident müsse er besonders darauf hinweisen, daß von Havemann die Normen des Akademiemitgliedes grundsätzlich nicht mehr eingehalten werden. Das mache ihm die eigentlichen Sorgen. Gegenüber Hrn. Havemann sei jede falsche Rücksichtnahme unangebracht, da er gegenüber Hrn. Klare ausdrücklich erklärt habe, er fühle sich aus eigener Verantwortung nicht an Normen und Ordnungen gebunden.

(*Hr. Bilkenroth* verläßt die Sitzung wegen der bevorstehenden Konferenz. Unter allgemeinem Zeitdruck entsteht Unruhe.)

Hr. Rompe weist auf die Diskussionen hin, die seinerzeit in der Angelegenheit der Umwandlung der Mitgliedschaft mit Hrn. Havemann geführt wurden. Wie habe er sich aber verhalten! Vor zwei bis drei Jahren habe er ihn selbst noch für einen Menschen gehalten, mit dem man klarkommen könne.

Hr. Klare wolle doch noch einmal die Frage aufwerfen, was wird gemacht, wenn Hr. Havemann das Hausverbot nicht respektiere, wenn er beim Pförtner durchgehe, in der Klasse sitze und die Aufforderung des Sekretars nicht respektiere.
Hr. Rompe: Dann gehen wir alle raus. Es ist eine alte Weisheit, mit Rowdys soll man sich nicht prügeln.
Hr. Hartke: betrachtet das Verbot nicht als eine administrativ zu handhabende Polizeimaßnahme, sondern als eine im moralischen Sinne zu handhabende Waffe. Die moralischen Normen der Akademie verlangen von jedem Einhaltung des Hausverbotes; auch wenn jemand persönlich damit nicht einverstanden ist. Würde Hr. Havemann es nicht respektieren, so handele es sich um einen schwerwiegenden subjektivistischen Verstoß gegen die Normen der Akademie. Wenn er sich nicht an die moralischen Normen halte, dann dürften wir uns aber nicht auf diese Ebene hinunterziehen und zu Polizeimaßnahmen verleiten lassen. Was dann zu geschehen habe in Anwendung der Normen, müsse man der gegebenen Situation überlassen. Das zu entscheiden, sei bei Durchsetzung von moralischen Normen zweifellos nicht so einfach wie bei der von Polizeianordnungen. Aber in jedem Falle müsse man auf das Schwerwiegende des Verstoßes aufmerksam machen. Würde Havemann auch das nicht respektieren, dann werde niemand Hrn. Lehmann einen Vorwurf etwa daraus machen, daß er nur auf die moralischen Normen des AkM aufmerksam gemacht und ihre Einhaltung gefordert habe. Der Präsident würde selbst von Normen ausgehen, für die das Interesse der Gesamtheit der Akademie die Maßstäbe setze. Würde Hr. Havemann heute im Plenum erscheinen, so würde er das Plenum z. B. nicht auflösen. Eine solche Maßnahme würde unter den gegebenen Umständen (lange vorbereitete Konferenz, bereits einmal verschoben) das Gesamtinteresse der Akademie verletzen, und wäre also ein Sieg Havemanns. Das Wort würde er Havemann selbstverständlich nicht geben.
Hr. Lehmann betont nochmals, um Mißverständnissen vorzubeugen, er glaube, daß das Hausverbot sehr gut überlegt sei. Hr. Rienäcker habe es sicher nicht ohne Bedenken getan. Er, Hr. Lehmann, betrachte es als Schutz der Akademie im gegenwärtigen Augenblick, aber nicht als eine Maßnahme für die Dauer. Wir seien Havemann gegenüber noch eine Erklärung schuldig. Er sei persönlich „gern" bereit, sie ihm zu geben. Sonst bekomme Havemann durch unser Schweigen noch die Möglichkeit, die Akademie auf seine Ebene herabzuziehen.
Präsident Hartke stellt die Frage. ob die Sitzung der Klasse nach Ansicht von Hrn. Lehmann wohl so verlaufen wäre, wenn Havemann tatsächlich erschienen wäre. Hr. Lehmann bejaht. Die Klasse habe ganz entschieden Stellung genommen.
Hr. Rompe macht vor Schluß darauf aufmerksam, daß auf Vorschlag von Hrn. Steenbeck eine Ausarbeitung über die grundsätzliche Haltung eines Akademiemitgliedes vorgelegt werde. Wir sollten alles was zu tun ist genau überlegen und auf diese Grundsatzerklärung abstimmen. Einzelerklärungen führen nur zum Durcheinander.
Hr. Steenbeck: Mich haben Sie nicht überzeugt und wie ich meine, Hrn. Lehmann wohl auch nicht.
Hr. Hartke zu Hrn. Steenbeck: Sie haben mich auch nicht überzeugt.

***

Faksimile: Letztes Blatt von Dokument 56. Bemerkung von Werner Richter zum Protokoll der Präsidiumssitzung:

Ich habe Gen. Planort über den Verlauf der Diskussion berichtet. Er hat – wegen der Erwähnung von Hager – gleich Schubert angerufen, der sofort herüberkam. Ihm habe ich 1 Ex[em]pl[ar] meiner Mitschrift gegeben unter dem Vorbehalt, daß ich – wegen Schwierigkeiten der Langschrift – es gerne Dir nochmals vorgelegt hätte, wegen Gedankenkontrolle.
Ich rufe heute abend noch zu Hause an.
Planert erinnerte an Sonnabend 8[30] Uhr (Konzeption Erweitertes Präsidium).
Die Polenreise, meint er, sollte Rienäcker machen.
Werner Richter

57

Zwischenanalyse im ZK und Planung des weiteren Vorgehens der Akademie, 28./29. 1. 1966

Unmittelbar nach der Präsidiumssitzung, über die Hartkes Referent Richter und Akademieparteisekretär Planert den Mitarbeiter der ZK-Abteilung Wissenschaften, Werner Schubert, informierten, analysierte dieser die Situation und entwickelte ein Konzept des weiteren Vorgehens. Offenbar hatten die bisherigen Maßnahmen noch immer nicht dazu geführt, daß die Bedenken wichtiger Akademiemitglieder, ja nicht einmal die von Präsidiumsmitgliedern zerstreut werden konnten. Der vom ZK weidlich geschürte Ärger der Akademiker darüber, daß Havemann mit seinem politischen Engagement ihnen Spannungen mit den politischen Herren eingebracht hatte, berührte nicht die Frage, ob sie seine Position begrüßten, für vertret- und diskutierbar hielten oder für abwegig. Hierüber gab es geteilte Meinungen. Allein, es war ihnen klar, daß sie zur Geisel wurden, indem man ihnen abverlangte, den Störenfried zu verurteilen. Freilich bekannte keiner offen, die Auffassungen Havemanns zu teilen, aber es „fragten sehr viele jetzt, wieso auf ein falsches Wort ihr E[inzel]V[ertrag] aufgehoben werden könnte" (Thilo, Dokument 43). Am gravierendsten mußte für die Akademiemitglieder das Hausverbot sein, das dem Mitglied ohne jegliches reguläres Verfahren die grundlegenden Rechte der Mitgliedschaft praktisch nahm. Steenbeck beharrte auf der Forderung nach diesem ordentlichen Verfahren und auch Lehmann wollte sich nicht zum Exekutor eines Willküraktes machen lassen. Die Zwangslage, in die er sich gestellt sah, lastete er indes nicht den Verursachern im ZK an, sondern Havemann, der den Gemeinschaftsgeist der Korporation der Akademiemitglieder verletzt habe, weil er sie durch seine politische Stellungnahme vor die Alternative stellte, die Folgen von Aufrichtigkeit in Kauf zu nehmen oder sich an seiner Drangsalierung zu beteiligen. Wie es den Akademiemitgliedern darum ging, dieser Alternative zu entrinnen, so galt es für die SED-Instanzen, sie unentrinnbar zu machen. Wäre es nur darum gegangen, Havemann aus der Akademie zu werfen, hätte ein administrativer Akt des Ministerpräsidenten legal ausgereicht, doch bei der Maßregelung Havemanns sollten die Akademiemitglieder zu Komplizen gemacht werden. Sie selbst sollten diese Repression ausführen. Ihr Versuch, sich dem zu entwinden, war zu verhindern; sie dazu zu zwingen, war pädagogischer Zweck des Unternehmens, dem sich alle Überlegungen Schuberts über den am ehesten erfolgversprechenden Weg unterordneten. Sein Konzept reichte er am 28. Januar an den Abteilungsleiter Hörnig weiter, der es für gut befand und unverändert an Hager weiterleitete.

In seinem Anschreiben für Hager ergänzte Hörnig die Information Schuberts vom 27. 1. und schrieb u. a.:

Dok. 57 Johannes Hörnig, Anschreiben an Kurt Hager, [Auszug], 29. 1. 1966
SAPMO-BArch, SED, ZPA, IV A 2/9.04/106

[...] Zusätzlich erfahre ich heute noch folgendes:
1. Die Genossin Havemann, die sich bekanntlich scheiden lassen will, ist von ihrem Rechtsanwalt aufgefordert worden, die Sache noch etwas hinauszuschieben, da sich der Einfluß von H. ständig festigen würde.[1]
Er habe starke Freunde in Polen und in der ČSSR.
Die Angelegenheit mit dem Rechtsanwalt hat die Bezirksleitung Berlin übernommen.
2. Havemann hat seinen Kindern mitgeteilt, daß er für den Friedensnobelpreis vorgesehen sei. Dieser Fakt läßt sich von uns sehr schwer überprüfen.

Werner Schubert, Information an den Abteilungsleiter, 27. 1. 1966
SAPMO-BArch, SED, ZPA, IV A 2/9.04/106

Betr.: Angelegenheit Havemann
Nach Abschluß der offiziellen Tagesordnung gab es im Präsidium am 27. 1. 1966 nochmals eine Diskussion zur Behandlung der Angelegenheit Havemann.
Der Sekretär [sic!] der Klasse Chemie, Prof. Lehmann, informierte die Präsidiumsmitglieder darüber, daß die Klasse sich einheitlich in aller Offenheit von Havemann distanziere. Gleichzeitig informierte er, daß er von Havemann einen Brief erhalten habe, in dem Havemann bittet, ihm Gelegenheit zur Rechtfertigung seiner Standpunkte vor der Klasse zu geben. Lehmann habe ihm bereits geantwortet, daß er sich nicht in der Lage sehe, gegenwärtig auf das Ansinnen Havemanns einzugehen. (Es ist mittlerweile bekannt, daß Havemann an folgende Personen derartige Briefe geschrieben hat: Hertz, Lehmann, Oelßner, Kuczynski, Stern, Klare.)
Prof. Lehmann betonte im Präsidium, daß er selbstverständlich Disziplin wahren werde und sich an die Festlegungen halte. Im Verlaufe des Gesprächs wurde jedoch auch

---

[1] Havemanns Ehefrau, Karin Havemann, hatte unmittelbar nach seiner fristlosen Entlassung die Scheidung eingereicht. Ihr Anwalt war Götz Berger, der spätere Anwalt Robert Havemanns, dem 1976 die Anwaltszulassung entzogen wurde, weil er 1976 dem ZK die Rechtswidrigkeit der Ausbürgerung Wolf Biermanns vorhielt (Vgl. *Volkmar Schöneburg,* Ein Jurist mit aufrechtem Gang – Götz Berger, in: Demokratie und Recht, 1990, H. 4, S. 461–474; *Götz Berger* an das Zentralkomitee der SED, November 1976, in: Ein Jurist mit aufrechtem Gang. Götz Berger zum 90. Geburtstag. 26. Januar 1995, Berlin 1995, S. 45–50.). Um von Havemann die zusätzliche Belastung des Scheidungsverfahrens fernzuhalten, riet er seiner Mandantin, mit der Klage zu warten. Da sie die Scheidung vor allem aus politischen Gründen eingereicht hatte, machte er ihr gegenüber auch unmittelbar politische Erwägungen geltend. Die Berliner SED-Bezirksleitung wurde beauftragt, diese nicht in ihr Konzept passende Vorgehensweise zu unterbinden. Götz Berger übernahm später sowohl die Rechtsvertretung Robert Havemanns als auch die seiner Söhne Frank und Florian, die wegen ihres Protestes gegen den Einmarsch der Warschauer-Pakt-Truppen in die ČSSR 1968 angeklagt und verurteilt wurden. (Vgl. Dokument 156)

sichtbar, daß er mit dem durch den Generalsekretär erlassenen Hausverbot nicht einverstanden sei, bzw. Bedenken habe. Aus dem Geist einer akademischen Gesellschaft heraus, die den Dialog pflegt, müßte man jedem, der um die Abgabe einer Erklärung bittet, die Gelegenheit dazu schaffen. Im Falle Havemann stünde die Akademie vor der Öffentlichkeit dann gerechtfertigt da, wenn sie sagen kann, Havemann habe sehr viel Verständnis gefunden, aber er hat es nur mißbraucht, er habe alle Hinweise mißachtet. Lehmann würde Havemann eine klare und unmißverständliche Antwort geben, die auch überall gedruckt werden kann.

Prof. Steenbeck stellte sich vollständig auf die Seite Lehmanns. Er betonte, daß er das Hausverbot für unmöglich halte. Es geht nicht, durch einen administrativen Akt die Rechte des korrespondierenden Mitgliedes aufzuheben. In diesem Zusammenhang sagte Prof. Steenbeck vor dem Präsidium, daß er mit Genossen Hager gesprochen habe und auch er diese Form für übertrieben halte. Prof. Steenbeck äußerte auch Zweifel darüber, ob die Klasse sich wirklich von Havemann trennen wolle, obwohl alle anwesenden Klassenmitglieder (Lehmann, Leibnitz, Klare) dies auch auf dieser Besprechung als die allgemeingültige Auffassung der Klasse darstellten. Nach Auffassung Steenbecks sei die Beendigung der Mitgliedschaft Havemanns Angelegenheit des Präsidiums, das könne man der Klasse nicht überlassen.

Wie aus der Niederschrift dieser Aussprache hervorgeht, haben sich alle Genossen (Hartke, Rienäcker, Rompe, Leibnitz) konsequent verhalten und sich vor die Maßnahme des Generalsekretärs (Hausverbot) gestellt.

Genosse Rienäcker nahm zu den Motiven seines Schrittes Stellung und sagte u. a.: „Havemann habe offen bekundet, daß er sich nicht nur als Wissenschaftler, sondern zugleich als Kämpfer für seine politischen Ansichten betrachtet und festgestellt, daß er die Akademie zum Forum seiner Ansichten machen wollte. Er als Generalsekretär sei hier der Hausherr und habe sich im Hinblick darauf gezwungen gesehen, das Hausverbot zu erteilen. Dabei sei zu berücksichtigen gewesen, daß von Havemann kein Zurück zu erwarten sei. Davon habe er sich leiten lassen."

Die Genossen ergänzten und vertieften diesen, auch von ihnen als richtig vertretenen Schritt des Generalsekretärs, indem sie hervorhoben, daß es sich hier nicht um einen allgemeinen, sondern um einen ganz konkreten und sehr spezifischen Fall handelt.

Man könne sich bei allem Für und Wider unter keinen Umständen die Absicht und die Taktik aufzwingen lassen. Genosse Hartke verwies darauf, daß es sich bei diesem Hausverbot nicht so sehr um eine administrative, sondern um eine moralische Waffe handle, dann dürften wir uns nicht auf diese Ebene hinunterziehen lassen. Während Prof. Lehmann zu erkennen gab, vor allem nach der Stellungnahme des Genossen Rienäcker, daß das Hausverbot sicher sehr gut überlegt sei und er es als Schutz der Akademie im gegenwärtigen Augenblick (nicht als eine Maßnahme von Dauer) betrachte, ließ Prof. Steenbeck von seiner Auffassung nicht ab. Das ganze Gespräch endete schließlich damit, daß Steenbeck erklärte: „Mich haben Sie nicht überzeugt" und Hartke zu Steenbeck sagte: „Sie haben mich auch nicht überzeugt."

Der Zeitplan für die Abberufung Havemanns als korrespondierendes Mitglied ist nunmehr folgender:

Am 10. 2. 1966 erfolgt der Antrag durch die Klasse Chemie. Am 24. 2. müssen die anderen Klassen über diesen Antrag informiert und für die Plenarsitzung am 24. 3. 1966 eingeladen werden. Am 24. 3. 1966 findet die Behandlung dieser Angelegenheit vor dem Plenum der Akademie statt.

*

Meine Auffassung zu der im Vorangegangenen geschilderten Situation ist folgende, die ich zu bestätigen bitte:

1. *Das durch den Generalsekretär ausgesprochene Hausverbot kann man nicht aufheben.* Es ist durch das anarchistische Verhalten Havemanns und durch seine erklärte Absicht begründet, die Akademie als Forum für seine Ideologien und Handlungen zu mißbrauchen. Eine Aufhebung dieses Hausverbotes würde den Generalsekretär (den Staatsfunktionär an der Akademie!) diskreditieren. Die Argumentation, daß es sich hierbei um eine außergewöhnliche aber notwendige Maßnahme handelt, die auf Grund des außergewöhnlichen und alle üblichen Normen mißachtenden Verhaltens Havemanns als Schutzmaßnahme notwendig wurde; ist weiterhin in den Vordergrund zu rücken.
2. Die bisher noch nicht entschiedene Frage, ob Havemann an der Sitzung des Plenums selbst teilnehmen soll, muß baldmöglichst geklärt werden.

Bezieht man sich auf den im Statut der DAW fixierten Rechtsstand, so ist die Teilnahme Havemanns an dieser Sitzung nicht erforderlich, da die korrespondierenden Mitglieder an den Geschäftssitzungen des Plenums (um eine solche handelt es sich in diesem Falle) nicht teilnehmen können.

Unserer Entscheidung sollte jedoch nicht diese formale, sondern die politische Seite des Problems zugrunde liegen. Ich beurteile die Sachlage wie folgt:

a) wenn Havemann an der Sitzung teilnimmt, und ihm würde mit den gleichen Argumenten und der gleichen Konsequenz entgegengetreten, wie das in der Klassensitzung (die ohne seine Anwesenheit stattfand) der Fall war, dann wäre der politische und erzieherische (für die anderen Akademiemitglieder) Erfolg eines Ausschlusses wesentlich größer. Dann entfiele das Argument: Havemann ist ja nicht einmal gehört worden. Bei einer Teilnahme Havemanns müßte jedoch gesichert werden, daß er nicht die Möglichkeit erhält, seine Ideologien und Theorien vor dem Plenum darzulegen, es müßte gesichert werden, daß lediglich das Verhalten Havemanns als Akademiemitglied und damit als Bürger der DDR zur Diskussion steht.

Es muß jedoch gesehen werden, daß Havemann alles versuchen wird, eine politische Plattform zu bekommen, daß im Falle eines „klugen" Vorgehens und Verhaltens Havemanns eine Reihe Akademiemitglieder eine schwankende Haltung einnehmen werden, daß bei flegelhaftem und provokatorischem Verhalten Havemanns die Möglichkeit der klaren und prinzipiellen Verhandlungsführung genommen wird und eine gewisse Verwirrung entsteht. Diese soeben skizzierten Gefahren erfordern unbedingt, daß eine Reihe spezieller politischer und taktischer Maßnahmen festgelegt werden müssen und sehr zielgerichtete politische und ideologische Vorbereitungsmaßnahmen einzuleiten sind.

b) Wenn Havemann an der Sitzung nicht teilnimmt, dann werden zweifelsohne viele Fragen „leichter" sein, dann wird die Gefahr der Verbreitung seiner Ideen und die Gefahr von Provokationen und Flegeleien nicht gegeben sein. Dann würde jedoch der nicht unwesentlichere hemmende Faktor wirksam, daß viele Akademiemitglieder meinen, man hat ihm ja nicht einmal die Möglichkeit der Stellungnahme und Rechtfertigung gegeben. Diese Auffassung sollten wir nicht unterschätzen.
Beide Varianten muß man unter dem Gesichtspunkt sehen, daß über den Ausschluß Havemanns letztlich die geheime Abstimmung entscheidet. Wenn ich alles abwäge, komme ich zu der Auffassung, daß *die Teilnahme Havemanns an der Plenartagung die bessere und erfolgversprechendere, wenn auch schwierigere Variante* ist.
Wenn er teilnimmt, dann schwindet das nach meiner Auffassung relativ weitverbreitete Unwohlsein, man habe Havemann nicht gehört. Es ist wahrscheinlich, daß Havemann versucht, politisches Kapital herauszuschlagen, d. h. um die Frage seiner Haltung als Akademiemitglied herumzureden und auf die Rechtfertigung seines „Spiegel"-Artikels zuzusteuern. Das würde, bei taktisch richtiger und konsequenter Verhandlungsführung auf die Masse der Akademiemitglieder eine abstoßende Wirkung hervorrufen.
Ich meine, daß auf der Grundlage der vorgesehenen Erklärung über die Verantwortung des Wissenschaftlers in unserer Zeit und bei einer klaren und stichhaltigen Begründung für den Ausschluß auch oder gerade bei Anwesenheit Havemanns die Möglichkeit besteht, die erforderliche Mehrheit für den Ausschluß zu erreichen.
3. Wir sollten verstärkt darauf drängen, daß die Erklärung über die Verantwortung des Wissenschaftlers in unserer Zeit baldmöglichst fertiggestellt und mit uns abgestimmt wird.
4. Ich würde es für sinnvoll halten, wenn wir mit Prof. Steenbeck und evtl. auch mit Prof. Lehmann ein direktes Gespräch führen, um sie mit unserem Standpunkt vertraut zu machen, damit die dauernden Querschüsse zu Randfragen aufhören.
5. Es ist selbstverständlich, daß wir uns intensiv um den Fortgang der Angelegenheit kümmern, direkten Anteil nehmen und bei allen wesentlichen Grundsatz- und Taktikdiskussionen durch die Akademieparteiorganisation unmittelbar teilnehmen.
6. Den vorgesehenen Zeitplan sollten wir bestätigen und auf seine Einhaltung drängen.

58

Dok. 58 Sitzung der Klasse für Bergbau, Hüttenwesen und Montangeologie, 28. 1. 1966
AAW, Leitung, Personalia, 163, Bl. 299 f.

Interne Parteiinformation für den Genossen Präsidenten
Sehr geehrter Genosse Prof. Hartke!
In der Geschäftssitzung der Klasse informierte Hr. Bilkenroth, der in Vertretung des Sekretars an der Präsidiumssitzung am gleichen Tage teilgenommen hatte, die anwesenden neun Klassenmitglieder über die Festlegungen des Präsidiums. Außerdem be-

richtete Hr. Bilkenroth über die Diskussion im Zusammenhang mit dem Hausverbot für Prof. Dr. Havemann. Die Art der Schilderung der anscheinend sehr heftigen Diskussion und der Meinung der einzelnen Präsidiumsmitglieder forderte eigentlich eine Reaktion der anwesenden HH. heraus. So kam es auch zu eindeutigen Meinungsäußerungen aller HH., und zwar derart, daß sie die Auffassung von Hrn. Lehmann unterstützen, Prof. Dr. H. die Möglichkeit einer Stellungnahme in der Klasse zu geben. In diesem Zusammenhang wurde die Verhängung des Hausverbotes als nicht geeignete administrative Maßnahme deklariert.
Die Darstellung durch Hrn. Bilkenroth war m. E. etwas einseitig, und die Argumente zur Begründung des Hausverbotes kamen zumindest schlechter weg als die Gegenargumente. Infolge der Kürze der Zeit wurde keine weitere ausführliche Aussprache geführt.
Mit sozialistischem Gruß!
E.-G. Böhme
wiss. Referent   Berlin, den 28. 1. 1966
[handschriftlicher Zusatz:]
Die HH Härtig, Kirchberg, Bilkenroth haben einen Brief von Havemann erhalten. Dr. Sinnecker: Hr. Lehmann habe ihm gesagt, er sei von verschiedenen Seiten auf Hav[emann] angesprochen worden, es bestehe allgemein die Vorstellung, Hav[emann] werde wegen seiner Äußerungen (Inhalt) angegriffen.
Richter 28/1

59–61

Endgültige Bestätigung der fristlosen Entlassung Havemanns als Arbeitsgruppenleiter, 29. 1. 1966
Mit der Zurückweisung des Einspruchs gegen die Abberufung durch das Geschäftsführende Präsidium, wurde die Abberufung rechtskräftig. Havemann war nicht gehört worden, ihm wurde keine Begründung ausgehändigt, die Begründung der Zurückweisung des Einspruchs wurde lediglich für die Akten verfaßt und selbst die gesetzlich vorgeschriebenen Fristen waren überschritten. Doch es gab in der DDR keine Instanz, vor der Havemann die Rechtswidrigkeit des Vorgangs hätte anfechten können, außer genau der Institution, die ihn durchführte.

Dok. 59 Werner Hartke an die Akademieparteileitung, 28. 1. 1966
AAW, Leitung, Personalia, 162, Bl. 332

Anliegend übergebe ich die Formulierung des Antwortbriefes, den der Generalsekretär Prof. *Havemann* zustellen soll. Die Erteilung dieser Antwort ist unbedingt notwendig, um Prof. Havemann keine Möglichkeit zu weiteren Aktionen zu geben, da die Frist, innerhalb derer eine Beantwortung eines Einspruches zu erfolgen hat, bereits erheblich überschritten ist.
Prof. Dr. Werner Hartke

Dok. 60 Günther Rienäcker an Robert Havemann, 29. 1. 1966
RHG, Archiv, NL Havemann

DEUTSCHE AKADEMIE DER WISSENSCHAFTEN ZU BERLIN

DER GENERALSEKRETÄR

Herrn
Prof. Havemann

Berlin, den 29. Januar 1966

Sehr geehrter Herr Professor Havemann!

Das Geschäftsführende Präsidium hat in seiner Sitzung am 13. 1. 1966 Ihren Einspruch gegen Ihre Abberufung als Leiter der Arbeitsstelle für Photochemie der Forschungsgemeinschaft der naturwissenschaftlichen, technischen und medizinischen Institute behandelt und beschlossen:

1. Die fristlose Abberufung von Prof. Dr. Havemann als Leiter der Arbeitsstelle für Photochemie ist begründet und gerechtfertigt.

2. Das Verfahren wurde korrekt und den gesetzlichen Bestimmungen entsprechend durchgeführt. Der Einspruch wird abgelehnt. Die Abberufung ist damit endgültig.

Die Begründung für die Ablehnung des Einspruches wird Ihnen bekanntgegeben werden.

Mit vorzüglicher Hochachtung
- Prof. Dr. G. Rienäcker -

---

[1] Im Entwurf Rienäckers lautete der Schluß des letzten Satzes: „[...] Ihnen mitgeteilt." – AAW, Leitung, Personalia, 162, Bl. 333.

Akademiemitglied ohne Rechte. 5. Januar 1966 bis 30. Januar 1966

Dok. 61 Interne, nicht abgesandte Kündigungsbegründung, 29. 1. 1966
AAW, Leitung, Personalia, 163, Bl. 342

Begründung
Der Leiter einer wissenschaftlichen Einrichtung der DDR hat die Pflicht, die Loyalität gegenüber der Regierung der DDR zu wahren. Durch einen Sprecher hatte der Ministerpräsident AkM Havemann mitteilen lassen, daß die Regierung AkM Havemann ersuche, Veröffentlichungen in anderen Ländern und auswärtigen Organen, insbesondere solchen, die der DDR feindlich gegenüberstehen, prinzipiell zu unterlassen. AkM Havemann hat nicht nur sofort erklärt, daß ein solches Ersuchen der Regierung für ihn nicht gültig sei, sondern auch entsprechend gehandelt.
Dieses Verhalten sowie der dadurch angerichtete Schaden zwangen Vizepräsident Klare zum Eingreifen. Die getroffenen Maßnahmen waren richtig, das Verfahren korrekt.

Maßregelung nach Terminplan

31. Januar 1966 bis 10. Februar 1966

62

Der von Werner Schubert im ZK entworfene Plan (Dokument 57) des weiteren Vorgehens wurde, ausgefeilt und unterschrieben von Lotar Ziert, Leiter des Büros des Generalsekretärs und in späteren Jahren bis zum Herbst 1989 verantwortlich für die Ausarbeitung und Überwachung engstirniger Sicherheits- und Geheimhaltungsmaßregeln für die Gesellschaftswissenschaftler der Akademie, umgehend auf der Leitungsebene der Akademie umgesetzt. Darin wird der Akademieausschluß Havemanns für die Plenarsitzung vom 24. März vorgesehen. In den verbleibenden sechs Wochen bis zum Plenum mußte in allen Klassensitzungen die „Abrechnung" mit Havemann vorbereitet werden.

Dok. 62 Terminplan für die Behandlung des Antrages auf Beendigung der Mitgliedschaft von Hrn. Havemann, 31. 1. 1966
AAW, Leitung, Personalia, 163, Bl. 292

10. 2. 66 Klasse für Chemie, Geologie und Biologie Beschlußfassung über den Antrag auf Beendigung der Mitgliedschaft

24. 2. 66 Einladung zur Geschäftssitzung des Plenums. Gemäß § 2 der Abstimmungs- und Wahlordnung ist vier Wochen vorher gesondert zur Plenarsitzung, in der über die Beendigung einer Mitgliedschaft abgestimmt werden soll, einzuladen.

24. 2. 66 oder
10. 3. 66 alle Klassen
Beratung des Antrages auf Beendigung der Mitgliedschaft. Laut § 2 der Abstimmungs- und Wahlordnung ist vor der Abstimmung im Plenum eine Diskussion in den Klassen durchzuführen. (§ 2, Abs. 1 der Abstimmungs- und Wahlordnung).

24. 3. 66 Plenarsitzung
Beschlußfassung über die Beendigung der Mitgliedschaft – erfolgt durch geheime Abstimmung – Es ist erforderlich, die Anwesenheit von 3/4 aller ordentlichen Mitglieder, die zur regelmäßigen Teilnahme an den Sitzungen der Akademie verpflichtet sind.

Bemerkung:
Das Verfahren über die Beendigung einer Mitgliedschaft ergibt sich aus den § 10 und § 31 des Statuts der DAW sowie aus § 2 der Abstimmungs- und Wahlordnung vom 27. 2. 1964, Teil B,
Ziert
Verteiler:
1. Herrn Präsidenten Hartke
2. Herrn Generalsekretär
3. Herrn Dr. Planert 2 x[1]
4. Herrn Ziert

63

Robert Havemann brauchte einige Zeit, sich von den Schlägen des Jahreswechsels zu erholen. Er durchschaute die Strategie des ZK und begriff die Absurdität seiner Situation. Aus politischen Gründen war er aus seiner wissenschaftlichen Anstellung an der Akademie entlassen worden, doch wenn er auf diese politischen Gründe reagierte, wurde ihm zum Vorwurf gemacht, er mißbrauche die wissenschaftliche Einrichtung der Akademie, um eine politische Diskussion zu führen. Seine Rechte als Korrespondierendes Mitglied reichten nicht so weit, auf der Teilnahme an den Geschäftssitzungen des Plenums und der Klassen zu bestehen, auf denen allein Personal- und Verfahrensfragen verhandelt wurden. So griff er zum Mittel des Korrespondierenden Mitglieds und korrespondierte: Er protestierte gegen die Verfahrensweise, die Regelverletzungen, gegen die er keine Möglichkeit hatte, im Rahmen derselben Regeln formell anzugehen. Er forderte seinen Sekretar auf, ihm den Zutritt zu den wissenschaftlichen Sitzungen zu gewähren und ihm zumindest wieder die Einladungen zu diesen Sitzungen zuzustellen. Er erklärte, daß es nicht seine Absicht, sondern allenfalls die ihm aufgezwungene äußere Not sei, die Klasse mit politischen Debatten zu behelligen. Er argumentierte zwingend, so daß Lehmann keine vernünftige Antwort blieb, außer der Ignoranz.

---

[1] Das zweite Exemplar für Werner Planert, den Akademieparteisekretär, war für die Abteilung Wissenschaften des ZK bestimmt. Vor dem Hintergrund des Vorwurfs gegen Havemann, er würde Interna der Akademie in die Öffentlichkeit tragen, beweist diese Verletzung der Diskretion in einer Personalangelegenheit, wer Interna der Akademie nach außen trug und dies auch noch aktenkundig werden ließ.

Maßregelung nach Terminplan. 31. Januar 1966 bis 10. Februar 1966

Dok. 63 Robert Havemann an Edgar Lehmann, 31. 1. 1966
RHG, Archiv, NL Havemann

Sehr geehrter Hr. Sekretar!
Damit ich mein Recht als Mitglied der Akademie wahrnehmen kann, bitte ich Sie höflichst, das von dem Hrn. Rienäcker gegen mich verfügte Hausverbot für den Besuch der Klassen- und Plenarsitzungen aufzuheben. Auch bitte ich Sie, zu veranlassen, daß mir die Einladungen zu den Sitzungen wieder zugestellt werden.
Ich betrachte es als eine schwer zu rechtfertigende Maßnahme, gegen ein Mitglied der Akademie ein Hausverbot zu verhängen, um es daran zu hindern, sich persönlich gegen schwere Vorwürfe zu verteidigen. Diese Vorwürfe, die einzelne Mitglieder mir machen, sind zudem ausschließlich politischer Natur. Sie haben mit meiner wissenschaftlichen Tätigkeit überhaupt nichts zu tun. Es war auch nie meine Absicht, meine Ansichten über politische Fragen zum Gegenstand eines Streites im Rahmen der Akademie zu machen. Nun hat aber Hr. Klare ausdrücklich die politischen Anschauungen, die ich angeblich vertrete, als den Grund für meine fristlose Abberufung als Leiter der Arbeitsstelle für Photochemie bezeichnet. Hr. Klare las mir in Gegenwart von Herrn Dr. Wittbrodt und Herrn Dr. Woytt die schriftliche Begründung für meine Abberufung vor, in der behauptet wird, ich habe in dem Artikel, dessen Text ich Ihnen, sehr verehrter Hr. Sekretar kürzlich übersandte, die Aufrechterhaltung des Verbots der KPD in der Bundesrepublik gefordert und das Ansehen der DDR herabgesetzt. Da Hr. Klare mir dieses Schriftstück bisher nicht ausgehändigt hat, wie er es mir in Aussicht stellte, kann ich diese Formulierungen nur aus dem Gedächtnis zitieren. Jedenfalls ist aber, wie Sie, Herr Sekretar, sich ja überzeugen konnten, nichts dergleichen in dem beanstandeten Artikel und auch sonst in keiner Schrift von meiner Hand zu finden. Im Gegenteil! In dem Spiegel-Artikel z. B. fordere ich mit aller Entschiedenheit die Aufhebung des undemokratischen Verbots der KPD. Auch steht dort kein einziger Satz, der die DDR angreift oder herabsetzt.
Ich höre nun, daß das Präsidium der Akademie jetzt außerdem auch noch meinen Ausschluß aus der Akademie betreibt und beabsichtigt, die Frage der Beendigung meiner Mitgliedschaft zum Gegenstand einer Beratung der Klasse auf ihrer nächsten Sitzung zu machen. Ist es angesichts dieser Umstände überhaupt vertretbar, mich weiterhin durch ein Hausverbot daran zu hindern, mich vor den Mitgliedern meiner Klasse zu rechtfertigen? Hr. Präsident Hartke hat behauptet, es sei meine Absicht, „der Akademie eine inhaltliche Diskussion aufzuzwingen". Solange aber die Akademieleitung darauf besteht, meinen Ausschluß zu fordern, und nicht bereit ist, einem Einspruch gegen meine Abberufung stattzugeben, bin nicht ich derjenige, der die „inhaltliche Diskussion" zur unausweichlichen Notwendigkeit macht, sondern es ist die Leitung der Akademie selbst, indem sie unwahre Behauptungen über meine politischen Äußerungen und Ansichten zur Grundlage ihrer Maßnahmen gegen mich gemacht hat. Angesichts der gesamtdeutschen Aufgaben unserer Akademie halte ich dieses Vorgehen für bedenklich in höchstem Maße.
Mit dem Ausdruck der vorzüglichsten Hochachtung bin ich
Robert Havemann

64–66

Briefe Robert Havemanns an Akademiemitglieder, 2.–5. 2. 1966
Neben dem Brief an seinen Klassensekretar wandte sich Havemann an die Mitglieder seiner Klasse und eine Reihe anderer Ordentlicher Mitglieder der Akademie, um sie aufzufordern, sich gegen die eklatante Verletzung aller Regeln des Umgangs mit Mitgliedern der Akademie zu verwahren. Die Briefe wurden z. T. von Stefan Heym vervielfältigt[1] und zwischen dem 2. und 5. Februar zumindest an die Ordentlichen Akademiemitglieder Fred Oelßner, Jürgen Kuczynski, Arthur Baumgarten,[2] Arnold Graffi und Wolfgang Steinitz geschickt.

Dok. 64 Robert Havemann an Arthur Baumgarten [Durchschlag], 2. 2. 1966
RHG, Archiv, NL Havemann

Hochverehrter Herr Baumgarten!
Ich überbringe Ihnen diesen Brief nebst der Abschrift eines Briefes, den ich einer Anzahl von Mitgliedern der Akademie zusenden werde sowie einen kurzen Auszug aus der neuen „Abstimmungs- und Wahlordnung des Plenums und des erweiterten Präsidiums", die allen Ordentlichen Mitgliedern zugestellt worden ist. Außerdem überreiche ich Ihnen eine Abschrift meines Artikels, der im Spiegel erschienen ist und der Grund meiner gegenwärtigen Schwierigkeiten ist. Wie Sie wohl erfahren haben werden, hat man mich durch fristlose „Abberufung" (ein technischer Terminus, der den Schutz des Arbeitsgerichts ausschließt und den Einzelvertrag zu einem Fetzen Papier macht) mitten aus meiner gerade wieder gut angelaufenen wissenschaftlichen Arbeit herausgerissen. Mit vier Kindern, von denen eines studiert, bin ich jetzt ohne jedes Einkommen.
Aber meine persönlichen Schwierigkeiten sind nicht der Grund, mich an Sie zu wenden. Seit 34 Jahren kämpfe ich in den Reihen der deutschen Kommunisten für den Sozialismus und den Frieden. In dieser langen Zeit habe ich Schlimmeres überstanden.

---

[1] Schon 1963/64 hatte Heym die Skripte der Vorlesungen Havemanns kopiert, die dieser dann unter den Hörern verteilte. Heym tat dies auf der gleichen Maschine, auf der er auch seinen Roman „Der Tag X" vervielfältigt hatte. In seiner Autobiographie „Der Nachruf" schreibt er: „S. H. weiß, welche Gefahr im Verzuge ist; jeder Novize der Staatssicherheit, so er nicht blind ist, würde seine Schlüsse ziehen können aus dem Vergleich der Kopie von Havemanns Vorträgen mit einem Exemplar des Tag X, von denen mehrere noch in den Giftschränken des Zentralkomitees lagern dürften. Dennoch läßt er den alten Herrn Laufenberg, den bewährten, kommen, und in der Waschküche in Grünau riecht es wieder einmal nach Druckerschwärze." (*Stefan Heym*, Nachruf, Berlin 1990, S. 672) Die Exemplare des Havemannschen Briefes an die Ordentlichen Akademiemitglieder gleichen nicht nur offensichtlich in ihrer Konsistenz und dem Verfahren, in dem sie bedruckt wurden, exakt den bei Heym vervielfältigten Vorlesungsskripten, sie wurden auch auf dieselbe Weise am selben Orte vervielfältigt. – *Derselbe* an den Hrsg., 4. 3. 1995.
[2] Über die erboste Reaktion Baumgartens berichtete *Paula Acker*, Mitarbeiterin der Agitationskommission des ZK, am 19. 2. Albert Norden – SAPMO-BArch, SED, ZPA, IV A2/9.02/26.

Auch jetzt gilt diesem Kampf mein ganzes Streben. Nicht aus persönlichen, sondern aus politischen Gründen bitte ich Sie, zu helfen, daß der Plan, mich aus der Akademie auszuschließen, mißlingt. Dieser Ausschluß würde nicht mir, sondern der Akademie, ja noch mehr dem Ansehen der DDR schweren Schaden zufügen.
Soweit mir der Plan der Akademieleitung bekannt ist, will man am Donnerstag, den 10. Februar, in der Sitzung der Klasse für Chemie, Biologie und Geologie gleich zu Beginn – in meiner Abwesenheit – einen Antrag beschließen, in dem die Klasse dem Plenum meinen Ausschluß aus der Akademie vorschlägt. Noch bevor die Sitzungen der anderen Klassen beendet sind, soll dieser Beschluß allen anderen Klassen mitgeteilt werden, so daß die Einladung zu der Plenarsitzung am 24. Februar, auf der mein Ausschluß beschlossen werden soll, noch am gleichen Tage allen Klassenmitgliedern überreicht werden kann.
Wie Sie aus der Abstimmungs- und Wahlordnung ersehen, will man sich dabei über die Ausführungsbestimmung (Teil B), die verlangt, daß hierzu *vier* Wochen vorher besonders eingeladen werden muß, hinwegsetzen. (Zwischen Teil A und Teil B ist hier ein Widerspruch.)³
Wahrscheinlich wird man auch versuchen, die Abstimmung im Plenum nicht geheim, sondern offen durchzuführen. Da für die Beendigung der Mitgliedschaft drei Viertel der Anwesenden stimmen müssen, ist der Ausgang einer geheimen Abstimmung sehr ungewiß.
Meine Bitte lautet: Setzen Sie sich mit dem ganzen Gewicht Ihres großen Ansehens dafür ein, daß mein Ausschluß abzulehnen ist und daß keine der Bestimmungen der Abstimmungs- und Wahlordnung verletzt werden darf. Und, was das Wichtigste ist, fordern Sie, daß man vor der Beratung und vor der Abstimmung die Beschuldigung präzise schriftlich formuliert, diesen Text mir rechtzeitig vorher zustellt und mir die Gelegenheit gibt, mündlich und schriftlich zu den Beschuldigungen vor dem gesamten Plenum Stellung zu nehmen.
Mit größter Hochachtung bin ich Ihr sehr ergebener [Robert Havemann]

---

³ Havemann hatte allen seinen Briefen folgenden Text beigefügt:
„Auszug aus der ‚Abstimmungs- und Wahlordnung des Plenums und des erweiterten Präsidiums, bestätigt vom geschäftsführenden Präsidium am 27. II. 64.'
Teil A (allgemeine Bestimmungen) (Seite 5)
§ 31: Über die Beendigung der Mitgliedschaft entscheidet das Plenum mit einer Mehrheit von drei Vierteln der Anwesenden. Zu einer solchen Abstimmung ist mindestens 14 Tage vorher besonders einzuladen.
Teil B (Ausführungsbestimmungen) (Seite 8)
§ 2, Absatz 2: Bei der Abstimmung über die Beendigung einer Mitgliedschaft bedarf es der Anwesenheit von drei Vierteln aller Ordentlichen Mitglieder, die zur regelmäßigen Teilnahme an den Sitzungen der Akademie verpflichtet sind,
Absatz 3: Der Beschluß über die Beendigung einer Mitgliedschaft erfolgt durch geheime Abstimmung.
Absatz 4: Zur Plenarsitzung, die über die Beendigung einer Mitgliedschaft entscheidet, ist vier Wochen vorher besonders einzuladen." – RHG, Archiv, NL Havemann.

Dok. 65 Robert Havemann an Arnold Graffi, 5. 2. 1966
RHG, Archiv, NL Havemann

Sehr geehrter Hr. Graffi!
Ich möchte den beiliegenden Brief, den ich an die in seiner Anschrift bezeichneten Mitglieder der Akademie gerichtet habe, auch Ihnen zur Kenntnis bringen.
Zugleich übermittle ich Ihnen einen Auszug aus der „Abstimmungs- und Wahlordnung ...", der die Paragraphen enthält, die sich mit dem Verfahren zur Beendigung einer Mitgliedschaft befassen.
Nachdem ich – ohne, daß mir die schriftliche Begründung ausgehändigt wurde, – sie wurde nur von Hrn. Klare verlesen – am 23. 12. 65 fristlos aus meiner Stellung als Leiter der Arbeitsstelle für Photochemie „abberufen" worden bin, betreibt man nun meinen Ausschluß aus der Akademie. Der Terminus „Abberufung" bedeutet übrigens, daß ich keine Möglichkeit habe, hiergegen vor den Arbeitsgerichten zu klagen, obwohl es in dem mit mir geschlossenen Einzelvertrag heißt, „daß für Streitigkeiten aus diesem Vertrag die Arbeitsgerichte zuständig sind".
Wenn ich Sie, lieber Herr Graffi, um Ihre Hilfe bitte, so geschieht das weniger im Interesse meiner eigenen Person, als im Interesse der Akademie und im weiteren Sinne im Interesse der DDR. Ich glaube, der Ausschluß eines Mitgliedes aus den in meinem Falle vorliegenden wahren Gründen wäre eine Schande für die Akademie, unabhängig davon, ob meine politischen Überzeugungen allgemein gebilligt werden könnten oder nicht.
Wenn die Bestimmungen der Abstimmungs- und Wahlordnung eingehalten werden, insbesondere die Vorschrift der geheimen Abstimmung, so wird das Verfahren nicht leicht sein. Außerdem muß gefordert werden, daß ich das Recht erhalte, vor der Abstimmung vor dem Plenum zu den Beschuldigungen Stellung zu nehmen. Auch sollte man verlangen, daß die Beschuldigungen schriftlich formuliert werden müssen und mir rechtzeitig übergeben werden müssen. Wie ich gewisse Praktiken kenne, wird man vielleicht versuchen, den Mitgliedern bei der Abstimmung die Wahl des Modus – geheim oder offen – einzeln freizustellen. Es ist klar, daß dies Verfahren einer offenen Abstimmung gleich kommt.
Mit freundlichen Grüßen bin ich Ihr
Robert Havemann

Maßregelung nach Terminplan. 31. Januar 1966 bis 10. Februar 1966

Dok. 66 Robert Havemann an die Mitglieder des Präsidiums und der
Klasse für Chemie, Biologie und Geologie und an die Hrn. Sekretare der
Klassen der Deutschen Akademie der Wissenschaften zu Berlin, 5. 2. 1966
RHG, Archiv, NL Havemann

Prof.Dr. Robert Havemann

1017 Berlin
Strausberger Platz 19

den 5.Februar 66

An die Hrn. Mitglieder des Präsidiums und der Klasse für Chemie, Biologie und Geologie und an die Hrn. Sekretare der Klassen der Deutschen Akademie der Wissenschaften zu Berlin.

Sehr geehrte Hrn. Mitglieder der Deutschen Akademie der Wissenschaften!

Auf der bevorstehenden Sitzung der Klasse für Chemie, Biologie und Geologie soll ein Antrag behandelt werden, der der Klasse empfiehlt, dem Plenum die Abstimmung über die Beendigung meiner Mitgliedschaft vorzuschlagen. Was nach den elementarsten Rechtsgrundsätzen als selbstverständlich gilt, daß nämlich vor einer solchen Beratung der Beschuldigte anzuhören ist und ihm Gelegenheit gegeben werden muß, vor dem beschließenden Gremium zu den Beschuldigungen Stellung zu nehmen, will man mir anscheinend verweigern. Denn da Hr.Rienäcker in seiner Eigenschaft als Generalsekretär über mich ein Hausverbot verhängt hat, ist es mir gegenwärtig nicht möglich, an den Sitzungen der Akademie teilzunehmen. Auch die Einladungen zu den Sitzungen sind mir nicht mehr zugestellt worden.
Ich habe aus diesem Grunde die Aufhebung des Hausverbots verlangt, für das es - wenn man von der NS-Zeit absieht - in der Geschichte der Akademie kein Beispiel gibt.
Die Beschuldigungen, die gegen mich erhoben werden, hat mir Hr.Klare anläßlich meiner fristlosen Abberufung als Leiter der Arbeitsstelle für Photochemie bekannt gegeben. ‚In der schriftlichen Begründung der Abberufung wird behauptet, daß ich in einem im "Spiegel" veröffentlichten Artikel für die Aufrechterhaltung des Verbots der KPD eingetreten sei und herabsetzende Äußerungen über die DDR getan habe. Weitere Vorwürfe wurden nicht erhoben. Demgegenüber stelle ich fest: Diese Behauptungen sind nachweislich unwahr.
- Zweifellos bestehen zwischen maßgeblichen Persönlichkeiten der DDR und mir erhebliche Meinungsverschiedenheiten in politischen Fragen. Aber es war nie meine Absicht, diese Meinungsverschiedenheiten vor das Forum der Akademie zu bringen. Ich verstehe deshalb die Äußerung des Hrn.Präsidenten Hartke nicht, der sagte, es sei meine Absicht, "der Akademie eine inhaltliche Diskussion aufzuzwingen". Dies war nie meine Absicht. Wer aber Beschuldigungen politischer Art vorbringt, um mich von den Arbeiten der Akademie und von aller wissenschaftlichen Arbeit überhaupt auszuschließen, ist für eine dann unvermeidliche "inhaltliche Diskussion" selbst verantwortlich. Man kann nicht ein Mitglied der Akademie mit politischen Beschuldigungen ausschließen und ihm dann, wenn es sich gegen diese Beschuldigungen verteidigen will, den Vorwurf machen, es wolle der Akademie eine politische "inhaltliche Diskussion aufzwingen".
Angesichts der gesamtdeutschen Aufgaben unserer Akademie halte ich es überhaupt für unzulässig, ein Mitglied wegen der Äußerung politischer Ansichten auszuschließen. Müssen nicht alle westdeutschen Mitglieder daraus schließen, daß die Mitgliedschaft in unserer Akademie an ganz bestimmte Voraussetzungen in Bezug auf die Äußerung politischer Ansichten geknüpft ist? Ich glaube aber, daß die Frage der Mitgliedschaft in der Deutschen Akademie der Wissenschaften ausschließlich nach wissenschaftlichen Gesichtspunkten beurteilt werden darf.

Mit dem Ausdruck der vorzüglichsten Hochachtung

Robert Havemann

67-70

Internationale Proteste, Februar 1966

Während Hartke Ende Januar noch frohlocken konnte, daß Abberufung und Hausverbot gegen Havemann nicht den befürchteten Wind entfacht hätten, meldeten sich in den folgenden Wochen mehrere Wissenschaftler des Auslandes, denen das Ansehen der Akademie, der DDR, einigen auch das der kommunistischen Ideale der Freiheit und Gleichheit am Herzen lag, in besorgten Briefen an die Akademie. Nach dem Brief westdeutscher Schriftsteller an Ulbricht, schrieb zuerst Ranuccio Bianchi Bandinelli aus Rom. Bianchi Bandinelli war ein international hochangesehener Althistoriker, Archäologe und Kunsttheoretiker. Er war Teilnehmer des italienischen antifaschistischen Widerstandes und von den italienischen Nachkriegsregierungen zum Generaldirektor der Altertümer und Schönen Künste in Rom bestellt worden. Als Wissenschaftler hoch geachtet, war er Mitglied mehrerer Akademien, darunter auch Korrespondierendes der DAW. Zugleich war er Mitglied des ZK der italienischen KP. Das ZK der IKP bat Bianchi Bandinelli zugunsten Havemanns bei der DAW zu intervenieren. Offenbar wollte man den direkten Konflikt auf der Ebene der Zentralkomitees vermeiden, aber zugleich trotzdem deutlich die Ablehnung der Kultur- und Intelligenzpolitik des 11. Plenums des ZK der SED signalisieren.[1] Der Althistoriker Hartke mußte sich erst bei mehreren Kollegen kundig machen, mit wem er es im Falle Bianchi Bandinelli zu tun habe und ob sich möglicherweise Argumente ergäben, die geeignet wären, die Legitimität dieses Protestes in Frage zu stellen.[2]

Nach Bianchi Bandinelli trafen Protestbriefe der Nobelpreisträger Werner Heisenberg und Linus Pauling ein, die im Akademiepräsidium und dem ZK für Betriebsamkeit sorgten. Am 28. Februar ließ Hartke seinen Referenten Richter nach den Briefen Bianchi Bandinellis und Heisenbergs auch den von Linus Pauling an Ministerpräsidenten Stoph, an Hager, an Hörnig und an Schubert weiterleiten.[3]

---

[1] Vgl. eine Information von *Friethart Klix* an Hartke: Aktennotiz Hartke, 21. 7. 1966, SAPMO-BArch, SED, ZPA, IV A 2/9.04/107.
[2] Vgl. *Gerhard Strauss* an Hartke (*ganz vertraulich!*), 16. 2. 1966, AAW, Leitung, Personalia, 164, Bl. 61 f.; *Johannes Irmscher* an Richter, 17. 2. 1966, AAW, Leitung, Personalia, 162, Bl. 94.
[3] Vgl. AAW, Leitung, Personalia, 163, Bl. Bl. 191–194.

Dok. 67 Ranuccio Bianchi Bandinelli an Werner Hartke, 3. 2. 1966
AAW, Leitung, Personalia, 162, Bl. 67f.

Sehr geehrter Herr Präsident, lieber Herr Kollege!

ACCADEMIA NAZIONALE DEI LINCEI

ROM, 6.3. FEBRUAR 1966
Via Arenula, 21

Wollen Sie es mir gestatten, Ihnen diese Zeilen zu schreiben, in meiner Eigenschaft als k. M. der Akademie, sowohl als eines aufrichtigen Freundes der D.D.R., der in privater und öffentlicher Tätigkeit sich stets angewandt hat, die Beziehungen der wissenschaftlichen italienischen Kreise mit denen der D.D.R. zu hüten und zu entwickeln.

In dieser Eigenschaft werden mir Fragen gestellt über den Fall Robert Havemann, der hier durch verschiedene Veröffentlichungen bekannt wurde. Wie mir jetzt gesagt wurde, soll der Fall auch vor den Instanzen der Akademie zu stehen kommen, welche über seinen Ausschluß aus der Mitgliedschaft beschließen sollen.

Um den Fragen, die hier auch in sehr befreundeten Kreisen gestellt werden, mit Kenntnis des Sachverhaltes entgegen kommen zu können, wäre ich Ihnen sehr dankbar, wenn Sie mir einige Nachrichten zukommen lassen wollten. Und zwar besonders die Beantwortung etwa folgender Fragen:

1. Wie wird vorgegangen, wenn über den Ausschluß eines Mitgliedes gestimmt werden soll?
2. Ist es statutarisch vorgesehen, daß der Verlust einer politischen qualifizierten Stellung auch den Verlust einer wissenschaftlichen Qualifizierung, wie es die Mitgliedschaft der Akademie ist, mit sich bringt?
3. Im Falle einer Bejahung von Punkt 2 entsteht damit nicht eine Diskrepanz mit der Möglichkeit der Mitgliedschaft von Wissenschaftlern hohen Ranges anderer, nichtsozialistischer Länder?

Eine Beantwortung auf diese Fragen und jede andere Information über den Fall, die Sie mir zukommen lassen wollen, wird mir die Möglichkeit geben, den hiesigen Diskussionen gerecht zu werden. Ich habe den Entschluß gefaßt, Ihnen zu schreiben, auch nach Besprechung mit eng befreundeten Kreisen, und ich hoffe, Sie werden mir Ihre Antwort nicht enthalten.

Gerne erfasse ich die Gelegenheit, um Ihnen Herr Präsident, meinen besten Gruß ententgegenzubringen.

In kollegialer Verbundenheit,

Ihr
Bianchi Bandinelli

Dok. 68 Werner Heisenberg an Gustav Hertz, 10. 2. 1966
AAW, Leitung, Personalia, 164, Bl. 1

MAX-PLANCK-INSTITUT FÜR PHYSIK UND ASTROPHYSIK

INSTITUT FÜR PHYSIK
PROF. W. HEISENBERG

8 MÜNCHEN 23, den 10. Febr. 1966
FÖHRINGER RING 6
TELEFON 3251001

Herrn
Professor Dr. Gustav H e r t z
X 117 B e r l i n - Köpenick
Lienhardweg 47

Lieber Herr Hertz!

  Von verschiedenen Bekannten bin ich gebeten worden, mich für Herrn Havemann einzusetzen, der offenbar im Verhältnis zu seinen Behörden in eine schwierige Lage gekommen ist. Es wird vermutet, daß das Präsidium der Berliner Akademie der Wissenschaften beabsichtige, Herrn Havemann auf der am 24. Februar stattfindenden Vollsitzung als Akademiemitglied auszuschließen. Nun kenne ich Herrn Havemann nur flüchtig aus einer Begegnung in Leipzig im Jahr 1958, auch weiß ich nicht, ob ich ihm irgendwie helfen könnte; im Rahmen der Max-Planck-Gesellschaft habe ich manch hartes Wort über Havemann im Zusammenhang mit seinem Verhalten gegenüber der Kaiser-Wilhelm-Gesellschaft in den Jahren nach Kriegsende gehört. Andererseits handelt es sich vielleicht jetzt im wesentlichen um ein menschliches Problem, und ich habe immer ein schlechtes Gewissen, wenn ich nicht versuche, einem Menschen, den ich kenne und der in Not geraten ist, zu helfen. Selbst wenn man von dieser Seite des Problems absieht, glaube ich sagen zu können, daß es dem Ansehen der Berliner Akademie nicht förderlich wäre, wenn ein Mitglied wegen politischer Meinungsverschiedenheiten ausgeschlossen würde. Ich nehme an, daß Sie selbst schon versuchen werden, hier einen menschlich und sachlich vertretbaren Weg zu finden. Wenn Sie glauben, daß ich durch einen Brief an den Präsidenten der Akademie etwas Gutes bewirken könnte, so wäre ich Ihnen für Ihren Rat dankbar. Aber vielleicht können Sie schon durch diesen meinen Brief, den Sie natürlich auch Anderen zeigen dürfen, zur Milderung der Gegensätze beitragen.

          Mit vielen herzlichen Grüßen
          Ihr

          W. Heisenberg

Dok. 69 Werner Hartke, Aktennotiz, 17. 2. 1966
AAW, Leitung, Personalia, 163, Bl. 220

Akademiemitglied Hertz übergab mir das Schreiben von Prof. Heisenberg, Ordentliches Mitglied der Deutschen Akademie der Wissenschaften zu Berlin. Er sagte, er stelle sich selbst die Frage, warum man nicht Havemann Gelegenheit geben solle, sich zu äußern. Es komme sicherlich nichts dabei heraus, aber man solle ihn reden lassen, dann könne er nicht damit für sich Propaganda machen, daß er sagt, man habe ihn nicht reden lassen. AkM Hertz möchte AkM Heisenberg antworten, er hatte wenig mit dieser Sache zu tun, habe jedoch den Brief dem Präsidenten übergeben. Ich stellte AkM Hertz gegenüber fest, daß ich selbst auch an Heisenberg schreiben würde, und habe ihm empfohlen, keinesfalls Interna aus der Klassensitzung mitzuteilen (insbesondere deswegen, weil Akademiemitglied Hertz meinte, es sei richtig bekanntzugeben, daß das Westberliner Akademiemitglied Stresemann an der Klassensitzung teilgenommen habe). Außerdem machte ich AkM Hertz darauf aufmerksam, daß gewisse Besonderheiten des Postverkehrs zwischen beiden deutschen Staaten berücksichtigt werden müssen und daher jeder Briefwechsel nur unter äußerster Sorgfalt und Berücksichtigung der Belange der Sicherheit geführt werden könne.
Prof. Dr. Werner Hartke
    [Handschriftlicher Nachsatz von Richter:]
Das Schreiben von Hrn. Heisenberg geht an den gleichen Verteiler wie der Brief von Bianchi-Bandinelli. Diese Aktennotiz sollten wohl nur erhalten: GS, APL und Hager?
Rompe Ja!
Richter

Dok. 70 Linus Pauling an Werner Hartke, 21. 2. 1966
AAW, Leitung, Personalia, 164, Bl. 93–95

Center for the Study of Democratic Institutions
THE FUND FOR THE REPUBLIC, INC.
Box 4068, Santa Barbara, California 93103
February 21, 1966

Professor Dr. Werner Hartke
President, German Academy of Sciences
East-Berlin
Germany

Dear Professor Hartke:

    I remember with pleasure and satisfaction my visit to East-Berlin and Leipzig, my lectures in the Universities there, and my receipt of the Honorary Doctorate of Humboldt University.

    I am writing to you now to express my concern about an action recently taken by the German Academy of Sciences, of which you are President -- an action which, I am sure, will do great damage to the world reputation of the German Democratic Republic, unless it is immediately revoked.

    This action is the removal of Professor Robert Havermann from his position as a scientific research worker in the German Academy of Sciences in East-Berlin, and the issuing of an order forbidding him to set foot on the property of the German Academy of Sciences.

    I have known Professor Robert Havermann for a number of years. I consider him to be an able and outstanding scientist, who is searching for the truth in an honest and ethical way. I support him in the critical statements that he has made.

    It is essential that individuals have the freedom to discuss social, political, economic, and ethical issues freely. Any country in which this freedom of discussion is not allowed has to be described as an oppressive dictatorship, not fit to survive in the new world of morality and democracy that we are trying to build.

    I urge that you take immediate action to revoke the unjust and improper dismissal of Professor Havermann from his research post in the German Academy of Sciences.

Sincerely yours,

Linus Pauling

mjh

New York office
136 East 57 Street
New York, N.Y. 10022
(212) 753-1340

Maßregelung nach Terminplan. 31. Januar 1966 bis 10. Februar 1966

[Übersetzung:]

Sehr geehrter Herr Professor Hartke!
Mit Freude und Genugtuung erinnere ich mich an meinen Besuch in Ost-Berlin und Leipzig, an meine Vorlesungen an den dortigen Universitäten und die Entgegennahme der Ehrendoktorwürde der Humboldt-Universität.
Ich schreibe Ihnen jetzt, um meine Bestürzung zum Ausdruck zu bringen über eine Maßnahme, die kürzlich von der Deutschen Akademie der Wissenschaften getroffen wurde, deren Präsident Sie sind, – eine Maßnahme, die, dessen bin ich sicher, dem Ansehen der Deutschen Demokratischen Republik in der Welt großen Schaden zufügen uird, wenn sie nicht unverzüglich widerrufen wird.
Diese Maßnahme besteht in der Entfernung Robert Havemanns aus seiner Stellung als naturwissenschaftlicher Forscher in der Deutschen Akademie der Wissenschaften in Ostberlin und dem Erlaß einer Anordnung, die ihm das Betreten von Einrichtungen der Deutschen Akademie der Wissenschaften verbietet.
Ich kenne Prof. Robert Havemann seit einer Reihe von Jahren. Ich betrachte ihn als einen fähigen und hervorragenden Wissenschaftler, der in ehrenhafter und ethischer Weise nach der Wahrheit sucht. Ich unterstütze ihn in den kritischen Erklärungen, die er abgegeben hat.
Es ist von grundsätzlicher Bedeutung, daß jede Einzelpersönlichkeit das Recht hat, soziale, politische, ökonomische und ethische Fragen frei zu diskutieren. Jedes Land, in dem diese Freiheit der Diskussion nicht erlaubt ist, muß als eine Unterdrückungsdiktatur bezeichnet werden, die nicht fähig ist, in der neuen Welt von Moralität und Demokratie, die wir aufzubauen versuchen, zu überleben.
Ich fordere, daß Sie unverzüglich Maßnahmen ergreifen, um die ungerechte und inakzeptable Entlassung Professor Havemanns aus seiner Forschungsstellung an der Deutschen Akademie der Wissenschaften zu Berlin zu widerrufen.
Hochachtungsvoll
Ihr Linus Pauling

71

Abteilung Wissenschaften des ZK, Interne Anklageschrift gegen Havemann, Februar 1966

Zur Vorbereitung der Parteimitglieder auf die entscheidenden Sitzungen an der Akademie stellte die Abteilung Wissenschaften nochmals eine lange Anklageliste gegen Havemann zusammen. Das Material diente der Instruktion der Instrukteure für die durchzuführenden persönlichen Aussprachen mit unsicheren Akademiemitgliedern und für die vorbereitenden Parteiversammlungen, auf denen das Verhalten der Genossen in den Sitzungen der Klassen, des Präsidiums und des Akademieplenums festgelegt wurde.

Es ist nicht möglich, hier jede Fehlinterpretation, jede falsche Tatsachenbehauptung anzumerken. Doch selbst ohne diese Anmerkungen bleibt der Tenor unübersehbar, Havemann in allem, was er tat, ins Unrecht zu setzen, ihm unlautere Motive zu unterstellen, seine Handlungen als prinzipienloses Handeln wider die Partei erscheinen zu lassen.

Dok. 71 Dokumentation Havemann, [Februar 1966]
SAPMO-BArch, SED, ZPA, IV A 2/9.04/106

Vertrauliches Material
nur zur eigenen Information bestimmt!

Dokumentation Havemann

Seit etwa 1956 zeigen sich bei dem ehemaligen Genossen Havemann im wachsenden Maße parteifremde, schädliche, revisionistische Ansichten. Nach dem XX. Parteitag der KPdSU und dem konterrevolutionären Putsch in Ungarn ging Havemann immer mehr zu offenen feindlichen Äußerungen gegen unsere Parteiführung sowie die Politik der KPdSU über.

Zu einem krassen Ausbruch gegen die Partei gerichteter Anschauungen Havemanns kam es in der Zeit der III. Hochschulkonferenz (1958), als sich unsere Partei mit revisionistischen Strömungen, besonders in der Intelligenz, auseinandersetzen mußte.[1]

Das objektiv konterrevolutionäre Verhalten des damaligen Genossen Havemann veranlaßte die Universitätsparteileitung der Humboldt-Universität am 13. 4. 1958 zu einem grundsätzlichen Beschluß, in dem festgestellt wurde, daß sich Havemann im Widerspruch zu den Beschlüssen der Partei befinde, den XX. Parteitag nicht verstanden habe, einen verleumderischen Kampf gegen angeblichen Dogmatismus führe und sehr nahe an fraktionelle Tätigkeit herankomme.

Nach diesen Auseinandersetzungen schien es, als habe Havemann die richtigen Schlußfolgerungen gezogen; er arbeitete intensiver an wissenschaftlichen Problemen, wofür er auch später mit dem Nationalpreis ausgezeichnet wurde. Innerhalb der Grundorganisa-

---

[1] Vgl. Robert Havemann. Dokumente eines Lebens, Berlin 1991, S. 124 ff.

tion entwickelte sich jedoch unter seiner geistigen Führung immer stärker unter dem Deckmantel eines offenen und freien Meinungsaustausches und des Kampfes gegen den Dogmatismus eine prinzipienlose Atmosphäre, eine Atmosphäre der intellektuellen Überheblichkeit, der Oberflächlichkeit in Grundfragen und der Kritikasterei und Besserwisserei. Im besonderen wurde die gesamte ökonomische Politik der Partei angegriffen und als Mißwirtschaft bezeichnet.
Bei den verschiedensten Gelegenheiten im besonderen aber bei einem Vortrag im September 1962 in Leipzig,[2] ging er zu offenen Angriffen gegen die marxistisch-leninistische Philosophie und ihre Vertreter (insbesondere der Sowjetunion) und in zunehmendem Maße gegen die Kultur-, Wissenschafts- und Wirtschaftspolitik der Partei über. Eine Reihe bedeutender Wissenschaftler der DDR und der sowjetischen Akademie der Wissenschaften haben sich gegen diese Verleumdungen verwahrt. Selbst der bedeutende Physiker Max Born sprach in einem Brief seine Verwunderung aus.[3] Havemann hat geglaubt, mit seinen philosophischen Diskussionen die klassenmäßige Haltung besonders der jungen sozialistischen Intelligenz zu untergraben. Bei einer gründlichen marxistischen Analyse seiner Vorträge und Vorlesungen, die mit großer Unterstützung westdeutscher Verlage, Zeitungen und Sender als gegen die SED und die DDR gerichtet verbreitet wurden, muß festgestellt werden, daß es hier ganz bewußt letzten Endes um die Untergrabung der sozialistischen Ideologie geht und nicht um die Überwindung dogmatischer Positionen. Darauf wird auch in den Widerlegungen der marxistischen Philosophen deutlich hingewiesen (siehe auch Brief der Philosophen an die Redaktion der „Unita")[4].
Auf einem Symposium im September 1963 in Greifswald nahm Havemann erneut Gelegenheit, seine philosophischen Anschauungen darzulegen. Während er noch 1956 behauptete, daß die marxistisch-leninistische Philosophie seit Lenin nichts geleistet hätte, ging er in seinem Diskussionsbeitrag anläßlich dieses Symposiums zur direkten Herabwürdigung der Rolle von Marx, Engels und Lenin über. Er behauptete dort, daß Marx und Engels bei der Herausarbeitung des dialektischen Materialismus nur einen sehr unbedeutenden Platz einnehmen. Wörtlich formuliert er: „Was Marx und Engels dem dialektischen Materialismus zugefügt haben, ist ganz klein und wenig. Eine Ausarbeitung einer dialektischen Philosophie gibt es bei Marx und Engels nicht, bei ihnen

---

[2] Robert Havemann, Hat die Philosophie den modernen Naturwissenschaften bei der Lösung ihrer Probleme geholfen?, in: Derselbe, Dialektik ohne Dogma, Berlin 1990, S. 45–55.
[3] Verwundert war Max Born allerdings nicht über Havemanns „offene Angriffe gegen die marxistisch-leninistische Philosophie und ihre Vertreter (insbesondere der Sowjetunion)", sondern darüber, daß Havemann „alle wesentlichen Züge des dialektischen Materialismus", den er selbst mit der Bezeichnung „reine Scholastik" als treffend bezeichnet ansah, ablehnte „und sich doch zu ihm" bekannte. Im Kernpunkt war er mit Havemann völlig einer Meinung: „Meine Ablehnung gegen die sowjetische Staatsphilosophie bedeutet natürlich nicht, daß ich vor den Leistungen der russischen Physiker nicht die höchste Achtung habe. Ich bewundere sie umso mehr, als sie ja bei ihrer Arbeit durch die Staatsphilosophie mehr behindert als unterstützt sind." – SAPMO-BArch, SED, ZPA, IV A 2/2.024/66, Bl. 36 f.
[4] Vgl. hierzu Dokument 34.

gibt es dazu nur Aphorismen und kleine Betrachtungen." Havemann brachte schließlich offen und deutlich in einem Artikel zum Ausdruck: „Ich werde mich am Ziel meiner Hoffnungen befinden, wenn nicht nur der Terminus, sondern auch die ‚offiziellen Vertreter' des dialektischen Materialismus ‚über Bord gegangen sein werden'". („Humboldt-Universität", 27/63)
Havemann hat alle diese Warnungen in den Wind geschlagen. Im Gegenteil. In den Vorlesungen wurden seine Angriffe gegen die Politik der Partei immer heftiger. Gleichzeitig begann sich immer intensiver die Westpresse Havemanns zu bedienen und ihn zu heftigen Angriffen gegen die DDR zu benutzen.
Deshalb hat sich das Politbüro in seinem Bericht an das 5. Plenum mit den Anschauungen Havemanns beschäftigt und sein Verhalten verurteilt.
Die gesamten Presseorgane Westdeutschlands – Zeitungen, Rundfunk, Fernsehen – hatten (nachdem die Wochenzeitung „Die Zeit", Hamburg, bereits am 21. 2. 1964 sich unter dem Titel „Faule Eier im Nest der SED" mit Havemann befaßte) sich inzwischen in verstärktem Maße des „Falles Havemann" angenommen und eröffneten etwa um den 4. März 1964 herum einen organisierten Feldzug um die Person Havemanns mit wüsten Beschimpfungen der DDR und ihrer Repräsentanten.
In diesen Pressemeldungen erschienen gleichzeitig Mitteilungen, die erkennen ließen, daß es um Havemann Personen geben muß, die der Westpresse interne Mitteilungen übermitteln.
Havemann empfing Vertreter der Westpresse, und zwar u. a. einen Vertreter von DPA, also einer Presseagentur, die nicht beim Presseamt der DDR akkreditiert ist. Mit ihm hat er ebenfalls über die Vorgänge um seine Person gesprochen und ihm gleichzeitig interne Mitteilungen gemacht.[5]
Diese Gespräche mit westlichen Journalisten wurden ab 11. 3. abends bzw. 12. 3. 64 morgens zu einer großangelegten Hetzkampagne gegen die DDR und ihre staatlichen Repräsentanten in der gesamten Westpresse, im Rundfunk und Fernsehen benutzt. Die ganze Aktion war offenbar gelenkt, denn von ihr waren ausnahmslos alle Publikationsorgane erfaßt.[6]
Havemann hatte also, unsere Geduld mißbrauchend, den Weg in die Westpresse genommen, um seine Anschauungen darzulegen. Die Öffentlichkeit der DDR genügte ihm offenbar nicht mehr.[7] Auf Grund dieser Umstände sah[en] sich die Universitätsparteileitung und das Parteiaktiv der Humboldt-Universität, die am 12. 3. 1964 zusammen-

---

[5] Gemeint ist Jürgen Petersen, der kein Korrespondent von DPA war, sondern als freier Journalist arbeitete.
[6] Zweifellos wurde eine interessante Meldung, die eine Nachrichtenagentur wie DPA verbreitete, von den meisten Zeitungen aufgegriffen. Dies als Lenkung zu bezeichnen, vermag nur jemand, dem die Vorstellung selbstverantwortlich arbeitender Redaktionen fremd ist.
[7] Keines der Angebote Havemanns, die entstellenden Meldungen der Westpresse in DDR-Zeitungen zu dementieren, wurde akzeptiert. Sein Vorschlag, presserechtlich gegen den Journalisten Neß vorzugehen, den Rechtsanwalt F.K. Kaul umzusetzen bereit war, wurde im ZK der SED abgelehnt.

Maßregelung nach Terminplan. 31. Januar 1966 bis 10. Februar 1966 221

traten, gezwungen, den Beschluß zu fassen, Havemann aus der Partei auszuschließen, da er die Diskussion über Parteifragen nicht nur in die Öffentlichkeit der DDR, sondern auch in die des Westens getragen hatte und sich nicht gescheut hatte, den Feind einzuschalten, ihm Internes und innerparteiliche Details mitzuteilen.
Die Handlungen Havemanns sind parteischädigend und stellen einen groben Verstoß gegen das Statut der Partei dar. Aus ähnlichen Gründen und zusätzlich wegen der Verletzung seiner Verpflichtungen als Hochschullehrer wurde Havemann am 12. bzw. 13. 3. 1964 vom Staatssekretär von der Funktion als Hochschullehrer entbunden und am 21. 3. 1964 nach vorangegangenen Disziplinarverfahren vom Disziplinarausschuß der Humboldt-Universität als Hochschullehrer entlassen.
Die Partei hat im Zusammenhang mit dem Auftreten Havemanns über Jahre hinweg ein Höchstmaß an Geduld aufgebracht. Sie hat ihm jede Art des öffentlichen Auftretens gestattet. Havemann hat die Möglichkeiten und Freiheiten eines Hochschullehrers der DDR voll und ganz für die Darlegung seiner falschen und schädlichen Politik und philosophischen Auffassungen genutzt, und zwar in einer Weise, die die historischen Leistungen der Werktätigen der DDR und die geschichtliche Rolle der SED mißachtete und verleugnete.
All das genügte ihm offenbar nicht, so daß er durch Gespräche mit Vertretern der Westpresse die Gelegenheit nahm, seine falschen Auffassungen auch in der westdeutschen Öffentlichkeit zu verbreiten und der westlichen Presse Gelegenheit gab, seine Prinzipienlosigkeit in einer großen Hetzkampagne gegen die DDR auszuschlachten.
Havemann war und ist nicht einverstanden mit der Generallinie der Partei beim Aufbau des Sozialismus in der DDR und versuchte, die feste sozialistische Ordnung durch eine weitgehende Anarchie und Liberalisierung, insbesondere auf dem Gebiet der Ideologie und Kultur, zu ersetzen. Er trat ständig für die „Freiheit" der Meinung solcher Elemente ein, die gegenüber Partei und Staat sowie dem Marxismus-Leninismus zersetzend und demoralisierend wirkten.
Nach seinem Parteiausschluß setzte er seine feindlichen Angriffe fort, besorgte weiter die Handlangerdienste der Monopolpresse und verkündete z. B. in einem Artikel der bereits erwähnten Hamburger Wochenzeitung „Die Zeit" vom 1. Mai 1965 die Politik der Partei als dogmatisch erstarrt, beleidigte die Parteiführung als diktatorische „Behörde", rief weiter zur Kritik an den führenden Genossen auf und proklamierte den kleinbürgerlichen Geist des Zweifels und Skeptizismus als die angeblich geistige Grundhaltung eines Parteimitgliedes und Marxisten.[8]
Trotz seines die DDR schädigenden Verhaltens wurde Havemann nach seiner Enthindung als Hochschullehrer die Möglichkeit gegeben, seiner wissenschaftlichen Arbeit als Leiter der Arbeitsstelle für Photochemie der Deutschen Akademie der Wissenschaften nachzugehen.
Durch einen Sprecher des Büros des Ministerrates, durch den Präsidenten der Deutschen Akademie der Wissenschaften und durch seinen unmittelbaren Vorgesetzten,

---
[8] *Robert Havemann*, „Ja, ich hatte unrecht." Warum ich Stalinist war und Antistalinist wurde, in: Die Zeit, Nr. 19, 7. 5. 1965.

dem Vorsitzenden der Forschungsgemeinschaft der DAW, wurde Havemann eindeutig darauf hingewiesen, man erwarte von ihm, daß er sich künftig ganz seiner wissenschaftlichen Arbeit auf dem Gebiet der Photochemie widmen und alles unterlassen soll, was dem Ansehen der DDR Schaden zufügt. Insbesondere wurde er darauf aufmerksam gemacht, daß er keine Beziehungen zu Korrespondenten aus Westdeutschland und anderen kapitalistischen Ländern zu unterhalten hat. Er wurde darauf hingewiesen, daß er andernfalls für sich daraus ergebende Konsequenzen selbst verantwortlich sei.[9]

Der weitere Verlauf seiner Tätigkeit beweist, daß Havemann diesen ernsten Appell an die Vernunft mißachtet und alles getan hat, die bestehende Situation zu verschärfen. Er unterhielt weiterhin Verbindungen mit ausländischen Korrespondenten und Nachrichtendiensten, schrieb Artikel für westdeutsche Presseorgane, gewährte ausländischen Journalisten Interviews, verbreitete seine für westdeutsche Presseorgane geschriebenen Artikel an Bürger der DDR, versuchte und versucht, andere Wissenschaftler der DDR und des Auslands für seine Absichten zu mißbrauchen. Dabei bedient er sich zum Teil des Mittels der Erpressung.

Als im April 1964 die Umwandlung des Status einer Reihe Korrespondierender Mitglieder der Akademie in den eines Ordentlichen Mitgliedes vorgenommen wurde, stand auch die Umwandlung der Mitgliedschaft Havemanns zur Diskussion. In mehreren Sitzungen der Klasse für Chemie, Geologie und Biologie (deren Mitglied Havemann ist) entschied sich die Klasse – bekundet durch geheime Abstimmung –, den Antrag auf Umwandlung der Mitgliedschaft Havemanns nicht zu stellen, da diese Umwandlung im gegenwärtiger Zeitpunkt bedeuten müßte, daß sich die Akademie gegen die von den zuständigen staatlichen Organen der DDR gegenüber Havemann erlassenen Maßnahmen stelle.[10] In diesem Zusammenhang hat Havemann nicht nur versucht, einige Akademiemitglieder der DDR in Frontstellung gegen Staat und Akademie zu bringen, sondern organisierte auch Schreiben namhafter ausländischer Wissenschaftler (Schweitzer, Pauling und Warburg)[11] an den Präsidenten der Akademie, in denen zum Ausdruck kam, die Akademie möge sich nicht durch politische Überlegungen hindern lassen, Havemann zum Ordentlichen Mitglied zu machen und sie möge etwas unternehmen, daß Havemann seine Lehrtätigkeit zurückerhält.

Durch die verstärkte westdeutsche Pressekampagne zur Person Havemanns und weiter durch eine Reihe Veröffentlichungen Havemanns in Westdeutschland verstärkte sich gegen Ende des Jahres 1964 das Bedürfnis, ihn zu Vorträgen nach Westdeutschland einzuladen. So erhielt er z. B. Einladungen von der Technischen Hochschule Karlsruhe und dem ASTA der Johann-Wolfgang-Goethe-Universität Frankfurt am Main.

---

[9] Vgl. Dokumente 4 und 6.
[10] Tatsächlich benötigte die Abteilung Wissenschaften des ZK mehrere Sitzungen, um in der Klasse das ursprünglich positive Votum für eine Umwandlung des Status' Havemanns in ein negatives umzukehren.
[11] *Albert Schweitzer* an Hartke, 24. 4. 1964, AAW, Leitung, Personalia, 161, Bl. 187; *Linus Pauling* an Hartke, 21. 4. 1964, ebenda, Bl. 189; *Otto Warburg* an Hartke, 21. 4. 1964, ebenda, Bl. 197.

Maßregelung nach Terminplan. 31. Januar 1966 bis 10. Februar 1966 223

Die Vorträge sollten sich mit philosophischen Problemen befassen und der Diskussion bestimmter Fragen seines im Rowohlt-Verlag erschienenen Buches „Dialektik ohne Dogma" dienen.
Die Akademie lehnte diese Reiseanträge ab, weil sie nicht zu den durch Vertrag festgelegten dienstlichen Obliegenheiten Havemann gehören. Es entspricht völlig der Mentalität und der Absicht Havemanns, daß er diesen Einladungen noch vor deren Genehmigung zusagte und später mitteilte, daß die Ausreise nicht genehmigt worden ist. Damit lieferte er den westdeutschen Presseorganen erneuten Stoff zur Hetze gegen die DDR, von dem sie auch umfangreichen Gebrauch machten.
In gleicher Weise verfuhr Havemann, als er im April 1965 von der Paulus-Gesellschaft in Salzburg geladen wurde, auf einem Symposium zum Themenkreis „Christentum und Marxismus heute" einen Vortrag zu halten. Hierbei ging er jedoch noch weiter, indem er das Manuskript seiner beabsichtigten Rede nach Salzburg schickte, welches dort verlesen und in einer Reihe westdeutscher Zeitungen in größeren Auszügen veröffentlicht wurde.[12]
Als im Februar 1965 die Zeitschrift „Forum" einen Artikel veröffentlichte, der sich mit einer Reihe widersprechender Meinungen und Äußerungen Havemanns befaßte, die er im Verlaufe mehrerer Jahre publizierte, verfaßte Havemann einen für das „Forum" vorgesehenen Gegenartikel. Dieser Artikel Havemanns wurde durch das „Forum" nicht veröffentlicht, weil er in gleicher Weise wie seine Vorlesungen an der Humboldt-Universität unwissenschaftliche, desorientierende und revisionistische Passagen enthielt. Havemann benutzte diese Gelegenheit, um diesen Artikel an eine Vielzahl von Akademiemitgliedern und anderen Wissenschaftler zu schicken mit der Aufforderung, „diese Kopie auch anderen Interessierten und Mitarbeitern zur Kenntnis zu bringen". Er sorgte dafür, daß dieser Artikel im vollen Wortlaut (mit zusätzlicher hetzerischer Einleitung) auch in der Hamburger „Die Zeit" abgedruckt wurde.[13]
Im Juli 1965 gab Havemann einem italienischen Journalisten ein Interview zu folgenden 3 Themen: Zur internationalen politischen Situation, zur Situation in Deutschland, zu aktuellen Problemen des Kommunismus.
Neben einer Reihe Äußerungen, die der Linie unserer Politik entsprechen, befaßte sich der wesentliche Teil seiner Antworten jedoch mit der von ihm bereits bekannten revisionistischen Auslegung der „Überwindung des Stalinismus". Er forderte darin unter anderem: innerhalb der kommunistischen Parteien eine Pluralität der Ideen, das Recht zur Bildung von Fraktionen, ideologische Koexistenz, offene Kritik der Parteiführung, Entfaltung verschiedener Tendenzen und Strömungen u. a.
Im Dezember 1965 veröffentlichte Havemann im „Spiegel" Nr. 52 einen Artikel „Die Partei ist kein Gespenst"[14], in dem er die Bildung einer neuen Kommunistischen Partei der

---

[12] Kommunismus, Utopie und Wirklichkeit (Vortragsmanuskript), Auszüge u. a. in: Die Welt, 8. 5. 1965, Vorwärts, 26. 5. 1965; vollständig im Protokoll der Tagung: Christentum und Marxismus heute. Gespräche der Paulus-Gesellschaft, Bd. 2, Wien 1966, S. 239–245.
[13] Vgl. Fn. 8.
[14] Dokument 15.

Bundesrepublik fordert und gegen die innere Ordnung in der DDR polemisiert. Da dieser Artikel die Tätigkeit der illegal kämpfenden KPD außerordentlich erschwert, der Versuch unternommen wird, die KPD zu spalten und die Arbeiterklasse in Westdeutschland zu desorientieren, sah sich das Politbüro der KPD gezwungen, eine öffentliche Erklärung zu diesem Artikel Havemanns abzugeben.[15] Dabei wurde erklärt, daß es sich um einen erstellten Artikel handelt, der die Zustimmung des Bonner Ministers Mende erhielt. Es wird darauf verwiesen, daß sich Havemann den Agenten des westdeutschen Verfassungsschutzes zu Spaltungsversuchen zur Verfügung gestellt hat. Durch einen weiteren Artikel im „Spiegel" Nr. 1/2/1965 wird sichtbar, daß Havemann nach wie vor direkt Verbindungen zu westdeutschen Journalisten und anderen Personen besitzt, so z. B. zu Jungnickel, der mit Havemann „seit langem in einem sozusagen offenen deutschen Gespräch" steht (Spiegel). Jungnickel regte diesen Spiegel-Artikel an, vermittelte das Skript und übergab es dem „Spiegel".

Am 23.12.1965 erfolgte durch den Vorsitzenden der Forschungsgemeinschaft der Akademie der Wissenschaften die Abberufung Havemanns als Leiter der Arbeitsstelle für Photochemie, damit endete das Arbeitsverhältnis und entfiel der Einzelvertrag Havemanns. Die Abberufung wurde damit begründet, daß „er Handlungen begangen hat, die mit seiner Dienststellung und dem Ansehen der Deutschen Akademie der Wissenschaften zu Berlin nicht zu vereinbaren sind" (Mitteilung der Pressestelle der DAW). Im Zusammenhang mit der Bekanntgabe der Begründung für diese Abberufung forderte Havemann, er wolle die Begründung schriftlich haben, da er beabsichtigt, die Weltöffentlichkeit mit den Gründen seiner Abberufung vertraut zu machen. Im gleichen Gespräch versuchte er, den Vorsitzenden der Forschungsgemeinschaft zu erpressen, indem er ihm empfahl, er solle sich überlegen, eine solche Begründung zu unterschreiben, denn das könne für ihn sicher noch sehr peinlich werden.

Havemann erhob Einspruch gegen die fristlose Entlassung. Dieser Widerspruch wurde vom zuständigen Organ, dem Geschäftsführenden Präsidium der DAW, zurückgewiesen und die Entlassung als rechtskräftig bestätigt.

Anschließend versandte Havemann an einige Akademiemitglieder Briefe, in denen er sie bat, sie mögen sich für ihn verwenden. Diesen Briefen legte er den „Spiegel"-Artikel bei, damit sich die Betreffenden ein „objektives" Urteil erlauben können.

Von der überwiegenden Mehrheit der Akademiemitglieder wird das Verhalten Havemanns verurteilt und die Maßnahmen der Akademie als richtig anerkannt. Es gibt keine Stimmen, die das Verhalten Havemanns billigen oder bagatellisieren. Besonders unterstrichen wird in den Diskussionen, daß Havemanns Verhalten dem Ansehen der DDR und der Akademie schade, daß er das Vertrauen der staatlichen Organe der DDR mißbraucht hat, daß er versucht, Akademiemitglieder in eine Frontstellung zu Partei und Regierung zu bringen und daß er der Zusammenarbeit der Akademie mit den Wissenschaftlern Westdeutschlands sowie der internationalen Zusammenarbeit der Akademie schweren Schaden zufügt. Die Forderungen, die Akademie möge mit Havemann auch als korrespondierendes Mitglied brechen, sind bereits sehr weit verbreitet.

---

[15] Dokumente 16 und 17.

72-73

Sitzung der Klasse Chemie, Biologie und Geologie, Antrag auf Abwahl Robert Havemanns, 10. 2. 1966

Auf der Klassensitzung sollte dem Ausschluß Robert Havemanns aus der Gelehrtengesellschaft dadurch eine höhere Legitimität verliehen werden, daß dieselben Gelehrten den entsprechenden Antrag stellten, die fünf Jahre zuvor seine Wahl zum Akademiemitglied beantragt hatten. Freilich konnte eine Klasse ihn nicht ausschließen, da sie nur ein Vorschlags- und Antragsrecht hatte, Entscheidungen hingegen vom Plenum der Ordentlichen Akademiemitglieder getroffen werden mußten. Mithin war ein Klassenantrag eine inhaltliche Empfehlung, aber keine Entscheidung, nicht einmal eine Entscheidung über die Zugehörigkeit zur Klasse.

Die Sitzung der Klasse für Chemie, Biologie und Geologie am 10. Februar wurde eingeleitet mit einem „Informationsbericht" von Akademiepräsident Hartke „über die philosophischen, politischen und vor allem die moralischen Gesichtspunkte im Verhalten des KAkM Havemann in den letzten beiden Jahren". Die von Hartke auf acht Seiten zusammengeschriebenen Beschuldigungen gegen Robert Havemann verfehlten nicht ihren Zweck, den bei den zumeist unpolitischen Wissenschaftlern vorherrschenden Tenor, Havemann stifte nur Unruhe, da beuge man sich doch lieber der Parteipolitik, zu instrumentalisieren. Bezeichnend ist Hartkes Vorschlag, „daß das Verfahren der Beendigung der Mitgliedschaft und sein Ergebnis wohl am besten akademie-intern blieb[e]". Unter „dem unmittelbaren Eindruck" der Anklagen wurde sogar die Forderung Havemanns, ihm Gelegenheit zu einer Stellungnahme zu geben, von der Klasse abgelehnt. Einstimmig beschlossen wurde, „dem Geschäftsführenden Präsidium zu empfehlen, geeignete Maßnahmen einzuleiten, die die Mitgliedschaft von Hrn. Havemann als korrespondierendes Mitglied der Akademie beenden".

Dok. 72 Entwurf der Einladung zur Klassensitzung am 10. 2. 1966, [Auszug]
AAW, Leitung, Personalia, 162, Bl. 366

B 3. Diskussion über die Akademiemitgliedschaft von Hrn. Havemann
Ich darf Sie darüber informieren, daß sich die Klasse bereits in ihrer Sitzung am 13. 1. ausführlich mit dem Verhalten von Hrn. Havemann beschäftigt und sich von ihm vollständig distanziert hat.

Dok. 73 Sitzung der Klasse für Chemie
(a) Abwahlantrag, 10. 2. 1966
AAW, Leitung, Personalia, 162, Bl. 429-431

SITZUNG

der

Klasse für Chemie, Geologie und Biologie

vom 10. 2. 1966

Anwesende Mitglieder:

1. Hr. Hahn	22. Hr. Knöll
2. „ Stille	23. „ Stresemann
3. „ Ramdohr	24. „ Thießen
4. „ Butenandt	25. „ Wegner
5. „ Warburg	26. „ Rieche
6. „ Thilo	27. „ Wolf
7. „ Correns	28. „ Havemann
8. „ Bertsch	29. „ Lehmann-Gützlaff
9. „ Gottschaldt	30. „ Schirmer
10. „ Nelles	31. „ Klare
11. „ Leibnitz	32. „ Kleber
12. „ Schwabe	33. „ Müller
13. „ Treibs	34. „ Müller-Stoll
14. „ Langenbeck	35. „ Stather
15. „ Rienäcker	36. „ Weiss
16. „ Hein	37. „ Beyer
17. „ Deubel	38. „ Drefahl
18. „ Mothes	39. „ Meyer
19. „ Falkenhagen	40. „ Riedel
20. „ Gersch	41. „ Klinkowski
21. „ Kaestner	42. „

Hospitanten:
Prof. Pritzkow
Dr. Wehner

Wissenschaftlicher Referent: Dr. Greiner

---

[1] Die anwesenden Mitglieder wurden unterstrichen.

Maßregelung nach Terminplan. 31. Januar 1966 bis 10. Februar 1966

A *Wissenschaftlicher Teil*
Vortrag von Hrn. *Schirmer*:
„Die Adsorption von Gasen an Molsieben – Anwendung der Molsiebe in der chemischen Verfahrenstechnik".
An der Diskussion beteiligen sich die HH. Thießen, Leibnitz, Thilo, Kleber, Riedel und Rienäcker.

B *Geschäftlicher Teil*
1. *Verlesung des Protokolls der Sitzung vom 13. 1. 1966*

Das Protokoll wird bestätigt
2. *Diskussion über die Akademiemitgliedschaft von Hrn. Havemann*
– vertraulich –
Die Klasse nimmt eine persönlich vorgetragene Information des Präsidenten entgegen. Unter dem unmittelbaren Eindruck dieser Ausführungen kommt es zu einer eingehenden Diskussion, in deren Mittelpunkt ausschließlich das Verhalten von Hrn. Havemann als Akademiemitglied steht, nicht dagegen die politischen Ansichten von Hrn. Havemann, noch der Inhalt seiner Veröffentlichungen in westdeutschen Zeitungen.
Die Klasse beschließt einstimmig in offener Abstimmung,
„dem Geschäftsführenden Präsidenten zu empfehlen, geeignete Maßnahmen einzuleiten, die die Mitgliedschaft von Hrn. Havemann als korrespondierendes Mitglied der Akademie beenden".
In der Diskussion wird die von Hrn. Havemann schriftlich erhobene Forderung zur Teilnahme an einer Klassen- bzw. Plenarsitzung eingehend behandelt. Die Klasse hält eine Aussprache mit Hrn. Havemann in ihrem Bereich zur Zeit nicht für zweckmäßig. Sie beauftragt den Sekretar, in einer ihm geeignet erscheinenden Form zu einem nicht befristeten Zeitpunkt Hrn. Havemann über den Beschluß der Klasse zu unterrichten.

3. *Diskussion über Zuwahlen*
Hr. Lehmann teilt mit, daß Hr. Gersch für die Zuwahl 1966 Herrn Prof. Dr. *Scharf*, Medizinische Fakultät der Universität Halle, vorschlägt. Dagegen plädieren die HH. Klinkowski und Stresemann sowie andere Klassenmitglieder für die Zuwahl von Herrn Prof. Dr. *Tembrock*, der schon ein Jahr lang Hospitant in der Klasse war. Der Sekretar wird um eine Klärung bis zur nächsten Klassensitzung bemüht sein.
An 2. Stelle wird die Klasse Herrn Prof. Dr. Hugo *Eckardt*, Freiberg, vorschlagen. Die Laudatio, von Hrn. Schirmer verfaßt, liegt vor.

4. *Verschiedenes*
a) Die Klasse beschließt, für die Verleihung der Leibniz-Medaille 1966 Herrn Günther E. *Freytag*, Berlin, vorzuschlagen.
b) Hr. Schirmer teilt mit, daß die in der Klassensitzung vom 17. 6. 1965 beschlossene Veröffentlichung der Arbeit von Dr. G. *Heinicke* „Grundlagen der Tribochemie" entsprechend der Anregung der Klasse durch ein Vorwort von Hrn. Thie-

ßen eingeleitet wird, in dem Hr. Thießen eine kurze Einführung in die Grundprobleme des Arbeitsgebietes gibt. Hinzugekommen ist noch eine Arbeit von Herrn Dr. Meyer über Tribomechanik.
c) Die Leseliste der Klasse für das 1. Halbjahr 1966 wird bestätigt. Nach Rückkehr von Hrn. Rieche soll geklärt werden, ob er den offenen Termin 7. 4. für eine wissenschaftliche Kurzmitteilung nutzen wird. Anderenfalls erklärt sich Hr. Leibnitz bereit, auch kurzfristig über neue Ergebnisse seiner Bitumenarbeiten zu berichten.
Beginn: 14.00 Uhr
Ende: 17.30 Uhr

(b) Bericht über die Sitzung der Klasse für Chemie, Biologie und Geologie am 10. 2. 1966
AAW, Leitung, Personalia, 163, Bl. 377–380

Geschäftlicher Teil, 2. Tagesordnungspunkt:
Zur Frage der Akademiemitgliedschaft von Hrn. Havemann
Auf Wunsch der Klasse gab der Präsident einen Informationsbericht über die philosophischen, politischen und vor allem die moralischen Gesichtspunkte im Verhalten des KAkM Havemann in den letzten beiden Jahren.

AkM Thilo stellt als erstes die Frage, ob Hrn. Havemann irgendwann Gelegenheit gegeben werden solle, zu dem Bericht des Präsidenten angehört zu werden. Der Präsident erwidert, daß das ganze weitere Verfahren natürlich von der Verhandlung in der Klasse abhänge, er aber nur Nachteile sehe, wenn man Hrn. Havemann dazu anhören wolle. Der Bericht bilde aber auch die Grundlage für die notwendige Information aller AkM. AkM Thiessen stellte daraufhin unter Zustimmung fest, daß der Umfang der Information die Klassenmitglieder befriedige und daher die in der vorigen Sitzung beschlossene Distanzierung von H. vollauf bestätigt sei.
Der Sekretar legt seine Ansicht dar, daß man Hrn. Havemann nicht ohne ihn gehört zu haben und ohne eine schriftliche Erklärung der Klasse aus der Akademie entfernen dürfe. AkM Leibnitz stellt dazu richtig, daß die Klasse Hrn. Havemann nicht angeklagt habe, sondern er habe Fakten geschaffen, die man auch durch eine Diskussion nicht aus der Welt schaffen kann. Es gibt also keine Analogie zu einem gerichtlichen Verfahren. AkM Bertsch bestätigt noch einmal, daß wohl kein AkM mehr bereit sei, für Hrn. Havemann zu sprechen und alle interessiert seien, die Angelegenheit zu einem Ende zu bringen. Dabei müsse aber unbedingt das Ansehen der Akademie nach innen und außen gewahrt bleiben. Er berichtet über ein Gespräch mit Prof. Wicke (Physikochemiker in Münster), der ihm bestätigte, daß ein westdeutscher Wissenschaftler sich nie erlauben könne, z. B. im ND gegen die politischen Grundsätze der Bundesregierung zu polemisieren.
AkM Stresemann (West-Berlin) gibt die Reaktion befreundeter Akademien und Einzelpersönlichkeiten auf einen evtl. Ausschluß Havemanns zu bedenken. Evtl. solle man die anderen Akademien von dem Material in Kenntnis setzen, das ihn sehr beeindruckt

habe und ihm die Möglichkeit geben, evtl. Fragen zu beantworten. Darauf antwortet AkM Bertsch, daß bei einem kürzlichen Besuch in Münster weder das AkM Butenandt, noch Prof. Klemm (Präsident der Iupac) oder Otto Bayer (Chef von Bayer-Leverkusen) sich bei AkM Thilo oder ihm nach Havemann erkundigt hätten. Bei den westdeutschen Chemikern findet der Fall H. kein Interesse. Auch der Spiegel habe Hrn. Havemann fallen lassen. AkM Bertsch bringt nochmals zum Ausdruck, daß ihm das Ansehen der *Deutschen* Akademie der Wissenschaften sehr am Herzen liege, Hrn. Havemanns Verhalten aber mit der Stellung eines Akademiemitgliedes *und* Bürgers der DDR nicht zu vereinbaren ist.

Der Präsident bemerkt unter allgemeiner Zustimmung, daß das Verfahren der Beendigung der Mitgliedschaft und sein Ergebnis wohl am besten akademieintern bliebe.

AkM Thilo legt Wert auf eine ganz besonders korrekte Verfahrensweise, damit auch in 10 Jahren der Akademie niemand den Vorwurf einer politisch beeinflußten Entscheidung machen kann. Der Präsident versichert AkM Thilo, daß auch er größten Wert auf ein korrektes Verfahren legt, was von AkM Thilo mit Genugtuung vermerkt wird.

Der Sekretar verliest das Konzept eines Antwortschreibens an Hrn. Havemann. Daran schließt sich eine sehr breite Diskussion an, ob und in welcher Form man Hrn. Havemann den Standpunkt der Klasse bekanntgeben solle. Alle Diskussionsredner erklärten ihre Zustimmung zum Inhalt des Schreibens, aber (insbesondere die AkM Leibnitz, Klare, Meyer und Rienäcker) warnen vor dem vorauszusehenden Mißbrauch dieses Briefes durch Hrn. Havemann und die westlichen Nachrichtenorgane. Da AkM Lehmann weiterhin an seinem Wunsch festhält, Hrn. Havemann entweder schriftlich oder mündlich eine Erklärung der Klasse zu übermitteln, erklären die Klassenmitglieder, daß sie ihm in dieser Frage volle Handlungsfreiheit gewähren. AkM Klare versichert, daß alle sich hinter den Inhalt des Schreibens stellen, wenn der Hr. Sekretar ihn abzusenden für notwendig erachte.

AkM Schirmer führt aus, daß er sich bei einem weiteren Verbleib von Hrn. Havemann in der Klasse in einer offenen Meinungsäußerung sehr gehemmt sehen würde. Er wendet sich auch gegen eine Diskussion in der Klasse mit Hrn. Havemann. Dieser habe schon einmal seine Meinung sehr plötzlich geändert und sei umgeschwenkt, es gäbe keine Gewähr, daß seine jetzigen Ansichten zu politischen Fragen fester begründet seien. Hr. Havemann sei im Irrtum, wenn er in seinem Brief an alle AkM schreibt, die Zugehörigkeit zur Akademie hänge ausschließlich von der wissenschaftlichen Qualifikation ab. Von einem AkM erwarte man auch, daß er eine profilierte Persönlichkeit mit einem ausgewogenen Charakter darstelle. Er schlägt daher vor, Hrn. Havemanns Mitgliedschaft in der Akademie zu beenden.

Nachdem der Präsident die Sitzung verlassen hat, formuliert AkM Leibnitz eine Begründung für die Streichung der Mitgliedschaft, die beinhaltet, daß

> weder das politische Verhalten noch der Inhalt der Veröffentlichungen von Hrn. Havemann Gegenstand der Erörterung in der Klasse war, sondern lediglich sein Verhalten. Durch wiederholte Verstöße hat Havemann bewiesen, daß er den hohen Ansprüchen, die an ein Mitglied der Akademie, das Bürger unseres Staates ist, zu stellen sind, nicht gerecht wird.

AkM Stresemann erklärte als erster, daß er einer solchen Formulierung zustimmen könne. Es wird zum Ausdruck gebracht, daß selbstverständlich diese kurze Begründung in einem offiziellen Schreiben Hrn. Havemann bekanntzugeben ist.
AkM Thilo schlägt noch vor, eine Kommission zu bilden, die Hrn. Havemann über die Ansichten der Klasse informiert. Der Vorschlag wird aber rasch abgelehnt. Auch AkM Thilo bezweifelt den Erfolg einer Aussprache mit Hrn. Havemann.
Als der Sekretar auf die Notwendigkeit einer Abstimmung hingewiesen wird, trägt AkM Correns seine Ansicht vor, daß doch die bereits ausgesprochene Distanzierung der Klasse völlig genüge, weitere Schritte müsse das Präsidium einleiten. Dem wird widersprochen und der Sekretar fordert zur Abstimmung auf. Eine geheime Abstimmung wird abgelehnt.
Durch Akklamation bekunden alle AkM einstimmig Zustimmung zu dem von AkM Lehmann formulierten Beschluß der Klasse
das Präsidium anzuregen, geeignete Maßnahmen einzuleiten, die die Mitgliedschaft des KAkM R. Havemann beenden.
Die Begründung dieses Beschlusses soll entsprechend den von AkM Leibnitz formulierten Gesichtspunkten von AkM Lehmann formuliert werden. Beschluß und Begründung werden Hrn. Havemann mitgeteilt.
Zustimmung findet ferner ein Vorschlag, im Sitzungsprotokoll festzuhalten, daß die Forderung von Hrn. Havemann, ihm Gelegenheit zu einer Rechtfertigung vor der Klasse zu geben, eingehend beraten und abgelehnt wurde.
AkM Rienäcker bestätigt, daß Hr. Lehmann für die Formulierung der Begründung ca. 10 Tage zur Verfügung hat.

An der Diskussion, die knapp 2 Stunden dauerte, beteiligten sich alle anwesenden AkM mit Ausnahme der AkM Weiß, Klinkowski und Kleber.
Berlin, den 10. 2. 66
gez. Dr. A. Greiner
Wissenschaftl. Referent der Klasse für Chemie, Geologie und Biologie

Interne und Offene Briefe
15. Februar 1966 bis 9. März 1966

74

Brief des Präsidenten Werner Hartke an alle Ordentlichen Mitglieder der DAW, 15. 2. 66

Als „Vertrauliches akademie-internes Material" an alle Ordentlichen Mitglieder der DAW in der DDR wurde am 15. Februar der achtseitige „Informationsbericht" Hartkes „über Angelegenheiten des KAkM Havemann", den er erstmalig in der Klasse für Chemie, Biologie und Geologie am 10. Februar vorgetragen hatte, verschickt. Darin sind die gegen Robert Havemann erhobenen Beschuldigungen unter drei Gesichtspunkten – Philosophie, politische Machtfrage und Treuepflicht – aufgeführt. Als Repräsentant der von der SED definierten „objektiven Wahrheit" meinte Hartke, den Vorwurf der Illoyalität damit belegen zu können, daß die Westveröffentlichungen Havemanns „objektiv mit dem Programm der Gegner der DDR zur Zersetzung unseres Staates und unserer Ordnung zusammen[fielen]". Der demagogische Verweis Hartkes, Havemann hätte „durch eine nunmehr zwei Jahre lang bewußt lebendig gehaltene Affäre alles darauf angelegt, die Akademie und ihre Einrichtungen in öffentliche Konfliktsituationen mit Aufgaben und Gesetzen und mit der Regierung zu bringen" mündete in den Schlußsatz: „Durch niemand und nirgends kann man in solcher Weise prinzipielle Anarchie einziehen lassen." Damit sollte allen abstimmungsberechtigten DAW-Mitgliedern in der DDR für die entscheidende Plenarsitzung die Linie gewiesen werden. Gegen die in diesem Material, das an über 100 Akademiemitglieder versandt wurde, geschickt formulierten Verleumdungen des „Geheimnisverrats" auf dem Gebiet der Photosynthese, verwahrte sich Havemann, als sie ihm bekannt wurden, entschieden (Vgl. Dokumente 89, 96,99)

Dok. 74 Werner Hartke an alle Ordentlichen Mitglieder der DAW, 15. 2. 1966
AAW, Leitung, Personalia, 163, Bl. 233–243

Sehr verehrtes Akademiemitglied!
Auf Wunsch der Ordentlichen Mitglieder der Klasse für Chemie, Geologie und Biologie habe ich in der Geschäftssitzung der Klasse am 10. Februar 1966 einen Bericht über die

Angelegenheit des Korrespondierenden Mitgliedes *Havemann* gegeben. Ich bringe Ihnen beiliegend diesen Bericht zur Kenntnis.

Der Bericht beruht auf schriftlichen dienstlichen Unterlagen (Aktennotizen, Schriftverkehr der Akademie, Einlassungen von Hrn. Havemann u. dgl. ohne die Unterlagen des Disziplinarverfahrens gegen Prof. Havemann an der Humboldt-Universität, die auf Grund der Verfahrensbestimmungen geheim sind), auf öffentlichen Bekanntmachungen, Meldungen und Veröffentlichungen in Publikationsorganen und Sendern aller Art des In- und Auslandes, auf Druckerzeugnissen und anderen Vervielfältigungen.[1]

Der Bericht über die letzten Vorkommnisse aus dem Dezember 1965 anläßlich der Abberufung von Hrn. Havemann als Leiter der Arbeitsstelle für Photochemie ist kurz gehalten, weil Hr. *Klare* aus seiner Sicht als Vorsitzender der Forschungsgemeinschaft und Dienstvorgesetzter die Klasse schon vorher darüber informiert hatte und das Bild der Angelegenheit damit nur bestätigt und nicht mehr verändert wird. Ich bitte Sie aber, zwei Seiten der Angelegenheit zu unterscheiden.

In dem Bericht, den ich als Präsident gegeben habe, muß ich auch einige Seiten des Verhaltens von Hrn. Havemann als Universitätsprofessor und als Institutsleiter der DAW in Betracht ziehen. Dieser Teil der Angelegenheit gehört zur Kompetenz des Universitätsrektors bzw. Vorsitzenden der Forschungsgemeinschaft als den Dienstvorgesetzten. Er kann aber von dem eigentlichen Thema des Berichts, der erhöhten Verantwortung des Akademiemitgliedes für die Einhaltung der auch die Akademie tragenden allgemeinen Normen, nicht abgetrennt werden.

Wie in jedem hochentwickelten Staat gibt es in der DDR eine bestimmte offizielle und allgemein respektierte Auffassung von Gesellschaft, Staat, Ordnung, Recht und guten Sitten. Solche Auffassungen haben die Bedeutung von Normen. Eine Entwicklung dieser Normen vollzieht sich bei uns nach Regeln, die zum Teil „geschriebenes Gesetz" sind, zum Teil sich aus Gepflogenheiten und Sitten ergeben, die durch Gewohnheit gleichwertig sind.

Entsprechend der hohen Stellung der DAW ist jedes Akademiemitglied Bürger seines Staates in einer Verantwortung höherer Potenz; es ist seine Ehre, allen gültigen Normen die gebührend hohe Achtung zu zollen. Die Regulierung obliegt der Gemeinschaft der Gelehrten selbst.

Ich bitte Sie ferner, besonders sorgfältig zu beachten, daß mein Bericht Teil der geschäftlichen Verhandlungen einer Klasse gewesen ist und geschäftliche Vorgänge der Akademie nur für die Ordentlichen Mitglieder bestimmt sind, solange keine Beschlüsse der zuständigen Gremien der Mitglieder über eine weitergehende Verwendung z. B. in der Akademie oder in der Öffentlichkeit vorliegen. Bei jeder Information von Akade-

---

[1] Ganz offensichtlich vergißt Hartke hier seine wesentliche Quelle zu nennen: die von der Abteilung Wissenschaften angefertigte „Dokumentation Havemann" (Dokument 71). Die ungewöhnlich weitschweifige Benennung der Quellen hatte offenbar vielmehr den Zweck, die Akademiemitglieder darüber hinwegzutäuschen, daß Hartkes Papier die Interpretation einer Vorgabe aus ungenannter, aber sehr interessierter Hand war.

miemitgliedern außerhalb der DDR werden seitens der Akademieleitung im Interesse der gesamten Korporation die besonderen Bedingungen beachtet werden,
Wenn Sie weitere Informationen wünschen, bin ich gern zu einem Gespräch bereit.
Mit dem Ausdruck meiner vorzüglichen Hochachtung
Prof. Dr. Werner Hartke
Anlage
Vertraulicher akademie-interner Bericht des Präsidenten

Vertrauliches akademie-internes Material für
Ordentliche Mitglieder
Bericht des Präsidenten über Angelegenheiten des KAkM Havemann
Unsere Akademie ist in sehr bedenklicher und bedauerlicher Weise durch Umstände betroffen, die von Hrn. Havemann verursacht worden sind. Es gibt andere Beispiele dafür, daß durch AkM die Korporation als ganzes in Affären verwickelt wurde, die ihr Schaden und Unsegen bereiten mußten, indem sie auch an die Öffentlichkeit auf welche Weise immer kamen. Aber solche Affären haben nie länger als einige Monate gedauert und konnten dann durch die Einsicht des AkM, das Geschick der Akademie und das Vertrauen der Regierungen beigelegt werden.[2] Davon unterscheidet sich der gegenwärtige Fall. Das Ansehen der Akademie nach innen und nach außen ist zutiefst gefährdet. Deshalb habe ich mich als Präsident sehr stark engagieren müssen. Ich bitte die AkM meine Ausführungen so aufzufassen.
Die Angelegenheit von Hrn. Havemann muß unter drei Gesichtspunkten betrachtet werden:
Der erste Gesichtspunkt ist gegenwärtig ziemlich weit entfernt vom aktuellen Kern des Problems: Die Philosophie. Bekanntlich hat Hr. Havemann schon immer philosophische und methodologische Fragen aufgeworfen, so anläßlich des Abdrucks von Engels' Dialektik der Natur Anfang der 50er Jahre. 1963/64 geschah das mit einem überraschenden und zunächst nicht besonders begründeten Wechsel der Ansichten vor allem in bekannten Vorträgen in Leipzig und Berlin. Soweit die Philosophie dabei nicht zur Verbrämung anderer Gesichtspunkte benutzt wird, müßten und hätten wir darüber lange – auch mit Hrn. Havemann – diskutieren können, wenn, was ich auf Grund von Erfahrungen bezweifele, Hr. Havemann zu einer ernsten, tiefgehenden Diskussion die-

---

[2] „Die Zeit" druckt den Brief Hartkes an die Ordentlichen AkM vom 15. 2. 1966 und Havemanns Replik vom 9. 3. 1966 (Dokument 96) am 18. 3. 1966 ab. Sie versieht den „Vertraulichen akademie-internen Bericht des Präsidenten für *Ordentliche Mitglieder*" an dieser Stelle mit folgender Anmerkung:
„Eine solche ,Affäre' war die Verurteilung des Vizepräsidenten der Akademie, Professor Ertel, durch ein Westberliner Gericht, weil er sich im Laufe mehrerer Jahre durch unberechtigten Lohnumtausch von der Lohnausgleichskasse des Senats von Westberlin einen 1:1-Umtausch von Ostmark in Westmark in Höhe von über 50 000 Mark erschlichen hatte. Der Betrag wurde von der DDR zurückerstattet. Ertel schied zwar aus dem Präsidium aus, blieb aber Mitglied der Akademie." – Die Zeit, Nr. 12, 18. 3. 1966.

ser Seite überhaupt bereit ist. Diskussionen über ähnliche Probleme sind ja auch in anderen kommunistischen Parteien aufgekommen; sie betreffen *deswegen* nicht *unsere* wesentlichen Fragen, weil die Bedingungen dort ganz andere sind; in Italien gibt es eben nicht eine sozialistische Ordnung aber eine autoritäre katholische Kirche. Aber Fragen, wie sie Max Born in seinem Vortrag 1965 über Symbol und Wirklichkeit anschnitt, sind sehr wichtig, müssen durchdacht und auch von naturwissenschaftlich gebildeten Philosophen sauber untersucht werden. Ich hatte andererseits wiederholt den Vorwurf Havemanns zurückweisen müssen, daß die Akademie neuerdings ihm gegenüber die Freiheit der Meinungsäußerung unterdrücke. Havemann hat aber z. B. kürzlich in einer Plenarsitzung mit dem Vortrag von Hrn. Klaus[3] über Wahrheit und Parteilichkeit frei seine Meinung äußern können, hat dann aber wie öfter sonst die Sitzung vor Abschluß der Diskussion verlassen. Niemand verbietet in der DDR den Meinungsstreit und die Diskussion, aber man kann auch bei uns damit nicht zur Konkurrenz, ja zum Feinde gehen. Man muß bei jeder freien offenen Meinungsäußerung beachten die Form, in der sie gebracht wird und den Kreis *vor* dem sie gemacht wird. Offenheit ist nicht identisch mit Öffentlichkeit.

2. Gesichtspunkt, unter dem die Angelegenheit Havemann zu betrachten ist, ist die politische Machtfrage, die auch von uns klar gesehen werden muß. Hr. Havemann hat wiederholt in der letzten Zeit, zum Teil verquickt mit philosophischen Spekulationen politische Machtfragen aufgegriffen und Alternativen zur bestehenden politischen Ordnung der DDR aufgestellt. Der Bürger der DDR als AkM ist im besonderen Maße homo publicus; er hat sich stets bewußt zu sein daß *seine* Äußerung eine andere Wirkung hat, als wenn ein auswärtiges Mitglied dasselbe tut.[4] Es gilt für den Bürger der DDR die Norm der Loyaliät. Drei Grundprinzipien unserer Ordnung müssen für Bürger der DDR unantastbar gelten:

1) Das Bündnis aller fortschrittlichen demokratischen Kräfte in der DDR – die Alternative Havemanns der Zulassung einer Oppositionspartei würde – natürlich unter dem Deckmantel des Sozialismus – einen Kristallisationspunkt unzufriedener bis konterrevolutionärer Kräfte schaffen.

2) Die Verantwortung der Werktätigen für die ihnen gehörenden Produktionsmittel, die sozialistische Demokratie – Alternative Havemanns ist die Empfehlung der An-

---

[3] Vor dem Akademieplenum am 17. 12. 1964 referierte Georg Klaus über das Thema „Das Verhältnis von Wahrheit und Parteilichkeit in den Wissenschaften als Problem semiotischer Analyse". In der Diskussion sprach auch Robert Havemann. – DAW. Jahrbuch 1964, Berlin 1965, S. 260ff.

[4] Hartke verwendet hier die Kategorie des Auswärtigen Mitglieds bereits in der Form, wie sie erst mit der Akademiereform von 1969 legal wurde. Stillschweigend unterstellt er, daß die Ordentlichen Mitglieder DDR-Bürger wären, womit die westdeutschen zu Auswärtigen würden. Der gesamtdeutsche Anspruch der DAW, der gerade auf die politische Loyalität der Ordentlichen Mitglieder zur DDR verzichten mußte, solange die Ordentliche Mitgliedschaft von Bürgern der Bundesrepublik beabsichtigt und gewünscht war, blieb auf der Strecke. Tatsächlich vollzog die Akademiereform 1969 diese Umwandlung, indem sie den Status jener Ordentlichen Mitglieder, die nicht DDR-Bürger waren, zu dem von Auswärtigen degradierte, womit zugleich aus der Deutschen Akademie der Wissenschaften die Akademie der Wissenschaften der DDR wurde.

wendung eines Kampfmittels des Klassenkampfes, bestimmt zum Sturz des Kapitalismus, im Sozialismus.
3) Die theoretische und organisatorische Geschlossenheit der Sozialistischen Partei – Alternative Havemanns wäre die Wiederholung der Ereignisse von 1933 –, die eine entscheidende Schwächung der Arbeiterbewegung durch Zerfall einleiten, welche es der Großindustrie schließlich möglich machte, Hitler durchzubringen.
Der politische Inhalt der Alternativen Havemanns öffnet ihm natürlich auch die Nachrichtenorgane der westlichen Großindustrie wie Springer-Presse und „Spiegel". Allein diese Tatsache kennzeichnet für jeden, der politische Erfahrung besitzt, den objektiven Wert und Wirkung dieser Alternativen. Es besteht die absolute Entschlossenheit, allen hieraus entstehenden Gefahren allerdings radikal zu begegnen.
3. Der dritte Gesichtspunkt hat in peinlicher Weise bereits eine längere Geschichte. Im März 1964 führte Hr. Havemann, damals noch Professor an der Humboldt-Universität, u. a. in seinen Diensträumen mehrere Gespräche mit westdeutschen Publizisten über inhaltliche Probleme einer von ihm gehaltenen bekannten Vorlesung und über allgemeine politische Fragen; er teilte auch dienstliche Angelegenheiten mit, wie eine dienstliche Aufforderung des zuständigen Staatssekretärs, bei ihm zu erscheinen. Der Inhalt dieser Gespräche wurde in absolut verleumderischer Weise in der Westpresse gegen die DDR ausgenutzt. Hr. Havemann hatte damit gegen bestehende dienstliche Vorschriften und seine Pflichten als Erzieher und gegen seine besondere Treuepflicht als Institutsdirektor gegenüber dem Staat grob verstoßen. Und diese Verstöße schon damals fortgesetzt, obwohl er durch Maßnahmen des Rektors gewarnt worden war. Faktisch leistete sein Verhalten der Kampagne gegen die DDR und ihre Hochschulen Vorschub. Die daran interessierten Kreise der Großindustrie in Westdeutschland veröffentlichten in ihren Presseorganen die von ihren Nachrichtensammlern bei Havemann erhaltenen Informationen wiederum begierig. Schon damals haben westliche Nachrichtenagenturen offensichtlich mit dem bei Havemann in Erfahrung gebrachten Material gegen uns gearbeitet, was jedermann und auch Hr. Havemann erkennen mußte, zumal wenn man politische Erfahrung besitzt.
Bekanntlich wurde wegen dieses zumindest leichtfertigen und überaus schädlichen Verhaltens Hr. Havemann 1964 als Professor, d. h. als Erzieher von Studenten disziplinarisch fristlos entlassen.
Der Physikochemiker Hr. Havemann wurde danach im Einvernehmen mit der Regierung hauptamtlich von der DAW eingestellt und erhielt ein Sondergehalt von MDN 4000,-.
Im Sommer 1964 wurde durch westliche Nachrichtenorgane bekannt, daß Hr. Havemann mit einem westdeutschen Verlag einen Autorenvertrag über die Veröffentlichung seiner in der Humboldt-Universität gehaltenen Vorlesungen abgeschlossen habe. Der Vorsitzende der Forschungsgemeinschaft hielt Hrn. Havemann am 1. 6. 64 vor, daß es wohl angebracht gewesen sei, in Anbetracht der besonderen Umstände, unter denen er in die Forschungsgemeinschaft übernommen worden sei, den Vorsitzenden vorher von einem solchen Schritt zu informieren; denn er erneuere alle Gefahren von schädlichen Kontakten, die schon einmal Anlaß zu disziplinarischen Maßnahmen gegeben hatten. Prinzipiell erkannte Hr. Havemann diese Vorhaltung offenbar an, indem er er-

klärte, die Ausarbeitung der Veröffentlichung habe vor Aufnahme der hauptamtlichen Tätigkeit in der Forschungsgemeinschaft gelegen.
Bekanntlich ist die Veröffentlichung dieser Vorlesungen sowie des zu demselben Thema in Leipzig gehaltenen Vortrages wiederum von den Gegnern der DDR zum Schaden unseres Staates ausgenutzt worden.
Gegen Ende 1964 erhielt Hr. Havemann mehrere Einladungen zu politischen und philosophischen Vorträgen nach Westdeutschland. Unter den gegebenen Umständen sah die Akademieleitung in einer solchen mit der hauptamtlichen Aufgabe Hrn. Havemanns nicht zusammenhängenden Tätigkeit keinen Nutzen für die Wissenschaft und die Akademie.
Hiergegen protestierte Hr. Havemann bei mir als Präsidenten und behauptete, daß vielmehr so die geistige Freiheit eines Akademiemitgliedes unterdrückt werden soll.
Auf eine Einladung von mir zu einer Aussprache reagierte Hr. Havemann in etwas eigenmächtiger Weise mit der schon die Ehre der DAW anrührenden Andeutung, daß er sich mit dem Präsidenten nur in Gegenwart eines von ihm mitgebrachten Zeugen unterhalten werde sowie daß er es für durchaus wichtig halte, wenn die Verhandlung in der Öffentlichkeit bekannt würde.
Ich lehnte ein solches Verhalten ab, und es kam nicht zu der Aussprache.
Ende 1964/Anfang 1965 erhielt Hr. Havemann erneut Einladungen zu Vorträgen seitens einer westdeutschen politischen Organisation und einer religiös orientierten Gesellschaft.
Hr. Havemann wurde von mir Mitte Januar 1965 wiederum zu einer Aussprache gebeten, zu der er erschien, ohne Bedingungen zu stellen.[5] Inzwischen war ein weiterer von Hrn. Havemann autorisierter Artikel über verschiedene Angelegenheiten der DDR in der Zeitschrift „Spiegel" erschienen.[6]
Ich erläuterte in der Aussprache u. a. einleitend meine Sorge bei jeder Verhandlung mündlicher oder schriftlicher Art mit Hrn. Havemann und begründete sie mit der erwiesenen und auch Hrn. Havemann bekannten Tatsache, daß der Inhalt solcher Korrespondenzen auf kürzestem, im einzelnen unbekanntem Wege von einem gewissen Kreise um Hrn. Havemann ausgehend bei westlichen Nachrichtendiensten landet. Das wurde am Schicksal des Inhaltes eines dienstlichen Briefes des Generalsekretärs, der kurz vorher innerhalb 36 Stunden nach Ablieferung im Dienstbereich von Hrn. Havemann beim Rias bekannt war, beispielsweise erörtert. Dagegen unternehme Hr. Havemann nichts. Dies betreffe einen der gravierendsten Vorwürfe, die gegen die gesamte Haltung Hrn. Havemanns zu erheben sind.
Ich erläuterte Hrn. Havemann die Einstellung der Leitung der Akademie zu seinen Reiseanträgen, die an das MdI gerichtet waren, und die Entscheidung, keinesfalls eine Möglichkeit zu bieten, Äußerungen von Hrn. Havemann zu Feindseligkeiten gegen die DDR und die Akademie zu benutzen.

---

[5] Vgl. *Hartke*, Aktennotiz, 16. 1. 1965, AAW, Leitung, Personalia, 161, Bl. 68–72.
[6] *Werner G. Knop*, Interview mit Robert Havemann, in: Der Spiegel, 1964, Nr. 51.

Hr. Havemann gab zu, daß er nach Eingang des dienstlichen Briefes des Generalsekretärs sofort den Inhalt telegraphisch seinen Einladern in Westdeutschland mitteilte, so daß die Riasmeldung also nicht verwunderlich sei. Ich antwortete, daß man daraus aber erkennen müsse, wie enge Verbindung Hrn. Havemanns Partner in Westdeutschland mit dem Feind der DDR unterhalten. Denn ohne eine telegraphische Information an den Rias hätte die betreffende Nachricht nicht 36 Stunden nach Eingang der Unterlagen im Geschäftsgang ausgestrahlt werden können. Im Verlauf der Unterhaltung mußte immer wieder darauf hingewiesen werden, daß Hrn. Havemanns Verhalten immer wieder vom Feind ausgenutzt werden konnte, ohne daß Hr. Havemann etwas dagegen unternommen hätte, im Gegenteil: Er gab auch zu, zur Veröffentlichung des erwähnten Artikels im „Spiegel" ausdrücklich seine Zustimmung gegeben zu haben. Das hätte allerdings seinerseits dem Zweck gedient zu beweisen, daß er (Havemann) kein Feind der DDR sei. Der Rias hatte den Artikel zu infam dosierten Angriffen gegen die DDR ausgenutzt. Etwa um dieselbe Zeit erhielt ich eine Information vom Ministerpräsidenten, daß er Hrn. Havemann offiziell habe mitteilen lassen, die Art und Weise, wie Hr. Havemann Kontakt mit Persönlichkeiten, Publikationsorganen und Nachrichtenstellen im westlichen Ausland, insbesondere in der D[eutsche]B[undes]R[epublik] unterhält und pflegt, beschwöre ernste Gefahren herauf und sei zu unterlassen. Hr. Havemann hat hierzu sofort erklärt, er werde sich an dieses Ersuchen des Ministerpräsidenten nicht halten.[7]
Im September 1965 ging bei der Forschungsgemeinschaft ein Pfändungsbescheid für Hrn. Havemann ein. Hr. Havemann hatte einen Ordnungsstrafbescheid des Magistrats erhalten, weil er ohne die gesetzliche Lizenz eine Veröffentlichung unter dem Titel „Ja, ich hatte unrecht"[8] verbreitet hatte. Der Minister für Kultur hatte dabei rechtlich einwandfrei die Entscheidung über eine Appellation Havemanns gegen die Verwerfung seines Einspruchs durch den Magistrat abgelehnt. Hr. Havemann vertrat hierbei die Auffassung, je mehr Menschen davon wüßten, um so besser sei es; er sammle diese schriftlichen Vorgänge säuberlich und beabsichtige, sie einer Veröffentlichung über die Rechtsordnung in der DDR zugrunde zu legen. Übrigens wurde die dienstliche Seite dieser Angelegenheit mir wieder zuerst durch eine ins Einzelne gehende Notiz im „Spiegel" bekannt. Im Dezember 1965 übergab Hr. Havemann westlichen Publikationsorganen wiederum einen Artikel. Auch dieser Artikel fällt objektiv mit dem Programm der Gegner der DDR zur Zersetzung unseres Staates und unserer Ordnung zusammen. In diesem Sinne steht fest, daß westliche Agenturen mit dem Material Havemanns gegen die DDR gearbeitet

---

[7] Vgl. Dokument 6.
[8] Als im Februar 1965 die Zeitschrift „Forum" einen Artikel veröffentlichte, in dem frühere und sich widersprechende Äußerungen Havemanns zitiert waren, die er im Verlaufe mehrerer Jahre publizierte, verfaßte Havemann einen für das „Forum" vorgesehenen Gegenartikel. Doch Havemanns beeindruckende Auseinandersetzung mit seiner eigenen früheren stalinistischen Haltung unter dem Titel „Ja, ich hatte Unrecht" wurde von der Studentenzeitschrift auf Weisung des ZK nicht veröffentlicht. Daraufhin vervielfältigte Havemann diesen Artikel, um ihn an zahlreiche Wissenschaftler und Interessierte zu schicken mit der Aufforderung, diese Kopie auch weiterzureichen. Erst nachdem ihm die Veröffentlichung in der DDR nicht möglich war, stimmte Havemann der Publikation in der Hamburger „Die Zeit" zu. Vgl. Einleitung, S. 39f.

haben, wenn anders Hr. Havemann die Wahrheit sagt, daß ein Politikum ersten Ranges in den Artikel hineingefälscht sei.
Hierauf reagierte der Dienstvorgesetzte Hrn. Havemanns, der Vorsitzende der Forschungsgemeinschaft, wie es nun unausweichlich geworden war, mit der Abberufung als Leiter seiner wissenschaftlichen Arbeitsstelle. Bekanntlich obliegt gesetzlich den berufenen Leitern als Beauftragten der Arbeiter-und-Bauernmacht u. a. die Pflicht, die Staatsmacht der DDR zu stärken und die Staatsdisziplin zu festigen und zu entwickeln, um den Sozialismus zu schaffen.
Ein Mitglied der Akademie hat also durch eine nunmehr zwei Jahre lang bewußt lebendig gehaltene Affäre alles darauf angelegt, die Akademie und ihre Einrichtungen in öffentliche Konfliktsituationen mit Aufgaben und Gesetzen und mit der Regierung zu bringen, die die Akademie unterhält und fördert. Dieses AkM glaubt, sich an keine Ratschläge und Weisungen halten zu müssen, vielmehr jedesmal selbst entscheiden zu können, welche Normen und Gesetze er einhalten will. Dieses AkM glaubt sich rückhaltlos der Bühne der Konkurrenz und des erklärten Feindes bedienen zu dürfen, obwohl Regierung, Akademieleitung, Vorgesetzte und wohlmeinende Freunde ermahnt haben zu bedenken, daß daraus erwiesenermaßen bewußter Mißbrauch zum Schaden der DDR, der Akademie, der Kollegen und der Mitarbeiter entstanden sei und entstehen würde. Solche Einstellung fördert praktisch den Geheimnisverrat, indem gewisse Unternehmungen über Photosynthese im Rahmen des RGW, die nur einem ganz kleinen Kreise bekannt waren und in der DDR von diesem AkM koordiniert wurden, in einer Notiz des „Spiegel" über die Arbeitsstelle dieses AkM publik wurden.[9] Denn wie kann Disziplin gewahrt bleiben, wenn der verantwortliche Leiter die These vertritt, die Weltöffentlichkeit hat das Recht auf totale Information über alles und jedes durch mich. Kann sich dieses AkM wundern, wenn man auf seine Mitwirkung an diesem Forschungsprogramm und auf die DDR-Beteiligung überhaupt verzichtet?
Natürlich liegt ein Vertrauensbruch im persönlichen Bereich davon nicht weit entfernt, wenn dieses AkM Mitteilungen streng privater Art über fachliche, methodologische und politische Anschauungen von Kollegen des In- und Auslandes nach eigenem Ermessen aus dem Zusammenhang gelöst in der Öffentlichkeit für seine Interessen benutzt. Solche Einstellungen müssen dazu führen, daß man die Normen der Moral ihrer Allgemeingültigkeit entkleidet und widerspruchsvolle Äußerungen tut, den Kollegen insinuiert, sie hätten in geheimer Abstimmung in der Klasse auf Grund einer Suggestion durch den Sekretar votiert oder dem Präsidenten die verletzende Erklärung gibt, Verhandlungen mit ihm kämen nur in Gegenwart eines Zeugen, den das betr. AkM bestimme, infrage. Niemals wurde ein Wort des Bedauerns aus dem Munde dieses AkM gehört.
Durch niemand und nirgends kann man in solcher Weise prinzipielle Anarchie einziehen lassen.

---

[9] Die hier ausgedrückte Unterstellung, Havemann habe Geheimnisverrat begangen, versuchte Hartke noch durch Anfrage beim entsprechenden Ministerium zu verifizieren (Dokument 120). Obwohl ihm das nicht gelang – es konnte nicht gelingen, weil Havemann keine Informationen über Forschungsinterna nach außen gegeben hatte –, ließ er sie weiterhin kolportieren.

75

Sitzung des Sekretariats des ZK, 16. 2. 1966
Mit dem 11. Plenum des ZK war die Linie des Kampfes gegen kritische Intellektuelle zwar vorgegeben, doch deren detaillierte Umsetzung wurde jenseits der Öffentlichkeit hinter den verschlossenen Türen der ZK-Sekretariate geplant und angeordnet. Die Sitzung des Sekretariats des ZK beriet am 16. Februar eine erste Vorlage der Kulturabteilung über die Strategie der Auseinandersetzung mit Stefan Heym, Wolf Biermann u. a. Die Vorlage fiel durch. Sie war nicht scharf genug und sollte nach Überarbeitung erneut eingebracht werden. Indessen lief die Kampagne in unverminderter Schärfe weiter. Am gleichen Tage wurde am Deutschen Institut für Zeitgeschichte Werner Tzschoppe, der nach seinem Sturz als Parteisekretär der Humboldt-Universität dort als wissenschaftlicher Mitarbeiter angestellt worden war, aus der Partei ausgeschlossen und später entlassen. Der Parteisekretär Köppen stellte ihn vor die Frage: „‚Bist Du nun für Havemann oder für unsere Partei?' Er (Tzschoppe – d. Hrsg.) antwortete: ‚Aus der Diskussion müßtet Ihr entnommen haben, wofür ich bin'. Ich stellte die Frage: ‚Dann bist Du für Havemann?' Er sagte klar: ‚Ja'."[1] Tzschoppe nahm in dem sofort gegen ihn eingeleiteten Parteiverfahren kein Blatt mehr vor den Mund. Höchst alarmierend mußte den ZK-Funktionären seine Bemerkung darüber in den Ohren geklungen haben, daß nicht nur er, sondern viele SED-Mitglieder (wie auch viele Kommunisten im Ausland) seine Auffassungen teilten. „T. sagte [...] weiter, die Position H. könne schon deshalb nicht parteifeindlich und antisozialistisch sein, da seine Arbeiten in Italien erschienen seien und dort wie auch in Polen eine lobende Rezension gefunden haben. Verantwortliche Genossen der KPI hätten H. als einen Galilei bezeichnet und ihr Bedauern geäußert, daß wir eine andere Haltung einnehmen und H. aus der Partei ausgeschlossen haben. [...] Schließlich sagte [...] T., seiner Meinung nach gebe es in unserer Partei keine innerparteiliche Demokratie und man müsse vieles sehr gründlich verändern. So trage er sich mit dem Gedanken, daß auf Parteitagen, Parteikonferenzen usw. nicht nur der Bericht der Parteiführung oder des jeweiligen gewählten Organs diskutiert werden solle, sondern auch ein ‚Gegenbericht' einer innerparteilichen Opposition. Dies wäre in der Vergangenheit (in den zwanziger Jahren und früher) nicht schlecht gewesen und, im Grunde genommen, müsse man die Bildung von Fraktionen gestatten, obwohl dieser Begriff vielleicht etwas anstößig sei. T. sagte mir schließlich, er käme des öfteren mit Genossen zusammen [...] und die meisten seien grundsätzlich mit ihm einverstanden, wagten nur nicht, das offen zu sagen. Nach

---

[1] *A. Köppen*, Parteisekretär des Deutschen Instituts für Zeitgeschichte, an Dieter Lange, Abt Wissenschaften., 9. 2. 1966, SAPMO-BArch, SED, ZPA, IV A 2/9.04/107.

seinen Worten wäre eine Skepsis und Unzufriedenheit mit der Politik unserer Parteiführung für breite Kreise der Partei kennzeichnend."[2]
Schon am 27. Januar war Kurt Turba, Leiter der Jugendkommission des Politbüros, fristlos aus dem Apparat des ZK gefeuert worden, „weil er auf Grund seines ganzen Verhaltens für die weitere Arbeit im Apparat des ZK nicht tragbar ist".[3] Vorwand für diese Entlassung waren einige erfundene, inszenierte bzw. hochgespielte Zwischenfälle auf Jugendveranstaltungen, tatsächlich ging es um die Beendigung jenes Politikstils, den das von Turba verfaßte „Jugendkommuniqué" von 1963 umschrieben hatte.
Die Vorlage der Kulturabteilung mußte am 16. Februar nicht zuletzt deshalb zurückgewiesen werden, weil nur, indem man aus den verschiedenen Auseinandersetzungen mit Heym, Biermann u. a. sowie der um Havemann ein gemeinsames Phänomen konstruierte (Trotzki nannte diese von Stalin bei der Vernichtung der Gründungsväter der Bolschewiki erfundene Taktik die Schaffung eines „Amalgams") und damit suggerierten, es handele sich um eine politische Plattform, die in verschiedener Gestalt das Ziel verfolge, die DDR zu vernichten. Die Vorlage war, nachdem die „Angelegenheit Havemann" an vorderster Stelle in sie integriert worden war, erneut einzubringen.

Dok. 75 Protokoll Nr. 16/66 der Sitzung des Sekretariats des ZK, [Auszug], 16. 2. 1966
SAPMO-BArch, SED, ZPA, J IV 2/2 A 1269

Anwesend: Genosse Grüneberg, Mittag, Norden, Berger, Jarowinsky, Dohlus, Eberlein, Axen
Entschuldigt: Genosse Ulbricht, Hager, Honecker, Verner, Schön
Sitzungsleitung: Genosse Norden
[...]

2. Weitere Auswertung der Beschlüsse und Dokumente des 11. Plenums des ZK und Weiterführung der ideologisch-politischen Auseinandersetzung mit Stefan Heym, Biermann u. a.:
S. Wagner
Hörnig
Hager

1. Der Brief des Sekretariats des ZK an die 1. Sekretäre der Bezirks- und Kreisleitungen über die weitere Auswertung der Beschlüsse und Dokumente des 11. Plenums des ZK der SED im kulturellen Bereich ist entsprechend der Diskussion zu überarbeiten und dem Sekretariat nochmals vorzulegen.
2. Die Vorschläge über die Weiterführung der ideologisch-politischen Auseinandersetzung mit Stefan Heym, Biermann

---

[2] *Stefan Doernberg*, Direktor des Deutschen Instituts für Zeitgeschichte, an Paul Verner, 1. Sekretär der SED-Bezirksleitung Berlin, 16. 1. 1966, SAPMO-BArch, SED, ZPA, IV A 2/9.04/107.
[3] Protokoll Nr. 9/66 der Sitzung des Sekretariats vom 27. 1. 1966, SAPMO-BArch, SED, ZPA, J IV 2/3 A 1261.

u. a. sind entsprechend der Aussprache des ZK zu überarbeiten.
Dem Sekretariat des ZK ist in der nächsten Sitzung eine Vorlage zu unterbreiten, wie die Taktik gegenüber Havemann, Heym, Biermann u. a. weitergeführt wird.
Verantwortlich Genosse Hörnig
Genosse Wagner, S.

76

Antwort des ZK an Kritiker im Westen, 16. 2. 1966
Siegfried Wagner, Leiter der Abteilung Kultur des Zentralkomitees der SED, hatte den Auftrag erhalten, den Brief der westdeutschen Schriftsteller vom 25. Januar 1966 (Dokument 55) zu beantworten. Die Antwort mußte eine Gratwanderung darstellen: Einerseits galt es, die Intervention der Westdeutschen zugunsten ihrer ostdeutschen Kollegen ohne Wenn und Aber zurückzuweisen, andererseits sollten sie nicht verprellt werden, da sie die SED-Führung gern innen- wie außenpolitisch als Mitstreiter vereinnahmte. Der Versuch der Vereinnahmung beruhte auf der gleichen simplen Logik, mit der alle konservativen Politiker die Feinde ihrer Feinde als Verbündete betrachten. Gemeinsam war denn auch die Belehrung, die sich die Intellektuellen in Ost und West nicht nur von ihren Oberen anhören durften, sondern durchaus vertraut durfte ihren Ohren auch gewesen sein, was sie im Falle des Falles von den Herrschenden der anderen Seite zu hören bekamen: Weil die westdeutschen Schriftsteller die DDR „vom Standpunkt der bürgerlichen Demokratie aus betrachten", blieben ihnen die Geheimnisse der östlichen Freiheiten unbegreiflich. Zwar sei es „Ihre historische Pflicht", für die Freiheit im Westen zu streiten, doch wenn „es einmal auch in Westdeutschland eine demokratische Volksregierung [...] gibt, werden Sie es nicht mehr nötig haben, um absolute Freiheit zu kämpfen. Sie selber werden dann denjenigen die absolute Freiheit einschränken, die die konkreten Freiheiten des für sein Recht einstehenden Volkes wieder beseitigen wollen."
Statt sich um die Freiheiten von Biermann, Heym, Kunert oder Havemann zu bekümmern, sollten Walser und seine Freunde lieber mit Ulbricht gemeinsam gegen den Vietnamkrieg streiten. Weil aber die westdeutschen Intellektuellen auf diese Art Vereinnahmung dankend verzichteten, blieben sie die „Banausen und Nichtskönner", die „ganz kleinen Pinscher" für die Staatsmänner im Westen wie im Osten. Die Reaktion der SED auf ihre Kritiker fand im Westen nur an einer Stelle klammheimliche Freude: Die „professionellen Scharfma-

cher in der Bundesrepublik, die leidenschaftlichen Ritter des kalten Krieges [...] sind in bester Laune, sie sehen sich durch das Vorgehen der SED wieder einmal in ihren Anschauungen bestätigt".[1] Dagegen kamen gerade Linke im Westen zu einem verheerenden Resumé: „Darf man weiterhin auf einen Staat bauen, der ein sozialistischer Staat sein will – und wir sind nicht böse darüber, daß es ein sozialistisches Deutschland geben kann –, der aber zur gleichen Zeit diesem sozialistischen Staat den echt deutschen Charakter eines Polizeistaates gibt, der uns leider nicht *nur* an die preußische Tradition denken läßt ...?"[2]

Dok. 76 Siegfried Wagner, Abteilung Kultur des ZK, an Martin Walser, 16. 2. 1966
RHG, Archiv, NL Havemann

Sehr geehrter Herr Walser!
Der Vorsitzende des Staatsrates der Deutschen Demokratischen Republik, Herr Walter Ulbricht, hat mir den Brief übergeben, den Sie am 25. Januar im Auftrag einer Gruppe von 16 westdeutschen Schriftstellern an ihn gerichtet haben. Er wies dabei darauf hin, daß der Staatsrat für die in Ihrem Brief aufgeworfenen Fragen nicht zuständig ist. Da Sie sich in der Hauptsache auf die Beschlüsse der 11. Plenartagung des Zentralkomitees der Sozialistischen Einheitspartei Deutschlands beziehen, bat er mich als den Leiter des zuständigen Organs des Zentralkomitees, Ihren Brief zu beantworten.
Zunächst möchte ich Ihnen meine Genugtuung darüber aussprechen, daß Sie auch in diesem Brief Ihren Willen bekräftigen, für Frieden und Verständigung einzutreten und unser gemeinsames Interesse an einer Politik der friedlichen Koexistenz betonen. Im gegenwärtigen Augenblick, da die Gefahr besteht, daß der Krieg, den die USA in Vietnam führen, sich zu einem neuen Weltkonflikt ausweitet, ist diese Bereitschaft besonders wertvoll.
Über die Probleme hinaus, die mit der Erhaltung des Friedens in Verbindung stehen, werfen Sie aber in Ihrem Brief eine Reihe von Fragen auf, die den Aufbau des Sozialismus in der Deutschen Demokratischen Republik und insbesondere die Beschlüsse des Zentralkomitees der Sozialistischen Einheitspartei Deutschlands betreffen.
Mit derselben Kontinuierlichkeit, mit der auf den Tagungen des Zentralkomitees der Sozialistischen Einheitspartei Deutschlands politische, ökonomische und pädagogische Entwicklungsprobleme behandelt werden, stehen auch immer wieder die Aufgaben der sozialistischen Kulturentwicklung zur Diskussion. Und wenn auf der letzten Plenartagung des Zentralkomitees einige Persönlichkeiten, darunter auch Schriftsteller und Regisseure kritisiert wurden, so geschah das nicht wegen ihrer ästhetischen Auffassungen. Es ging vielmehr um große politische, ideologische Fragen, die das Leben, die die Entwicklung unserer Republik unmittelbar betreffen.

---

[1] *Marcel Reich-Ranicki*, in: Die Zeit, 17. 12. 1965.
[2] *Félix Lusset* an Anna Seghers, 20. 12. 1965, in: Kahlschlag, S. 362.

Die 11. Tagung des Zentralkomitees der Sozialistischen Einheitspartei Deutschlands fand zu einem Zeitpunkt statt, da die Regierung der USA eine neue verschärfte Etappe des Krieges in Vietnam einleitete. In dieser Situation verschärften auch die kalten Krieger in Westdeutschland ihre Tätigkeit gegen die Deutsche Demokratische Republik, eine Tätigkeit, die in verschiedenen Formen von Grenzdiversionen im Staatshoheitsgebiet unserer Republik über eine unglaubliche Hetze in Rundfunk, Fernsehen und Presse bis zur Herausgabe gegnerischer Literatur zum Ausdruck kam. Zu dieser Literatur gehörte u. a. auch eine in Westberlin herausgegebene Broschüre mit Gedichten von Wolf Biermann,[3] durch deren Inhalt sich ihr Autor, Biermann, in die Front des verdeckten Krieges gegen die Deutsche Demokratische Republik eingereiht hat.

In dieser Situation wäre es Menschenpflicht gewesen, alle friedliebenden Kräfte in Westdeutschland und Westberlin gegen den schmutzigen Krieg der USA in Vietnam zu konzentrieren. Statt dessen veröffentlichte gerade in dieser Zeit Professor Havemann in der westdeutschen kapitalistischen Zeitschrift „Der Spiegel" sein Aktionsprogramm der Spaltung der Kommunistischen Partei Deutschlands und der Änderung der gesellschaftlichen Ordnung in der Deutschen Demokratischen Republik.[4]

Vielleicht stellen Sie die Frage, wie es möglich ist, daß es in der Deutschen Demokratischen Republik noch solche Menschen gibt. Das bedarf wirklich einer Antwort. Die Deutsche Demokratische Republik befindet sich mitten im umfassenden Aufbau des Sozialismus. Es ist die erklärte Politik und die tägliche Praxis Ihrer Regierung, unseren friedlichen Aufbau mit allen Mitteln, darunter auch mit den Versuchen ständiger ideologischer Diversion, zu stören. Wir bauen den Sozialismus mit den Menschen auf, die in unserer Republik leben. Obwohl nicht alle die gleiche Weltanschauung, die gleiche Lebenserfahrung, die gleichen Traditionen haben, unterstützen sie in ihrer großen Mehrheit unser friedliches Aufbauwerk. Daneben aber gibt es einzelne Personen, die als Nihilisten oder Einäugige die Probleme und Aufgaben unserer sozialistischen Entwicklung in ihrer Gesamtheit nicht übersehen und wohl deshalb besonders anfällig sind für die Propaganda des westdeutschen Imperialismus und so zu ihrem Werkzeug werden. Sie können uns nicht zumuten, solchen Leuten auch noch staatliche Förderung zu gewähren.

Es wird Sie interessieren zu erfahren, daß an der Beratung des Zentralkomitees unserer Partei über ideologische Probleme der Entwicklung unserer Republik als Gäste auch Schriftsteller, Künstler und Wissenschaftler teilnahmen und sich an der Diskussion beteiligten, die nicht Mitglieder des Zentralkomitees sind.[5] Die Beratungen des

---

[3] Gemeint ist: *Wolf Biermann*, Die Drahtharfe. Balladen, Gedichte, Lieder, Westberlin 1965 (Quartheft 82).
[4] Dokument 15.
[5] Am 11. Plenum nahmen neben den 180 Mitgliedern und Kandidaten des Zentralkomitees über 200 Gäste teil, darunter vor allem Staats- und Wirtschaftsfunktionäre, aber auch Künstler. – Vgl. Kahlschlag, S. 290.

Zentralkomitees der Sozialistischen Einheitspartei Deutschlands gingen also über den Rahmen der Partei hinaus und waren eines der vielen Beispiele für den demokratischen Charakter der offenen Auseinandersetzung in unserer Republik.
Auch der Kulturausschuß der Volkskammer der Deutschen Demokratischen Republik hat sich als zuständiges Organ der Obersten Volksvertretung mit einigen Filmen und anderen die Deutsche Demokratische Republik schädigenden Veröffentlichungen beschäftigt. Nach gründlicher Debatte war der Ausschuß sich einig in der Ablehnung solcher Werke. Daraufhin hat der Ausschuß als demokratisches Organ beschlossen zu untersuchen, wie es kommen konnte, daß für dergleichen Arbeiten auch noch Staatsgelder ausgegeben wurden.[6]
Was die ökonomischen Maßnahmen gegenüber den betreffenden Schriftstellern und Künstlern betrifft, die Sie als „Benachteiligung" bezeichnen, so entsprechen sie der in jedem anderen Land üblichen normalen Praxis: Ein Intendant oder ein Verleger nimmt künstlerisch wertvolle Werke an und bezahlt sie nach der Leistung. Liegt eine solche Leistung nicht vor, gibt es auch nichts, was bezahlt werden könnte.
In diesem Zusammenhang ist es ein Irrtum Ihrerseits, von Publikationsverbot und Benachteiligung zu sprechen. Es handelt sich einfach darum, daß schriftstellerische oder andere künstlerische Arbeiten, denen entweder die Qualität fehlt oder die sich gegen unseren Arbeiter-und-Bauern-Staat richten, nicht honoriert werden können. Das ist die gleiche Methode wie etwa die Begutachtung der Projekte der Neubauten am Alexanderplatz durch die gewählten Organe der Stadtverwaltung vor der Entscheidung, ob und wie sie ausgeführt werden, oder die Verteidigung des Drehbuches eines Films vor einem dazu qualifizierten gesellschaftlichen Organ. Das sind die natürlichen Elemente unserer demokratischen Ordnung.
Die Irrtümer, denen Sie bei Abfassung Ihres Briefes unterlegen sind, beruhen wohl darauf, daß Sie die kulturelle Entwicklung der Deutschen Demokratischen Republik vom Standpunkt der bürgerlichen Demokratie aus betrachten, in der Sie leben, und den Unterschied der Gesellschaftsordnungen außer acht lassen.
Die bürgerliche Gesellschaft in Westdeutschland wird von Ihrer Regierung als „formierte Gesellschaft" bezeichnet. Aber es wäre richtiger, sie als das zu bezeichnen, was sie ist – staatsmonopolistischer Kapitalismus.
Sie wissen sehr gut, daß zu den täglichen Praktiken dieser Gesellschaft die Chloroformierung der öffentlichen Meinung durch die staatlich gelenkten Meinungsfabriken gehört. Sie haben recht, unter der Diktatur der großen Monopole, unter Einfluß der führenden Militärs und angesichts des offenbaren Verfalls der Kultur in Westdeutschland um absolute geistige Freiheit zu kämpfen. Das ist nicht nur Ihr Recht, sondern Ihre historische Pflicht, wenn Sie bei Ihrem Vorsatz bleiben, für Frieden und Verständigung einzutreten. Wenn es einmal auch in Westdeutschland eine demokratische Volksregie-

---

[6] Tatsächlich beruhte die Streichung von Honoraren auf entsprechenden Beschlüssen der SED-Gremien, die staatliche Behörden lediglich exekutierten.

rung, entsprechend den in ihrem Teil Deutschlands dann bestehenden sozialen, politischen Verhältnissen gibt, werden Sie es nicht mehr nötig haben, um absolute Freiheit zu kämpfen. Sie selber werden dann denjenigen die absolute Freiheit einschränken, die die konkreten Freiheiten des für sein Recht einstehenden Volkes wieder beseitigen wollen.
Wir sind in unserem Teil Deutschlands mit dem Aufbau des Sozialismus beschäftigt, einer Gesellschaftsordnung, die nicht mehr von Klassengegensätzen bestimmt wird. Unsere sozialistische Demokratie und unser neues ökonomisches System der Planung und Leitung zeigen auch der Bevölkerung Westdeutschlands, wie das Volk aus eigener Kraft sein Leben neu gestalten kann und gestaltet.
Da die reaktionären Kräfte Westdeutschlands im gespaltenen Deutschland, in dem es zwei deutsche Staatsvölker gibt, noch immer auf ihren Eroberungsforderungen beharren und zu einer Verständigung mit unserer Republik im Geiste der Politik der friedlichen Koexistenz von Staaten unterschiedlicher Gesellschaftsordnung noch nie bereit waren, müssen die Staatsmacht unserer Republik und ihre Organe Sicherheitsmaßnahmen gegen alle Bedrohungen ergreifen, die gegen unseren Staat, gegen das friedliche sozialistische Leben unserer Menschen gerichtet sind.
Es gibt bei uns noch einige halbanarchistische Elemente, die sich in grenzenloser Überheblichkeit sehr klug vorkommen, objektiv aber nur den westdeutschen Machthabern in die Hände arbeiten.
Die erfolgreiche Tätigkeit der Arbeiter und Bauern, der Wissenschaftler, Ingenieure und Künstler und aller anderen Werktätigen beweist das hohe Maß an Freiheit, das in unserer Republik für schöpferische Arbeit besteht. Wer diese Freiheit mißbraucht, wer z. B. in anderen Staaten, noch dazu solchen, deren gesamte Politik gegen die Deutsche Demokratische Republik gerichtet ist, Schriften veröffentlicht, die den Weiterbestand dieser Freiheiten in der Deutschen Demokratischen Republik gefährden, kann nicht erwarten, daß das ruhig von uns hingenommen wird. Wer solche Konflikte provoziert, braucht sich über die Folgen nicht zu wundern.
Aus den Meinungsäußerungen in den Tageszeitungen und Zeitschriften unserer Republik über die Ergebnisse des 11. Plenums ist für jeden ersichtlich, daß diese Plenartagung des Zentralkomitees der Sozialistischen Einheitspartei Deutschlands große positive Ergebnisse gehabt hat. Unsere Bevölkerung hat es begrüßt, daß dem Eindringen von westlicher Unmoral und Unkultur in unsere Republik ein Riegel vorgeschoben wird. Sie versteht nicht, wenn dafür noch Devisen ausgegeben werden.
Wir sind für ausgedehnte Beziehungen mit den Kulturschaffenden aller Länder. Die Auslandsgastspiele vieler unserer Künstler, Solisten, Orchester und Theaterkollektive legen Zeugnis dafür ab, daß wir den Kulturaustausch mit anderen Ländern suchen und finden. Unsere eigene Verlagstätigkeit und die Spielpläne unserer Theater zeugen davon, daß wir die besten humanistischen Schöpfungen anderer Länder unserer Bevölkerung zugänglich machen.
Wir können uns gut in Ihre Lage versetzen. Wir wissen aus eigener jahrzehntelanger Erfahrung des Kampfes unter kapitalistischen Verhältnissen, wie schwer es ist, in der heutigen Zeit und in Westdeutschland fortschrittliche Kultur oder Elemente einer so-

zialistischen Literatur und Kunst zu entwickeln. Das ist ein langwieriger opferreicher Kampf, der auch harte innere Auseinandersetzungen verlangt. In diesem Kampf haben sich solche großen deutschen Schriftsteller wie Thomas und Heinrich Mann zum Antifaschismus bekannt und zum Verständnis des Sozialismus emporgearbeitet.[7] Aus diesem Kampf sind Johannes R. Becher, Bertolt Brecht und viele andere sozialistische Künstler hervorgegangen. Diese historischen Erfahrungen waren vor kurzem Gegenstand einer Beratung des Vorsitzenden des Staatsrates der Deutschen Demokratischen Republik, Herrn Walter Ulbricht, mit Schriftstellern und Künstlern.[8]

Wir haben eine Bitte an Sie: Möchten Sie doch alle Probleme, die Sie in Ihrem Brief angeschnitten haben, von der hohen Warte der gesellschaftlichen Umwälzung aus betrachten, die in unserem Teil Deutschlands vollzogen wurde und die sich in den dort gemäßen Formen eines Tages auch in Westdeutschland vollziehen wird. Deshalb können wir uns in unserem wie auch in Ihrem Interesse, im Interesse der fortschrittlichen Kräfte in Westdeutschland, von niemandem auf die Positionen von Wanderern zwischen zwei Welten oder in die Haltung der politischen Indifferenz zurückdrängen lassen, die der Intelligenz und dem ganzen deutschen Volk in der Weimarer Republik so teuer zu stehen gekommen ist. Gibt es Ihnen nicht zu denken, daß dieselbe Presse, die Sie als Pinscher bezeichnen, jetzt die von uns Kritisierten als Verfechter der Freiheit propagiert?[9]

Abschließend möchten wir noch einmal zurückkommen auf Ihre Bereitschaft, für Frieden und Verständigung zu wirken. Wir wollen Ihnen im Augenblick nicht zumuten, mit unseren Autoren gemeinsam einen direkten öffentlichen Schritt zu unternehmen, der

---

[7] Wagner kolportiert hier nahezu wörtlich eine Interpretation der Biographien der Brüder Mann, wie sie Ulbricht auf dem 11. Plenum vortrug: „Thomas und Heinrich Mann sind gewissermaßen typisch für den Weg, den hervorragende Vertreter der bürgerlichen Intelligenz in der gegenwärtigen Periode von der Opposition gegen Hitler zur Bejahung der sozialistischen Entwicklung gegangen sind." – *Walter Ulbricht*, Probleme des Perspektivplanes bis 1970. Referat auf der 11. Tagung des ZK der SED. 15.–18. Dezember 1965, Berlin 1966, S. 108; vgl. *Günter Agde*, Zur Anatomie eines Tests. Das Gespräch Walter Ulbrichts mit Schriftstellern und Künstlern am 25. November 1965 im Staatsrat der DDR, in: Kahlschlag, S. 130 f., 145.

[8] Vgl. Stenographisches Protokoll des Gesprächs Walter Ulbrichts mit Schriftstellern und Künstlern im Staatsrat am 25. November 1965, SAPMO-BArch, SED, ZPA, IV A 2/906/142; vgl. dazu auch *Agde*, Zur Anatomie, a. a. O., S. 128–147.

[9] Wagner bezieht sich auf einen Wahlkampfauftritt des Bundeskanzlers Ludwig Erhard im September 1965, in dem dieser nicht allein dem angesprochenen Rolf Hochhuth, sondern mittelbar den Intellektuellen der Bundesrepublik die Fähigkeit zur politischen Intervention absprach: „Neuerdings ist es ja Mode, daß die Dichter unter die Sozialpolitiker und die Sozialkritiker gegangen sind. Wenn sie das tun, das ist natürlich ihr gutes demokratisches Recht, dann müssen sie sich aber auch gefallen lassen, so angesprochen zu werden, wie sie es verdienen, nämlich als Banausen und Nichtskönner, die über Dinge urteilen, von denen sie nichts verstehen. Ich habe keine Lust, mich mit Herrn Hochhuth zu unterhalten über Wirtschafts- und Sozialpolitik, um das einmal ganz deutlich zu sagen und das Kind beim Namen zu nennen. Ich würde mir auch nicht anmaßen, Herrn Professor Heisenberg gute Lehren über Kernphysik zu erteilen. Ich

den Grundsatz des Friedens und der Verständigung auf das Verhältnis der bestehenden deutschen Staaten zueinander anwenden würde. Dazu ist wohl bei Ihnen die Zeit noch nicht reif für eine gemeinsame Erklärung in dieser Richtung, obwohl wir uns natürlich sehr freuen würden, wenn wir uns hierin irren sollten.
Anders liegen die Dinge beim Krieg in Vietnam. So wie wir Ihre Überzeugung zu kennen glauben, müßte es doch möglich sein, Worte zu finden für einen gemeinsamen Protest gegen die Ausweitung dieses schmutzigen Krieges, einen Protest, unter dem neben Ihrem Namen eine gleiche Zahl von Namen in der Welt bekannter und geachteter Schriftsteller stehen würde, die in der Deutschen Demokratischen Republik leben und wirken.
Wir glauben, daß wir damit wirklich der Verständigung zwischen den Völkern und dem Frieden dienen können. Damit würden die Schriftsteller der beiden deutschen Staaten etwas tun, was die große Zahl der Gegner des Krieges gegen das vietnamesische Volk in Deutschland und in aller Welt zu erwarten berechtigt ist.
Mit vorzüglicher Hochachtung
Siegfried Wagner
Leiter der Abteilung Kultur des Zentralkomitees der SED

77

Dok. 77 Günther Rienäcker an Robert Havemann, 16. 2. 1966
RHG, Archiv, NL Havemann

Sehr geehrter Hr. Havemann!
Ihren Einspruch gegen das von mir ausgesprochene Hausverbot habe ich erhalten. Nach Lage der Dinge sehe ich keine Veranlassung, das Hausverbot aufzuheben.
Hochachtungsvoll
Prof. Dr. G. Rienäcker

---

meine, das ist alles dummes Zeug. Die sprechen von Dingen, von denen sie von Tuten und Blasen keine Ahnung haben. Sie begeben sich auf die Ebene eines kleinen Parteifunktionärs und wollen doch mit dem hohen Grad eines Dichters ernst genommen werden. Nein, so haben wir nicht gewettet. Da hört der Dichter auf, da fängt der ganz kleine Pinscher an." – *Ludwig Erhard*, Rede auf dem Wirtschaftstag der CDU in Düsseldorf am 9. 7. 1965, zit. nach: Die Worte des Kanzlers, in: Die Zeit, 30. 7. 1965. Hochhut hatte es gewagt, den Wahlkampfschlagworten Erhards über die „formierte Gesellschaft" entgegenzuhalten: „Trotz allen Geredes von Sozialpartnerschaft: der Klassenkampf ist nicht zu Ende." – Plädoyer für eine neue Regierung. 25 Autoren mischen sich in den Bundestagswahlkampf ein, hrsg. v. Hans Werner Richter, Reinbek 1965; vgl. dazu *Klaus Hildebrand*, Von Erhard zur Großen Koalition 1963–1969, Stuttgart/Wiesbaden 1984 (Geschichte der Bundesrepublik Deutschland, Bd. 4), S. 119–121.

78

Dok. 78 Hermann Klare an Hans Wittbrodt, 17. 2. 1966,
auf einem Brief Robert Havemanns an Hermann Klare vom 14. 2. 1966
AAW, Leitung, Personalia, 163, Bl. 228

Abschrift

Prof. Dr. Robert Havemann   1017 Berlin
                                    Strausberger Platz 19
                                    den 14.2.66

Herrn Prof. Dr. Hermann Klare
1532 Kleinmachnow, Philipp-Müller-Allee 112

Sehr geehrter Hr. Klare!

    Anläßlich der Darlegung der Gründe für meine fristlose Abberufung sagten Sie mir zu, daß Sie entsprechend den im Gesetzbuch der Arbeit formulierten Pflichten dafür Sorge tragen würden, daß mir eine neue Arbeitsmöglichkeit geschaffen wird. Da ich nun bereits seit eineinhalb Monaten ohne jedes Einkommen bin, möchte ich Sie höflichst an Ihre Zusage erinnern. Ich bin bereit, jede Arbeit anzunehmen, die meiner Qualifikation entspricht.

                    Hochachtungsvoll

        gez.   Robert Havemann

              (Robert Havemann)

Herrn Dr. Wittbrodt,

bitte, wie heute fernmündlich vereinbart, feststellen zu lassen, was in dieser Angelegenheit geschehen soll und geschehen wird, so wie man es uns zugesagt hatte. Ich bestehe darauf, daß hier gesetzlich vorgegangen wird.
<u>Recht auf Arbeit</u> !!!

        gez. Klare, 17.2.66

79

Ausforschung der Verbindungen Havemanns an der DAW, 18. 2. 1966
Mit dem Hausverbot sollten die Verbindungen Havemanns zur Akademie unterbrochen werden. Das hieß freilich auch, die Kontrolle über die nichtformalen Beziehungen zu gewinnen, die er hatte. Im Grunde eine Aufgabe für die Staatssicherheit, die sich ihr auch ausgiebigst widmete. Es fanden sich aber darüber hinaus hinreichend viele Zeitgenossen, die spitzelten, denunzierten und dazu keine Verpflichtung durch das MfS benötigten.

Dok. 79 Aktennotiz betr. Prof. R. Havemann, 18. 2. 1966
AAW, Leitung, Personalia, 163, Bl. 221

Prof. *Irmscher* berichtete folgendes:
Er habe anläßlich der Mitteilung des Generalsekretärs über das Hausverbot für Prof. Havemann im Institut die Festlegung getroffen, daß ihm Mitteilung zu machen sei, wenn Prof. Havemann versuchen sollte, telefonisch oder sonstwie mit einem Mitarbeiter Verbindung aufzunehmen. Das wurde protokollarisch festgehalten. 14 Tage später habe Prof. Schottlaender angefragt, ob es diese Festlegung gebe und seine große Verwunderung ausgedrückt, als er die Bestätigung erhielt. Er würde den Beschluß nie initiiert haben, das stünde auch im Widerspruch zur Verfassung.
Havemann wisse also von der Festlegung im Institut, da Schottländer und Havemann im engen Kontakt stehen. Im Institut hat niemand Kontakt zu Havemann. Eventuell laufen Verbindungen über Frl. Samberger vom Institut über Genn. Dr. Simon, Humboldt-Universität, zu Schottlaender.
Prof. Dr. Werner Hartke

80

Dok. 80 Kurt Schwabe an Werner Hartke, 19. 2. 1966
AAW, Leitung, Personalia, 163, Bl. 219

Hochverehrter Herr Präsident,

für Ihre Informationen vom 5. 2. 1966 über den Fall Havemann danke ich Ihnen bestens. Sie haben mich davon überzeugt, daß die von Ihnen, sehr verehrter Präsident, und dem Vorsitzenden der Forschungsgemeinschaft eingeleiteten Maßnahmen unvermeidlich waren. Ich bin überzeugt, daß der größte Teil der Akademiemitglieder diese Auffassung teilt. Es wäre nur meiner Auffassung nach dem Ansehen der Deutschen Akademie der Wissenschaften dienlicher und für Herrn Havemann vielleicht auch lehrreicher gewesen, wenn ihm diese Meinung als einhellige Auffassung der Akademiemitglieder in einer Klassen- oder Plenarsitzung mitgeteilt worden wäre. Der Aus-

schluß in seiner Abwesenheit wird Herrn Havemann sicher Veranlassung sein, das Verhalten der Deutschen Akademie als undemokratisch zu bezeichnen.
Mit dem Ausdruck meiner vorzüglichsten Hochachtung
Ihr sehr ergebener
Schwabe
D*[urchschlag]*:
Sekretar der Klasse für Chemie, Geologie u. Biologie

81

Sitzung des Sekretariats des ZK, 23. 2. 1966
Am 18. Februar hatte die Abteilung Wissenschaften unter Hörnigs Federführung jenen Teil des Beschlußentwurfs fertiggestellt, der mit dem überarbeiteten Entwurf der Kulturabteilung dem Sekretariat neu vorzulegen war: „Maßnahmen zur politischen Isolierung Havemanns. Für eine Vorlage für das Sekretariat gemeinsam mit Maßnahmen gegen Biermann, Heym u. Bieler".[1] Die Papiere wurden gemeinsam durch die ZK-Sekretäre beraten und nunmehr mit einigen Änderungen zum Beschluß erhoben. Mit diesem vertraulichen Papier, das als Handlungsanweisung für die ZK-Sekretariate von Hager (mit den Abteilungen Wissenschaften und Kultur) und Honecker (Sicherheit) sowie für das Kulturministerium (Gysi) und das Ministeriums für Staatssicherheit (Mielke) gedacht war, wurde das Vorgehen gegen die inkriminierten Intellektuellen verbindlich festgelegt.
Die eingereichte Vorlage der Abteilungen Kultur und Wissenschaften war den ZK-Sekretären indes noch immer zu sehr von den inhaltlichen Auseinandersetzungen gekennzeichnet, die zu führen sie ablehnten. So wie sich der Titel der Vorlage vom 16. Februar durch die Überarbeitung aus einer Konzeption zur „Auseinandersetzung" zu einer der „Zerschlagung" gewandelt hatte, fielen in der Diskussion im Sekretariat alle inhaltlichen Argumente, die die Abteilungsfunktionäre noch vorgetragen hatten, fort: „Alle weiteren Diskussionen und Maßnahmen zur Isolierung dieser Gruppe sind nach vorwärts gerichteten Gesichtspunkten durchzuführen."
Den im Ergebnis der Diskussion des Sekretariats durchgeführten Änderungen des Textes fielen selbst die geplanten Auseinandersetzungen zum Opfer. Alle eventuellen Differenzierungen wurden verworfen.[2] Offenbar war eine Diskussion mit oder über Havemann nicht einmal mehr „ohne Namensnennung" er-

---

[1] SAPMO, BArch, SED, ZPA, IV 2/9.04/106.
[2] In der ursprünglichen Vorlage zum 16. 2. 1966 hatte es zu Biermann noch einleitend geheißen: „In allen Diskussionen mit und um Biermann muß mit aller Deutlichkeit seine künstlerische Arbeit differenziert betrachtet und bewertet werden." – SAPMO-BArch, SED, ZPA, J IV 2/3 A 1269.

wünscht. Zugleich fehlte auch das im Entwurf noch festgehaltene Angebot, Havemann eine neue Arbeitsstelle anzubieten. Auch das weitere Schicksal Biermanns hing nicht mehr am Ergebnis von Diskussionen: Er könne vielleicht in einem „kleinen oder mittleren Betrieb" arbeiten gehen, jedenfalls aber habe er das Dichten zu unterlassen.[3] Biermann und Heym sollten auf Ministerebene verwarnt werden wie bereits Havemann im Jahr zuvor. Am ärgsten traf es Manfred Bieler: Ausreiseverbot, Kassierung des Passes, Verbannung in die Produktion sollten die Biographie eines Schriftstellers für alle Zeiten beenden.

Dok. 81 Protokoll Nr. 18/66 der Sitzung des Sekretariats des ZK, [Auszug], 23. 2. 1966
SAPMO-BArch, SED, ZPA, J IV 2/2 A 1272, 1. Bd.; J IV 2/2 A 1273, 2. Bd.

Anwesend waren die   Genossen Grüneberg, Axen, Mittag, Norden, Verner,
                        Berger, Jarowinsky, Dohlus, Eberlein
Entschuldigt: Genosse Ulbricht, Hager, Honecker, Schön
Zur Sitzung wurden folgende Genossen hinzugezogen:
Zu Punkt 3:   Genosse Wagner, S.
                        Genosse Kempke
Sitzungsleitung: Genosse Norden
[...]
3. Weitere Taktik zur politisch-ideologi-   Die Vorlage wird als Grundlage angenom-
   schen Zerschlagung der Ansichten   men. Sie ist entsprechend den Vorschlä-
   Havemanns, Heyms, Biermanns und   gen des Sekretariats des ZK zu überarbei-
   Bielers und zu ihrer politischen Isolie- ten. Die vorgeschlagenen Maßnahmen
   rung: sind beschleunigt durchzuführen.
Hager Hörnig S. Wagner Honecker Gysi   (Anlage Nr. 2)
Borning Mielke
[...]
Im Umlauf wurde bestätigt:
24. Brief der Abteilung Kultur des ZK an   Der Vorlage wurde zugestimmt.
    die Bezirks- und Kreisleitungen der   (Anlage Nr. 12)[4]
    SED:
BL   KL
ZK   Abt.   [...]

---

[3] Am 16. 2. stand noch das Angebot, „als dramaturgischer Mitarbeiter am Rostocker Theater zu arbeiten (die Zustimmung der Genossen Kuba und Perten liegt vor)". – Ebenda.
[4] Der Brief der Abteilung Kultur wiederholt im wesentlichen die Argumentation des Tagesordnungspunktes 3, formuliert sie weitschweifiger aus, ohne indes die konkreten Handlungsanweisungen zu nennen, die für die unteren Ebenen eher nebulös bleiben mußten. Er war gedacht zur ideologischen Begleitung der praktischen Sanktionen, gab den unteren Parteiebenen die Sprachregelungen vor, mit denen sie die Geschehnisse zu interpretieren hatten.

Anlage 2

behandelt S 18/3 v. 23.2.66   2242

Abteilung Kultur   Berlin, den 18.2.1966

16 Exemplare   9   Blatt
11. Exemplar   9   Blatt

V o r l a g e
an das Sekretariat des ZK der SED   229

Betr.: Weitere Taktik zur politisch-ideologischen Zerschlagung der Ansichten Havemanns, Heyms, Biermanns und Bielers und zu ihrer politischen Isolierung.

Wir bitten, die vorgeschlagenen Maßnahmen und die Taktik gegenüber Havemann, Heym, Biermann und Bieler zu bestätigen.

i.V. *Kempke*   *Heinz Kimmel*
Abt. Wissenschaften   Abt. Kultur

Die Vorlage wurde von den Genossen Heinz Kimmel und Arwed Kempke, stellv. Abteilungsleiter der Abteilung Kultur und Wissenschaften, ausgearbeitet.

Verteiler:
1.-13. Ex. Sekretariat
14. Ex. Gen. Hager
15. Ex. Abt. Wissenschaften
16. Ex. Abt. Kultur

SED
HAUSMITTEILUNG

AN	VON ABTEILUNG	DIKTATZEICHEN	DATUM	ERLEDIGUNGS-
Genn.Trautzsch	Kultur	2E/Ki	3.3.66	VERMERK

Betr.: Textänderung z.Sekretariatsbeschluß Havemann-Heym-Biermann und Bieler.	

Werte Genossin Trautzsch!

In der Anlage übersenden wir Dir den neuen Text zur Sekretariats-Vorlage "Weitere Taktik zur politisch-ideologischen Zerschlagung der Ansichten Havemanns, Heyms, Biermanns und Bielers und zu ihrer politischen Isolierung".

1 Anlage

/Heinze/
Stellv.Abteilungsleiter

Ag 220/64 20 3424 V. 64

Auf diesen und den folgenden Seiten wurden die Vorlage für die Sekretariatssitzung, wie sie am 23. Februar 1966 eingebracht wurde (linke Seite), und der Text, wie er nach den auf der Sekretariatssitzung beschlossenen Korrekturen am 1. März ausformuliert vorlag (rechte Seite), parallel abgedruckt.

Weitere Taktik zur politisch-ideologischen Zerschlagung der Ansichten Havemanns, Heyms, Biermanns und Bielers und zu ihrer politischen Isolierung

Zu Havemann:
Unmittelbar nach der Veröffentlichung des Havemannschen Artikels im „Spiegel" (Dezember 1965) erfolgte durch den Vorsitzenden der Forschungsgemeinschaft der DDR die Abberufung Havemanns von seiner Position als Leiter der Arbeitsstelle für Photochemie und die fristlose Entlassung aus der Akademie. Gegenwärtig läuft auf Grund der Festlegungen des Präsidiums der DAW und entsprechend eines Antrages der Klasse für Chemie der DAW das Verfahren zur Abwahl Havemanns als Korrespondierendes Mitglied der Deutschen Akademie der Wissenschaften.
Die bisherigen Diskussionen zu den bereits durchgeführten bzw. noch durchzuführenden Maßnahmen gegen Havemann zeigen, daß er an der Akademie und im Hochschulwesen keine wesentliche politische Resonanz besitzt. Das Verhalten Havemanns wird durchgehend abgelehnt, wobei immer wieder betont wird, daß Havemann die Großzügigkeit und die Geduld unserer Staatsorgane und der Wissenschaftsorgane gröblichst mißachtet und mißbraucht hat.
Dieses grundsätzliche Ablehnen der Haltung Havemanns schließt jedoch nicht aus, daß eine Reihe seiner philosophischen und ideologischen Ansichten unter Wissenschaftlern und Studenten auch weiterhin eine Rolle spielen, daß sie teilweise gebilligt und als richtig angesehen werden.
In der weiteren Auseinandersetzung mit Havemanns Ansichten sollte die bewährte Orientierung beibehalten werden, den Namen Havemann dabei möglichst nicht zu erwähnen.
In den letzten Tagen hat sich Havemann mit einem Brief an den Vorsitzenden der Forschungsgemeinschaft gewandt, in dem er darum bittet, die Akademie möge ihm bei der Beschaffung einer Arbeitsstelle behilflich sein. Er sei nunmehr bereits eine längere Zeit ohne Einkünfte und er sei bereit, jede andere Arbeit anzunehmen.
Für den weiteren Verlauf schlagen wir folgende *Maßnahmen* vor:

Betr.: Weitere Taktik zur politisch-ideologischen Zerschlagung der Ansichten Havemanns, Heyms, Biermanns und Bielers und zu ihrer politischen Isolierung[5]

Die Abteilungen Wissenschaften und Kultur des Zentralkomitee[s] und die in ihrem Anleitungsbereich befindlichen Grundorganisationen führen die weitere Auseinandersetzung mit den falschen und parteischädigenden Auffassungen Havemanns, Heyms, Biermanns und Bielers auf der Grundlage der vom 11. Plenum des Zentralkomitees ausgearbeiteten politisch-ideologischen Grundkonzeption.

Alle weiteren Diskussionen und Maßnahmen zur Isolierung dieser Gruppe sind von nach vorwärts gerichteten Gesichtspunkten durchzuführen,

Für den weiteren Verlauf werden folgende Maßnahmen bestätigt:

Zu Havemann:

---

[5] Am Rand: „Hager Honecker Gysi Hörnig Borning Mielke S. Wagner

1. Die bereits eingeleiteten und politisch vorbereiteten Maßnahmen zur Abberufung Havemanns als Korrespondierendes Mitglied der DAW sind fortzusetzen und mit der Plenarsitzung der Akademie am 24. 3. 1966 abzuschließen.
Verantwortlich: Präsident der DAW, Gen. Hartke und Akademieparteileitung
2. In der Presse sollen weiterhin Artikel erscheinen, die sich mit den philosophischen und politischen Ansichten Havemanns (ohne Namensnennung) auseinandersetzen.
Verantwortlich: Abteilung Wissenschaften
3. Havemann ist eine geeignete Arbeitsstelle als Chemiker in einem chemischen GroßBetrieb, möglichst außerhalb Berlins, anzubieten.
Verantwortlich: Genosse Tröger, Abt. Grundstoffindustrie
Genosse Hörnig, Abt. Wissenschaften

Zu Biermann:
In allen Diskussionen ist die anarchistische Haltung und die Gefährlichkeit seiner künstlerischen Arbeit in der letzten Zeit zu entlarven, wobei deutlich seine Anpassung an die Auffassungen des Gegners herauszuarbeiten ist. Seine schädlichen Machwerke sind vor allem vom politisch-ideologischen Standpunkt zu verurteilen zerschlagen. Das Argument einzelner, vor allem westlicher Autoren, Biermann sei dennoch ein „kommunistischer" Liedersänger und Dichter, ist gründlich zu widerlegen.
1. Das Sekretariat des Deutschen Schriftstellerverbandes stellt seinen Bezirksverbänden ein Material über Biermann zur Verfügung, das vor allem folgende Punkte enthält:
a) Analyse seiner Texte und Darstellung ihres Zusammenhangs mit der Plattform von Havemann und Heym.
b) Zerstörung der Legende, daß sich seitens der DDR um Biermann nicht gekümmert wurde.
c) Die Rolle solcher „Literatur", wie der Biermanns in der strategischen und taktischen Zielsetzung des Gegners.
d) Die grundsätzliche politische Frage der Veröffentlichung in Westdeutschland und Westberlin.
In den Versammlungen müssen Stellungnahmen von jenen Schriftstellern verlangt werden, die sich besonders um ihn gekümmert haben (und die wahrscheinlich zu einer öffentlichen Stellungnahme nur selten bereit sein werden).
Dazu sind direkte Aussprachen zu führen.
Verantwortlich: Sekretariat des DSV
Termin: Februar 1966
2. Das „Neue Deutschland" veröffentlicht einen Artikel, in dem die politischen Auffassungen Biermanns (Brief an Neuß) entlarvt werden.
Verantwortlich: Agitationskommission
Sonst sollten die Publikationsorgane keine speziellen „Biermann-Artikel" bringen, um ihn nicht zu popularisieren.
3. Biermanns Anhängerschaft unter Schriftstellern beruft sich vor allem auf sein „unstreitiges Talent". Da diese Frage gegenwärtig (auch in Zusammenhang mit anderen

1. Die bereits eingeleiteten und politisch vorbereiteten Maßnahmen zur Abberufung Havemanns als Korrespondierendes Mitglied der DAW sind fortzusetzen und mit der Plenarsitzung der Akademie am 24. 3. 1966 abzuschließen.
Verantwortlich: Präsident der DAW, Gen. Hartke und Akademieparteileitung
2. Es ist ein Presseplan auszuarbeiten, aus dem hervorgeht, wie im Zusammenhang mit der Darlegung unserer grundsätzlichen ideologischen Problematik die philosophischen und politischen Ansichten Havemanns zerschlagen werden.
Verantwortlich: Abteilung Wissenschaften

Zu Biermann:

1. Das Sekretariat des Deutschen Schriftstellerverbandes stellt seinen Bezirksverbänden ein detailliertes Material über Biermanns schädliche Auffassungen und eine Analyse seiner Machwerke zur Verfügung, aus denen der Zusammenhang mit den Auffassungen Heyms und Havemanns ersichtlich ist.
Verantwortlich: Sekretariat des DSV
Termin: 20. März 1966

Auseinandersetzungen) zu einer Kardinalfrage in der Diskussion unter Autoren heranreift und zum besonderen Problem der jüngeren Schriftstellergeneration wird, ist in der NDL und eventuell auch in anderen Zeitschriften eine Diskussion über „Talent und gesellschaftliche Verantwortung" zu beginnen und über längere Zeit zu führen, ohne Biermann zu popularisieren.
4. Es muß erreicht werden, daß namhafte Schriftsteller der DDR, die Mitglieder des Deutschen PEN-Zentrums Ost und West sind, öffentlich zum 11. Plenum Stellung nehmen und sich dabei von der Haltung Biermanns, Heyms und Bielers distanzieren. Zur Vorbereitung dieses Schrittes soll folgendermaßen verfahren werden:
a) Genosse Alexander Abusch, der selbst Mitglied des PEN ist, erhält den Auftrag, in einem persönlichen Gespräch den Präsidenten des Deutschen PEN-Zentrums Arnold Zweig, vom 11. Plenum zu informieren.
Termin: bis 28. 2. 1966
b) Die Genossen des Deutschen PEN-Zentrums Ost und West werden in einer Parteigruppenversammlung zum 11. Plenum Stellung nehmen.
Termin: bis 25. 2. 1966
Verantwortlich: Kulturabteilung des ZK
5. Das Ministerium für Kultur führt mit Biermann ein erneutes Gespräch, in dem Biermann mitgeteilt wird, daß er innerhalb der DDR und außerhalb ihrer Grenzen Auftrittsverbot und Publikationsverbot hat, solange er sich nicht öffentlich lossagt von seinen gegen die Partei und gegen die DDR gerichteten Machwerken. Biermann wird darauf hingewiesen, daß jede Verteilung oder Verkauf der „Drahtharfe" oder ähnlicher Machwerke illegale Verbreitung westdeutscher oder Westberliner Druckschriften ist, die von unseren staatlichen Organen geahndet werden.
verantwortlich: Genosse Haid, Leiter der HV Verlage und Buchhandel
Termin: Februar 1966

Zu Heym:
Die Diskussion im Deutschen Schriftstellerverband zu Heym sollte mit dem Ziel geführt werden, allen Mitgliedern klarzumachen, daß es bei Heym um ein zusammenhängendes System von politischen Auffassungen geht, das seine kleinbürgerliche Sicht vom Sozialismus zum Ausdruck bringt und sich gegen die Partei und unseren Staat richtet.
Da Heym immer aktiver seine politischen Meinungen verbreitet, muß es unsere Taktik sein, seine Ideen zu zerschlagen und ihn persönlich zu isolieren.
Heym ist persönlich unter vielen seiner Schriftstellerkollegen äußerst unbeliebt. Wenn er trotzdem eine bestimmte Resonanz hat, so hauptsächlich aus folgenden Gründen:
a) Unklarheiten und Schwankungen in bezug auf den Charakter der politischen Auffassungen Heyms,
b) Heyms entschiedene Haltung Anfang der fünfziger Jahre, als er dem USA-Präsidenten sein Offizierspatent und seine Kriegsauszeichnungen zurückgab und in die DDR übersiedelte,
c) seine literarischen Leistungen, dabei besonders „Kreuzfahrer" und „Die Papiere des Andreas Lenz",

2. Der Leiter der Hauptverwaltung Verlage und Buchhandel im Ministerium für Kultur führt mit Biermann ein erneutes Gespräch über die weitere Arbeit Biermanns. Biermann wird darauf hingewiesen, daß jede Verteilung oder Verkauf der „Drahtharfe" oder ähnlicher Machwerke illegale Verbreitung westdeutscher und Westberliner Druckschriften ist, die von unseren staatlichen Organen geahndet werden.
Biermann ist in diesem Gespräch auf die Arbeitsmöglichkeit in einem kleinen oder mittleren Betrieb hinzuweisen.
Verantwortlich: Gen. Bruno *Haid*
Termin: Ende März 1966

Zu Heym:

d) sein internationaler Status, den er sich sowohl durch echte literarische Leistungen (seine Bücher sind in 35 Sprachen übersetzt, wie ebensosehr durch sein „antidogmatisches" Auftreten bei bestimmten Kräften in anderen Ländern (darunter ČSSR, Polen, Jugoslawien sowie die Parteipresse Italiens, Frankreichs und Österreichs) verschafft hat. Dieser Status, der einmalig für einen Schriftsteller in der DDR ist, gründet sich in großem Maße eben auf Heyms „DDR-Nonkonformismus"; er wird heimlich bewundert und beneidet.

Diese Dinge sind zu berücksichtigen und müssen in dem Verlauf der Diskussion im DSV und zum Teil auch in der Öffentlichkeit einkalkuliert werden.

1. Im DSV ist eine Arbeitsgruppe zu bilden, die Heyms politische Auffassungen (z. T. ihre Evolution), besonders seit 1956, analysiert. Von dieser Gruppe muß nachgewiesen und herausgearbeitet werden, daß es sich nicht um diese oder jene Einzelfragen, sondern eben um ein zusammenhängendes System politischer Auffassungen handelt. Dabei kommt es unseres Erachtens besonders auf folgende Hauptfragen an:

a) Heyms Konzeption der politischen und ideologischen Koexistenz, die den Klassenkampf de facto leugnet und von der Existenz des Imperialismus, besonders des westdeutschen Imperialismus, „vornehm abstrahiert".

b) Heyms Auffassungen von „Stalinismus", die 1956 als eigentlichen Wendepunkt der Geschichte ausgeben und in etwa die Frage „Dogmatismus – Antidogmatismus" zum Angelpunkt des Weltgeschehens der letzten Jahrzehnte machen wollen.

c) Heyms Auffassungen über das spezifische Gewicht der DDR in Deutschland und die Grundfragen der Politik der DDR.

d) Besonders Heyms Auffassungen über Demokratie und Liberalisierung – der Charakter der Liberalisierungspolitik als tatsächlich gegen die sozialistische Demokratie und die Existenz des Sozialismus gerichteter Bestrebungen.

e) Die Herausbildung der Heymschen Auffassung von der Führungsrolle der Schriftsteller und Intellektuellen „im Zeitalter der Technischen Revolution" und in diesem Zusammenhang seine Auffassungen vom sozialistischen Realismus, zu dem er sich ja ostentativ immer wieder bekennt.

f) Heyms Versuch, die Position des „Nonkonformismus" politisch und philosophisch zu etablieren; seine philosophischen Auffassungen zur Frage der Wahrheit.

g) Der politische Charakter der Versuche Stefan Heyms, in Westdeutschland, im Ausland und in der DDR das Buch „Der Tag X" zu propagieren.

Verantwortlich: Sekretariat des DSV
Termin: Februar 1966

2. Veröffentlichung einiger sehr grundsätzlicher Artikel in der NDL, im „Sonntag" und im „Forum", die im Ton sehr sachlich und überzeugend, materialreich und insgesamt so gehalten sind, daß sie keine größere Sensation um Heym machen, sondern seine Auffassungen prinzipiell widerlegen.

Verantwortlich: Sekretariat des DSV
Termin: Ende Februar 1966

1. Im Deutschen Schriftstellerverband ist eine Arbeitsgruppe zu bilden, die Heyms politische Auffassungen (z. T. ihre Evolution) besonders seit 1956 analysiert. Von dieser Gruppe muß nachgewiesen werden, daß es sich nicht um diese oder jene Einzelerscheinung handelt, sondern um ein zusammenhängendes System politischer Auffassungen Heyms.
Die im Deutschen Schriftstellerverband begonnene Auseinandersetzung ist weiterzuführen.
Verantwortlich: Sekretariat des DSV
Termin: (für die Ausarbeitung des Materials) Mitte März 1966

3. Innerhalb des DSV sind im Zusammenhang mit solchen Artikeln in Berlin und unmittelbar anschließend in allen Bezirksverbänden Mitgliederversammlungen durchzuführen, in denen gründlich über die genannten politischen und philosophischen Auffassungen Heyms (und nur an Rande über seine Person) diskutiert wird. Dazu ist durch den DSV das von der Arbeitsgruppe erarbeitete Material fertigzustellen und den Bezirksverbänden auszuhändigen.
Verantwortlich: Sekretariat des DSV
4. Das Sekretariat des DSV informiert in geeigneter Form die Kulturabteilung des MfAA, damit von dort entsprechendes Material den Botschaften und Vertretungen der DDR im Ausland übergeben werden kann.
Termin: Ende Februar 1966

5. Das Ministerium für Kultur führt nochmals eine Diskussion mit Stefan Heym, um von ihm bindend zu verlangen, die Propaganda gegen die Politik der DDR und die weitere Propaganda für sein Buch „Tag X" sofort einzustellen.
Verantwortlich: Genosse Haid, Leiter der HV Verlage und Buchhandel

Zu Bieler:
1. Das Sekretariat des DSV müßte beschließen, daß Bieler für eine befristete Zeit Ausreiseverbot aus der DDR erhält. Das vom DSV für Bieler beantragte und vor einiger Zeit von den zuständigen staatlichen Stellen ausgehändigte Dauervisum für die Ausreise in die ČSSR (gültig bis 31. Juni 1966) ist auf Antrag des DSV von den zuständigen staatlichen Stellen zu löschen.
2. In einem Gespräch des Sekretariats des DSV mit Bieler ist über seine weitere Arbeit zu beraten, damit Bieler in ein festes Arbeitsverhältnis eingereiht wird.
Termin: Februar 1966
3. Vom Ministerium für Kultur ist zu überprüfen, ob Bieler von Verlagen außerhalb der DDR das Angebot zur Veröffentlichung seiner Machwerke „Das Kaninchen bin ich" und „ZAZA" erhalten hat bzw. ob es von seiner Seite Angebote an solche Verlage gibt.
Verantwortlich: Gen. Haid, Leiter der HV Verlage und Buchhandel
Termin: Februar 1966

Zum Literaturinstitut „Johannes R. Becher":
1. Eine Arbeitsgruppe des Ministeriums für Kultur, des DSV und der Bezirksleitung Leipzig überprüft die schulische und die Parteiarbeit am Literaturinstitut und legt geeignete umfassende Maßnahmen für die Veränderung der Leitungs- und Kaderarbeit sowie der weiteren Parteiarbeit fest.
Verantwortlich: Ministerium für Kultur, Sekretariat des DSV, Bezirksleitung Leipzig
Termin: Februar/März 1966
2. Kadermäßig sollte das Literaturinstitut sofort durch die Neubesetzung eines stellvertretenden Direktors für Gesellschaftswissenschaften verstärkt werden.
Verantwortlich: Ministerium für Kultur

2. Unter Einbeziehung des von der Arbeitsgruppe erarbeiteten Materials ist in den Bezirksverbänden des DSV auf der Grundlage der vom 11. Plenum gegebenen politisch-ideologischen Orientierung in Mitgliederversammlungen die politisch-ideologische Arbeit fortzuführen und die Jahreskonferenz des DSV vorzubereiten.
Verantwortlich: Sekretariat des DSV

3. Das Sekretariat des DSV informiert in geeigneter Form die Kulturabteilung des MfAA, damit von dort entsprechendes Material den Botschaften und Vertretungen der DDR im Ausland übergeben werden kann.
Verantwortlich: Sekretariat des DSV
Termin: Mitte März 1966
4. Das Ministerium für Kultur führt nochmals eine Diskussion mit Stefan Heym, um von ihm bindend zu verlangen, die Propaganda gegen die Politik der DDR und die weitere Propaganda für sein Buch „Tag X" sofort einzustellen.
Verantwortlich: Gen. Haid, Leiter der HV Verlage u. Buchhandel
Termin: Mitte März 1966

Zu Bieler:
1. Das Sekretariat des DSV müßte beschließen, daß Bieler für eine befristete Zeit Ausreiseverbot aus der DDR erhält. Das vom DSV für Bieler beantragte und ihm von den zuständigen staatlichen Stellen ausgehändigte Dauervisum für die Ausreise in die ČSSR ist auf Antrag des DSV von den zuständigen staatlichen Stellen zu löschen.

2. In einem Gespräch des Sekretariats des DSV mit Bieler ist über seine weitere Arbeit zu beraten, damit Bieler in ein festes Arbeitsverhältnis eingereiht wird.
Termin: Mitte März 1966
Vom Ministerium für Kultur ist zu überprüfen, ob Bieler von Verlagen außerhalb der DDR das Angebot zur Veröffentlichung seiner Machwerke „Das Kaninchen bin ich" und „ZAZA" erhalten hat bzw. ob es von seiner Seite Angebote an solche Verlage gibt.
Verantwortlich: Gen. Haid, Leiter der HV Verlage und Buchhandel
Termin: Mitte März

82-86

Sitzungen des Präsidiums und der Klassen, 24. 2. 1966
Neben den regulären Sitzungen von Präsidium, Plenum und Klassen der Akademie fand am 24. Februar 1966 auch eine erweiterte Präsidiumssitzung statt, deren Gegenstand die Ergebnisse des 11. Plenums waren. Alexander Abusch, der stellvertretende Staatssekretär für Forschung und Technik, Fritz Hilbert, und Werner Hartke referierten. Abusch umriß auch den politischen Rahmen, in dem die Gelehrten der Disziplinierung Havemanns ihre Unterstützung geben sollten. Es sei „im Interesse der nationalen Politik, im Interesse der Verständigungspolitik unserer Regierung, im Interesse unserer Bemühungen um den Beginn einer Friedensperiode in Deutschland und Europa [...], alle Tendenzen, die auf eine ideologische Aufweichung zielten, mit Entschiedenheit zurückzuweisen".[1] Das 11. Plenum leitete „keineswegs eine sogenannte ‚harte Welle' ein, die vielleicht bald wieder vorbeigeht. Es handelte sich und es handelt sich bei den Auseinandersetzungen um Grundfragen unserer Arbeiter-und-Bauern-Macht". Um Befürchtungen einiger Wissenschaftler abzubauen, erklärte er, daß dabei freilich unterschieden werde „zwischen irrtümlichen und feindlichen Einstellungen. [...] Professor Havemann mag ursprünglich vielleicht gedacht haben, er könne den sogenannten ‚dritten Weg' gehen; aber da er sich nicht korrigieren ließ oder selbst korrigierte, geriet er zwangsläufig in die Position des Gegners."[2] Damit war klar umrissen, was die Regierung von den Akademikern erwartete. Hartke setzte hier noch nach, ohne allerdings Havemann namentlich zu erwähnen: Den Anwesenden mußte vertraut sein, was ihr Präsident vor Augen hatte, als er über „die harte, organisatorische Auseinandersetzung" sprach, die zwei Tage nach dem 11. Plenum in der Akademie begann. „Man kann sagen, daß es bis jetzt trotz einiger Schwankungen gelang, eine klare Auffassung zu entwickeln und die Überzeugung von ihrer Richtigkeit zu verbreiten. Wir sind noch nicht am Ende, aber wir haben unsere Gedanken geschärft und unersetzbare Erfahrungen gesammelt, wie man die Kräfte der Akademie im Plenum und Klassen mobilisieren kann. Ich möchte allerdings auch nicht verschweigen, daß der Aufwand an Leitungskraft ungewöhnlich hoch war."[3]
Entsprechend der Maßgaben der Sitzung des ZK-Sekretariats vom 23. Februar, „nach denen die Angelegenheit als eilig" behandelt werden sollte, wurde im Präsidium anschließend formal das Protokoll abgearbeitet und als Beschluß

---

[1] *Alexander Abusch*, Referat, Erweitertes Präsidium der Akademie beriet Ergebnisse der 11. Plenartagung des ZK der Sozialistischen Einheitspartei Deutschlands, in: Spektrum, 12. Jg. (1966), S. 127.
[2] Ebenda, S. 128.
[3] *Werner Hartke*, Ebenda, S. 134f.

festgehalten: „Die Klassen werden gebeten, gemäß Abstimmungs- und Wahlordnung, Teil B § 2 Absatz 1 über den Antrag [...] auf Beendigung der Mitgliedschaft des Korrespondierenden AkM Robert Havemann eine Diskussion durchzuführen". Eine von verschiedenen Akademiemitgliedern angemahnte Aussprache mit Havemann wurde im Präsidium abschlägig beschieden. Der Präsidiumsbeschluß soll nur den Klassensekretaren bekannt gemacht werden und keinesfalls „nach außen gelangen". An alle Ordentlichen Mitglieder der DAW ergingen schriftliche Einladungen zur Geschäftssitzung des Plenums am 24. März in der Otto-Nuschke-Straße, in denen sie „gemäß §§ 10 und 31 des Akademie-Statuts [...] an ihre Pflicht zur Teilnahme [...] dringend erinnert" wurden. (Dokument 121)

Dok. 82 Werner Hartke an die Präsidiumsmitglieder, 22. 2. 1966
AAW, Leitung, Personalia, 163, Bl. 214

Sehr geehrte HH.!

Auf Antrag des Sekretars der Klasse für Chemie, Geologie und Biologie[4] lade ich Sie zu einer Sondersitzung des Präsidiums im Anschluß an die Sitzung des Erweiterten Präsidiums am 24. 2. 1966 ein. Diese Sitzung findet im Casino statt.

Die Sondersitzung ist notwendig, um einen Antrag der Klasse für Chemie, Geologie und Biologie betreffend AkM Havemann zu behandeln.

Mit vorzüglicher Hochachtung
Prof. Dr. W. Hartke

---

[4] Diese Formulierung wird von Klassensekretar Lehmann zurückgewiesen, denn die Klasse hatte keinen Antrag gestellt, sondern eine Empfehlung gegeben.

Dok. 83 Vorlage für das Präsidium, 24. 3. 1966
AAW, Leitung, Personalia, 163, Bl. 215

<u>Vorlage für das Präsidium</u>

1. Bezeichnung der Vorlage: Antrag des Präsidiums an das Plenum über die Beendigung der Mitgliedschaft des Korrespondierenden AdW Robert Havemann

2. Eingereicht von: Generalsekretär

3. Abstimmung mit folgenden Stellen/Persönlichkeiten: Mitgliedern des Geschäftsführenden Präsidiums
   a) unter Zustimmung
   b) unter Ablehnung

4. Sachliche Prüfung durch folgende Büros/Abteilungen/ Juristen: Jurist

5. Ablehnende oder abweichende Meinung:

6. Wer soll zur Beratung hinzugezogen werden? niemand

7. Soll der Beschluß veröffentlicht werden? nein

8. Wer soll den Beschluß erhalten? alle Klassen

Berlin, den 24. Februar 1966

Generalsekretär

Exemplar von Edgar Lehmann. Bemerkung unten: „Wer fürchtet Hrn. Havemann".

Interne und Offene Briefe. 15. Februar 1966 bis 9. März 1966 267

Dok. 84 Protokollnotiz aus der Sitzung des Präsidiums am 24. Februar 1966
zum „Antrag über die Beendigung der Mitgliedschaft
des Korrespondierenden AkM Robert Havemann", 1. 3. 1966
AAW, Leitung, Personalia, 163, Bl. 185–190

AkM Hartke verliest den Brief des Sekretärs der Klasse für Chemie, Geologie und Biologie betr. die Anregung der Klasse, geeignete Schritte zu ergreifen, um die Mitgliedschaft des AkM Havemann zu beenden. Er informiert, daß auch AkM Schwabe einen Brief an den Präsidenten gerichtet hat, in dem er den Gedanken einer vorhergehenden Aussprache mit AkM Havemann vorträgt. Er führt weiter aus, daß die Angelegenheit selbst schnelles Reagieren seitens der Akademie erforderlich mache. Auch von anderer Seite seien Hinweise gekommen, nach denen die Angelegenheit als eilig angesehen werde.[5]
AkM Steenbeck warnt davor, sich auf solche Hinweise zu berufen. Unsere Maßnahme sei spontan aus der Akademie gekommen.
AkM Hartke informiert die Mitglieder des Präsidiums, daß zwei weitere Briefe in der Angelegenheit Havemann eingegangen seien, und zwar von AkM Heisenberg und dem Korrespondierenden AkM Bianchi Bandinelli. Beide Briefe seien aus der Situation in Italien bzw. Westdeutschland heraus verständlich und in einem Stil gehalten, der der Akademie gegenüber keineswegs unfreundlich ist. Er beabsichtige, diese Briefe zu beantworten. Der Briefwechsel wird dem Präsidium zu gegebener Zeit vorgelegt.
Beide Briefe gehen nicht auf die Dinge ein, die zur Debatte stehen, sondern werfen im Grunde genommen die Frage auf, ob politisch anderslautende Ansichten zu weiteren Konsequenzen führen würden.
AkM Rienäcker er sei etwas enttäuscht gewesen über den Brief des Sekretars. Er habe es in der Klasse so verstanden, als könne eine Aussprache mit AkM Havemann auch nach dem Verfahren stattfinden.
AkM Hartke Also wird eine Abtrennung vom Verfahren vorgeschlagen. Er habe Bedenken genereller Art. Wir würden nur dieselben Dinge erleben, wie er als Präsident, AkM Klare als Vorsitzender der Forschungsgemeinschaft, der Generalsekretär usw. Es wäre evtl. möglich, eine kleine Kommission zu bilden, die die Angelegenheit prüfen könne.
AkM Lehmann hält es für nicht gut, die Angelegenheit der Aussprache vom Verfahren abzutrennen. Die Klasse habe mit völliger Einigkeit entschieden, sich in jeder Form von AkM Havemann zu distanzieren und die Bitte an das Geschäftsführende Präsidium gerichtet, zu prüfen, ob und in welcher Form man sich von ihm trennen solle. Er geht auf das Deckblatt zur Vorlage ein und zitiert, daß die Klassen den Beschluß des Präsidiums erhalten sollten und zu der Beratung niemand hinzugezogen werden solle. (AkM Lehmann hat, wie sich wenig später zeigt, diese Formulierungen im Deckblatt, zur Vorlage, die lediglich für die Beratung in der Präsidiumssitzung am 24. 2. bestimmt sind, falsch verstanden – W[erner]. R[ichter].) Unter dem Eindruck des Vertrauens unserer

---
[5] An dieser Stelle verrät sich Hartke mit dem vagen Bezug auf das ZK als Urheber der „Hinweise" und muß von Steenbeck in die Schranken gewiesen werden.

Regierung, daß der Stellvertreter des Ministerpräsidenten unmittelbar zuvor bei der Auswertung des 11. Plenums gegenüber der Akademie bekundet hat, haben wir die Verpflichtung, einen solchen Schritt genau zu prüfen. Man würde es uns vorwerfen, wenn wir nicht eine ruhige Erwägung vorgezogen hätten. Er sei bereit, AkM Havemann eine Erklärung abzugeben, die in aller Deutlichkeit an der Verurteilung seines Verhaltens nichts zu wünschen übrig ließe und ihm auch mitzuteilen, daß ein Beschluß auf Ausschluß gefaßt werden wird, noch ehe der Antrag selbst zur Abstimmung gestellt wird. Er schlage daher vor, ein kleines Gremium zu bilden und die Anregung, Havemann solle die Gelegenheit haben zu sprechen, zu prüfen. Dieser Vorschlag komme von AkM Lehmann selbst. Er habe es geschrieben, weil auch andere Mitglieder seiner Klasse dieser Auffassung seien.

AkM Hartke zu der Erwähnung des Deckblattes zum Präsidiumsbeschluß: der im Präsidium vorliegende Beschluß soll keineswegs der Presse übergeben werden. Wenn niemand hinzugezogen werden solle, so betrifft das die heutige Sitzung.

AkM Hertz Auch er vertrete die Ansicht, bei einer Besprechung komme nichts heraus. Aber die Ablehnung einer solchen Aussprache gebe Havemann ein gutes Argument, sich in Szene zu setzen, weil eine Gelegenheit, sich zu rechtfertigen, ihm nicht gegeben worden sei.

AkM Hartke AkM Havemann habe sich zu jedem Vorwurf rechtfertigen können. Das habe sowohl für die Vorhaltungen gegolten, die ihm der Präsident, Mitarbeiter des Büros des Ministerrates AkM Klare usw. gemacht haben. Es kommt nichts dabei heraus.

AkM Steenbeck erklärt, er sei völlig der Meinung von AkM Hertz und AkM Lehmann. Man könne AkM Havemann nicht in Abwesenheit ~~hinausschmeißen~~ *abwählen*[6]. Wenn er Diskussionen von seiner Seite zum Versuch einer Rechtfertigung führt, so müsse man das entschieden ablehnen. Bevor wir AkM Havemann vor das Plenum mit dem Verfahren holen, würde er erwarten, daß ein kleiner Kreis mit Havemann spricht. Gelegenheit zur Rechtfertigung sei nicht gegeben, aber man muß ihm die Möglichkeit geben, daß er abschwört, was wir dann veröffentlichen könnten.

AkM Hartke schlägt vor, eine kleine Gruppe zu bilden, die sich mit dem gesamten Material beschäftigt, und dann eine Entscheidung vorschlägt.

AkM Ruben betont, wenn AkM Havemann eingeladen werden solle, dann jedenfalls ohne die Möglichkeit, sich zu rechtfertigen.

AkM Leibnitz Dem Sekretar gehe es um ein ehrenwertes Anliegen gegenüber dem Plenum der Akademie. Wir möchten, daß vor dem Plenum gesagt werden kann, daß AkM Havemann das Recht hatte, sich dazu zu äußern, wie man sein Verhalten eingeschätzt hat, daß er die Disziplinlosigkeit und die Anarchie als AkM so weit getrieben habe, daß er Artikel in einem obskuren Organ zum Abdruck bringt. Er wird zweifellos sagen, das stimme nicht, er habe sich so verhalten, wie man sich verhalten müsse und nicht er, sondern die Herren irren. Das würde im Plenum genau den gleichen Eindruck machen, wie in der letzten Klassensitzung. Es gehe nicht darum, ihm ein Forum für seine

---

[6] Handschriftlich korrigiert.

politische Reden zu schaffen, sondern nur die Erklärung von ihm zu hören, die Herren irren.
AkM Steenbeck Wenn es so wäre und AkM Havemann feststellt, nicht er irre, sondern alle anderen, dann wird es leicht. Wenn aber Havemann sagt, er sehe alles ein, dann wird es schwer.
AkM Hartke dann müsse man eigentlich annehmen, wäre die Konsequenz, aus der Akademie auszutreten. Es gibt aus der Geschichte der Akademie Beispiele, daß Akademiemitglieder diesen Schritt getan haben.
AkM Lehmann Eine Diskussion, wie sie AkM Leibnitz vorschlägt, halte er für günstig. Der Kreis müsse etwa das Erweiterte Präsidium sein. Es könne sich nur um eine Erklärung handeln, die ihm gegenüber abgegeben wird. Diese könne er entgegennehmen und sich dazu äußern.
AkM Hartke Das Erweiterte Präsidium ist zu groß. Er denke etwa an einen Kreis, bestehend aus den Vizepräsidenten, den Generalsekretär, AkM Leibnitz und AkM Hertz, vielleicht noch die AkM Oelßner und Rompe.
AkM Lehmann stellt fest, daß er sich geirrt habe, er habe nicht das Erweiterte Präsidium, sondern das Präsidium gemeint in Abgrenzung zum Geschäftsführenden Präsidium.
AkM Hertz stellt fest, man solle sich das Ziel setzen, ihm nahezulegen, Konsequenzen zu ziehen. Die bisherige Begründung findet er ziemlich allgemein gehalten.
AkM Hartke stellt dazu fest, die Formulierung, die im Beschluß des Präsidiums enthalten ist, enthalte nur Wesentliches. Diesen Beschluß bekommen nur die Sekretare. Die Mitglieder haben ja bereits den Bericht des Präsidenten mit den Einzelheiten erhalten.
AkM Hertz betont, daß es tatsächlich richtig sei, den Beschluß des Präsidiums nicht nach außen gelangen zu lassen.
AkM Ruben weist darauf hin, daß man den 2. Satz in der Begründung des Präsidiumsbeschlusses korrigieren müsse. Ein AkM *als solches*[7] könne keine Weisungen im Rahmen seiner Tätigkeit in der Akademie erhalten.
AkM Hartke bittet, den Beschluß mit den in der Diskussion vorgetragenen Ergänzungen zu bestätigen.
AkM Rienäcker weist nach Einverständnis darauf hin, das damit der 24. 3. als Termin der Behandlung im Plenum feststehe.
AkM Steenbeck stellt nochmals die Frage, wie es mit dem Hausverbot stehe, ob das, im Falle AkM Havemann zitiert wird, ausgesetzt werde.
Dem wird zugestimmt.
AkM Lehmann weist schließlich noch darauf hin, daß die Formulierung in der Einladung zur heutigen Sitzung „auf Antrag des Sekretars" sachlich nicht ganz zutreffend ist. Er habe im Namen der Klasse nicht beantragt, sondern eine Empfehlung gegeben.

---

[7] Handschriftlich eingefügt.

Dok. 85 Beschluß des Präsidiums, 24. 2. 1966
AAW, Leitung, Personalia, 163, Bl. 216 f.

Beschluß
Auf Grund eines Beschlusses der Klasse für Chemie, Geologie und Biologie, durch den die Klasse dem Präsidium empfiehlt „geeignete Maßnahmen einzuleiten, die die Mitgliedschaft des Hrn. Havemann als Korrespondierendes Akademiemitglied beenden" beschließt das Präsidium:
1. Die in der Sitzung der Klasse für Chemie, Geologie und Biologie vom 13. 1. 66 und 10. 2. 66 erarbeitete Begründung der Klasse für ihren Beschluß wird anerkannt. Dem Plenum ist gemäß Statut § 19 Absatz 2 f) der Antrag vorzulegen, über die Beendigung der Mitgliedschaft des Korrespondierenden AkM Robert Havemann zu beschließen.
2. Als Termin für die Geschäftsführung wird in Übereinstimmung mit dem Statut gemäß Abstimmungs- und Wahlordnung des Plenums und des Erweiterten Präsidiums vom 27. 2. 1964 Teil B § 2, Absatz 4, der 24. März 1966 bestimmt.
3. Die Klassen werden gebeten, gemäß Abstimmungs- und Wahlordnung, Teil B § 2 Absatz 1 über den Antrag der Klasse für Chemie, Geologie und Biologie und den Beschluß des Präsidiums auf Beendigung der Mitgliedschaft des Korrespondierenden AkM Robert Havemann eine Diskussion durchzuführen.

Begründung:
Entsprechend der hohen Stellung der DAW verbinden sich für das AkM in hohem Grade korporative und individuelle Verantwortlichkeit.
Das AkM muß sich an Normen, Ratschläge und Weisungen halten, die ihm im Rahmen seiner Tätigkeit in der Akademie zugehen.
Das AkM, das Bürger der DDR ist, ist im besonderem Maße gehalten, die in seinem Staat allgemein respektierte offizielle Auffassung von Gesellschaft, Staat, Ordnung, Recht und guten Sitten zum Maßstab seiner Handlungen, insbesondere außerhalb des Staates zu machen und Schaden von Staat, Akademie, Kollegen und Mitarbeitern abzuwenden, der durch leichtfertiges Vernachlässigen der Normen und Gesetze und durch Disziplinlosigkeit entstehen kann.
Hiergegen hat Hr. Havemann wiederholt verstoßen, und es war nicht möglich, ihn zu einer Änderung seiner Haltung zu veranlassen. Als Bürger der DDR hat er so die Gefahr heraufbeschworen, das Vertrauensverhältnis zwischen der Regierung der DDR und der Akademie zu erschüttern.

Interne und Offene Briefe. 15. Februar 1966 bis 9. März 1966

Dok. 86 Klassensitzungen, 24. 2. 1966
AAW, Leitung, Personalia, 163, Bl. 208 f.

Klasse für Chemie, Geologie und Biologie
Der Sekretar verlas seinen Brief an den Präsidenten in der Angelegenheit Havemann und teilte der Klasse mit, er habe unmittelbar vor Beginn der Sitzung einen Anruf von Prof. Havemann erhalten, wonach dieser das Material des Präsidenten studiert habe und dagegen Einspruch erhebe. Havemann habe sich dabei auf die Mitteilung betreffend die Geheimhaltung der Arbeiten auf dem Gebiet der Photochemie bezogen. Der Sekretar habe gesagt, er stehe unmittelbar vor Sitzungsbeginn und könne sich nicht dazu äußern. In der Klasse erfolgte keine weitere Meinungsäußerung.

Klasse für Medizin
Es erfolgte keinerlei Äußerung in dieser Angelegenheit.

Klasse für Physik, Mathematik und Technik
Es erfolgte keinerlei Äußerung in dieser Angelegenheit.

Klasse für Bergbau, Hüttenwesen und Montantechnologie
Der Sekretar gab bekannt, daß im Präsidium festgelegt worden sei, über die Beendigung der Mitgliedschaft von Prof. Havemann am 24. 3. im Plenum zu verhandeln und entsprechende Einladungen ergehen. Darauf stellte AkM *Härtig* die Frage, ob Hr. Havemann Gelegenheit gehabt habe, zu dem Bericht des Präsidenten vor der Klasse für Chemie, Geologie und Biologie Stellung zu nehmen. Der Sekretar erklärte daraufhin, es sei vorgesehen, in einem kleineren Gremium, bestehend etwa aus dem Präsidenten, den Vizepräsidenten, dem Sekretar der Klasse und einigen anderen Akademiemitgliedern, Herrn Havemann die Stellungnahme der Akademie zu übermitteln. Akademiemitglied Meißer stellt die Frage, ob es eine andere Möglichkeit gebe, sich von Havemann zu trennen, und erinnerte dabei an den Fall Bloch. Der Sekretar stellte fest, daß die Behandlung dieser Angelegenheit bereits weit fortgeschritten sei und es daher nicht zweckmäßig sei, in den Gang der Dinge und den Vorschlag der Klasse für Chemie jetzt einzugreifen.

Klasse für Philosophie, Geschichte, Staats-, Rechts- und Wirtschaftswissenschaften
Es erfolgte keinerlei Äußerung in dieser Angelegenheit.

Klasse für Sprachen, Literatur und Kunst
Es erfolgte keinerlei Äußerung in dieser Angelegenheit.

87

Emauel Gomolla gehörte zu den Kommunisten, die mit Havemann in der Nazizeit im Zuchthaus Brandenburg saßen. Er hatte dort die Funktion des Brotschneiders, die ihm etwas Bewegungsfreiheit verschaffte, so daß er innerhalb der illegalen Häftlingsorganisation Nachrichten transportieren konnte. Havemann saß mit dem Todesurteil Freislers im Nacken und überlebte mit jeweils erneuerten und verlängerten Vollstreckungsaufschüben, die ihm gewährt wurden, weil ihn einflußreiche Kollegen und Wissenschaftler aus Berlin mit als kriegswichtig deklarierten Forschungsaufträgen absicherten. In seinem Labor konnte er sich einen Rundfunkempfänger basteln und so die Häftlinge mit Nachrichten versorgen. Gomolla war es, der für den Transport der illegalen Zuchthauszeitung „Der Draht" sorgte, in der Havemann täglich die dem Radio abgelauschten Nachrichten festhielt. Das erlaubte ihnen letztlich – im einzig möglichen Augenblick des April 1945 – im Zuchthaus das Kommando an sich zu reißen.

Zum 20. Jahrestag der Befreiung des Zuchthauses traf Havemann seine damaligen Kameraden in Brandenburg: Gomolla vermittelte ein Gespräch mit Politbüromitglied Alfred Neumann, auf Grund dessen Havemann wenig später an Hager schrieb (Dokument 7). Im Herbst besuchte Gomolla Havemann, wollte schlichten im Streit zwischen seinen so bedeutenden Kameraden und Havemann wieder zurückgewinnen. Für ihn war Havemann keineswegs ein Feind, sondern ein alter Genosse, der sich politisch verirrt hatte.[1] Freilich konnte er ihn nicht davon überzeugen, doch schieden sie in Freundschaft. Als ihm Havemann am 26. Februar 1966 schrieb, hatte Gomolla selbst ein Parteiverfahren durch die Berliner Bezirksparteikontrollkommission am Halse, so daß er den Brief seines Freundes vorsichtshalber dort ablieferte. Der Chef der BPKK leitete diesen Brief sofort an Erich Wichert, den Chef der Berliner Bezirksverwaltung der Staatssicherheit, weiter.[2]

---

[1] *Behring*, BPKK, an Paul Verner, 1. Sekretär der BL Berlin der SED, 3. 3. 1966, SAPMO-BArch, SED, BPA IV A2/4/704.
[2] *Derselbe* an den Leiter der Berliner Verwaltung des MfS, Gen. Erich Wichert, 26. 3. 1966, SAPMO-BArch, SED, BPA IV A2/4/704.

Dok. 87 Robert Havemann an Emanuel Gomolla, 26. 2. 1966
SAPMO-BArch, SED, BPA, IV A2/4/704

26.2.66

Lieber Männe!

Lange habe ich nichts von Dir gehört. Du wahrscheinlich ziemlich viel zwar nicht von mir, aber über mich. Nach unserem hoffnungsvollen Zusammensein in Brandenburg im April 65 hat sich niemals jemand gemeldet, um die dort gegebenen Versprechungen wahr zu machen. Ich habe deswegen sogar im Laufe des Jahres 65 mehrere Briefe an Kurt H. geschrieben.[3] Auch meinen Artikel, den beiliegt, damit Du ihn genau kennst, habe ich angekündigt, bevor ich ihn geschrieben habe, und um Hilfe und Rat dafür gebeten, alles ohne jeden Erfolg. Ich weiß nicht, was Du von all dem jetzt denkst. Ich will Dir jedenfalls sagen, daß ich wie immer mit Leidenschaft für unsere Sache erfüllt bin und sehr gerne mit meinen alten Freunden, die mich lange kennen, zusammensein möchte. Wir haben doch alle noch soviel, das auf uns wartet.

Herzlichst Dein Robert

Telf. Berlin 272185
(Grünheide) Erkner 0185-3605
1252 Grünheide/Mark, Burgwallstr. 4

---
[3] Vgl. Dok. 7, 9, 10.

88

Die Fachzeitschriften der Chemiker waren die letzten Medien in der DDR, die seit der Entlassung Robert Havemanns als Universitätsprofessor noch etwas von ihm gedruckt hatten.[1] Es sollten bis 1989 die letzten Veröffentlichungen in der DDR bleiben. Sie waren ausschließlich physikochemischen Inhalts, doch selbst dies galt als für die DDR nicht mehr zumutbar. Havemann selbst beschrieb seine Situation in den folgenden Jahren sehr treffend, wenn er sagte, daß die SED nicht einmal Kochrezepte drucken lassen würde, wenn sie von Robert Havemann geschrieben seien.

Dok. 88 Chemische Gesellschaft der DDR an Havemann, 1. 3. 1966
RHG, Archiv, NL Havemann

CHEMISCHE GESELLSCHAFT 108 BERLIN 8, den **1. März 1966**
IN DER Clara-Zetkin-Straße 105
DEUTSCHEN DEMOKRATISCHEN REPUBLIK
DER VORSTAND

Herrn
Prof.Dr. Robert H a v e m a n n
1017 B e r l i n
Straußberger Platz 19 VII

Sehr geehrter Herr Havemann!

Als Konsequenz Ihrer persönlichen Entscheidungen, insbesondere des von Ihnen gewählten publizistischen Weges, sieht sich der Vorstand der Chemischen Gesellschaft seinerseits zu der Entscheidung veranlaßt, Ihre Mitarbeit an den publizistischen Organen der Chemischen Gesellschaft zu beenden.

(Prof.Dr. G. Drefahl)
Vorsitzender

---

[1] Nach Robert Havemann. Dokumente eines Lebens, S. 293 f., erschienen 1965 noch drei wissenschaftliche Artikel, 1966 (hierbei ist der stets wachsende technische und bürokratische Vorlauf zu berücksichtigen, der die Zeit zwischen Manuskriptabgabe und Veröffentlichung zunehmend streckte) ebenfalls drei Beiträge in Fachzeitschriften.

89–91

Begründung der abgelehnten Revision der Abberufung Havemanns, 2. 3. 1966

Von einem Tag auf den anderen wurde Robert Havemann für den 2. März[1] ins Dienstzimmer des Generalsekretärs Rienäcker geladen, wo ihm im Beisein des Büroleiters Ziert die Begründung für die Zurückweisung seines Einspruchs verlesen wurde. Havemann protestierte gegen den von der ersten, durch Klare mitgeteilten Begründung, abweichenden Text. Er verwahrte sich gegen die Willkür, bei der Behandlung seines Einspruchs nicht gehört worden zu sein. Den angeblich schädigenden Charakter seiner Veröffentlichungen für „das Ansehen der Akademie und der Republik" und die im Schreiben des Präsidenten Hartke enthaltenen Verleumdungen, z. B. „über die Weitergabe von vertraulichen Informationen auf dem Gebiet der Photosynthese" wies Havemann nachdrücklich zurück. Rienäcker wollte vor allem herausbekommen, wie Havemann von dem Material erfahren hatte, das doch „nur zur persönlichen Information der Ordentlichen Mitglieder bestimmt sei". Zu dieser Frage schrieb Ziert einen gesonderten Bericht für Hartke.

Dok. 89 Niederschrift über die Bekanntgabe der Gründe für die Zurückweisung des Einspruchs von Havemann gegen seine Abberufung als Leiter der Arbeitsstelle für Photochemie der Forschungsgemeinschaft der DAW, 2. 3. 1966
AAW, Leitung, Personalia, 163, Bl. 169–173

Gemäß Beschluß 8/66 des Geschäftsführenden Präsidiums vom 13. 1. 66 wurde Havemann mit Schreiben vom 1. 3. 66 ersucht, den Generalsekretär am 2. 3. 66, 17.15 Uhr, in seinem Dienstzimmer zur Entgegennahme der Begründung für die Zurückweisung seines Einspruchs aufzusuchen.

Havemann erschien pünktlich um 17.15 Uhr.
Nach einer kurzen Begrüßung und Vorstellung des Leiters des Büros des Generalsekretärs, der an der Aussprache teilnahm, machte der Generalsekretär KAkM Havemann nochmals mit dem Beschluß des Geschäftsführenden Präsidiums vertraut, indem er ihm mitteilte, daß das Geschäftsführende Präsidium
– die vom Vorsitzenden der Forschungsgemeinschaft ausgesprochene Abberufung als sachlich und rechtlich begründet ansieht und feststellte, daß das Verfahren korrekt durchgeführt wurde,
– daß der Einspruch des KAkM Havemann zurückgewiesen wird und die Abberufung damit endgültig ist.

---

[1] Vgl. *Rienäcker* an Havemann, 1. 3. 1966, RHG, Archiv, NL Havemann.

Sodann gab der Generalsekretär die schriftlich fixierte Begründung für die Zurückweisung des Einspruchs bekannt, in dem er sie KAkM Havemann vorlas.
KAkM Havemann hörte sich die Begründung, ohne den Generalsekretär zu unterbrechen, an und erwiderte wie folgt: Die Begründung werde sicher wie im ersten Falle nicht schriftlich ausgehändigt. Der Generalsekretär bejahte diese Feststellung.
KAkM Havemann stellte dann die Frage, welche Mittel ihm gegeben seien, gegen die Behauptungen zu widersprechen und diese zu widerlegen. Er höre die neue Begründung erstmals, sie sei eine ganz andere, als die ihm von AkM Klare bekanntgegebene. Auf Grund dieser Anklageschrift müsse ihm nach den Grundsätzen des Rechtes, wie das schon immer gewesen sei, die Möglichkeit gegeben werden, sich in dieser Sache zu verteidigen und einen Gegenbeweis vor einem Gremium anzutreten, das unparteiisch sei. AkM Klare habe ihm damals lediglich juristische Belehrungen, die sich im wesentlichen auf die Bedeutung der Berufung bezogen, erteilt, und nur etwa ein Viertel der ihm damals bekanntgegebenen Begründung habe Feststellungen beinhaltet. Die hauptsächlichsten seien gewesen:
1. daß er gegen eine Aufhebung des KPD-Verbotes sei
2. daß er das Ansehen der Republik geschädigt habe.
Von AkM Klare sei ihm versprochen worden, daß ihm die Begründung schriftlich ausgehändigt und ihm Gelegenheit gegeben werde, sich vor dem Geschäftsführenden Präsidium zu rechtfertigen. Das sei jedoch nicht geschehen. Das Geschäftsführende Präsidium habe in seiner Abwesenheit über die Angelegenheit befunden. Dafür werde ihm aber heute eine neue, ganz andere Begründung als die damals von Klare bekanntgegebene vorgetragen. Wenn er keine Gelegenheit habe, sich zu rechtfertigen und die Behauptungen zu widerlegen, wisse er nicht, was rechtens sei. Das Vorgetragene sei eine Anklageschrift. Ob der Generalsekretär das für ein richtiges Verfahren halte?
Der Generalsekretär erwiderte, daß ihm im einzelnen nicht bekannt sei, was AkM Klare KAkM Havemann gesagt habe.
KAkM Havemann entgegnete darauf, dafür würde es Zeugen geben, Herrn Dr. Wittbrodt und Herrn Dr. Woytt.
Der Generalsekretär verlas erneut die entscheidenden Absätze der Begründung. Daraufhin bestritt KAkM Havemann sowohl die Richtigkeit des „Sachverhaltes" als auch die „Fakten". Er forderte erneut, daß ihm Gelegenheit geboten werde, die Behauptungen gründlich zu bestreiten. Eine solche Gelegenheit müsse ihm gegeben werden. Wenn man jemanden beschuldigt, müsse man ihn auch anhören. Wenn man das nicht tue, sei das Willkür. Vor jedem Urteil werde dem Beklagten das Recht zur Auseinandersetzung gegeben. Allerdings gäbe es in der Geschichte auch Beispiele, wo das nicht der Fall war. Das Urteil hierüber sei eindeutig. Er wende sich entschieden gegen Inhalt und Form der neuen Anklage; die sich von der früheren unterscheide. Entsprechend den Rechtsgepflogenheiten müsse ihm Gelegenheit gegeben werden, die Vorwürfe zu bestreiten.
Der Generalsekretär faßte die Einwände von KAkM Havemann nochmals wie folgt zusammen:
1. KAkM Havemann ist nicht einverstanden, daß er bei der Behandlung des Einspruchs nicht gehört wurde

2. KAkM Havemann bestreitet den Inhalt und die Fakten der Begründung, insbesondere daß er das Ansehen der Akademie und der Republik geschädigt habe.
KAkM Havemann stellte sodann fest, daß er nicht bestreite, daß er Veröffentlichungen herausgegeben habe, jedoch bestreite er den angeblich schädigenden Charakter, wie er z. B. in dem Schreiben des Präsidenten dargelegt werde.
Der Generalsekretär stellte in diesem Zusammenhang die Frage, wie er das Schreiben des Präsidenten, das nur den Ordentlichen Mitgliedern persönlich zugestellt worden sei, erhalten habe.
KAkM Havemann erwiderte darauf, es sei selbstverständlich, daß er das alles bekommen habe. Das Schreiben hätten auch Leute bekommen, die keine Ordentlichen Mitglieder seien.
KAkM Havemann bestritt hier, gewußt zu haben daß dieses Schreiben nur für Ordentliche Mitglieder bestimmt gewesen sei.
Der Generalsekretär machte KAkM Havemann nochmals ausdrücklich darauf aufmerksam, daß das Schreiben nur zur persönlichen Information der Ordentlichen Mitglieder bestimmt sei und dies auch deutlich auf dem Schreiben angegeben sei.
KAkM Havemann gab dazu keine Erwiderung (er lächelte hierzu nur). Er führte sodann erneut aus, das er Veröffentlichungen herausgegeben habe, diese jedoch nicht schädigender Art seien. Diese Ansicht werde durchaus auch von führenden Kommunisten geteilt. Er verwies dabei auf den Artikel in der „UNITA". Behauptungen könnten sich nicht auf Urteile stützen, sondern nur auf Fakten. Keiner würde das tun, sich nur auf Behauptungen zu stützen, nicht einmal Gerichte in einem reaktionären Staat, geschweige denn in der DDR. Er habe jedoch nicht die Möglichkeit, sich vor einem Gericht zu rechtfertigen. Oder gäbe es ein solches Gericht? Damit wäre er doch der Willkür ausgeliefert.
Der Generalsekretär erklärte KAkM Havemann erneut, daß in der Begründung alles Notwendige über die Zurückweisung des Einspruches stünde.
KAkM Havemann erwiderte darauf, er sei jedoch ohne die Möglichkeit, eine rechtliche Entscheidung herbeizuführen, und die zuständigen Stellen würden sich ja weigern, ihm die Möglichkeit einer Rechtfertigung gegenüber den Behauptungen der Anklageschrift und dem Brief des Präsidenten an über 100 Personen zu geben. Es sei ihm bekannt, daß am 24. 3. 66 über seinen „Ausschluß" beschlossen werden solle. Man müsse ihm doch wenigstens in diesem Zusammenhang die Möglichkeit geben, sich zu rechtfertigen. Wie will man das sonst mit den Rechtsgrundsätzen vereinbaren? Man verlange von den Herren eine Entscheidung, ohne ihn gehört zu haben.
Der Generalsekretär wies darauf hin, daß es sich um zwei unterschiedliche Dinge handele. Über die Mitgliedschaft des KAkM Havemann würden die zuständigen Organe der Akademie befinden.
KAkM Havemann wandte sich sodann nochmals gegen das Schreiben des Präsidenten an die Ordentlichen Mitglieder. Man habe ihm keine Gelegenheit zur Rechtfertigung gegeben. Er habe auf Grund des Schreibens gerade noch die Möglichkeit gehabt, den Klassensekretar anzurufen und die Feststellung des Präsidenten über die Weitergabe von vertraulichen Informationen auf dem Gebiet der Fotosynthese, die zwar sehr ge-

schickt formuliert sei, aber doch auf ihn zurückfalle, zurückweisen zu können. Wenn ihm das nicht bekannt geworden wäre, hätte er noch nicht einmal dies tun können.
Der Generalsekretär gab um 17.35 Uhr zu verstehen, daß er das Gespräch als beendet betrachte und er beauftragt gewesen sei, die Gründe für die Zurückweisung des Einspruchs bekanntzugeben. Über die Frage der Mitgliedschaft und darüber, in welcher Form ob KAkM Havemann gehört werde, würden die zuständigen Akademieorgane beraten.
Ziert
Bestätigt: Prof. Dr. Rienäcker
Verteiler: Präsident
Generalsekretär
Abt. Wissenschaften, Gen. Hörnig
APL, Gen. Planert

Dok. 90 Lotar Ziert an Werner Hartke, 3. 3. 1966
AAW, Leitung, Personalia, 163, Bl. 137 f.

Sehr geehrter Herr Präsident!
Sie hatten gebeten, daß der Generalsekretär Hrn. Havemann im Zusammenhang mit der Mitteilung der Gründe für die Zurückweisung des Einspruchs die Frage vorlegt, ob er den Bericht des Präsidenten vor der Klasse für Chemie, Geologie und Biologie kenne und bejahendenfalls ihn zu fragen, von wem er ihn erhalten habe.
Der Generalsekretär stellte, als Hr. Havemann von selbst auf den Bericht des Präsidenten zu sprechen kam, die Frage, wie er das Schreiben des Präsidenten, das nur den Ordentlichen Mitgliedern persönlich zugestellt worden sei, erhalten habe.
Hr. Havemann erwiderte darauf, es sei selbstverständlich, daß er das alles bekommen habe. Das Schreiben hätten auch Leute bekommen, die keine Ordentlichen Mitglieder seien.
Hr. Havemann bestritt hier, gewußt zu haben, daß dieses Schreiben nur für Ordentliche Mitglieder bestimmt gewesen sei.
Der Generalsekretär machte Hrn. Havemann nochmals ausdrücklich darauf aufmerksam, daß das Schreiben nur zur persönlichen Information der Ordentlichen Mitglieder bestimmt sei und dies auch deutlich auf dem Schreiben angegeben sei.
Hr. Havemann gab dazu keine Erwiderung (er lächelte hierzu nur).
Hr. Havemann wandte sich sodann nochmals gegen das Schreiben des Präsidenten an die Ordentlichen Mitglieder. Man habe ihm keine Gelegenheit zur Rechtfertigung gegeben. Er habe auf Grund des Schreibens gerade noch die Möglichkeit gehabt, den Klassensekretar anzurufen und die Feststellung des Präsidenten über die Weitergabe von vertraulichen Informationen auf dem Gebiet der Fotosynthese, die zwar sehr geschickt formuliert sei, aber doch auf ihn zurückfalle, zurückweisen zu können. Wenn ihm das nicht bekannt geworden wäre, hätte er noch nicht einmal dies tun können.
Mit vorzüglicher Hochachtung
Ziert

Dok. 91 Robert Havemann an Günther Rienäcker, 4. 3. 1966
AAW, Leitung, Personalia, 162, Bl. 333

Sehr geehrter Hr. Rienäcker!
Anläßlich der mündlichen Mitteilung der Gründe für die Ablehnung meines Einspruches gegen meine fristlose Abberufung als Leiter der Arbeitsstelle für Photochemie, die das Geschäftsführende Präsidium der Akademie formuliert hat, haben Sie mir heute die Gelegenheit zu einer Aussprache gegeben, wofür ich Ihnen hiermit danken möchte. Ich möchte noch einmal zusammenfassend erklären, daß die vom Geschäftsführenden Präsidium gegebenen Gründe für meine Abberufung nicht mit den von Hrn. Klare gegebenen Begründungen übereinstimmen. Sie stellen vielmehr eine neue Anklage dar, von der ich jetzt zum ersten Mal Kenntnis erhalte. Ich verstehe nicht, wie das Geschäftsführende Präsidium zu einer Entscheidung kommen konnte, ohne mich zu den vorgebrachten Beschuldigungen überhaupt zu hören. Dies Verfahren widerspricht auch der Zusicherung, die mir Hr. Klare gegeben hat, daß ich zu der Verhandlung über meinen Einspruch vor das Geschäftsführende Präsidium geladen werden soll. Dies wäre nach den elementarsten Rechtsgrundsätzen auch selbstverständlich gewesen, die die Verurteilung eines Beklagten allein auf Grund einer Anklageschrift verbieten.
Mit vorzüglicher Hochachtung
Robert Havemann

92-93

Präsidiumssitzung, 3. 3. 1966
Für den 3. März lud Hartke einige Präsidiumsmitglieder und die Klassensekretare zu einer strategischen Runde über die Frage „ob und wie es zweckmäßig sei, eine Besprechung mit Prof. Havemann durchzuführen". Die 21seitige Aktennotiz dokumentiert anschaulich das selbstgerechte und zugleich ängstlich taktierende Denken der akademischen Richter im Parteiauftrag. Generalsekretär Rienäcker zog aus seinem Gespräch am Vortag, in dem er Robert Havemann die Gründe der Zurückweisung seines Einspruchs gegen die Abberufung vortrug, das Fazit: „Havemann ist unbelehrbar". Das entsprach ganz dem Tenor von Akademiepräsident Hartke, der empört vorgab: „Ich habe mich längst zu der Auffassung durchgerungen, daß es im Dunstkreis um Prof. Havemann keine Verschwiegenheit gibt." Selbst darin, daß Havemann „das erhaltene Material", die nur für die Ordentlichen Mitglieder bestimmte Anklageschrift, auch „studiert hat", sah Hartke einen „erneuten Beweis seiner Illoyalität". Eigentlich aber fürchtete er, daß es ihn „als Präsident diskreditieren" würde, wenn Havemann ihm nicht Rechenschaft gäbe. Robert Rompe, Stellvertreter des Generalsekretärs, verstieg sich sogar darin, Havemann als „Bundesbruder vom Kongo-Müller" zu bezeichnen. Doch brachte er auf den Punkt, was im Akademiepräsidium allen klar war, „Havemann hat nichts gegen uns, aber er hat sehr viel gegen Partei und Regierung. Wir müssen sehr aufpassen, daß wir das

abwehren. ... Der Präsident hat einmal gesagt, wir dürfen nicht vergessen, daß es sich hier ... um den singulären Fall eines oppositionellen Berufspolitikers, der die Plattform der Akademie für seine politischen Ziele ausnutzen will", handelt. Den Versammelten ging es vor allem darum, Einwände von Akademiemitgliedern oder eine Pressekampagne abzuwehren, wobei der Fakt, daß die Akademie „ihm keine Gelegenheit zum Sprechen gegeben" hätte, zur „Munition gegen uns" werden könnte. Dennoch entschieden die Herren, daß eine Erklärung vor dem Plenum Robert Havemann verwehrt werden sollte. Um jedoch nach außen den Schein zu wahren, sollte er sich vor dem Akademiepräsidium zum „Tagesordnungspunkt Beendigung der Mitgliedschaft" äußern können. (Vgl. Dokument 100)

Dok. 92 Werner Hartke an Präsidiumsmitglieder, 1. 3. 1966
AAW, Leitung, Personalia, 163, Bl. 168

An die   *Persönlich!*
HH. Klare
      Steenbeck   *tel.*
      Stern   *Hr. Stern kommt*
      Rienäcker
      Rompe
      ~~Grell~~
      Lehmann   *tel. verständigt Zi. in DAW besorgt.*
      Hertz   [vier Worte unleserlich] – *kommt.*
      Oelßner   *??*
      Leibnitz

                        Berlin, den 1. März 1966
Sehr geehrte Herren!
Entsprechend der Festlegung in der Sitzung des Präsidiums am 24. 2. 1966, betreffend den Fortgang der Behandlung der Angelegenheit Havemann, lade ich Sie zu einer Aussprache am Donnerstag um 8.00 Uhr in mein Dienstzimmer ein. In dieser Aussprache soll die Zweckmäßigkeit des aus der Sitzung des Präsidiums hervorgegangenen bekannten Vorschlages erörtert werden.
Mit vorzüglicher Hochachtung
Prof. Dr. Werner Hartke

Interne und Offene Briefe. 15. Februar 1966 bis 9. März 1966

Dok. 93 Aktennotiz über eine Besprechung beim Präsidenten, 3. 3. 1966
AAW, Leitung, Personalia, 163, Bl. 139-159

Anwesend: AkM *Hartke*
AkM *Rienäcker*
AkM *Rompe*
AkM *Grell*
AkM *Lehmann*
AkM *Hertz*
AkM *Oelßner*
AkM *Leibnitz*
AkM *Steenbeck* (erscheint später)

AkM Hartke: Wir sind hier zusammengekommen mit dem Ziel, den im Präsidium auf der letzten Sitzung erörterten Vorschlag zu prüfen und gewisse Informationen entgegenzunehmen. Zunächst zu den Informationen:

Ich habe festgestellt, daß es nicht einmal eine Woche gedauert hat, bis Hr. Havemann das den Ordentlichen Akademiemitgliedern zugeschickte Material gehabt hat. Ich habe den Generalsekretär gebeten, diesen Fakt bei der angesetzten Begegnung mit Prof. Havemann aufzugreifen und ihn zu fragen, ob er das Material kenne und bejahendenfalls wie er es erhalten habe. Ich möchte sagen, wie ich es beurteile: Daß Prof. Havemann das Material bekommt, habe ich an sich immer befürchtet. Ich habe mich längst zu der Auffassung durchgerungen, daß es im Dunstkreis um Prof. Havemann keine Verschwiegenheit gibt. Er proklamiert selbst, daß nach seiner Ansicht alle Dinge öffentlich seien. Das macht Schule.

Gestern hatte nun Hr. Rienäcker die angesetzte Besprechung mit Prof. Havemann, bei der ihm die Begründung für die Ablehnung des Einspruchs mitzuteilen war. Ich bitte Hrn. Rienäcker, darüber zu berichten.

AkM Rienäcker: Um es also in einem Wort zusammenzufassen: Hr. Havemann ist unbelehrbar. Er fühlt sich vollständig im Recht. Alle anderen haben seiner Meinung nach unrecht. Hr. Havemann erschien. Ich habe ihm die Begründung bekanntgegeben. Er hörte sie an. Es wird über dieses Gespräch ja noch eine Aktennotiz ausgearbeitet. Sie liegt selbstverständlich noch nicht vor, da das Gespräch erst gestern abend stattfand. Hr. Havemann machte sofort Einwände. Die Argumente seien ihm völlig neu. Es gäbe viele Behauptungen darin, die er widerlegen könnte. Man hätte ihm dazu aber keine Gelegenheit gegeben. Er habe ihm die Frage gestellt, was daran falsch sei. Er habe schließlich veröffentlicht; das mußte er zugeben. Der Inhalt seiner Veröffentlichungen sei jedoch richtig. Ich machte ihn dann darauf aufmerksam, daß er mehrfach darauf hingewiesen worden sei, woran er sich zu halten habe und daß er diese Hinweise mißachtet habe. Das mußte er zugeben. Das Argument, daß ihm alles völlig neu sei, stimmt natürlich nicht. U. a. Hr. Klare hat ihn darauf hingewiesen. Er ging also von selbst auf den Brief des Präsidenten ein. Ich stellte die Frage, wie er ihm zugänglich geworden sei. Darauf antwortete er, es sei doch ~~sicher~~ selbstverständlich, daß er alles bekommen habe. Ich wies darauf hin, daß er nur für Ordentliche Mitglieder bestimmt gewesen sei.

Havemann antwortete, das sei ihm nicht bekannt. Ich wies darauf hin, daß ausdrücklich darauf gestanden habe „Nur für Ordentliche Mitglieder bestimmt". Er reagierte mit einem verlegenen Lächeln. Er sagte auch, es sei nicht nur an die Ordentlichen Mitglieder gegangen, auch andere hätten es bekommen. Im Schreiben habe es so viele Dinge gegeben, die falsch seien, daß er dazu Stellung nehmen müsse. Er wußte auch, daß am 24. 3. über seinen Ausschluß abgestimmt werden soll. Ich stellte fest, daß es sich bei diesem Gespräch um seine Abberufung und um seinen Einspruch dagegen handele. Daraufhin machte er ausgesprochen aggressive Bemerkungen. Er stellte die Frage, wo es das Gericht gibt, das er anrufen kann, sprach von „Willkür", „Anklage" und einem „Urteil". Ich habe ihn reden lassen, um zu wissen, was will er sagen und in welcher Form. Er sprach von Willkür. Er machte dabei auch eine deutliche Anspielung auf die Zeit unter dem Faschismus, als er erwähnte, es gebe Beispiele aus der Geschichte der Akademie, in denen Urteile falsch gewesen seien. Zu allen diesen Feststellungen traf ich keine Entgegnung, weil es sonst eine uferlose Diskussion geworden wäre. Er versuchte daraufhin, mich zu einem persönlichen Urteil zu provozieren, indem er feststellte, „Sie haben natürlich nur eine Auflage des GP zu erfüllen, aber wie ist denn Ihre persönliche Meinung". Ich habe den Teufel getan und natürlich nichts gesagt.

AkM Steenbeck erscheint verspätet und entschuldigt sich.

Der Präsident informiert ihn kurz über das, was er und der Generalsekretär bisher ausgeführt haben.

AkM Hartke: Es geht also jetzt darum, ob und wie es zweckmäßig sei, eine Besprechung mit Prof. Havemann durchzuführen. Ich erkläre für meinen Teil, daß ich einen Zweck nicht sehe. Ich lehne es auch persönlich ab, mit Prof. Havemann eine Aussprache zu führen über den Bericht des Präsidenten vor der Klasse. Wenn er sich weigert, darüber Auskunft zu geben, wie er den Bericht erhalten hat, werde ich dazu nicht Stellung nehmen. Außerdem sehe ich einen erneuten Beweis seiner Illoyalität darin, daß er das erhaltene Material studiert hat, obwohl es ausdrücklich als für Ordentliche Mitglieder bestimmt gekennzeichnet war.

AkM Hertz: Die Tatsache, daß er das Material erhalten und dann auch gelesen habe, könne als Argument nicht gegen ihn verwendet werden. Das sei zu schwach. Er habe es schließlich von jemand anderem erhalten. Wenn ich selbst in solcher Lage wäre, würde ich es selbstverständlich auch lesen. Man soll davon keinen Gebrauch machen. Jeder würde es lesen. Daher soll man das nicht zu einer schweren Anklage erheben. Das wäre eine Methode, die nicht richtig wäre. Wir müssen bei der Behandlung dieser Sache eine überlegene Stellung einnehmen.
Er sehe den Zweck der Aussprache darin, man solle ihm keine Gelegenheit geben zu sagen, er sei nicht gehört worden. Daß eine solche Aussprache keinen Zweck hat, bezweifele er nicht. Aber wie wirke das bei verschiedenen Mitgliedern. Er werde überall hinschreiben „ich bin nicht gehört worden". Man müsse ihm Fragen stellen wie „Sind Sie sich darüber klar, daß Sie die DDR geschädigt haben?"

AkM Hartke: Man müsse bei der Besprechung jetzt zwei Dinge unterscheiden: 1) Zweck des Anhörens, 2) Inhalt und Argumente der Eröffnung, die Havemann vor dem Anhören als Grundlage erhalten muß. Ich werde mich nicht mit ihm unterhalten. Das lehne

Interne und Offene Briefe. 15. Februar 1966 bis 9. März 1966

ich ab, wenn er gegenüber dem Präsidenten nicht Rechenschaft gibt. Das würde mich als Präsident diskreditieren.

AkM Steenbeck: Ich möchte mit aller Deutlichkeit sagen, daß ich ausgesprochen dafür bin, daß mit Havemann gesprochen wird. Ich befürchte sonst eine ausgesprochen negative Wirkung auch bei den ausländischen Mitgliedern. Ich lehne es allerdings ab, darüber mit ihm zu diskutieren, ob sein Verhalten richtig ist. Es komme nur ein Rechtfertigungsversuch heraus und das lehne ich ab. Auf alle Fälle soll man ihm aber die Möglichkeit geben, sich von seinem Verhalten zu distanzieren, bevor wir ihn hinauswerfen, oder von sich aus zu sagen, aus „dem Verein" trete ich aus. Dann ~~geben~~ *haben*[1] wir eine Möglichkeit, damit aufzutreten.

AkM Lehmann: Ich habe von Anfang an den Standpunkt von Hrn. Hertz und Hrn. Steenbeck vertreten, daß es nämlich nötig ist, ihn zu hören. Auch wenn nichts dabei herauskommt. Natürlich ist die Sache problematisch, aber eine „Erklärung" von ihm wird entgegengenommen werden müssen, und wir werden dann eine Gegenerklärung abgeben müssen.

AkM Rompe: Mir ist ausgesprochen unwohl bei dieser Geschichte. Der Weg läuft ausgesprochen ins Dunkle. Man muß differenzieren zwischen „anhören" und „Gelegenheit sich zu äußern". Ich möchte auf einen älteren Vorschlag von mir zurückkommen. Wir sollten davon ausgehen, daß seine Klasse sich eine Meinung gebildet hat. Der Sekretar hat an den Präsidenten geschrieben, das Geschäftsführende Präsidium solle die Meinung der Klasse zur Abstimmung bringen. Es gebe nun zwei Möglichkeiten.
1. Wir vollziehen den Ausschluß und hinterher kann er sich äußern, und die Regierung zieht auf der Grundlage des Beschlusses die Bestätigung seiner Mitgliedschaft zurück; oder
2. Wir teilen ihm mit, aus den und den Gründen hat die Klasse empfohlen, Ihre Mitgliedschaft zu beenden und er werde um *schriftliche* Stellungnahme dazu gebeten.

Er habe in der ganzen Angelegenheit beobachtet, auch die Aussprachen mit Hrn. Klare und Hrn. Rienäcker zeigen das, daß keiner den Nerv habe, ihm gegenüber genauso frech aufzutreten, wie Havemann selbst auftrete. Wir bringen das einfach nicht fertig. Er rechne bei einer Konfrontation mit Havemann damit, daß diese Dinge genau so verlaufen und befürchte, daß diese Geschichte unter Umständen einen peinlichen Verlauf nehmen kann.

AkM Rienäcker: Ich möchte dazu kurz folgendes sagen. Ich habe mir genau überlegt, soll ich ihm einfach das Wort abschneiden oder nicht. Aber ich wollte informiert sein, was sagt er. Ich habe es mir nach den Erfahrungen, die Hr. Klare gemacht hat, genau überlegt, ob ich ihm das Wort abschneide oder nicht. Nur die Tatsache, daß heute früh diese Sitzung stattfindet, hat mich bewogen, ihn reden zu lassen.

AkM Hartke: Was Hr. Rompe sagt ist richtig. Wir haben offenbar alle Schwierigkeiten, uns von unserer Kultiviertheit freizumachen.

---

[1] Handschriftliche Korrektur von Richter.

AkM Leibnitz: Ich sehe das nicht so. Die Kultiviertheit ist vielleicht sogar unsere stärkste Waffe. Aber man müsse doch sehen, Havemann arbeitet ausgesprochen konspirativ. Das Material hat er doch nicht als Liebesdienst zugeschickt erhalten. Es kann kein Zweifel darin bestehen, daß er es sich besorgt hat. Da ist auch diese unangenehme Geschichte mit der RGW-Angelegenheit. Er hat sich bisher alles besorgt. Er hat Quellen und Möglichkeiten. Natürlich gibt er keine Auskünfte, wie er dazu kommt, damit das Instrument, auf dem er spielt, nicht unfähig wird.

AkM Hartke: Genauso verhält es sich mit dem einem[1] Beschluß im Institut für griechisch-römische Altertumskunde. Prof. Irmscher hatte dort[1] gewisse Bemerkungen gemacht Anweisungen gegeben[1] im Zusammenhang mit der Mitteilung Durchsetzung[1] des Hausverbotes. Die Dinge sind zu Prof. Schottlaender gedrungen und Prof. Schottlaender ist mit Prof. Havemann sehr gut bekannt. So gelangen solche Informationen weiter. Es sei also die Frage, wie sich jemand verhält oder nicht verhält. Ich gebe Hrn. Hertz Recht, man soll daraus aus dem Erhalt des Materials[1] kein Argument machen. Aber ich persönlich werde daraus meine Konsequenzen ziehen; wenn er keine Auskunft gibt, rede ich nicht mit ihm.

AkM Leibnitz: Ich wollte nur sagen, bei einer Unterredung mit ihm hat man mit diesen Dingen zu rechnen. Wir haben keine Kontrolle, was gibt er an Informationen über die Unterredung in diesem Kreis dann heraus.

AkM Hartke: Es ist völlig erwiesen, daß Informationen nicht zu verhindern sind. Das zeigen die vorliegenden Briefe von Heisenberg und Bianchi-Bandinelli.

AkM Leibnitz: Darum geht es nicht. Wenn wir es so machen, so sprechen nicht „Ämter" mit ihm, sondern ein Kreis angesehenster Mitglieder etwa unter der Firma „Ältestenrat", oder so etwas wie „Ehrenmitglieder". Sie geben eine Erklärung ab, wie Hr. Lehmann sie vorschlug. Sie nehmen zum Verhalten Havemanns Stellung. Es wird ihm gesagt, daß das Verfahren selbst von ältesten, angesehensten Mitgliedern der Akademie als so geartet betrachtet wird, daß er sich zum Schaden der Akademie verhält. Es sei an ihn die Frage zu richten, ob er nicht daraus so viel erkenne, daß sein Verhalten schädlich ist. Wenn er sagt, er erkenne es nicht, dann sagen wir, wir brechen hier ab. Ein weiteres Gespräch unter diesen Voraussetzungen ist mit Ihnen nicht möglich. Dann kann man später sagen, selbst vor einem solchen Gremium hat er nicht die geringste Chance gefunden, sein Verhalten einzuschätzen. Eine solche Erklärung könnte bei den Darlegungen vor dem Plenum große Bedeutung haben und bei den Aktionen nach dem Ausschluß, mit denen ich rechne, wie Pressekampagne usw., eine positive Wirkung haben.

AkM Oelßner: Man soll die Sache nicht komplizieren. Es stehe die Frage, sich von Havemann zu trennen. Man muß ihm die Möglichkeit nehmen, unser Vorhaben zu durchkreuzen und wie Hr. Hertz sagte, vor den Mitgliedern zu sagen, ich bin nicht gehört worden. Ich bin nicht für eine Lösung wie Rompe sie vorschlägt. Wie wir Havemann kennen, wird er eine seitenlange Erwiderung schreiben und wird geradezu angeregt,

---

[1] Handschriftliche Korrektur von Richter.

wieder einen Brief an alle Mitglieder zu schicken. Wir müssen sagen können, er ist gehört worden, die Tatsachen sind bewiesen. Da er bei seinem Verhalten bleibt, gibt es nur den Ausschluß. was die Reaktionen betrifft, von denen hier gesprochen wird, so wird es ein paar Wellen geben, aber ich glaube, das wird alles nicht so schlimm werden.

AkM Hartke: Ich würde aber sagen, daß wir auf eine Pressekampagne nicht antworten. Mit dem Plenum ist die Sache für die Akademie abgeschlossen. *Eine*[1] „Erklärungen" halte ich nicht für richtig. Wenn, dann würde ich sagen, wir sollen so wie Hr. Hertz vorschlägt, verfahren. Erklärungen haben immer den Anstrich eines offiziellen Charakters, man kann die Veröffentlichung verlangen. Aber es gibt andere Möglichkeiten, die wir ~~ausnutzen müssen~~ *wählen können*[1].

AkM Grell: Mir ist in dem Material, das der Herr Präsident verschickt hat, besonders etwas aufgefallen. Prof. Havemann hat es abgelehnt, mit dem Präsidenten ohne seine eigenen Zeugen zu sprechen. Das ist einfach hanebüchen. Hat es einen Sinn bei dieser bekundeten Einstellung, wenn man ihn vor ein Gremium, wie immer es zusammengesetzt sein mag, kommen läßt? Ich betrachte seine Forderung als einen derartigen Angriff auf die Spitze der Akademie, daß man die Reaktion sorgfältig überlegen muß. Ich frage mich, sind wir uns nicht selber schuldig, uns zu fragen, hat es überhaupt einen Sinn.

AkM Hartke: Ich möchte nicht empfehlen, sich in Einzelheiten einzulassen. Das Material betrifft überhaupt nur 40 % dessen, was bekannt ist. Es handelt sich immer nur um typische Beispiele. Die Anführung von Einzelheiten führt nur zu Repliken. Die kann man schon genau voraussehen. Ich habe z. B.[1] dem Generalsekretär *testartig*[1] gesagt, was er *Havemann*[1] fragen soll und genau vorhergesehen, was Havemann antworten würde. Z. B. daß er angeblich nicht weiß, daß das Material nur für Ordentliche Mitglieder bestimmt ist. Wenn wir überhaupt ein Gespräch machen, dann nur so, daß ein bis zwei Sätze *vorher*[1] formuliert werden und er Gelegenheit hat, dazu Stellung zu nehmen.

AkM Rienäcker: Ich bin für eine mündliche Äußerung aus den bekannten zwei Gründen:
1. daß wir unseren Mitgliedern sagen können, er hat Gelegenheit gehabt sich zu äußern,
2. weil im Falle einer Kampagne gegen uns die Feststellung, die Akademie hat ihm keine Gelegenheit zum Sprechen gegeben, Munition gegen uns ist.
Ich verstehe den Wunsch des Präsidenten, daß er Havemann keine Rechenschaft gibt. Aber jetzt besteht die Gelegenheit, daß Havemann sagt, es gibt eine acht Seiten lange Klageschrift des Präsidenten. Er habe keine Gelegenheit gehabt, dazu zu reden. Es ist eine Wertung erfolgt, daß sein Verhalten schädlich sei, dazu verlange er, gehört zu werden. Er stehe auf dem Standpunkt, sein Verhalten sei nicht schädlich. Um keine Mißverständnisse aufkommen zu lassen, das ist keine Angelegenheit nur von Havemann.

---

[1] Handschriftliche Korrektur von Richter.

Natürlich muß er zur Kenntnis nehmen, daß die Mitglieder der Akademie es für schädlich halten.

AkM Steenbeck: Eine Diskussion mit Hrn. Havemann darüber, ob sein Verhalten schädlich ist, ist völlig unmöglich. Ich bin auch gegen eine Berufung etwa von einem „Ältestenrat". Ich bin dafür, daß die Sache im zuständigen Organ der Akademie behandelt wird, im Präsidium. Dort muß ihm gesagt werden, Dein Verhalten ist schädlich. Siehst Du es ein, wenn ja, bist Du bereit, daraus die Konsequenzen zu ziehen dadurch, daß Du entweder von Deinem Verhalten abrückst oder die Konsequenz ziehst, auszutreten. Wenn nicht, werden wir Dich ausschließen. Aber die Frage, siehst Du es ein, bist Du bereit die Konsequenzen zu ziehen, die müssen wir stellen. Die Diskussion darüber, ist das schädlich oder nicht, wäre genau das, was Havemann will und führt zu gar nichts. Das würde geeignet sein, ihm den Eindruck zu erwecken, die Situation ist peinlich. Das nutzt Havemann aus.

AkM Lehmann: AkM Lehmann unterstreicht, was Hr. Steenbeck sagt. Faktisch würde es bedeuten, wir nehmen zuerst das Wort. Wir machen eine Feststellung, in der wir feststellen, daß sein Verhalten akademieunwürdig ist und wir ihn deswegen ausschließen. Man muß auch betonen, und ich würde ihm das auch sagen, in der Klasse haben wir nicht ein einziges Mal über seine politischen Ansichten gesprochen. Was Hr. Grell anführt über die Desavouierung des Präsidenten liegt zu weit zurück, als das man darauf jetzt in dieser Form zurückgreifen könne.

AkM Hartke: Ich anerkenne, daß Hr. Grell ehrenhafte Motive für seinen Vorschlag hat. Aber das war tatsächlich am Anfang der Dinge. Ich habe Hrn. Havemann sofort gesagt, so können Sie sich nicht verhalten. Jetzt hat Hr. Klare dieselbe Sache erlebt. Das wird sich zweifellos so fortsetzen.

AkM Lehmann: Der Vorschlag von Hrn. Rompe ist äußerst verständlich, aber er läuft darauf hinaus, daß wir eine Schwäche zeigen. Wir haben doch Kriterien für die Akademiewürdigkeit. Davon muß man Gebrauch machen. Ich glaube, die Tatsache, daß er das Material des Präsidenten kennt, soll man nicht unnötig hochspielen. Seiner Ansicht nach hätte man es ihm eventuell sogar geben können.

AkM Hartke: Aber dann hätten wir das hier beschließen müssen.

AkM Lehmann: Man setzt nicht eine konspirative Methode, Herr Präsident, gegen eine konspirative Methode. Wir werden uns auf unseren Standpunkt stellen und damit argumentieren.

AkM Hartke: Ich habe bei dem Hinweis an den Generalsekretär nur einen Test erreichen wollen, wie er sich bei Hrn. Rienäcker verhält.

AkM Steenbeck: Wir dürfen keinen Test machen (in kurzer Diskussion mit dem Präsidenten stellt sich heraus, daß AkM Steenbeck es so mißverstanden hat, daß das bevorstehende Gespräch ein Test sein solle).

AkM Rompe: Mit der Möglichkeit zu revozieren, bleibt es auch nur ein Test. Ich würde direkt sagen, er ist ein Bundesbruder vom Kongo-Müller, ein Spezialist des verdeckten Krieges. Er arbeitet mit allen Mitteln der Psychologie und der Menschenbestrickung, auch der weiblichen Welt. Hr. Leibnitz hat vollkommen Recht, warum sollen wir hier nicht auch sagen, er hat doch seine Freundin in Rienäckers Büro hineingesetzt. Die

Frage ist, was soll man nun machen. Es ist ehrenwert, daß man sich soviel Mühe macht. Aber Havemann kämpft mit allen Mitteln. Daß er in so einem Organ wie dem Spiegel veröffentlichen kann, zeigt im Grunde doch alles.
AkM Hartke: Ich betrachte die Sache nicht in dem Sinne eines letzten Bekehrungsversuches. Darin schließe ich mich Hrn. Steenbeck nicht an. Zur Debatte steht nur das von Hrn. Hertz vorgetragene Argument, daß wir uns nicht einem Einwande aussetzen wollen, man hat ihm nicht vorher die Möglichkeit einer Stellungnahme gegeben. Dann wäre im Grunde die Frage, ob das nicht zu einem zwar falschen, aber wie wir wissen, bei Vielen zu erwartenden „Gerechtigkeitsgefühl" und zu entsprechenden Fehlreaktionen führt. Auf keinen Fall kann man ihm einen moralischen Rückzieher nahelegen. Das ist nicht drin und zwecklos.
AkM Steenbeck: Ich glaube auch nicht, daß ein moralischer Rückzieher drin ist. Aber wenn er revoziert, dann würde er für eine gewisse Zeit in seiner Publizistik ~~in~~ an[1] moralischem Kredit ~~bleiben~~ verlieren[1] wie Galilei. Wenn er sagt, ich revoziere, sagen wir, „gut". Aber dann bleibt das Hausverbot aufrechterhalten, um die Einhaltung seines Versprechens zu kontrollieren. Im übrigen ist die Sache ganz unwahrscheinlich.
AkM Grell: Aber wenn wir so vorgehen, wird er immer noch sagen, ich habe keine Gelegenheit gehabt zur Rechtfertigung. Ich konnte nur anhören.
AkM Hartke: Die Akademie ist nicht verpflichtet jemanden anzuhören. Sie kann sagen, wen sie wählen will oder wen nicht. Auch bei den Zuwahlen wird der Betreffende nicht gehört. Es handelt sich hier nicht um eine Anklage. Die Akademie kann für sich durchaus feststellen, daß er nicht in die Akademie hinein paßt. Meiner Ansicht nach können wir so verfahren, wie Hr. Hertz und Hr. Steenbeck sagen. Die Akademie hält sein Verhalten [für] schädlich und zieht daraus ihre Schlüsse. Es handelt sich nicht um eine Rechtfertigung.
AkM Hertz: Ich habe das Gefühl, bei der Besprechung kommt nichts heraus. Auch so wie wir es machen wollen, wird er sagen, ich konnte mich nicht rechtfertigen. Warum wollen wir es nicht so machen, wie Hr. Rompe vorschlägt.
AkM Rienäcker: 1. ....
2. Haben wir ein seitenlanges, blumenreiches Elaborat zu erwarten. Er wird auf jedes Argument einzeln eingehen, aber nicht auf die Hauptfrage.
AkM Lehmann: Wir müssen ihm Gelegenheit zur Stellungnahme geben. Schriftlich wäre es meiner Ansicht nach sehr gefährlich. Wir müssen unsere Feststellung treffen, dann ihn anhören, dann sagen wir ihm Auf Wiedersehen.
AkM Rompe: Wir müssen uns doch darüber klar sein, Havemann hat nichts gegen uns, aber er hat sehr viel gegen Partei und Regierung. Wir müssen sehr aufpassen, daß wir das abwehren. Es ist doch klar, er meint die Genossen Ulbricht und Stoph usw. Der Präsident hat einmal gesagt, wir dürfen nicht vergessen, daß es sich hier nicht um einen normalen Fall eines Akademiemitgliedes handelt, sondern um den singulären Fall

---

[1] Handschriftliche Korrektur von Richter.

eines oppositionellen Berufspolitikers, der die Plattform der Akademie für seine politischen Ziele ausnutzen will. Er stellt die Frage, ob nach dem Statut ein Anhören vorgesehen ist.
AkM Hartke: Nein, nicht statutarisch.
Die Akademie hat ihn nicht zu hören. Das ist auch nicht bei der Wahl üblich. Ich komme zurück auf die Frage, wie verhindern wir, daß eine Reihe von Mitgliedern, darunter auch der Präsident der Sächsischen Akademie, das Verfahren *ohne Anhören von Havemann*[1] ablehnt, ~~weil~~ *indem*[1] sie sagen, das vertrete ich nicht, ich komme nicht, ich mache das nicht mit. Hr. Steenbeck hat mit vollem Recht gesagt, eine Diskussion über ~~diese~~ Sache *Havemann*[1] steht nicht zur Debatte. Wie kann man aber eine solche Auswirkung verhindern. Hr. Hertz, Hr. Steenbeck, Hr. Lehmann usw. sind der Meinung, man muß den Klassen sagen können, er hat Gelegenheit gehabt, den Mund aufzumachen. Ich teile alle Bedenken. Die Briefe von Heisenberg und Bianchi Bandinelli zeigen, wo das Dynamit liegt. Es liegt ~~in~~ *an*[1] den vier Säulen der Akademie. Die Akademie muß entschieden ablehnen, sich einen Krieg mit dem Ministerpräsidenten aufzwingen zu lassen. Ich bin der Meinung, daraus ergibt sich alles im Hinblick auf die Methoden.
Hr. Steenbeck: An die Möglichkeit des Revozierens glaube ich nicht. Mein Vorschlag ist, wir machen eine Feststellung von unserer Seite. Hrn. Havemann kann Gelegenheit gegeben werden zur Gegenäußerung. Aber es wird darüber nicht diskutiert. Sie wird lediglich entgegengenommen. Er wird sagen, ich bleibe bei meiner Meinung. Wir werden sagen, gut, dann werden wir uns trennen. Ich bin jedoch der Meinung, man muß einen moralischen Rückzug offen lassen. Das halte ich immer für gut. Das würde bedeuten, daß wir ihn für die Dauer einer bestimmten Zeit aus seiner politischen Aktivität ausschließen.
AkM Hartke: Die Möglichkeit auszutreten gibt es für ihn immer. Das kann man nicht verhindern. Wenn er revoziert, dann besteht auch nur *eine* Möglichkeit, nämlich ihn auszuschließen. Es ist zu viel geschehen.
AkM Steenbeck: Gut.
AkM Lehmann: Wir können auch Hrn. Havemann nach seiner Äußerung nichts mehr sagen. Wir müssen dann Schluß machen.
AkM Hertz: Ich würde sagen, daß wir es in der Form machen, daß der Sekretar der Klasse das Gespräch führt und wir als Zeugen zugegen sind, die aber nichts sagen.
AkM Rompe: Das ist richtig. Damit wird gezeigt, es ist die Klasse, die sich das nicht bieten läßt.
AkM Hartke: Es wird also eingeladen, in welcher Form und mit welcher Begründung?
AkM Rompe: Daß er eine Information über den Beschluß der Klasse erhält.
AkM Hartke: Es muß ein Satz sein über die Akademieunwürdigkeit des Verhaltens und die Gelegenheit, dazu Stellung zu nehmen. Man muß ausschließen, daß er denken kann, es findet eine Diskussion statt. Oder soll man eine neutrale Formulierung wählen

---

[1] Handschriftliche Korrektur von Richter.

etwa in dem Sinne „Information über einen Beschluß der Klasse"? Den muß man ihm dann mündlich mitteilen.
AkM Lehmann: Ich bin der Meinung, der Präsident muß ihn einladen. Er gibt dann dem Sekretar der Klasse das Wort.
AkM Hartke: Ich bin für die Version, die Hr. Hertz vorgeschlagen hat. Dann müßte ihn der Sekretar auch einladen, und wir sind sozusagen als Eideshelfer anwesend.
AkM Hertz: Ja
AkM Steenbeck: Es handelt sich doch darum, daß wir uns vom Präsidium mit der Sache befaßt haben und deshalb muß eine Einladung vom Präsidenten ergehen.
AkM Rienäcker: ~~Stimmt, stimmt~~ Stimmt dem zu[2].
AkM Hartke: Dann würde ich einladen mit dem Bemerken, daß der Sekretar spricht.
AkM Steenbeck: Und er kann dann seine Erklärung abgeben.
AkM Lehmann: Sagen wir ~~richtig~~ *ruhig*[2] „Rechtfertigung".
AkM Rompe: .... Entgegennahme einer Stellungnahme.
AkM Lehmann: Wir müssen etwa so formulieren:
Sehr geehrter Herr Havemann! Hiermit lade ich Sie zu einer Sitzung des Präsidiums ein – Punkt 2 –, wo über die Ihnen bekannte Angelegenheit kurz verhandelt wird.
AkM Hartke: Ich lade Sie ein zur Entgegennahme einer Mitteilung des Sekretars der Klasse für Chemie, Geologie und Biologie. Auf Anregung der Klasse hat das Präsidium beschlossen, die Beendigung Ihrer Mitgliedschaft einzuleiten. Es wird Ihnen Gelegenheit gegeben, sich dazu zu äußern.
AkM Leibnitz: Wenn es der Sekretar macht, schreibt Havemann an alle Mitglieder der Klasse und fragt an, ob sie dazu eingeladen sind.
AkM Rompe: Hr. Lehmann schreibt an Hrn. Havemann: „Es ist mir zu Ohren gekommen, ..."
AkM Hartke: Nein, das heißt nachgeben. Wir stellen fest, wir haben ihm eine Feststellung *zu machen*[2] und er hat Gelegenheit, sich dazu zu äußern.
AkM Steenbeck: Ihm wird gesagt, wir werden ihm eine Mitteilung über die Einleitung des Ausschlußverfahrens machen.
AkM Lehmann: Hr. Havemann hat an mich drei Briefe geschrieben. Ich habe sie, obwohl es mir sehr schwer fällt, nicht beantwortet. Aber daraus geht ganz klar hervor, er weiß was vorgeht. Also keine lange Epistel schreiben, sondern:
Wir laden Sie ein zu einer Besprechung, wo über das und das gesprochen wird.
AkM Steenbeck: Als Einleitung für ein Verfahren zur Beendigung der Mitgliedschaft! Ihnen wird Gelegenheit gegeben, sich zu äußern. Die Leitung hat der Sekretar.
AkM Hartke: Warum sollen wir das sagen? Es handelt sich um eine Sitzung, in der der Sekretar der Klasse ......
AkM Rompe: Sollte man ihn eventuell nicht telefonisch einladen?
AkM Hartke: Ich sehe im Augenblick nichts mehr, was uns durch die *schriftliche*[2] Herausgabe gefährlich werden kann. Es ist alles bekannt. Von *der geplanten Sitzung am*[2]

---

[2] Handschriftliche Korrektur von Richter.

24. 2. weiß z. B. Hr. Heisenberg. Das war eine Sache, die nur zwischen dem Generalsekretär und mir besprochen wurde. Der Apparat hat dann den Auftrag bekommen, die Rechtssituation zu untersuchen. Ich hätte seinerzeit auch die Mitteilung des Präsidenten *über die Affäre Havemann*[3] an die Mitglieder mündlich geben können. Aber es wäre natürlich praktisch in dieser Form nicht möglich gewesen.

AkM Rompe: Ich möchte noch sagen, meiner Ansicht nach muß der Präsident schnellstens den Ministerpräsidenten informieren.

AkM Hartke: Das habe ich selbstverständlich vorgehabt.

AkM Steenbeck: Ich halte das nicht für entscheidend. Wir müssen sehen, daß wir aus der Affäre von uns aus herauskommen.

AkM Lehmann: Ich würde vorschlagen, den Brief an Havemann den Sekretaren im Durchschlag zu geben, damit sie vor den Klassensitzungen am 10. 3. darüber informiert sind.

AkM Hartke: Die Frage wäre überhaupt, die Sekretare am Donnerstag vor der Klassensitzung zu informieren. Ich möchte die Sache nicht im Rahmen einer Präsidiumssitzung durchführen, weil ich das Argument gern ausschließen möchte „ihr habt ihn nur im Präsidium gehört".

AkM Lehmann: Warum? Ich hatte nur Sorgen allgemeiner Art wegen der Mitglieder. Wäre es nicht besser, die Sache im Präsidium zu machen?

AkM Rienäcker: Nach der letzten Präsidiumssitzung hatte ich den Eindruck, daß dieser Kreis von heute gemeint ist.

AkM Hartke: Es wurde gesagt, es solle vor diesem Kreis erfolgen. Nicht vor dem Präsidium, sondern vor einer Gruppe des Präsidiums und einigen hinzuzuziehenden AkM.

AkM Rienäcker: Wenn man das Präsidium nimmt, ist es auch eine Frage der Optik. Man könnte sagen ein Einzelner gegen so viele.

AkM Hartke: Ich möchte einen Vorschlag machen. Ich mache ihn nicht ohne Bedenken. Aber ich möchte doch fragen, ob man nicht Hrn. Schwabe bittet. Man muß auch daran denken, daß er Präsident der Sächsischen Akademie ist, auch deshalb, weil man in der Sächsischen Akademie über die Angelegenheit Havemann redet.

AkM Lehmann: Ja, es gibt leider außerordentlich betrübliche Meinungen in der Sächsischen Akademie über Hrn. Havemann. Man muß auch ausschließen, daß Havemann sagt, *einzelne* haben etwas gegen ihn.

AkM Hartke: Dann vertreten wir also folgende Meinung: Die Einladung erfolgt vor ein offizielles Gremium, das Präsidium, wobei ich sage, daß der Sekretar ihm die Mitteilung macht. Das ganze erfolgt am 10. 3. Wie steht es mit der Zuladung einer weiteren Persönlichkeit wie Schwabe?

In kurzer Diskussion wird von verschiedenen Seiten eingewendet, man müsse sich an die Normen halten und die Grenzen beachten, die gegen eine nicht näher motivierte Zuladung sprechen.

AkM Hartke: Dann muß man aber selbstverständlich Hrn. Schwabe informieren.

---

[3] Handschriftliche Korrektur von Richter.

AkM Leibnitz: Ich möchte noch folgendes sagen: Ich muß leider am 10. 3. eine dringende Dienstreise antreten.
AkM Rienäcker: So wie wir jetzt beschlossen haben, müssen wir unbedingt die heute nicht anwesenden Mitglieder des Präsidiums genau informieren.
AkM Hartke: Wir werden die HH. bitten und ihnen alles genau mitteilen.
AkM Steenbeck: Wie geht die Sache am 24. 3. vor sich. Ist Havemann dabei?
Allgemein wird diese Frage verneint. Als Korrespondierendes Mitglied hat er nicht das Recht an Geschäftssitzungen teilzunehmen.
AkM Steenbeck: Das ist gut. Was machen wir, wenn im Plenum ein Ordentliches Mitglied sagt, wir wollen ihn hören?
AkM Hartke: Das ist nicht möglich. Dazu findet ja die Diskussion in den Klassen statt, wie es die Wahlordnung vorsieht. Im Plenum gibt es keine Diskussion mehr in solchen Fällen.
AkM Rienäcker: Das war gerade der Grund, weshalb in der Wahlordnung dezidiert die Feststellung getroffen wird, daß vorher in den Klassen diskutiert wird.
AkM Hertz: Wie ist es mit der Wahl selbst. Gibt es eine Enthaltung?
Das wird allgemein bejaht.
AkM Rienäcker: Es ist nur faktisch kein Unterschied, da 75 % der Anwesenden zustimmen müssen. Jede Enthaltung ist praktisch wie eine Gegenstimme zu werten.
AkM Hertz: Dann müssen wir die Klassen richtig informieren.
AkM Hartke: Ich habe vor einiger Zeit den Generalsekretär gebeten, die Klassenreferenten zu informieren und dafür zu sorgen, daß alle zur Erfüllung ihrer Anwesenheitspflicht ausdrücklich ermahnt werden.
AkM Rienäcker: Da die über 65 Jahre alten ordentlichen Mitglieder auch anwesend sein können und stimmberechtigt sind, muß man auch diese genau informieren.
AkM Steenbeck: Wenn also ¼ der Anwesenden dagegen stimmen oder sich enthalten, fällt der Antrag?
AkM Rienäcker: Ich muß doch sagen, es wäre für die Mitglieder der Klasse ganz schrecklich, wenn sie dadurch von den anderen Mitgliedern so desavouiert würden.
4. 3. 66 Richter
Vert: GS
APL
Schubert

94

Vorlage über die rechtlichen Bedingungen für die Beendigung einer Akademiemitgliedschaft, 3. 3. 1966
Nach den Erfahrungen bei der Entlassung Havemanns an der Humboldt-Universität, die durch ein rechtswidriges Verfahren des Staatssekretärs fast geplatzt wäre, versicherte sich die Akademieleitung vorher beim Justitiar Großgebauer des korrekten Verfahrens. Großgebauer lieferte eine im Sinne der Kläger großzügige Interpretation des Akademiestatuts, die indes zwei für Havemann ungünstige Vereinfachungen als illegitim ausschloß: Die offene statt der geheimen Abstimmung und die Verringerung der Mindestzahl der den Antrag bejahenden Stimmen von 75 % der mindestens zu 75 % anwesenden Akademiemitglieder, die zur Teilnahme am Plenum verpflichtet waren.

Dok. 94 Beendigung einer Mitgliedschaft
AAW, Leitung, Personalia, 163, Bl. 160–162

I.
Regelung durch:
  a) § 10 und 31 des Statuts
  b) Teil B, § 2, der Abstimmungs- und Wahlordnung

II.
Voraussetzungen und Verfahren der Entscheidung
1. Entscheidung durch Plenum mit einer Mehrheit von drei Vierteln der Anwesenden (§ 31 Statut)
   Erschwert durch Teil B § 2 Abs. 2 der Abstimmungs- und Wahlordnung:
   „... bedarf es der *Anwesenheit von drei Vierteln aller OM,* die zur regelmäßigen Teilnahme an Sitzungen der Akademie verpflichtet sind."[+)1]
   (Analog Teil B § 2 Abs. 4 der Abstimmungs- und Wahlordnung: Ständige Beurlaubungen gemäß § 7 Abs. 1 und 2 des Statuts treten für solche Sitzungen außer Kraft.)
2. „Der Beschluß über die Beendigung einer Mitgliedschaft erfolgt durch geheime Abstimmung" (Teil B § 2 Abs. 3 der Abstimmungs- und Wahlordnung)
   Erforderlich:
   a) die Anfertigung von Stimmzetteln
   b) die Einsetzung einer Abstimmungskommission durch das Plenum (3 Mitglieder)

[+)] Bedeutet, daß das Plenum nur unter dieser Voraussetzung beschlußfähig ist. – Anm. im Dokument.
[1] Nach Statut der DAW waren alle Ordentlichen Mitglieder, die die Altersgrenze von 65 Jahren nicht überschritten hatten, nicht nur zur Teilnahme an den Sitzungen verpflichtet, sondern die regelmäßige Teilnahme an der Arbeit von Plenum und Klassen war *die* Voraussetzung für die Mitgliedschaft.

3. Vorherige Abstimmung
Ist m. E. in analoger Anwendung des Teil B § 5 der Abstimmungs- und Wahlordnung zulässig („Vorwahl"). – Ist vom Präsidium in der Sitzung am 10. 3. festzustellen und auch noch die Frist zu bestimmen.

III.
Vorbereitung und Durchführung der Plenarsitzung
A.
1. Vorbereitung der Stimmzettel (müssen am ersten Tage, der für eine mögliche vorherige Abstimmung bestimmten Frist bereitliegen)
2. Anfertigung einer Liste für vorherige Abstimmung.

B.
1. a) Bekanntgabe des Antrages des Präsidiums mit Begründung und Hinweis auf § 31 des Statuts
   b) Feststellung der Beschlußfähigkeit des Plenums.
2. a) U. U. Bericht der Präsidiumskommission (Beschluß des Präsidiums Nr. 7/66 Zi. 5)
   b) Bericht der Sekretare über die Diskussion in den Klassen
   c) allgemeine Diskussion
3. Wahl einer Abstimmungskommission bestehend aus drei Mitgliedern
4. Information des Plenums über den Wahlgang durch den Vorsitzenden der Kommission
5. Ausgabe der Stimmzettel und, wie üblich, der Anwesenheitskontrollkarten
6. Übergabe der Stimmzettel und der dazu geführten Liste aus der vorherigen Abstimmung („Vorwahl") durch den GS an die Abstimmungskommission
7. Abgabe der Stimmzettel („Wahlurne")
8. Feststellung und Protokollierung, des Abstimmungsergebnisses durch die Kommission
9. Bekanntgabe des Abstimmungsergebnisses durch den Präsidenten.

Vorschlag für Stimmzettel:

Sind Sie für die Beendigung der Mitgliedschaft des Korrespondierenden AKM Robert Havemann?		
Zustimmung (+)	Ablehnung (–)	Enthaltung (o)

95

Beginn einer erfolglosen Stellungssuche, 7. 3. 1966
Mit seinem Brief an Klare vom 14. Februar hatte Havemann auf seinen für DDR-Verhältnisse eigentümlichen Zustand der Arbeitslosigkeit verwiesen und sein Recht eingefordert, durch den entlassenden Betrieb bei der Suche nach einem neuen, angemessenen Arbeitsverhältnis unterstützt zu werden. Während die Kaderleitung der Forschungsgemeinschaft dem gleichgültig gegenüberstand, drang Klare darauf, daß wenigstens in diesem Punkte dem Arbeitsrecht Geltung verschafft werde (Dokument 78) und veranlaßte, daß in dieser Frage kompetente Beamte Havemann zu einer Besprechung luden. Es ist denkbar, daß Klare nicht darüber informiert war, daß das ZK-Sekretariat die Weiterbeschäftigung Havemanns in einem anderen Betrieb bewußt aus dem eigenen Beschluß gestrichen hatte, mithin dessen Arbeitslosigkeit gewollt war. Die zum Schein betriebenen Verhandlungen zwischen dem Ministerium für Chemische Industrie, der DAW und Havemann zogen sich bis ins Jahr 1968 hin und endeten, wie es der Beschluß des ZK-Sekretariats aussagte: im Nichts. (Dokumente 155, 156) Havemann war seit dem 23. 12. 1965 arbeitslos und lebte vorerst von seiner Ehrenpension als Verfolgter des Naziregimes und Zuwendungen von Freunden bis er, nach Erreichen der entsprechenden Altersgrenzen, reguläre Altersrente beanspruchen konnte.

Dok. 95 Niederschrift, 7. 3. 1966
AAW, Leitung, Personalia, 163, Bl. 134 f.

Betr.: Besuch von Professor R. Havemann am 7. März 1966, 16.00 Uhr in Berlin-Adlershof
Unter Bezugnahme auf das Schreiben von Herrn Professor Dr. R. Havemann an den Herrn Vizepräsidenten Professor Dr. Klare, in dem die Bitte ausgesprochen wurde, ihn bei der Auffindung einer neuen Tätigkeit innerhalb der Republik zu unterstützen, waren beim Leiter des Fachbereiches Reine und Angewandte Chemie anwesend:
1. Herr Dr. rer. nat. K. *Löffler*, Mitarbeiter des Ministeriums für chemische Industrie,
2. Herr H. *Lautenschläger*, Kaderleiter der Forschungsgemeinschaft der DAW,
3. Herr Dr. E. *Schmidt*, Leiter des Büros der Fachbereiche Chemie,
4. Herr Professor Dr. R. *Havemann*.
Der Unterzeichnete eröffnete Herrn Professor Havemann, daß nunmehr in einer Reihe von Gesprächen in der Leitung der Forschungsgemeinschaft geklärt werden konnte, daß das Ministerium für chemische Industrie durchaus bereit ist, Herrn Prof. Havemann in einem neuen Arbeitsrechtsverhältnis eine Tätigkeit als Physikochemiker zu eröffnen.
Die bisherigen Gespräche hatten das Schwergewicht auf den Tätigkeitsort Schwarza gelenkt. Da im Verlaufe des Gespräches Herrn Havemann Schwarza als Volkseigener Betrieb völlig unbekannt schien, machte der Unterzeichnete aus seiner Kenntnis der

dort vorhandenen Einrichtungen einige Bemerkungen über die Produktionspalette des Werkes und die dort vorhandenen Laboratoriums- und Forschungseinrichtungen. Herr Professor Havemann glaubte zum Ausdruck bringen zu müssen, daß ihm ein solches Angebot unverständlich sei und seinerseits ein Einsatz in solchen Bereichen der Chemiewirtschaft erwartet werden könnte, die mit dem Oberbegriff der Photographika in unmittelbarem Zusammenhang stehen. Da dieses nicht gegeben sei, betrachte er das Angebot nicht als eine fachliche sondern als eine politische Entscheidung.
Der Unterzeichnete machte dagegen geltend, daß auch umgekehrt von Herrn Professor Havemann davon ausgegangen werden müßte, daß das Ministerium für chemische Industrie in Herrn Prof. Havemann nach wie vor einen Physikochemiker hoher Grade sehe und daher durch die Bereitschaft, ihn innerhalb der Chemiewirtschaft tätig werden zu lassen, bekundet habe, daß man von ihm auch die Lösung ganz anderer Aufgaben als nur photochemischer Art ohne weiteres und gerechterweise erwarten könne.
Es wurde vereinbart, daß das Gespräch zwischen dem Beauftragten des Ministeriums für chemische Industrie, Herrn Dr. K. Löffler und Herrn Professor Dr. Havemann, unter Berücksichtigung der z. Zt. laufenden Leipziger Frühjahrsmesse, am 17. d. M. im Hause der Ministerien fortgesetzt wird.
Berlin-Adlershof, den 7. März 1966
Prof. Dr. E. Leibnitz
Stellvertreter des Vorsitzenden der Forschungsgemeinschaft für den Fachbereich Reine und Angewandte Chemie

96

Dok. 96 Offener Brief Robert Havemanns an die Mitglieder der DAW, 9. 3. 1966
SAPMO-BArch, SED, ZPA, NL 215/126, Bl. 122

Prof. Dr. Robert Havemann   1017 Berlin, den 9. März 1966
                                      Strausberger Platz 19

Sehr geehrtes Akademiemitglied!

    Sie erhielten ein Schreiben des Hrn. Präsidenten Hartke, dem ein ausführlicher Bericht angeschlossen ist, den Hr. Hartke vor der Klasse für Chemie, Biologie und Geologie zu angeblichen Verfehlungen, Disziplinverletzungen und anderen Vergehen gegeben hat, die ich im Laufe der letzten Jahre begangen haben soll. Der Inhalt dieses Schreibens ist mir erst jetzt zufällig bekanntgeworden, obwohl offensichtlich die darin geltend gemachten Behauptungen die Grundlage der Beratung bilden sollen, die am 24. März in einer Plenarsitzung zu einem Antrag auf Beendigung meiner Mitgliedschaft geführt werden soll. Die in dem Bericht des Hrn. Hartke enthaltenen Vorwürfe stellen völlig neue Anklagen dar, die mit denjenigen nicht übereinstimmen, die mir anläßlich meiner fristlosen Abberufung im Dezember 1965 als Begründung genannt wurden. Ich hatte bisher keine Möglichkeit, mich vor irgendeinem Gremium weder zu den alten noch zu diesen neuen Anschuldigungen zu äußern. Auch zu der Plenarsitzung am 24. 3. wurde ich bisher nicht eingeladen.

    Demnach soll mein Ausschluß aus der Akademie allein mit den in dieser Anklageschrift enthaltenen Behauptungen begründet werden, ohne daß ich als der Beschuldigte überhaupt irgendeine Möglichkeit erhalte, mich vor dem Kreis der Akademiemitglieder zu verantworten und zu rechtfertigen, die über meinen Ausschluß abstimmen sollen. Dieses Verfahren würde den elementarsten Rechtsgrundsätzen widersprechen, die eine Verurteilung ohne Anhörung des Beklagten allein auf Grund einer Anklageschrift verbieten.

    Da es sich um eine Entscheidung durch Abstimmung handelt, müßte mir zumindest die Möglichkeit gegeben werden, gleichfalls mit einer ausführlichen Erklärung schriftlich auf die Beschuldigungen des Hrn. Hartke zu antworten. Dies erfordert aber jedenfalls eine Verschiebung des Termins. Denn ich bin nicht in der Lage, dieses ausführliche Schriftstück bis zum 24. 3. in über 100 Exemplaren herzustellen, da ich nicht berechtigt bin, hierbei ein Vervielfältigungsverfahren anzuwenden.

    In diesem Schreiben werde ich darlegen, daß die Anschuldigungen und Behauptungen des Hrn. Hartke in allen Punkten zu widerlegen sind. Schon jetzt möchte ich hervorheben, daß die über einen angeblichen Geheimnisverrat gemachten Darlegungen des Hrn. Hartke jeder Grundlage entbehren und an böswillige Verleumdung grenzen.

    Außer zu dieser schriftlichen Verteidigung müßte ich natürlich auch die Möglichkeit erhalten, mich persönlich vor den Mitgliedern der Akademie zu rechtfertigen.

    Ich glaube, daß die Einhaltung dieser selbstverständlichen Bedingungen bei der Durchführung des Verfahrens für die Bewahrung der Würde und des Ansehens unserer Akademie unbedingt erforderlich ist. Ich appelliere deshalb an Sie, eine Abstimmung im Plenum abzulehnen, wenn diesen Grundsätzen von der Leitung der Akademie keine Beachtung geschenkt werden sollte.

                                           Mit vorzüglicher Hochachtung
                                           Robert Havemann

Vorbereitung eines Tribunals

10. März 1966 bis 24. März 1966

Präsidiumssitzung, 10. 3. 1966
In einem Brief an Lehmann und die anderen Klassensekretare gab Präsident Hartke am 10. März der Form wegen noch einmal schriftlich Informationen „über die weitere Behandlung" nach Havemanns Abberufung, in denen er nachdrücklich darauf verwies, die „gesetzlichen Bestimmungen" seien eingehalten worden und Havemann werde Gelegenheit gegeben, sich zum „Beschluß" seiner Klasse vor dem Akademiepräsidium zu äußern. Zugleich instruierte er, auf welche Fragen es in den Klassen „bei der Diskussion über die Beendigung der Mitgliedschaft von Hrn. Havemann" ankäme.
Am selben Tag fand die gründlich vorbereitete Präsidiumssitzung statt, zu der Havemann für 9.15 Uhr geladen worden war. In strategischen Vorabsprachen war die Variante gefunden worden, Havemann regelrecht abzufertigen, um sich auf keine Diskussion mit ihm einlassen zu müssen. Zunächst übergab Präsident Hartke das Wort an Klassensekretar Professor Lehmann(-Gützlaff), der seine „im Auftrage der Präsidiums" schriftlich fixierten „Feststellungen der Klasse" vortrug. Diesen Text hatte Lehmann ebenso ausgeklügelt formuliert, wie zuvor den Beschluß der Klasse, die ja nicht selbst den Antrag zum Ausschluß Havemanns gestellt hatte, sondern dem Präsidium die Empfehlung gegeben hatte, geeignete Maßnahmen einzuleiten. Solche feinen Unterschiede finden sich auch in der Erklärung Lehmanns: Die Klasse für Chemie, Geologie und Biologie „distanzierte sich ... mit aller Entschiedenheit einstimmig" nicht pauschal von Robert Havemann, sondern davon, daß er sich „zur Durchsetzung [seiner] politischen Gedanken solcher Mittel" bediente, „deren bloße Verwendung als Angriff gegen die DDR von außen angesehen werden muß". Lehmann verwies auf „akademische Disziplin" und argumentierte mit der Autonomie der DAW, die gefährdet sei: „Akademien ... stehen nicht außerhalb des Staates oder der Politik". Eine Aussprache erschiene der Klasse „unter den gegebenen Verhältnissen nicht mehr als sinnvoll".
Anschließend erteilte Hartke das Wort an Robert Havemann, der seinen tags zuvor an die Akademiemitglieder gerichteten Brief verlas, in dem er auf die Anschuldigungen Hartkes in dem „vertraulichen akademie-internen" Material

reagierte. Als er danach erbat, ihm diesen Bericht Hartkes und den von Lehmann vorgetragenen Text auszuhändigen, beendete Hartke abrupt diesen „Tagesordnungspunkt".
Damit waren die Präsidiumsmitglieder wieder unter sich und überlegten sogleich, wie sie den Brief Havemanns „entgiften" könnten. Sie beschlossen, die Erklärung Lehmanns zu vervielfältigen und in allen Klassensitzungen bekanntzugeben. Danach sollte der Brief Havemanns, von den Klassensekretaren kommentiert, verlesen werden. Da die Klassensitzungen noch am selben Tag stattfanden, mußte alles schnell organisiert werden, denn es ging darum, möglichst alle Akademiemitglieder zu einem klaren Votum für den Akademieausschluß Havemanns zu bewegen. Deshalb hätten Hartke, Rompe, Rienäcker und Klare am liebsten die Möglichkeit der Stimmenthaltung gar nicht auf dem Stimmzettel vorgesehen. Steenbeck jedoch insistierte und kam nach einem Blick in die Wahlordnung erleichtert mit dem Argument, daß darin eine Enthaltung festgeschrieben ist. Nun wurden die Klassensekretare instruiert, darauf hinzuweisen, daß eine Enthaltung praktisch einem Votum gegen den Ausschluß Havemanns gleichkäme.

Dok. 97 Werner Hartke an Edgar Lehmann, 10. 3. 1966
AAW, Leitung, Personalia, 163, Bl. 87–89

Sehr verehrter Herr Kollege!
Auf Grund der Beratung im Präsidium am 24. 2. hat am 3. 3. 66 eine Konsultation mit der dazu gebildeten Kommission stattgefunden. Wir haben daraufhin entschieden, Hrn. Havemann am 10. 3. eine Gelegenheit im Präsidium zu bieten, sich zu dem Beschluß der Klasse für Chemie, Geologie und Biologie, dem Plenum die Beendigung der Mitgliedschaft vorzuschlagen, zu äußern. Das soll in einer Sitzung des Präsidiums geschehen, welches sich voll hinter die Klasse für Chemie, Geologie und Biologie stellt.
In diesem Zusammenhang informieren wir über die weitere Behandlung der Fragen, die aus der Abberufung von Hrn. Havemann als Leiter der Arbeitsstelle für Photochemie resultieren:
1) Hrn. Havemann ist die vom Geschäftsführenden Präsidium beschlossene Begründung der Ablehnung seines Einspruchs gegen die Abberufung als Leiter den gesetzlichen Bestimmungen entsprechend bekanntgegeben worden. Der Generalsekretär hörte dabei Hrn. Havemann an.
2) Kürzlich fand zwischen dem zuständigen Stellvertreter des Vorsitzenden der Forschungsgemeinschaft, Hrn. Leibnitz, einem Vertreter des Chemieministers und Hrn. Havemann eine Besprechung statt, bei der Stellenangebote für eine angemessene physiko-chemische Berufstätigkeit für Hrn. Havemann verhandelt wurden; die Besprechung wird am 17. 3. fortgesetzt.
3) Es liegen drei Anfragen aus dem westlichen Ausland auf Grund offensichtlich von Hrn. Havemann ausgegangener einseitiger Information nach den Umständen und

dem Stand der Dinge sowohl in bezug auf die Abberufung wie die Beendigung der Mitgliedschaft vor: von den Akademiemitgliedern Heisenberg und Bianchi-Bandinelli sowie von L. Pauling. Die Briefe werden Ihnen noch bekanntgegeben. Sie werden mit gebührender Gründlichkeit beantwortet.
Nach den bisherigen Erfahrungen kommt es auf folgende Hauptfragen bei der Diskussion über die Beendigung der Mitgliedschaft von Hrn. Havemann an:
1) Wie in der Präambel des Statuts der Akademie ausgedrückt, beruht die Arbeit der Akademie auf der Fürsorge von Volk und Regierung der DDR und auf dem Vertrauen, in dem ihr die Mittel für ihre Arbeit zur Verfügung gestellt werden. Die Präambel enthält die wissenschaftlichen Ziele der Akademie. Wörtlich heißt es dann: „Eingedenk der humanistischen Überlieferung der Vergangenheit, eingedenk der nationalen Verpflichtungen, in Beherzigung der Lehren aus der deutschen Geschichte mit Hilfe der Wissenschaft zu einer demokratischen und friedlichen Zukunft des deutschen Volkes beizutragen und damit die Lösung der nationalen Fragen zu fördern" gibt sich die DAW ihr Statut. Die Wahrung der Grundsätze des Statuts gehört zu den Normen der DAW. Hrn. Havemanns Verhalten in seiner tatsächlichen Wirkung hat dieser Grundsatzerklärung der Akademie immer wieder durch die eigenmächtige fortgesetzte Zusammenarbeit mit Publikationseinrichtungen der Bundesrepublik, die in bekannter Weise die DDR und ihre nationale Politik bekämpfen, widersprochen.
2) Mit hohem Ernst muß auf die abträgliche Wirkung hingewiesen werden, die das obstinate undisziplinierte Verhalten von Hrn. Havemann in dieser Hinsicht bereits hervorgerufen hat; die einmütige Wertung durch die Klasse für Chemie, Geologie und Biologie, der Hr. Havemann angehört, und das Präsidium drückt den Willen aus, die Autorität und Repräsentanz der Akademie zu wahren. Es ist Brauch und Recht der Akademie und ihrer Gremien, zu wichtigen Fragen in verantwortlicher Beratung gewonnene Urteile und Wertungen abzugeben und danach die Richtlinie ihrer Tätigkeit verbindlich zu bestimmen. Die Akademie hat das Recht, von ihren Mitgliedern die disziplinierte Einhaltung der Normen zu erwarten, die in solcher Weise gestaltet wurden und die vertrauensvolle Beachtung von Hinweisen der gewählten verantwortlichen Repräsentanten der Akademie und der obersten staatlichen Führung zu verlangen.
Denn von Verstößen Einzelner gegen solche Normen wird sowohl die Gesamtheit der Akademiemitglieder wie jedes Mitglied getroffen.
Über diese Quintessenz der Angelegenheit muß in der Klasse als Vorbereitung der Plenarsitzung am 24. 3. diskutiert werden. In der Klasse für Chemie, Geologie und Biologie kann die Diskussion als abgeschlossen betrachtet werden.
Mit vorzüglicher Hochachtung
Prof. Dr. Werner Hartke
Berlin, den 10. März 1966

Dok. 98 Günther Rienäcker an Robert Havemann, 8. 3. 1966
RHG, Archiv, NL Havemann, AAW, Leitung, Personalia, 162, Bl. 198

DEUTSCHE AKADEMIE DER WISSENSCHAFTEN ZU BERLIN

DER GENERALSEKRETÄR

Herrn
Prof. Robert   H a v e m a n n

<u>1017   B e r l i n</u>
Strausberger Platz 19

Berlin, den 8. März 1966

Sehr geehrter Herr Professor Havemann!

Sie werden gebeten, an der Sitzung des Präsidiums der DAW am Donnerstag, dem 10. März 1966 zum Tagesordnungspunkt

    Beendigung der Mitgliedschaft des korrespondierenden Akademie-Mitgliedes Robert Havemann

teilzunehmen.

Ich bitte Sie, sich an diesem Tage um 9.15 Uhr in meinem Dienstzimmer in der Otto-Nuschke-Straße einzufinden.

                      Mit vorzüglicher Hochachtung

                      - Prof. Dr. Rienäcker -
                      8. März 1966

Hiermit wird der Empfang des Briefes des Herrn Generalsekretärs vom 8. 3. 1966 bestätigt.

Vorbereitung eines Tribunals. 10. März 1966 bis 24. März 1966   301

Dok. 99 Protokollnotiz über die Diskussion im Präsidium am 10. März 1966 zum Tagesordnungspunkt „Beendigung der Mitgliedschaft des Korrespondierenden Mitgliedes Robert Havemann", 10. 3. 1966
AAW, Leitung, Personalia, 163, Bl. 62–81

Anwesend: AkM *Hartke* Entschuldigt: die AkM *Stern* und *Leibnitz*
Steenbeck
Klare
Rienäcker
Rompe
Grell
Hertz
Lehmann
Lüdemann
Kraatz
Ruben
Oelßner
Herr *Ziert*
Dr. *Richter* (Protokoll)

Der Präsident eröffnet die Sitzung mit dem Hinweis, daß wie allen Mitgliedern des Präsidiums mündlich bereits bekanntgegeben, in der heutigen Sitzung als erster Tagesordnungspunkt die Behandlung der Beendigung der Mitgliedschaft des KAkM Robert Havemann erfolgt. Er habe nach Konsultation der durch Beschluß des Präsidiums vom 24. Februar 1966 gebildeten Kommission entschieden, daß KAkM Havemann vor das Präsidium geladen wird. Er habe den Sekretar der Klasse für Chemie, Geologie und Biologie gebeten, KAkM Havemann eine Erklärung der Klasse und des Präsidiums abzugeben. Er möchte die Mitglieder des Präsidiums von folgendem informieren:

1. KAkM Havemann hat eine Einladung zur heutigen Sitzung erhalten, die ihm am 8. März 1966 gegen persönliche Bestätigung ausgehändigt wurde.
2. Es hat bereits eine Verhandlung mit KAkM Havemann über seine Einstellung in der Industrie stattgefunden. Die Verhandlungen werden in Kürze fortgesetzt. Auch KAkM Havemann habe um Nachweis einer Arbeitsmöglichkeit gebeten.
3. KAkM Havemann hat ein zusätzliches Monatsgehalt für im Jahre 1965 nicht in Anspruch genommenen Jahresurlaub erhalten.
4. Es sind in der Angelegenheit Havemann drei Briefe bei der Akademie eingegangen und zwar von dem Korrespondierenden Mitglied B. Bandinelli und von L. Pauling beim Präsidenten und ein weiteres Schreiben des Ordentlichen Mitgliedes Heisenberg bei AkM Hertz. Diese Briefe werden beantwortet.
5. Der Präsident werde noch im Laufe des Vormittags ein Schreiben an die Sekretare richten, in dem Hinweise für die Behandlung der Angelegenheit Havemann in den Klassen enthalten sind.

Der Präsident schlägt außerdem vor, daß die Sekretare sich nach der Klassensitzung mit dem Präsidenten und dem Generalsekretär zusammensetzen, um über die Behandlung der Angelegenheit Havemann in den Klassen zu berichten.

AkM Steenbeck: Ich möchte, daß wir nochmals die Frage der Enthaltung diskutieren und zwar ausgesprochen unter dem Gesichtspunkt der Auswirkungen.

AkM Hartke: Ich habe Erwägungen darüber angestellt und mich entschieden, daß eine Stimmenthaltung auf dem Stimmzettel nicht vorgesehen wird. Man muß dabei berücksichtigen, daß auch eine Stimmenthaltung nur wie eine Gegenstimme wirkt.

AkM Steenbeck: Das ist meiner Ansicht nach bedauerlich.

AkM Lüdemann: Eine Enthaltung könnte dann noch dadurch zum Ausdruck gebracht werden, daß ein leerer Zettel abgegeben wird. Man sollte das dann als ungültige Stimme werten.

AkM Hartke: Wir müssen uns darüber klar sein, es kommt alles auf dasselbe heraus. Wir wollten die Akademiemitglieder vor eine klare Entscheidung stellen und kein Ausweichen vor einer Stellungnahme möglich machen. Aber es wäre mir interessant zu hören, welche Meinung dazu vertreten wird.

AkM Rompe: Ich denke, wir sollten an den alten Modus der Akademieabstimmung anknüpfen, dort waren auch nur zwei Möglichkeiten gegeben im Sinne einer klaren Entscheidung.

AkM Hartke: Das entsprach dem System der Ballotage.

AkM Steenbeck: Wenn in anderen Fällen eine Enthaltung vorgesehen ist und in diesem Falle nicht, dann kann durchaus daraus konstruiert werden, hier würde der Versuch einer Manipulation gemacht.

AkM Hartke: Ich bin prinzipiell bemüht, jede Möglichkeit zu vermeiden, daß sich eine Opposition in irgendeiner Streitfrage herauskristallisieren könnte. Wir müssen die Enthaltung aufnehmen, wenn Sie es so verstehen, daß darauf der Vorwurf einer Manipulation abgeleitet wird und wir ein negatives Votum riskieren müssen. Da muß jedoch von den Sekretaren eindeutig in den Klassen darauf hingewiesen werden, daß nur eindeutiges Ja im Sinne des Antrages zählt und jede andere Abstimmung der Gegenseite zugutekommt.

AkM Steenbeck: Die Bestimmung lautet, daß drei Viertel der Anwesenden für den Antrag stimmen müssen, demnach eine Enthaltung im Effekt die gleiche Wirkung wie ein Nein hat. Darauf muß man in den Klassen deutlich hinweisen.

AkM Ruben: Weist auf die Bestimmung hin, wonach die Beschlußfähigkeit durch die Zahl der anwesenden Mitglieder unter 65 Jahren entschieden wird. Dafür spiele die Zahl der über 65-Jährigen keine Rolle.

AkM Hartke: Das entspricht dem Statut und die Mitglieder haben das auch verstanden. Es gibt bereits Zeichen dafür, daß die Ordentl. Mitglieder unter 65 Jahren die Anwesenheitspflicht sehr ernst nehmen. Ich habe bereits einige begründete, schriftliche Entschuldigungen erhalten. Wir haben in diesen Fällen die Vorwahl vorgesehen und werden alles tun, damit auch durch die Vorwahl ein maximales Votum erreicht wird. Der Zahl der Anwesenden über 65 Jahre beeinflußt nicht die Beschlußfähigkeit.

AkM Oelßner: Es wäre aus diesem Grunde gut, wenn möglichst schnell konkrete Angaben über die Möglichkeit der Vorwahl erfolgen.
AkM Hartke: Das ist heute beabsichtigt. Wir werden einen Beschluß über den Termin des Beginns der Vorwahl fassen. Es werde darüber hinaus alles getan, um die Vorwahlmöglichkeit zu sichern. Man werde z. B. auch soweit gehen, Akademiemitglieder, die evtl. im Ausland weilen, zu erreichen. Ich möchte nochmals auf die Frage der Stimmenthaltung zurückkommen. Es ist also die Meinung, es bei der Spalte „Enthaltung" zu belassen, um den Eindruck zu vermeiden, hier könne eine Manipulation beabsichtigt sein, wobei wir in der Diskussion in den Klassen gebührend berücksichtigen, daß alles andere als eine positive Entscheidung für den Antrag praktisch dagegen zählt.
AkM Klare: Das würde also bedeuten, daß praktisch alles zusammenwirkt und daß einige wenige Stimmenthaltungen bedeuten können, daß der Antrag zu Fall gebracht wird.
AkM Steenbeck: Das wäre auch der Fall, wenn nur eine einzige Neinstimme abgegeben wird, die den Antrag allein nicht zu Fall bringen könnte, und 20 Stimmenthaltungen.
AkM Rompe: Ich vertrete die Ansicht, daß eine Stimmenthaltung keine Sache für die Akademie ist. Wir sind kein Parlament. Wir können auch davon ausgehen, daß wir genügend Informationen gegeben haben. Auf dieser Grundlage war jeder in die Lage versetzt, sich seine Meinung zu bilden. Ich bitte also, die Spalte „Enthaltung" nicht aufzunehmen.
AkM Hartke: Dann würde ich mein Schreiben an die Sekretare so abfassen, daß ich sage, wir haben von der Aufführung einer besonderen Spalte „Enthaltung" abgesehen, weil wir davon ausgehen mußten, daß für das Votum für den Antrag des Präsidiums nur eine eindeutige Jastimme gilt.
AkM Steenbeck: Dann besteht noch immer die Möglichkeit, keine Rubrik auszufüllen.
AkM Klare: In diesem Falle bin ich dafür, daß solche Stimmen als ungültig gewertet werden.
AkM Lehmann: Ich möchte mit aller Deutlichkeit sagen, ich bin unbedingt für eine klare Entscheidung zwischen ja oder nein. Ich bedaure fast, daß im Statut diese 3 Möglichkeiten vorgesehen sind.
Von mehreren Seiten wird eingeworfen, daß das nicht im Statut steht.
AkM Lehmann: Anderenfalls hätte ich es für gefährlich gehalten.
AkM Rompe: Man muß davon ausgehen, daß der Generalsekretär und AkM Klare sich eindeutig festgelegt haben.
Einwurf: und auch das Präsidium!
AkM Rompe: Dann muß man doch offen sagen, daß es kein gutes Verhalten wäre, wenn sich die Kollegen um ihre Verantwortung drücken.
AkM Rienäcker: Ich möchte auch auf die Information hinweisen, die jede Klasse und jedes Akademiemitglied bekommen hat. In anderen Fragen verfahren wir auch so, z. B. bei der Leibniz-Medaille. Da werden die Unterlagen von der entsprechenden Klasse zusammengestellt und die Mitglieder haben die Möglichkeit, sich eine klare Meinung zu bilden.
AkM Steenbeck: Ich ziehe meinen Einwand zurück.
AkM Hertz: Für die Mitglieder unter 65 Jahren gibt es dann immer noch die Möglichkeit der Enthaltung, indem sie dann wegbleiben.
AkM Rienäcker: Dann ist es tatsächlich besser, sie kommen nicht.

Der Präsident beendet damit die Vordiskussion und beauftragt Koll. Ziert, KAkM Havemann zu holen.
AkM Hartke: Herr Havemann, Sie wissen, worum es sich handelt. Ich gebe das Wort dem Sekretar der Klasse für Chemie, Geologie und Biologie.
AkM Lehmann Nimmt das Wort und verliest seine Erklärung (Anlage)[1].
Nach der Erklärung des Sekretars erteilt der Präsident KAkM Havemann das Wort.
KAkM Havemann: Meine Herren! Ich habe, ehe ich einige Ausführungen machen will, die Absicht, einen Brief zu verlesen, den ich an alle Ordentlichen Mitglieder, die in der DDR wohnen, gerichtet habe. Ich habe dieses Schreiben für die Mitglieder des Präsidiums mitgebracht. Ich möchte zunächst den Wortlaut dieses Briefes verlesen.
Beginnt mit der Verlesung des Briefes (Anlage)[2]
AkM Hartke fällt ein und fordert KAkM Havemann auf, lauter zu lesen.
KAkM Havemann fährt fort. In der Mitte des ersten Absatzes nach ... „geführt werden soll" bemerkt er: „Ich möchte hier einschalten, ich habe den wesentlichen Inhalt dieses Schreibens kennengelernt, aber ich habe nicht über den vollständigen Text verfügt." Er fährt dann mit der Verlesung seines Schreibens fort.
Als er an die Stelle kommt, wo von „böswilliger Verleumdung" die Rede ist, unterbricht ihn AkM Hartke scharf mit der Feststellung, „Wenn Sie weiter so fortfahren, werden wir Ihre Ausführungen nicht anhören. Ich bitte Sie, derartige Werturteile zu unterlassen".
KAkM Havemann fährt fort.
Nach Verlesung seines Briefes fügt er hinzu: Ich bitte Sie um Aushändigung des schriftlichen Berichtes, den AkM Hartke gegeben hat, damit ich ihn genau kenne und weiß, was mir vorgeworfen wird. Ich kenne einige Passagen von dem, was mir vorgeworfen wird, aber nicht das Ganze und muß die Möglichkeit haben, darauf ausführlich zu antworten. Zu dem, was Herr Lehmann gesagt hat, möchte ich feststellen, auch seine Darlegungen waren mir z. T. völlig neu, und auch dort gab es einige Passagen, die nicht mit dem Bericht von Herrn Hartke und den, soweit ich ihn kenne, darin gegen mich gerichteten Vorwürfen identisch sind. Und da ich dazu Stellung zu nehmen habe, möchte ich das Material haben, um mich dazu zu äußern.
AkM Hartke: Ich danke Ihnen. Damit ist der Tagesordnungspunkt abgeschlossen.
KAkM Havemann wird verabschiedet und durch Koll. Ziert hinausbegleitet.

AkM Hartke: Das war genau das, was zu erwarten war.
AkM Lehmann: Den Brief (von Havemann) hat offensichtlich noch niemand bekommen. Aber ihm war schließlich bekannt, daß die heutige Sitzung stattfindet.
AkM Steenbeck: Ich möchte folgendes zur Sache sagen:
1. Er behauptet, Ihren Bericht, Herr Hartke, nicht genau zu kennen. In seinem Brief bezeichnet er ihn jedoch als in allen Einzelheiten widerlegbar. Dann möchte ich etwas zu Hrn. Lehmann sagen. Mir schien es so, als könnten seine Ausführungen an einer Stelle so gedeutet werden, daß wir – die Akademie – jetzt unter einem gewissen Zwang

---
[1] Dokument 101.
[2] Dokument 96.

stehen. Das ist natürlich richtig. Es schien mir aber so, als ob es gedeutet werden könnte, als würde die Akademie unter einem Zwang von außen stehen. Das scheint mir gefährlich und wenn das so ist, so hätte man es besser nicht so formulieren sollen. Ich würde außerdem die Frage stellen, ob man den Wortlaut der Erklärung von Hrn. Lehmann nicht in aller Form zu den Unterlagen des Protokolls nehmen soll.
AkM Lehmann: Ja, ich bin geradezu dafür. Ich bin mir, was meine Ausführungen betrifft, allerdings der Möglichkeit, daß sie mißzudeuten sind, nicht bewußt.
Von verschiedenen Seiten wird eingeworfen, es müsse sich bei Hrn. Steenbeck um ein Mißverständnis handeln.
AkM Steenbeck: Ich bin in der Sache mit Hrn. Lehmann völlig einverstanden, nur müssen wir natürlich jedes Mißverständnis vermeiden.
AkM Oelßner: Ich möchte etwas zu dem Brief sagen und zwar unabhängig davon, ob er schon abgeschickt worden ist oder nicht. Bis spätestens zum 24. 3. werden alle ihn haben. Wir haben jetzt die Gelegenheit, ihn zu entgiften. Von vornherein kann man sagen, einiges stimmt einfach nicht. In dieser Hinsicht schließe ich mich völlig Hrn. Steenbeck an, anderes ist klar zu widerlegen. Wir sollten alles tun, um von uns aus vorbereitend auf diesen Brief zu reagieren.
AkM Hertz: Ich würde vor allem Wert darauf legen festzustellen, daß es sich nicht um ein Gerichtsverfahren handelt. Er ist auch nicht im Sinne eines Gerichtsverfahrens zu hören.
Mehrere Einwürfe: So ist es.
AkM Hartke: Das ist es auch, was Hrn. Klare veranlaßt hat, ihn nicht zu hören. Er vermischt zwei Dinge: Die Absetzung als Leiter einer Einrichtung der Akademie und die Beendigung der Mitgliedschaft. Es würde doch nur immer dasselbe dabei herauskommen, Er hat ein Disziplinarverfahren an der Humboldt-Universität wegen desselben Tatbestandes erhalten, den er jetzt wiederholte. Wir hätten ihn natürlich auch mit einem Disziplinarverfahren hinausbringen können. Aber das wäre eine genaue Kopie des Verfahrens an der Humboldt-Universität gewesen. Der Rektor der Humboldt-Universität hat mir darüber eine Information gegeben. Die Unterlagen sind ja bekanntlich nicht freigegeben. Daher war eine Abberufung durch ein Disziplinarverfahren nicht mehr möglich. Hr. Hertz hat vollkommen Recht. Es handelt sich bei der Abberufung nicht um eine Anklage. Hier geht es um die grundsätzlichen Dinge, die Hr. Lehmann sehr gut herausgearbeitet hat.
AkM Steenbeck: Ich möchte das nur unterstreichen und würde vorschlagen, daß wir Hrn. Lehmann explizit danken.
AkM Hartke: Ich wollte auch dazu noch Gelegenheit nehmen. Ich würde weiter vorschlagen, daß wir den Brief von Hrn. Havemann in den Klassen von den Sekretaren aufgreifen lassen und ihn mit einem Kommentar verlesen lassen. Dann wäre er in seiner Wirkung entschärft. Dazu müssen solche Argumente vorgetragen werden, wie sie Hr. Steenbeck angeführt hat oder wie die, daß ihm mehrmals die Grundsätze der Kritik an seinem Verhalten bekannt gegeben wurden.
AkM Lehmann: Ich wurde direkt einen Augenblick unsicher. Dann erinnerte ich mich an seinen Anruf. Er sagte, die gegen ihn erhobenen Vorwürfe stimmen nicht. Ich habe ihn

darauf gefragt, worauf beziehen Sie sich. Darauf stellte er fest, er habe es gelesen. Ich halte den Vorschlag von Hrn. Oelßner [für] ungeheuer wichtig. Wenn wir uns seine raffinierte Art vergegenwärtigen, dann erkennen wir, wie gefährlich es wirken kann. Wir müssen nicht nur heute, sondern generell dieses Schreiben durch unser Vorgehen „entgiften", wie Hr. Oelßner sagte. Denn der Ton, den Hr. Havemann wählt, trifft genau die Haltung, die wir doch noch weit verbreitet vorfinden. Ich möchte doch noch betonen, daß in der Klasse eine einstimmige Meinung zustande kam, obwohl man doch berücksichtigen muß, daß hier sehr verschieden denkende Menschen zusammen sind.

AkM Lüdemann: Ich würde vorschlagen, die Ausführungen von Hrn. Lehmann für den internen Gebrauch zu vervielfältigen. Ich muß sagen, daß ich ungeheuer beeindruckt bin von der Erklärung, die sich völlig abhebt von dem, was Hr. Havemann gesagt hat, das alles auf unterschwellige Töne abgestimmt ist.

AkM Hartke: Wie wäre es, wenn wir es vervielfältigen und dann Havemanns Brief dazugeben?

AkM Oelßner: Den haben dann ja alle bereits erhalten.

AkM Hartke: Ich wollte gerade die Gegensätzlichkeit im Ton zwischen Hrn. Lehmanns Ausführungen und Havemanns Brief deutlich machen.

AkM Hertz: Nein, das sollten wir nicht machen. Ich habe das Gefühl, damit würden wir jetzt eine Diskussion mit Hrn. Havemann anfangen.

AkM Steenbeck: Ich schlage vor, die Erklärung von Hrn. Lehmann den Sekretaren bis zur Klassensitzung zugänglich zu machen mit der Mitteilung, sie bekommen einen Brief von Hrn. Havemann.

AkM Rienäcker: Ich möchte darauf aufmerksam machen, daß Hr. Havemann wiederum davon spricht, daß völlig neue ihm unbekannte Argumente vorgebracht wurden. Das war bei der Abberufung so und so ist er immer verfahren. Er konzentriert sich auf einzelne Punkte statt auf die grundsätzliche Kritik, die auf sein Gesamtverhalten als Mitglied gerichtet ist. Er macht sich zum Hüter des Ansehens und der Würde der Korporation. Aber das Ansehen und die Würde der Korporation wird nicht von ihm, sondern vom Präsidium, von den Klassen und vom Plenum repräsentiert, nicht von dem, der der Verletzer von Würde und Ansehen ist.

AkM Steenbeck: Auch bei den Zuwahlen ist nicht vorgesehen, daß die vorgeschlagenen Mitglieder vorgestellt werden und Erklärungen abzugeben haben, sondern nur Fakten werden zusammengestellt und darauf stützt sich die Klasse für das Vorschlagsverfahren. Hier handelt es sich um ein Analogon. Es werden Maßnahmen getroffen auf Grund von Fakten, die durch die Akademie zusammengestellt sind.

AkM Rienäcker: Und man muß betonen, die Normen der Korporation setzt die Akademie selbst. Wenn Verstöße dagegen erfolgen, wird den Mitgliedern eine Mitteilung gemacht. Der Hüter des Ansehens der Akademie ist die Korporation und nicht Hr. Havemann.

AkM Steenbeck: Das Tollste war, daß er die Feststellungen des Präsidenten als „böswillig" bezeichnete.

AkM Rompe: Für mich war wichtig, welche Einstellung Havemann zeigte. Der Rektor der Humboldt-Universität sagte zu mir, im Disziplinarverfahren habe er nicht ein einziges Mal gesagt, es fällt mir schwer, von der Humboldt-Universität zu gehen. Ich habe hier gern gearbeitet. Das hat er auch bei der Partei nicht gesagt und auch heute hat er nicht gesagt, daß ihm die Mitgliedschaft in der Akademie und die Arbeit hier etwas Wert gewesen ist. Ihm ist alles Wurst und Piepe. Die Hauptsache ist für ihn, er kann die politische Auseinandersetzung führen wie er es will.

AkM Klare: Ich möchte etwas anfügen, was die Forschungsgemeinschaft betrifft. Hr. Havemann hat trotz vieler Bitten und Hilfen, die ihm gegeben wurden, etwas getan, was ihm in der ganzen Welt die sofortige fristlose Entlassung eingebracht hätte. Er hat, ich möchte es einmal deutlich sagen, bei der Konkurrenz Angriffe veröffentlicht. Dafür wird er überall in der Welt gefeuert. Wir müssen das auf diese einfache Form zurückführen.

AkM Rienäcker: Ich möchte auf einen wichtigen Fakt hinweisen. Dieser Brief trägt das Datum vom 9. 3. Er schreibt darin, daß er keine Möglichkeit habe, sich zu äußern. Die Einladung zur heutigen Sitzung hat er jedoch schon am 8. 3. erhalten.

AkM Hartke: Ich hatte in die Einladung ausdrücklich nicht hineingenommen, daß ihm eine Äußerung möglich ist, weil ich in Anbetracht seines äußerst raffinierten Vorgehens nicht riskieren wollte, daß er sich in jeder Hinsicht vorbereitet. Das hat sich auch als richtig erwiesen. Jetzt hat er sich hingesetzt und diesen Brief geschrieben.

AkM Oelßner: Und geschrieben, ich soll hinausgeworfen werden, ohne daß ich die Möglichkeit, mich zu äußern, erhalte.

AkM Rienäcker: Ich wollte nur darauf hinweisen, daß das Datum sehr interessant ist.
AkM Hartke: Wir werden also folgendermaßen verfahren: Die Mitteilung von Hrn. Lehmann wird an die Sekretare gegeben und in den Klassen verlesen. Der Brief von Hrn. Havemann wird mit dem Datum ebenfalls zur Verlesung gebracht. Man kann sagen, Sie werden den Brief bekommen. Es könnten dann dazu Bemerkungen gemacht werden, mit dem Inhalt, daß er sich selbst widerlegte, z. B. im Hinblick auf die Behauptung, er kenne nur Teile meines Berichtes.

AkM Oelßner: Er sagt, erst jetzt sei ihm der Brief zufällig bekannt geworden. Er sagte jetzt, er kenne nur Teile.

AkM Hartke: Ebenso ist auf seine Taktik hinzuweisen, wonach er jedes Mal sagt, es seien neue Argumente vorgebracht worden. Das war bei der Abberufung so, das war gegenüber der Klasse so und das ist auch jetzt so, indem er ständig die entscheidenden Argumente und Verallgemeinerungen übergeht. Was den Geheimnisverrat betrifft, so habe ich das ihm nicht vorgeworfen.

AkM Klare wirft ein, Sie haben damals ihn bei dieser Feststellung sogar sehr deutlich ausgenommen.

AkM Hartke: Ja, das war bereits vor zwei Jahren. Damals habe ich ihn vor der Gefahr des Geheimnisverrates gewarnt. Es war mir von der Regierungsspitze gesagt worden, daß man sich darum kümmern müsse. Ich möchte bei dieser Gelegenheit nur eine Einzelheit sagen. Es wird gegenwärtig mit einer chinesischen Delegation verhandelt. Diese Delegation hat darum gebeten, Mitarbeiter in die Arbeitsstelle für Photochemie entsenden zu können. Als daraufhin der Leiter der Auslandsabteilung festgestellt hat, der Leiter dieser Arbeitsstelle sei ein bekannter Revisionist, hatten sie trotzdem darauf bestanden, die Mitarbeiter zu Prof. Havemann zu entsenden. Natürlich ist das entsprechend abgelehnt worden.

AkM Lehmann: Gerade weil Sie von den Chinesen sprechen, so möchte ich darauf hinweisen, daß wir alles tun müssen, um äußeren Auswirkungen entgegenzutreten. Ich möchte ein Beispiel anführen. Ich hatte unlängst mit einem Mitglied der Ungarischen Akademie der Wissenschaften ein sehr vertrauliches Gespräch. Den Namen möchte ich nicht nennen, weil das einen Bruch der Vertraulichkeit bedeuten würde. Der Betreffende hat mir gesagt, werfen Sie um Gotteswillen Hrn. Havemann nicht aus der Akademie. Er schreibt sonst Briefe an alle Welt. Er hat auf das Beispiel von Lukács hingewiesen, der trotz seiner damaligen Vergehen heute noch Mitglied der Ungarischen Akademie ist. Meine Antwort war natürlich klar. Ich habe ihn auf den Unterschied zwischen der Situation der DDR und Ungarn hingewiesen. Wir müssen aber alles tun, um jeden Anschein des Dogmatismus von uns zu nehmen. Ich hoffe, es ist mir in diesem Falle gut gelungen. Aber wir müssen auch allgemein die Lage in den Akademien berücksichtigen, z. B. in Polen und Ungarn.

AkM Hartke: Ich habe auch eine Information bekommen, wonach es in der Sächsischen Akademie Schwierigkeiten gibt. Wir haben uns ja gegen eine generelle Publizität ausgesprochen, aber das heißt nicht, daß wir nicht für eine Information der Akademien, jedenfalls der sozialistischen Akademien sorgen. Der Akademie der Wissenschaften der UdSSR wurde ja bereits ein entsprechender Hinweis gegeben.

AkM Lehmann: Das muß schnell gehen, denn es ist möglich, daß die Presse nach dem 24. 3. loslegt.

AkM Rompe: Havemanns Kollege Papanin hat auch gesagt, wir sollten uns möglichst schnell von ihm trennen.

AkM Kraatz: Ich würde vorschlagen, daß die Sekretare beim Verlesen des Briefes auf die Passage eingehen, daß es immer neue Argumente gegen ihn gäbe. Darauf hat er schließlich immer hingewiesen bei den Gesprächen mit dem Präsidenten, Herrn Klare, dem Generalsekretär usw., das müssen wir als Kommentar dazusagen.

AkM Hartke: Ich würde also vorschlagen, wir vervielfältigen die Erklärung von Hrn. *Lehmann.* Sie wird als Ergänzung meines Schreibens an die Sekretare zusammen damit in der Klasse bekanntgegeben und zwar auch in der Klasse für Chemie. Dann verlesen wir den Brief von *Havemann* mit dem Datum vom 9. 3. 1966. Wie ist Ihre Meinung dazu?

AkM Steenbeck: Das ist gut.

AkM Oelßner: Dann stellt der Brief keine Sensation mehr dar.

AkM Hartke: Dazu muß man einige Bemerkungen machen. Havemann hat den Bericht bekommen, bevor irgendeine Stelle in der Akademie sagen konnte: Er soll ihn haben. Er hat zu Hrn. Lehmann gesagt, er habe ihn bekommen und zum Generalsekretär Heute behauptet er, er habe ihn nur mündlich kennengelernt.

Dann muß auf seine Taktik hingewiesen werden, wobei er stets sagt, es würden immer neue Gesichtspunkte gegen ihn angeführt. Im Grunde genommen sind unsere Argumente jedoch immer dieselben gewesen.

AkM Klare: Man muß darauf hinweisen, daß seine Verfahrensweise jedem üblichen Verhalten widerspricht und daß es sich keineswegs um ein Gerichtsverfahren handelt. Wir sind keine Richter und er erhält keine Freiheitsstrafe.
AkM Oelßner: Es ist vielleicht wünschenswert, daß wir in den Klassen Beschlüsse fassen, etwa ganz in dem Sinne, daß wir den Beschluß der Klasse begrüßen und voll und ganz unterstützen.
AkM Hartke: Das wäre gut. Man muß in jedem Falle verhindern, daß die Klasse für Chemie etwa in ein schiefes Licht gerät.
AkM Steenbeck: Ich habe gewisse Bedenken. Ich wäre dagegen, daß es in dieser Sache so aussieht wie ein Fraktionszwang.
AkM Lehmann: Ich halte das, was Hr. Oelßner sagte für sehr gut. Man muß beachten, daß Hr. Havemann die Tendenz hat uns zu sprengen. Man muß z. B. beachten, daß er in seinem Brief nicht vom Präsidium oder Präsidenten spricht, sondern von den Anschuldigungen „des Hrn. Hartke".
AkM Hertz: Über den Beschluß der Chemie-Klasse können wir nicht beschließen. Wir können höchstens sagen, weil die Klasse ......
AkM Kraatz: Ein Beschluß ist sicher nicht nötig. Man könnte sich im Sinne der Einheit der Korporation mit der Klasse für Chemie solidarisch erklären. Ich wäre auch gegen alles, was nach einer Präjudizierung des Plenums aussieht.
AkM Rompe: Ich schlage vor, in der Klasse nicht so sehr die Verfahrensweise zu behandeln als vielmehr diese Klassensitzung zu benutzen, um mit den Mitgliedern über die Sache selbst zu sprechen. Der Antrag der Klasse für Chemie findet seinen Vollzug im Plenum. In den heutigen Klassensitzungen kommt es darauf an, Verständnis für die Sache bei allen Mitgliedern zu schaffen.
Im Grunde genommen kommt die ganze Prozedur darauf hinaus, sich von Hrn. Havemann zu trennen, nachdem sich herausgestellt hat, daß die Bedingungen seiner Wahl nicht mehr gegeben sind. Wir haben aus dem Bereich der Mathematik 2 Beispiele, wo eine Trennung von Mitgliedern der Mathematischen Gesellschaft erfolgte, indem verantwortliche Akademiemitglieder eingriffen. Es handelt sich um die Akademiemitglieder Schmidt und von Laue, die in beiden Fällen als Bürgen ihre Bürgschaft zurückgezogen haben. Hier handelt es sich um eine völlig analoge Sache. In diesem Sinne ist die Klasse, die den Wahlvorschlag unterstützt hat, der Bürge. Die Wahl zum Akm. ist schließlich kein staatsbürgerrechtlicher Akt, sondern ist ein Votum einer wissenschaftlichen Korporation mit ausgesprochen spezifischen inneren Lebensformen.
Schmidt und von Laue würden – dessen bin ich mir sicher – nichts gegen unser Vorgehen in dieser Sache einzuwenden haben.
Der Präsident stellt fest, daß damit die Debatte abgeschlossen ist.
Es wird in der Verhandlung der Tagesordnung fortgefahren.
AkM Steenbeck verläßt die Sitzung und *AkM Lehmann* ebenfalls, um seine Erklärung ins Diktat zu geben. Nach einiger Zeit erscheinen beide wieder. *AkM Steenbeck* weist den Präsidenten darauf hin, daß in der Wahlordnung die Enthaltung vorgesehen ist.
AkM Hartke: Dann muß sie also auf dem Wahlzettel vermerkt werden und in den Klassen muß eine eindeutige Erläuterung erfolgen. In dem Brief an die Sekretare muß dem-

entsprechend noch vermerkt werden, daß eine Enthaltung praktisch einem Votum gegen den Beschluß der Klasse für Chemie, Geologie und Biologie und des Präsidiums gleichkommt.
Danach wird die Behandlung weiterer Punkte der Tagesordnung fortgesetzt.
10/3. 66 Richter

Dok. 100 Beschlußprotokoll 3/66 der Sitzung des Präsidiums, [Auszug], 10. 3. 1966
SAPMO-BArch, SED, ZPA, IV A 2/9.04/107

Tagesordnung
1. Termin der nächsten Sitzung des Präsidiums
2. Beendigung der Mitgliedschaft des Korrespondierenden Akademiemitgliedes Robert *Havemann*
3. Beratungsgegenstände für das Präsidium
    a) Beratung der Konzeption der Karl-Marx-Vorlesung
    b) Erste Stellungnahme des Präsidiums zu den Wahlvorschlägen sowie Festlegung und Bekanntgabe der Wahltermine
    c) Ernennungen zum Professor
    d) Wiederbelebung der Tätigkeit der Leibniz-Kommission der Deutschen Akademie der Wissenschaften zu Berlin
    e) Bildung einer Kommission zur Ausarbeitung der Geschichte der DAW
    f) Beratung des Planes der wissenschaftlichen Tagungen und Kongresse der Akademie in den Jahren 1967/1968
    g) Berufung des Ständigen Stellvertreters des Vorsitzenden der Arbeitsgemeinschaft
    h) Information über die Beratung der Vorschläge zur Verleihung der Leibniz-Medaille 1966 und Festlegung der Proportionen zwischen den Bereichen der naturwissenschaftlichen und gesellschaftswissenschaftlichen Klassen gem. § 1 Abs. 2 der Ordnung über die Verleihung der Leibniz-Medaille
    i) Beschlußfassung über die Terminliste 1967
    j) Bestätigung des Protokolls der Sitzung des Präsidiums vom 24. 2. 1966
    k) Fortführung der wissenschaftlichen Konferenz des Plenums am 27. Januar 1966

Punkt 1: *Termin der nächsten Sitzung des Präsidiums*
Die nächste Sitzung des Präsidiums findet am 21. April 1966 statt.
Punkt 2: *Beendigung der Mitgliedschaft des Korrespondierenden Akademiemitgliedes Robert Havemann*
Berichterstatter: AkM *Hartke*
AkM *Hartke* erklärt einleitend, er habe nach Konsultation der durch den Beschluß des Präsidiums vom 24. Februar 1966 gebildeten Kommission entschieden, daß KAkM *Havemann* vor das Präsidium geladen wird. Wie allen Mitgliedern des Präsidiums mündlich bekanntgegeben wurde, erfolgt die Behandlung der Beendigung der Mitgliedschaft des Korrespondierenden Akademiemitgliedes R. *Havemann* in der heutigen Sitzung. Der

Sekretar der Klasse für Chemie, Geologie und Biologie wurde gebeten, KAkM *Havemann* eine Mitteilung der Klasse und des Präsidiums zu machen.
Zunächst möchte er die Mitglieder des Präsidiums von folgenden Tatsachen informieren:
1. KAkM *Havemann* hat eine Einladung zur heutigen Sitzung erhalten, die ihm am 8. März 1966 persönlich ausgehändigt wurde.
2. Es hat eine Verhandlung mit KAkM *Havemann* über seine Einstellung in der Industrie stattgefunden. Die Verhandlungen werden in Kürze fortgesetzt. Auch KAkM *Havemann* habe um Nachweis einer Arbeitsmöglichkeit gebeten.
3. KAkM *Havemann* hat ein zusätzliches Monatsgehalt für im Jahre 1965 nicht in Anspruch genommenen Jahresurlaub erhalten.
4. Es sind in der Angelegenheit *Havemann* drei Briefe bei der Akademie eingegangen: von KAkM B. *Bandinelli* und von L. *Pauling* beim Präsidenten, ein weiteres Schreiben des OAkM *Heisenberg* bei AkM *Hertz*. Diese Briefe werden beantwortet.
Es schließt sich eine kurze Diskussion an, in der die AkM *Steenbeck, Hartke, Lüdemann, Rompe, Ruben, Oelßner, Klare, Lehmann* und *Rienäcker* das Wort ergreifen.
Danach wird KAkM *Havemann* vor das Präsidium gebeten.
AkM *Hartke* erteilt dem Sekretar der Klasse für Chemie, Geologie und Biologie das Wort.
AkM *Lehmann* verliest die Mitteilung der Klasse für Chemie, Geologie und Biologie und des Präsidiums (Anlage).
Nach dieser Mitteilung wird AkM *Havemann* das Wort erteilt.
AkM *Havemann* bemerkt, er habe ein Schreiben an alle Ordentlichen Akademiemitglieder, die in der DDR wohnen, gerichtet. Ehe er weitere Ausführungen mache, möchte er Gelegenheit erhalten, diesen Brief zu verlesen, den er gleichzeitig den Präsidiumsmitgliedern übergibt (Anlage). Als AkM *Havemann* von „böswilliger Verleumdung" spricht, wird er durch den Präsidenten zur Ordnung gerufen. Im Anschluß an die Verlesung des Briefes macht AkM *Havemann* einige Ausführungen, die nicht über den Inhalt dieses Briefes hinausgehen.
Danach stellt der Präsident fest, daß der Sekretar der Klasse für Chemie, Geologie und Biologie AkM *Havemann* eine Mitteilung der Klasse und des Präsidiums betreffend die Beendigung seiner Mitgliedschaft gemacht habe und daß AkM *Havemann* Gelegenheit gehabt habe, sich dazu zu äußern.
AkM *Havemann* wird verabschiedet.
In der anschließenden Diskussion nehmen die AkM *Lehmann, Steenbeck, Oelßner, Hertz, Hartke, Lüdemann, Rienäcker, Rompe, Klare* und *Hertz* das Wort. Es wird übereinstimmend festgestellt, daß AkM *Havemann* bedauerlicherweise mit keinem Wort auf die Kritik der Klasse und des Präsidiums an seinen Verstößen gegen die Verhaltensnormen des Akademiemitgliedes eingegangen ist. Außerdem wiesen die Äußerungen von AkM *Havemann* entscheidende Widersprüche auf.
Beschluß 10/66   Es wird beschlossen:
1. Die Sekretare werden in den heutigen Sitzungen der Klassen über die Aussprache mit AkM *Havemann* vor dem Präsidium berichten. Die Mitteilung des Sekretars der

Klasse für Chemie, Geologie und Biologie und der Brief von AkM *Havemann* werden in den Sitzungen verlesen.
2. Der Beschluß 7/66 der Sitzung des Präsidiums vom 24. Februar 1966 wird unter Ziffer 3 wie folgt ergänzt:
In zwingenden Ausnahmefällen ist ab sofort eine vorherige Abstimmung in analoger Anwendung des § 5 Teil B der Abstimmungs- und Wahlordnung beim Generalsekretär möglich.
Verantwortlich: Zu 1) die AkM Sekretare
Zu 2) AkM *Rienäcker*

Dok. 101 **Ausführungen des Sekretars der Klasse für Chemie, Geologie und Biologie, Edgar Lehmann-Gützlaff, in der Präsidiumssitzung, 10. 3. 1966**
AAW, Leitung, Personalia, 162, Bl. 201–204

Herr Präsident, meine Herren!
Eine Reihe von Besprechungen der Klasse für Chemie, Geologie und Biologie, aber auch des Präsidiums führte an einen Punkt heran, an dem es klar wurde, daß die Akademie die Frage der weiteren Zugehörigkeit des Hrn. Havemann überprüfen müsse. Ich kann auf Einzelheiten der Besprechungen, die alle Mitglieder der Akademie, die an ihnen teilnahmen, sehr bewegt und ergriffen haben, nicht eingehen. Das Plenum der Akademie wird in geheimer Abstimmung am 24. März 1966 über Ihre weitere Mitgliedschaft entscheiden.
Das Präsidium und die Klassen legen Wert darauf, daß Ihnen Gelegenheit zu einer Äußerung gegeben wird. Ich möchte in gebotener Kürze, ehe Sie, Herr Havemann, unserer Bitte um eine Äußerung entsprechen, als Sprecher der Klasse für Chemie, Geologie und Biologie, der Sie angehören, und zugleich als Sprecher des Präsidiums folgendes bemerken:
1.) Sie betonen in Ihren verschiedenen, an mich als Sekretar gerichteten Schreiben, daß die Vorwürfe, die von seiten der Akademie gegen Sie erhoben würden, ausschließlich politischer Natur seien. Es seien diese Vorwürfe überdies nicht frei von unwahren Behauptungen. Sie wollen, Herr Havemann, bitte folgende Feststellung zur Kenntnis nehmen.

In keiner der Klassen- oder Präsidiumssitzungen, an denen ich seit Beginn dieses Jahres teilnahm – und ich habe an allen Sitzungen teilgenommen – haben Ihre politischen Ansichten oder der Inhalt Ihrer Veröffentlichungen in westdeutschen politischen Zeitschriften zur Diskussion gestanden. Das wird und kann auch hier und heute nicht der Fall sein.
Die Klasse distanzierte sich vielmehr mit aller Entschiedenheit einstimmig von Ihrem Verhalten, d. h. dagegen, daß Sie sich zur Durchsetzung Ihrer politischen Gedanken solcher Mittel bedienten, deren bloße Verwendung als Angriff gegen die DDR von außen angesehen werden muß. Aus diesem Grunde ist eine Situation entstanden, die für die Akademie äusserst schwierig ist.

2.) Sehe ich mich im Auftrage des Präsidiums und der Klasse veranlasst, festzustellen, daß die Klasse sich mit großem Ernst bemüht hat, Wege zu finden, die aus der gegebenen Sachlage in einem für die weitere Entwicklung der Akademie und ihrer gesamtdeutschen Aufgabe positiven Sinn herausführen. Ich selbst bin – das darf ich persönlich kommentierend hinzufügen – der Ansicht, daß die Wissenschaft als Ganzes gesehen, zwar heute weitgehend das geistige und soziale Leben bis in letzte Bereiche hinaus trägt, daß sie aber nicht alle schöpferischen Kräfte des Menschen bindet. Die Ursache hierfür liegt in der Methode, die das Kernstück der modernen Naturwissenschaften bildet. Sie wollten, Herr Havemann, soweit ich sehe, ursprünglich an diesem Punkt ansetzen. Hiergegen hat sich kein Mitglied unserer Klasse verwahrt. Sie blieben auch, nachdem das Staatssekretariat für das Hoch- und Fachschulwesen sich veranlasst gesehen hatte, Ihrer Lehrtätigkeit an der Humboldt-Universität ein Ende zu setzen, Mitglied unserer Klasse.

In den letzten Monaten des vergangenen Jahres nahm Ihre politische Aktivität Formen an, die fast automatisch Gegenmaßnahmen auslöste. Es gibt Grenzen, die zu überschreiten das genaue Gegenteil von dem erzeugt, was der Urheber bestimmter Gedanken zu erzeugen suchte. Es ist für die Akademie schädigend, wenn eines ihrer Mitglieder Handlungen begeht, die von weiten wissenschaftlichen Kreisen des In- und Auslandes als feindselige Einstellung gegen die Deutsche Demokratische Republik angesehen werden. Unsere Arbeit als Klasse und als Akademie kann nur erfolgreich sein, wenn sie sich einer echten akademischen Disziplin unterwirft, indem jedes ihrer Mitglieder sich der Auswirkung von Handlungen auf die Gemeinschaft, die eine Klasse und ebenso die gesamte Akademie darstellt, bewußt ist.
Der Deutschen Akademie der Wissenschaften zu Berlin ist, wie allen Akademien der Erde – der gesellschaftspolitischen und historischen Situation entsprechend, in die sich die Akademien jeweils gestellt sehen – ein größtmögliches Maß an Autonomie im Staat eingeräumt. Diese Autonomie wird gefährdet, wenn die Akademie sich gleichsam schützend vor Mitglieder stellt, deren politische Initiative einer Störung der akademischen Gemeinschaftsarbeit von außen gleichkommt. Akademien dienen als hohe wissenschaftliche Gremien in allererster Linie der Forschung, aber sie stehen nicht außerhalb des Staates oder der Politik.
Sie bemerkten in Ihrem Schreiben, daß Sie in der Klasse und im Plenum Diskussionen über Ihre persönlichen politischen Ansichten vermieden hätten. Sie stellten jedoch die Klasse durch die Form ihrer politischen Initiative vor vollendete Tatsachen. Eine Aussprache erscheint daher der Klasse unter den gegebenen Verhältnissen nicht mehr als sinnvoll. Ein solches Gespräch wäre nur zu einem früheren Zeitpunkt zweckmäßig gewesen, d. h. unter Bedingungen, die es der Klasse erlaubt hätten, Ihnen zu raten, alles zu tun, was zur Förderung und Entwicklung der Akademie durch Ihre eigene wissenschaftliche Arbeit beiträgt, ohne die akademische Gemeinschaft durch das eigene Verhalten außerhalb der Akademie zu stören. Rede und Gegenrede, Erklärungen und Gegenerklärungen können jetzt – zum großen und lebhaften Bedauern der Klasse – nicht

mehr den Sinn haben, der durch eine wissenschaftliche Gemeinschaft im echten Dialog erfüllt sein möchte.
Ich stelle schließlich fest, daß die Klasse in ihrer Sitzung vom 10. 2. 1966 einstimmig beschloß, die Frage Ihrer weiteren Mitgliedschaft zu prüfen bzw. Maßnahmen einzuleiten, die Ihre Mitgliedschaft, Herr Havemann, beenden.
Soweit die Feststellungen der Klasse, die ich Ihnen, Herr Havemann, im Auftrage des Präsidiums vorzutragen habe.
gez. Prof. Dr. Lehmann-Gützlaff

102–107

Sitzungen der Klassen der DAW, 10. 3. 1966

In den Klassensitzungen des 10. März wurde der Ausschluß Robert Havemanns unter den Akademiemitgliedern offiziell diskutiert. Grundlage für diese Diskussionen waren die Informationen Hartkes, wie sie einen Monat zuvor der Klasse für Chemie vorgetragen und anschließend allen Ordentlichen Akademiemitgliedern zugeschickt worden waren. Inwieweit der Offene Antwortbrief Havemanns bereits alle Mitglieder erreicht hatte, ist nicht bekannt. Anzunehmen ist allerdings, daß nur eine kleine Zahl der Anwesenden mit dem vollen Wortlaut vertraut war, aus dem die jeweiligen Klassensekretare nur „entgiftete" Auszüge verlasen.
Die Stimmung, die gemacht worden war, ließ Stellungnahmen gegen den Ausschluß kaum zu, geschweige denn solche für Havemann.
Einwände betrafen in der Regel Verfahrensfragen, doch schien eine Mehrheit sich eher von dem Bestreben leiten zu lassen, endlich dieses unruhige Kapitel abzuschließen, selbst wenn sie dabei kein gutes Gefühl hatten. Besonderheiten wies die Diskussion der Klasse Medizin auf, in der dem angestrebten Verfahren ein außerakademisches Eingreifen vorgezogen worden wäre. Selbst die Erklärung Havemanns zum psychiatrischen Fall wurde erwogen, die letztlich nicht daran gescheitert wäre, daß der Mediziner Redetzky dem entgegentrat und seinen Kollegen ihre Inkompetenz (anhand ihres Stammtischgeredes) vor Augen führte, sondern daran, daß für den Präsidenten „eine variable Situation nicht mehr gegeben" war. (Dokument 106)

Dok. 102 Werner Richter: Zusammenfassung der Klassensitzungen, 10. 3. 1966
AAW, Leitung, Personalia, 163, Bl. 59–61

Information der Sekretare über die Sitzung der Klassen am 10. 3. 66 zum Tagesordnungspunkt Havemann
In Anbetracht dessen, daß die Verhandlungen der Klasse für Sprache, Literatur und Kunst, der der Präsident angehört, sich noch hinzogen, erschienen einige Sekretare und berichteten mir über den Verlauf der Sitzungen folgendes:

Vorbereitung eines Tribunals. 10. März 1966 bis 24. März 1966   315

1. Klasse für Mathematik, Physik und Technik
Hr. Hertz und Hr. Rompe berichteten: In der Klasse lief die Diskussion sehr günstig ab. Niemand setzte sich für Hrn. Havemann ein. Es gab einige Fragen bzw. Hinweise: Hr. Görlich äußerte, er hätte gerne einmal in die Artikel von Havemann Einblick genommen, da er sie nicht kenne. Dr. Otterbein wurde beauftragt, deswegen mit dem Sekretariat des Präsidenten Verbindung aufzunehmen. Außerdem wurde der Wunsch geäußert, die Begründung sorgfältigst abzufassen, so daß eine gute Wirkung nach außen erreicht werde. Hr. Ertel machte ausdrücklich den Hinweis, daß man sich dabei auf das Statut berufen solle. Hr. Reichardt machte den Hinweis, man hätte die Entwicklung von Havemann rechtzeitiger beachten sollen. [...]
Es erwies sich als günstig, daß Hr. Schröder sehr eindeutig in der Klasse Stellung nahm und von den Erfahrungen an der Humboldt-Universität berichtete, was unmittelbar darauf auch von Hrn. Schröter sehr stark unterstrichen wurde.

Klasse für Philosophie, Geschichte, Staats-, Rechts- und Wirtschaftswissenschaften
Hr. Oelßner: Die Klasse hat folgende Stellungnahme beschlossen: „Die Klasse billigt den Beschluß der Klasse für Chemie, Geologie und Biologie, wonach ein Verbleiben von Hrn. Havemann in der Akademie unmöglich ist." Hr. Oelßner ist fest davon überzeugt, daß in seiner Klasse alle eine Stimme für den Antrag abgeben werden. Zur Vorwahl müssen informiert werden die AkM: Koziolek, Kuczynski, Welskopf, evtl. AkM Klaus. Abwesend waren AkM Markov (Grund unbekannt), AkM Stern (München) und AkM Winter (Ausland – auch am 24. 3. abwesend).

Klasse für Bergbau, Hüttenwesen und Montangeologie
Hr. Lüdemann: Auch diese Klasse hat eine Stellungnahme beschlossen: Die Klasse nimmt den Beschluß der Chemieklasse zur Kenntnis und erklärt sich mit ihm voll solidarisch. Hr. Bilkenroth habe am energischsten für uns gesprochen. Er habe sogar gefordert, warum hat man diesen Schritt nicht schon vor drei Monaten unternommen? Der Sekretar beabsichtigt noch mit den AkM Meißer, Werner Lange, der in Kürze in die DDR zurückkommt, Watznauer – krank in Karl-Marx-Stadt, und Lißner (hohes Alter) zu sprechen. Der Sekretar glaubt, daß alle Mitglieder der Klasse für den Beschluß stimmen werden.

Klasse für Chemie, Geologie und Biologie
Hr. Rienäcker berichtete, daß die Diskussion in der Klasse gut verlaufen sei. Der Sekretar wird dem Präsidenten noch berichten.

Klasse für Medizin
Hr. Kraatz hat die Sitzung unterbrochen und bat um Herbeiholung des Präsidenten, damit er ihn in folgender Frage konsultieren könne: Es seien in bezug auf den Weg – bei genereller Verurteilung des Verhaltens von Hrn. Havemann – Varianten aufgetaucht:
1. Medizinische Variante – Gegenargument: Man werde sagen, warum haben die Mediziner das nicht eher gemerkt.

2. Warum können nicht die Bürgschaften zurückgezogen werden und dann die Regierung einschreiten? Varianten: Von der Zurückziehung der Bestätigung bis zur Behandlung als Staatsfeind.
Hr. Mothes wies darauf hin, daß er von Anfang an gegen die Mitgliedschaft gewesen sei. Er habe in Westdeutschland keinerlei Stimme in der Angelegenheit Havemann vernommen, in der Schweiz sei er jedoch von jedem, bis zum Nobelpreisträger, angesprochen worden, was mit Havemann los sei.
Es gehe der Klasse nunmehr um die Frage, welcher Weg gewählt werden müsse, um das Ansehen der Akademie in keinem Fall einer Schädigung auszusetzen.
gez. Dr. Richter

Dok. 103 Klasse für Mathematik, Physik und Technik, [Auszug], 10. März 1966
AAW, Leitung, Personalia, 162, Bl. 362–365

Zunächst berichtet der Hr. Sekretär *Hertz* über die Gründe, die die Klasse für Chemie, Geologie und Biologie dazu führten, einen Antrag zur Beendigung der Mitgliedschaft des KM R. Havemann zu stellen. Außerdem verliest er die Ausführungen des Hrn. Sekretars *Lehmann* in der Sitzung des Präsidiums vom Vormittag. Desgleichen werden einige Passagen aus einem Brief von KM Havemann an den Herrn Präsidenten und weitere Mitglieder des Präsidiums mitgeteilt. Es besteht die Absicht von KM Havemann diesen Brief an alle Mitglieder der Akademie zu versenden. Hr. *Hertz* weist darauf hin, daß es nicht politische Gründe sind, die den Antrag auf Beendigung der Mitgliedschaft von KM Havemann bedingen, sondern daß bei der Stellung der Akademie es unmöglich ist, daß ein Mitglied in irgend einer Form Propaganda gegen die DDR macht [...] Hr. *Hertz* erwähnt ferner, daß ihm Hr. *Heisenberg* in dieser Angelegenheit einen Brief geschrieben hat, der aber nicht ohne Vorbehalte gegen die Person Havemann gewesen sei. [...]
Hr. Hertz weist eindringlich auf seine eigene Stellungnahme hin, daß der Schaden auf die Dauer größer sei, wenn KM Havemann Mitglied der Akademie bleibt, als wenn eine Beendigung der Mitgliedschaft beschlossen wird. Entscheidend sei hierfür, daß ein Mitglied der Akademie auf keinen Fall Veröffentlichungen in westlichen Zeitschriften, die einer DDR-feindlichen Propaganda dienen, machen kann.
Diskussion: [...]
Hr. Görlich Eine Entscheidung sei für ihn schwierig, da er nie die Gelegenheit gehabt habe, Veröffentlichungen des Hr. Havemann zu lesen, die man ihm zur Last legt. [...]
Hr. Görlich teilt mit, er habe eigentlich schon immer über die Mitgliedschaft von KM Havemann sich gewundert. [...]
Hr. Reichardt [...] weist auf seine [Havemanns – d. Hrsg.] antifaschistische Tätigkeit hin und auch darauf, daß H. 1953 (17. Juni) sehr aktiv für die DDR eingetreten sei.
Hr. Lichtenheldt fragt an, ob die für KM Havemann vorgesehene Beschäftigung in der Industrie durch eine Abwahl bei der Akademie in irgendeiner Form negativ beeinflussen[1] wird. [...]

---
[1] Gemeint ist wahrscheinlich: „beeinflußt".

Die HH. *Ertel* und *Obenaus* sprechen die Bitte aus, daß das Ausschlußverfahren ganz eindeutig dem Statut der Akademie entsprechend durchgeführt werden soll, damit auf jeden Fall formale Angriffe gegen die Akademie unmöglich seien. [...]
Berlin, den 10. März 1966
Otterbein

Dok. 104 **Klasse für Chemie, Geologie und Biologie, [Auszug], 10. März 1966**
AAW, Leitung, Personalia, 162, Bl. 366

Der Sekretär[2] verliest seine Erklärung [...] sowie den Brief von Hrn. Havemann. In der anschließenden Diskussion geht es zunächst um die Frage, ob Hrn. Havemann noch einmal die Möglichkeit zu einer Erklärung gegeben werden soll. Es setzt sich aber die Meinung durch, daß die heutige Präsidiumssitzung Hrn. Havemann die Möglichkeit geboten hatte, wirklich eingehend auf die Vorwürfe, die gegen ihn erhoben werden, zu antworten. [...]

Dok. 105 **Klasse für Sprachen, Literatur und Kunst, [Auszug], 10. März 1966**
AAW, Leitung, Personalia, 163, Bl. 41–42

[...] Zu Beginn der über 1 Stunde andauernden Diskussion kritisierte Hr. Frings die Form des Verfahrens, insbesondere stellte er die Frage, ob eine Diskussion in der Klasse lt. Statut vorgesehen sei. Er ging mehrfach auf das Statut und die Wahlordnung ein und hält es für zweckmäßiger, daß derartige wichtige Probleme noch vor einem Präsidiumsbeschluß in der Klasse behandelt werden müssen. Im Zusammenhang mit dem Brief des Präsidenten [...] kritisierte er die Vermengung der arbeitsrechtlichen, politischen und akademischen Verfehlungen Havemanns. Weiterhin gab er zu bedenken, ob nicht anstelle der Akademie die Staatsanwaltschaft sich mit den Verfehlungen Havemanns befassen müsse.
Hr. Steinitz teilte der Klasse mit, [...] daß Hr. Havemann ihn am Abend des 9. März aufgesucht habe und ihn gefragt hätte, ob er am 10. März zur Sitzung des Präsidiums erscheinen solle. Hr. Steinitz habe ihm dringend angeraten, der Einladung zu folgen. Des weiteren machte Hr. Steinitz auf die Schwere der Angelegenheit und auf die Wichtigkeit des Falles Havemann aufmerksam, er bemängelte, daß Havemann der Brief des Präsidenten nicht zugestellt worden sei.
Prof. Eißfeldt machte den Vorschlag, daß ein Vertreter der Akademie auf Havemann einwirken solle, daß dieser von sich aus seine Mitgliedschaft niederlege. [...] Die HH. Lehnert und Bielfeldt unterstrichen sowohl die fortschrittliche Vergangenheit Havemanns als auch sein wenig einwandfreies Verhalten in den vergangenen Jahren an der Humboldt-Universität. Hr. Lehnert machte ebenfalls auf die weitere internationale Wirkung der zu treffenden Entscheidungen aufmerksam.

---

[2] Lehmann.

Alle oben angeführten Einwände wurden in ausführlicher und eingehender Diskussion vom Sekretar der Klasse, Hrn. Ruben, dem Herrn Präsidenten und Hrn. Knepler widerlegt und alle Mitglieder der Klasse auf ihre hohe Verantwortung bei der Wahl am 24. März nachdrücklichst aufmerksam gemacht. Hr. Wißmann[3], der sich nicht an der Diskussion beteiligte, wies darauf hin, daß nur Jastimmen für das Resultat entscheidend sind, da alle Stimmenthaltungen als Neinstimmen gerechnet werden müssen. Auch er unterstützte offenbar die Forderung auf Beendigung der Mitgliedschaft von Havemann.

Dok. 106 Klasse für Medizin, [Auszug], 10. März 1966
AAW, Leitung, Personalia, 163, Bl. 43–50

Der Sekretar verliest den Brief des Präsidenten vom 10. 3. [...] Weiterhin informiert er über das Schreiben von Hrn. Havemann und liest einige Abschnitte daraus vor. [...]
Zur Diskussion sprechen
Hr. Friedrich: Havemann war schon immer ein Querkopf. Er ist mir gut bekannt, doch meine ich, daß eine ordentliche Anklageschrift verfaßt werden muß und er Rechenschaft vor dem Plenum ablegen soll.
Hr. Mothes: Ich habe gegen seine Wahl gestimmt und gesprochen. Über die Entwicklung bin ich nicht überrascht, glaube aber, daß, was die Leitung anbelangt, sie unglücklich gehandelt hat. Wie auch die Abstimmung ausfallen mag, in jedem Fall wird die Akademie geschädigt. In jedem Fall ist es Havemann, der sich freut, weil er seine Idee in so breitem Rahmen an die Öffentlichkeit gebracht hat. Die Resonanz in Westdeutschland ist nicht so groß, wie wir es meinen, aber im westlichen Ausland fragt man viel über Havemann. [...] Die Stellung der Akademie, auch der Regierung gegenüber, bei einem negativen Ausfall [der Abstimmung] ist eine ganz schwere Sache. Ich möchte direkt an Herrn Stoph schreiben und ihn bitten, in dieser Angelegenheit die Akademie zu unterstützen. Ich bin nicht in der Lage, den Brief des Präsidenten einzuschätzen. Beim Durchlesen habe ich jedoch zwei Widersprüche entdeckt. Ich stehe zu stark unter dem Abfall der Akademiemitglieder bei dem damaligen Fall Bloch. Ich kenne auch einige andere Situationen aus der Leopoldina, deren Nachwirkungen ich als Präsident jetzt noch zu spüren habe. Bei der ganzen Angelegenheit wäre zu überlegen, ob nicht ein Gerichtsverfahren besser wäre, oder man einen Psychiater zur Stellungnahme auffordere.
Hr. Gietzelt: [...] die Klasse für Chemie hat doch entschieden. Und sie kennen ihn. Also können wir uns ohne weiteres auf ihr Urteil stützen.
Hr. Kraatz: Unterstützt das Vorhergesagte; eine Gegenstimme bedeutet eine negative Einstellung zur Klasse für Chemie und eine Störung zur Akademiegemeinschaft.
Hr. Redetzky: [...] Wir sind auch für eine Loyalität dem Präsidenten und dem Präsidium gegenüber verpflichtet. Die Unruhe im Ausland ist doch nicht wegen der Person Have-

---
[3] Wißmann war als Westberliner OAkM der einzige Nicht-DDR-Bürger, der an dieser Sitzung teilnahm.

mann, sondern hat doch politischen Charakter. Keiner von uns würde auf die Idee kommen, ein Akademiemitglied der Französischen Akademie zu unterstützen. [...]
Hr. Prokop: [...] Warum ist Havemann nicht angeklagt. Im Schreiben vom Präsidenten sind viele Dinge Offizialdelikte bis zum Landesverrat. Es ist doch merkwürdig, daß diese Dinge von uns bereinigt werden sollen. [...]
Hr. Gietzelt: [...] Havemann [...] ist jetzt nicht mehr ein Ferment der Unruhe, sondern der Zersetzung. [...]
Hr. Prokop: Versuchte klarzumachen, daß ein Ermittlungsverfahren nicht ehrenrührig ist und daß Havemann evtl. ein derartiges Verfahren beantragen könnte, wenn er sich seiner Sache so sicher ist.
Hr. Mothes: [...] Mit ist nicht ganz klar, was Havemann verfolgt. [...] Vielleicht will er ein politischer Märtyrer werden. [...] Aber Fakt ist, daß die Klasse für Chemie ihn doch hätte vorher hören müssen, dann wären viele Dinge der jetzigen Schwierigkeiten gar nicht diskutabel gewesen. [...]
Hr. Graffi: [...] Als Klasse für Medizin müssen wir den neuen Punkt der psychiatrischen Komponente mit allem Nachdruck betonen und auf die mögliche psychiatrische Sache hinweisen. Mir ist die ganze Angelegenheit etwas komisch, denn Havemann war ja früher ein Antifaschist und hat ½ Jahr[4] in einer Todeszelle verbracht. Wer weiß, ob nicht noch viele andere Korrespondierende Mitglieder den politischen Werdegang von Havemann kennen und dann den Entschluß nicht verstehen werden. [...]
Hr. Knöll: Ich glaube, daß keine Klasse so berufen ist, so wie wir, die medizinische Komponente nochmals zu betonen. [...]
Hr. Redetzky: Wir sind nicht berechtigt und befugt, über ein Akademiemitglied psychiatrische Gutachten abzugeben. Ich kann mich mit einem psychiatrischen Gespräch nicht einverstanden erklären und distanziere mich.
Hr. Mothes: Warum keine strafrechtliche Verfolgung? Ich kenne die Angelegenheit seiner Wahl sehr genau. Man darf den schwarzen Peter nicht der Akademie zuschieben. (Betonung lag darauf, daß Regierungsstellen besonders die Akademie zur Wahl aufgefordert haben).
Hr. Kettler: Distanziert sich von der Möglichkeit der Straffälligkeit.
Hr. Prokop: Man wird über uns im Ausland lachen, wenn Havemann ein wirklicher psychiatrischer Fall ist und wir in der Klasse für Medizin das nicht erkennen. Man wird über mich lachen, daß ich als Gerichtsmediziner darauf aufmerksam gemacht habe. [...]
Nach dem Gespräch mit dem Präsidenten erklärt
Hr. Kraatz: Im Vordergrund steht die besondere Stellung der Akademie als eine autonome Institution. Der Präsident ist Mitglied des Ministerrates. [...] Er hat darauf hingewiesen, daß in der Diskussion nur der Ernst der Situation berücksichtigt wurde, um Schäden von der Akademie abzuwälzen. Tröstlich für ihn sind nur zwei Dinge:

---

[4] Tatsächlich fast anderthalb Jahre, von der Urteilsverkündung am 16. 12. 1943 bis zur Befreiung des Zuchthauses Brandenburg am 27. 4. 1945.

1. Daß in der Gemeinschaft der Klasse bei der Diskussion keinerlei Mißstimmung aufgetreten ist und alle der Konsequenzen sich sehr wohl bewußt sind.
2. Daß alle Klassenmitglieder ihr oberstes Interesse daran sehen, einen Schaden von der Akademie abzuwälzen. Wir haben ernsthaft darüber diskutiert, in der jetzigen Situation müssen wir uns solidarisch erklären. Nach Ansicht des Präsidenten als Mitglied des Ministerrates ist eine variable Situation nicht mehr gegeben. So scharf steht die Situation. [...]
Berichterstatter: Dr. Schaldach

Dok. 107 Klasse für Bergbau, Hüttenwesen und Montangeologie, [Auszug], 10. März 1966
AAW, Leitung, Personalia, 163, Bl. 56-58

[...] Hr. *Lüdemann* gab zu Beginn eine ausführliche Darstellung des Standes [...] Anschließend bat der Sekretar die anwesenden Klassenmitglieder um Zustimmung [...] im Interesse der Wahrung der Einheit und Geschlossenheit der DAW als Ganzes und als Vertrauensbeweis für die Regierung der DDR durch jedes Mitglied, indem am 24. 3. 66 eine eindeutige Bejahung des zur Wahl gestellten Antrages erfolgt. [...]
Hr. Rammler: Es besteht die Frage, ob Hr. Havemann ein armer Narr oder ein tollwütiger Amokläufer ist. [...]
Hr. Kautzsch: Meine anfänglichen Bauchschmerzen, die sich aus einem Vergleich mit dem Fall „Bloch" ergaben, bestehen nach der heutigen Diskussion nicht mehr. [...]
Hr. Härtig: Neben der grundsätzlichen Zustimmung ergeben sich einige formale Fragen, die die Einhaltung der Bestimmungen des Statuts betreffen. [...]
gez. E.-G. Böhme

108-111

Organisation der Ausschlußabstimmung, März 1966
Um zu erreichen, daß im Plenum am 24. März „die Abstimmung positiv verlaufen" würde, betrieben die Drahtzieher im Akademiepräsidium und im SED-Zentralkomitee einen enormen Regieaufwand. Generalsekretär Rienäcker verschickte an mehr als 30 Ordentliche Akademiemitglieder, die auf den Klassensitzungen nicht anwesend waren, akademie-intern und nur zur „persönlichen Information" Briefe, denen der von Lehmann vorgetragene Text beigelegt war. Neben „Informationen" zur „Orientierung", die Havemanns Argumente in seinem Brief vom 9. 3. entkräften sollten, wurden darin die Teilnahmepflicht am Plenum betont und Hinweise zum Abstimmungsverfahren erteilt. Angeschrieben wurden auch diejenigen Akademiemitglieder, die über 65 Jahre alt und damit zur Teilnahme an den Plenarsitzungen nicht mehr verpflichtet waren. Auf dem anliegenden Formular wurde die Teilnahme an der Geschäftssitzung des Plenums am 24. März abgefragt, um andernfalls die Vorwahl einleiten

zu können. All diese Anstrengungen dienten dem Zweck, für den 24. 3. die höchstmögliche Anwesenheit zu erreichen. Wohlweislich war im Statut und in der Abstimmungs- und Wahlordnung festgeschrieben, daß beim Ausschluß eines Akademiemitgliedes das Plenum nur unter der Voraussetzung als beschlußfähig galt, daß drei Viertel aller Ordentlichen, zur Teilnahme an den Akademiesitzungen verpflichteten Mitglieder, auch anwesend sind. Selbst ständige Beurlaubungen traten für diesen Fall außer Kraft. Für die Entscheidung im beschlußfähigen Plenum war zusätzlich eine qualifizierte Dreiviertelmehrheit vorgegeben. Deshalb wurden im Akademiepräsidium aufgrund der Rückmeldungen zwischenzeitlich immer neue Berechnungen über die zu erwartende Beteiligung angestellt.

Dok. 108 Rundschreiben an die OAkM, 14. 3. 1966
AAW, Leitung, Personalia, 162, Bl. 230–232

Akademieinternes Material – nur zu Ihrer persönlichen Information
Sehr verehrter Hr. [...][1]!
Leider konnten Sie an der wichtigen Sitzung Ihrer Klasse am 10. 3. 1966 nicht teilnehmen, in der über den Vorschlag der Klasse für Chemie, Geologie und Biologie, die Mitgliedschaft von Hrn. Havemann zu beenden, statutengemäß diskutiert wurde. Diese Diskussion bildete eine wesentliche Vorbereitung der Behandlung dieses Punktes in der Plenarsitzung am 24. 3. 1966, zu der Sie die Einladung bereits erhalten haben.
Daher möchte ich Ihnen zu Ihrer Orientierung einige kurze Informationen in der Hrn. Havemann betreffenden Angelegenheit geben.
Hrn. Havemann war inzwischen Gelegenheit gegeben worden, sich vor einem maßgebenden Gremium der Akademie zu äußern: Zum Tagesordnungspunkt der Sitzung des Präsidiums ‚Beendigung der Mitgliedschaft' am 10. 3. 1966, 9.25 Uhr, war Hr. Havemann nach schriftlicher Einladung, deren Empfang er am 8. 3. 1966 quittiert hatte, in der Sitzung des Präsidiums erschienen. Dabei machte ihm der Sekretar der Klasse für Chemie, Geologie und Biologie, Hr. Lehmann, die im Wortlaut beigefügte Mitteilung, die die Grundlage des Antrages des Präsidiums auf Beendigung der Mitgliedschaft bildet. Als Hr. Havemann zur Äußerung über diese Mitteilung aufgefordert wurde, ging er auf die Mitteilung des Sekretars nicht ein, sondern verlas mit kurzen Zusatzbemerkungen einen Brief vom Tage zuvor (9. 3. 1966) an alle Ordentlichen Mitglieder. Diesen Brief des Hrn. Havemann haben die Sekretare in allen Klassen am 10. 3. 1966 bekanntgegeben
Infolge dieses Verhaltens von Hrn. Havemann brachte die Verhandlung im Präsidium kein neues Ergebnis.
Erläuternd bemerke ich zu dem Brief von Hrn. Havemann noch folgendes: Hrn. Havemann war schon am 2. März 1966 beim Generalsekretär Gelegenheit zur Stellungnah-

---

[1] Der hier abgedruckte Brief ist das an AkM Frühauf gerichtete Exemplar des Ormig-vervielfältigten Rundschreibens.

me gegeben worden. Entgegen den Tatsachen wird von Hrn. Havemann, nachdem er bereits auch die Einladung zur Sitzung des Präsidiums erhalten hatte, behauptet, ihm werde keine Gelegenheit zur Äußerung gegeben.
Dem früher übermittelten Bericht des Präsidenten an die Ordentlichen Mitglieder dienten Unterlagen als Grundlage, die die in dem Bericht mitgeteilten Fakten begründen und belegen; es sind darunter weitere analoge Fakten enthalten, über die von den betroffenen Klassenmitgliedern in den Sitzungen vom 13. 1. 1966 und 10. 2. 1966 mündlich Bericht gegeben wurde. Die vollständigen Unterlagen stehen den interessierten Ordentlichen Mitgliedern zur Einsichtnahme im Sekretariat des Präsidenten zur Verfügung.
Als Ordentliches Mitglied unter 65 Jahren sind Sie statutengemäß verpflichtet, an der Sitzung des Plenums am 24. März 1966 teilzunehmen. Ich bedaure es daher, daß Sie an den wichtigen Diskussionen in Ihrer Klasse in ihrer Sitzung vom 10. 3. 1966 nicht haben teilnehmen können.
Ich bitte Sie jetzt, soweit noch nicht geschehen, mir mitzuteilen, ob Sie an der Sitzung des Plenums am 24. März 1966 teilnehmen werden oder ob schwerwiegende Gründe Sie von der Teilnahme abhalten, damit ich die nach der Abstimmungs- und Wahlordnung vorgesehene Vorwahl dann rechtzeitig einleiten kann. Für diese Mitteilung bitte ich, anliegendes Formular und Umschlag zu benutzen. Über das Abstimmungsverfahren informiert der beiliegende Hinweis.
Mit dem Ausdruck meiner vorzüglichen Hochachtung
Prof. Dr. Rienäcker

Dok. 109 Hinweis, 24. 3. 1966
AAW, Leitung, Personalia, 163, Bl. 18

Für den Abstimmungsvorgang entsprechend dem Statut und der Abstimmungs- und Wahlordnung der DAW am 24. März 1966 sind folgende Gesichtspunkte für die Akademiemitglieder von großer Bedeutung:

1. Es wird die Frage zur Abstimmung vorgelegt:
   Sind Sie für die auf Empfehlung der Klasse für Chemie, Geologie und Biologie vom Präsidium beantragte Beendigung der Mitgliedschaft des Korrespondierenden Akademiemitgliedes Robert *Havemann*?
2. Gemäß Abstimmungs- und Wahlordnung enthält der Abstimmungszettel formal drei Spalten:
   Ja   Nein   Enthaltung
   (+) (−)   (0)
3. Gemäß Abstimmungs- und Wahlordnung ist jedoch in dem besonderen vorliegenden Falle jedes Akademiemitglied vor eine klare entweder positive oder negative Entscheidung gestellt. Die vorgelegte Frage ist laut § 31 des Statuts nur bei einer qualifizierten Zahl von eindeutig zustimmenden Voten (75 % der Anwesenden) *positiv* beantwortet.

Vorbereitung eines Tribunals. 10. März 1966 bis 24. März 1966

Daraus ergibt sich, daß ablehnende, sich enthaltende und ungültige Voten sich unterschiedslos negativ gegen die einmütige Meinung der Klasse für Chemie, Geologie und Biologie und des Präsidiums stellen und demnach eine negative Entscheidung des Abstimmenden bedeuten.

Dok. 110 Teilnahmebestätigungen der OAkM, März 1966[1]
AAW, Leitung, Personalia, 162, Bl. 181

Sehr verehrter Herr Präsident:
Ich habe Ihre Einladung vom 21. Februar zur Geschäftssitzung des Plenums der Akademie am 24. März erhalten. Da ich an diesem Tage zu einem seit vielen Monaten von drei Fakultäten vorbereiteten Vortrag in Rostock bin, bitte ich Sie, mir zu erlauben, von dem für in solchen Fällen vorgesehenen Recht der vorherigen Wahl Gebrauch zu machen. Ich werde mich mit Herrn Rienäcker in Verbindung setzen.

Mit freundlichen Grüßen

Jürgen Kuczynski

---

[1] Die folgenden Teilnahmebestätigung sind eine Auswahl aus den in den Akten überlieferten. Wahrscheinlich haben nicht alle Akademiemitglieder ihre Teilnahmeabsicht schriftlich bestätigt und/oder ein großer Teil dieser Bestätigungen ist nicht überliefert.

Dok. 111 Teilnahmeerwartungen für das Plenum vom 24. 3. 1966,
18./19. 3. 1966
AAW, Leitung, Personalia, 162, Bl. 130, 125

Stand: 18. 3. 1966/Schr.
Übersicht
über die Teilnahme der Ordentlichen Mitglieder über 65 J. am 24. 3. 66

Teilnahme	Teilnahme fraglich	Nichtteilnahme	Vorwahl
Hertz	Deubel	Pauer/kr.	
Hoffmeister	~~Hein~~	~~Langenbeck/kr.~~	
Maurer	Ramdohr	Emicke	
Bertsch	Weiss	~~Lissner~~	~~Lissner~~
Correns	Kuntzen	Goerttler	
Falkenhagen	Eissfeldt	Peiper	
Thiessen	Frings	Winter/Kur	
Thilo	Meisner	*Hein*	
Meisser	Eisenkolb		
Bilkenroth			
Köhler			
Friedrich			
Lohmann			
Reichenbach			
Mothes			
Krauss			
Ruben			
Klaffenbach			
Magon			
Baumgarten			
Lissner			
Langenbeck			

Stand: 19. 3. 66/Schr.
Betr.: Beendigung der Mitgliedschaft des KAkM R. Havemann

Zur regelmäßigen Teilnahme an den Geschäften der Akademie sind verpflichtet:
aus der DDR   77 AkM
aus WD/WB   9 AkM
Die 9 westdeutschen AkM nehmen im allgemeinen nicht an den Sitzungen teil, erhalten auch keine Einladungen zu Geschäftssitzungen des Plenums
Ausgehend von den 77 AkM aus der DDR, die zur Anwesenheit verpflichtet sind, müßten 75 % =   58 AkM

an der Geschäftssitzung des Plenums teilnehmen, um die Beschlußfähigkeit zu sichern.
Nach bisher vorliegenden Meldungen
nehmen teil: 63 AkM
nehmen nicht teil, haben aber vorgewählt 8 AkM
(bzw. wählen vor)
nehmen nicht teil: 4 AkM
(die AkM *Jante* und *Jung* befinden sich seit längerer Zeit und über den 24. 3. hinaus im Ausland; AkM *Gersch* ist zur Kur; AkM *Hintze* soll nach Auskunft der Ausl.Abt. aus Afrika zurück sein, Teilnahme wird durch Dr. Grasshoff am 21. 3. geklärt)
ist Teilnahme fraglich, Vorwahl wird noch geklärt: 2 AkM
(AkM Müller und Knöll)

112

Von den Unbehaglichkeiten einiger Akademiemitglieder abgesehen, schien das Konzept der SED-Führung aufzugehen. Das Akademieplenum am 24. März versprach eine sichere Mehrheit für den Ausschluß Havemanns. Arwed Kempke, Sektorleiter der Abteilung Wissenschaften, schickt Hager die letzten Protokolle des Präsidiums, der Klassen, die Antworten Hartkes an Pauling, Bianchi-Bandinelli, Heisenberg und kommentiert sie, sichtlich zufrieden darüber, daß nun auch den zaudernden Akademiemitgliedern die Möglichkeit genommen ist, sich persönlich aus diesem Willkürakt der SED herauszuhalten.

Dok. 112 Arwed Kempke an Kurt Hager, 16. 3. 1966
SAPMO-BArch, SED, ZPA, IV A 2/9.04/106

Aus den Protokollen der Klassensitzungen ist zu ersehen, daß die Abstimmung am 24. 3. 1966 positiv verlaufen wird, obgleich die Motive unterschiedlich sind.
Am treffendsten kommt die Haltung der Akademiemitglieder in den Bemerkungen der Professoren Mothes, Prokop (Medizin), Frings (Sprache) zum Ausdruck, denen ein Eingreifen „von außerhalb der Akademie" (Regierung), ein „Verzicht Havemanns auf die korrespondierende Mitgliedschaft" oder ein „Gutachten seiner Unzurechnungsfähigkeit" lieber wäre, als die eigene Stellungnahme.
Mit sozialistischem Gruß
Kempke
stellv. Abteilungsleiter

113–119

Neue Proteste, März 1966

Die scheinbare Sicherheit, in der das Verfahren gegen Havemann abgeschlossen werden sollte, beschränkte sich weitgehend auf das abgeschirmte Terrain der DAW. Sorgfältig wurden die warnenden und protestierenden Stimmen ferngehalten, vor allem dann, wenn sie sich im Ausland zu Worte meldeten. Doch auch die persönlich vorgetragenen, verhalten formulierten Bedenken innerhalb der Akademie blieben unbeachtet. Schon am 25. 2. 66 schrieb Wolfgang Steinitz aus dem Krankenhaus an Hartke und bat ihn um eine Aussprache über seine Bedenken, die er mit Erich Thilo teilte.[1]
Im Westen Deutschlands verfolgten die Medien die Repressalien gegen Havemann kontinuierlich.[2] Zweifellos gingen die Ansichten über diese Form inner-

---

[1] AAW, Leitung, Personalia, Bd. 163, Bl. 195
[2] Der Abend, Berlin, 21. 12. 1965: Im Fadenkreuz: Havemann; Stuttgarter Zeitung, 22. 12. 1965: KPD attackiert Havemann; Tagesspiegel, 22. 12. 1965: Ost-Berliner Professor Havemann wieder im Mittelpunkt von Angriffen; Tagesspiegel, 25. 12. 1965: Professor Havemann fristlos entlassen; Welt am Sonntag, 26. 12. 1965: Havemann entlassen; Süddeutsche Zeitung, 27. 12. 1965: Der Professor, der zu unbequem wurde. Die SED nimmt Robert Havemann seine letzte Existenzgrundlage; Frankfurter Allgemeine, 27. 12. 1965: Havemann fristlos entlassen; Süddeutsche Zeitung, 27. 12. 1965: Havemann verliert auch seinen zweiten Arbeitsplatz; Hamburger Abendblatt, 27. 12. 1965: Havemann entlassen; Die Welt, 27. 12. 1965: Robert Havemann fristlos entlassen; Frankfurter Rundschau, 28. 12. 1965: *Rudolf Jungnickel*: Plädoyer für Professor Robert Havemann; Spiegel, 1/2, 3. 1. 1966: Havemann. Zeit der Bedrängnis; RIAS. Aus der Zone für die Zone, 6. 1. 1966, 19.15 Uhr: „Studie filozoficzne", Warschau, über „Dialektik ohne Dogma"; Spandauer Volksblatt, 9. 1. 1966: Havemann erneut angegriffen. SED-Organ wirft ihm „feindliche Haltung" vor (über ND, 8. 1. 1966); Telegraf, 9. 1. 1966: Neue Attacke der SED; Berliner Morgenpost, 9. 1. 1966: SED wirft Havemann jetzt Heimtücke vor; Tagesspiegel, 9. 1. 1966: Wieder SED-Angriff gegen Havemann; Frankfurter Rundschau, 10. 1. 1966: SED spricht von „Heimtücke"; Stuttgarter Zeitung, 10. 1. 1966: Wieder SED-Attacke gegen Havemann; Süddeutsche Zeitung, 10. 1. 1966: Neuer SED-Angriff auf Havemann; Tagesspiegel, 12. 1. 1966: Kommunistische Stimmen für Havemann. Aus Rom und Warschau; Die Zeit, 14. 1. 1966: Lanze für Havemann; Frankfurter Rundschau, 20. 1. 1966: Schützenhilfe für Havemann. Nach Italiens Kommunisten bekunden jetzt auch Polen Sympathie; Spiegel, 24. 1. 1966; SFB III, 25. 1. 1966, 21.30 Uhr; Berlin 33 – Hasensprung, Diskussion (Hans-Werner Richter, Peter Chr. Ludz, Theo Pirker, Klaus Wagenbach, Erich Fried, Leo Bauer); Stuttgarter Zeitung, 15. 2. 1966: Kommunistisches Lob für Professor Havemann; Frankfurter Rundschau, 18. 3. 1966: Havemann meldet sich in Ost-Berlin zu Wort; BBC London, 21. 3. 1966, 20.15 Uhr: *Erich Fried*; SFB, 22. 3. 1966, 19.15 Uhr: Protest der sieben Professoren der Freien Universität Berlin; ZDF, heute, 23. 3. 1966, 22.50 Uhr: *Wilhelm Weischedel*, Interview ; Frankfurter Rundschau, 23. 3. 1966: Intervention und Offener Brief für Havemann; Tagesspiegel, 23. 3. 1966: Sieben FU-Professoren intervenieren für Havemann; Berliner Morgenpost, 23. 3. 1966: FU-Professoren setzen sich für Havemann ein; Süddeutsche Zeitung, 23. 3. 1966: Professoren bitten für Havemann; Der Abend, Berlin, 23. 3. 1966: Für Havemann; Tagesspiegel, 24. 3. 1966: Intervention für Havemann; Spandauer Volksblatt, 24. 3. 1966: Humanistische Union protestiert.

kommunistischer Opposition weit auseinander. Karl Wilhelm Fricke schrieb damals in der „Welt": „Man sollte die intellektuelle Opposition eines Havemann oder Heym in ihrer Wirksamkeit nicht überschätzen. Ideologische Zweifel und politische Häresie provozieren weder noch bescheren sie eine Humanisierung des Systems. Sie zu verwirklichen, bedarf es realer, auf einer breiten Basis innerhalb und außerhalb der Partei ruhenden Macht und der Isolierung der Stalinisten in der Parteiführung. Ein derartiger Wandel kann, wenn überhaupt, nur das Ergebnis eines langen evolutionären Prozesses sein. Wer aber wüßte oder wagte zu entscheiden, ob dieser Prozeß nicht durch offene, auch vom Westen her geführte Auseinandersetzungen begünstigt werden kann?"[3]

Am 9. 3. 1966 wandte sich der Kulturattaché der Chinesischen Botschaft, Wang, an die DAW mit der Bitte, chinesische Physikochemiker in der Arbeitsstelle für Photochemie ausbilden zu lassen. Als die ob dieses Ansinnens etwas verwirrten Beamten der Akademieverwaltung Wang fragten: „Wissen Sie, wer der Leiter der Arbeitsstelle bis vor kurzem war?", antwortete dieser: „Ja, ich glaube, Prof. Havemann'. Auf meine Bemerkung, Genosse Wang würde dann ja aus der Presse wissen, daß und warum Prof. Havemann von seiner Funktion entbunden sei, erwiderte dieser: „Ja, ich habe so etwas im ‚Neuen Deutschland' gelesen" und führte weiter aus, daß er aber auch wisse, „in Deutschland seien auf dem Gebiet der Photochemie große Traditionen". Aufgeschreckt berichtete Werner Richter am 12. März Hager über dieses Vorkommnis.[4]

Der 18. März aber brachte die für das Präsidium peinlichste Überraschung. Knapp eine Woche vor der entscheidenden Abstimmung veröffentlichte die Hamburger Wochenzeitung „Die Zeit" sowohl den vertraulichen Brief Hartkes an die Ordentlichen Akademiemitglieder als auch den offenen Antwortbrief Robert Havemanns. Zwar stand auch Akademiemitgliedern die Westpresse in der Regel ebensowenig zur freien Verfügung wie gewöhnlichen DDR-Bürgern, doch allein das große Echo in den elektronischen Medien verhalf diesen Texten zu großer Wirkung. Die Hoffnung, Havemann an der Öffentlichkeit vorbei ausschließen zu können, um dann endlich wieder Ruhe zu haben, war gescheitert. Nunmehr lag die Dürftigkeit der Argumentation der Akademieleitung für alle sichtbar offen. Hartke suchte die Flucht nach vorn. Er bezichtigte Havemann, 1943 seinen Vater, den Altphilologen Wilhelm Hartke, an die Nazis verraten zu haben.[5]

---

[3] *Karl Wilhelm Fricke*: Die Rebellen in der Zone lassen sich nicht mundtot machen. Robert Havemann schuf einen neuen Stil der Opposition, dem die SED hilflos gegenübersteht, in: Die Welt, 26. 2. 1966.
[4] *Schmidt*, Abteilung für auswärtige und internationale Angelegenheiten der DAW, *Information*, 10. März 1966; *Richter* an Hager, 12. 3. 66, SAPMO-BArch, SED, ZPA, IV A 2/9.04/107.
[5] In einem Gespräch mit dem Präsidenten der Sächsischen Akademie der Wissenschaften, Schwabe, der zwar dafür war, Havemann in der DAW anzuhören und sich „Sorgen wegen der Reaktion

Wilhelm Hartke, der im Unterschied zu seinem Sohn, dem NSDAP-Mitglied Werner Hartke, als Sozialdemokrat im Widerstand aktiv war, gehörte der illegalen Gruppe „Europäische Union" an, die Robert Havemann und der Arzt Georg Groscurth gebildet hatten. Als diese Gruppe 1943 aufflog, wurden Havemann, Groscurth, Herbert Richter und Paul Rentsch von Freisler vor dem berüchtigten Volksgerichtshof der Nazis zum Tode verurteilt. Die Vollstreckung des Urteils wurde verschoben, weil sie in dem abgetrennten Verfahren gegen andere Gruppenmitglieder, unter denen sich Wilhelm Hartke befand, noch als Zeugen aussagen sollten. Havemann wußte in dieser Verhandlung sehr genau, daß von seiner Aussage das Leben Wilhelm Hartkes abhing, gegen den die Gestapo nichts Beweiskräftiges in der Hand hatte. Er wußte aber nicht, was die Gegenseite in der Hand hatte und was seine Kameraden bereits ausgesagt hatten. Zugleich war ihm klar, daß einerseits der Beweis für die Mitgliedschaft von Hartke sen. in der „Europäischen Union" das Todesurteil bedeutete, andererseits ein Freispruch ihn garantiert nicht auf freien Fuß brächte, sondern ins KZ, was für den alten Mann gleichermaßen ein Todesurteil darstellen mußte. In einem riskanten Spiel von Aussagen erweckte er den Eindruck, als hätte Hartke Flugblätter gesehen, ohne zu wissen, woher diese kamen. Somit wurde Hartke lediglich wegen der Nichtanzeige hochverräterischer Flugblätter für schuldig befunden, was ihm die lebensrettende *kleine* Haftstrafe einbrachte.[6] Wilhelm Hartke hatte Havemanns Verhalten exakt in dieser Intention begriffen. Nach 1945 trafen sich beide und standen in gutem Verhältnis zueinander. Auch Werner Hartke wußte um die wahren Zusammenhänge sehr gut. Die Infamie seiner Verleumdung läßt die Bitterkeit erahnen, die Robert Havemann empfunden haben muß, als er sich als Antifaschist wieder von früheren Nazis gemaßregelt sah. Diese Bitterkeit erhielt am 1. April 1966 durch einen Leserbrief an „Die Zeit" Nahrung, dem zu entnehmen war, daß Hartke nicht nur ein kleines NSDAP-Mitglied gewesen sei, sondern auch an der Verschärfung des Naziterrors nach dem gescheiterten Putschversuch des 20. Juli 1944 teilgenommen habe.

---

im Westen" machte, die Veröffentlichung in der Zeit aber als „unerhörten Vertrauensbruch" ansah, erwiderte Hartke: „Ähnliche Erfahrungen machte Vater Hartke 1943 mit Havemann." – Aktennotiz über Gespräch mit AkM Schwabe am 18. 3. 1966, AAW, Leitung, Personalia, Bd. 164.

[6] Vgl. *Robert Havemann*, Fragen – Antworten – Fragen. Aus der Biographie eines deutschen Marxisten, München 1970, S. 21–24.

Dok. 113 Leserbrief an „Die Zeit" über Werner Hartke, 1. 4. 1966
Die Zeit, Hamburg, 1. 4. 1966

Havemann-Ankläger
Professor Werner Hartke, Präsident der Akademie der Wissenschaften Ostberlins, kommt mit der Bemerkung „Blockleiter und NSDAP-Mitglied" in der Bildunterschrift des Photos von Robert Havemann recht gut und harmlos weg. Ganz so harmlos war Professor Hartke nicht.
Als nach dem Attentat auf Hitler am 20. Juli 1944 die Militärische Abwehr, die ihren Chef, Oberst Hansen, an diesem Tag durch Hinrichtung verloren hatte, aus dem OKW herausgelöst und in Personalunion mit dem Amt VI des Reichssicherheitshauptamtes unter SS-Brigadeführer Schellenberg verbunden wurde, bekamen auch die Dienststellen der Militärischen Abwehr NS-Führungsoffiziere zugewiesen, von denen sie bis dahin freigehalten waren. Schellenberg verschrieb sich immerhin den Hauptmann Werner Hartke als NS-Führungsoffizier für eine der wichtigsten Canaris-Dienststellen in Stahnsdorf bei Berlin. Es darf angenommen werden, daß Hartke sich 1944 durch mehr als nur seine Parteimitgliedschaft und den vergleichsweise harmlosen Blockleiterposten für diese weltanschauliche Führungsposition ausgerechnet in einer solchen Dienststelle empfohlen hatte.
Dr. Edgar Jörg, Wiesbaden

Die Staatssicherheit, die Havemanns Biographie nach allem abklopfte, was ihr dienlich zu sein schien, um seinen Ruf zu vernichten, wußte sehr genau, daß an Hartkes Verleumdungen nicht ein wahres Wort war. Sie vermied peinlichst, den Vorgang um Wilhelm Hartke zu verwenden, desavouierte Werner Hartke, der sich ihr als inoffizieller Mitarbeiter andiente, indes auch nicht.[7]
In den Tagen nach der Veröffentlichung der Briefe Hartkes und Havemanns in der „Zeit" sammelten sich auf Hartkes Schreibtisch eine Reihe von Protesten vor allem linker Intellektueller der Bundesrepublik.

---

[7] Nach dem Tode Havemanns meldete sich ein „Brigadegeneral a. D." Theodor Poretschkin zu Wort und teilte Fritz J. Raddatz, dem Autor des Nachrufs auf Havemann in der „Zeit" (Die Zeit, 16. 4. 1982) mit, daß er, Poretschkin, als militärischer Vorgesetzter Hartkes in Stahnsdorf diesen auf den Befehl hin, einen Offizier für die Position des NS-Führungsoffiziers namhaft zu machen, Hartke vorschlug, weil er „keinerlei Wert auf den NSFO legte und keinen parteigebundenen Spitzel in meinem Regiment haben wollte". Er hatte Hartke „in schwerer Zeit als absolut anständigen Kameraden menschlich schätzen gelernt". Hartkes Ernennung zum NSFO wurde daraufhin mehrfach von Poretschkins vorgesetzter Dienststelle abgelehnt, „da Hartke ,politisch keineswegs zuverlässig' sei", Poretschkin selbst „gerügt, weil ich einen politisch so unzuverlässigen Offizier überhaupt dafür in Erwägung ziehen konnte". – BStU, 10756/85, GMS „Heide" (i. e. Werner Hartke), Bl. 55 f.

Dok. 114 SDS-Bundesvorstand an Werner Hartke: Offener Brief, [Auszug], 22. 3. 1966
AAW, Leitung, Personalia, 164, Bl. 223

**Sozialistischer
Deutscher
Studentenbund
SDS
Bundesvorstand**

6000 Frankfurt am Main 1 — Wilhelm-Hauff-Str. 5 — Bundessekretariat — Telefon 77 64 22
An den
Präsidenten der Akademie der Wissenschaften
Herrn Prof. Dr. Werner Hartke
X Berlin
Unter den Linden
D D R   O f f e n e r   B r i e f

Sehr geehrter Herr Präsident!

[...] Wir haben nach dem 11. Plenum des Zentralkomitees der Sozialistischen Einheitspartei Deutschlands zu dem Vorgehen gegen einige sozialistische Wissenschaftler und Künstler, mit denen uns seit ihrem Auftreten in der Bundesrepublik teilweise freundschaftliche-politische Beziehungen verbinden, nicht öffentlich Stellung genommen. In Ihrem Schreiben an die Mitglieder der Akademie, das uns erst durch den Abdruck in der „Zeit" vom 18. 3. 66 bekannt wurde, führen Sie unter anderem auch gegen Professor Havemann an, er habe versucht, für Einladungen des SDS zu Vorträgen in der Bundesrepublik Ihre Zustimmung und damit die Reisegenehmigung des Ministeriums des Innern zu erhalten. Ja, Sie sprechen sogar von den einladenden Organisationen, also auch von uns, als von „Feinden der DDR".

Damit haben Sie diesen offenen Brief herausgefordert. Gemeinsam mit den anderen progressiven Kräften in der Bundesrepublik hat der SDS seit langem, unter sehr schwierigen Bedingungen, eine Politik der Entspannung und des Ausgleichs zwischen der Bundesrepublik und der DDR betrieben und gefördert und immer wieder die Anerkennung der DDR gefordert. Wir haben unmißverständlich, sowohl in der Bundesrepublik als auch in der DDR erklärt, daß wir die tatsächlich sozialistischen Ansätze in der DDR begrüßen, obgleich wir entscheidende Schritte zur sozialistischen *Demokratie* nicht nur für möglich, sondern auch für dringend notwendig halten.

Wir fragen Sie nun: sind wir deshalb Feinde der DDR?

[...] So sind wir auch mit einigen Auffassungen durchaus nicht einverstanden, wie sie Professor Havemann z. B. in dem von Ihnen erwähnten Artikel im SPIEGEL geäußert hat; wie die meisten DDR-Politiker und Wissenschaftler kennt Herr Professor Havemann die Bundesrepublik zu wenig und kommt daher zu falschen Vorstellungen.

Das hindert uns aber durchaus nicht daran, gerade in ihm einen Wissenschaftler zu sehen, für den die marxistische Theorie eine lebendige, revolutionäre Wissenschaft ist, mit dessen Anschauungen zu diskutieren sich jedenfalls lohnt. [...]

Mittlerweile ist aber kulminierend im „Fall Havemann", die Art und Weise, wie einige sozialistische Künstler und Intellektuelle gegenwärtig in der DDR behandelt werden, zu einer schweren Behinderung unserer politischen Arbeit in der Bundesrepublik geworden. [...]
Wir bitten Sie daher, Herrn Professor Havemann ausreichend Gelegenheit zu geben, sich zu den gegen ihn erhobenen Vorwürfen zu äußern und keine Maßnahmen zu treffen, denen nicht eine so vorbereitete, sachliche Diskussion vorangegangen ist.
In der Hoffnung auf Ihre Antwort verbleiben wir
mit vorzüglicher Hochachtung
gez. Helmut Schauer
(Bundesvorsitzender)

Dok. 115 Wolfgang Abendroth an Werner Hartke, [Auszug], 23. 3. 1966
RHG, Archiv, NL Havemann

Hochverehrter Herr Präsident, lieber Herr Kollege!
[...] Mir scheint es dringend notwendig zu sein, niemals zu vergessen, welche bedeutende Rolle Herr Kollege Havemann im Widerstandskampf gegen den deutschen Nationalsozialismus gespielt hat. Aus dieser Periode des Abwehrkampfes gegen den Faschismus, in der Havemann Freiheit und Leben voll eingesetzt hat, fühle ich mich ihm in besonderem Maße solidarisch. Disziplinarmaßnahmen gegen ihn würden die Kameradschaft der ehemaligen Widerstandskämpfer erheblich gefährden.
Auch wenn man der Ansicht wäre, daß manche Auffassungen Havemanns die kritische Methode marxistischen Denkens nicht richtig anwenden, besteht kein Zweifel daran, daß seine geistige Arbeit darauf gerichtet ist, diese kritische Methode zu erneuern und gegenüber dogmatischer Starrheit wieder zum Durchbruch zu bringen. Die wissenschaftliche Wahrheit kann sich aber nur aus der Diskussion, nicht durch bürokratische Entscheidungen ergeben. [...] Weitere disziplinarische Maßnahmen gegen Havemann würden alle fortschrittlichen Kräfte im Bereich der Bundesrepublik weit zurückwerfen, gegenüber jener breiten Schicht, die langsam beginnt, aus den geistigen Verengungen des kalten Krieges auszubrechen, ohne bereits eine klare theoretische Position gefun-

den zu haben, isolieren, und sie würden die restaurativen Kräfte im Westen Deutschlands geradezu mit Waffen beliefern. [...]
Mit kollegialen Grüßen bin ich
Ihr sehr ergebener
Wolfgang Abendroth[8]

In einem Telegramm protestierten am 23. 3. 1966 die Professoren der Freien Universität in Westberlin, Ossip K. Flechtheim, Ludwig v. Friedeburg, Furck, Dietrich Goldschmidt, Helmut Gollwitzer, Kurt Sontheimer und Wilhelm Weischedel:

Dok. 116 **Telegramm von Professoren der Freien Universität, Westberlin, [Auszug], 23. 3. 1966**
AAW, Leitung, Personalia, 164, Bl. 66

Wir glauben, daß eine solche Maßnahme der wissenschaftlichen Tradition dieser großen Institution widerspricht und diejenigen entmutigen wird, die auf Entspannung und Verständigung hoffen.

Am gleichen Tage traf auch ein an die Ordentlichen Akademiemitglieder gerichtetes Telegramm der Humanistischen Union ein:

Dok. 117 **Telegramm der Humanistischen Union, [Auszug], 23. 3. 1966**
AAW, Leitung, Personalia, 164, Bl. 53

Wir bitten Sie dringend, dabei zu bedenken, daß ein Ausschluß Ihres Kollegen Havemann alle Bemühungen um eine gemeinsame Sprache und ein Gespräch zwischen den Wissenschaftlern der beiden Teile Deutschlands außerordentlich erschweren müßte. Professor Havemann ist für die Geistesschaffenden in Westdeutschland ein Symbol für die Unabhängigkeit wissenschaftlichen Forschens und Denkens.

Das Telegramm war unterzeichnet von Generalstaatsanwalt Fritz Bauer, Generalstaatsanwalt Ernst Buchholz, Thomas Ellwein, dem Philosophen Jürgen Habermas, dem späteren Bundesinnenminister Werner Maihofer, dem Psychologen Alexander Mitscherlich und dem Mitbegründer der Humanistischen Union, Gerhard Szczesny.

---

[8] Einen Durchschlag des Briefes ließ Abendroth über Helmut Schauer Havemann überbringen, (siehe Faksimile) auf ihm findet sich folgende handschriftliche Bemerkung Abendroths: „Herrn Schauer [unleserlich] zur Kenntnis. Könnt Ihr eine Abschrift Havemann zuspielen? Evtl. in ‚NK' („Neue Kritik": Zeitschrift des SDS – die Hrsg.) publizieren?"

Die Briefe wurden umgehend an das ZK weitergeleitet. Am 24. 3. 1966 schickte Hager den Brief des SDS sowie einige andere westliche Stellungnahmen aus der Presse zur Kenntnisnahme an die Politbüromitglieder. Auf dem Anschreiben Hagers wies Walter Ulbricht an:

Dok. 118 Walter Ulbricht an Kurt Hager, 24. 3. 1966
SAPMO-BArch, SED, ZPA, IV A 2/9.04/106

Gen. Hager
Ich schlage vor, den Brief durch ein Mitglied der Akademie zu beantworten.
WU

Der offenbar von Hartke mit der Formulierung der Antwort beauftragte Fritz Behrens dachte indes nicht daran, sich zum beauftragten Schreiberling dieser Politik machen zu lassen[9] und lehnte es am 12. 4. 1966 in einem Brief an Hartke ab, diese Antwort zu verfassen:

Dok. 119 Fritz Behrens an Werner Hartke, [Auszug], 12. 4. 1966
AAW, Leitung, Personalia, 164

Ich bin ebenfalls der Meinung, daß ein Akademiemitglied den Brief des Bundesvorstandes des SDS beantworten muß.

Er halte es aber für Mißachtung des SDS, den er sehr hoch schätzt, wenn ein Brief an den Präsidenten der DAW von einem einfachen Mitglied beantwortet werde. Diese gewitzte Ausrede kommentierte Hartke:

Nicht dumm.

120

Die Veröffentlichung in der „Zeit" zwang Hartke dazu, den von ihm selbst aus gestreuten Gerüchten hinterherzulaufen. Beim Staatssekretariat erhoffte er sich noch Informationen, die die von ihm gegen Havemann gerichtete Unterstellung der Indiskretion in dienstlichen Fragen wenigstens ansatzweise aus

---

[9] „Fritz (Behrens) trinkt wieder stärker, andere sind bitterzynisch bis dorthinaus, andere, besonders an sich anständige Bürger, kochen vor Wut", vermerkt Jürgen Kuczynski am 2. 4. 1966 in seinem Tagebuch. – *Jürgen Kuczynski*, „Ein linientreuer Dissident". Memoiren 1945–1989, Berlin 1994, S. 152.

dem Stadium der Erfindung in das einer Halbwahrheit erheben könnten.[1] Eine Antwort des Ministeriums ist – aus dem naheliegenden Grund, daß schwer belegt werden kann, was es nicht gibt – nicht überliefert.

Dok. 120 Werner Hartke an Herbert Weiz, 22. 3. 1966
AAW, Leitung, Personalia, 164, Bl. 360

Sehr geehrter Genosse Staatssekretär!
Wie mir am 21. 3. 66 berichtet wurde, kolportiert man in Kreisen unserer Akademie eine Information, für die sich die Unterlagen bei Ihnen befinden sollen.
Danach hat Prof. *Havemann* im RGW bestimmte für die Raumfahrt wichtige Untersuchungen über photosynthetische Themen vorgeschlagen gehabt. Als die Thematik nicht akzeptiert wurde, habe er sie spontan der NASA angeboten. Von dort sei eine Antwort in dem Sinne gekommen, daß NASA als staatliche Behörde auf diese Initiative nicht eingehen könne, da die USA die DDR nicht anerkannt haben.
Der Bericht wurde mir von AkM *Bertsch* in Gegenwart von AkM *Thilo* gegeben. Als Quelle wurde AkM *Leibnitz* angegeben. Wir hielten uns für verpflichtet, Ihnen Mitteilungen von diesem Bericht zu geben.
Zur Vervollständigung unserer Akten wäre es uns allerdings wichtig, gegebenenfalls eine Bestätigung der dargestellten Umstände zu erhalten.
Mit sozialistischem Gruß
Prof. Dr. Werner Hartke

---

[1] Vgl. neben dem hier abgedruckten Dokument auch: Notiz über Gespräch zwischen Hartke und Staatssekretär Stubenrauch, 23. 3. 66, AAW, Leitung, Personalia, 164, Bl. 358; vgl. auch Fotokopie der Protokolle der Expertenkonferenz RGW, Photosynthese am 8. 3. 63, ebenda, Bl. 362.

Debakel im Plenum

24. März 1966 bis 31. März 1966

121–124

Plenum der Akademie, 24. 3. 1966
Für den Morgen des einberufenen Plenums vom 24. März 1966 war eine außerordentliche Präsidiumssitzung anberaumt worden. Vor allem die Veröffentlichung der „Zeit" und die Reaktionen darauf hatten noch einmal für Aufregung gesorgt. Präsident Hartke faßte „die letzten Ereignisse" zusammen und beschwor die Präsidiumsmitglieder, es würde der Akademie nur „abträglich sein", sich auf die Proteste einzulassen. Präsidium und Klasse könnten „in keiner Weise nachgeben, ohne daß der Gang der Angelegenheit völlig ins Gegenteil [...] verkehrt werde". Schließlich gebe es keine neuen Fakten. Doch gegen die Absicht Hartkes, das Plenum über die Proteste gar nicht zu informieren, gab es auch Einwände, z. B. von Professor Gustav Hertz. Generalsekretär Rienäcker bemühte sich, die Diskussion mit dem Argument, es gäbe kein Zurück, vom Tisch zu wischen: „Die Abstimmung ist gegenwärtig bereits im Gange [...] durch Vorwahl. Wir stehen also [...] unter Klausur". Letztlich erklärte auch Hartke: „Eine Information ist nötig, weil durch die Publikation im Westen die Akademie in ein schiefes Licht gerückt ist". Doch welche „geeignete Lösung" die auf entschlossenes Vorgehen eingestimmten Herren dem Plenum um 16.00 Uhr darboten, ist nicht dokumentiert.
Im Plenarsaal in der Otto-Nuschke-Straße waren 85 Akademiemitglieder versammelt, als mit Punkt eins der Tagesordnung „Beendigung der Mitgliedschaft des KAkM Robert Havemann" die Geschäftssitzung des Plenums eröffnet wurde. Nicht geladen war Professor Robert Havemann. Nachdem das Präsidium den Beschlußantrag unterbreitet hatte, wurde nochmals darauf hingewiesen, daß eine „qualifizierte Mehrheit von ¾ der Anwesenden nötig" sei und nur ein Kreuz in der linken Spalte des Stimmzettels als Zustimmung zähle, während Enthaltung ebenso wie Ablehnung eine Stimme gegen den Antrag bedeute. An der brieflichen Vorabstimmung hatten sich 16 Akademiemitglieder beteiligt. Nach dem Auszählen der geheim abgegebenen Stimmen wurde der Eklat deutlich: Sechs Stimmen fehlten an der für den Ausschluß erforderlichen Mehrheit. Nur 70 Akademiemitglieder hatten für den Ausschluß, 13 dagegen gestimmt, und 17 Stimmenthaltungen wurden registriert. Das Szenarium zum Ausschluß

Robert Havemanns aus der Deutschen Akademie der Wissenschaften war gescheitert.
Im offiziellen Jahrbuch der DAW für 1966 wird diese Abstimmung verschwiegen. Robert Havemann ist bereits so zur Unperson geworden, daß selbst sein Verschwinden verschwindet: Es scheint, als habe es ihn nie gegeben. Über den 24. März weiß diese Chronik nur zu vermelden: „KAkM A.V. Ivacenko spricht über ‚Sprachwissenschaft und Akustik'. [...] Zum Professor der Akademie gemäß § 33 des Statuts der Akademmie ernannt: Dr. Nikolaus Richter, Direktor des Karl-Schwarzschild-Observatoriums. Der Termin der Zuwahlen neuer Akademiemitglieder im Jahre 1966 wird auf den 9. Juni 1966 festgelegt."[1]

Dok. 121 Einladung zur Geschäftssitzung des Plenums der DAW am 24. 3. 1966, 21. 2. 1966
AAW, Leitung, Personalia, 162, Bl. 194

Hochverehrtes Mitglied!
Ich beehre mich, Sie zu einer Geschäftssitzung des Plenums der Akademie
 am Donnerstag, dem 24. März 1966, 16.00 Uhr,
ergebenst einzuladen. Die Sitzung findet im Plenarsaal der Akademie (Otto-Nuschke-Str.) statt.

Vorläufige Tagesordnung:
1. Beendigung der Mitgliedschaft des KAkM Robert Havemann
2. Ernennung zum Professor durch die Akademie
3. Bekanntgabe der Wahltermine 1966
Die Geschäftssitzung ist mit einer Abstimmung gemäß §§ 10 und 31 des Akademie-Statuts verbunden. Die Ordentlichen Mitglieder werden daher, soweit nicht § 7 Ziffer (5) auf sie zutrifft (Befreiung nach Vollendung des 65. Lebensjahres), an ihre Pflicht zur Teilnahme (§ 5 Ziffer 3) dringend erinnert.
Mit dem Ausdruck meiner vorzüglichen Hochachtung
Ihr sehr ergebener
Prof. Dr. W. Hartke

---

[1] Deutsche Akademie der Wissenschaften zu Berlin, Jahrbuch 1966, Berlin 1967, S. 176.

Dok. 122 Aktennotiz über die Außerordentliche Präsidiumssitzung, 24. 3. 1966
AAW, Leitung, Personalia, 164, Bl. 344-355

Anwesend:	Präsident	*Hartke*
	Vizepräsident	*Steenbeck*
	Vizepräsident	*Stern*
	Vizepräsident	*Klare*
	Generalsekretär	*Rienäcker*
und die	AkM	*Rompe*
		Grell
		Hertz
		Kraatz
		Lüdemann
		Lehmann
		Ruben
		Oelßner
und		*Leibnitz*
sowie	Herr	*Ziert*
und	Dr.	*Richter* (Protokoll)

Präsident Hartke informiert, daß die Außerordentliche Sitzung einberufen wurde, um nochmals über Fragen der Plenarsitzung zu sprechen. Er faßt noch einmal kurz die letzten Ereignisse zusammen. Nach der Sitzung am 10. 3. und der Behandlung der Angelegenheit in den Klassen sei der Brief Havemanns vom 9. 3. in der Westpresse erschienen. Es sei außerordentlich bedauerlich, daß Prof. Havemann, obwohl er am 8. 3. die Einladung zur Präsidiumssitzung vom 10. 3. erhalten habe, am 9. 3. der Akademie wissentlich und verleumderisch nachgesagt habe, er hätte keine Gelegenheit, vor der Behandlung seiner Sache im Plenum gehört zu werden bzw. sich zu äußern. Noch am 9. 3. abends habe er geschwankt und ein AkM befragt, ob er zur Präsidiumssitzung erscheinen solle oder nicht. Nach Mitteilung von Hrn. Thilo habe Havemann am 14. 3. davon Kenntnis bekommen, daß am 17. 3. der Bericht des Präsidenten vor der Chemie Klasse und sein Brief in der westdeutschen Wochenschrift „Die Zeit" erscheinen werde. Er habe Hrn. Thilo erklärt, er habe mit dieser Veröffentlichung nichts zu tun. Ohne Zweifel sei die ganze Aktion jedoch erfolgt, um einen politischen Druck auf die Akademie zu erzeugen. Inzwischen seien Sendungen über RIAS und über BBC London ausgestrahlt worden. Fried hat von London aus Montag abend erklärt, es gebe massenhafte Proteste. Zu diesem Zeitpunkt lagen weder von Akademiemitgliedern unserer oder anderer Akademien noch von Akademien überhaupt Proteste in dieser Sache vor. Es gab lediglich eine Anfrage des KAkM Bianchi Bandinelli im Hinblick auf die Verfahrensweise, den Brief von AkM Heisenberg an Hrn. Hertz, der gewisse Bedenken enthielt und einen ziemlich scharf pointierten Protest von Pauling gegen die Maßnahmen von Hrn. Klare ...

Inzwischen sind einige weitere Proteste eingegangen und zwar 3 Telegramme, die bis auf eins von AkM Kienle[2] nicht mit unserer oder mit anderen Akademien in Beziehung stehen. Eines von einer Gruppe westberliner Intellektueller, u. a. der Professoren Sontheimer, Weischedel, Flechtheim usw., ein weiteres von dem hessischen Generalstaatsanwalt Bauer, einem weiteren Staatsanwalt und einigen Intellektuellen, darunter die Professoren Mitscherlich und Ellwein. Sich auf diese Aktionen einzulassen, bedeutet die Akademie auf eine Ebene zu ziehen, die ihr nur sehr abträglich sein kann. Was das Telegramm von AkM Kienle betrifft, so ist es kurz, ziemlich scharf gehalten und man muß feststellen, daß Kienle sich in keiner Weise informiert hat, auch nicht um Information gebeten hat. Als Präsident möchte er sich den Hinweis erlauben, daß es sich bei der heutigen Abstimmung um eine Entscheidung von langdauernder Bedeutung handelt, die von irgendwelchen Erwägungen im Hinblick auf die Person oder Personen nicht beeinflußt werden sollte. Die Akademie besitze ihre Bedeutung wegen ihrer Arbeit und nicht wegen der Personen, die ihr angehören. Im übrigen müsse man die Erfahrungen der Vergangenheit berücksichtigen. Es habe 1950 eine Reihe von Austritten von AkM gegeben. Dafür waren verschiedene Gründe maßgebend. Niemand denkt heute mehr an diese Austritte oder redet von ihnen. Es habe daher keinen Zweck, auf die persönliche Seite übermäßiges Gewicht zu legen. Man muß feststellen, daß die Akademie nunmehr seit zwei Jahren erheblich gestört worden sei und daß dieser Zustand beendet werden müsse.

Es gebe allerdings immer noch Versuche, die Verfahrensweise zu ändern. Das ist nicht zuletzt auch ein Ergebnis des Versuches von außen, Druck auszuüben. Die AkM Thilo und Bertsch haben Vorschläge gemacht, die auf ältere, bereits abgelehnte, zurückgreifen. Präsidium und Klasse können jedoch in keiner Weise nachgeben, ohne daß der Gang der Angelegenheit völlig ins Gegenteil und gegen den bisher zum Ausdruck gebrachten Willen verkehrt werde. Die Akademiemitglieder Thilo und Bertsch haben auch erklärt, daß auch sie jetzt ein Eingreifen für zwecklos halten. Es sind Bedenken geäußert worden von einigen Mitgliedern, daß sie die Materialien nicht kennen. Der Präsident erinnere daran, daß er die Sekretare am 10. 3. in der Präsidiumssitzung gebeten habe, in ihren Klassen mitzuteilen, daß die entsprechenden Materialien zur Einsichtnahme bereit liegen. Es war natürlich unpraktikabel, sie zu diesem Zeitpunkt zu vervielfältigen und herumzuschicken. Bisher habe kein Mitglied davon Gebrauch gemacht. Allein Hr. Görlich hat das Angebot zur Einsichtnahme damit beantwortet, daß er heute erscheint, um die Materialien einzusehen. Die am 10. 3. abwesenden Mitglieder sind durch einen Brief des Generalsekretärs ebenfalls auf diese Möglichkeit aufmerksam gemacht worden. Keiner könne also sagen, er sei von der Prüfung abgehalten worden. Der Präsident sei auch gern bereit, den Sekretaren Einblick in die erwähnten drei Briefe zu geben. Er könne es nicht für günstig halten, wenn heute in den Klassen wieder eine Diskussion beginnt. Neue Fakten seien schließlich nicht gegeben.

---

[2] Telegramm von Kienle, AAW, Leitung, Personalia, 164, Bl. 67, sowie Brief vom 17. 6. 1966 an Hartke, ebenda, Bl. 117.

AkM Steenbeck: Doch, die Veröffentlichung in der „Zeit". Aber sie bedeutet natürlich nichts grundsätzlich Neues.
AkM Hartke: Richtig, der Abdruck in der „Zeit" und der Versuch, uns von außen unter Druck zu setzen. Er müsse auch sagen, daß bedauerlicherweise die Vertraulichkeit in der Akademie sich als sehr durchlässig erwiesen habe.
AkM Steenbeck: Er habe auch mit verschiedenen Kollegen seitdem gesprochen. Auch über die Tatsache, daß nun alles in der „Zeit" veröffentlicht sei. Es gebe die einheitliche Reaktion: Das macht die Geschichte jetzt endgültig klar. Mit solchem Mann, der in ein nicht abgeschlossenes Verfahren durch solche Handlungsweise einzugreifen sucht und solche gegen uns eingestellten Organe ausnutzt, kann man unmöglich länger zusammenarbeiten. Das ganze zeigt, wir müssen uns von ihm trennen. Wenn wir das jetzt nicht tun, kommen immer weitere Schwierigkeiten. Auch er halte eine Diskussion nicht für opportun, aber wenn Fragen gestellt werden, kann man das natürlich nicht unterbinden.
AkM Hertz: Ich bin der Meinung, daß man das Faktum der Proteste bekanntgeben sollte. Auch die Namen von denen, die unterschrieben haben, sollte man nennen. ...
AkM Rienäcker: fällt ein: Ich glaube, wir müssen vor allem sehen, daß Havemann wider besseres Wissen behauptet, er würde nicht gehört. Wenn darüber gesprochen wird, dann kann man nur sagen, die Herren haben sich nicht informiert. Aber sie sind durch Herrn Havemanns Aktionen zum Protest veranlaßt worden.
AkM Hertz: Soll das als Mitteilung aus dem Präsidium in den Klassen gesagt werden?
AkM Hartke: Den Einspruch von Hrn. Kienle würde ich nicht unterschlagen. Ich würde nur sagen, es ist geschehen, ohne daß Hr. Kienle Gelegenheit nahm, sich zu informieren. Äußerungen anderer Akademien oder AkM, sofern überhaupt welche kommen, soll man meiner Ansicht nach ernst nehmen. Die anderen Telegramme sollte man nicht bekanntgeben. Außerdem kann gesagt werden, daß unser KAkM Bianchi Bandinelli in dieser Sache eine Anfrage an mich gerichtet hat. Der Präsident verliest die drei Anfragen und gibt kurz Erläuterungen, wie er sie beantwortet habe. Den Brief von Hrn. Heisenberg kennen Sie, Hr. Hertz, und können in der Klasse dazu sprechen. Das Schreiben von Pauling enthält einen scharfen Protest gegen die Maßnahmen von Hrn. Klare, aber Pauling ist nicht unser Akademiemitglied.
AkM Rienäcker: Ich möchte doch noch auf folgendes hinweisen: Die Abstimmung ist gegenwärtig bereits im Gange. 15 AkM haben durch Vorwahl abgestimmt. Wir stehen also in gewisser Weise unter Klausur. Entweder sind ganz neue Dinge eingetreten, dann müßte man sie allerdings allen mitteilen, oder wir stellen uns auf den Standpunkt, ab 18. 3. läuft bereits das Abstimmungsverfahren. Ich glaube, daß nur der zweite Gesichtspunkt zutrifft.
AkM Leibnitz: Was uns bei der Sache allein interessieren kann, sind Äußerungen von Mitgliedern unserer Akademie oder von anderen Akademien. Es liegt aber keinerlei Äußerung aus solchen Kreisen vor, bis auf die eine von Hrn. Kienle. Alle anderen Dinge sind nicht von gleichgestellten Gremien gekommen. Ich möchte mit aller Entschiedenheit betonen, die Bereinigung der Angelegenheit Havemann ist eine Sache, die uns und nur uns allein angeht und zwar aus zwei Gründen:
1. zur Erhaltung der Arbeitsfähigkeit unserer Akademie,

2. zur Klärung unseres Verhältnisses zu unserer Republik.
Dazu haben wir keine anderen Leute zu hören. Ich lehne es für mich ab, einen Staatsanwalt der Bundesrepublik zu dieser Sache zu hören. Wenn er sich äußern will, so ist das seine ureigene Angelegenheit. Aber ich für meine Person weigere mich, das zur Kenntnis zu nehmen. Ich bin empört, daß derartige Einmischungsversuche unternommen werden. Uns gehen nur die mit uns kooperierenden Akademien etwas an und unser Mitglied Kienle. Alles andere ist gelinde gesagt eine Zumutung.
AkM Rompe: Man muß alle Einmischungsversuche von außen entschieden zurückweisen. Was den Einspruch von Hrn. Kienle betrifft, so muß ich sagen, ich verstehe ihn nicht. Sonst pflegte er gewöhnlich zu fragen. So hat er früher reagiert. Wenn er sagen würde, er habe mit Hrn. Steenbeck gesprochen oder wenn Hr. Steenbeck uns mitteilen würde, Hr. Kienle hat bei mir angefragt, wäre das noch etwas anderes, aber so möchte ich glauben, er hat nicht aus eigenem Antrieb gehandelt.
AkM Hertz stimmt zu.
AkM Hartke teilt diese Auffassung nicht.
AkM Steenbeck: Kienle hat sich natürlich nicht an mich gewandt. Die Frage ist, sollen wir die anderen erwähnen. Man soll vielleicht sagen, es gibt noch andere Proteste, aber die liegen alle nicht auf unserer Ebene. Es sind ja auch lächerlich wenig. Hier wissen viele von einer „breiten Protestbewegung". Wir müssen sagen, welcher Art diese Äußerungen sind und aus welcher Quelle sie stammen. Da möchte ich Hrn. Leibnitz nur unterstreichen. Viele glauben: Wir sind ja selbst nicht informiert. Deshalb ist so ungeheuer wichtig, das Angebot, das Material einzusehen und daß darauf auch in den Klassen hingewiesen wurde. Hinter dem Einwand „wir sind nicht informiert" verbirgt sich nur eine gewisse Opposition. Aber dagegen kann man eindeutig von dem Angebot Gebrauch machen. Man sollte darauf in den Klassen besonders hinweisen.
AkM Hartke: Das Material liegt in meinem Sekretariat aus, einschließlich des „Spiegel". Zur nochmaligen Erinnerung verliest er den entsprechenden Absatz des Schreibens des Generalsekretärs an die Mitglieder, die am 10. 3. nicht anwesend waren.
AkM Steenbeck: Ich halte das für ganz besonders wichtig. Alle haben sich also informieren können. Wenn sie das nicht getan haben, so liegt das ausschließlich an ihnen.
AkM Stern: Ich habe weiter keine Gelegenheit gehabt, an den letzten Sitzungen teilzunehmen. Ich habe mich jedoch an Hand der Protokolle und Unterlagen informiert. Ich meine, das Datum von heute muß uns Veranlassung sein, alles zu tun, damit wir uns das Gesetz des Handelns nicht von außen vorschreiben lassen. Ich halte eine zu breite Diskussion in den Klassen, vor dem Plenum nicht für sehr zweckmäßig, weil darin die große Gefahr liegt, daß das Ganze zerredet wird. Das kann unter Umständen eine falsche Konfiguration der Kräfte bewirken. Ich halte die außerordentlich wohlüberlegte und gut fundierte Erklärung von Hrn. Lehmann als eine hervorragende Grundlage, von der ausgegangen werden müßte. Ich bin der Meinung, daß wir uns von der Solidarität mit dieser Haltung und der der Klasse leiten lassen müßten. Die Akademie steht doch nicht im luftleeren Raum. Diese ganze Sache ist nur hochgespielt. Natürlich nicht ohne das Zutun von Havemann. Es ist vollkommen klar, daß die Reaktion, auch die von Hrn. Kienle, ein Element den kalten Krieges gegen die DDR ist. Wenn wir von der klaren Position, die Hr.

Lehmann vorgetragen hat, und dem Hinweis auf die einheitliche Position der Chemie-Klasse ausgehen, müßte es möglich sein, zu verhindern, daß weder in den Klassen noch im Plenum die Angelegenheit zerredet wird. Sonst könnte allerdings vieles falsch laufen.
AkM Hartke: Wir haben Ihre Erklärung, Hr. Lehmann, an diejenige Akademiemitglieder verschickt, die am 10. 3. in den Klassensitzungen nicht anwesend waren.
AkM Steenbeck: Wenn überhaupt über diese Sache noch diskutiert wird, so müßte man sagen, daß Havemann im Westen doch nicht als Chemiker oder Philosoph interessiert, sondern als kalter Krieger. Das war es, was Hr. Knöll gestern auch sagte.
AkM Lehmann: Dem schließe ich mich völlig an. Unsere Klasse hat sich in wirklich aufreibenden Diskussionen zur Klärung durchgerungen. Ich hörte, daß das überall auch in den anderen Klassen der Fall war. Lediglich in der Klasse für Medizin soll es Fragen gegeben haben. ...
AkM Kraatz: Ich möchte für die Medzinklasse erklären, daß wir von folgendem ausgehen:
Heute steht wohl die Frage des Ausschlusses von Hrn. Havemann zur Abstimmung, aber im Grunde genommen geht es um die Frage des Ansehens der gesamten Akademie.
AkM Hartke: Ich bitte, Hrn. Lehmann fortfahren zu lassen.
AkM Lehmann: Es geht doch hier nicht um die Person von Hrn. Havemann. Er ist nur eine Figur im politischen Spiel. Auch wenn Sie sagen, Herr Präsident, wir sollen von der Akademie und nicht von den Personen, die ihr angehören, ausgehen, so möchte ich doch folgendes sagen: Die Akademien, insbesondere auch die Akademien älteren Typs, im Westen, werden getragen von Persönlichkeiten und man sollte sich mit Blick auf die Zukunft – und ich möchte das auch im Namen unserer Klasse, die den Stein ins Rollen gebracht hat sagen – fragen, wie können wir jeden Schaden für die Akademie vermeiden. Was kann nun erfolgen, um im Hinblick auf andere Akademien allen Schaden zu vermeiden. Die Akademien, auch die Akademien älteren Typs im Westen stehen doch in der Politik. Deshalb müssen wir, wenn natürlich auch nicht heute, überlegen, welche Form wählen wir, um zu reagieren. Vielleicht machen wir eine Erklärung. Wenn ich an solche Akademiemitglieder im Westen denke wie Hrn. Butenandt so werden sie sich doch fragen, was ist nun eigentlich los. Eine Notiz mit wenigen Zeilen im „Neuen Deutschland" wird herausgegeben und das ist alles. Ich wollte nur sagen, wir müssen gut aufpassen. Wir haben uns in der Klasse in, ich möchte sagen, ergreifenden Diskussionen, zu einem Standpunkt durchgerungen. Das sind unsere eigenen Mitglieder gewesen. Aber viele sind weiter weg von uns. Ich meine auch, daß wir heute keine großen Diskussionen zu erwarten haben oder hinnehmen sollen. Aber wir müssen doch darauf vorbereitet sein, daß in der Zukunft Fragen kommen können.
AkM Hartke: Ich stimme Ihnen völlig zu, Hr. Lehmann. Ich habe selbst bisher immer den Standpunkt eingenommen, „keine Publizität". Aber nun ist es ohne unsere Schuld anders gekommen. Jetzt müssen wir eine geeignete Lösung finden.
AkM Lehmann: Das würde eigentlich erst eine richtige akademiewürdige Politisierung bedeuten.
AkM Stern: Ich unterschreibe alles, was Hr. Lehmann gesagt hat. Aber nicht in der Form, wie er es vorschlägt. Das ist ein Usus unter den Universitäten. Da wird es so ge-

halten, daß die deutschsprachigen Universitäten, auch die schweizerischen, österreichischen usw. bei kriminellen Vergehen sich untereinander verständigen. Aber in solchen Fällen ist das etwas anders; wenn wir das heute tun, so wirkt das wie ein Rechtfertigungsversuch.

AkM Hartke: Hr. Stern, Sie haben Hrn. Lehmann mißverstanden. Ich bin durchaus der Meinung, eine Information ist nötig, weil durch die Publikation im Westen die Akademie in ein schiefes Licht gerückt ist.

AkM Oelßner: Ich möchte noch einmal auf die Möglichkeit von Diskussionen zurückkommen. Ich glaube, meine Klasse wird das überhaupt nicht verstehen, wir haben über die Sache diskutiert und hatten dazu einen klaren Beschluß gefaßt. Das wird sogar im Protokoll festgehalten. Dieses Protokoll wird in der heutigen Klassensitzung bestätigt. Wir sind daran interessiert, daß wir nun in Ruhe unsere Arbeit machen können.

AkM Leibnitz: Ich möchte nur folgendes sagen. Hr. Havemann ist als Physiker und Chemiker nicht unbekannt.

AkM Rienäcker: Einwurf von AkM Rienäcker: John Eggers[3]. Das ist noch sehr zu bestreiten. John Eggers kennt ihn z. B. nicht. Er hat gesagt, er kenne ihn nicht.

AkM Leibnitz: Natürlich kennt er ihn, aber das ist etwas anderes. Er kann ihn nicht leiden.

Aber was so empörend ist, ist das: Was auch immer an uns herangetragen wird, es stammt keinesfalls aus Kreisen, die die wissenschaftliche Position Havemanns kennen. Wir können uns doch nicht von Seiten hereinreden lassen, die diese Sache nur nutzen, um mit uns den kalten Krieg zu spielen. Man möchte uns in diese Ebene einbeziehen. Wir müssen allen klarmachen: Der Mann wird immer gegen uns ausgenutzt werden.

AkM Steenbeck: Mehr. Er wird sich immer hineinziehen lassen! Die Gelegenheit hat er ihnen gegeben! Wenn er nur wollte, so hätte er doch längst die Gelegenheit gehabt, sich dazu zu äußern.

AkM Lehmann: Ich wollte nur noch einmal auf das, was Hr. Stern sagte, eingehen. Mir kam es auf keinen Fall darauf an, daß wir Schwächepunkte zeigen, sondern ich möchte nur, daß wir allen Schwierigkeiten rechtzeitig begegnen.

AkM Hartke: Selbstverständlich, Hr. Lehmann, das haben alle verstanden. Ich glaube, wir können die Sitzung jetzt schießen.

Dok. 123 Zum Tagesordnungspunkt 1 der Geschäftssitzung des Plenums, 24. 3. 1966
AAW, Leitung, Personalia, 162, Bl. 114 f.

Ablauf:
1. Mitteilung des Beschlusses des Präsidiums vom 24. 2. 66: Das Präsidium faßte in seiner Sitzung am 24. 2. 66 auf Empfehlung der Klasse für Chemie, Geologie und Biologie nach eingehender Diskussion folgenden Beschluß:

---
[3] Gemeint ist wohl John Eggert.

> „Das Präsidium unterbreitet dem Plenum in analoger Anwendung des § 19 Absatz 2 f) des Akademie-Statuts den Antrag, über die Beendigung der Mitgliedschaft des Korrespondierenden AkM Robert Havemann gemäß § 10 des Statuts zu beschließen."

Entsprechend der Wahlordnung der DAW fand in allen Klassen eine Diskussion zu dem Antrag statt. Die Begründung des Antrages wurde allen Klassen zur Kenntnis gegeben. Den Akademiemitgliedern, die an der Teilnahme an der Sitzung verhindert waren, wurden die Ausführungen des Sekretars der Klasse für Chemie, Geologie und Biologie, die dieser in der Präsidiumssitzung am 10. März 1966 zugleich im Namen des Präsidenten vortrug, mit Schreiben vom 14. 3. 66 zugesandt.

2. *Erläuterung des Abstimmungsverfahrens*
(Stimmzettel ist an der Wandtafel im Plenarsaal abgebildet. Für die Abstimmung ist eine qualifizierte Mehrheit von ~~2/3~~ 3/4[1] der Anwesenden nötig).
Da die qualifizierte Mehrheit für die Annahme des Beschlusses erforderlich ist, weise ich darauf hin, daß alle Eintragungen, die in der mittleren und rechten Rubrik des Stimmzettels vorgenommen werden, wie eine Stimme gegen den Antrag zählen. Die Zustimmung zu dem Antrag auf Aufhebung der Mitgliedschaft des KAkM Havemann ist daher deutlich in der linken Spalte des Stimmscheines durch ein Kreuz zu vermerken.
Zur Ermittlung der Anwesenheit werden wie üblich grüne und weiße Anwesenheitskarten ausgegeben. Weiße Karten erhalten die AkM unter 65 Jahren, grüne Karten die AkM über 65 Jahre.
Ich bitte Sie, die Karten gemeinsam mit den Umschlägen mit den Stimmzetteln abzugeben.

3. *Wahl der Wahlkommission*
Vorschlag: AkM Oelßner   beide wurden bereits befragt und
             AkM Schröder   haben zugesagt
             AkM Lange   ~~konnte nicht erreicht werden, wird jedoch an der Sitzung teilnehmen~~ *bereit*[1]

Übergabe der Listen und Umschläge der Vorabstimmungen.
Nach der Wahl der Wahlkommission Ausgabe der Anwesenheitskarten und Wahlzettel durch die Wahlhelfer Dr. Dunken, Dr. Richter und Herrn Ziert sowie Einsammeln der Anwesenheitskarten und der Abstimmungsscheine.
Auszählen der Stimmzettel und Überprüfung der Anzahl der abgegebenen Stimmen mit der Anzahl der Anwesenheitskarten durch die Wahlkommission.
Während dieser Zeit Behandlung des Tagesordnungspunktes 2 der Geschäftssitzung des Plenums.

Verteiler
Präsident
Generalsekretär
APL

---

[1] Handschriftliche Korrektur.

Dok. 124 Protokoll der geheimen Abstimmung über die Beendigung der Mitgliedschaft des Korrespondierenden AkM R. Havemann, 24. 3. 1966
AAW, Leitung, Personalia, 164, Bl. 356

Protokoll
der geheimen Abstimmung über die Beendigung der Mitgliedschaft
des Korrespondierenden AkM R. H a v e m a n n

am 24. März 1966

I.

Die Beschlussfähigkeit des Plenums gemäss Teil B § 2 Abs. 2 der Abstimmungs- und Wahlordnung wurde festgestellt.

II.

1. Anwesend : _85_
2. Vorzeitige Stimmabgabe lt. anliegenden Listen: _16_

Anwesenheit insgesamt: _101_

3. Stimmabgabe
    a) gültige Stimmen +): _100_
    b) ungültige Stimmen : _1_

Stimmabgabe insgesamt: _101_

4. Abstimmungsergebnis+)

Zustimmung: _70_ Ablehnung: _13_ Enthaltung: _17_

Das Verhältnis der für die Beendigung der Mitgliedschaft abgegebenen Stimmen ._70_. zur Anwesenheit insgesamt ._101_ beträgt: _70_

Die Mitgliedschaft des Herrn R. Havemann ist somit gemäss §§ 10 und 31 des Akademie-Statuts in Verbindung mit der Abstimmung und Wahlordnung mit sofortiger Wirkung aufgehoben.

Die Wahlkommission:

Debakel im Plenum. 24. März 1966 bis 31. März 1966

125–128

Das Akademiepräsidium sucht seine Fassung, 25.–26. 3. 1966

Offenbar hatten sich die Akademiefunktionäre nicht darauf vorbereitet, was geschehen sollte, wenn das Plenum den Ausschlußantrag ablehnte. Die im Archiv der Akademie aufgefundenen Dokumente lassen die in den folgenden Tagen vorherrschende Unsicherheit erkennen: Für den 25. 3. wurde eine Präsidiumssitzung anberaumt, die dann doch nicht stattfand. Rienäcker arbeitete eine Presseerklärung zum Abstimmungsergebnis aus, die dann aber – laut Aktenvermerk – nach Rücksprache mit dem Präsidenten nicht an die Presse ging. Am 26. 3. wurde die Zustimmung der Präsidiumsmitglieder für eine neuerliche Erklärung eingeholt, mit der aber Hertz und Steenbeck nicht einverstanden waren. Akademiepräsident und zugleich Mitglied des Ministerrates Werner Hartke suchte mit den Genossen im ZK der SED nach Wegen aus der Misere. Wie konnte sich die Akademie nun doch noch Havemanns entledigen? Professor Hertz hielt „es für das beste, wenn die Regierung sich in dieser Angelegenheit einschaltete".

Dok. 125 Günther Rienäcker, Presseerklärung zum Abstimmungsergebnis, 25. 3. 1966
AAW, Leitung, Personalia, 162, Bl. 95

Die Akademie der Wissenschaften zu Berlin teilt mit:
Auf einstimmig angenommene Empfehlung der Klasse für Chemie, Geologie und Biologie vom 10. Februar 1966, die Mitgliedschaft des Korrespondierenden Mitgliedes der Akademie Havemann zu beenden, hat das Präsidium eine Abstimmung im Plenum der Akademie veranlaßt, die statutengemäß am 24. März 1966 stattgefunden hat.
70 % der Ordentlichen Mitglieder der Akademie stimmten für die Beendigung der Mitgliedschaft von Herrn Havemann; 17 % enthielten sich der Stimme; 13 % stimmten gegen die Beendigung.
In diesem Zusammenhang wendet sich das Präsidium mit aller Entschiedenheit gegen die in der Westpresse verbreiteten Unwahrheiten, daß das Verfahren nicht den Statuten entsprechend durchgeführt und daß Havemann keine Gelegenheit zu einer Äußerung vor einem kompetenten Gremium der Akademie gegeben worden sei.

Ich weise an, daß diese Mitteilung an die Presse gegeben wird.
Rienäcker 25. 3. 1966
aufgrund eine [unleserlich] *mit Präsidenten nicht an Presse gegangen. R.*[1]

---

[1] Schwer leserliche Notiz unten links auf dem Typoskript. Nicht in der Handschrift Rienäckers. Lesung der Initiale „R."[=Richter?] unsicher.

Dok. 126 Erklärung des Präsidiums zur Abstimmung, 26. 3. 1966
AAW, Leitung, Personalia, 162, Bl. 94

Aktennotiz
Die beiliegende Erklärung des Präsidiums der DAW wurde am 26. 3. 66 mit folgenden Mitgliedern des Präsidiums abgestimmt:
AkM Rienäcker
Grell
Kraatz ⎫
Lehmann ⎪
Leibnitz ⎬ telefonisch
Lüdemann ⎪
Oelßner ⎭
Hertz
Die aufgeführten Mitglieder des Präsidiums der DAW stimmten mit Ausnahme von AkM Hertz der Erklärung zu. (Bemerkungen von AkM Hertz s. gesonderte Aktennotiz).
AkM Lehmann regte an, evtl. noch mit einzufügen, daß KAkM Havemann im Präsidium lediglich einen Brief verlesen habe, ohne auf den Inhalt der ihm gegebenen Erklärung einzugehen. Außerdem soll man erwägen, ob es nicht zweckmäßig sei, auch die Anzahl der abgegebenen Stimmenthaltungen mit aufzuführen, da daraus ja ersichtlich sei, daß die Anzahl der Mitglieder, die sich für die Beibehaltung der Mitgliedschaft ausgesprochen haben, sehr gering sei. Ausdrücklich erklärte AkM Lehmann, daß dies nur Anregungen seien, er aber, sofern sie nicht berücksichtigt würden, der Erklärung vollinhaltlich zustimme. Er sei unbedingt für die Veröffentlichung einer solchen Erklärung.
Ziert

Dok. 127 Aktennotiz zur Auffassung von Gustav Hertz, 26. 3. 1966
AAW, Leitung, Personalia, 162, Bl. 93

Aktenvermerk
AkM Hertz stimmt der vorliegenden Veröffentlichung des Präsidiums nicht zu. Er hält es für unwirksam, so eine Erklärung zu veröffentlichen, weil diese Veröffentlichung nur neue Behauptungen von Herrn Havemann auslösen würde. Er stieß sich ferner an Formulierungen wie „Unwahrheiten" und „unwahr".
Außerdem sollte man, wenn das Präsidium beabsichtigt, so eine Veröffentlichung bekanntzugeben, das Präsidium darüber beraten lassen. Er bedauerte sehr, daß die für gestern früh (i. e. 25. 3. 66)[2] angesetzte Präsidiumssitzung nicht stattgefunden hat. Er wehrte sich ferner dagegen, genaue Zahlenangaben (70 %) bekanntzugeben. Schließlich wären diese Zahlen geheime Abstimmungszahlen aus dem Plenum, die nicht für die Öffentlichkeit bestimmt sind. Außerdem wäre die Mehrheit von 70 % fraglich, weil

---

[2] Handschriftliche Marginalie am unteren Rand des Blattes.

qualitativ sehr gute Mitglieder offenbar nicht für die Beendigung der Mitgliedschaft des Herrn Havemann sind. Er hielte es für das beste, wenn die Regierung sich in dieser Angelegenheit einschaltete.
Im übrigen bedauert AkM Hertz sehr, daß durch Indiskretion von Akademiemitgliedern akademieinterne Materialien (Stellungnahme des Hrn. Präsidenten) in die Öffentlichkeit gedrungen sind.
Streisand

Dok. 128 Entwurf des Präsidenten, 26. 3. 1966
AAW, Leitung, Personalia, 162, Bl. 99 f.

Das Präsidium der Deutschen Akademie der Wissenschaften zu Berlin hat zu den Unwahrheiten Stellung genommen, die in der Westpresse über die Akademie verbreitet wurden. Es ist unwahr, daß die Akademie in der Angelegenheit der Beendigung der Mitgliedschaft des Korrespondierenden Mitgliedes Havemann nicht den Statuten gemäß verfahren ist. Herr Havemann ~~verbreitet die Unwahrheit, wenn er behauptet,~~ *hat die Unwahrheit verbreitet mit der Behauptung,*[3] er habe keine Gelegenheit zu einer Äußerung vor einem kompetenten Gremium der Akademie gehabt. In Wahrheit hat die Klasse für Chemie, Geologie und Biologie nach eingehender Diskussion einmütig die Empfehlung beschlossen, die Akademie solle sich von Herrn Havemann trennen. Das Präsidium schloß sich einhellig diesem Antrag an. In allen Klassen ist dem Statut gemäß von den Ordentlichen Mitgliedern dazu Stellung genommen worden. Herrn Havemann ist in der Sitzung des Präsidiums am 10. 3. 66 Gelegenheit gegeben worden, sich zu der ihm vorgetragenen Begründung der Haltung der Klasse und des Präsidiums zu äußern. Er ging auf diese Begründung aber nicht ein. In der geheimen Abstimmung des Plenums am 24. 3. ~~brachten~~ *stimmten*[3] 70 % der Ordentlichen Mitglieder *für die Beendigung der Mitgliedschaft und brachten damit*[1] zum Ausdruck, daß sie ~~mit~~ *sich von*[3] Herrn Havemann ~~nichts mehr zu tun haben wollen~~ *distanzieren und sich von ihm zu trennen wünschen.*[3]

Dem Entwurf wurde zugestimmt von den AkM Klare, Ruben, Rompe (Zustimmung eingeholt durch den Herrn Präsidenten); Rienäcker, Grell (Zustimmung eingeholt durch Herrn Ziert); Kraatz, Lehmann, Leibnitz, Lüdemann, Oelßner (telefonische Zustimmung eingeholt durch Herrn Ziert).
Nicht zugestimmt haben die AkM Steenbeck und Hertz.
Es liegen bei der Gegenentwurf von AkM Steenbeck und die Bemerkungen von AkM Hertz.

---

[3] Korrektur des ursprünglichen Entwurfs in der Handschrift von Rienäcker.

129-131

Information und Desinformation der Öffentlichkeit, 25.-29. 3. 1966

Nicht aktenkundig ist, auf wen jene Indiskretion zurückgeht, die der „Berliner Zeitung" die Erklärung des Klassensekretars Lehmann vom 10. März zuspielte. Jedenfalls erschien am Montag nach dem Debakel dort ein Artikel, der im wesentlichen Lehmanns Text kolportierte, ihm aber eine Information anhängte, die für die Öffentlichkeit ebenso neu wie demagogisch irreführend formuliert war. Worüber die internationalen Agenturen noch rätselten: das Abstimmungsergebnis fand sich hier als großer Sieg: 70 % stimmten für den Antrag. Wer unter den Lesern der „Berliner Zeitung" konnte schon wissen, daß dies vielmehr das Scheitern des Antrags bedeutete? Robert Havemanns Versuch der Richtigstellung wurde selbstredend ignoriert. Man antwortete ihm nicht einmal. Dennoch war Havemann voller Hoffnung und rechnete nun damit, daß man ihm auch wieder eine vernünftige Arbeit anbieten werde.

Dok. 129 dpa-Meldung, [Auszug], 25. 3. 1966
SAPMO-BArch, SED, ZPA, IV A/2/9.04/108

berlin, 25. maerz 66 dpa – die mitglieder der sowjetzonen-akademie der wissenschaften haben es abgelehnt, den gemassregelten ostberliner naturwissenschaftler und philosophen, prof. dr. robert havemann, aus dem institut auszuschliessen. die entscheidende abstimmung fand bereits am donnerstagnachmittag in einer plenarsitzung der akademie in abwesenheit havemanns statt. ihr ergebnis wurde jedoch erst am freitag in westberlin bekannt.

vor besuchern aus der bundesrepublik aeusserte havemann am freitag seine freude ueber das abstimmungsergebnis und betonte, er wuensche und hoffe, dass nun das gegen ihn verhaengte hausverbot der akademie aufgehoben werde und dass er nunmehr die leitung der arbeitsstelle fuer photochemie, die der akademie angeschlossen ist, wieder uebernehmen koenne. [...] die besucher havemanns erklaerten nach der rueckkehr von ihrem gespraech, das ergebnis der abstimmung in der akademie habe fuer die "ddr" eine sehr grosse bedeutung. zum ersten male habe ein hoch angesehenes wissenschaftliches gremium vor aller oeffentlichkeit bewiesen, dass es auch in der "ddr" moeglich sei, sich gegen eine offizielle meinung zu stellen. [...] dpa 226 wu/wi 25. mrz 66 1939

Dok. 130 Berliner Zeitung: Akademieunwürdiges Verhalten, 26. 3. 1966
Berliner Zeitung, 26. 3. 1966

Wir haben Gelegenheit, unsere Leser über folgendes zu informieren: Die Deutsche Akademie der Wissenschaften zu Berlin und ihre Klassen haben sich seit mehreren Wochen mit dem eines Mitgliedes der Akademie unwürdigen politischen Verhalten von Prof. Robert Havemann beschäftigt und die politischen Machenschaften Have-

manns (gegen die Deutsche Demokratische Republik und die Kommunistische Partei Deutschlands gerichtete Artikel in westdeutschen Publikationsorganen usw.) verurteilt. Die Mitglieder der Klasse für Chemie, Geologie und Biologie der Deutschen Akademie der Wissenschaften nahmen deshalb einmütig eine Empfehlung an das Präsidium der Akademie an, Havemann aus der Akademie auszuschließen.
Trotz aller Bedenken wegen Havemanns Publizitätssucht sollte ihm Gelegenheit gegeben werden, sich zu der schweren Kritik an seinem Verhalten als Akademiemitglied zu äußern.
Das Konzept, das zu diesem Zeitpunkt im Westen schon für eine Pressekampagne vorbereitet war, sah jedoch vor, einen Brief Havemanns in „Die Zeit" zu lancieren, der folgende Behauptung enthielt: „Ich hatte bisher keine Möglichkeit, mich vor irgend einem Gremium zu äußern." Dies Konzept geriet gründlich durcheinander, als Havemann am 8. März persönlich eine Einladung zu einer Aussprache quittierte. Der Brief Havemanns mit der inzwischen zur bewußten Lüge gewordenen Behauptung, man habe ihm keine Gelegenheit zur Äußerung gegeben, ging am 9. März nach Westdeutschland und erschien am 18. März in „Die Zeit".
Der Vorsitzende der Klasse für Chemie, Geologie und Biologie erklärte dazu im Beisein von Havemann unter anderem:

„Das Präsidium der Akademie und die Klasse für Chemie, Geologie und Biologie legen Wert darauf, daß Ihnen Gelegenheit zu einer Äußerung gegeben wird. Ich möchte in gebotener Kürze, ehe Sie, Herr Havemann, unserer Bitte um eine Äußerung entsprechen, als Sprecher der Klasse für Chemie, Geologie und Biologie, der Sie angehören, und zugleich als Sprecher des Präsidiums folgendes bemerken:
Sie betonen in Ihren verschiedenen, an mich als Vorsitzender der Klasse gerichteten Schreiben, daß die Vorwürfe, die von seiten der Akademie gegen Sie erhoben wurden, ausschließlich politischer Natur seien. Es seien diese Vorwürfe überdies nicht frei von unwahren Behauptungen. Sie wollen, Herr Havemann, bitte folgende Feststellung zur Kenntnis nehmen:
In keiner der Klassen- oder Präsidiumssitzungen, an denen ich seit Beginn dieses Jahres teilnahm – und ich habe an allen Sitzungen teilgenommen –, haben Ihre politischen Ansichten oder der Inhalt Ihrer Veröffentlichungen in westdeutschen politischen Zeitschriften zur Diskussion gestanden. Das wird und kann auch hier und heute nicht der Fall sein.
Die Klasse distanzierte sich vielmehr mit aller Entschiedenheit einstimmig von Ihrem Verhalten. d. h. dagegen, daß Sie sich zur Durchsetzung Ihrer politischen Gedanken solcher Mittel bedienten, deren bloße Verwendung als Angriff gegen die DDR von außen angesehen werden muß. Aus diesem Grunde ist eine Situation entstanden, die für die Akademie äußerst schwierig ist.
Ich sehe mich im Auftrage des Präsidiums und der Klasse veranlaßt, festzustellen, daß die Klasse sich mit großem Ernst bemüht hat, Wege zu finden, die aus der gegebenen Sachlage in einem für die weitere Entwicklung der Akademie und ihrer gesamtdeutschen Aufgabe positiven Sinn herausführen. Die Wissenschaft als Ganzes gesehen,

trägt zwar heute weitgehend das geistige und soziale Leben bis in letzte Bereiche hinaus, sie bindet aber nicht alle schöpferischen Kräfte des Menschen. Die Ursache hierfür liegt in der Methode, die das Kernstück der modernen Naturwissenschaften bildet. Sie wollten, Herr Havemann, wohl ursprünglich an diesem Punkt ansetzen. Hiergegen hat sich kein Mitglied unserer Klasse verwahrt. Sie blieben auch, nachdem das Staatssekretariat für das Hoch- und Fachschulwesen sich veranlaßt gesehen hatte, Ihrer Lehrtätigkeit an der Humboldt-Universität ein Ende zu setzen, Mitglied unserer Klasse.

In den letzten Monaten des vergangenen Jahres nahm Ihre politische Aktivität Formen an, die fast automatisch Gegenmaßnahmen auslösten. Es gibt Grenzen, die zu überschreiten das genaue Gegenteil von dem erzeugt, was der Urheber bestimmter Gedanken zu erzeugen suchte. Es ist für die Akademie schädigend, wenn eines ihrer Mitglieder Handlungen begeht, die von weiten wissenschaftlichen Kreisen des In- und Auslandes als feindselige Einstellung gegen die Deutsche Demokratische Republik angesehen werden. Unsere Arbeit als Klasse und als Akademie kann nur erfolgreich sein, wenn sie sich einer echten akademischen Disziplin unterwirft, indem jedes ihrer Mitglieder sich der Auswirkung von Handlungen auf die Gemeinschaft, die eine Klasse und ebenso die gesamte Akademie darstellt, bewußt ist.

Der Deutschen Akademie der Wissenschaften zu Berlin ist, wie allen Akademien der Erde – der gesellschaftspolitischen und historischen Situation entsprechend, in die sich die Akademien jeweils gestellt sehen – ein größtmögliches Maß an Autonomie im Staat eingeräumt. Diese Autonomie wird gefährdet, wenn die Akademie sich gleichsam schützend vor Mitglieder stellt, deren politische Initiative einer Störung der akademischen Gemeinschaftsarbeit von außen gleichkommt. Akademien dienen als hohe wissenschaftliche Gremien in allererster Linie der Forschung, aber sie stehen nicht außerhalb des Staates oder der Politik.

Sie bemerken in Ihrem Schreiben, daß Sie in der Klasse und im Plenum Diskussionen über Ihre persönlichen politischen Ansichten vermieden hätten. Sie stellten jedoch die Klasse durch die Form Ihrer politischen Initiative vor vollendete Tatsachen. Eine Aussprache erscheint daher der Klasse unter den gegebenen Verhältnissen nicht mehr als sinnvoll. Ein solches Gespräch wäre nur zu einem früheren Zeitpunkt zweckmäßig gewesen, d. h. unter Bedingungen, die es der Klasse erlaubt hätten, Ihnen zu raten, alles zu tun, was zur Förderung und Entwicklung der Akademie durch Ihre eigene wissenschaftliche Arbeit beiträgt, ohne die akademische Gemeinschaft durch das eigene Verhalten außerhalb der Akademie zu stören. Rede und Gegenrede, Erklärungen und Gegenerklärungen können jetzt – zum großen und lebhaften Bedauern der Klasse – nicht mehr den Sinn haben, der durch eine wissenschaftliche Gemeinschaft im echten Dialog erfüllt sein möchte."

Wie wir abschließend dazu erfahren, hat die Akademie der Wissenschaften am 24. März in geheimer Abstimmung über den Antrag der Klasse für Chemie, Geologie und Biologie abgestimmt. Die große Mehrheit, nämlich 70 Prozent, stimmte dem Antrag zu.

Dok. 131 Robert Havemann an die „Berliner Zeitung", 28. 3. 1966
SAPMO-BArch, SED, ZPA, IV A 2/9.04/106

Sehr geehrte Redaktion!
In der Sonnabendausgabe (26. März) Ihrer Zeitung veröffentlichten Sie einen nicht gezeichneten Artikel unter der Überschrift „Akademieunwürdiges Verhalten", in dem ich als Lügner verleumdet werde und Ihre Leserschaft irregeführt wird.
Ich bitte Sie höflichst um Veröffentlichung der beiliegenden Richtigstellung unter dem Titel: „Eine notwendige Richtigstellung."
Außerdem bitte ich Sie um Mitteilung des Namens des Autors, damit ich die geeigneten Schritte zum Schutz gegen öffentliche Verleumdung unternehmen kann.
Ich bin überzeugt, daß Sie nach Kenntnisnahme des wahren Sachverhaltes, der in meiner Richtigstellung dargelegt wird, volles Verständnis dafür haben werden, daß der Autor Ihres Artikels Ihre Zeitung in eine schlimme Lage gebracht hat. Darum nehme ich an, daß auch Sie daran interessiert sind, daß dem Ansehen Ihrer Zeitung durch derartige Veröffentlichungen kein Schaden zugefügt wird.
Mit dem Ausdruck der vorzüglichen Hochachtung
Robert Havemann

Eine notwendige Richtigstellung
Von Prof. Dr. Robert Havemann
In der Ausgabe der „Berliner Zeitung" vom Sonnabend, dem 26. März 1966, erschien auf Seite 6 ein Artikel ohne Autorenangabe mit dem Titel „Akademieunwürdiges Verhalten". Außer dem Text einer mündlichen Erklärung, die der Sekretar der Klasse für Chemie, Biologie und Geologie auf der Sitzung des Präsidiums der Akademie am 10. März 1966 an mich gerichtet hat, enthält der Artikel verleumderische und den Leser irreführende Ausführungen, die ich hiermit richtigstelle:
1. Am Mittwoch, dem 9. März, richtete ich einen Brief an sämtliche Ordentlichen Mitglieder der Akademie, die in der DDR wohnhaft sind. In diesem Brief ersuchte ich darum, daß mir vor einer Abstimmung über die Beendigung meiner Mitgliedschaft Gelegenheit gegeben werde, zu den Vorwürfen und Anschuldigungen Stellung zu nehmen, die in einem Bericht des Präsidenten Prof. Dr. Werner Hartke enthalten sind, der allen Ordentlichen Mitgliedern zugestellt worden war. Nur mir, dem Beschuldigten, war die se umfangreiche (8 Seiten) Anklageschrift nicht ausgehändigt worden. Auf der Sitzung des Präsidiums am Donnerstag, dem 10. März, zu der ich am 8. März eine Einladung erhielt, habe ich den Text meines an die Akademiemitglieder gerichteten Schreibens verlesen und um Aushändigung des Berichtes des Präsidenten gebeten, damit ich zu den darin enthaltenen Anschuldigungen Stellung nehmen könne. Da dieser Bitte nicht entsprochen wurde, konnte ich nur kurz zu den Ausführungen des Sekretars sprechen.
Hierzu wird in der „Berliner Zeitung" geschrieben:
„Der Brief Havemanns mit der inzwischen zur bewußten Lüge gewordenen Behauptung, man habe ihm keine Gelegenheit zur Äußerung gegeben, ging am 9. März nach Westdeutschland und erschien am 18. März in ‚Die Zeit'."

Dies ist eine Verleumdung. Wahr ist vielmehr:
Weder am 10. März, dem Tag der Sitzung des Präsidiums, noch danach hatte ich Gelegenheit, zu dem Bericht des Präsidenten Hartke und den darin enthaltenen Anschuldigungen Stellung zu nehmen, von denen ich überhaupt nur höchst summarisch durch Vermittlung eines der Empfänger dieses Schreibens Kenntnis erhalten hatte, ohne daß mir der Originaltext ausgehändigt worden war.
2. Am Schluß des Artikels der „Berliner Zeitung" wird mitgeteilt, daß bei der Abstimmung im Plenum der Akademie am 24. März 70 % dem Antrag auf Beendigung meiner Mitgliedschaft zugestimmt haben sollen. Hierdurch wurde bei den meisten Lesern der falsche Eindruck hervorgerufen, die Akademie habe dem Ausschlußantrag zugestimmt. Tatsächlich wurde aber der Antrag abgelehnt. Ich habe zwar keine Kenntnis von der Zahl der für den Antrag abgegebenen Stimmen, die geheim ist. Aber ich habe die Mitteilung erhalten, daß der Antrag nicht die erforderliche Drei-Viertel-Mehrheit erhielt. In der erst vor zwei Jahren beschlossenen neuen Abstimmungs- und Wahlordnung wird nämlich vorgeschrieben, daß bei einer Abstimmung über die Beendigung einer Mitgliedschaft wenigstens drei Viertel der Mitglieder anwesend sein müssen und daß für den Antrag wenigstens drei Viertel der Anwesenden stimmen müssen, wenn damit die Beendigung einer Mitgliedschaft beschlossen werden soll. Durch diese Bestimmung wird gesichert, daß die Beendigung einer Mitgliedschaft nicht von einer Minderheit der Mitglieder beschlossen werden kann, da mindestens drei Viertel von drei Vierteln, d. h. 56 % zugestimmt haben müssen. Wenn die in der „Berliner Zeitung" gemachte Angabe zutrifft, waren es bei der Abstimmung am 24. März noch weniger Mitglieder, die dem Antrag zustimmten, nämlich etwa 45 % der Ordentlichen Mitglieder. Der Antrag verfiel damit der Ablehnung.
Prof. Dr. Robert Havemann

132

Expertise des Justitiars der DAW zu rechtlichen Voraussetzungen für die Aufhebung der Korrespondierenden Akademiemitgliedschaft Havemanns, 28. 3. 1966

Bevor das Akademiepräsidium in erneuter außerordentlicher Tagung einen Ausweg aus dem Dilemma zu finden suchte, bemühte sich der Akademiejustitiar Großgebauer, die Rechtslage nach Alternativen zu durchleuchten. Er fand zwei Varianten des weiteren Vorgehens:
1. Havemann war, dank einer zwischenzeitlichen Statutenänderung und seiner nicht erfolgten Wahl zum Ordentlichen Mitglied, die regulär schon hätte 1964 stattfinden müssen, plötzlich ein irregulärer Akademiker geworden, dem die höheren Weihen der Bestätigung durch den Ministerpräsidenten fehlten. Großgebauers Vorschlag war denkbar einfach: Man reiche Havemann zur Bestätigung an Stoph, um scheinbar nur der Ordnung Genüge zu tun, und der Herr Premier wird diese Bestätigung zum allergrößten Bedauern der Akademie nicht gewähren.

2. Die Klasse für Chemie will Havemanns Abwahl. Dort ist er also nicht mehr wohl gelitten. In einer andern Klasse kaum eher. Doch ein Akademiemitglied, das keiner Klasse angehört, widerspricht der Ordnung. Ergo ist es gar kein Mitglied. Womit sich das Problem in Schall und Rauch aufgelöst hätte.

Indes entging der juristischen Finesse, daß, obschon die Schlußfolgerung fein klingt, es der Prämisse an Haltbarkeit entbehrt. Die Klasse für Chemie hatte freilich erklärt, daß sie den Havemann nicht wolle, allein zwischen Scheidungswillen und Scheidung steht der Richter. Gerichtet wird in der Akademie durch das Plenum, im konkreten Falle mit 75 % der Stimmen von mindestens 75 % der Anwesenheitspflichtigen (das sind mindestens 56,25 % der anwesenheitspflichtigen Mitglieder). Diese Mehrheit gab es nicht, mithin blieb Havemann Mitglied nicht nur der Akademie, sondern auch ihrer Klasse für Chemie, selbst wenn sie ihn nicht ausstehen mochte.

Dok. 132 *Betr.:* **Bestätigung der Zuwahlen durch den Ministerrat, Bedeutung, Charakter und Wirkung der Bestätigung, 28. 3. 1966**
SAPMO-BArch, SED, ZPA, IV A 2/9.04/108
AAW, Leitung, Personalia, 162, Bl. 133-140

I.
Aus den Statuten der Akademie
1. Satzung vom 31. 10. 1946
   a) *Ordentliche Mitglieder* – § 8
   „Die Wahl von ordentlichen Mitgliedern und Ehrenmitgliedern bedarf der Bestätigung durch die Deutsche Zentralverwaltung für Volksbildung in der Sowjetischen Besatzungszone."
   b) *Korrespondierende Mitglieder* – § 8
   „... Für sie ist eine Bestätigung durch die Deutsche Zentralverwaltung ... nicht erforderlich."
2. Statut vom 17. 6. 1954
   a) *Ordentliche Mitglieder* – §§ 34, 40
   „... bedürfen der Bestätigung durch die Regierung der Deutschen Demokratischen Republik".
   b) *Korrespondierende Mitglieder* – § 35
   Keine Bestätigung durch die Regierung vorgesehen
3. Statut vom 2. 5. 1963
   § 29 behandelt die Wahl zu Akademiemitgliedern (also sowohl zu OM als auch zu KM)
   § 44 Abs. 2: „... Beschlüsse gemäß §§ ... 29 ... bedürfen der Bestätigung durch den Ministerrat der Deutschen Demokratischen Republik."

Kurze Einschätzung:
   a) Die Regelung, daß die Beschlüsse des Plenums mit wesentlicher Bedeutung für die Akademie der Bestätigung des Ministerrates bedürfen (§ 44 Abs. 2 des Statuts

vom 2. 5. 63) hat m. E. ihre Grundlage in der hervorragenden Stellung der Akademie in Wissenschaft und Gesellschaft und in ihrer weitgehenden Autonomie.
b) Die Bestätigung des Ministerrates ist demzufolge juristisch-politischer Natur.
c) Die betreffenden Beschlüsse des Plenums sind bis zur Erteilung der Bestätigung schwebend wirksam. Wird die Bestätigung versagt, werden sie unwirksam. Die gleiche Wirkung hat auch ein späterer Widerruf der Bestätigung.

II.
Konsequenz aus der mit dem Statut vom 2. 5. 63 eingeführten Bestätigung für Korrespondierende Mitglieder hinsichtlich der zum Zeitpunkt des Inkrafttretens gewählten Korrespondierenden Mitglieder
1. a) Die OM waren durch den Ministerrat bestätigt, das verlangten schon die vorhergehenden Statuten.
   b) Die KM waren es nicht, weil eine Bestätigung nicht vorgesehen war.
2. Die Fassung des § 44 Abs. 2 „... Beschlüsse ... bedürfen der Bestätigung durch den Ministerrat der Deutschen Demokratischen Republik" bedeutet einen Rechtszustand ex nunc. Wenn jedoch die auf den abgelösten Statut beruhenden Rechtshandlungen, die wirksam bleiben sollen, damit nicht übereinstimmen, müssen sie mit dem neuen Statut in Einklang gebracht werden, weil sonst aus der unterschiedlichen Behandlung gleicher Tatbestände ein inhomogener Rechtszustand entstehen würde. Das trifft für die bei Inkrafttreten des neuen Statuts vorhandenen KM zu. Ihr Status muß mit dem Statut in Einklang gebracht werden, denn sonst würde es KM zweierlei Grades geben (solche, die vom Ministerrat bestätigt sind und andere, die nicht bestätigt sind) und das ist mit dem Wesen der auf Gleichheit und Gleichberechtigung beruhenden Gelehrtengemeinschaft nicht vereinbar.
Die rechtliche Konsequenz daraus ist, daß mit dem Erlaß des neuen Statutes alle bestehenden korrespondierenden Mitgliedschaften „schwebend wirksam" geworden sind. Der Wille des Gesetzgebers muß so ausgelegt werden, eine Berücksichtigung dieser Frage im neuen Statut hätte zu keinem anderen Ergebnis führen können.
Anmerkung:
Ein analoger Fall aus der Praxis der Akademie, ebenfalls durch das neue Statut ausgelöst, sind die akademischen Unternehmungen. In der vom Plenum am 24. 2. 66 beschlossenen Ordnung für die akademischen Unternehmen der DAW heißt es:
„Diese Ordnung gilt auch für bestehende akademische Unternehmen. Ihre Zuordnung, Organisation und Arbeitsweise ist mit den Bestimmungen der Ordnung in Einklang zu bringen."
3. Hinsichtlich der Bestätigung der bisherigen KM durch den Ministerrat, insbesondere des Zeitpunktes für die Einholung der Bestätigung, waren die durch das Statut vom 2. 5. 63 festgelegten neuen Voraussetzungen für den Status eines OM zu beachten. Daraus ergab sich für die Akademie die Verpflichtung, *zunächst* die Teilnahme der bisherigen KM an den akademischen Aufgaben und Veranstaltungen zu prüfen und ggf. die Umwandlung der korrespondierenden in eine ordentliche Mitgliedschaft herbeizuführen. Das ist in der Geschäftssitzung des Plenums am 23. 4. 64 in

15 Fällen geschehen. Die vom Plenum beschlossenen Umwandlungen wurden durch den Ministerrat bestätigt (Schreiben des Vorsitzenden des Ministerrates vom 3. 6. 64). Somit wurde der Status dieser AkM bezüglich der Bestätigung durch den Ministerrat mit dem Statut in Einklang gebracht.
4. Die Mitgliedschaft der anderen KM ist demzufolge weiterhin nur „schwebend wirksam" (seit Erlaß des neuen Statutes). Hier muß die Bestätigung durch den Ministerrat nachgeholt werden. Das kann m. E. global geschehen: Der Ministerrat bestätigt die vor Erlaß des neuen Statuts gewählten KM. Die Akademie müßte jedoch prüfen, ob u. U. bei dem einen oder anderen Mitglied Umstände vorliegen, die für die Erteilung der Bestätigung durch den Ministerrat von Bedeutung sein können und in dem Antrag an den Ministerrat pflichtgemäß darauf hinweisen bzw. sogar empfehlen, die Bestätigung zu versagen.

Anmerkung:
Ich möchte bei dieser Gelegenheit auch auf die m. E. noch ungeklärte Frage der westdeutschen, westberliner und ausländischen OM hinweisen, die in *tatsächlicher* Hinsicht nicht OM im Sinne des Statutes sind. Schlage folgende Regelung vor: Die nach dem früheren Statut geführten Ordentlichen Mitglieder, die nicht Bürger der Deutschen Demokratischen Republik sind, haben den Status der Korrespondierenden Mitglieder, führen aber ihre bisherige Bezeichnung „Ordentliches Mitglied" weiter. Verlegt ein solches Mitglied seinen Wohnsitz in die Deutsche Demokratische Republik, erlangt es in vollem Umfange die Rechte und Pflichten eines Ordentlichen Mitgliedes im Sinne des Statutes.

III.
Die Stellung des KM R. Havemann
1. R. Havemann wurde am 15. 6. 61, also vor Erlaß des neuen Statutes, zum KM gewählt. Seine Wahl bedurfte nicht der Bestätigung durch den Ministerrat.
2. Auch bei ihm wurde die Umwandlung seiner korrespondierenden Mitgliedschaft in eine ordentliche geprüft. Nach ausführlicher Diskussion in der Klasse für Chemie, Geologie und Biologie wurde am 9. 4. 64 folgender Beschluß gefaßt: „Die Klasse empfiehlt einen Antrag auf Umwandlung der Mitgliedschaft von Hrn. Havemann vorerst nicht zu stellen." (In geheimer Abstimmung mit 11 gegen 2 Stimmen gefaßt.)
3. Seine korrespondierende Mitgliedschaft ist im Gegensatz zu den anderen KM dieser Klasse, für die die Umwandlung in die ordentliche Mitgliedschaft vom Plenum beschlossen und durch den Ministerrat bestätigt wurde, „schwebend wirksam" geblieben, weil es der Bestätigung durch den Ministerrat mangelt.
4. Ferner wirft sich bei R. Havemann jetzt auch die weitere Zugehörigkeit zur Klasse für Chemie, Geologie und Biologie auf, die ehemals den Wahlvorschlag eingebracht hatte und der er demzufolge gemäß § 12 Abs. 3 des Statuts angehört. – Das Statut kennt keine Mitgliedschaft an sich, ausgenommen die Ehrenmitglieder, sondern nur in Verbindung mit der Zugehörigkeit zu einer Klasse. – Die am 10. 2. 66 beschlossene Empfehlung der Klasse an das Präsidium, die Beendigung seiner Mitgliedschaft herbeizuführen, bedeutet gleichzeitig, daß seine weitere Teilnahme an

der Arbeit der Klasse abgelehnt wird. Es erscheint mir deshalb und unter Berücksichtigung des Abstimmungsergebnisses im Plenum (nur wenige Stimmen fehlten an der erforderlichen Dreiviertelmehrheit) unzumutbar, von der Klasse zu verlangen, ihn entsprechend seinem Status als KM an der Arbeit der Klasse teilhaben zu lassen. Damit ist ein „akademischer Notstand" eingetreten, dessen Lösung unter primärer Beachtung der Gesamtinteressen der Akademie angestrebt werden muß. Die akademische Gemeinschaft und ihr Interesse an einer reibungslosen und durch keine negativen Konflikte belasteten Durchführung der ihr durch das Statut auferlegten hohen wissenschaftlichen Aufgaben hat in dieser Interessen- und Rechtskollision den unbedingten Vorrang! Die Rechtslage stellt sich somit wie folgt dar:
Die Zugehörigkeit zur Klasse Chemie, Geologie und Biologie ist z. Zt. nur formell, die Teilnahme an der Arbeit der Klasse (Ausübung der Rechte und Pflichten) ist bis auf weiteres suspendiert. Die Leitung der Akademie ist verpflichtet, geeignete Schritte einzuleiten, um den eine starke Belastung des akademischen Lebens darstellenden Schwebezustand im Einklang mit dem Akademiestatut zu beenden.
Vorschlag:
a) Der Präsident befragt die Sekretare der anderen Klassen (analog § 12 Absatz 3 des Statuts beim Übergang in eine andere Klasse, wenn auch aus anderen Gründen), ob sie die Aufnahme des KM Havemann in ihre Klasse empfehlen mit der Maßgabe, daß er seine Rechte und Pflichten als KM ausübt.
b) Ebenfalls in analoger Anwendung des § 12 Absatz 3 des Statuts befindet dann das Präsidium über eine evtl. gegebene Empfehlung.
c) Wird eine solche Empfehlung nicht gegeben, oder lehnt das Präsidium den Klassenwechsel ab, wozu es gemäß § 12 Absatz 3 des Statuts befugt ist, müßte sinngemäß folgender Beschluß gefaßt werden:
   Das Präsidium stellt fest, daß das korrespondierende AkM Havemann entgegen dem Statut keiner Klasse angehört, weil ihn keine Klasse als ihr Mitglied wünscht, und daß demzufolge die Voraussetzung für die Ausübung seiner Rechte und Pflichten als KM nicht gegeben ist. Weil eine Mitgliedschaft, die nicht wirksam werden kann und nur rein formeller Natur ist, mit dem Akademiestatut und dem Wesen der Gelehrtengemeinschaft unvereinbar ist, wird der Ministerrat gebeten, die für eine gültige Mitgliedschaft erforderliche Bestätigung nicht zu erteilen.
d) Sollte die Frage seiner Klassenzugehörigkeit positiv gelöst werden, muß dennoch in dem Antrag an den Ministerrat auf nachträgliche Bestätigung auf alle Umstände hingewiesen werden, die für eine objektive Entscheidung des Ministerrates von Bedeutung sein können. (Beratung der Umwandlung seiner korrespondierenden Mitgliedschaft in eine ordentliche, Empfehlung der Klasse und den darauf beruhenden Antrag des Präsidiums an das Plenum auf Beendigung der Mitgliedschaft mit dem Ergebnis der geheimen Abstimmung am 24. d. M.)
Anmerkung:
Der Antrag an den Ministerrat kann sowohl im Rahmen eines globalen Antrages als auch gesondert gestellt werden. Das ist eine reine Ermessensfrage. Die besonderen Umstände, die das akademische Leben stark belasten, erfordern eine baldige Klärung.

Auch aus Gründen der Loyalität ist das geboten (dem Ministerrat kann die ihm vorbehaltene Bestätigung nicht länger vorenthalten werden, ohne die Beziehungen zwischen Ministerrat und Akademie zu belasten), nachdem die Akademie den langdauernden Schwebezustand mit Hilfe des ihr durch das Statut gegebenen Möglichkeiten nicht beendet hat, wodurch die Herbeiführung der Bestätigung hinfällig geworden wäre.
Um gleichzeitig die generelle Bereinigung der nicht mit dem Statut in Einklang stehenden korrespondierenden Mitgliedschaften einzuleiten (Abschnitt II Ziffer 4), möchte ich empfehlen, den Antrag für alle korrespondierenden Mitglieder zu stellen, die Bürger der DDR sind.
5. Die Versagung der Bestätigung hätte die Wirkung, daß die durch das neue Statut hervorgerufene schwebend wirksame Mitgliedschaft beendet wird, ohne daß es einer Verhandlung vor einem Akademieorgan bedarf. Eine gültige Mitgliedschaft erfordert eine statutgemäße Wahl und ihre Bestätigung durch den Ministerrat. Wahl und Bestätigung sind jedoch weder gleichartige und gleichrangige Rechtsakte. Die Wahl ist die Entscheidung des nach dem staatlich sanktionierten Statuts zuständigen Organs, die allein die Akademie bildet und keinen endgültigen Rechtszustand erzeugen kann, während die Bestätigung staatsrechtlicher Natur ist und erst die allgemeine Verbindlichkeit bewirkt. (Darin zeigt sich auch das Verhältnis der Überordnung und Unterstellung zwischen Ministerrat und Akademie.) Die größere Rechtsmacht liegt beim Ministerrat. Seine Bestätigung sanktioniert eine Wahl und bewirkt dadurch erst eine gültige Mitgliedschaft. Ein Versagen der Bestätigung oder ein Widerruf verhindern das Entstehen einer gültigen Mitgliedschaft bzw. beenden sie eine Mitgliedschaft. Die Wirkung ist wie bei einem ordnungsgemäß gefaßten Beschluß des Plenums über die Beendigung einer Mitgliedschaft. Der Unterschied besteht nur darin, daß hier die unabdingbare Voraussetzung für die Bestätigung, nämlich die ordnungsgemäße Wahl, aufgehoben wird, wodurch die Bestätigung automatisch außer Kraft tritt. Daß der Gesetzgeber diese Wirkung will, ergibt sich daraus, daß die vom Plenum beschlossene Beendigung einer Mitgliedschaft zu ihrer Wirksamkeit nicht der Zustimmung des Ministerrates bedarf, was eine Zurückziehung der früher erteilten Bestätigung bedeuten würde.
Grossgebauer
Justitiar

133-134

Entscheidung im Zentralkomitee, 29./30. 3. 1966
Statt sich mit den Präsidiumsmitgliedern zu beraten, konferierte der Akademiepräsident mit der Abteilung Wissenschaft. Hier wurde das weitere Vorgehen abgestimmt, die Vorlagen beraten und präzisiert. Am 30. März beschloß das Sekretariat des ZK, den Knoten so aufzulösen, wie es der alte Alexander tat: mit einem Streich ihrer schärfsten Waffe. Was dem Makedonenkönig das Schwert, war ihnen die Feder. Havemann wurde ohne viel Gerede in Plenum und Klassen einfach gestrichen.

Dok. 133 Werner Schubert an Kurt Hager, 29. 3. 1966
SAPMO-BArch, SED, ZPA, IV A 2/9.04/106

Aktennotiz für den Genossen Prof. Hager
Betr.: Angelegenheit Havemann
In einem Gespräch mit Genossen Prof. Hartke, das ich im Sinne der von Dir gestern gegebenen Hinweise führte, wurde festgelegt, daß am Donnerstag, dem 31. 3. 66 eine Sitzung des Präsidiums stattfindet, auf der das Ergebnis der letzten Plenartagung kritisch ausgewertet und auf der eine Erklärung des Präsidiums diskutiert sowie Maßnahmen zum weiteren Verlauf der Angelegenheit Havemann beschlossen wird [sic! – d. Hrsg.].
Die Erklärung des Präsidiums, die im Sinne Deiner gegebenen Hinweise formuliert werden soll, wird uns Genosse Hartke noch vor der Präsidiumssitzung zur Kenntnis bringen. Die Vorlage über den weiteren Verfahrensweg liegt als Anlage bei.
Nach meiner Auffassung gestattet es der jetzige Vorschlag, die Maßnahmen seitens der Regierung weitestgehend auszuschalten.
Zur Vorbereitung dieser Präsidiumssitzung findet am Mittwoch, dem 30. 3. 66 eine Parteigruppensitzung statt, um alle Genossen gründlich auf diese Sitzung vorzubereiten.
Nach der Plenarsitzung hatten sich eine Reihe Wissenschaftler zu den Ergebnissen geäußert. So sagte beispielsweise Prof. Ertel zum Sohn des Genossen Prof. Hartke, daß er sehr erschüttert sei gegenüber dem Verhalten einiger Akademiemitglieder, sich in einer solch ernsten Angelegenheit der Stimme zu enthalten. In diesem Zusammenhang nannte er die Namen Mothes und Lohmann. Er sei der Auffassung, man müsse jetzt entschieden auftreten und diese Dinge endgültig auskippen. In solchen Dingen könne man sich nicht der Stimme enthalten. Es wäre jetzt endgültig an der Zeit, die ganze Angelegenheit aus dem internen Charakter herauszuheben und sie politisch auszutragen.
Prof. Ertel äußerte sich empört darüber, daß alles, was in der Akademie geschieht, sofort nach dem Westen getragen wird. Es wäre doch eine unmögliche Situation, daß man im eigenen Hause nicht mehr sicher sei.
Auch Prof. Hertz äußerte gegenüber dem Genossen Rompe die gleichen Sorgen und betonte, daß man sich keiner Illusion hingeben soll, daß solche Inkonsequenz nur auf politische Fragen zuträfe. Es gäbe auch viele andere Dinge, wo kurz nach der Festlegung nichts mehr unter Kontrolle sei. Nach seiner Auffassung müsse man diesen Zustand unbedingt verändern. Er betonte, daß hier Unwahrscheinliches geschehen sei. Es gehörte doch zur Gepflogenheit an der Akademie, daß das Votum eines Teiles der Akademiemitglieder, die beispielsweise bei Berufungen und Ernennungen konkreten Einblick in die Zusammenhänge haben, unbedingt respektiert wurde. Im vorliegenden Falle ging es jedoch nicht nur um das Votum einer kleinen Gruppe von Akademikern, sondern um das der Klasse und des Präsidiums. Sicher würden jetzt nach dem Abstimmungsergebnis einige der Auffassung sein, daß dies auch eine Abstimmung gegen das Präsidium sei. Es wäre jedoch völlig falsch, solchen Wünschen nachzugeben. Prof. Hertz ist der Auffassung, daß Havemann trotz dieses Abstimmungsergebnisses mit allen Regeln der Kunst aus der Akademie hinausgeworfen werden müsse. Er äußerte

Debakel im Plenum. 24. März 1966 bis 31. März 1966

sich auch dahingehend (genau wie die Professoren Thiessen und Frühauf), daß hier offensichtlich zu viel Demokratie gespielt worden ist.
Auch Prof. Bielfeld[t] brachte gegenüber dem Genossen Hartke zum Ausdruck, daß er über das Ergebnis erschüttert sei. Es sei erschütternd festzustellen, daß jetzt Frings und Havemann Arm in Arm (symbolisch!) zu sehen seien. Nach seiner Auffassung lasse die äußere Optik des Reagierens von Prof. Petz ebenfalls den Schluß zu, daß das Stimmergebnis von ihm erwünscht gewesen sei.
Werner Schubert
Vorlage für das Präsidium AdW
Die Abstimmung im Plenum am 24. 3. 66 über den auf einstimmiger Empfehlung der Klasse für Chemie, Geologie und Biologie vom Präsidium einhellig gestellten Antrag auf Beendigung der Mitgliedschaft des KAkM Havemann erbrachte nur 70 % zustimmende Voten. Damit sind die geforderten 75 % nicht erreicht, und es erfolgt kein *Ausschluß*.
Trotz der zur Verfügung gestellten und für eine Prüfung bereitgehaltenen Unterlagen war die Zahl derjenigen Ordentlichen Mitglieder, die sich nicht entscheiden zu können glaubten, unverhältnismäßig hoch (17 %). Praktisch haben bei der Abstimmung nur 6 dieser unentschiedenen Mitglieder eine schwerwiegende Entscheidung maßgeblich herbeigeführt.
Damit ist eine besonders schwierige Lage für die Akademie entstanden. Bei ihrer Lösung verlangt die hohe Zahl von Voten, die von Hr. Havemann Distanz hielten, gebührende Beachtung:
Gemäß § 12 Abs. 3 des Statuts gehört jedes AkM der Klasse an, die seinen Wahlvorschlag gemacht hat. AkM, die keiner Klasse angehören, kann es laut Statut seit 1963 nicht mehr geben. Die Klasse für Chemie, Geologie und Biologie hat eindeutig erklärt, daß sie das von ihr seinerzeit zur Wahl vorgeschlagene KAkM Havemann nicht mehr sich zugehörig rechnen möchte.
Nachdem diese Distanzierung erfolgt ist, besteht gemäß Statut die Möglichkeit, daß Hr. Havemann an das Präsidium den Antrag stellt, in eine andere Klasse überzugehen. Ein solcher Antrag bedarf laut Statut der Bestätigung durch das Präsidium nach Anhören der Sekretäre [sic! – d. Hrsg.]; er könnte zur Förderung der wissenschaftlichen Arbeit der betreffenden Klasse genehmigt werden.
In Anbetracht der unnormalen Situation sind alle Sekretäre [sic! – d. Hrsg.] bereits gehört worden, ob sie einem solchen, in bezug auf ihre Klasse gestellten Antrag des Hr. Havemann zustimmen würden. Das ist verneint worden. Das Präsidium kann diese Stellungnahme nicht übersehen. Ein solcher Antrag wäre von vornherein im Sinne des Statuts zwecklos.
Ein AkM, das keiner Klasse zugeordnet werden kann, weil es von keiner Klasse gewünscht wird, ist aber statutenwidrig. Um diesen Zustand zu beenden, bleibt nichts anderes übrig als *die Streichung* dieses AkM.
In Anbetracht der durch die Umstände bedingten Lage, die das Statut der Akademie gefährdet, bittet das Präsidium den Ministerpräsidenten, diese Maßnahme zu bestätigen, die erforderlich ist, um das Statut wiederherzustellen.

134

Dok. 134 Protokoll Nr. 27/66 der Sitzung des Sekretariats des ZK, [Auszug], 30. 3. 1966
SAPMO-BArch, SED, ZPA, J IV 2/3 A/1285

Anwesend waren die	Genossen Grüneberg, Hager, Mittag, Norden, Verner, Berger, Dohlus
Entschuldigt fehlten die	Genossen Ulbricht, Honecker, Axen, Schön, Jarowinsky, Eberlein
Sitzungsleitung:	Genosse Norden

[...]

3. Information über die Angelegenheit Havemann ablegen

Die Information des Genossen Hager wird zur Kenntnis genommen.
Die vom Präsidium der Akademie vorgesehene Verfahrensweise zum Ausschluß von Havemann aus der Akademie wird zur Kenntnis genommen.

135

Dok. 135 Vorlage für das Präsidium, 31. 3. 1966
(a) AAW, Leitung, Personalia, 162, Bl. 6 f.
(b) AAW, Leitung, Personalia, 162, Bl. 110–112

(a)
Die geheime Abstimmung im Plenum am 24. 3. 66 über den auf einstimmiger Empfehlung der Klasse für Chemie, Geologie und Biologie vom Präsidium einhellig gestellten Antrag auf Beendigung der Mitgliedschaft des KAkM Havemann erbrachte 70 % zustimmende Voten. Infolge der hohen Zahl von Enthaltungen (17 %) und infolge der Gegenstimmen (13 %) sind die vom Statut geforderten 75 % zustimmender Voten nicht erreicht, und es kann formell keine Beendigung der Mitgliedschaft erfolgen.
Die absolute Mehrheit von zustimmenden Voten und die hohe Zahl von Enthaltungen (zusammen 87 %) haben eine besonders schwierige Lage für die Akademie entstehen lassen. Eine weit überwiegende Mehrheit von Ordentlichen Mitgliedern, die die Meinung in den Klassen maßgebend bestimmen, hat sich für eine bzw. nicht gegen eine Trennung von Prof. Havemann ausgesprochen.
Gemäß § 12 Abs. 3 des Statuts gehört jedes AkM derjenigen Klasse an, die seinen Wahlvorschlag gemacht hat. AkM, die keiner Klasse angehören, kann es laut Statut von 1963 nicht geben.
Dementsprechend sind auch die Korrespondierenden Mitglieder aus der Zeit vor 1963 jetzt auf die Klassen aufgeteilt.

Die Klasse für Chemie, Geologie und Biologie hat laut Protokoll eindeutig erklärt, daß sie das von ihr seinerzeit zur Wahl vorgeschlagene KAkM Havemann nicht mehr sich zugehörig rechnen möchte. Ähnliche Entschließungen liegen von Klassen für Philosophie, Staats-, Rechts- und Wirtschaftswissenschaften, Mathematik, Physik und Technik sowie für Bergbau, Hüttenwesen und Montangeologie vor.
Alle Klassen, denen Prof. Havemann einer wissenschaftlichen Arbeitsrichtung nach allenfalls zugeordnet werden könnten, haben sich also von ihm klar durch Beschluß distanziert.
Die Sekretare der Klassen für Medizin und für Sprachen, Literatur und Kunst äußerten sich im gleichen Sinne.
Offensichtlich ist es den Klassen nicht zumutbar, sich von einer ~~gewissen~~ geringen[1] Minderheit des Plenums ihre Haltung vorschreiben zu lassen.
Damit ist ein im Statut nicht vorgesehener Zustand in Bezug auf ein AkM eingetreten, für dessen Beendigung es auch keine Bestimmung im Statut gibt.
Die Verantwortung für diesen statutenwidrigen Zustand liegt bei Prof. Havemann, der durch sein Verhalten sich selbst von allen in Frage kommenden Klassen getrennt hat ~~und nicht erkennen läßt, daß er die Folgen seiner Handlungen und seiner dadurch entstandenen Differenzen mit den Klassen zum Maßstab für die eigene Haltung machen will~~. Im Interesse des Ansehens der Akademie sieht das Präsidium seine Pflicht und ~~das~~ die moralische[1] ~~Recht~~ Berechtigung darin[1], den unhaltbaren statutenwidrigen Zustand zu bereinigen und volle Klarheit zu schaffen.
Das Präsidium stellt fest, daß die im Statut vorgeschriebenen Voraussetzungen für das tatsächliche Verbleiben des KAkM Havemann in der Akademie entfallen sind.
Eine Mitgliedschaft, die nicht wirksam werden kann und rein formeller Natur ist, ist mit dem Akademiestatut und dem Wesen der Gelehrten Gemeinschaft unvereinbar; ~~da~~ ein solcher Zustand *führt*[1] notwendigerweise zu weiteren Konflikten und Komplikationen ~~führt~~. Das Präsidium, eingedenk seiner Verpflichtung, die Einheit der Akademie und ihre Arbeitsfähigkeit zu wahren, beschließt deshalb, sich von ~~der~~ *dem*[1] ~~Verantwortung~~ *Verantwortlichen*[1] für diesen für die Akademie höchst abträglichen Zustand, Prof. Havemann, zu trennen und veranlaßt die Streichung aus den Listen der Akademie.

(b)
Unterlage für eine Vorlage für das Präsidium
In Auswertung der Ereignisse der letzten Monate sind folgende Feststellungen zu treffen:
1) In der Akademie waren Beschlüsse über Wahlen, Auszeichnungen u. dgl. durch die Gesamtheit der Mitglieder (das Plenum) vorgesehen, die sich der Sache nach nur auf gutachtliche Empfehlungen von kompetenten Teilgremien der Akademie, wie eine Klasse, Kommission oder das Präsidium stützen können. Es hat als gutes ungeschriebenes Gesetz gegolten, daß solche begründeten Empfehlungen sachkundiger

---
[1] Handschriftliche Korrekturen.

AkM von der Gesamtheit der AkM respektiert und akzeptiert wurden. Dieses Prinzip ist mehr und mehr mißachtet worden. Ein ernstes Anzeichen dafür ist es gewesen, wenn über die Möglichkeit von Majorisierungen einzelner Klassen durch andere ernsthaft diskutiert wird. Die Grundlage für Beschlußfassungen wird dem Plenum damit entzogen. Das hat sich bei der Abstimmung über die Verleihung der Leibniz-Medaille im Jahre 1965 bereits gezeigt, bei der keine Mehrheitsbildung mehr möglich war. Die Funktion des Plenums als beschließendes Organ ist damit ernsthaft in Frage gestellt.

2) Es ist Aufgabe der AkM, in den akademischen Gremien Entscheidungen in bestimmten Fragen zu treffen. Dem widerspricht das zunehmende Ausweichen vor Entscheidungen oder sogenannte Enthaltungen bei Abstimmungen. Jedem AkM ist Gelegenheit gegeben, sich vor Entscheidungen persönlich über die Gegenstände zu informieren, und es gehört, falls eine Entscheidung erforderlich ist, zu seinen Pflichten, davon Gebrauch zu machen. Das Präsidium mißbilligt die Anzeichen der Entschlußlosigkeit unter AkM. Es empfiehlt alle Ordnungen so zu ändern, daß im Sinne des alten akademischen Prinzips der Ballotage nur klare Entscheidungen für oder wider gewertet werden. Stimmen von AkM, die aus zwingenden Gründen nicht in diesem Sinne abstimmen, sollten in keiner Weise in das Stimmenverhältnis eingerechnet werden.

3) Es ist erwiesen, daß mehrere AkM sich nicht mehr an die in der Akademie üblich gewesenen Normen der Vertraulichkeit halten wollen. Das Präsidium verurteilt schärfstens diese Zeichen der Demoralisierung und Zersetzung der akademischen Gemeinschaft. Das Präsidium bedauert zutiefst, dem Generalsekretär empfehlen zu müssen, in seiner Verantwortung für die Einhaltung der Gesetze alle erforderlichen Maßnahmen zu treffen, die die strikte disziplinarische Sicherung der vollen Vertraulichkeit aller wissenschaftlichen und wissenschaftsorganisatorischen Fragen in den Instituten und leitenden Organen der Akademie sichert. [sic! – d. Hrsg.] Von diesen Maßnahmen können nur bestätigte Akademische Unternehmungen in dem begrenzten wissenschaftlichen Bereich, der ihnen zugewiesen ist, ausgenommen werden.

Ein Federstrich durch das Statut

31. März 1966 bis Oktober 1968

136–138

Streichung eines Mitgliedes, 31. 3. 1966
Nachdem das Akademiepräsidium sich auf seiner Sitzung am 31. März 1966 selbst ermächtigt hatte, Professor Robert Havemann aus den Listen der Akademie zu streichen und damit seine Mitgliedschaft zu beenden, übersandte Generalsekretär Rienäcker ein amtliches Schreiben an Havemann, in dem er lapidar den Fakt der Streichung mitteilte. Doch dieser Brief, zwar datiert auf den 31. März, mit Stempel des Akademieausgangs vom 1. April und Poststempel vom 5. April versehen, erreichte Robert Havemann erst am 7. April. So war er auf diesen administrativen Akt von Machtdemonstration der SED nicht gefaßt, als er aus dem Radio am 1. April, noch bevor ihm das „Neue Deutschland" in Grünheide zugestellt war, davon erfuhr. Seine Bestürzung über die Willkürentscheidung des Akademiepräsidiums gegen das Votum des Plenums findet sich auch in der Meldung über das Gespräch mit einem DPA-Korrespondenten am Nachmittag.
Im „Neuen Deutschland" und anderen Zeitungen der DDR gab das Präsidium der DAW in einer Pressemitteilung am 1. April bekannt, es sehe „sich durch entstellende oder verleumderische Meldungen westlicher Nachrichtenorgane" zur „Richtigstellung veranlaßt". Als Begründung für dieses Vorgehen gegen Robert Havemann war darin angegeben, daß „statutengemäß [...] jedes Akademiemitglied einer Klasse angehören" müsse, sich aber alle „in Frage kommenden Klassen [...] eindeutig für eine Trennung von Herrn Havemann ausgesprochen" hätten. Somit seien die „statutengemäß erforderlichen Voraussetzungen" für ein „Verbleiben als Akademiemitglied" entfallen. Das war aber ein demagogischer Trick. De facto hatte die Klasse für Chemie, Geologie, und Biologie dem Präsidium eine Empfehlung gegeben. Das Präsidium hatte daraufhin einen Antrag gestellt. Dieser Ausschlußantrag war vom Plenum nicht angenommen worden. Die Sperrminorität war für einen Antrag dieser Tragweite gezielt im Statut festgeschrieben. Präsidium und Klassensekretar hatten somit Statutenbruch begangen, indem sie sich über das Votum der qualifizierten Minderheit hinwegsetzten.
De jure war Robert Havemann weiterhin Mitglied der Klasse für Chemie, Geologie und Biologie der Deutschen Akademie der Wissenschaften.

Dok. 136 Günther Rienäcker an Robert Havemann, 31. 3. 1966
RHG, Archiv, NL Havemann

DEUTSCHE AKADEMIE DER WISSENSCHAFTEN ZU BERLIN

DER GENERALSEKRETÄR

Berlin, den 31. März 1966

Herrn
Prof. Dr. R. Havemann

1017 B e r l i n
Strausberger Platz 19

Sehr geehrter Herr Prof. Havemann !

Der tatsächliche Status Ihrer Mitgliedschaft widerspricht nach der Lage der Dinge dem § 12 Abs. 3 des Statuts der Deutschen Akademie der Wissenschaften zu Berlin vom 2. Mai 1963.
Das Präsidium hat deshalb Ihre Streichung aus den Listen der Akademie veranlaßt.

Mit vorzüglicher Hochachtung

- Prof. Dr. Rienäcker -

Anschrift: Berlin W 8, Otto-Nuschke-Straße 22-23, Telefon 20 04 81, Fernverkehr 20 03 16

Dok. 137 Erklärung des Präsidiums der DAW, 1. 4. 1966
Neues Deutschland, 1. 4. 1966

Die Deutsche Akademie der Wissenschaften zu Berlin ist eine wissenschaftliche Einrichtung der Deutschen Demokratischen Republik. Sie ist in die sozialistische Entwicklung ihres Staates eingeordnet. Die wissenschaftliche Arbeit der Akademie hat bedeutende Ergebnisse erreicht. Die Akademie, insbesondere ihre wissenschaftlichen Institute, arbeiten mit aller Kraft an der Verwirklichung des sozialistischen Aufbaus.
Die Akademie hat sich mit den Schädigungen beschäftigt, die das verantwortungslose Verhalten und unwahre Behauptungen eines Mitgliedes, des Herrn Havemann, ihrer Arbeit zugefügt haben.
Das Präsidium der Deutschen Akademie der Wissenschaften zu Berlin sieht sich durch entstellende oder verleumderische Meldungen westlicher Nachrichtenorgane zu folgender Richtigstellung veranlaßt:
Das Korrespondierende Mitglied unserer Akademie, Herr Havemann, hat vielfach durch eigene oder durch ihn veranlaßte Publikationen in einer unserem Staat feindlichen Presse nicht nur die gebotene Loyalität bewußt verletzt, der jeder Wissenschaftler der Welt heute in erhöhtem Maße seinem Staate gegenüber unterliegt; er hat durch sein die Akademie und die DDR schädigendes Verhalten gegen die Pflichten des Bürgers eines sozialistischen Staates verstoßen.
Die Klasse für Chemie, Geologie und Biologie, der Herr Havemann statutengemäß auf Grund des von der Klasse seinerzeit eingebrachten Wahlvorschlages angehört, beschloß einmütig die Empfehlung, die Mitgliedschaft des Herrn Havemann zu beenden. Das daraufhin vom Präsidium einhellig beschlossene Verfahren wurde gemäß der bestehenden Ordnung durchgeführt. Jedem ordentlichen Mitglied der Akademie waren alle Unterlagen zugänglich; dem Verfahren lagen objektiv belegbare und durch keine Diskussion aus der Welt zu schaffende Tatsachen zugrunde.
Herrn Havemann wurde im Laufe des Verfahrens Gelegenheit zur Äußerung vor dem Präsidium gegeben; er hat dabei aber mit keinem Wort zur Kritik seiner Klasse Stellung genommen oder sich von seinen Handlungen oder deren Folgen distanziert.
Der dem Plenum der ordentlichen Mitglieder zugeleitete Antrag auf Beendigung der Mitgliedschaft fand in geheimer Abstimmung die Zustimmung von 70 Prozent. Bei einer größeren Zahl von Enthaltungen und einigen ablehnenden Stimmen wurde die für die formelle Beendigung der Mitgliedschaft statutengemäß erforderliche Dreiviertelmehrheit aber nicht erreicht.
Statutengemäß muß jedes Akademiemitglied einer Klasse angehören. Alle für eine Zugehörigkeit von Herrn Havemann in Frage kommenden Klassen haben sich in gründlichen Diskussionen eindeutig für eine Trennung von Herrn Havemann ausgesprochen. Damit sind die für ein tatsächliches Verbleiben als Akademiemitglied statutengemäß erforderlichen Voraussetzungen entfallen. Herr Havemann ist daher aus den Listen der Akademiemitglieder gestrichen worden.
Das Präsidium der Deutschen Akademie der Wissenschaften zu Berlin.

Dok. 138 dpa-Meldung, 1. 4. 1966
SAPMO-BArch, SED, ZPA, IV A 2/9.04/108

dpa 118 id
zu dpa 50 id (havemann – berlin / 11.25)
zwtl: havemann bestuerzt und enttaeuscht
in einem gespraech mit einem dpa-korrespondenten aeusserte prof. robert havemann am freitag in ostberlin seine bestuerzung und enttaeuschung ueber die entscheidung des akademiepraesidiums. bis zu diesem zeitpunkt sei ihm seine streichung aus den mitgliederlisten von der akademie nicht bekanntgegeben worden. er habe davon erst aus der presse erfahren.
havemann erklaerte, er halte die entscheidung fuer falsch und sei davon ueberzeugt, dass sie "in kuerze" wieder aufgehoben werde. er bedaure die streichung besonders im hinblick auf den briefaustausch zwischen der sed und der spd, der seiner ansicht nach eine "aussichtsreiche und hoffnungsvolle entwicklung einleitet". der akademieausschluß wirke den neuen bestrebungen entgegen. havemann war sich am freitag noch nicht darueber im klaren, ob er gegen die streichung irgendwelche schritte unternehmen wird. dpa 118 se/sm 01. apr 66 1439

Dok. 139 Günther Rienäcker, Einige Bemerkungen zu dem Beschluß des Präsidiums am 31. März 1966
AAW, Leitung, Personalia, 163, Bl. 1–4.

1. *Politische Basis* wird hier nicht nochmals dargelegt (Stellung, Rolle, Aufgaben und Verpflichtungen der Akademie in der DDR, einem sozialistischem Staate; Politische Wertung der Haltung und Handlungen Havemanns).
2. Einige Fakten
  a) Die zuständige Klasse hat sich nach gründlicher und verantwortungsbewußter Beratung in zwei Sitzungen eindeutig und einstimmig distanziert, daraufhin hat das Präsidium einstimmig am 24. Februar 1966 die entsprechenden Beschlüsse gefaßt. Die Erklärung der Klasse und des Präsidiums, wie sie von Herrn Lehmann formuliert worden ist, ist klar und eindeutig. Danach sind auch im Sinne des § 10 die Voraussetzungen für eine Mitgliedschaft tatsächlich nicht mehr gegeben.
  b) Die übrigen Klassen haben dies bestätigt; mehrere Klassen haben dies sogar in Beschlußform eindeutig festgelegt. Es ist danach festzustellen, daß nach verantwortungsbewußter Beratung im gesamten Bereich der Akademie sich klar ergeben hat, daß in der gesamten Akademie „die für eine Mitgliedschaft erforderlichen Voraussetzungen" offenbar nicht mehr gegeben sind.

Die Beratungen, die zu diesem Ergebnis geführt haben, sind gründlich, ernsthaft und eingehend gewesen; das Ergebnis zeugt davon, daß sich die betreffenden Gremien sowohl der Rolle, Bedeutung und der Würde der Akademie als auch der Bedeutung ihrer Stellungnahme in dieser Angelegenheit sehr bewußt waren.

3. *Die Abstimmung im Plenum am 24. März 1966*
Das Ergebnis der Abstimmung im Plenum hat in jeder Beziehung eine außerordentlich ernste und komplizierte Situation geschaffen (............).
Zu der Frage, was nun geschehen muß, ist u.a. folgendes zu sagen:
An den vorher dargelegten *Fakten* hat sich dem Sinne nach nichts geändert; die prinzipiellen Stellungnahmen, wie sie z. B. Herr Lehmann formuliert hat, sind als Fakten und Wertungen damit nicht weniger begründet als vorher. Durch das Abstimmungsergebnis, d.h. faktisch durch die Stimmenthaltung einiger Mitglieder sind doch nicht die „Voraussetzungen für eine Mitgliedschaft", die durch die zuständige Klasse, die anderen Klassen und das Präsidium als „nicht mehr gegeben" erachtet wurden, plötzlich wieder geschaffen.
Wenn dies einige Formalisten behaupten würden, würden sie also die Klasse zwingen, nunmehr alle fundierten, notwendigen und richtigen Beschlüsse zu ignorieren und sich mit Havemann wieder an einen Tisch zu setzen. Faktisch wäre dies ein *Diktat* durch das Verhalten einiger unentschlossener Mitglieder des Plenums, das keiner Korporation, wie sie eine Klasse ist, auch nur in Gedanken zuzumuten ist.
4. *Die Meinungsbildung im Präsidium am 31. 3. 1966*
a) Das Präsidium als verantwortliches akademisches Leitungsorgan sah sich der außerordentlich ernsten und komplizierten Situation gegenüber, die durch Havemann und das Abstimmungsergebnis geschaffen worden war.
Es stand auch im Präsidium *nicht* zur Diskussion, ob Havemann in seine Klasse zurückkehren könne. Bei einer Diskussion dieser Frage und erst recht einer diesbezüglichen Anfrage an die Klasse würde das Präsidium der Klasse *unterstellen*, daß sie ihre zweimal einstimmig gefaßten Beschlüsse leichtfertig, unverantwortlich und ohne richtige Einschätzung sowohl des Verhaltens Havemanns als auch der Stellung und Aufgaben der Akademie gefaßt hätte (siehe Formulierung Lehmann). Falls einige *Akademiemitglieder* meinen, man müßte doch in diesem Sinne die Klasse fragen, so unterstellen diese Mitglieder zweifellos der Klasse leichtfertige und verantwortungslose Beschlüsse, denen ja im übrigen auch am 10. März ds. Js. andere Klassen zugestimmt hatten. Somit war das Verhältnis Havemanns zur Klasse (bzw. umgekehrt) dem Präsidium völlig klar.
b) Damit bestand nun ein Zustand, der dem § 12, Abs. 3 (erster Satz) widerspricht. In Konsequenz dieser Tatsache wurde nun ernsthaft diskutiert, ob eine Mitgliedschaft Havemanns über eine andere Klasse möglich sei. Diese Frage wurde nicht durch eine pauschale oder globale Feststellung beantwortet, obwohl dazu durchaus Anlaß gewesen wäre. Nach dem Statut *kann* das *Präsidium* einem Übergang in eine andere Klasse *zustimmen*, und zwar nach „*Anhören der Sekretäre*", „*um die Arbeitsvorhaben der Klasse zu fördern*".
Jeder der Sekretäre der in Frage kommenden Klassen wurde befragt und verneinte. Diese sehr verantwortliche Aussage der Sekretäre stützte sich nicht nur auf ihre eigene Meinung und Einschätzung der Situation, sondern auf im Protokoll der Klassen festgelegte Beschlüsse (Zustimmung zum Antrag der Klasse Chemie und des Präsidiums). Die Sekretäre hatten keine Veranlassung, auch ihrer Klasse zu unterstellen, daß sie

leichtfertig und nicht verantwortungsbewußt gehandelt hätten und sich eine Förderung der Klasse durch die Aufnahme Havemanns in Anbetracht seines gesamten Verhaltens versprechen würden. Die betr. Sekretare *konnten* also nicht nur, sie *mußten* die gestellte Frage verneinen.

Die einfache logische Konsequenz war, daß Havemann in *keiner Mitgliederliste irgend einer Klasse* geführt werden kann. Das ist eine *unumstößliche Tatsache. Das hat das Präsidium festgestellt: es konnte logischerweise nicht anders handeln, als Havemann nun nicht mehr in den Mitgliederlisten zu führen.*

Diese Situation hat Havemann letzten Endes verursacht durch sein Verhalten, das allen Klassen Anlaß gab, sich von ihm zu distanzieren. Die *Komplizierung* haben diejenigen Akademiemitglieder geschaffen, die trotz aller vorangegangenen Beschlüsse von Klassen, des Präsidiums und trotz eindeutiger Stellungnahme der Klassen *einer Entscheidung auswichen und damit das Präsidium vor solche Entscheidungen stellten.*

Diese Entscheidung ist nach der Lage der Dinge und nach den Bestimmungen des Statuts über die Mitgliedschaft logisch und konsequent; das Präsidium hat als leitendes akademisches Gremium eine große *Verantwortung für die Akademie;* es hat dieser Verantwortung entsprechend gehandelt.

Es muß auf das energischste zurückgewiesen werden, daß die logische, konsequente Lösung der schwierigen Frage durch das Präsidium ein „Dreh" oder ein „Trick" sei, daß Geist und Sinn der Statuten „vergewaltigt" worden seien. Dies sind böswillige Argumente der Westpresse und des RIAS, die stets Anlässe suchen, um die DDR und die DAW zu verleumden und ihr zu schaden. Wer in Kenntnis der Erklärung des Präsidiums von unzuverlässigen „Dreh"s oder „Trick"s spricht, ist eine Stimme im Chor unserer Gegner.

140–150

Neue Proteste, April/Mai 1966

Die allen Regeln hohnsprechende Streichung Havemanns rief erneut Proteste hervor. Diese klangen weniger zurückhaltend als jene, bei deren Abfassung noch darauf gehofft wurde, durch Appelle an die Vernunft und politische Weitsicht der Verantwortlichen, den Skandal abwenden zu können. Schon zwei Tage nach dem Plenum warnte Mothes, bekanntermaßen ein Gegner jedweder politischer Einmischung in die Angelegenheiten der Akademie und deshalb auch ein Gegner Havemanns, vor einer politisch motivierten Verletzung des Statuts. Sein Brief geriet ihm zur Beschwerde über die unerträgliche Gängelung der wissenschaftlichen Arbeit durch unsinnige politische Bedingungen. In der Sache stand er Havemann damit näher, als ihm selbst bewußt gewesen sein mag.

Zwei Tage später erreichte das Präsidium ein scharfer Protest von Horst Feitke, zwar ein Mann ohne Prominenz in der DDR, der aber den hochgelehrten Akademiemitgliedern nicht nur ein Beispiel klaren Rechtsverständnisses, sondern vor allem ein Beispiel des aufrechten Ganges demonstrierte.

Nach der Streichung Havemanns wiesen die Westberliner Falken nochmals auf den Skandal hin, daß im sich antifaschistisch erklärenden Staat DDR ein ehemaliger Nazi den von Freisler zum Tode Verurteilten feuert.
Werner Krauss und Wolfgang Steinitz, zwei alte Kommunisten, bewahrten die Tugenden ihres Lebens und verweigerten sich der Zumutung Hartkes, seine Demontage des Rufes der Akademie auch noch gutzuheißen.
Und nicht zuletzt zeigte sich, daß es in der DDR einfache Gewerkschafter gab, die mit unbekümmerter Dreistigkeit jene Fragen stellten, die angesichts des Vorganges jeden anständigen und denkenden Menschen bewegen mußten. Sie schickten ihren Brief dorthin, wo diese Fragen hätten diskutiert werden müssen: ans „Neue Deutschland".
Die Gegenargumentationen bedürfen keines Kommentars, sie gipfeln im argumentativen Salto mortale Hartkes, der für die Akademie den Ausnahmezustand erklärt, ohne es offenbar zu bemerken: „Rechtsschöpfung durch Präsidium setzte Versagen des Plenums [...] voraus." – Hartke hatte die Lektion des Ermächtigungsgesetzes von 1933 gut gelernt und nicht vergessen.

Dok. 140 Kurt Mothes an Werner Hartke, 26. 3. 1966
AAW, Leitung, Personalia, 162, Bl. 17–26

Sehr verehrter Herr Präsident!

Erst jetzt komme ich dazu, Ihren Brief vom 17. März zu beantworten und bedauere das. Ich möchte ausdrücklich bemerken, daß meine Stellungnahme zu Ihrer Bitte durch die erschütternden Ereignisse in der Akademie in keiner Weise beeinflußt ist; sie wäre vor acht Tagen genau so abgegeben worden.
Sie bitten mich, Ihnen die Namen von Schweizer Gelehrten zu nennen, die mich in der Angelegenheit Havemann angesprochen haben. Dazu bin ich leider nicht in der Lage. Die Gespräche um Havemann, die sich in Zürich und Basel immer wieder entzündeten, hatten ihren Anlaß in Notizen der „Zürcher Neuesten Nachrichten" und auch vielleicht anderer Zeitungen gefunden.
Die Einstellung der Schweizer Gelehrten gegenüber der Deutschen Akademie der Wissenschaften und gegenüber der DDR überhaupt beruht in erster Linie auf einen Mangel an Vertrauen und gewissen Unkorrektheiten, für die die Schweizer ungemein empfindlich sind. Ich glaube nicht, daß ein Brief des Präsidiums unserer Akademie an dieser Einstellung etwas zu ändern in der Lage ist, besonders da immer wieder neue Handlungen erfolgen, die das Mißtrauen verstärken müssen.
So antiquiert manchmal der Freiheitsbegriff und die öffentliche Kontrolle aller Handlungen – wie es in der Schweiz üblich ist – auch erscheinen mögen, man kann den Kollegen nicht absprechen, daß sie zwar eine ziemliche Reserve gegenüber Deutschen überhaupt haben, daß sie aber eher bereit wären, von der DDR wirkliche Beweise eines grundsätzlichen Bruches mit deutschen Lastern der Vergangenheit entgegenzunehmen als von der Bundesrepublik.

Das Präsidium unserer Akademie hat einfach nicht mehr die Vertrauensbasis, um eine glaubhafte Erklärung abgeben zu können, die ohne weitere Untersuchungen Fernerstehende überzeugt. Was in dem zitierten Gespräch mit den Schweizer Kollegen zu tun ist, habe ich getan, genau so wie ich es in einer Besprechung mit namhaften Gelehrten der Bundesrepublik getan habe. Die Bundesrepublik hatte Aufforderungen erhalten, für Havemann einzutreten, mit unbekannten Unterschriften. Welcher Kreis von Gelehrten auf solche Weise angeschrieben worden ist, weiß ich nicht. Die mir genannten Namen kommen ebenso als bundesdeutsche Mitglieder der Berliner Akademie in Frage wie auch als Vertreter des Kreises der Göttinger 18. Ich habe, soweit mir das möglich war, nachdrücklichst darum gebeten, sich nicht durch öffentliche Proteste in die Auseinandersetzung um Havemann einzuschalten, da dies nur die Spannungen zwischen den Akademien in Ost und West vermehren würde. Es ist meines Wissens auch nur eine Stellungnahme erfolgt.

Die Empörung der Schweizer über die Verhältnisse in der DDR war im höchsten Maße peinlich und erstreckte sich auf eine ganze Reihe verschiedener Gebiete. Für den Schweizer völlig unbegreiflich ist z. B. das Verschwinden von Manuskripten und Briefen. Wir sind auf diesem Gebiet ja schon so abgehärtet, daß wir es selbst gar nicht mehr für nötig halten, uns bei der Regierung zu beschweren, denn wir haben in fast allen Fällen unbefriedigende, zum Teil naive und dadurch geradezu kränkende Erklärungen erhalten.

Der große Mathematiker van der Waerden hat allein vier Manuskripte verloren, von denen zwei an die Sächsische Akademie der Wissenschaften gegangen sind (Beiträge zum Astronomischen Atlas) und zwei an Professor Heinrich – Dresden. Man kann die Schweizer nicht – wie ich es versucht habe – beruhigen, indem man ihnen sagt, daß die Untersuchungen durch unsere Hauptzollverwaltung ergeben haben, daß das Verschwinden dieser Manuskripte nicht in der DDR erfolgt sei. So wird es auch auf ausländische und westdeutsche Wissenschaftler einen lächerlichen Eindruck machen, wenn sie erfahren würden, was das Zeitungsvertriebsamt Berlin z. B. an die Bibliothek des Chemischen Instituts in Halle geschrieben hat:

> *„Werter Postkunde! Nr. 1/66 der Chemikerzeitung kann nicht ausgeliefert werden, weil ihr Inhalt gegen die gesetzlichen Bestimmungen der DDR verstößt. Unter der Überschrift ‚Dialektik ohne Dogma' ist darin ein Artikel enthalten, der sich mit den Thesen R. Havemanns beschäftigt. In den Ausführungen wird in deprimierender Weise gegen unsere wissenschaftliche Weltanschauung Stellung genommen. Zitscher, Oberrat".*

Vielleicht sollte man Herrn Zitscher anschreiben und ihn um Mitteilung bitten, was unsere wissenschaftliche Weltanschauung sei. Die Akademie könnte sicher davon profitieren. Jedenfalls ist unglaublich, was Tag für Tag in solcher Weise in unserem Staat geschieht.

Leider hat die Akademie niemals in einer genügend öffentlichen und scharfen Form gegen diese Eingriffe ängstlicher Zollbeamter in unser wissenschaftliches Leben Stellung genommen. Würde die Akademie die Interessen unserer Wissenschaft gegenüber einer unzureichenden Verwaltung mutiger und klarer vertreten, würde ihre Position in der Welt oft eine andere sein.

Verschiedene Herausgeber von Zeitschriften unserer Republik führen einen Kampf gegen das langsame Drucklegungsverfahren, das allmählich eine Konkurrenzfähigkeit unserer Zeitschriften geradezu ausschließt. Jeder der mir bekannten Herausgeber klagt in der gleichen Weise. Wenn aber schon diese Druckschwierigkeiten infolge der allgemeinen Lage auf dem Arbeitsmarkt und in der Wirtschaft nicht so leicht zu überwinden sind, so ist es völlig unbegreiflich, wenn zu diesen Zeitverzögerungen noch solche hinzukommen, wie z. B. diese: Ich sandte ein Manuskript für die in Jena erscheinende Zeitschrift „Flora" an einen Mitherausgeber in Göttingen, Laufzeit 14 Tage. Der Mitherausgeber sandte das Manuskript zurück; nachgewiesene Laufzeit 5 Wochen! Dieses Beispiel ließe sich geradezu beliebig vermehren. Sicher wird das Präsidium der Akademie gegen solche Dinge wiederholt protestiert haben. Ein wirksamer Protest ist aber offenbar nur beim Ministerpräsidenten selbst oder durch Inanspruchnahme der Presse zu erreichen, da die Diskussion in unserem Parlament ja unmöglich ist.

Bei dieser Inaktivität in wichtigen Fragen unseres wissenschaftlichen Lebens wirken sich die negativen Leistungen unserer Akademie ganz besonders aus. Ich zähle dazu auch jene Leistungen, die von zahlreichen Mitgliedern und von Außenstehenden nicht nur als Unklarheiten sondern als Unaufrichtigkeiten und Beugungen des Statuts empfunden werden. Zu den Beugungen des Statuts gehört zweifellos auch die Angelegenheit Havemann. Da ich niemals für Herrn Havemann gewesen bin, darf ich mir wohl erlauben zu sagen, daß seine Nichternennung zum Ordentlichen Mitglied bereits eine Beugung des Statuts darstellt, denn zum Ordentlichen Mitglied wurden alle Korrespondierenden Mitglieder ernannt, die regelmäßig an den Arbeiten der Akademie teilgenommen hatten. Auch das Verbot, das Akademiegebäude zu betreten, aus welchen Gründen auch immer es erfolgt sein mag, ist ein geradezu grotesker Verstoß gegen die elementarsten Rechte der Akademiemitglieder. Endlich könnte man mit Fug und Recht die Abstimmung anzweifeln, die am vergangenen Donnerstag erfolgt ist. Jedenfalls ist es im höchsten Maße ungeschickt, 13 Stimmen von Nichtanwesenden einzusammeln und in einer solchen Weise dem Plenum vorzulegen, wo jeder Mißgünstige unbedingt den Eindruck haben muß, daß diese 13 Stimmen genau so gefälscht sein können. Wenn man so etwas schon macht, dann muß man diese Stimmen der Nichtanwesenden getrennt von den übrigen Stimmen auszählen, um zu sehen, ob bei diesen eine ähnliche Relation zwischen Ja- und Neinstimmen besteht wie bei den direkt abgegebenen Stimmen. Jedenfalls dürfte dieses Verfahren einige Kollegen in Wut gebracht haben, so daß sie ihre Absicht, dem Antrag des Präsidenten zuzustimmen, in diesem Augenblick änderten.

Solange also das Vertrauen der eigenen Mitglieder zur Leitung der Akademie auf so schwachen Füßen steht, soll man nicht glauben, bei den Schweizer Wissenschaftlern mit einem noch so geschickten Schreiben etwas erreichen zu können.

Mit den besten Empfehlungen
Ihr
gez. Mothes

Konzeption der Stellungnahme zum Brief Mothes
Prof. Mothes beklagt seit langem in immer wiederholten schriftlichen Bemerkungen Schwierigkeiten, die der Arbeit der Wissenschaftler in der DDR hemmend entgegenstünden, so z. B.:
Am 2. 9. 65 wies er im Zusammenhang mit seiner Feststellung, daß die Grundlagenforschung auf verschiedenen Gebieten völlig zum Erliegen komme, darauf hin, daß namhafte Wissenschaftler wie Prof. Klinkowski nicht an den wichtigsten internationalen Symposien teilnehmen könnten. AkM Klinkowski sei Vorsitzender der entsprechenden RGW-Kommission, aber es wurden Nichtspezialisten zu den in Frage stehenden Tagungen entsandt. Im Zusammenhang mit den Professorenernennungen kam Hr. Mothes nochmals auf Nachwuchsprobleme zu sprechen. So machte er am 23. 6. 65 den Vorschlag, Dr. Helm zu ernennen, was auf den Widerstand von Hrn. Stubbe stieß. In der Klassensitzung der Medizinklasse vom 21. 4. kritisierte er die Verzögerung in einer größeren Zahl (18) von Anträgen auf Ernennung zum Professor und sprach von einem engen Standpunkt der DAW in dieser Frage. Seine Kritik über Bevorzugung von Genossen Nachwuchswissenschaftlern und die Ausschaltung der Institutsdirektoren bei der Besetzung von Stellen ist auch schon älteren Datums (1962–1964).
Seine Kritik an der Berufspolitik, – ebenfalls schon älteren Datums (Medizin-Ordinariate) – wurde für die Biologie in einem ausführlichen Memorandum über die Lage in der Biologie an den Staatssekretär für das Hoch- und Fachschulwesen am 11. 12. 65 erneuert:
„Man muß mit der Tatsache rechnen, daß trotz der zahlenmäßig gar nicht so geringen Vertretung der Botanik in der DDR wissenschaftlich im herkömmlichen und im modernen Sinne in den nächsten 10 Jahren nicht viel geleistet wird und daß die falsche Besetzung einer relativ großen Zahl von Professuren sich auf die weitere Ausbildung des Nachwuchses nachteilig auswirken wird. Die Schuld dabei haben sicherlich nicht allein die sogenannten ‚Verhältnisse'.
Ich beobachte hier an der eigenen Fakultät, wie wenig die Professoren selbst bei der Besetzung der Lehrstühle zu sagen haben und wie der Einfluß von Parteisekretären, die den Naturwissenschaften absolut fremd gegenüberstehen, von verheerender Wirkung ist. Der Sozialismus hat hier noch nicht seinen richtigen Weg gefunden, die politischen Erfordernisse mit den sachlichen Notwendigkeiten zu koordinieren. Man muß leider damit rechnen, daß wirkliche Begabungen sehr frühzeitig die Verhältnisse überschauen lernen und sich von dem abwenden, wozu sie eigentlich veranlagt sind, nämlich von einer wissenschaftlichen Laufbahn und von einer Tätigkeit als Hochschullehrer. Das Gesagte gilt nicht nur für die Botanik oder die Biologie, sondern auch für andere Disziplinen. Ich sehe auch hier am Ort, daß in so wichtigen Disziplinen wie der Chemie nach langem Hin und Her eine um sich greifende Müdigkeit Veranlassung ist, daß das Brett doch dort gebohrt wird, wo es am dünnsten ist."
Ein ebenfalls altes Problem seiner Kritik sind die Importprobleme, u. a. betr. ungenügende Möglichkeiten des Imports wissenschaftlicher Literatur, Schwierigkeiten beim Postversand und -kontrolle.
Hr. Mothes schrieb mit Datum vom 9. 8. 65 an einige Mitglieder der Leopoldina in der DDR und bot ihnen an, auf je 10 wissenschaftliche Mitarbeiter eines Instituts Westbü-

cher in Höhe von 50,- bis 100,- Mark zu bestellen. Die Mittel dafür seien auf privater Grundlage durch die Hilfe zahlreicher Mitglieder der Leopoldina vom Vizepräsidenten H. Weber (Bundesrepublik) zusammengekommen, um in etwa die Aufwendungen in der DDR für die Leopoldina-Tagungen abzugelten.
Prof. Mothes beklagt weiter Widersprüche zwischen formalen Bestimmungen, Statuten usw. und der Praxis in der Akademie.
Prof. Mothes beklagt die Auswirkung der Spannungen in der Welt auf die Lage der deutschen Nation und auf die Lage der Wissenschaftler der DDR.
In vielfachen öffentlichen Bekundungen insbesondere in der Leopoldina beklagt er die Unmöglichkeit, gesamtdeutsche Tagungen durchzuführen. Er kritisiert die Praxis des ATO[1] und der Ministerien der DDR, die für Paßausstellung zuständig sind, alles auf das kapitalistische Ausland bezogen. Er kritisiert scharf Republikfluchten nach dem Eintritt, hat selbst in seinem Institut keine solchen Erscheinungen.
Nicht nur Prof. Mothes beklagt diesen Widerspruch, es gibt eine Reihe, allerdings nicht die Mehrheit von Angehörigen unserer Intelligenz oder von Vertretern der Intelligenz im anderen deutschen Staat oder im Ausland, die ihm nicht nur im Inhalt, sondern auch in [der] Art seiner Klage zustimmen.
Zum Teil innerhalb und außerhalb der DDR macht man Prof. Mothes zum Symbol bzw. sogar zum führenden Repräsentanten der Klage über diese Widersprüche.
Die von Prof. Mothes ständig betonten Tatsachen werden grundsätzlich durchaus von niemand übersehen.
Es wird natürlich auch allgemein anerkannt, daß der Wissenschaftler Verantwortung zu übernehmen hat, aber wofür und wie, darüber bestehen Differenzen.
Es läßt sich zum Beispiel leicht nachweisen, daß die Verallgemeinerungen, die Prof. Mothes und andere ziehen, auf ein nicht ausreichend umfassendes Material oder auf unzureichend auf ihren wesentlichen Gehalt geprüfte Informationen gestützt sind; so läßt sich zeigen, daß die Behauptung der Bevorzugung von Genossen in der Nachwuchspolitik quantitativ an vielen Stellen unzutreffend ist und andererseits von Prof. Mothes u. a. übersehen wird, daß die Aufgabe der Erziehung zu bewußten Staatsbürgern in gefährlicher Weise vernachlässigt werden kann, wenn man einseitig fachliche Qualität in den Vordergrund schiebt.
Auf welchen persönlichen Erfahrungen beruht die Behauptung, Diskussion sei in unserem Parlament ja unmöglich. Wer aktiv mitarbeiten würde, z. B. in den Ausschüssen der Volkskammer, käme zu einem ganz anderen Ergebnis.
Krisenerscheinungen in der Intelligenz der DDR sind nichts Neues, aber ihre Anlässe haben sich im Laufe der Zeit doch stark geändert:

---

[1] Allied Travel Office: Behörde der Westalliierten, die in Westberlin Reisepapiere für DDR-Bürger ausstellte. Da der DDR-Paß zumindest in den Staaten der NATO, darüber hinaus aber auch in vielen anderen Staaten der Welt nicht anerkannt wurde, konnten DDR-Bürger dorthin nur reisen, indem sie einen Traveller-Paß des ATO erhielten – was immer wieder auch aus nicht unpolitischen Gründen verweigert wurde – oder sich in der Bundesrepublik einen westdeutschen Paß ausstellen ließen, was nach DDR-Recht illegal war.

Bessere und richtigere Einschätzung des Kräfteverhältnisses zwischen sozialistischem und kapitalistischem Lager. Richtigere Einschätzung der Leistungsfähigkeit der SU-Wissenschaft.
Richtigere Einschätzung der Stellung der Hochschulen in unserer sozialistischen Gesellschaft.
In anderer Hinsicht besteht aber ein Hauptanlaß kritischer Erscheinungen in der Gesellschaft weiter:
Falsche Einschätzung der Frage der Wiedervereinigung Deutschlands und ihrer Verflechtung mit der internationalen Lage.
Falsche Einschätzung der Verschärfung der Widersprüche in Westdeutschland und des Klassenkampfes in aller Welt.

Es soll zugegeben werden, daß auch die meisten kritisch eingestellten Angehörigen der Intelligenz es prinzipiell mit dem Sozialismus ernst meinen und kritisch auch gegenüber vielen westdeutschen Erscheinungen sind.
Aber die Krisenerscheinungen manifestieren sich in einem Mangel an Vertrauen, Skepsis und Krittelei. Dabei kommt es wieder zu unzulässigen Verallgemeinerungen. Worauf stützt sich die Behauptung, die Leitung der Akademie besitze nicht das Vertrauen der eigenen Mitglieder. Entweder gelten Zahlen etwas oder nicht. Dann ist die Leitung der Akademie am 24. 3. von 70 % der Mitglieder bestätigt worden. Eher muß man die Unentschlossenheit einiger weniger Mitglieder kritisieren, die vor Entscheidungen ausweichen und damit allerdings das Ansehen der Wissenschaft in Frage stellen.
Der Mangel an Vertrauen bei einigen wenigen Mitgliedern resultiert aus der falschen Bewertung der Tatsachen, die das Fehlen eines öffentlichen Protestes der Akademie in Angelegenheit der Drucklegung als Inaktivität in wichtigen Fragen einschätzen.
Aber der Sozialismus und die Bewältigung der mit seinem Aufbau verbundenen Widersprüche gelingt nicht durch kritische Einstellung und Diskussion unter Intellektuellen allein. Die Intelligenz kann überhaupt nicht eine führende Rolle bei der Durchsetzung des Neuen übernehmen. Sie kann und muß dabei sich der einzigen Kraft, die an einer grundsätzlich neuen Ordnung zum eigensten Wohl interessiert ist, der großen Masse werktätiger Menschen, als Helfer anschließen und deren führende Rolle in ihrem Kampf gegen die Ursache der Widersprüche anerkennen.
Nur in diesem aktiven Kampf, durch Mitarbeit dabei, lassen sich Krisen überwinden, die Widersprüche verstehen und schließlich aufheben. Dazu genügt nicht mehr fachliche, wenngleich hervorragende Arbeit allein. Dazu gehört ein weiter Überblick über Erscheinungen, Vorgänge, Zustände in der Welt um uns und in uns.
Bei allem Respekt vor der hervorragenden fachlichen Urteilsfähigkeit verschiedener als Kritiker auftretender Angehöriger der Intelligenz muß man doch fragen, ob sie alle ausgewiesen sind, mit derselben Sicherheit wie in fachlichen Fragen über das Wesen allgemeiner gesellschaftspolitischer Erscheinungen, deren Widerspiegelung gewisse Widersprüche sind, verbindliche Meinungen abzugeben. Dazu würde ein eingehendes Studium der marxistisch-leninistischen Theorie als Voraussetzung gehören, d.h. nicht nur Lebenserfahrung sondern auch theoretische Methoden und Analysen.

Natürlich besteht bei vielen der kritisch eingestellten Persönlichkeiten ein verhältnismäßig umfassender Überblick. Aber um so erstaunlicher ist dann allerdings die Tatsache, daß z. B. der Verlust oder die Verzögerung von Manuskriptsendungen u. ä. beim Transport über die Grenze zwischen zwei Staaten zu kardinalen Tatsachen aufgewertet wird. Einer dieser Staaten, die Bundesrepublik, stellt sich bis zur Regierung der Existenz des anderen, der DDR, feindselig ein. Dies ist die wirklich kardinale Tatsache, Ursache und Frage. Ergebnis dieser falschen Sicht ist es, wenn Prof. Mothes z. B. mehr oder minder deutlich die DDR allein dafür verantwortlich macht, daß z. B. solche Verzögerungen eintreten. Es gibt reichlich Beweise für eine gezielte Verzögerungspolitik westdeutscher Überwachungsorgane.

Verwaltungen der DDR zu kritisieren, wie es Prof. Mothes in Übereinstimmung mit Ausländern vorschlägt, in sturer Weise Vorschriften zu beachten, die noch nirgends und nie für alle Fälle des Lebens passend erdacht worden sind, wie es Prof. Mothes und anscheinend eine gewisse Minderheit vorschlagen, würde am Wesentlichen völlig vorbeiführen, solange man sich nicht vor allem um die Lösung der kardinalen Frage der eigentlichen Ursache dafür bemüht, daß sich Ausländer und gewisse westdeutsche Kreise in unverschämter und pharisäischer Weise in Angelegenheiten der DDR mit ihrem Urteil einmischen. Eine kardinale Frage wäre es, daß für die allseitige Anerkennung von Statuten, z. B. von der gesamten Akademiemitgliedschaft einhellig die empörende Kette von Indiskretionen verurteilt werden muß. Davon hat Prof. Mothes und eine gewisse Minderheit bisher nichts gesagt, aber angeblich sich in Wut bringen lassen durch angebliche Wahlmanipulationen.

Prof. Mothes sagt, daß er Schweizer Kollegen und namhafte Gelehrte der Bundesrepublik gebeten habe, sich nicht durch öffentliche Proteste in die Auseinandersetzung einzuschalten, da dies nur die Spannungen zwischen den Akademien in Ost und West vermehren würde. Diese Einschätzung ist zweifellos richtig. Aber es wäre schon ein merkwürdiges Zeugnis wissenschaftlicher Dekadenz, wenn offenbar überhaupt namhafte Gelehrte ohne jede Möglichkeit der Prüfung der Tatsachen erwogen haben sollten, sich zu Urteilen und Handlungen hinreißen zu lassen. Hier ist doch wohl ein makabres Spiel getrieben worden, das das Vertrauen zur westlichen Wissenschaft überhaupt erschüttern könnte. Aber es handelt sich offensichtlich um eine Minderheit.

Bezeichnenderweise spricht man zwar über angebliche Empörung von Ausländern über die Verhältnisse in der DDR. Warum verzeichnen Prof. Mothes u. a. nicht die Reaktion dieser Ausländer z. B. auf die Antisemitismus-Resolution der DAW. Keine deutschsprachige Akademie oder Gelehrtengesellschaft hat es bisher für nötig gehalten oder gewagt, einen solchen Schritt zu tun. Die Empörung der Ausländer über die DDR ist natürlich durchaus nicht unbegründet, aber nur politisch bedingt oder beeinflußt, weil sie in Wahrheit dem unsachlichen Antikommunismus entsprungen ist, der in der Schweiz z. B. allgemein Norm ist. Man nimmt daher dort offenbar einfach nicht zur Kenntnis, daß nur in der DDR die Wurzel des Antisemitismus ausgerottet ist. Offenbar muß man Antikommunist sein, um internationales Ansehen im westlichen Sinne zu erwerben.

Aus welchen Gründen Prof. Mothes stets gegen Havemann gewesen ist, ist gewiß nicht so bekannt, wie andere seiner kritischen Urteile, weil Prof. Mothes leider über seine

Ablehnung von Havemann nur selten in Briefen oder gegenüber der Öffentlichkeit sich geäußert hat. In einer Situation, in der offensichtlich antikommunistisch beeinflußte politische Fehleinschätzungen eine entscheidende Rolle spielen, sollte man aber in dieser Sache mit Werturteilen wie „Unklarheiten", „Beugungen", „Unaufrichtigkeiten" vorsichtig sein. Der Rufmord gehört zur billigen Waffe des Antikommunismus. Antikommunistische Aktionen werden bei uns nicht durch formalistische Anwendung irgendwelcher Bestimmungen unterstützt. Auch wenn hinter der Forderung nach Beachtung von Bestimmungen ehrenwerte Motive stehen, so hat der Antikommunismus noch nie ehrenwerte Motive, Recht und gute Sitte honoriert. Ein oberstes Ziel aller Statuten, Gesetze, der Verfassung und vor allem der Praxis in der DDR ist die Vernichtung des Antikommunismus und seiner Quellen und Ursachen.

Dem Präsidium wird vorgeschlagen, die Kritik von Prof. Mothes im Brief vom 26. 3. insofern zurückzuweisen, als sie an den kardinalen Fragen vorbeigeht und deshalb keine Veränderung bewirken kann. Nicht die Leitung schädigt das Ansehen der Akademie, sondern Akademiemitglieder, die im Gedankenaustausch schriftlicher oder mündlicher Art sich mit Leuten solidarisieren, die erwiesenermaßen nicht informiert sind, indem sie es versäumen, die möglichen Informationen zu geben bzw. geben zu lassen.

Dok. 141 Horst Feitke an das Präsidium der DAW, 28. 3. 1966
AAW, Leitung, Personalia, 162, Bl. 133–140

Sehr geehrte Herren!

Mit großem Befremden las ich jetzt von Ihrem Versuch, das Akademiemitglied, Herrn Prof. Havemann, auszuschließen.

In der Zeit, in der der Antrag des Staatsrats der DDR auf Aufnahme in die UN läuft und dort diskutiert wird, läßt sich die Deutsche Akademie der Wissenschaften von einigen Leuten, die offenbar den Stalinismus noch nicht abgelegt haben, verleiten, gegen den Artikel 19 der UN-Menschenrechtsdeklaration vorzugehen, indem sie Herrn Prof. Havemann dafür maßregeln will, weil er seine Meinung geäußert hat! Wenn Sie je die von ihm veröffentlichten Werke gelesen haben, werden Sie feststellen, daß diese sich nicht gegen die DDR richten – im Gegenteil hat er in seinen Interviews stets auf die Leistungen der DDR in wissenschaftlicher, wirtschaftlicher und sozialer Hinsicht ausdrücklich verwiesen! –, sondern gegen den Dogmatismus in Politik und Ideologie, und zwar in einem Sinne, der in etwa auf der Linie von Togliattis Vermächtnis liegt, das ja seinerzeit vom „Neuen Deutschland" veröffentlicht wurde.

Gerade im Gespräch mit der SPD in Westdeutschland brauchen wir aber eine Arbeit, wie sie von Togliatti und Havemann gefordert werden [sic! – d. Hrsg.], wie sie den Programmen der KPF in der Kulturarbeit und für die Intellektuellen (kürzlich Entschließung der KPF in der HUMANITE!), in der KPÖ und KPSch zum Ausdruck kommt. Daß ausgerechnet die Akademie im alten stalinistischen Stalin [sic! gemeint war wohl: „Stil" – d. Hrsg.] mit Herrn Prof. Havemann verfährt, wie früher mit vielen jungen Studenten in Seminargruppen und Fakultätsräten verfahren wurde, ist doch nicht nur beschämend, sondern einfach der Akademie unwürdig!

Sehr geehrte Herren, Sie sollten sich doch nicht ins Bockshorn jagen lassen von jenen Kräften, die in Ihrem radikalistischen Übereifer wie die Kaffeeriecher des Alten Fritz gegen alles vorgehen, was nach vermeintlich falschem Kaffee riecht, sondern sich die Dinge gründlich ansehen, ehe sie dem Ansehen der Akademie in der Welt schaden. Denn mit solchen mager oder unbegründeten Ausschlüssen schaden Sie dem Ansehen der DDR und der Akademie mehr als Herr Prof. Havemann vermeintlich mit seinen Meinungsäußerungen! Hier sollte man auch aus dem Fall Lyssenko lernen, wenn auch dessen Irrtümer auf dem fachwissenschaftlichen Sektor und nicht auf dem ideologischen liegen, aber die Analogie liegt doch auf der Hand!
Gestützt auf den Artikel 19 der UN-Menschenrechtsdeklaration sollten Sie mutig alle Anträge zurückweisen, die darauf hinauslaufen, daß jemand wegen seiner – auch politischen – Meinung von Ihnen direkt oder indirekt gemaßregelt wird! Die DDR-UNESCO-Kommission in der Charlottenstraße wird ihnen gewiß den Text dieser Deklaration liefern können, damit Sie damit arbeiten können. Andernfalls können Sie bei der Deutschen Staatsbibliothek die Nummer December 1963 des UNESCO-Courier entleihen, die den gesamten Text dieser Deklaration enthält.
Jedenfalls geht es nicht an, die UN-Dokumente immer nur dann zu zitieren, wenn man es für nützlich hält, sondern sie sind auch dann zu praktizieren, wenn es nicht ohne weiteres in den Streifen einiger Radikaler paßt. Und die Deutsche Akademie der Wissenschaften sollte sich schon gar nicht zur Verletzung der Menschenrechte hergeben – ganz gleich, woher der Anstoß dazu auch kommen mag. Sondern sie sollte ein Beispiel geben, wie die Menschenrechte auch im Sozialismus – und gerade dort – im humanistischen Geist eines Leibniz und Humboldt praktiziert werden. Das aber ist nicht mit den in Westdeutschland gegen unbequeme politische Gegner durch Rufmord üblichen Mitteln möglich – auch das sollte man sehen.
Meine Herren! Entschuldigen Sie, wenn ich mit meinen Zeilen Ihre Zeit in Anspruch genommen habe – aber man muß den Anfängen wehren! Oder ist es wieder so weit, daß wir wieder nur am „deutschen Wesen genesen" sollen, wie es schon jetzt wieder mißtrauisch im befreundeten Ausland heißt, wenn die Partei Kulturpolitiker und Literaten und Wissenschaftler auf ihren überholten ideologischen Kurs zwingen will? Wir brauchen, wie in der Wirtschaft das neue ökonomische System, so auch in der Politik und besonders in der Ideologie ein neues ideologisches System, das den Realitäten in der Welt mehr Rechnung trägt und nicht mehr mit der stalinistischen Elle mißt, daher haben wir auch bei der Jugend, besonders bei der studentischen Jugend es so schwer, sie für den Sozialismus zu begeistern. Sie liest eben doch, wie ich es erst vorige Woche wieder beobachten konnte, im Zug und in der S-Bahn, oder zu Hause, Prof. Havemanns „Dialektik ohne Dogma", weil sie spürt, daß sich hier etwas Neues anbahnt. Und dem Neuen – so lehrten Marx und Lenin – sollte man helfen, sich durchzusetzen!
Wenn Sie dies letztere im Fall des Herrn Prof. Havemann auch nicht tun möchten, so sollten Sie doch auch nicht gegen das Neue sein.
In diesem Sinne möchte ich schließen und grüße Sie
mit vorzüglicher Hochachtung
Horst Feitke

Artikel 19 der UN-Menschenrechtsdeklaration:
Everyone has the right of opinion and expression; this right includes freedom to hold opinions without interference and to seek, receive and import information and ideas through any media and regardless of frontiers.

Dok. 142 SJD Die Falken. Landesverband Berlin an die DAW, 4. 4. 1966
SAPMO-BArch, SED, ZPA, IV A 2/9.04/108

Sehr geehrte Herren!
Einstimmig hat die 19. Jahreslandeskonferenz unseres Verbandes eine Resolution verabschiedet, die ich Ihnen hiermit zur Kenntnis gebe:
„Die Landeskonferenz der SJD – Die Falken – hat mit Bestürzung davon Kenntnis genommen, daß Professor Havemann aus der Deutschen Akademie der Wissenschaften mit Hilfe satzungswidriger Manipulationen ausgeschlossen wurde. Dieser Beschluß hat dem Ansehen der Akademie schwer geschadet. Er widerspricht allen Bemühungen um eine Verbesserung des politischen Klimas in Deutschland.
Die Landeskonferenz empfiehlt dem derzeitigen Präsidenten der Akademie, dem ehemaligen Mitglied der NSDAP, Prof. Hartke, sich intensiver mit den Auffassungen sozialistischer Theoretiker und insbesondere mit der Feststellung Rosa Luxemburgs zu beschäftigen: Freiheit ist immer die Freiheit des Andersdenkenden."
Mit freundlichen Grüßen
Alfred Gleitze

Dok. 143 Werner Krauss an Planert, [Auszug], 6. 4. 1966
SAPMO-BArch, SED, ZPA, IV A 2/9.04/106

[Die DAW hat,] indem sie sich gezwungen sah, den Beschluß des Plenums nachträglich aufzuheben, die Verärgerung und Empörung aller an den Einrichtungen der Akademie interessierten Mitglieder hervorgerufen. Der Kredit, den wir überall genossen, ist dadurch aufs schwerste gefährdet worden. Das Ansehen, das unsere Akademie besitzt, ist auch ein Guthaben unserer Republik. In Anbetracht dessen könnte ich es mit meinem Gewissen als Partei- und Akademiemitglied nicht vereinbaren, die offenkundigen Fehlhandlungen im Verfahren der Akademieleitung durch eine ausdrückliche Zustimmungserklärung gutzuheißen.
Mit sozialistischem Gruß!
gez. Werner Krauss

Ein Federstrich durch das Statut. 31. März 1966 bis Oktober 1968

Dok. 144 BGL/Klubleiter des Hauptpostamtes Berlin 4 (Nordbahnhof) an die Redaktion des „Neues Deutschland", [Abschrift der Abschrift], 6. 4. 1966
SAPMO-BArch, SED, ZPA, IV A 2/9.04/108

Betr.: ND vom 1. April 1966 –
Anfrage zur Erklärung des Präsidiums der Akademie der Wissenschaften
Bei genannter Erklärung ist uns im vierten Absatz die Formulierung: [„]... Loyalität ..., der jeder Wissenschaftler der Welt heute in erhöhtem Maße seinem Staate gegenüber unterliegt["];[2] ... unklar.
Nach dieser Formulierung müßte dann auch ein Wissenschaftler im kapitalistischen Staat seinem Staat gegenüber loyal sein. Wir haben jedoch Beispiele dafür, daß sich Wissenschaftler der Bundesrepublik ihrem Staat gegenüber absolut nicht loyal verhalten und begrüßen diese Haltung von Wissenschaftlern.
Wir möchten gern von der Redaktion wissen, ob in der Erklärung ein Fehler unterlaufen ist oder wir sie falsch verstanden haben.
Mit gewerkschaftlichem Gruß!
gez. Unterschrift   gez. Sibilitz
BGL-Vorsitzender   Klubleiter

Dok. 145 Wolfgang Steinitz an Günther Rienäcker, 7. 4. 1966
SAPMO-BArch, SED, ZPA, IV A 2/9.04/108

Werter Genosse Rienäcker!
Meine Parteigruppe im Institut für d. Volkskunde teilt mir telefonisch mit, daß ich eine Zustimmungserklärung zu dem am 1. 4. publizierten Präsidiumsbeschluß über Havemann abgeben und an Dich schicken soll. Ich möchte dazu Folgendes bemerken:
Ich erlaube mir, daran zu erinnern, was Gen. Walter Ulbricht vor wohl vier Jahren im Politbüro sagte, als ein neuer Statutenentwurf der DAW vorgelegt wurde, der vorsah, die westdeutschen ordentlichen Akademiemitglieder zu korrespondierenden AkM zu machen. Er sagte etwa: Das wäre ein Fehler. Die DAW kann für uns noch einmal von großer Bedeutung für die gesamtdeutschen Beziehungen werden. Man soll dies immer im Auge behalten. – Ich erinnere mich hieran umso deutlicher, als ich vorher derselben Ansicht wie Gen. W. Ulbricht gewesen war.
Da ich durch meine lange Mitgliedschaft und meine Funktionen in der Akademie, durch viele gemeinsame, oft längere Auslandsdelegationen usw. sehr gute Beziehungen zu vielen parteilosen AkM habe und ihre Stimmungen und Gedanken einigermaßen zu kennen glaube, hatte ich schon im Januar und Februar Bedenken, ob es mit unserer Argumentation und Verfahrensweise gelingen werde, die erforderlichen 75 % für einen Ausschluß zu erreichen. Mitte Februar schrieb ich aus dem Krankenhaus einen Brief an Gen. Hartke, der meine Sorgen zum Ausdruck brachte. Ich habe daraufhin nie et-

---
[2] Vgl. Dokument 136.

was gehört, so daß ich annehmen mußte: man legt auf meine Meinung und meinen evtl. Rat keinen Wert.
Die Abstimmung am 24. 3. bestätigte meine Bedenken und meine Einschätzung der Reaktion nicht weniger Parteiloser. (Ich glaube übrigens, daß das Resultat für uns noch schlechter gewesen wäre, wenn nicht die Riashetze mit dem Präsidentenbrief manchen noch im letzten Augenblick abgestoßen hätte.)
Die neue Situation nach dem 24. 3. war für das Präsidium natürlich sehr schwer. Ich glaube aber, daß sehr viele AkM den Beschluß vom 1. 4. nicht so sehr als gegen Havemann gerichtet empfinden werden, als vielmehr gegen das Plenum und die Grundlagen der Akademie. Ich fürchte sogar, daß jetzt weit mehr als 30 % so denken und daß wir eine Kluft zwischen einer großen, bisher völlig loyalen Gruppe von parteilosen AkM und der Partei aufreißen werden.
Ich bin selbstverständlich als alter Kommunist einverstanden, daß man in aktueller Notzeit gegen einen aktiven Feind auch in Paragraphen nicht vorgesehene Maßnahmen treffen muß. Aber diese große Gruppe von AkM sind nicht unsere „aktiven Feinde". Die bisher so bedeutende Wirkungsmöglichkeit unserer Akademie nach Westdeutschland, Österreich und ins kapitalistische Ausland überhaupt, dieser wichtige Beitrag der DAW zur Stärkung und Autorität unserer DDR, kann dadurch wesentlich beeinträchtigt werden.
Ich halte also den Beschluß des Präsidiums vom 1. 4. für unklug. Man hätte eine andere Möglichkeit finden können (z. B. Streichung durch den vorgesetzten Ministerpräsidenten, wogegen niemand protestiert hätte, da Havemann keine Sympathien genießt).
Beim Ausschluß von Bloch habe ich das Präsidium im Plenum, wie den Genossen erinnerlich sein wird, vor einer sich schon abzeichnenden Niederlage gerettet. Für die jetzige Präsidiumserklärung kann ich die gewünschte Zustimmungserklärung nicht abgeben.
Mit sozialistischem Gruß
W. Steinitz
PS. Der morgige Donnerstag wird für mich eine dreifache Belastung bedeuten: vormittag Parteigruppe des Plenums, nachmittag ein (darstellungsmäßig schwieriger) Vortrag in der Klasse, dann (wie ich erfahre) Plenarsitzung. Diese Belastung ist für mich zu stark – ich will nicht einen Herzinfarkt (an dem ich im Februar vorbeikam) bekommen. Nach Konsultation mit dem Arzt und mit meiner Frau (die mich sehr genau kennt) habe ich heute beschlossen, daß ich Donnerstag zu Hause bleiben werde, so sehr ich das auch bedaure.
Kopie Gen. Dr. Planert
       „   Prof. Ruben

Ein Federstrich durch das Statut. 31. März 1966 bis Oktober 1968

Dok. 146 Aktennotiz über die Einschätzung der Diskussion in der Klasse für Sprachen, Literatur und Kunst, 7. 4. 1966
AAW, Leitung, Personalia, 162, Bl. 35 f.

Dem Hrn. Generalsekretär z. Kenntnis
1. Frings bohrt auf dem Statut herum: Inwieweit kann das Präsidium über Personalien entscheiden, vgl. Plenum § 11 Ziff 4 „entscheidet über bestimmte Personalien".
Gegenargument: Präsidium genehmigt lt. § 12 Ziff 3 Klassenzugehörigkeit bzw. -wechsel.
Frings stellt fest, daß die ablehnenden Stimmen (=13) nicht für Havemann abgegeben seien, sondern aus Sorge um das internationale Ansehen der DAW.
Gegenargument: Befremdende Haltung, Ansehen der DAW in DDR bei Regierung und Partei und Werktätigen gröblichst mißachtet.
2. Klaffenbach: Fragt immer wieder, warum man den vom Präsidium gegangenen Weg nicht von Anfang an ging.
Gegenargument: Rechtsschöpfung durch Präsidium setzte Versagen des Plenums in Bezug auf Solidarität der DAW voraus.
3. Hintze verlangte auf Grund der Erfahrungen Statutenänderung.
4. Peek verlangte Sorgfalt bei Zuwahlen. Gegen Zuwahl Havemanns habe es von Anfang an Widerspruch bei AkM gegeben (P. bestätigte, daß er Mothes gemeint habe.) H. werde in Westdeutschland als Schreihals bezeichnet; das sei er immer schon gewesen.
5. Wissmann, München, betonte, daß auch in Bayerischer Akademie für Ausschluß ¾ Mehrheit erforderlich sei, aber die gleiche Lücke vorliegt, wenn das Plenum Ausschluß nicht beschließe, aber Klasse das Mitglied nicht haben wolle. Es gebe da keinen anderen Weg als den, den das Präsidium gegangen sei.
6. Blümel, Westberlin, betonte anschließend an Sitzung, er habe 9 Anrufe von Presseleuten erhalten und sei schließlich grob geworden.
Nicht beteiligt an Diskussion haben sich Knepler, ~~Lehnert~~, Magon.
[unleserliche Unterschrift]

Dok. 147 Kurt Mothes an Walter Ulbricht, 8. 4. 1966
AAW, Leitung, Personalia, 162, Bl. 14 f.

Hochgeehrter Herr Staatsratsvorsitzender!
Die Entwicklung der Deutschen Akademie der Wissenschaften zu Berlin hat in den letzten Wochen als Folge grober Ungeschicklichkeiten und schwerer Verletzungen des Statuts zu einem krisenhaften Zustand geführt. Das ohnehin durch eine falsche Personalpolitik stark geminderte internationale Ansehen der Akademie ist in ernster Gefahr. Da ich selbst wie viele andere der Akademie viel zu verdanken habe und die Akademie in ihrer Funktion im Staate nicht durch eine andere Institution ersetzt werden kann, folge ich der Aufforderung einer Reihe von Kollegen, Sie um eine baldige Aussprache zu bitten. Ich schreibe „baldige", weil schnell gehandelt werden muß, um die

Folgen abzuwenden, die ich in dem drohenden Austritt der meisten westdeutschen Mitglieder sehe. Sie werden katastrophal sein und ganz unverständlich in einem Augenblick eines sich anbahnenden Ost-West-Gespräches.
Um nicht mißverstanden zu werden, möchte ich betonen, daß es nicht mehr um Herrn Havemann geht, den ich früher – bei seiner Wahl – als für die Akademie ungeeignet gehalten habe und auch heute noch dafür halte. Ich habe das westdeutschen und schweizer Kollegen gegenüber deutlich zum Ausdruck gebracht, die sich – mit geringen Ausnahmen – daraufhin auch von einem Pro-Havemann-Protest zurückgehalten haben, zu dem sie aufgefordert worden waren. Die Mehrheit der Kollegen der Medizinischen Klasse der Akademie ist mit mir der Meinung, daß dieses Problem einfach und ohne Schaden für das Ansehen der Akademie und des Staates hätte gelöst werden können. Aber man wollte diese Lösung nicht und geht nun den Weg beschämender und beleidigender Ungesetzlichkeiten.
Sollten Sie meiner Bitte entsprechen können, so bin ich von Terminverpflichtungen an folgenden Tagen frei:
Donnerstag, 21. 4. bis 11 Uhr und von 12–14 Uhr
Sonnabend, 25. 4. vormittags,
Montag, 25. 4. ganztags
Dienstag, 26. 4. vormittags
Mittwoch, 27. 4. ganztags.
Mit besten Empfehlungen
Ihr sehr ergebener
gez. Prof. Dr. K. Mothes

Dok. 148 Proteste gegen die Beendigung der Mitgliedschaft Havemanns, 12. 4. 1966
AAW, Leitung, Personalia, 162, Bl. 41–43

Stand: 12. 4. 1966
DDR
H.G. Vibrans, P., Groß-Grimma/Grunau
K. Mothes, Halle
Hr. W. Steinitz, Berlin
H. Fedkel[1], Leipzig
Westdeutschland
Hr. W. Heisenberg, München
Hr. H. Kienle, Heidelberg
Hr. E. Haenisch, München (im Zusammenhang zu sehen mit der Vietnam-Erklärung der Akademie)

---

[1] Gemeint ist evtl. Horst Feitke, vgl. Dokument 140.

Prof. Dr. W. Abendroth, Marburg
Prof. Dr. Ellwein, München
Prof. Dr. Habermas, München
Prof. Dr. Meierhofer[3], München
Prof. Dr. Mitscherlich, München
Dr. Szczesny, München
K. Leuschner, Limburg
H. Schauer, Frankfurt/Main (SDS)
Westberlin
Prof. Dr. Flechtheim
Prof. Dr. Furck
Prof. Dr. Goldschmidt
Prof. Dr. Gollwitzer
Prof. Dr. Sontheimer
Prof. Dr. Weischedel
Generalstaatsanwälte Birkholz
v. Friedeburg
A. Gleitze (Falken)
Kapitalistisches Ausland
Prof. Dr. L. Pauling, Kalifornien
Hr. Debey, USA[4]
Hr. R. Bianchi Bandinelli, Rom
Protestiert haben:
Prof. Adolf Butenandt
Prof. Kurt Gottschaldt
Prof. Ranuccio Bianchi Bandinelli
Nobelpreisträger Linus Pauling
Von der TU Westberlin
Flechtheim
v. Friedeburg
Furkh[5]
Goldschmidt
Sonthelmer
Weischädel
Gollwitzer
Prof. Wolfgang Abendroth (Marburg)
12. 4. 1966
ka/dg

Generalstaatsanwälte
Buchholz u. Bauer[2]

Keine Stellungnahme:
Prof. Werner Heisenberg
Prof. Bruno Snell

---

[2] Handschriftlich ergänzt.
[3] Gemeint ist Werner Maihofer.
[4] Gemeint ist Peter Debye.
[5] Gemeint ist Furck.

Dok. 149 Paul Markowski an Johannes Hörnig, 12. 4. 1966
SAPMO-BArch, SED, ZPA, IV A 2/9.04/108

Werter Genosse Hörnig!
Wir schicken Dir zur Information einen Kommentar der „Unità" vom 5. 4. 66, in dem die Redaktion auf den Brief einer Gruppe von Philosophen der DDR zur Rolle Havemanns antwortet.[8]
Die „Unità" hat den Brief unserer Philosophen ganz veröffentlicht. In ihrem Kommentar werden die revisionistischen und feindlichen Auffassungen Havemanns zum Teil verteidigt und gerechtfertigt. Die Politik unserer Partei wird faktisch angegriffen. Unsere Parteiführung ist über diesen Kommentar von uns informiert worden.
Mit sozialistischem Gruß
Markowski

Dok. 150 Werner Hartke, Aktennotiz, [Auszug], 14. 4. 1966
AAW, Leitung, Personalia, 164, Bl. 282

[...] Prof. Hertz gilt in nordischen Ländern als Experte für deutsche Fragen; seine Stellung zu Havemann ist klar. [...]
3) Lage in Humboldt-Universität:
Zentrum Philosophische Fakultät: Wolfgang *Heise* sehr beliebt in Fakultät; wird von *Steinitz* am Bändel gehalten.[9]
Zentrum Damentee:[10] Kristallisation der Opposition im Sinne Havemanns; treibende Frau *Steinitz* und Frau *Frank*. Frau *Neye* loyal, aber schaukelnd. Von Frank bestehen Verbindungen zu *Leschnitzer* und zur Gefolgschaft von Arnold *Zweig* und zur Gefolgschaft von Helene *Weigel* (Zweig und Weigel selbst sind auszunehmen). Fortschrittliche Teilnehmerinnen wie Frau *Rompe* wurden nach Zusammenstoß mit Frau *Frank* nicht mehr eingeladen. Damentee bedürfte der Verjüngung.
4) Unter jungen Mitarbeitern im Forschungszentrum Adlershof viele Anhänger Havemanns. Information aus dritter Hand von der Frau von Gerd *Rienäcker*, die TA in einem Chemischen Institut (Schirmer?) ist.
Prof. Dr. Werner Hartke

---

[8] Vgl. dazu Dokument 34.
[9] Heise und Steinitz waren nicht nur Beinahe-Nachbarn in Berlin-Hessenwinkel, sondern auch gut befreundet. Selbstverständlich sprachen sie ihr Verhalten besonders in kritischen Situationen ab. Daß dabei Heise von Steinitz kontrolliert worden wäre, entspringt indes der kruden Vorstellungswelt Hartkes. – Mitteilung von Rosemarie Heise.
[10] „Dieser ‚Damentee' war eine Idee von Frau Neye, der Gattin des vor Schröder fungierenden Rektors der Universität. Völlig unpolitisch insofern (auch so etwas gab es damals), daß ich, das gut findend, mich nie dafür interessiert habe, über was da gesprochen wurde. Daß die [...] Rompe dort ein Haar in der Suppe fand, dürfte belanglos sein." – *Werner Tzschoppe* an den Hrsg., 21. 10. 1994.

151–152

Bestellter Beifall zur Streichung Havemanns, 6. 4. 1966

Die Streichung Havemanns und die skrupellose Verletzung des Statuts der Akademie hatte das Ansehen des Präsidiums erschüttert. Der Willkürakt sollte Komplizen haben. Deshalb erging mit der Streichung die Forderung an alle Mitarbeiter der Forschungsgemeinschaft der Akademie, sie gutzuheißen, obwohl es sich um eine Angelegenheit der Gelehrtengesellschaft handelte.[1] In den folgenden Tagen sammelten beflissene Beamte Unmengen an Zustimmungserklärungen ein. Von Menschen, die teils nicht genau wußten, worum es gegangen war, von Menschen, die aber sehr genau wußten, daß ihr Arbeitsplatz an der Akademie auch davon abhing, daß sie denen zu Willen waren, die solches von ihnen verlangten. Es lohnt nicht, die Namen aller aufzuzählen. Es wäre auch nicht gerecht. Dem einen ist es gelungen, zum rechten Augenblick in Urlaub zu fahren, krank oder einfach nicht greifbar zu sein. Vor allem aber kennen wir nicht die Namen jener, die sich ganz bewußt dieser Demütigung Havemanns und ihrer selbst mit mehr oder weniger großem Glück entziehen konnten. Und wer wollte unter den Unterzeichnern heute unterscheiden, wessen Signatur aus freier Entscheidung oder nur gepreßt auf die Formulare gelangte? Zwei Dokumente aus dem Stapel seien vorgestellt: Erstens eine Liste, die zeigt, wie die Mitarbeiter eines Instituts mit Namen bereits aufgeführt nur durch begründete Abwesenheit der Orgie des Jasagens entgehen konnten. Und zweitens die Sammlung der Trophäen durch die Bürokraten in der Akademieleitung mit ihrer feinsinnigen Bewertung der Nuancierungen jener Erklärungen als Antwort auf die Frage: Hinter welchem Satz versteckt sich vielleicht doch eine listige Distanz, ein künftiger Widerspruch?

---

[1] „Der Parteisekretär in unserem Institut erklärte, daß die Akademieparteileitung (APL) Erklärungen von allen Instituten für die Erklärung des Akademiepräsidiums verlange". – Tagebuchnotiz Jürgen Kuczynskis, 6. 4. 1966, in: *Kuczynski*, S. 174.

Dok. 151 Erklärung der Mitarbeiter des Instituts für Vor- und Frühgeschichte, 5. 4. 1966[1]
AAW, Leitung, Personalia, 165, Bl. 277

Berlin, den 5. April 1966.

An den
    Generalsekretär der D A W,
    Herrn Prof. Dr. R i e n ä c k e r

           108 Berlin
           Otto-Nuschke-Str. 22-23.

Sehr geehrter Herr Generalsekretär !

Die Mitarbeiter des Instituts für Vor- und Frühgeschichte haben die Entscheidung der übergroßen Mehrheit des Plenums der DAW und der Klassen der DAW, Herrn Professor H a v e m a n n auf Grund seines für ein Akademiemitglied unwürdigen Verhaltens von seinen Pflichten als Korrespondierendes Akademiemitglied zu entbinden, zustimmend zur Kenntnis genommen.

Sie billigen die auf dieser Grundlage getroffene Entscheidung der Akademieleitung, Herrn Prof. Havemann aus der Liste der Akademiemitglieder zu streichen.

Prof. Dr. K.-H.
Prof. Dr. P.
    Dr. J.
    Dr. H.
    Dr. Chr.
    Dr. H.H.
    Dr. H.
    Dr. B.
    H.D.
        E.
        F.
        A.
    K.D.
        H.
        H.

---

[1] Die Namen wurden anonymisiert.

Dok. 152 Auswertung der Zustimmungserklärungen, 6. 4. 1966
AAW, Leitung, Personalia, 165, Bl. 241–245

Die Zustimmungserklärungen für die vom Präsidium getroffene Entscheidung, Herrn R. Havemann betreffend, rekrutieren sich aus Beratungen mit Mitarbeitern aus den Instituten und Einrichtungen der Akademie.

Das Institut für Orientforschung der Akademie hat in Institutsberatungen zu dem o. g. Beschluß des Präsidiums Stellung genommen.
Das Institut für angewandte Radioaktivität (Direktor: Prof. Dr. Vormann[1]) hat seine Zustimmungserklärung mit der Unterschrift der leitenden wissenschaftlichen Mitarbeiter (Stellv. Direktor, Abteilungsleiter, Wiss. Arbeitsleiter, Oberassistenten, Assistenten und ingenieurtechnisches Personal) versehen.
Die Zustimmungserklärung des Instituts für Technologie der Fasern trägt ebenfalls die Unterschriften leitender Wissenschaftler einschl. der des Direktors sowie des Sekretärs der BPO und der BGL.
Das Institut für chemische Technologie der Plaste (Direktor: Prof. Dr. Kathinius[2]) trägt ebenfalls die Unterschriften fast sämtlicher leitender wissenschaftlicher Mitarbeiter.
Ebenso verhält es sich mit dem Heinrich-Hertz-Institut, dessen Zustimmungserklärung die Unterschriften des Direktors (Prof. Dr. H. Mollwo) und leitender Wissenschaftler trägt.
Aus dem Physikalisch-Technischen Institut gibt es eine Zustimmungserklärung mit zwei Unterschriften.
Das Institut für Kunststoffe gibt eine individuelle Erklärung seines stellvertretenden Institutsdirektors, des Gen. Dr. H. Jahn.
Das Institut für Verfahrenstechnik der organischen Chemie gibt seine Zustimmungserklärung mit den Namen des stellvertretenden Direktors namentlich einer Arbeitsgemeinschaft des Instituts.
Die Institute für Medizin und Biologie und deren Zustimmungserklärung trägt die Namen der Genossen Professoren Baumann, Gummel, Lohs und Wollenberger.
Eine relativ ausführliche Zustimmungserklärung haben die Mitarbeiter der Abt. Kader/Arbeit sowie die Mitarbeiter der technischen Bereiche des Institutskomplexes Leipzig, Perlmoserstr., abgegeben.
Die Stellungnahme der Leitung des Instituts für Slawistik ist nicht einmal unterschrieben, trägt nur die Kennzeichnung „für die Richtigkeit", abgegeben von einem wissenschaftlichen Assistenten.
Die Zustimmungserklärungen sind inhaltlich ausgezeichnet, wenn in den Instituten und Einrichtungen kämpferisch diskutiert wurde. Hierfür Beispiele:

---

[1] Gemeint ist Dr. Vormum.
[2] Gemeint ist Kurt Thinius.

In der Stellungnahme des Instituts für Orientforschung heißt es: „... Durch sein Verhalten hat er (R. H.) sich selbst aus den Reihen der ehrlich am Aufbau des Sozialismus in der DDR mitarbeitenden Wissenschaftler ausgeschlossen."
Der Direktor des Instituts für romanische Sprachen und Kultur sagt in seiner Stellungnahme: „... ich darf Ihnen versichern, daß ich jederzeit in Gesprächen innerhalb und außerhalb der Akademie diese vom Präsidium gefällte Entscheidung vertreten und rechtfertigen werde."
Genossin Prof. N. Ludwig, wissenschaftliche Arbeitsleiterin am Institut für Slawistik schreibt: „... Der Beschluß des Präsidiums, Herrn Havemann aus den Listen der Akademiemitglieder zu streichen, ist Ausdruck großer politischer Verantwortung für die Entwicklung der DDR ..."
Der Direktor des Instituts für griechisch-römische Altertumskunde erklärt: „... daß das Ausschlußverfahren in Übereinstimmung mit den schriftlich fixierten Statuten und den ungeschriebenen Gesetzen erfolge, welche ihre Würde der Akademie auferlegt."
Prof. Dr. Irmscher betont jedoch auch, daß er dankenswerterweise ausführliche Informationen über das Ausschlußverfahren durch den Herrn Sekretar der Klasse für Sprachen, Literatur und Kunst erhalten hat.[3]
Frau Dr. Zumpe aus dem Institut für Wirtschaftsgeschichte erklärt: „... Wir sind der Meinung, daß in einer Zeit, in der wir als Wissenschaftler unsere ganze Kraft daransetzen sollten, mit unserer Arbeit die DDR zu stärken, ein Verhalten, wie es Herr Havemann in der vergangenen Zeit gezeigt hat, unmöglich mit der Mitgliedschaft in der Akademie vereinbar ist."
Die Mitarbeiter des Instituts für stabile Isotope lassen in ihrer Stellungnahme einige Unklarheiten erkennen: „... Wir sind der Meinung, daß das Präsidium der Akademie mit seinem Beschluß völlig im Recht ist, auch wenn formelle Gründe dagegen zu sprechen scheinen. Wer sich derart unloyal gegen unseren Staat verhält wie Herr Havemann, ist u. E. nicht würdig, Mitglied der Akademie zu sein."
Die leitenden Mitarbeiter des Instituts für chemische Technologie der Plaste führen aus: „... Nach dem von uns mit Unverständnis aufgenommenen nur als Fehlentscheidung zu wertenden Abstimmungsergebnis des Plenums begrüßten wir deshalb Ihren Beschluß (des Präsidiums) zur Streichung des Professor Havemann aus der Liste der Mitglieder der Akademie".
Die Stellungnahme des Instituts für angewandte Radioaktivität sagt: „... Wir sind der Ansicht, daß er (R. H.) unserer Republik und der DAW Schaden zugefügt hat und sich im Widerspruch zu den Wissenschaftlern befindet, die durch ihre Arbeit zur Hebung des Ansehens unseres Staates beitragen."
Die Wissenschaftler des Instituts für Technologie der Fasern sind zum Teil recht vorsichtig in der Einschätzung des Verhaltens des Herrn Havemann, geben dann aber ih-

---

[3] *Johannes Irmscher* gab sich aufgrund dieser besonderen Informationen durch den Sekretar überzeugt, „daß das Ausschlußverfahren in Übereinstimmung mit den schriftlich fixierten Statuten und mit den ungeschriebenen Gesetzen erfolgte, welche ihre Würde der Akademie auferlegt". – AAW, Leitung, Personalia, 165, Bl. 287.

rem Bewußtsein Ausdruck, „... daß eine wissenschaftliche Tätigkeit und eine positive Einstellung zur Politik unseres Staates eine unlösbare Einheit bilden müssen."
Bei den Stellungnahmen der wissenschaftlichen Sekretäre der der Akademie zugeordneten Gesellschaften fällt auf, daß sie als individuelle Erklärungen der wissenschaftlichen Sekretäre anzusehen sind. Aus diesen Stellungnahmen ist nicht ersichtlich, daß sie in etwa in Zusammenarbeit mit Vorstandsmitgliedern zustande gekommen sind. Meines Erachtens haben diese Stellungnahmen formalen Charakter.
Die aus dem Bereich des Herrn Generalsekretärs vorliegenden Stellungnahmen sind in ihrem Inhalt eindeutig klar und erfreulich gut formuliert.
Die Stellungnahme der Betriebsgewerkschaftsleitung Akademiezentrale und gesellschaftswissenschaftlicher Bereich trägt lediglich die Unterschrift ihres Vorsitzenden, der allerdings verspricht, „... daß unsere Gewerkschaftsorganisation alle in diesem Zusammenhang aufgetretenen Fragen von der Position des Präsidiumsbeschlusses aus behandeln ... wird."
Die Stellungnahme des Büros der Arbeitsgemeinschaft der gesellschaftswissenschaftlichen Institute und Einrichtungen, die das „unwürdige und der sozialistischen Entwicklung schädigende Verhalten" [sic! – die Hrsg.] des Herrn Havemann verurteilt, trägt die Namen aller wissenschaftlichen Mitarbeiter und des technischen Personals bis auf den der Sekretärin des Büros.

153

Schlußauswertung im Zentralkomitee, 14. 4. 1966
Im ZK wurde genau beobachtet, wie die Schlacht ausgegangen war. Man zählte die Bataillone und taxierte die Moral. Die Schlußauswertung war ein bißchen Manöverkritik der eigenen Handlungen, vor allem aber Suche nach Schuldigen dafür, daß das Drehbuch immer wieder geändert werden mußte. Sie war auch schon die Suche nach neuen Feinden, die man meist dort fand, wo sie zuerst nicht vermutet wurden, oder aber die Suche nach unsicheren Kantonisten, auf die noch nie Verlaß war. Die eigenen Genossen erwiesen sich als besonders gefährlich, denn es war klar, wo sie sich nicht zum Büttel machten, lehnten sie nicht den Einfluß der Politik auf die Akademie ab, sondern den Einfluß *dieser* Politik, sympathisierten am Ende eher mit dem Teufel Havemann. Was sie einwandten, galt als raffinierte Ausrede, besonders raffiniert, wenn sie sich hartnäckig weigerten, diese Ausreden vorzubringen. Die fleißig zusammengestellte Information ging am 18. 4. 1966 als Vorlage an das Sekretariat des ZK, das damit diesen Akt der „Angelegenheit Havemann" für beendet erklärte.

Dok. 153 Werner Schubert, Information über den gegenwärtigen Stand der
Angelegenheit Havemann, 14. 4. 1966
SAPMO-BArch, SED, ZPA, IV A 2/9.04/106

Nach einer einstimmigen Beschlußfassung des Präsidiums der Deutschen Akademie der Wissenschaften, Havemann aus den Listen der Akademiemitglieder zu streichen, beschloß die Akademieparteileitung, im Zusammenhang mit den Diskussionen über den Briefwechsel zwischen SED und SPD auch die politische Seite der Angelegenheit Havemann offensiv mit allen Mitgliedern und Mitarbeitern der Akademie zu diskutieren.

Dabei soll jeder mit der Frage konfrontiert werden: „Wie stehst Du zur Erklärung des Präsidiums?" Es wurde festgelegt, im Ergebnis solcher Diskussionen persönliche und kollektive Stellungnahmen zu erzielen.

Die Diskussionen in der Akademieparteileitung und auf der Parteiaktivtagung, die Aussprachen und Stellungnahmen in allen Klassen der Akademie (die nach dem Präsidiumsbeschluß stattfanden), die Ergebnisse zahlreicher Zusammenkünfte von Mitarbeitern an den Akademieinstituten und die bisher eingegangenen Zustimmungserklärungen aus 56 Einrichtungen und Instituten der Akademie mit insgesamt 311 Unterschriften zeugen davon, daß die Maßnahme des Präsidiums von der Mehrheit der Akademieangehörigen als folgerichtiger und politisch konsequenter Schritt anerkannt und unterstützt wird.

Folgende Äußerungen sind dabei charakteristisch:
- das Präsidium handelte richtig, da es sich auf die absolute Mehrheit von 70 % Akademiemitgliedern stützt. Die wenigen Gegenstimmen, vor allem aber die Stimmenthaltungen, konnten und durften die Akademie nicht von einer klaren politischen Entscheidung abhalten;
- bei einer solch grundsätzlichen Entscheidung hätte eine Stimmenthaltung nicht zugelassen werden dürfen. Das muß als eine Brücke für eine Reihe schwankender Akademiemitglieder, nicht aber als Stimmen für Havemann gewertet werden;
- die im Statut festgelegten 75 % für eine Beendigung der Mitgliedschaft sind viel zu hoch (eine Reihe äußerten sich dahingehend, das Statut diesbezüglich zu verändern).

Trotz der überwiegend positiven Äußerungen und Stellungnahmen zum Präsidiumsbeschluß ist nicht zu übersehen, daß es auch Stimmen gibt, die von einem „Dreh" oder einer „Beugung" des Akademiestatuts, von einer Mißachtung der demokratischen Entscheidung des Plenums sprechen, die zum Ausdruck bringen, daß sich die Akademie besser aus einer solch politischen Entscheidung hätte heraushalten und dies der Regierung überlassen sollen.

Es wurde sichtbar, daß einige Wissenschaftler und Mitarbeiter der Akademie einer politischen Grundsatzdiskussion ausweichen und darauf verzichten, ihre Gegenargumente zu verteidigen. Es muß jedoch hervorgehoben werden, daß sowohl während der Vorbereitung des Verfahrens als auch nach der Erklärung des Präsidiums keine Stimmen laut wurden, die sich für ein Verbleiben Havemanns in der Akademie aussprachen. Es wurden lediglich gegensätzliche Auffassungen zum eingeschlagenen Verfahrensweg vertreten. Diese Auffassungen lassen sich in zwei Grundtendenzen zusammenfassen: „diese politische Angelegenheit hätte durch ein Regierungsorgan oder durch den Staatsanwalt bereinigt werden müssen" – „man hätte die Mitgliedschaft Havemanns bis zu einem späteren Zeitpunkt ruhen lassen sollen, um einer Abstimmung zu entgehen".

Während in der Vorbereitung der Plenartagung vom 24. 3., vornehmlich durch die westdeutsche Presse- und Rundfunkkampagne (einschließlich des britischen Rundfunks) inspiriert, eine Reihe Briefe westdeutscher und ausländischer Wissenschaftler und politischer Organisationen bei der Akademie eingetroffen sind (in denen teils Fragen zwecks Information, teils Warnungen und Proteste enthalten waren), sind solche Schreiben nach der Erklärung bisher nicht eingegangen.

Obwohl die westdeutsche Presse den westdeutschen Mitgliedern der DAW sehr massiv die Frage offerierte, wie lange sie denn noch Mitglieder einer solchen Akademie bleiben wollen, hat bisher noch kein westdeutsches oder ausländisches Akademiemitglied seinen Austritt erklärt. In der Presse äußerten sich bisher lediglich der Präsident der Max-Planck-Gesellschaft, Prof. Butenandt („ich verurteile diese Entscheidung scharf"), der republikflüchtige Göttinger Psychologe Gottschaldt sowie der Münchener Prof. Kästner (daß sie nicht eingeladen worden seien.).

Der Münchener Prof. Wissmann, der relativ regelmäßig an den wissenschaftlichen Veranstaltungen der Akademie teilnimmt und Einblick in das Verfahren Havemann genommen hat, äußerte sich gegenüber dem Gen. Prof. Hartke, er habe sich davon überzeugt, daß seitens der Akademie völlig korrekt verfahren worden sei und daß das Präsidium die einzig richtige und notwendige Entscheidung getroffen habe. Nach seiner Auffassung weisen die Statuten der Akademien (auch der westdeutschen) tatsächlich eine ernste Lücke auf. Das Plenum könne eine Klasse nicht zwingen, ein Mitglied zu behalten, von dem es sich aus zwingenden Gründen zu trennen beabsichtigt. Prof. Wissmann bot sich an, Prof. Butenandt über die Korrektheit dieses Verfahrens aufzuklären.

Im Zusammenhang mit dem Verfahren, insbesondere nach der Veröffentlichung der Präsidiumserklärung, wurden bei einigen DDR-Mitgliedern der Akademie Erscheinungen sichtbar, mit denen man sich kritisch auseinandersetzen muß.

Gen. Prof. Steinitz, mit dem es seit längerer Zeit Auseinandersetzungen zu politischen Fragen gibt, hat an den parteimäßigen Vorbereitungen der Angelegenheit Havemann nie teilgenommen. Er hat jedoch durch sein persönliches Auftreten in seiner Klasse und durch persönliche Gespräche mit den Professoren Bertsch, Thilo und Havemann u. a. maßgeblich dazu beigetragen, daß ständig neue „Konzeptionen" vorgetragen wurden, daß bei einigen Wissenschaftlern immer wieder Schwankungen auftraten und daß bestimmte Meinungsverschiedenheiten zu Verfahrensfragen ständig wachgehalten wurden. Einer parteimäßigen Auseinandersetzung ist er bisher (wegen Krankheit) konsequent aus dem Wege gegangen.

In einer persönlichen schriftlichen Stellungnahme bringt er u. a. zum Ausdruck, daß er der Erklärung des Präsidiums nicht seine Zustimmung geben könne, da durch diese Maßnahme „die bisher so bedeutende Wirkungsmöglichkeit unserer Akademie nach

Westdeutschland, Österreich und ins kapitalistische Ausland überhaupt ... wesentlich beeinträchtigt werden" kann. Der Beschluß des Präsidiums würde nicht so sehr als gegen Havemann empfunden, als vielmehr gegen das Plenum und die Grundfragen der Akademie.

Mit *Gen. Prof. Kuczynski* hat sich die Akademieparteileitung auseinandersetzen müssen. Während des ganzen Verfahrens hat er sich nicht zu Havemann geäußert, trotz Aufforderung durch den Parteisekretär. Als er auf der letzten Sitzung nicht mehr ausweichen konnte, erklärte er, die Erklärung erschwere den politischen Kampf an der Akademie, weil sie apolitisch sei. Früher hätte man andere Wege gefunden, um Havemann zu beseitigen. Die politische Plattform Havemanns zu bekämpfen, sei zwar richtig, aber nicht leicht; im übrigen sei zu fragen, ob denn überhaupt eine solche Plattform vorläge. Wegen des destruktiven Charakters seiner Stellungnahme befragt, welche andere und bessere Lösung er denn vorzuschlagen habe, antwortete er, diesbezüglich sei er überfragt. Mit Gen. Prof. Kuczynski sind noch nicht alle Fragen bis zu Ende geklärt, da er Schritt für Schritt zurückgewichen ist.[1]

Prof. Steenbeck hat wesentlichen Anteil daran, daß sich das Präsidium immer wieder vor neue „Argumente", Situationen und Entscheidungen gestellt sah. Er stellte ständig in pedantischer Weise Verfahrensfragen zur Diskussion und trieb die „Demokratie" auf die Spitze. So kämpfte er hartnäckig darum, daß der Stimmzettel die Rubrik „Enthaltung" enthalten müsse. Auf der Sitzung des Präsidiums, wo die Streichung Havemanns beschlossen wurde, versuchte er wiederum, die ganze Angelegenheit durch erneute Diskussionen in den Klassen zu verlängern und der notwendig gewordenen schnellen Reaktion des Präsidiums zu entgehen. Prof. Steenbeck vertrat als einer der ersten die Auffassung, daß durch den negativen Ausgang der Abstimmung im Plenum das ganze Präsidium sofort zurücktreten müsse. Solche Auffassungen wiesen im Präsidium nicht nur die Genossen zurück, sondern auch die Parteilosen Hertz, Lehmann und Klare. Bei einigen Genossen (z. B. Behrens und Bertsch) gibt es zwar prinzipielle Zustimmung, daß Havemann trotz der nicht erreichten 75 % aus der Akademie ausgeschlos-

---

[1] Kuczynskis Tagebucheintragungen bestätigen, daß das ZK zu Recht Widerwillen hinter seiner Schweigsamkeit vermutete: 19. 3. 1966: „Die Situation ist in vieler Beziehung schlechter als 1957/58. Die Führung und der Apparat benehmen sich der Intelligenz gegenüber wie Bastarde von wildgewordenen Spießbürgern und Elefanten im Porzellanladen. [...] Es ist beschämend, unter solchen Umständen der zentralen Akademie-Parteileitung anzugehören. [...] Dabei herrscht überall passiver Widerstand der Intelligenz, was Führung und Apparatschiks durchaus bemerken. Seit Jahren war die Parteispitze nicht so isoliert von der Intelligenz wie heute." 2. 4. 1966:„Die Stimmung an der Akademie ist fürchterlich und die Partei voller Illusionen." 6. 4. 1966: „[...] daß man festgestellt hätte, daß ich mich weder öffentlich noch in der Klasse noch im Plenum gegen Havemann geäußert hätte. Unter diesen Umständen beschlossen wir, daß zwar nicht das Institut, wohl aber zwei Abteilungen sich für die Präsidiumserklärung aussprechen würden. Alles ist wirklich so unglaublich ekelhaft, wird so jämmerlich stümperhaft gehandhabt, ist so verlogen, daß man es kaum noch aushalten kann – als ehrlicher, sauberer, intelligenter, unserer Sache ergebener Genosse, ohne zu platzen." *Kuczynski,* S. 173, 152, 174.

sen worden ist. Erste Diskussionen zeigen aber bereits, daß sie Vorbehalte haben. Diese Diskussionen werden in den nächsten Tagen mit ihnen fortgesetzt.
Große Vorbehalte gegenüber der Verfahrensweise sind bei den Professoren Mothes und Frings vorhanden. Sie meinen vor allem, daß das Akademiestatut verletzt wurde und daß das Ansehen der Akademie gesunken sei.
Es ist festzustellen, daß sich neben den Genossen des Präsidiums vor allem die parteilosen Präsidiumsmitglieder Lehmann, Hertz und Klare sehr konsequent und politisch eindeutig entschieden und verhalten haben.
Das politisch konsequente Verhalten der Präsidiumsmitglieder und aller Genossen Akademiemitglieder hat wesentlich dazu beigetragen, daß die letzten Klassensitzungen eine allgemeine Zustimmung zum Präsidiumsbeschluß erbrachten.
Es wurde festgelegt, die Schlußfolgerungen, die sich aus dem Verfahren Havemann ergeben, in einer oder mehreren Sitzungen der Parteigruppe des Plenums der Akademie gründlich auszuwerten. Dabei soll sich mit dem Verhalten einer Reihe von Genossen auseinandergesetzt werden, die vor allem in der ersten Phase des Verfahrens eine passive oder schwankende Position eingenommen hatten. In dieser Parteigruppe soll auch die politische Vorbereitung der nächsten Plenartagung erfolgen, um auf mögliche Diskussionen gründlich vorbereitet zu sein.
Die Akademieparteileitung nimmt in der nächsten Zeit laufend zu den auftretenden Argumenten und Erscheinungen Stellung, um die weiteren erforderlichen Schritte einleiten zu können.

154

In den Akten der Akademie oder der SED scheint ein Einspruch Havemanns gegen seine Streichung als Akademiemitglied nicht überliefert zu sein. Nur in seinem Nachlaß fand sich folgender Durchschlag. Ob der Einspruch tatsächlich abgesandt wurde, ist unklar.

Dok. 154 Robert Havemann an das Präsidium der Akademie, 2. 5. 1966
RHG, Archiv, NL Havemann

Prof.Dr.Robert Havemann
1017 Berlin
Strausberger Platz 19
den 2.Mai 1966

An die Mitglieder des Präsidiums
der Deutschen Akademie der Wissenschaften zu Berlin
<u>Berlin</u>, Otto-Nuschke-Straße

Sehr geehrtes Mitglied des Präsidiums!

Der Hr. Generalsekretär, Prof.Dr.G.Rienäcker, teilte mir mit, "der tatsächliche Status" meiner "Mitgliedschaft widerspreche nach Lage der Dinge dem§12 abs.3 des Statuts der Deutschen Akademie der Wissenschaften zu Berlin vom 2.Mai 1963. Das Präsidium der Akademie habe deshalb" meine "Streichung aus den Listen der Akademie veranlaßt".

In dem angezogenen Paragraphen des Statuts wird aber nur festgestellt, daß das vom Plenum gewählte Mitglied derjenigen Klasse der Akademie angehört, die die Aufnahme beantragt hat.

Die am 24. März im Plenum der Akademie statutengemäß durch geführte Abstimmung über den Antrag auf Beendigung meiner Mitgliedschaft hat nicht die für den Antrag erforderliche qualifizierte Mehrheit erreicht. Demnach bin ich weiterhin Mitglied der Deutschen Akademie der Wissenschaften. Das Statut sieht nicht vor, daß die Beendigung einer Mitgliedschaft durch das Votum der Klassen herbeigeführt werden kann. Wenn dies stautenmäßig möglich wäre, hätte eine Abstimmung in der Klasse oder anderen für mich in Betracht kommenden Klassen für die Entscheidung über die Beendigung meiner Mitgliedschaft genügt. Eine Abstimmung in Plenum kann aber durch Beschlußfassungen der Klassen nicht aufgehoben werden.

Meine Streichung aus den Listen der Akademie, die Sie verfügt haben, ist also statutenwidrig.

Ich bitte Sie auch um Erläuterung des Passus in der Mitteilung des Hrn. Generalsekretärs "nach Lage der Dinge". Ich entnahm aus Presseveröffentlichungen, die für mich "in Frage kommenden Klassen" hätten sich geweigert, mich aufzunehmen." Ich weiß nicht, welche Klassen in dieser Angelegenheit gefragt worden sind. Als für mich in Frage kommende Klassen betrachte ich die Folgenden:

Klasse für Chemie, Biologie und Geologie
Klasse für Mathematik, Physik und Technik
Klasse für Medizin
Klasse für Philosophie, Geschichte, Staats-, Rechts- und Wirtschaftswissenschaften

Ich wäre Ihnen für eine nähere Erläuterung dankbar, wie ich meine nach wie vor bestehende Mitgliedschaft wahrzunemen habe.

Mit dem Ausdruck der vorzüglichsten
Hochachtung

(Robert Havemann)

155

Nach fast zwei Jahren der Arbeitslosigkeit war offensichtlich geworden, daß die SED Robert Havemann nicht wieder an irgendeiner Stelle in der DDR, nicht einmal in einer winzigen Gruppe von arbeitenden Menschen zu Worte kommen lassen wollte. Die Arbeitsuche schien sinnlos und sie sollte auch sinnlos bleiben. Für einen seiner Versuche, sich beim Ministerium für Chemieindustrie um die Vermittlung einer Anstellung zu bemühen, schrieb Robert Havemann einen autobiographischen Text, der seine Sicht auf seinen Ausschluß aus der Akademie wiedergibt.

Dok. 155 Robert Havemann, Bericht, 10. 11. 1967
RHG, Archiv, NL Havemann

Ich bin seit 1932 Mitglied der KPD, später der SED. Ich habe am Widerstandskampf gegen den deutschen Faschismus teilgenommen und wurde deswegen im Dezember 1943 zum Tode verurteilt. Das Urteil wurde jedoch nicht vollstreckt, sondern man richtete für mich im Zuchthaus Brandenburg-Görden ein Laboratorium ein, wo ich für das Heereswaffenamt arbeiten sollte. Ich wurde nicht begnadigt, sondern erhielt laufend verlängerten Vollstreckungsaufschub.

Mit der Eröffnung der Humboldt-Universität im Jahre 1946 wurde ich als Professor berufen. Später wurde ich Direktor des physikalisch-chemischen Instituts und Professor mit Lehrstuhl für physikalische Chemie an der Humboldt-Universität. Für Arbeiten auf dem Gebiet der Photochemie erhielt ich 1959 den Nationalpreis der DDR. Danach wurde ich als korrespondierendes Mitglied in die deutsche Akademie der Wissenschaften gewählt.

Im Herbst-Winter-Semester 1963/64 hielt ich an der Humboldt-Universität wie schon in früheren Jahren u. a. eine einstündige Vorlesung über das Thema: „Naturwissenschaftliche Aspekte philosophischer Probleme". Die Vorlesung hielt ich zwar frei, ohne vorbereiteten Text, nur an Hand von Notizen. Aber ich ließ von den Lektionen Tonbandaufnahmen herstellen, mit deren Hilfe eine textlich redigierte Skripte hergestellt wurde, die den Hörern vor Beginn der Vorlesungen ausgehändigt wurde. Die Skripte enthielt also den Inhalt der jeweils vorhergehenden Vorlesung. Ich hielt die Vorlesung bis zum Ende des Semesters. Wegen der großen Zahl der Hörer wurde die Skripte in einer Auflage von 1 500 Stück gedruckt.

Nach Beendigung der Vorlesung wurde ich in einem Plenum des ZK der SED wegen der von mir geäußerten Meinungen auf das schärfste angegriffen. Es fand auch eine Aktivtagung in der Humboldt-Universität statt, auf der Gen. Kurt Hager eine 5-stündige Anklagerede gegen mich hielt, wobei er die üblichen Methoden der Verdrehung und Unterschiebung anwandte. Als er dies Verfahren in einer Versammlung meiner Grundorganisation anwenden wollte, erteilten ihm die Genossen eine gründliche Abfuhr.

Kurze Zeit später veröffentlichte ein Westdeutscher, mit dem ich ein privates Gespräch gehabt hatte, ein angebliches Interview mit mir in einer Hamburger Zeitung. Während einer Sitzung der Klasse für Chemie, Biologie und Geologie der Akademie, wo über die Umwandlung der in der DDR lebenden korrespondierenden Mitglieder in ordentliche Mitglieder beraten wurde, wurde ich vor den Staatssekretär für das Hochschulwesen, Prof. Gießmann, zitiert, der mir mitteilte, ich sei wegen diesen Interviews fristlos entlassen. Da ich von dem Interview nichts wußte, geschweige denn den Text kannte, erhob ich sofort mündlich Einspruch, worauf mich der Staatssekretär an den Ministerrat verwies.

Ich kehrte in die Sitzung der Akademie zurück, wo gerade über die Umwandlung meiner Mitgliedschaft abgestimmt werden sollte. Vor der Abstimmung teilte ich den Anwesenden mit, daß ich soeben aus politischen Gründen fristlos entlassen worden sei. Einstimmig wurde daraufhin erklärt, daß für die Akademie nur der Wissenschaftler zur Diskussion steht, daß politische Fragen hierbei völlig außer Betracht bleiben. Die Umwandlung meiner Mitgliedschaft wurde von der Klasse durch einstimmigen Beschluß empfohlen. (Die eigentliche Abstimmung erfolgt im Plenum.) (Vierzehn Tage später wurde auf Veranlassung des Präsidiums der Akademie dieser Beschluß rückgängig gemacht.) Noch am gleichen Tage, dem 10. 3. 1964, wurde ich vor die Universitätsparteileitung zitiert, die in einer Sondersitzung meinen Ausschluß aus der Partei beschloß. Der Beschluß wurde gegen eine Stimme gefaßt, die der Gen. Prof. Wolfgang Heyse[1] abgab. Ich hatte keine Gelegenheit, wegen des Verfahrens vor meiner Grundorganisation zu sprechen. Die Mitglieder meiner Grundorganisation waren weder gefragt noch informiert worden.

Am folgenden Tag wandte ich mich an den Rechtsanwalt Genossen Prof. Kaul mit der Bitte, gegen die Hamburger Zeitung wegen Veröffentlichung eines gefälschten Interviews vorzugehen. Er willigte zunächst ein, teilte mir aber drei Tage später mit, daß man im ZK entschieden hätte, Kaul dürfe in dieser Angelegenheit nichts für mich unternehmen. Ich versuchte es dann mit Hilfe eines westdeutschen Anwalts, der aber die Sache im Sande verlaufen ließ. Später fand ich heraus, daß bei ihm der gleiche Grund gewirkt hatte, wie bei Kaul.

Nach meiner Entlassung aus der Humboldt-Universität erhielt ich ein etwas verringertes Gehalt von der Deutschen Akademie der Wissenschaften für die Leitung der Arbeitsstelle für Photochemie, die ich bis dahin ehrenamtlich ohne Bezahlung geleitet hatte. Diese Arbeitsstelle war für mich eingerichtet worden mit dem Ziel des späteren Ausbaus zu einem Institut für Photochemie. Die wissenschaftlichen und technischen Assistenten und Mitarbeiter des physikalisch-chemischen Instituts der Humboldt-Universität, die auf dem Gebiet der Photochemie tätig gewesen waren, wurden im Laufe des Jahres 1964/65 sämtlich als geschlossene Gruppe in den VEB Photochemische Werke Köpenick übernommen, wo sie noch heute unter der Leitung meines begabtesten Schülers, des Gen. Dr. Pietsch, arbeiten und ein selbständiges Institut der VVB Photochemie und Faser bilden. Über die Zusammenarbeit dieser Gruppe mit der Arbeitsstelle für Photochemie wurde schließlich ein Vertrag abgeschlossen.

---

[1] Gemeint ist Wolfgang Heise.

Im Dezember 1965 veröffentlichte ich in dem westdeutschen Magazin „Der Spiegel" einen Artikel mit dem Titel: „Die Partei ist kein Gespenst. Plädoyer für eine neue KPD" (Text liegt diesem Bericht bei.) Das Politbüro der KPD veröffentlichte daraufhin eine Erklärung in der DDR-Presse, in der behauptet wurde, ich sei gegen die Aufhebung des Verbots der KPD aufgetreten und arbeite mit dem Bonner Verfassungsschutz zusammen. An 23. Dezember 1965 erhielt ich von dem Vorsitzenden der Forschungsgemeinschaft der Akademie schriftlich die Mitteilung meiner fristlosen Entlassung. Ich wurde aufgefordert, zur Bekanntgabe der Gründe persönlich zu erscheinen. Am 28. Dez. 65 erklärte mir der Vorsitzende, Prof. Klare, ich sei fristlos entlassen, weil ich angeblich gegen die Aufhebung des KPD-Verbots aufgetreten sei und außerdem die DDR verleumdet hätte. Er weigerte sich, mir die Begründung schriftlich auszuhändigen. Dies ist auch später nicht geschehen, obwohl es gesetzlich vorgeschrieben ist. Einwendungen gegen meine wissenschaftliche Arbeit und gegen die Art meiner Leitung oder gegen irgendwelche anderen meine fachliche Arbeit betreffenden Umstände sind niemals, weder von Herrn Klare noch später erhoben worden. Es waren stets ausschließlich politische Gründe, die gegen mich vorgebracht wurden.

Im März 1966 beantragte das Präsidium der Akademie die Abstimmung über die Beendigung meiner Mitgliedschaft durch das Plenum der Akademie. Um diese Abstimmung vorzubereiten, versandte der Präsident der Akademie, Prof. Hartke, ein Rundschreiben an sämtliche ordentlichen Mitglieder der Akademie. Dies Schreiben geriet in die Redaktion der Hamburger Wochenzeitung „Die Zeit", die es prompt veröffentlichte. Der Text war für die Akademie und Prof. Hartke äußerst blamabel. Durch Leserzuschriften an die „Zeit" wurde dann noch bekannt, daß Hartke nicht nur Mitglied der Nazipartei gewesen war, sondern im Jahre 1944 NS-Führungsoffizier im Reichssicherheitshauptamt gewesen war. Bei der Abstimmung im Plenum erreichte der Antrag des Präsidiums nicht die nach dem Statut erforderliche Mehrheit, obgleich das Präsidium statutenwidrig zwanzig „Briefstimmen" von Mitgliedern, die nicht anwesend waren, mitgezählt hatte. Ich bin also de jure weiterhin Mitglied der Deutschen Akademie der Wissenschaften. Aber mir wurde vom Präsidenten mitgeteilt, daß ich aus den Listen der Akademie gestrichen worden sei, weil angeblich keine Klasse mich als Mitglied haben möchte, und daß für mich Hausverbot für alle Gebäude und Einrichtungen der Akademie erlassen worden sei.

Ich bemühte mich nun um eine neue Arbeit. Im Laufe des Jahres 1966 fanden mit langen zeitlichen Zwischenräumen verschiedene Besprechungen mit Vertretern des Ministeriums für die chemische Industrie statt. Mir wurde erklärt, daß ich auf dem Gebiet der Photochemie nicht arbeiten dürfe. Man bot mir die Ausarbeitung eines Forschungsplanes über Probleme der Polyacrylchemie an. Als ich darauf hinwies, daß ich auf diesem Gebiet über keinerlei spezielle Kenntnisse verfüge und nur bei Zusammenarbeit mit Experten eine solche Arbeit übernehmen könne, stellte sich heraus, daß ich wegen des Hausverbots der Akademie das zuständige Institut für Faserstoffchemie in Berlin-

---

[2] Gemeint ist Teltow bei Berlin.

Teltow[2] nicht betreten darf und wegen eines weiteren Verbots kein Mitarbeiter der Akademie berechtigt ist, mit mir persönlich zu wissenschaftlichen Beratungen zusammenzukommen. Unter diesen Bedingungen habe ich erklärt, daß ich den Auftrag zur Ausarbeitung eines speziellen Forschungsplanes über Polyacrylchemie nur annehmen kann ohne Gewähr für eine sachgerechte Ausführung geben zu können, Im Jahre 1967 habe ich mich dann an den Genossen Walter Ulbricht in seiner Eigenschaft als Vorsitzender des Staatsrates gewandt (beiliegend Abschrift meines Briefs vom 27. 4. 67.) Am 12. Mai antwortete sein persönlicher Referent Eichler und behauptete, ich habe die verschiedenen Arbeiten, die man mir angeboten habe, abgelehnt. Es läge also an mir. Ich antwortete daraufhin ausführlich (Abschrift meines Briefes an Eichler vom 22. Mai liegt bei). Nach über drei Monaten, am 31. 8. 67 erhielt ich von Eichler eine Antwort, in der er mich erneut an das Ministerium für chemische Industrie verwies. Inzwischen fand eine Besprechung statt, in der mir überhaupt keine Vorschläge gemacht wurden, sondern alles wieder hinausgeschoben wurde.
Dies ist der gegenwärtige Stand.
Berlin, den 10. Nov. 1967
Robert Havemann

156

Als nach dem Einmarsch der Warschauer-Pakt-Staaten in die ČSSR am 21. August 1968 in Berlin eine Gruppe Jugendlicher ihren Protest öffentlich machte, waren unter ihnen auch die beiden Söhne Robert Havemanns, Frank und Florian. Sie wurden verhaftet und gemeinsam mit ihren Freunden wegen staatsfeindlicher Hetze verurteilt.[1] Robert Havemann wurde als Zeuge geladen. Auf der Rückseite der Vorladung mußte er eine Verdienstbescheinigung ausfüllen, die in ihren verschiedenen Rubriken allerdings die real existierende Arbeitslosigkeit nicht vorsah ...

---

[1] Vgl. hierzu *Falco Werkentin*, Politische Strafjustiz in der Ära Ulbricht, Berlin 1995 (Forschungen zur DDR-Geschichte, Bd. 1), S. 291–293.

Dok. 156 Verdienstbescheinigung, 24. 10. 1968
RHG, Archiv, NL Havemann

Verdienstbescheinigung

In jedem Falle – bei Lohn- und Gehaltsempfängern – von der Arbeitsstelle auszufüllen.
(Auf der Grundlage der Anordnung über die Entschädigung für Schöffen, Zeugen, Sachverständige und Dolmetscher vom 1. Februar 1965, GBl. II, Seite 185 – für Berlin VOBl. I, Seite 175.)

Der / Die Koll. .... ist bei uns als ....
.... beschäftigt.

Seine / Ihre Arbeitszeit ist am Tage des Termins von.................. bis .... Uhr.

Er / Sie hat am Tage des Termins Haushaltstag / Urlaub / ist arbeitsunfähig erkrankt.
(Nichtzutreffendes ist zu streichen.)

Wird durch den Betrieb der Ausgleich in Höhe des Durchschnittsverdienstes selbst gezahlt?
.... (Antwort ist unbedingt einzutragen.)

Zeugen, die in einem Arbeitsrechtsverhältnis stehen:
Netto-Durchschnittsverdienst nach § 3 Absatz 3 der VO vom 21. Dezember 1961 je Stunde .... M
(auch bei Gehaltsempfängern).

Mitglieder von LPG und sozialistischen Genossenschaften der Gärtner und Fischer:
1. Durchschnitt der im letzten Jahr geleisteten Arbeitseinheiten
   pro Tag = ... AE.
2. Laut Betriebsplan für das laufende Jahr festgelegte Geld- und Naturalvergütung je AE .... M.
3. Mithin Nettoverdienst je Tag .... M (Grundlage Ziff. 1 und 2).
4. LPG Typ .... (ist unbedingt einzutragen).

Mitglieder von PGH und anderen sozialistischen Genossenschaften:
Durchschnittsvergütung für die geleistete Arbeit des letzten Kalenderjahres –
Nettoverdienst je Stunde .... M.

Abordnungsvergütung (Montagegeld, Auslösung, Trennungsentschädigung usw.) wird in Höhe von täglich .... M gewährt und bei Wahrnehmung des Termins gezahlt / einbehalten.

.................., den ....

.... (Stempel und Unterschrift des Betriebes)

Ich bin ohne Beschäftigung und erhalte die Ehrenpension für VdN in Höhe von 800,– M monatlich. Daher konnte ich die obige Bescheinigung nicht ausfertigen lassen.

Berlin, den 24. Okt. 68

Robert Havemann

Rehabilitierung ohne Wiedergutmachung

16. November 1989

157

Die Akademie der Wissenschaften brauchte 23 Jahre, um trotz der gesammelten Geisteskraft der DDR zu der Erkenntnis zu gelangen, daß nicht Robert Havemann, sondern die Akademieleitung dem Ansehen der Gelehrten Gesellschaft geschadet hat, als sie den aufrechten Professor verjagte. Zur Feststellung, daß die Streichung Robert Havemanns nicht nur ein politischer Fehler, sondern eine Verletzung geltenden Rechts war, reichte es gerade bei einem ihrer Rechtsprofessoren.[1]

Dok. 157 Empfehlung der Klasse Chemie zur Rehabilitierung Havemanns, 16. 11. 1989
Jahrbuch 1990/91 der Akademie der Wissenschaften der DDR ..., Berlin 1994, S. 187[1]

In der Sitzung des Plenums der Akademie am 16. November 1989 angenommene Empfehlung der Klasse Chemie vom 16. November 1989 zur Aufhebung der Streichung, des Korrespondierenden Mitgliedes Robert Havemann:
Akademie der Wissenschaften der DDR
Klasse Chemie
Empfehlung
Im Jahre 1961 wurde in der Klasse für Chemie, Geologie und Biologie der Physikochemiker Prof. Dr. Robert Havemann zum Korrespondierenden Mitglied unserer Akademie gewählt. Anfang 1966 wurde im Geschäftsführenden Präsidium der Akademie erörtert, daß die Klasse für Chemie, Geologie und Biologie im Interesse des Ansehens der Akademie, insbesondere im Interesse des Vertrauensverhältnisses zur Regierung der

---

[1] Vgl. *Hermann Klenner*, Wissenschaftswende an der Akademie, in. Jahrbuch 1990/91 der Akademie der Wissenschaften der DDR und der Koordinierungs- und Abwicklungsstelle für die Institute und Einrichtungen der ehemaligen Akademie der Wissenschaften der DDR (KAI-AdW). hrsg. v. d. Koordinierungs- und Aufbau-Initiative für die Forschung in den Ländern Berlin, Brandenburg, Mecklenburg-Vorpommern, Sachsen, Sachsen-Anhalt und Thüringen e. V. unter Mitwirkung von Mitgliedern und Mitarbeitern der ehemaligen Gelehrtensozietät, Berlin 1994, S. 555 f.

DDR, die Frage des Ausschlusses von Robert Havemann aufwerfen soll. Der Kernpunkt, unter dem diese Problematik in den Vordergrund gerückt wurde, war die Tatsache, daß sich Robert Havemann in Verbindung mit philosophischen Aspekten wiederholt in Angelegenheiten der politischen Machtfrage unter Einbeziehung alternativer Gesichtspunkte öffentlich geäußert hatte.

Nach Beratungen in den Klassen beschloß seinerzeit das Präsidium der Akademie, im Plenum über einen Antrag auf Beendigung der Akademiemitgliedschaft von Robert Havemann abzustimmen. Die überwiegende Mehrheit des Plenums sprach sich für eine Streichung aus der Mitgliederliste aus. Diese Streichung erfolgte mit Beschluß des Präsidiums vom 31. 3. 1966.

Die in der Sitzung der Klasse Chemie am 16. 11. 1989 anwesenden Ordentlichen und Korrespondierenden Mitglieder der Akademie der Wissenschaften der DDR vertreten den Standpunkt, daß diese Streichung dem Ansehen der Akademie geschadet hat und sachlich nicht tragbar ist. Wir empfehlen dem Plenum der Akademie der Wissenschaften der DDR, dafür zu stimmen, diese Streichung aus der Mitgliederliste rückgängig zu machen. In den Schriften der Akademie ist eine Richtigstellung vorzunehmen.

Anhang

Dokumentenverzeichnis

Korrespondenzen eines Akademiemitgliedes. 27. 4. 1961 bis 4. 11. 1965

1. Peter A. Thiessen an Heinrich Bertsch, 27. 4. 1961
   AAW, Leitung, Personalia, 159 — 93
2. Vorlage der Abteilung Wissenschaften für das Sekretariat des ZK der SED, 25. 3. 1964
   SAPMO-BArch, SED, ZPA, IV A 2/9.04/106 — 95
3. Abschlußbericht der ZPKK zum SED-Ausschluß Havemanns, 24. 6. 1964
   SAPMO-BArch, SED, ZPA, IV 2/11/v. 4920, Bl. 88–89 — 96
4. Sitzung des Sekretariats des ZK der SED, [Auszug], 20. 1. 1965
   SAPMO-BArch, ZPA J IV 2/3 A 1.140 — 98
5. Herbert Weiz an Gisela Trautzsch, 2. 2. 1965
   SAPMO-BArch, SED, ZPA, IV A 2/2.024/66, Bl. 71 — 101
6. Aktennotiz Betr.: Aussprache mit Professor Havemann, 5. 2. 1965
   SAPMO-BArch, SED, ZPA, IV 2/11/v. 4920, Bl. 77–79 — 101
7. Robert Havemann an Kurt Hager, [Kopie], 8. 8. 1965
   RHG, Archiv, NL Havemann — 103
8. Kurt Hager an Robert Havemann, 16. 9. 1965
   RHG, Archiv, NL Havemann — 105
9. Robert Havemann an Kurt Hager, [Entwurf], 25. 9. 1965
   RHG, Archiv, NL Havemann — 106
10. Robert Havemann an Kurt Hager, [Kopie], 4. 11. 1965
    RHG, Archiv, NL Havemann — 109

Das 11. Plenum und ein Spiegel-Artikel. 15. 12. 1965 bis 22. 12. 1965

11. Kurt Hager, Bemerkung auf einer das 11. Plenum vorbereitenden Beratung, [Auszug], 19. 11. 1965
    SAPMO-BArch, SED, ZPA, IV A 2/16/19 — 112
12. Walter Ulbricht, Referat auf dem 11. Plenum, [Auszug], 15. 12. 1965
    Walter Ulbricht, Probleme des Perspektivplanes bis 1970. Referat auf der 11. Tagung des ZK der SED. 15.–18. Dezember 1965, Berlin 1965, S. 112 — 112
13. Kurt Hager, Diskussionsbeitrag auf dem 11. Plenum, [Auszug], 17. 12. 1965
    Neues Deutschland, 21. 12. 1965 — 113

14 Walter Ulbricht, Schlußwort auf dem 11. Plenum, [Auszug], 18. 12. 1965
    Kahlschlag. Das 11. Plenum des ZK der SED. Studien und Dokumente,
    hrsg. v. Günter Agde, Berlin 1991, S. 349–352 113
15 Robert Havemann: „Die Partei ist kein Gespenst", 22. 12. 1965
    Der Spiegel, 1965, Nr. 52, 22. 12. 1965; Varianten nach: BStU, ZOV „Leitz", XV/150/64 . . . 116
16 Protokoll Nr. 51/65 der außerordentlichen Sitzung des Politbüros, 20. 12. 1965
    SAPMO-BArch, ZPA J IV 2/2 A 1269 123
17 Erklärung des Politbüros des ZK der KPD
    Neues Deutschland, Nr. 350, 21. 12. 1965, S. 2 124
18 Werner Hartke an Günther Rienäcker, 20. 12. 1965
    AAW, Leitung, Personalia, 161, Bl. 21 126
19 Werner Schubert an Kurt Hager, 21. 12. 1965
    SAPMO-BArch, SED, ZPA, IV A 2/9.04/106 127

Entlassung zu Weihnachten. 23. 12. 1965 bis 5. 1. 1966

20 Hermann Klare an Robert Havemann, 23. 12. 1965
    RHG, Archiv, NL Havemann 130
21 Magistrat von Groß-Berlin [West] an Robert Havemann, 27. 2. 1950
    AAW, Leitung, Personalia, 159 131
22 Robert Havemann an Hermann Klare, 24. 12. 1965
    AAW, Leitung, Personalia, 162, Bl. 333 132
23 Hans-Heinz Schober an Gerhard Wipprecht, 24. 12. 1965
    AAW, Leitung, Personalia, 168a 133
24 Wolfgang Schirmer an Robert Havemann, 24. 12. 1965
    RHG, Archiv, NL Havemann 133
25 Pressemitteilung der DAW über Robert Havemanns Entlassung, 25. 12. 1965
    Neues Deutschland, Nr. 354, 25. 12. 1965 133
26 Begründung für die Abberufung des Herrn Professor Dr. R. Havemann, 23. 12. 1965
    AAW, Leitung, Personalia, 161, Bl. 3–5, 5bis 135
27 Aktennotiz über die Bekanntgabe der Begründung zur Abberufung, 28. 12. 1965
    SAPMO-BArch, SED, ZPA, IV A 2/9.04/107 137
    Dienstausweis und Laufzettel Robert Havemanns, 28. 12. 1965
    AAW, Leitung, Personalia, 168a 138
28 Hausverbot für Adlershof, 29. 12. 1965
    AAW, Leitung, Personalia, 162, Bl. 359 f. 140
29 Günther Rienäcker an Robert Havemann, 29. 12. 1965
    RHG, Archiv, NL Havemann; AAW, Leitung, Personalia, 162, Bl. 358 142
30 Herbert Weiz an Hermann Klare, 3. 1. 1966
    SAPMO-BArch, SED, ZPA, IV A 2/9.04/107 144
31 Hans Wittbrodt an das Amt für Arbeit, 4. 1. 1966
    AAW, Leitung, Personalia, 162, Bl. 345 147
32 Hans Wittbrodt an das Referat VdN, 4. 1. 1966
    AAW, Leitung, Personalia, 162, Bl. 408 147

33	Robert Havemann an Günther Rienäcker, 5. 1. 1966 AAW, Leitung, Personalia, 162, Bl. 356	148

Akademiemitglied ohne Rechte. 5. Januar 1966–30. Januar 1966   149

34	Robert Havemann in der Zeitschrift „Rinascita", Januar 1966 SAPMO-BArch, SED, ZPA, IV A 2/9.04/108	152
35	Werner Hartke, Aktennotiz, 5. 1. 1966 SAPMO-BArch, SED, ZPA, IV A 2/9.04/106	157
36	Max Steenbeck an Kurt Hager, 6. 1. 1966 AAW, Leitung, Personalia, 163, Bl. 401	159
37	Max Steenbeck an Werner Hartke, 6. 1. 1966 AAW, Leitung, Personalia, 163, Bl. 398–400	159
38	Gespräch Werner Hartkes mit Edgar Lehmann, 7. 1. 1966 AAW, Leitung, Personalia, 163, Bl. 385	161
39	Robert Havemann an Edgar Lehmann, 10. 1. 1966 RHG, Archiv, NL Havemann	162
40	Werner Richter, Aktennotiz über ein Gespräch mit Edgar Lehmann, 11. 1. 1966 AAW, Leitung, Personalia, 163, Bl. 390	163
41	Robert Havemann an Gustav Hertz, [Abschrift], 11. 1. 1966 AAW, Leitung, Personalia, 163, Bl. 391; RHG, Archiv, NL Havemann [Durchschlag]	163
42	Werner Hartke, Aktennotiz, 12. 1. 1966 AAW, Leitung, Personalia, 163, Bl. 386 f.	164
43	Werner Hartke, Aktennotiz, 12. 1. 1966 AAW, Leitung, Personalia, 163, Bl. 388–389	165
44	Robert Havemann an Hermann Klare, 12. 1. 1966 RHG, Archiv, NL Havemann [Durchschlag]	166
45	Werner Hartke an Edgar Lehmann, 13. 1. 1966 AAW, Leitung, Personalia, 163, Bl. 368	166
46	Sitzung des Geschäftsführenden Präsidiums, 13. 1. 1966 AAW, Leitung, Personalia, 163, Bl. 374–384	167
47	Beschlüsse des Geschäftsführenden Präsidiums, [Auszug], 13. 1. 1966 AAW, Leitung, Personalia, 163, Bl. 346–349	174
48	Aktennotiz zur Sitzung der Klasse für Sprachen, Literatur und Kunst, 14. 1. 1966 SAPMO-BArch, SED, ZPA, IV A 2/9.04/107	176
49	[Helmut] Graßhoff, Aktennotiz, [Auszug], 17. 1. 1966 AAW, Leitung, Personalia, 163, Bl. 356 f.	177
50	Sitzung der Klasse für Chemie, Geologie und Biologie, [Auszug], 13. 1. 1966 AAW, Leitung, Personalia, 162, Bl. 362–365	177
51	Information der Abteilung Wissenschaften für Kurt Hager, 14. 1. 1966 SAPMO-BArch, SED, ZPA, IV A 2/9.04/106	180
52	Johannes Hörnig an Kurt Hager, [Auszug], 15. 1. 1966 SAPMO-BArch, SED, ZPA, IV A 2/9.04/106	183

53	Hermann Klare an Werner Hartke, 16. 1. 1966 AAW, Leitung, Personalia, 163, Bl. 351 f.	183
54	Einschreiben der BGL an Robert Havemann, 23. 1. 1966 RHG, Archiv, NL Havemann	186
55	Martin Walser, Heinrich Böll u. a. an Walter Ulbricht, [Kopie], 25. 1. 1966 RHG, Archiv, NL Havemann	187
56	Sitzung des Präsidiums der DAW, 27. 1. 1966 AAW, Leitung, Personalia, 163, Bl. 300–311	190
57	Johannes Hörnig, Anschreiben an Kurt Hager, [Auszug], 29. 1. 1966 Werner Schubert, Information an den Abteilungsleiter, 27. 1. 1966 SAPMO-BArch, SED, ZPA, IV A 2/9.04/106	197
58	Sitzung der Klasse für Bergbau, Hüttenwesen und Montangeologie, 28. 1. 1966 AAW, Leitung, Personalia, 163, Bl. 299 f.	200
59	Werner Hartke an die Akademieparteileitung, 28. 1. 1966 AAW, Leitung, Personalia, 162, Bl. 332	201
60	Günther Rienäcker an Robert Havemann, 29. 1. 1966 RHG, Archiv, NL Havemann	202
61	Interne, nicht abgesandte Kündigungsbegründung, 29. 1. 1966 AAW, Leitung, Personalia, 163, Bl. 342	203

Maßregelung nach Terminplan. 31. 1. 1966 bis 10. 2. 1966

62	Terminplan für die Behandlung des Antrages auf Beendigung der Mitgliedschaft von Hrn. Havemann, 31. 1. 1966 AAW, Leitung, Personalia, 163, Bl. 292	205
63	Robert Havemann an Edgar Lehmann, 31. 1. 1966 RHG, Archiv, NL Havemann	207
64	Robert Havemann an Arthur Baumgarten, [Durchschlag], 2. 2. 1966 RHG, Archiv, NL Havemann	208
65	Robert Havemann an Arnold Graffi, 5. 2. 1966 RHG, Archiv, NL Havemann	210
66	Robert Havemann an die Mitglieder des Präsidiums und der Klasse für Chemie, Biologie und Geologie und an die Hrn. Sekretäre der Klassen der Deutschen Akademie der Wissenschaften zu Berlin, 5. 2. 1966 RHG, Archiv, NL Havemann	211
67	Ranuccio Bianchi Bandinelli an Werner Hartke, 3. 2. 1966 AAW, Leitung, Personalia, 162, Bl. 67 f.	213
68	Werner Heisenberg an Gustav Hertz, 10. 2. 1966 AAW, Leitung, Personalia, 164, Bl. 1	214
69	Werner Hartke, Aktennotiz, 17. 2. 1966 AAW, Leitung, Personalia, 163, Bl. 220	215
70	Linus Pauling an Werner Hartke, 21. 2. 1966 AAW, Leitung, Personalia, 164, Bl. 93–95	216

71	Dokumentation Havemann, [Februar 1966] SAPMO-BArch, SED, ZPA, IV A 2/9.04/106	218
72	Entwurf der Einladung zur Klassensitzung am 10. 2. 1966, [Auszug] AAW, Leitung, Personalia, 162, Bl. 366	225
73	Sitzung der Klasse für Chemie (a) Abwahlantrag, 10. 2. 1966 AAW, Leitung, Personalia, 162, Bl. 429–431	226
	(b) Bericht über die Sitzung der Klasse für Chemie, Biologie und Geologie, 10. 2. 1966 AAW, Leitung, Personalia, 163, Bl. 377–380	228

Interne und Offene Briefe 15. 2. 1966 bis 9. 3. 1966

74	Werner Hartke an alle Ordentlichen Mitglieder der DAW, 15. 2. 1966 AAW, Leitung, Personalia, 163, Bl. 233–243	231
75	Protokoll Nr. 16/66 der Sitzung des Sekretariats des ZK, [Auszug], 16. 2. 1966 SAPMO-BArch, SED, ZPA, J IV 2/2 A 1269	240
76	Siegfried Wagner an Martin Walser, 16. 2. 1966 RHG, Archiv, NL Havemann	242
77	Günther Rienäcker an Robert Havemann, 16. 2. 1966 RHG, Archiv, NL Havemann	247
78	Hermann Klare an Hans Wittbrodt, 17. 2. 1966, auf einem Brief Robert Havemanns an Hermann Klare vom 14. 2. 1966 AAW, Leitung, Personalia, 163, Bl. 228	248
79	Aktennotiz betr. Prof. R. Havemann, 18. 2. 1966 AAW, Leitung, Personalia, 163, Bl. 221	249
80	Kurt Schwabe an Werner Hartke, 19. 2. 1966 AAW, Leitung, Personalia, 163, Bl. 219	249
81	Protokoll Nr. 18/66 der Sitzung des Sekretariats des ZK, [Auszug], 23. 2. 1966 SAPMO-BArch, SED, ZPA, J IV 2/2 A 1272, 1. Bd.; J IV 2/2 A 1273, 2. Bd.	251
82	Werner Hartke an die Präsidiumsmitglieder, 22. 2. 1966 AAW, Leitung, Personalia, 163, Bl. 214	265
83	Vorlage für das Präsidium, 24. 3. 1966 AAW, Leitung, Personalia, 163, Bl. 215	266
84	Protokollnotiz aus der Sitzung des Präsidiums am 24. Februar 1966 zum „Antrag über die Beendigung der Mitgliedschaft des Korrespondierenden AkM Robert Havemann", 1. 3. 1966 AAW, Leitung, Personalia, 163, Bl. 185–190	267
85	Beschluß des Präsidiums, 24. 2. 1966 AAW, Leitung, Personalia, 163, Bl. 216 f.	270
86	Klassensitzungen, 24. 2. 1966 AAW, Leitung, Personalia, 163, Bl. 208 f.	271
87	Robert Havemann an Emanuel Gomolla, 26. 2. 1966 SAPMO-BArch, SED, BPA, IV A2/4/704	273

88 Chemische Gesellschaft der DDR an Havemann, 1. 3. 1966
RHG, Archiv, NL Havemann ... 274
89 Niederschrift über die Bekanntgabe der Gründe für die Zurückweisung des Einspruchs von Havemann gegen seine Abberufung als Leiter der Arbeitsstelle für Photochemie der Forschungsgemeinschaft der DAW, 2. 3. 1966
AAW, Leitung, Personalia, 163, Bl. 169–173 ... 275
90 Lotar Ziert an Werner Hartke, 3. 3. 1966
AAW, Leitung, Personalia, 163, Bl. 137 f. ... 278
91 Robert Havemann an Günther Rienäcker, 4. 3. 1966
AAW, Leitung, Personalia, 162, Bl. 333 ... 279
92 Werner Hartke an Präsidiumsmitglieder, 1. 3. 1966
AAW, Leitung, Personalia, 163, Bl. 168 ... 280
93 Aktennotiz über eine Besprechung beim Präsidenten, 3. 3. 1966
AAW, Leitung, Personalia, 163, Bl. 139–159 ... 281
94 Beendigung einer Mitgliedschaft
AAW, Leitung, Personalia, 163, Bl. 160–162 ... 292
95 Niederschrift, 7. 3. 1966
AAW, Leitung, Personalia, 163, Bl. 134 f. ... 294
96 Offener Brief Robert Havemanns an die Mitglieder der DAW, 9. 3. 1966
SAPMO-BArch, SED, ZPA, NL 215/126, Bl. 122 ... 296

Vorbereitung eines Tribunals. 10. 3. 1966 bis 24. 3. 1966
97 Werner Hartke an Edgar Lehmann, 10. 3. 1966
AAW, Leitung, Personalia, 163, Bl. 87–89 ... 298
98 Günther Rienäcker an Robert Havemann, 8. 3. 1966
RHG, Archiv, NL Havemann; AAW, Leitung, Personalia, 162, Bl. 198 ... 300
99 Protokollnotiz über die Diskussion im Präsidium am 10. März 1966, 10. 3. 1966
AAW, Leitung, Personalia, 163, Bl. 62–81 ... 301
100 Beschlußprotokoll 3/66 der Sitzung des Präsidiums, [Auszug], 10. 3. 1966
SAPMO-BArch, SED, ZPA, IV A 2/9.04/107 ... 310
101 Ausführungen Edgar Lehmanns in der Präsidiumssitzung, 10. 3. 1966
AAW, Leitung, Personalia, 162, Bl. 201–204 ... 312
102 Werner Richter: Zusammenfassung der Klassensitzungen, 10. 3. 1966
AAW, Leitung, Personalia, 163, Bl. 59–61 ... 314
103 Klasse für Mathematik, Physik und Technik, [Auszug], 10. März 1966
AAW, Leitung, Personalia, 162, Bl. 362–365 ... 316
104 Klasse für Chemie, Geologie und Biologie, [Auszug], 10. März 1966
AAW, Leitung, Personalia, 162, Bl. 366 ... 317
105 Klasse für Sprachen, Literatur und Kunst, [Auszug], 10. März 1966
AAW, Leitung, Personalia, 163, Bl. 41–42 ... 317
106 Klasse für Medizin, [Auszug], 10. März 1966
AAW, Leitung, Personalia, 163, Bl. 43–50 ... 318

Dokumentenverzeichnis 411

107 Klasse für Bergbau, Hüttenwesen und Montangeologie, [Auszug], 10. März 1966
 AAW, Leitung, Personalia, 163, Bl. 56–58 320
108 Rundschreiben an die OAkM, 14. 3. 1966
 AAW, Leitung, Personalia, 162, Bl. 230–232 321
109 Hinweis, 24. 3. 1966
 AAW, Leitung, Personalia, 163, Bl. 18 322
110 Teilnahmebestätigungen der OAkM, März 1966
 AAW, Leitung, Personalia, 162, Bl. 181 323
111 Teilnahmeerwartungen für das Plenum vom 24. 3. 1966, 18./19. 3. 1966
 AAW, Leitung, Personalia, 162, Bl. 130, 125 324
112 Arwed Kempke an Kurt Hager, 16. 3. 1966
 SAPMO-BArch, SED, ZPA, IV A 2/9.04/106 325
113 Leserbrief an „Die Zeit" über Werner Hartke, 1. 4. 1966
 Die Zeit, Hamburg, 1. 4. 66 329
114 SDS-Bundesvorstand an Werner Hartke: Offener Brief, [Auszug], 22. 3. 1966
 AAW, Leitung, Personalia, 164, Bl. 223 330
115 Wolfgang Abendroth an Werner Hartke, [Auszug], 23. 3. 1966
 RHG, Archiv, NL Havemann 331
116 Telegramm von Professoren der Freien Universität Berlin, [Auszug], 23. 3. 1966
 AAW, Leitung, Personalia, 164, Bl. 66 332
117 Telegramm der Humanistischen Union, [Auszug], 23. 3. 1966
 AAW, Leitung, Personalia, 164, Bl. 53 332
118 Walter Ulbricht an Kurt Hager, 24. 3. 1966
 SAPMO-BArch, SED, ZPA, IV A 2/9.04/106 333
119 Fritz Behrens an Werner Hartke, [Auszug], 12. 4. 1966
 AAW, Leitung, Personalia, 164 333
120 Werner Hartke an Herbert Weiz, 22. 3. 1966
 AAW, Leitung, Personalia, 164, Bl. 360 334

Debakel im Plenum. 24. 3. 1966 bis 31. 3. 1966
121 Einladung zur Geschäftssitzung des Plenums der DAW am 24. 3. 1966, 21. 2. 1966
 AAW, Leitung, Personalia, 162, Bl. 194 336
122 Aktennotiz über die Außerordentliche Präsidiumssitzung, 24. 3. 1966
 AAW, Leitung, Personalia, 164, Bl. 344–355 337
123 Zum Tagesordnungspunkt 1 der Geschäftssitzung des Plenums, 24. 3. 1966
 AAW, Leitung, Personalia, 162, Bl. 114 f. 342
124 Protokoll der geheimen Abstimmung über die Beendigung der Mitgliedschaft des Korrespondierenden AkM R. Havemann, 24. 3. 1966
 AAW, Leitung, Personalia, 164, Bl. 356 344
125 Günther Rienäcker, Presseerklärung zum Abstimmungsergebnis, 25. 3. 1966
 AAW, Leitung, Personalia, 162, Bl. 95 345
126 Erklärung des Präsidiums zur Abstimmung, 26. 3. 1966
 AAW, Leitung, Personalia, 162, Bl. 94 346

127 Aktennotiz zur Auffassung von Gustav Hertz, 26. 3. 1966
AAW, Leitung, Personalia, 162, Bl. 93 — 346

128 Entwurf des Präsidenten, 26. 3. 1966
AAW, Leitung, Personalia, 162, Bl. 99 f. — 347

129 dpa-Meldung, [Auszug], 25. 3. 1966
SAPMO-BArch, SED, ZPA, IV A 2/9.04/108 — 348

130 Berliner Zeitung: Akademieunwürdiges Verhalten, 26. 3. 1966
Berliner Zeitung, 26. 3. 1966 — 348

131 Robert Havemann an die „Berliner Zeitung", 28. 3. 1966
SAPMO-BArch, SED, ZPA, IV A 2/9.04/106 — 351

132 Betr.: Bestätigung der Zuwahlen durch den Ministerrat, 28. 3. 1966
SAPMO-BArch, SED, ZPA, IV A 2/9.04/108; AAW, Leitung, Personalia, 162, Bl. 133–140 — 353

133 Werner Schubert an Kurt Hager, 29. 3. 1966
SAPMO-BArch, SED, ZPA, IV A 2/9.04/106 — 358

134 Protokoll Nr. 27/66 der Sitzung des Sekretariats des ZK, 30. 3. 1966
SAPMO-BArch, SED, ZPA, J IV 2/3 A/1285 — 360

135 Vorlage für das Präsidium, 31. 3. 1966
AAW, Leitung, Personalia, 162, Bl. 6 f.; Bl. 110–112 — 360

Ein Federstrich durch das Statut, 31. 3. 1966 bis Oktober 1968

136 Günther Rienäcker an Robert Havemann, 31. 3. 1966
RHG, Archiv, NL Havemann — 364

137 Erklärung des Präsidiums der DAW, 1. 4. 1966
Neues Deutschland, 1. 4. 1966 — 365

138 dpa-Meldung, 1. 4. 1966
SAPMO-BArch, SED, ZPA, IV A 2/9.04/108 — 366

139 Günther Rienäcker, Einige Bemerkungen zu dem Beschluß des Präsidiums
AAW, Leitung, Personalia, 163, Bl. 1–4 — 366

140 Kurt Mothes an Werner Hartke, 26. 3. 1966
AAW, Leitung, Personalia, 162, Bl. 17–26 — 369

141 Horst Feitke an das Präsidium der DAW, 28. 3. 1966
AAW, Leitung, Personalia, 162, Bl. 133–140 — 376

142 SJD Die Falken. Landesverband Berlin an die DAW, 4. 4. 1966
SAPMO-BArch, SED, ZPA, IV A 2/9.04/108 — 378

143 Werner Krauss an Planert, [Auszug], 6. 4. 1966
SAPMO-BArch, SED, ZPA, IV A 2/9.04/106 — 378

144 BGL/Klubleiter des Hauptpostamtes Berlin 4 an das „Neues Deutschland", 6. 4. 1966
SAPMO-BArch, SED, ZPA, IV A 2/9.04/108 — 379

145 Wolfgang Steinitz an Günther Rienäcker, 7. 4. 1966
SAPMO-BArch, SED, ZPA, IV A 2/9.04/108 — 379

146 Aktennotiz über die Diskussion in der Klasse für Sprachen, Literatur und Kunst, 7. 4. 1966
AAW, Leitung, Personalia, 162, Bl. 35 f. — 381

147 Kurt Mothes an Walter Ulbricht, 8. 4. 1966
   AAW, Leitung, Personalia, 162, Bl. 14 f. 381
148 Proteste gegen die Beendigung der Mitgliedschaft Havemanns, 12. 4. 1966
   AAW, Leitung, Personalia, 162, Bl. 41–43 382
149 Paul Markowski an Johannes Hörnig, 12. 4. 1966
   SAPMO-BArch, SED, ZPA, IV A 2/9.04/108 384
150 Werner Hartke, Aktennotiz, [Auszug], 14. 4. 1966
   AAW, Leitung, Personalia, 164, Bl. 282 384
151 Erklärung der Mitarbeiter des Instituts für Vor- und Frühgeschichte, 5. 4. 1966
   AAW, Leitung, Personalia, 165, Bl. 277 386
152 Auswertung der Zustimmungserklärungen, 6. 4. 1966
   AAW, Leitung, Personalia, 165, Bl. 241–245 387
153 Werner Schubert, Information über den gegenwärtigen Stand der Angelegenheit Havemann, 14. 4. 1966
   SAPMO-BArch, SED, ZPA, IV A 2/9.04/106 390
154 Robert Havemann an das Präsidium der Akademie, 2. 5. 1966
   RHG, Archiv, NL Havemann 394
155 Robert Havemann, Bericht, 10. 11. 1967
   RHG, Archiv, NL Havemann 395
156 Verdienstbescheinigung, 24. 10. 1968
   RHG, Archiv, NL Havemann 399

Rehabilitierung ohne Wiedergutmachung, 16. November 1989
157 Empfehlung der Klasse Chemie zur Rehabilitierung Havemanns, 16. 11. 1989
   Jahrbuch 1990/91 der Akademie der Wissenschaften der DDR ..., Berlin 1994, S. 187 401

Abkürzungsverzeichnis

AAW	Archiv der Berlin-Brandenburgischen Akademie der Wissenschaften
AAkM	Auswärtiges Akademiemitglied
Abt.	Abteilung
ADN	Allgemeiner Deutscher Nachrichtendienst, Berlin (staatliche Nachrichtenagentur der DDR)
AdW	Akademie der Wissenschaften
AfG	Akademie für Gesellschaftswissenschaften beim ZK (der SED, Berlin; der KPdSU, Moskau; der KPTsch, Prag)
AkM/Akm.	Akademiemitglied
AM	Auswärtiges (Akademie-)Mitglied
ao.	außerordentliche(r)
APL	Akademieparteileitung
BL	Bezirksleitung
BPA	Bezirksparteiarchiv (Berlin)
BStU	Der Bundesbeauftragte für die Unterlagen des Staatssicherheitsdienstes der ehemaligen DDR
BV	Bundesvorstand
Chefred.	Chefredakteur
DAK	Deutsche Akademie der Künste zu Berlin (1972-90: AdK der DDR)
DAW	Deutsche Akademie der Wissenschaften zu Berlin (bis 1945: Preußische AdW; 1972-90: AdW der DDR)
DBR	Deutsche Bundesrepublik (früher in der DDR gebrächliche Abkürzung für BRD)
Dir.	Direktor
DKP	Deutsche Kommunistische Partei
dpa	Deutsche Presse-Agentur (westdeutsche Nachrichtenagentur)
DSF	Gesellschaft für Deutsch-Sowjetische Freundschaft
DSV	Deutscher Schriftstellerverband
Dt.	Deutsch(er)
DWK	Deutsche Wirtschaftskommission
em.	emeritiert
FU	Freie Universität
GI	Geheimer Informator (bis 1968 übliche Bezeichnung für GMS)
GMS	Gesellschaftlicher Mitarbeiter Sicherheit – „unterschied sich laut Definition des MfS vom IM dadurch, daß es sich um einen ‚Bürger der DDR mit einer auch öffentlich bekannten staatsbewußten Einstellung und Haltung' handelte, mußte eine Bereitschaftserklärung zur inoffiziellen und vertrauensvollen Mitarbeit abgeben, die Stasi verkehrte mit ihm mehr oder weniger offen und suchte ihn beispielsweise in seinem Büro auf; GMS galten als ‚wertvolle Ergänzung der inoffiziellen Basis' und als

Reservoir für die Gewinnung von IM und hauptamtlichen Mitarbeitern." (*Tina Krone, Irena Kukutz, Henry Leide*, Wenn wir unsere Akten lesen. Handbuch zum Umgang mit den Stasi-Unterlagen, Berlin 1992, S. 42.)

Hab.	Habilitation
HfÖ	Hochschule für (Plan-)Ökonomie, Berlin-Karlshorst
HU	Humboldt-Universität
HV	Hauptverwaltung
IfG	Institut für Gesellschaftswissenschaften beim ZK der SED, Berlin
IM	Inoffizieller Mitarbeiter des MfS
intern.	international(er)
KAkM	Korrespondierendes Akademiemitglied
Kand.	Kandidat
KB	Kulturbund
KL	Kreisleitung
KM	Korrespondierendes (Akademie-)Mitglied
KPD	Kommunistische Partei Deutschlands
KV	Kreisvorstand
KWI(G)	Kaiser-Wilhelm-Institut (-Gesellschaft)
Leopoldina	Deutsche Akademie der Naturforscher Leopoldina, Halle
LV	Landesvorstand
MdB	Mitglied des Bundestages
MdL	Mitglied des Landtages
MdR	Mitglied des Reichstages
MdVk	Mitglied der Volkskammer
MfS	Ministerium für Staatssicherheit
Mg.	Mitglied
Min.	Ministerium
MPI(G)	Max-Planck-Institut (-Gesellschaft)
ND	Neues Deutschland (Zentralorgan der SED)
NL	Nachlaß
NP	Nationalpreis
NSDAP	Nationalsozialistische Deutsche Arbeiterpartei
NSFO	NS-Führungsoffizier – Politoffizier der Naziwehrmacht
NVA	Nationale Volksarmee
OAkM	Ordentliches Akademiemitglied
OKW	Oberkommando der Wehrmacht
OLG	Oberlandesgericht
OM	Ordentliches (Akademie-)Mitglied
OV	Operativer Vorgang – Bezeichnung für die planmäßige Verfolgung von einzelnen Personen und Gruppen durch des MfS, die alle Mittel der Repression bis zur physischen Vernichtung umfassen konnte
PB	Politbüro
PdA	Partei der Arbeit (KP der Schweiz)
PHS	Parteihochschule
Präs.	Präsident
Prof.	Professor
Prom.	Promotion
PV	Parteivorstand
RHG	Robert-Havemann-Gesellschaft e. V.
SAPMO-BArch	Stiftung Archiv der Parteien und Massenorganisationen der DDR im Bundesarchiv

SAW	Sächsische Akademie der Wissenschaften
SBZ	Sowjetische Besatzungszone
SED	Sozialistische Einheitspartei Deutschlands
SMAD	Sowjetische Militäradministration
SPD	Sozialdemokratische Partei Deutschlands
SPK	Staatliche Plankommission
staatl.	staatlich
Stellv.	Stellvertreter bzw. Stellvertretender
Stsek.	Staatssekretär
Techn.	Technische(r)
TH	Technische Hochschule
TU	Technische Universität
Vk.	Volkskammer
Vors.	Vorsitzende(r)
WF	Werk für Fernsehelektronik, Berlin
Wiss.	Wissenschaft(en), wissenschaftlich(e/r)
ZK	Zentralkomitee
ZPA	Zentrales Parteiarchiv
ZV	Zentralvorstand

Abbildungsverzeichnis

RHG, Archiv: Titel, S. 74 unten, 76 unten links, 79 unten, 81 unten, 85 oben, 85 unten.
AAW: S. 73, 74 oben, 76 oben, 77, 78, 79 oben, 80 unten, 81 oben, 82, 83 unten, 84, 85, 86, Faksimile S. 87: AAW, Leitung, Personalia, 168a, Bl. 1.
Ullstein-Bildarchiv: S. 75, 77 unten rechts, 80 oben, 83 oben.

Robert Havemann
Lebensdaten

11. 3. 1910	in München geboren
1929-1933	Studium der Chemie in München und Berlin
1932	Politische Tätigkeit für die Komintern
1933	Mitglied der Widerstandsgruppe „Neu Beginnen"
1935	Promotion zum Dr. phil. an der Berliner Universität
1942/43	Mitbegründer der Widerstandsgruppe „Europäische Union"
März 1943	Habilitation an der Berliner Universität
September 1943	Verhaftung durch die Gestapo
16. 12. 1943	Todesurteil durch den Volksgerichtshof
1944/45	Zuchthaus Brandenburg – mehrmaliger Aufschub des Todesurteils
27. 4. 1945	Befreiung aus dem Zuchthaus durch die Rote Armee Verwaltungsdirektor des Krankenhauses Berlin-Britz Erkrankung an Tuberkulose als Folge der Haft
Juli 1945	Ernennung zum Leiter der Kaiser-Wilhelm-Institute in Dahlem
1945–1948	Zusammenarbeit mit dem sowjetischen Geheimdienst
26. 2. 1946	Berufung zum Professor mit Lehrauftrag für Kolloidchemie an der Berliner Universität durch Rektor Johannes Stroux
1948	Ablösung als Leiter der Kaiser-Wilhelm-Institute; Havemann bleibt aber Abteilungsleiter am Kaiser-Wilhelm-Institut für Physikalische und Elektrochemie in Berlin-Dahlem
1949	Wahl in den 3. Deutschen Volkskongreß für den Kulturbund Abgeordneter der Volkskammer der DDR (bis 1963)
27. 2. 1950	Fristlose Entlassung aus dem Kaiser-Wilhelm-Institut Kommissarischer Direktor des Physikalisch-Chemischen Instituts an der Humboldt-Universität
26. 4. 1950	Studentendekan an der Humboldt-Universität Vorsitzender des Berliner Friedenskomitees
29. 6. 1951	Aufnahme in die SED
15. 10. 1951–22. 1. 1954	Prorektor für Studienangelegenheiten der Humboldt-Universität

19. 9. 1952	Ernennung zum ordentlichen Professor für angewandte Physikalische Chemie und zum Direktor des gleichnamigen Instituts der Humboldt-Universität
1953–1963	Zusammenarbeit mit dem MfS, zunächst als „Kontaktperson", ab Februar 1956 als „Geheimer Informator"
1956	Beginn der öffentlichen Auseinandersetzung mit der SED
1957–1962	Prodekan der Mathematisch-Naturwissenschaftlichen Fakultät der Humboldt-Universität
1958	Havemann wird auf der III. Hochschulkonferenz kritisiert
6. 10. 1959	Nationalpreis der DDR
1960	Gründung und nebenamtliche Leitung der Arbeitsstelle für Photochemie der DAW
6. 5. 1961	Wahl zum Korrespondierenden Mitglied der DAW
21. 9. 1962	Vortrag in Leipzig über das Verhältnis von Philosophie und Naturwissenschaften
18. 10. 1963–31. 1. 1964	Vorlesungsreihe „Naturwissenschaftliche Aspekte philosophischer Probleme" an der Humboldt-Universität
Februar 1964	Angriffe gegen Havemann auf dem 5. ZK-Plenum der SED
12. 3. 1964	Ausschluß aus der SED; fristlose Entlassung und Hausverbot an der Humboldt-Universität
8. 4. 1964	Berufung als hauptamtlicher Leiter der Arbeitsstelle für Photochemie der DAW
Mai 1964	Erscheinen der Vorlesungen unter dem Titel „Dialektik ohne Dogma" in Hamburg
7. 5. 1965	Antwort in der Hamburger „Zeit" auf die Verleumdungen „Hermann Knappes" im „Forum": „Ja, ich hatte Unrecht"
15.–18. 12. 1965	11. Plenum des ZK der SED
20. 12. 1965	Außerordentliche Politbürositzung billigt Angriff der KPD auf Havemanns „Spiegel"-Artikel
21. 12. 1965	ZK ordnet Gehaltssperre für Havemann an
22. 12. 1965	Havemanns Artikel „Plädoyer für eine neue KPD" erscheint im „Spiegel"
23. 12. 1965	Fristlose Entlassung Havemanns
29. 12. 1965	Hausverbot durch die DAW
13. 1. 1966	Beschluß des Akademiepräsidiums, die Abwahl Havemanns als Korrespondierendes Mitglied einzuleiten
28. 1. 1966	ZK entwickelt Szenario zur Abwahl Havemanns
31. 1. 1966	Übernahme des Planes des ZK durch das Akademiepräsidium
10. 2. 1966	Klasse für Chemie, Geologie und Biologie stellt den Antrag, Havemann abzuwählen
15. 2. 1966	Interner Brief des Akademiepräsidenten Hartke über Havemann an die Ordentlichen Akademiemitglieder

23. 2. 1966	ZK-Sekretariat beschließt Maßnahmen zur Zerschlagung der „Gruppe" Havemann-Biermann-Heym-Bieler
24. 2. 1966	Akademiepräsidium leitete Abwahlverfahren ein
9. 3. 1966	Offener Brief Havemanns an alle Ordentlichen Akademiemitglieder
10. 3. 1966	Vorladung Havemanns ins Präsidium der DAW
24. 3. 1966	Im Akademieplenum scheitert der Abwahlantrag
31. 3. 1966	Streichung Havemanns als Mitglied der DAW durch das Präsidium
1967	Letztes Scheinangebot der DDR-Regierung an Havemann für eine neue Beschäftigung
Oktober 1968	Verurteilung der Söhne Havemanns wegen ihres Protestes gegen die Okkupation der ČSSR
1975	Havemann wird durch die SED-Führung von der Liste der antifaschistischen Widerstandskämpfer gestrichen
16. 6. 1975	Das MfS schlägt vor, Havemann in die Bundesrepublik abzuschieben
13. 11. 1976	Ausbürgerung Wolf Biermanns
26. 11. 1976	Über Havemann wird durch das Kreisgericht Fürstenwalde Hausarrest in Grünheide verhängt
8. 5. 1978	Aufhebung des Hausarrestes
Mai 1979	Verurteilung zu einer Geldstrafe von 10.000 Mark
9. 4. 1982	Havemann stirbt in Grünheide bei Berlin

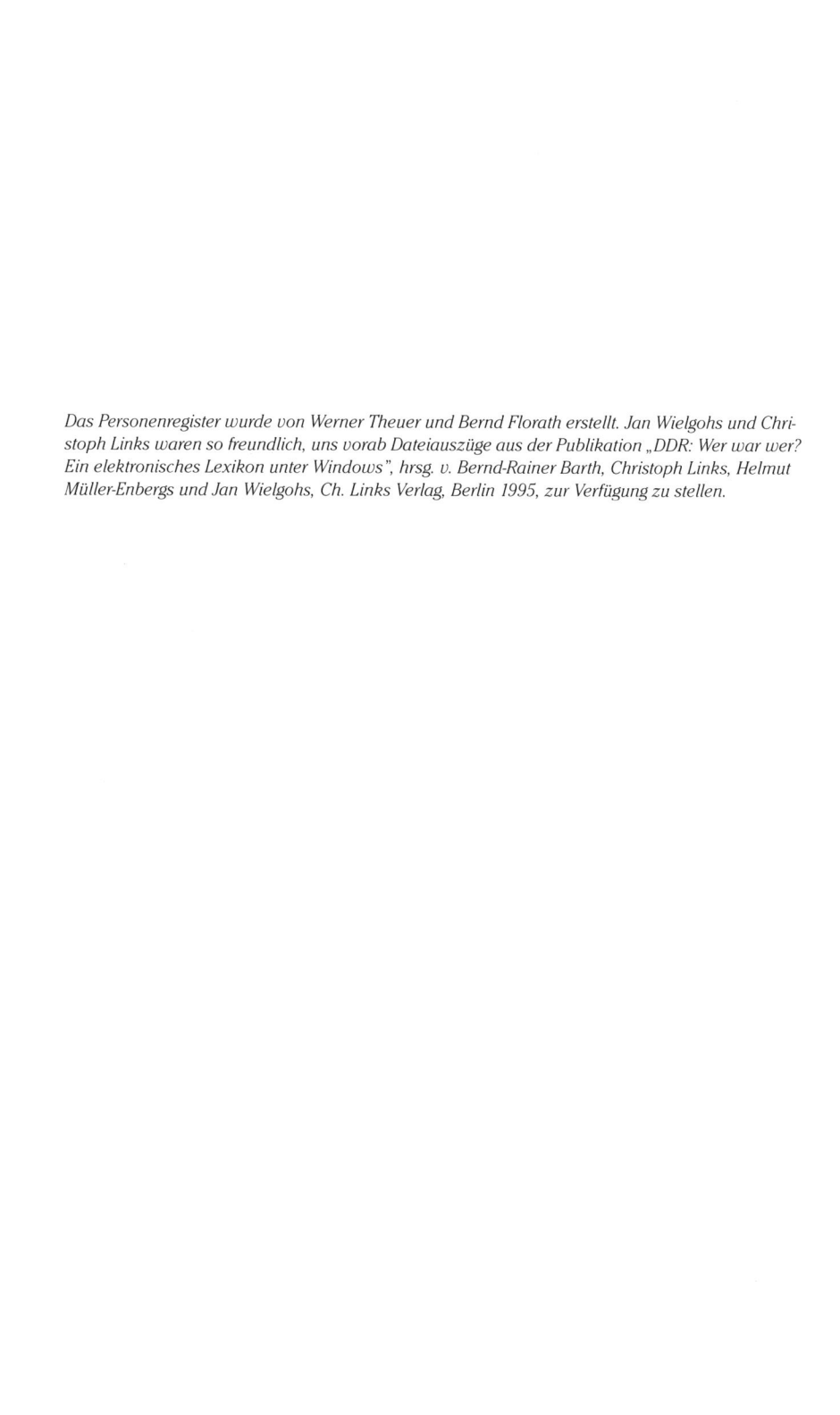

Das Personenregister wurde von Werner Theuer und Bernd Florath erstellt. Jan Wielgohs und Christoph Links waren so freundlich, uns vorab Dateiauszüge aus der Publikation „DDR: Wer war wer? Ein elektronisches Lexikon unter Windows", hrsg. v. Bernd-Rainer Barth, Christoph Links, Helmut Müller-Enbergs und Jan Wielgohs, Ch. Links Verlag, Berlin 1995, zur Verfügung zu stellen.

Personenregister

Abendroth, Wolfgang – Politologe (1906–1985) 1920 KPD, 1929 KPD-Opposition, 1935 Prom. Basel, 1936 Berlin, Verbindungen zu Sopade, KPO, KPD, Neu Beginnen, Febr. 1937 verhaftet, Zuchthaus, Strafbataillion 999, 1945 SPD, 1946 Oberjustizrat Dt. Justizverwaltung, 1948 Prof. Jena, Flucht in d. britische Zone, 1949 Prof. Wilhelmshaven, 1951 Marburg, 1961 SPD-Ausschluß.
59, 331f., 383

Abusch, Alexander – Politiker, Publizist (1902–1982) 1919 KPD, 1921–33 Red. KPD-Presse, 1930–32 Chefred. „Rote Fahne", 1935–40 Emigration ČSR, Frankreich, 1941–46 Mexiko, 1946 v. SMAD Einsatz als Chefred. u. Zensor „Weltbühne", 1948 Mg. DWK, 1948–50 Mg. PV SED, 1950 aller Funktionen enthoben, 1951 MfS GI „Ernst", 1952 Mg. Vorstand DAK u. DSV, 1956 Abbruch GI-Kontakt, 1953 ZK-Abt. Kultur, 1954–56 Stellv. Minister Kultur, 1956–58 Stsek. Min. Kultur, 1957 Mg. ZK SED, 1958–82 MdVk, 1958–61 Minister Kultur, 1961–71 Stellv. Ministerpräs. DDR.
44, 77, 98f., 100, 102f., 258, 264

Acker, Paula – Funktionärin, Journalistin (*1913) 1931 Mg. KPD, 1933 Verhaftung, 1936–39 erneut Haft, 1939 Emigration Schweiz, 1945 Sekr. KPD-LV Südwürttemberg-Hohenzollern, 1951 Übersiedlung DDR, Mg. SED, 1958 Mg. Agitationskommission, 1960 Chefred. „Weltgewerkschaftsbewegung".
196

Adenauer, Konrad – Politiker (1876–1967) 1917–33 Oberbürgermeister Köln, 1946 Vors. CDU britische Zone, 1948–49 Vors. parlamentarischer Rat, 1949–63 Vors. CDU, 1949–67 MdB, 1949–63 Bundeskanzler.
108

Amendola, Giorgio – italienischer Politiker, Mg. KP Italiens, 1945–47 Minister, Mg. ZK, Mg. PB KPI
119

Apel, Erich – Ökonom, Wirtschaftspolitiker (1917–3.12.1965) 1939 Militärdienst, 1940–45 nach Peenemünde dienstverpflichtet, Leiter Forschungsabteilung, 1946 SPD, 1946–52 Tätigkeit in UdSSR, 1953 Stellv., 1955–58 Minister Schwermaschinenbau, 1954 Kand., 1957 Mg. SED, 1958 Leiter Wirtschaftskommission PB, 1958 Kand., 1960 Mg. ZK, 1958 MdVk, 1961 Kand. PB, 1961–62 Sekr. ZK SED, 1962 Prom., 1962 Mg. Forschungsrat, 1963–65 Vors. SPK, stellv. Vors. Ministerrats, 1965 Freitod.
70, 111

Aragon, Louis – Schriftsteller (1897–1982) 1927 KP Frankreich, 1936–39 Teilnahme spanischer Bürgerkrieg, 1939 Sanitätsoffizier, 1940–45 Résistance, Mg. ZK, 1957 Lenin-Friedenspreis, KM DAK.
24

Axen, Hermann – Politiker (1916–1992) 1932 KJVD, 1934–37 Zuchthaus Zwickau, 1938 Flucht nach Paris, 1940 verhaftet, 1942 Auslieferung an Gestapo, 1942 KPD, 1942–45 KZ, 1946 SED, 1949 Leiter Abt. Agitation ZK, 1950 Mg., 1950–53 Sekr. ZK, 1953–56 2. Sekr. BL Berlin, 1954–89 MdVk, 1967 Stellv., 1971–89 Vors. Ausschuß Auswärtige Angelegenheiten, 1956–66 Chefred. ND, 1963 Kand., 1970–89 Mg. PB, 1966–89 Sekr. ZK intern. Verbindungen.
14, 70, 123, 240, 251, 360

Barwich, Heinz – Atomphysiker (1911–1966) 1934–45 wiss. Mitarbeiter Siemens & Halske, 1945–55 Spezialist f. Isotopentrennung in UdSSR, 1955 wiss. Berater DAW, 1956 Prof. TH

Dresden u. Dir. Institut Kernforschung Rossendorf DAW, 1961–64 Vizedir. Institut Kernforschung Dubna, 1964 Teilnahme an Genfer Atomkonferenz, Antrag auf politisches Asyl in USA, 1965 BRD.
164

Bauer, Fritz – Generalstaatsanwalt (1903–1968) 1927 Prom., 1930 Amtsrichter, SPD, 1933 entlassen, 1933–36 KZ, 1936–49 Emigration Dänemark, Schweden, 1949 Landgerichtsdir. u. Generalstaatsanwalt Braunschweig, 1956 Generalstaatsanwalt Hessen.
59, 187, 326, 332, 338, 383

Baumann, Rudolf – Mediziner (1911–1988) 1937 Prom., 1940 NSDAP, 1941–44 Lazarettarzt, 1945 Chefarzt Ost-Krankenhaus Berlin, 1951–57 Chefarzt u. Dir. Krankenhaus Berlin-Buch, 1951 Mg. SED, 1957 Prof., 1958–71 Dir. Institut f. kortiko-viszerale Pathologie u. Therapie DAW, 1966 OAkM, 1971–78 Dir. Zentralinstitut Herz-Kreislaufforschung DAW, 1974 AM AdW UdSSR, 1975–88 Vors. Klasse Medizin DAW, 1978 em., 1988 Ehrenspange DAW.
387

Baumgarten, Arthur – Jurist (1884–1966) 1909 Prom., ao. Prof. Genf, 1920 Prof. Köln, 1923 Basel, 1930 Frankfurt am Main, 1934 Basel, 1935 Studienreise durch UdSSR, 1944 Mitbegründer PdA Schweiz, 1946 SED, 1946 Prof. Leipzig, 1949 HU Berlin, 1950 OAkM u. OM SAW, 1952–60 Präs. Dt. Akademie Staat u. Recht Babelsberg, 1953 em.
208, 324

Bayer, Otto – Chemiker (1902–1982) 1927–45 Mg. Vorstand IG Farben, 1944 Honorarprof. Köln, 1945–63 Vorstand Bayer Leverkusen, 1949 Prom., 1962 Senator MPG, 1963–74 Aufsichtsratsvorsitzender Bayer AG.
229

Becher, Johannes R. – Schriftsteller (1891–58) 1917 USPD, 1918–20 KPD, 1923 wieder KPD, 1928–33 Vors. Bund proletarisch-revolutionärer Schriftsteller, 1933 Emigration ČSR, Frankreich, 1935 UdSSR, 1943 Mitbegründer NKFD, 1945 Mg. ZK KPD, Mitbegründer KB, Aufbau-Verlag, 1945–58 Präs. KB, 1946–58 Mg. PV bzw. ZK SED, 1949–58 MdVk, 1950 Gründungsmg. DAK, 1953–56 Präs. DAK, 1953–58 Minister Kultur.
246, 262

Behrens, Friedrich (Fritz) – Wirtschaftswissenschaftler (1909–1980) 1926–31 SPD, 1931 SAP, 1932 KPD, 1935 Prom. Leipzig, Hilfsreferent Statistisches Reichsamt, 1939 Dienstverpflichtung OKW, 1941–45 Dienstverpflichtung Statistisches Zentralamt Prag, 1944 Lehrauftrag Prag, 1945 Stadtrat Zwickau, 1946 SED, Lehrstuhl Leipzig, 1947 Habil., 1947 Prof. Leipzig, Vorwurf „Objektivismus", 1954 NP, 1954/55 stellv. Dir. Institut Wirtschaftswiss. DAW, 1955–57 Leiter Staatl. Zentralamt Statistik, stellv. Vors. SPK, Mg. Ministerrat, 1956 OAkM, Jan. 1957 Revisionismusvorwurf, Ablösung v. allen Funktionen, Arbeitsgruppenleiter Institut Wirtschaftswiss. DAW, 1961 „Selbstkritik", 1966 erneute Anschuldigungen, 1967 vorzeitig em.
17, 333, 392

Benary, Arne – Wirtschaftswissenschaftler (1929–1971) 1954 Prom., Oberassistent v. Behrens, 1956 Revisionismusvorwurf, 1958 Versetzung zum KWO Berlin, 1971 Freitod.
17

Berger, Dieter – Philosoph
150

Berger, Götz – Rechtsanwalt (*1905) 1923 Mg. KPD, 1929 Prom., 1932 Rechtsanwalt in der Sozietät Hilde Benjamins, 1933 Entzug der Zulassung, Emigration Frankreich, Spanien, Teilnahme spanischer Bürgerkrieg, 1939–43 Internierung, 1943 britischer Militärdienst, 1943–46 Sowjetunion, 1946 Mg. SED, 1946–50 Mitarbeiter PV SED, 1950 Dozent Dt. Verwaltungsakademie, 1951–57 Oberrichter Berlin, 1958 Rechtsanwalt, 1967–76 Anwalt Robert Havemanns, 1976 Entzug d. Zulassung wegen Übernahme d. Vertretung Biermanns, Ruhestand.
197

Berger, Rolf – FDGB-Funktionär (1921–1978) 1942–45 Kriegsdienst, 1946 Betriebsratsvorsitzender, KPD/SED, 1947–50 FDGB-Sekr., 1953 Vors. ZV IG Metall, 1961–71 Stellv. Vors. FDGB-BV, 1963–71 Mg. ZK SED, MdVk, 1964 Prom., 1971 wegen Kritik an zentralistischer Planung u. Forderung nach Eigenständigkeit d. Gewerkschaft abgesetzt, 1971–75 ökonomischer Dir., 1976 wiss. Mitarbeiter Bezirksinstitut Veterinärwesen.
98, 240, 251, 360

Berija, Lawrenti P. – Politiker (1899–1953) 1917 KPR(B), 1921 stellv. Vors. Tscheka Aserbaidshan, Vors. Transkaukasische GPU, 1931 1. Sekr. ZK KP Georgiens, 1934 Mg. ZK KPdSU, 1938–45 Volkskommissar Inneres (Chef NKWD), 1939 Kand., 1946 Mg. PB KPdSU, 1941–46 stellv. Vors. Rat Volkskommissare, 1946 1. stellv. Ministerpräs. UdSSR, 26. 6. 1953 verhaftet, 23. 12. 1953 hingerichtet.
13

Bernhard, Fritz – 1964 Dekan Mathematisch-Naturwiss. Fakultät HU Berlin.
34f.

Bertsch, Heinrich – Chemiker (1897–1981) 1922 Prom., 1923–45 Chemiker u. Vorstandsmg. in chemischen Unternehmen, 1946–48 Leiter volkseigene Chemieindustrie Sachsen, 1948–54 Leiter HV Chemie DWK bzw. Ministerien DDR, 1950 Prof. HU Berlin, 1953 NP, 1953 OAkM, 1954–58 Dir. Institut organische Chemie DAW, 1957–61 Sekretar Klasse Chemie, Geologie u. Biologie, 1957–69 Hrsg. „Chemisches Zentralblatt", 1958–65 Dir. Institut Fettchemie, 1958–61 Institut Dokumentation, Mg. Forschungsrat, 1965 em.
93, 178, 226, 228f., 324, 334, 338, 391f.

Beyer, Hans – Chemiker (1905–1971) 1932 Prom., 1933 NSDAP, 1939 Habil., Kriegsdienst, 1943–47 Gefangenschaft UdSSR, Antifaschule, NKFD, 1947 Prof. Greifswald, 1948 NDPD, 1950–63 Hauptausschuß NDPD, 1950–54 Rektor Greifswald, 1953–63 Vors. Chemische Gesellschaft, 1954–58 MdVk, 1964 OAkM.
226

Bianchi Bandinelli, Ranuccio – Althistoriker (1900–1975) 1923 Prom., Prof. Rom, 1945–47 Generaldir. d. Altertümer u. Schönen Künste, Mg. d. Akademie dei Lincei, Mg. ZK KP Italiens, 1962 KAkM, 1969 AAkM.
59, 212f., 215, 267, 284, 288, 299, 301, 311, 325, 337, 339, 383

Bieler, Manfred – Schriftsteller (*1934) 1952–56 Studium Germanistik HU Berlin, 1955 Preis d. V. Weltfestspiele Warschau, 1956 Mitarbeiter DSV, 1956 auf dem 2. Kongreß junger Künstler Eintreten f. mehr kulturellen Spielraum, 1957 Entlassung aus DSV, freier Schriftsteller, 1964–68 Mg. PEN Ost-West, DEFA-Film nach Roman „Maria Morzeck oder Das Kaninchen bin ich" auf 11. Plenum verboten, 1965 Übersiedlung nach Prag, 1967 ČSSR-Staatsbürgerschaft, nach 21. 8. 1968 Übersiedlung BRD, 1973 Mg. Bayerische Akademie.
55, 112, 187f., 250f., 253–255, 258, 262f.

Bielfeldt, Hans Holm – Germanist u. Romanist (1907–1987) 1931 Prom., 1931–39 Mitarbeiter Grimmsches Wörterbuch, 1939–45 Militärdienst, 1942 Habil., 1945 Kriegsgefangenschaft England, 1946 Lehrbeauftragter Hamburg, 1947 Arbeitsleiter Institut Slawistik DAW, 1948 Prof. Potsdam, 1950 Prof. HU Berlin, 1951–69 Dir. Institut Slawistik DAW, 1953 OAkM, 1956 Vors. Deutsches Slawistenkomitee, 1961 NP.
177, 317, 359

Biermann, Wolf – Liedermacher (*1936) 1953 Übersiedlung in DDR, 1955–57 u. 1959–64 Student Berlin, 1960 Kand. SED, 1961/62 Gründung u. Leitung Berliner Arbeiter- u. Studententheater, 1963 Streichung Kand. SED, 1963 zeitweiliges Auftrittsverbot, 1964 Gastspiele BRD, 1965 Mg. PEN Ost-West, 1965 „Die Drahtharfe", nach 11. Plenum Publikations- u. Auftrittsverbot, 1976 Konzert Köln, daraufhin Ausbürgerung, Proteste v. DDR-Intellektuellen, Ansiedlung in Hamburg.
9, 27, 33, 48, 55, 113, 151, 187f., 197, 239–241, 243, 250f., 253–259

Bilkenroth, Georg – Montanwissenschaftler (1898–1982) 1935 Werkdir. Niederlausitzer Kohlenwerke, 1940 Technischer Oberleiter Braunkohlenwerke Salzdetfurt AG in Berlin, 1942 Prom., 1945 Internierung, Kriegsgefangenschaft, 1947 Mitarbeiter HA Kohle DWK, Miterfinder BHT-Koks, 1951 NP, 1955 OAkM, Leiter Sektion Bergbau, Prof. Freiberg, 1957 stellv. Vors. Forschungsrat DDR, 1958 Leitung Projektierung u. Inbetriebnahme Kokerei Kombinat Schwarze Pumpe.
193, 200f., 315, 324

Birkholz, Hans – Richter (*1911) 1933 Prom., 1934–45 Syndikus, 1936 Assessor, 1947 Finanzverwaltung Niedersachsen, 1953 Richter Finanzgericht Niedersachsen, 1964 Bundesfinanzgericht.
383

Bloch, Ernst – Philosoph (1885–1977) 1908 Prom., 1917–33 freier Journalist, Publizist, 1933–49 Emigration Zürich, Wien, Paris, USA,

1948 Prof. Leipzig, 1948–57 Dir. Institut Philosophie, 1953–56 Mithrsg. „Dt. Zeitschrift f. Philosophie", Mg. Präsidialrat KB, 1955 NP, 1955 OAkM, 1957 Entzug Lehrbefugnis, 1958 Vortragsreisen Frankfurt/Main, Paris, Tübingen, Heidelberg, Stuttgart, 1961 nicht zurückgekehrt, Gastprof. Tübingen, 1961 Ausschluß aus DAW, 1966 Protest gegen Notstandsgesetze, 1968 Unterstützung Studentenbewegung, 1968 Friedenspreis Dt. Buchhandel, 1989 Annullierung Akademieausschluß.
10, 52, 54, 162, 165, 176f., 193, 271, 318, 320, 380

Blümel, Carl Archäologe (1893–1976) 1927 Kustos Antikensammlung Staatliche Museen Berlin, 1935 Prof. Berlin, 1947 Dir. Antikensammlung, 1955 OAkM, 1969 AAkM.
381

Böhme, Ernst-Günther – 1966 wiss. Referent Klasse Bergbau, Hüttenwesen u. Montangeologie. DAW
201, 320

Böll, Heinrich – Schriftsteller (1917–1985) 1939–45 Wehrdienst, 1950 freier Schriftsteller, Mg. Gruppe 47, 1967 Büchner-Preis, 1971–74 Präs. Internationaler PEN, 1972 Nobelpreis Literatur.
187, 189

Borland – 1964 Prof. HU Berlin
34

Born, Max – Physiker (1882–1970) 1906 Prom., 1915 ao. Prof. Berlin, 1919 Prof. Frankfurt, 1921 Göttingen, 1929 KAkM, 1933 Prof. Cambridge, 1936–53 Edinburgh, 1942 Streichung KAkM aus rassistischen Gründen, 1946 Wiederherstellung Mitgliedschaft, 1954 Nobelpreis Physik, 1958 Protest gegen Atomrüstungspläne d. BRD, Ehrenmg. Leopoldina, 1969 AAkM.
219, 234

Borning, Walter – Mitarbeiter d. Abt. Sicherheit ZK SED.
123, 251, 255

Brecht, Bertolt – Stückeschreiber (1898–1956) 1933–48 Emigration Dänemark, Finnland, UdSSR, USA, Schweiz, 1948 Gründung Berliner Ensemble, 1953 Übernahme Theater am Schiffbauerdamm.
246

Breshnew, Leonid I. – sowjetischer Politiker (1906–1981) 1931 Mg. KPdSU, 1941–45 Politoffizier, 1950–53 1. Sekr. KP Moldawiens, 1950–81 Mg. Oberster Sowjet, 1952 Mg. ZK, 1952 Kand. PB, Sekr. ZK, 1955–60 1. Sekr. KP Kasachstans, 1957 Mg. PB, 1960–64 Vors. Präsidium Oberster Sowjet, 1964 1. Sekr., 1966 Generalsekr. ZK.
111

Buchholz, Ernst – Jurist (*1905) 1966 Generalstaatsanwalt OLG Hamburg.
59, 332, 383

Buchwitz, Otto – Politiker (1879–1964) 1898 SPD, 1907 Gewerkschaftsfunktionär, 1914–18 Soldat, 1921–24 MdL Preußen, 1924–33 MdR, 1933–40 Emigration Dänemark, 1940 verhaftet u. ausgeliefert, 1941–45 Zuchthaus Brandenburg-Görden, KZ, 1945 Dresden, Vors. SPD-LV Sachsen, 1946–48 Parität. Landesvors. SED, 1946–52 MdL u. Landtagspräs. Sachsen, Mg. DWK, 1946–64 Mg. PV bzw. ZK, 1949/50 Mitvors. ZPKK, 1950–64 MdVk (Alterspräsident).
14, 85

Butenandt, Adolf Friedrich J. – Biochemiker (1903–1995) 1925 Prom., 1933 Prof. Danzig, 1936 Dir. KWI Biochemie, 1939 Nobelpreis (Annahme auf Druck d. Nazis erst nach 1945), 1939 OAkM, 1945 Umzug Institut nach Tübingen, 1953 Prof. München, 1960–72 Präs. MPG.
226, 229, 341, 383, 391

Canaris, Wilhelm – Marineoffizier, Spionagechef (1887–1945) 1914–18 Admiralsstab, U-Boot-Kommando, deckt 1919 als Richter Mörder Rosa Luxemburgs, 1935 Leiter Abwehr Kriegsmin., 1938 Leiter Abwehr OKW, 1940 Admiral, deckt Widerstand, ohne daran teilzunehmen, Februar 1944 abgesetzt, nach 20. 7. 1944 verhaftet, April 1945 im KZ Flossenbürg ermordet.
329

Chruschtschow, Nikita S. – Politiker (1897–1971) 1917 KPR, 1934 Mg. ZK KPdSU, 1939 Mg. PB KPdSU, 1949 Sekr. ZK KPdSU, 1953 1. Sekr., 1958 Ministerpräs. UdSSR, 1964 v. allen Funktionen abgelöst, 1964 Rentner.
13f., 18, 111f.

Claassen, Ilse – Veterinärin (*1910) 1961 Prof. HU Berlin.
35

Correns, Erich – Chemiker, Politiker (1896–1981) 1922 Prom., 1939 v. Nazis als Betriebsleiter Kunstseidewerke Schwarza zum Rücktritt gezwungen, 1948–51 Leiter Kunstseidewerke Schwarza, 1950–81 Präs. Nationalrat Nationale Front, 1951 OAkM, 1951–62 Dir. Institut Faserforschung DAW, 1953–59 Prof. Dresden, 1954–81 MdVk, 1957 Mg. Forschungsrat, 1960 Mg. Staatsrat, 1961 em., 1962 Ehrenmg. Forschungsrat, NP. 178, 182, 191, 226, 230, 324

Daber, Rudolf – Paläobotaniker, Geologe (*1929) 1954 Prom., 1957 Habil., 1961 Prof. HU Berlin, Dir. Naturkundemuseum, 1961 stellv., 1974–80 Vors. Geologische Gesellschaft, 1983–86 Prof. Maputo (Mozambique). 34

Dahlem, Franz – Politiker (1892–1981) 1913 SPD, 1914–18 Kriegsdienst, 1917 USPD, 1920 Mg. ZK KPD, 1920–24 MdL Preußen, 1928–33 MdR, 1929 Mg. PB, 1933 Emigration Frankreich, 1937–39 Teilnahme spanischer Bürgerkrieg, 1938/39 Leiter KPD Paris, 1939–42 Internierung Frankreich, 1942 Gestapohaft, 1943–45 KZ, 1945 Mg. ZK KPD, Sekr., 1946–53 Mg. PV bzw. ZK SED, 1946–53 Mg. Zentralsekretariat bzw. PB, 1949–53 MdVk, 1953 Ausschluß, Entbindung v. allen Funktionen, 1956 rehabilitiert, 1957 in ZK kooptiert, 1957–74 Leiter HA Forschung, stellv. Stsek. Hochschulwesen, 1957 Mg. Forschungsrat, 1964 Präs Dt.-Französische Gesellschaft. 28

Debye, Peter – niederländischer Chemiker, Physiker (1884–1966) 1911 Prof. TH Zürich, 1912 Utrecht, 1914 Göttingen, 1920 TH Zürich, 1920 KAkM, 1923 Enteicklung Debye-Huckel-Theorie d. Elektrolyts, 1927 Prof. Leipzig, 1934 Berlin, Dir. KWI Physik, 1936 Nobelpreis Chemie, 1937 OAkM, 1940 Prof. Ithaca, USA. 59, 383

Dehler, Thomas – Politiker (1897–1967) 1919–33 DDP, 1924 Rechtsanwalt, 1924 Mitbegründer Reichsbanner, 1933–45 Widerstand, 1944 Zwangsarbeitslager, 1945–49 Landrat, Generalstaatsanwalt, 1946 FDP, 1947–49 Präs. OLG Bamberg, 1946–49 MdL Bayern, 1946–56 Landesvors. FDP Bayern, 1948–49 Mg. Parlamentarischer Rat, 1949–67 MdB, 1949–53 Bundesjustizminister, 1953–57 Vors. FDP-Bundestagsfraktion, 1954–57 FDP-Vors., 1960–67 Vizepräs. Bundestag. 108

Deubel, Fritz – Geologe (1898–1966) 1924–34 Landesgeologe Thüringen, 1937 Honorarprof. Jena, 1945 Leiter geologische Landesanstalt, 1949 Prof. Jena, 1952 HU Berlin, 1952 NP, 1953 OAkM. 226, 324

Dieckmann, Johannes – Politiker (1893–1969) 1918 DVP, 1919–33 Red., später GeneralSekr. DVP, 1929–33 MdL Sachsen, 1933–45 Leiter kohlewirtschaftliche Verbände Sachsen, 1945 Mitbegründer LDPD, 1946–52 MdL Sachsen, 1948–49 Mg. DWK, 1948–50 Justizminister, stellv. Ministerpräs. Sachsen, 1949–69 MdVk, Präs. Vk, stellv. Vors. LDPD, 1960–69 stellv. Vors. Staatsrat, 1963–68 Präs. DSF. 44, 103

Diersen, Inge – Germanistin (*1927) 1954 Prom., 1963 Habil., 1965 Prof. HU Berlin, 1988 em. 31

Dirac, Paul Adrien Maurice – US-amerikanischer Physiker (1902–1984) 1927 Prof. Cambridge, 1932–69 Lucasian Prof. Cambridge, 1933 Nobelpreis Physik, 1964 Helmholtz-Medaille DAW, 1971–84 Prof. Florida State University. 157

Doernberg, Stefan – Historiker (*1924) Prom., Habil., 1962–71 Dir. Dt. Institut f. Zeitgeschichte Berlin, 1963 Prof., 1971–90 stellv. Dir. Institut Intern. Politik u. Wirtschaft Berlin. 240

Döring – Mitarbeiter Abt. Wiss. ZK. 84, 143

Dohlus, Horst – Politiker (*1925) Friseur, 1943–45 Kriegsdienst, 1946 KPD/SED, 1946–49 SAG Wismut, 1948 BPO-Sekr., 1949/50 Instrukteur Gebietsleitung Wismut, 1950–54 u. 1971–89 MdVk, 1951–53 2. Sekr. Gebietsleitung, 1954/55 PHS Moskau, 1955–58 Parteiorganisator d. ZK Kombinat „Schwarze Pumpe", 1958–60 2. Sekr. BL Cottbus, 1960–86 Leiter Abt. Parteiorgane ZK, 1950–63 Kand., 1963 Mg. ZK, 1964 Leiter Kommission Partei- u. Organisationsfragen PB, 1971–89 Mg. Sekretariat ZK, 1973 Sekr. Parteiorgane ZK, 1976 Kandidat, 1980 Mg. PB. 98, 240, 360

Drefahl, Günther – Chemiker (*1922) 1946 Prom., Dozent, 1949 Habil., 1949–56 ao. Prof. Jena, 1957 Prof. Jena, 1962–68 Rektor, 1962 NP, 1963 Mg. Forschungsrat, 1964 OAkM, 1969–89 Präs. Dt. Friedensrat, 1981–90 MdVk, 1987 em.
226

Dunken, Gerhard – 1949–61 Persönlicher Referent d. Präs. DAW, 1962–70 Chef Protokollabt. Präsidium DAW.
343

Eberlein, Werner – Politiker (*1919) Vater Mitbegründer KPD, 1934 Emigration UdSSR, 1940–48 nach Sibirien verbannt wegen Verurteilung d. Vaters (1937 verhaftet, 1941 zum Tode verurteilt, 1944 ermordet), 1948 Mitarbeiter PV SED, 1951–54 PHS Moskau, 1954 Red. ND, 1960 Mitarbeiter ZK, 1964–83 stellv. Leiter Abt. Parteiorgane ZK, 1971–81 Mg. ZRK SED, 1981–89 Mg. ZK, 1983–89 1. Sekr. BL Magdeburg, 1985/86 Kand., 1986–89 Mg. PB, 1986–90 MdVk, 1989 Alterspräs. Vk., 1990 Mg. Altenrat PDS.

98, 240, 251, 360

Ebert, Friedrich – Politiker (1894–1979) (Vater: SPD-Vors., Reichspräs.) 1913 SPD, 1915–18 Kriegsdienst, 1928–33 MdR, 1933 KZ, 1939–45 Polizeiaufsicht. 1945–46 Landesvors. SPD Brandenburg, 1946 paritätischer Landesvors. SED, 1946–79 Mg. PV bzw. ZK SED, 1947–79 Mg. Zentralsekretariat bzw. PB, 1948–67 Oberbürgermeister Berlin, 1948 Mg. Dt. Volksrat, 1949–79 MdVk, 1950 Vkpräs., 1950–63, 1971–79 Stellv. Vkpräs., 1960 Mg., 1971 Stellv. Staatsratsvors., 1971–79 Vors. SED-Vkfraktion.
70, 123

Eckardt, Hugo – Chemiker, Prof. Freiberg, Mg. Sektion Chemie DAW.
227

Eggert, John – Physikochemiker, Röntgenologe (1891–1973) 1921 Habil., 1924 ao. Prof. München, 1924 Prof. Berlin, 1928 Laborleiter IG Farben, später wiss. Leiter. Filmfabrik Wolfen, 1945 Prof. München, 1946–61 TH Zürich, 1958 OM SAW, 1961 em.
84, 342

Eichhorn II, Wolfgang – Philosoph, 1965 HU Berlin (nicht zu verwechseln mit Wolfgang Eichhorn I, d. 1967 v. HU Berlin zur DAW wechselte).
150–152

Eichler, Heinz – Beamter (*1927) 1944 NSDAP. 1945 Mitarbeiter Rat Kreis Oschatz, 1945 KPD, 1946 SED, 1946–48 Mg. KV, 1950 Hauptsachbearbeiter Min. Innern, 1950–56 Referent Regierungskanzlei, Sekr. 1. Stellv. Vors. Ministerrat, 1953–56 Sekr. GO Büro Präsidium Ministerrat, 1956–60 AfG Moskau, 1960–71 persönl. Referent Staatsratsvors., 1971–90 MdVk, Sekr. Staatsrat, Mg. Präsidium Vk.
398

Eichmann, Adolf – Massenmörder (1906–1962) NSDAP, SS, 1934 Mg. SD-Führung, 1938 verantwortlich f. Judenverfolgung in Österreich, 1939 Chef Judenreferat RSHA, 1941–45 Organisator d. Genozids an europäischen Juden, 1945 Flucht nach Argentinien, 1960 vom Mossad gefunden, nach Israel entführt, 1961 in Israel angeklagt u. zum Tode verurteilt, 1962 hingerichtet.
187

Eilstein, Helena – polnische Philosophin
149

Einstein, Albert – Physiker (1879–1955) 1909 Prof. Zürich, 1911 Prag, 1912 Zürich, 1913 OAkM, 1914 Dir. KWI Physik, Berlin, 1921 Nobelpreis Physik, 1933 Emigration, Prof. Princeton, legte 1933 aus Protest gegen Nazis Akademiemitgliedschaft nieder.
165

Eisenkolb, Friedrich – Metallurge (1901–1967) 1924 Prom., 1928 2. Prom., 1937 Habil., 1931 Leiter Forschungs- u. Versuchsanstalt Blechwerke AG Karlshütte, 1939 Leiter Forschungs- u. Versuchsanstalt Eisen- u. Hüttenwerken Thale, 1940 NSDAP. 1949 Prof. Dresden, Leiter Forschungsinstitut metallische Spezialwerkstoffe DAW, 1953 OAkM, 1959 NP.
324

Eißfeldt, Otto – Theologe (1887–1973) 1913 Prom., 1916 2. Prom., Habil., 1918 Prof. Berlin, 1922 Prof. Halle, 1929–30, 1945–48 Rektor Halle, 1948 OM SAW, 1949 KAkM, 1950 OAkM, 1957 em.
317, 324

Ellwein, Thomas – Politologe (*1927) 1950 Prom., 1955–58 Leiter Landeszentrale Politische Bildung Bayern, 1962–70 Prof. Hochschule f. Erziehung Frankfurt, Mg. SPD, Humanistische Union, 1970–74 Dir. Sozialwiss. Institut Bundeswehr, 1974–76 Präs. Hochschule Bundeswehr Hamburg, 1976 Prof. Konstanz.
59, 332, 338, 383

Emicke, Otto – Metallurge (1891–1970) 1928 Prof. Freiberg, 1943 Dir. KWI Metallformung, Freiberg, 1947 Forschungsleiter Sowjetisches technisches Büro, 1949 Dir. Forschungsinstitut NE-Metalle, Freiberg, 1955 OAkM.
324

Engels, Friedrich – (1820–1895)
16, 27, 149, 219, 233

Erhard, Ludwig – Politiker (1897–1977) 1945–46 bayrischer Handelsminister, 1949 Mg. CDU, 1949–63 Bundeswirtschaftsminister, 1957–63 Vizekanzler, 1963–66 Bundeskanzler, 1966–67 Vors. CDU.
246f.

Ertel, Hans – Geophysiker (1904–1971) 1932 Prom., 1941 ao. Prof. Berlin, 1942–43 ao. Prof. Wien, 1943–45 Prof. Innsbruck, 1946 Prof. Berlin, 1948–69 Dir. Institut Physikalische Hydrographie DAW, 1949 OAkM, 1950 NP, 1951–61 Vizepräs. DAW, 1969 em.
233, 315, 317, 358

Ewald, Georg – Politiker (1926–1973) 1943–45 Kriegsdienst, 1946 SED, 1953–54 PHS, 1954–55 1. Sekr. KL Bad Doberan, 1955–60 Rügen, 1960–63 1. Sekr. BL Neubrandenburg, 1963–73 Mg. ZK SED, Kand. PB, Minister Landwirtschaft, Mg. Präsidium Ministerrat, MdVk.
70, 123

Falkenhagen, Hans – Physiker (1895–1971) 1921 Prom., 1924 Habil., 1930 ao. Prof. Köln, 1933 NSDAP, 1936 Prof. Dresden, 1949 Rostock, 1955 OAkM, 1955 NP.
93, 226, 324

Feitke, Horst
368, 376, 377, 382

Fischer, Ernst – Politiker, Literaturwissenschaftler (1899–1972) 1920 SP Österreichs, 1934 Emigration ČSR, 1934 KPÖ, 1938 UdSSR, Mitarbeiter KI, 1945–49 MdP Österreich, 1945–47 Minister Unterricht u. Kultur, 1946–69 Mg. ZK KPÖ, 1956 aus österreichischem PEN ausgeschlossen, weil er Protest gegen Niederschlagung d. ungarischen Aufstandes nicht unterschrieb, 1963 Teilnehmer Kafka-Konferenz, Revision stalinistischer Auffassungen, 1969 wegen Kritik am Einmarsch in ČSSR aus KPÖ ausgeschlossen.
24, 36, 120

Flechtheim, Ossip K. – Politologe (*1909) 1934 Prom., 1931–33 Referendar, Emigration Schweiz, USA, 1939–40 Institut f. Sozialforschung, New York, 1943–46 Prof. Bates College, 1946–47 Bürochef US-Hauptankläger f. Kriegsverbrechen, 1947–51 Prof. Colby College, 1952–59 Dt. Hochschule Politik Berlin, 1961–74 FU Berlin, 1974 em.
59, 332, 338, 383

Fleck, – Mitarbeiter Ministerrat.
44, 102f.

Frank – Malerin.
384

Freisler, Roland – Jurist (1893–1945) 1925 NSDAP, 1933 Stsek. im preußischen Justizmin., 1934 Stsek. im Reichsjustizmin., 1942–44 Präs. Volksgerichtshof, 1945 bei Bombenangriff getötet.
49, 272, 328, 369

Freytag, Günter E. – Biologe, 1966 Leibniz-Medaille DAW.
227

Fricke, Karl Wilhelm – Journalist (*1929) 1955 durch MfS aus Westberlin entführt, 1955–59 Zuchthaus Brandenburg u. Bautzen, 1959–69 freier Journalist, 1970 Red. Dtlandfunk.
327

Fried, Erich – Österreichischer Schriftsteller, Publizist (1921–1988) 1938 Emigration Großbritannien, 1942–68 Mitarbeiter dt. Service BBC London, 1987 Georg-Büchner-Preis.
60, 326, 337

Friedeburg, Ludwig von – Prof. FU Berlin.
59, 332, 383

Friedrich II. – Preußenkönig (1712–1786).
377

Friedrich, Walter – Physiker (1883–1968) 1911 Prom., 1914 Leiter Röntgenologisches Institut

Freiburg, 1922 ao. Prof. Freiburg, 1922 Prof. Berlin, Dir. Institut Strahlenforschung, 1929 Dekan Med. Fakultät, 1943 Verlagerung nach Niedersachsen. 1947 Rückkehr nach Berlin, Wiederaufbau Institut, Leitung Institut Biologie u. Medizin DAW, 1949 OAkM, 1949–51 Rektor HU Berlin, 1949–68 MdVk, 1950 NP, 1950–68 Präs. Dt. Friedensrat, 1951–56 Präs. DAW, 1956–58 Vizepräs., 1956–68 Forschungsbereichsleiter.
318, 324

Frings, Theodor – Germanist (1886–1968) 1911 Prom., 1915 Habil., 1917 ao., 1919 Prof. Bonn, 1922–23 Amsterdam, 1927–57 Leipzig, 1930 OM SAW, 1946 Präs. SAW, 1946 OAkM, 1949 NP, 1951–61 Sekretar Klasse Sprachen, Literatur u. Kunst, 1952–64 Dir. Institut dt. Sprache u. Literatur DAW, 1952–68 Leiter Grimmsches Wörterbuch, 1961 NP.
52, 59, 176f., 181f., 317, 324f., 359, 381, 393

Frisch, Max – schweizerischer Schriftsteller (*1911) 1939 Kriegsdienst, 1945 freier Autor.
187

Fröhlich, Paul – Politiker (1913–1970) 1930 KPD, 1933 verhaftet, 1939 Kriegsdienst, 1945–46 Sekr. KL Glauchau KPD, 1946 SED, 1947–49 Sekr. KL Dresden, 1949/50 1. Sekr. KL Bautzen, 1950–52 1. Sekr. KL Leipzig, Mg. LV Sachsen, 1950–53 PHS, 1953 1. Sekr. BL Leipzig, 1954 Kand. ZK, 1954–70 MdVk, 1958 Mg. ZK, Sekr. ZK, Kand., 1963 Mg. PB.
70, 123

Frühauf, Hans – Physiker (1904–1991) 1931 Prom., 1933 NSDAP, 1938–45 Technischer Dir. Graetz AG, Berlin, 1946 SED, 1948–50 Technischer Dir. VVB RFT Leipzig, 1950 Prof. Dresden, 1951–59 Prorektor TU Dresden, 1951 NP, 1953 OAkM, 1957–61 Vizepräs. DAW, Vors. Forschungsgemeinschaft, 1957 Mg. Forschungsrat, 1961 NP, 1961–62 Stsek. Forschung u. Technik, 1969 em., 1984 Ehrenspange DAW.
321, 323, 359

Furck – Pädagoge (*1923) 1952 Prom., 1961 ao. Prof. Hamburg, 1965 Prof. FU Berlin.
59, 332, 383

Fürnberg, Louis – Schriftsteller (1909–1957) 1928 Mg. KP ČSR, 1932–38 Leiter Agitpropgruppe, 1939 Verhaftung, Flucht Italien, Jugoslawien, Palästina, 1946 Rückkehr, 1949–52 1. Botschaftsrat ČS-Botschaft in DDR, 1954 Übersiedlung DDR, stellv. Dir. Nationale Forschungs- und Gedenkstätte Weimar, Hrsg. „Weimarer Beiträge", NP.
113

Galilei, Galileo – Renaissancegelehrter (1564–1642).
239, 287

Garaudy, Roger – Philosoph (*1913) 1933 KP Frankreich, Prom., 1943–44 KZ-Haft, 1944–50, 1956–58 Abgeordneter Nationalversammlung, 1945 Mg. ZK, 1951–55 Korrespondent „Humanité" Moskau, 1956 Kand. PB, 1959–62 Senator, 1958 Prof. Albi, Paris, Poitiers, 1961 Mg. PB, 1961–70 Dir. Centre d'Études et Récherches Marxistes Paris, 1970 Ausschluß aus KP, 1982 Konversion zum Islam, Fürsprecher Gaddafis u. Khomeinis.
24, 36

Gärtner – 1964 HU Berlin.
31

Geggel, Heinz – Funktionär (*1921) 1936–48 Emigration Schweiz, Belgien, Frankreich, Internierung, Kuba, 1944 KPD, 1948 Red. Rundfunk SMAD, 1949–56 Chefred. Berliner Rundfunk bzw. Dtlandsender, 1949–90 Mg. Ltg. VVN bzw. Komitee Antifaschistischer Widerstandskämpfer, 1956–60 Intendant Dtlandsender, stellv. Vors. Staatl. Rundfunkkomitee, 1960–70 stellv., bzw. Leiter Westabt. ZK, 1963 Kand., 1969–89 Mg. Nationalrat Nationale Front, 1971–89 Mg. ZK, 1971–89 Leiter Abt. Agitation.
47, 123

Gersch, Manfred – Zoologe (1909–1981) 1939 Habil., 1951 Prof. Leipzig, 1953 Jena, 1955 OAkM, 1958 NP.
178, 226f., 325

Gießmann, Ernst-Joachim – Minister (*1919) 1937 NSDAP, Kriegsdienst, 1943–45 Mitarbeiter Institut technische Physik TH Berlin, 1945–48 Lehrer u. Schuldir., 1946 SED, 1948–51 Mitarbeiter Min. Volksbildung Brandenburg, 1951–53 Doz. PH Potsdam, 1954 Habil., 1954 Prof. Magdeburg, 1956–62 Rektor, Mg. BL Magdeburg, Vizepräs. KB, 1958–63 MdVk, 1962–67 Stsek., 1967–70 Minister Hoch- u. Fachschulwesen, 1970 Prof. Berlin-Wartenberg, 1984 em., 1984–90 Vors. Physikalische Gesellschaft, 1984–90 Vors. Club d. Kulturschaffenden.
32, 34, 396

Gietzelt, Fritz – Radiologe (1903–1968) 1946 leitender Arzt Charité Berlin, 1951 Prof. HU Berlin, 1960 NP, 1964 OAkM.
318f.

Girnus, Wilhelm – Germanist, Jounalist (1906–1985) 1929 Mg. KPD, 1933 verhaftet, KZ, 1934 Flucht, 1935 verhaftet, 5 Jahre Zuchthaus, anschließend KZ, 1945 Flucht, 1945 Leiter Abt. Volksbildung Thüringen, 1946 Mg. SED, 1946–49 stellv. Intendant Berliner Rundfunk, 1949–53 stellv. Chefred. ND, 1953 Prom., 1953–57 Sekr. Ausschuß Dt. Einheit, 1957–62 Stsek. Hoch- u. Fachschulwesen, 1962–71 Prof. HU Berlin, 1964 bis 81 Chefred. „Sinn und Form", 1965 OM DAK.
187

Glaser – 1964 Prof. HU Berlin.
34

Gleitze, Alfred – 1966 Landesvors. SJV Die Falken, Berlin.
378, 383

Görlich, Paul – Physiker (1905–1986) 1932 Prom., Laborleiter Zeiss Ikon Dresden; 1942 Habil., 1946–52 Arbeit in UdSSR; 1952 wiss. Hauptleiter, 1960–71 Forschungsdir. Carl Zeiss Jena, 1954 Prof. Jena, 1954 NP, 1955 OAkM, 1959–71 Dir. Institut Optik u. Spektroskopie DAW, OM SAW.
315f., 338

Goerttler, Viktor – Veterinär (1897–1982) 1938–61 Prof. Jena, 1953 NP, 1954 Vors. Wiss. Gesellschaft Veterinärmedizin, 1955 KAkM, 1961 OAkM, OM Leopoldina.
324

Goldschmidt, Dietrich – Soziologe (*1914) 1949–50 Fellow Birmingham, 1953 Prom., 1958–63 Prof. PH Berlin, 1963 Dir. MPI Bildungsforschung Berlin, 1963 Prof. FU Berlin.
59, 332, 383

Goldstücker, Eduard – Politiker (*1913) 1933 KPTsch, 1939–45 Mitarbeiter ČS-Exilregierung London, 1945 Mitarbeiter Außenmin. Prag, 1948 KPTsch, 1949–51 Botschafter ČSR Israel, 1951 Schweden, 1952–56 Zuchthaus als „jüdischer Nationalist", 1956 Prof. Prag, 1967 Vors. CS-Schriftstellerverband, 1968/69 Mg. ZK KPTsch, 1969 Emigration, 1969 Prof. Sussex, 1974 Fellow Oxford, 1983 Prof. Brighton.
24

Gollwitzer, Helmut – Theologe (1908–1993) Schüler Karl Barths, 1934 Bekennende Kirche, 1937 Prom. Basel, 1937 Ausweisung aus Thüringen durch Gestapo, 1937 Übernahme d. Gemeinde Niemöllers in Berlin nach dessen Verhaftung, mehrfache Verhaftungen durch Gestapo, 1940 Kriegsdienst (Sanitäter), 1945–49 Kriegsgefangenschaft UdSSR, 1950–57 Prof. Bonn, 1955 Teilnehmer Paulskirchenbewegung, 1957 gegen Atombewaffnung, 1957–75 Prof. FU Berlin.
59, 332, 383

Gomolla, Emanuel – Arbeiter, Funktionär, Mg. KPD, bis 1945 Zuchthaus Brandenburg, 1946 SED, in verschiedenen Funktionen.
272f.

Gottschaldt, Kurt – Psychologe (1902–1991) 1938 Prof. Berlin, 1938–45 Abteilungsleiter KWI Anthropologie, menschliche Erblehre, Eugenik, 1946 Prof. Berlin, 1953 OAkM, 1955 Leiter Arbeitsstelle f. experimentelle u. angewandte Psychologie DAW, 1962 Prof. Göttingen, 1969 AAkM.
226, 383, 391

Graffi, Arnold – Mikrobiologe, Onkologe (*1910) 1940 Prom., 1943–47 Schering-AG Berlin, 1947/48 Abt.-Leiter Perleberg, 1947–50 SED, 1948 Habil., 1948–55 Leiter Abt. Experimentelle Krebsforschung Institut Medizin u. Biologie DAW, 1951 Prof. HU Berlin, 1955 NP, 1955–61 Dir. Institut Experimentelle Krebsforschung DAW, 1961 OAkM, 1961–75 Bereichsdir. Institut Krebsforschung DAW, 1964 Mg. Leopoldina, 1975 em., 1980 NP, 1984 Helmholtz-Medaille DAW.
208, 210, 319

Graßhoff, Helmut – Slawist (1925–1983) 1948 SED, 1958–68 stellv. Abt.leiter Institut Slawistik DAW, 1959 Prom., 1965/66 wiss. Referent Klasse Sprachen, Literatur u. Kunst, 1969 Habil., 1969–75 stellv. Bereichsleiter Zentralinstitut Literaturgeschichte DAW, 1972 Prof. AdW, 1975 Chefred. „Zeitschrift f. Slawistik".
177, 325

Greiner, Annelise – 1966 Wiss. Referentin Klasse Chemie, Geologie u. Biologie DAW.
226, 230

Grell, Heinrich – Mathematiker (1903–1974) 1926 Prom., 1930 Habil., 1934 Privatdozent Halle, 1935 Verhaftung, 1935–39 arbeitslos, 1939–44

Messerschmidt AG Augsburg, 1944–45 Reichsforschungsamt Erlangen, 1947/48 Univ. Erlangen, 1948 Prof. HU Berlin, 1959–62 Dir. Institut reine Mathematik DAW, 1962 KAkM, 1964 OAkM, 1964–72 stellv. GeneralSekr. DAW, 1968 em.
280f., 285–287, 301, 337, 346f.

Grimm, Jacob und Wilhelm – Germanisten (1785–1863; 1786–1859).
66

Groscurth, Georg – Arzt (1904–1944) 1932–34 Mitarbeiter KWI Chemie, Prom., 1934 Assistenzarzt Krankenhaus Moabit, eng mit Havemann befreundet, 1939 Oberarzt, 1940 Habil., 1942 Gründung d. „Europäischen Union", 1943 verhaftet, 1944 hingerichtet.
328

Grossgebauer, Herbert – Jurist, Prom., Mitarbeiter Büro d. Vizepräs. DAW f. Plenum u. Klassen, Justitiar DAW.
62, 169, 292, 352, 357

Grotewohl, Otto – Politiker (1894–1964) 1912 SPD, 1914–18 Soldat, 1918 USPD, 1920–26 MdL Braunschweig, 1922 SPD, 1923/24 Minister Justiz Braunschweig, 1925–33 MdR, 1938 u. 1939 7 Monate U-Haft, 1945 Vors. Zentralausschuß SPD, 1946–54 Vors. SED, 1946–50 MdL Sachsen, 1949–64 MdVk, 1949–64 Ministerpräs. DDR, 1960 stellv. Staatsratsvors.
13, 70

Grüneberg, Gerhard – Politiker (1921–1981) 1941–45 Kriegsdienst, 1946 KPD/SED, 1948/49 1. Sekr. KL Guben, 1949 Sekr. Landesleitung Brandenburg, 1952–58 1. Sekr. BL Frankfurt, 1952–56 PHS, 1958 Kand., Mg. ZK, 1959 Kand., 1966 Mg. PB, 1958 Sekr. ZK, 1958–81 MdVk, 1969 Mg. Präsidium Forschungsrat.
70, 98, 123, 240, 251, 360

Gruse, Günter – Philosoph, 1964 HU Berlin.
31

Gummel, Hans – Mediziner (1908–1973) 1935–38 NSDAP, Arzt in d. HJ, 1939–45 Oberarzt Univ.klinik Breslau, 1947 SED, wiss. Leiter Penicillinproduktion, 1949–55 ärztl. Dir. Geschwulstklinik DAW Berlin, 1953 Prof. DAW, 1955 Dir. Robert-Rössle-Klinik DAW, Berlin, 1959 NP, 1961 OAkM, 1961–67 stellv. Vors. Forschungsgemeinschaft DAW, 1964 OM Leopoldina, 1972 Dir. Zentralinstitut Krebsforschung DAW.
387

Gysi, Klaus – Politiker (*1912) 1931 KPD, 1935 Emigration Frankreich, 1939–40 interniert, 1940–45 antifaschische Tätigkeit Berlin, 1945 Bezirksbürgermeister Zehlendorf, 1946 SED, 1945–48 Chefred. „Aufbau", 1949–51 Bundessekr. KB, 1949–54 MdVk, 1957–66 Leiter Aufbau-Verlag (Nachfolger d. verhafteten Walter Janka), MfS-GI „Kurt", 1957–77 Mg. Präsidium KB, 1958–62 Stadtverordneter Berlin, 1959–66 Vorsteher Börsenverein Dt. Buchhandel, 1966–73 Minister Kultur, 1967–1990 MdVk, 1973–78 Botschafter in Italien, 1979–88 Stsek. Kirchenfragen, 1988 Ruhestand.
250f., 255

Habermas, Jürgen – Philosoph (*1929) 1954 Prom., Assistent bei Horkheimer u. Adorno, 1961 Habil. (bei Abendroth), 1961–64 Prof. Heidelberg, 1964–72 Prof. Frankfurt/M., 1972–83 Starnberg, 1983 Frankfurt/M.
59, 332, 383

Haenisch, Erich – Sinologe (1880–1967) 1904 Prom., 1920 ao. Prof. Berlin, 1925 Göttingen, 1925 Prof. Leipzig, 1932–45 Berlin, 1930 OM SAW, 1942 OAkM, 1947–51 Prof. München, 1951 em., 1952 Orden Pour le mérite Friedensklasse, 1966 Austritt aus DAW wegen Vietnam-Erklärung d. DAW.
382

Härtig, Helmut – Montanwissenschaftler (*1902) 1930 Prom., 1934 NSDAP, 1938 Betriebsingenieur u. später Technischer Dir. Braunkohlewerk Geiseltal, 1953 Prof. Freiberg, 1957–59 Rektor, 1961 KAkM, 1964 OAkM, 1967 em.
201, 271, 320

Hager, Kurt – Politiker (*1912) 1930 KPD, 1933 KZ Heuberg, 1937–39 Teilnahme spanischer Bürgerkrieg, 1939 Internierung Frankreich, Emigration England, 1940–41 interniert, 1946 SED, 1946–48 stellv. Chefred. „Vorwärts", 1949 Prof. HU Berlin, 1950 Kand. ZK, 1952 Leiter Abt. Wiss. u. Hochschulen, 1954 Mg. ZK, 1955 Sekr. ZK f. Wiss., Volksbildung, Kultur, 1959 Kand., 1963 Mg. PB, Leiter Ideologische Kommission PB, 1958–90 MdVk, 1966 Mg. Präsidium Forschungsrat, 1967 Vors. Vk-Ausschuß Volksbildung,

1976–89 Mg. Staatsrat, 1981 Ehrenspange DAW, 1989 aberkannt.
17–19, 22f., 26–30, 35, 42, 45, 47f., 53, 59, 61–63, 67, 70f., 75, 86, 95f., 98, 100f., 103, 105f., 108f., 112–114, 123, 126f., 148, 150f., 159, 179f., 183, 192, 195–198, 212, 215, 240, 250f., 255, 272f., 325, 327, 333, 358, 360, 395

Hahn, Otto – Chemiker (1879–1968) 1901 Prom., 1910 ao. Prof. Berlin, 1924 OAkM, 1928–46 Dir. KWI Chemie, 1933 Gastprof. Ithaca, 1938 Entdeckung Uranspaltung, 1945 Nobelpreis Chemie, 1946–60 Präs. KWG, resp. MPG, 1959 Helmholtz-Medaille DAW.
226

Haid, Bruno – Jurist, Kulturpolitiker (1912–1993) 1930 SPD, 1931 KPD, 1933–45 Emigration Frankreich, 1939/40 Internierung, 1942–44 Résistance, 1945–46 Mitarbeiter Kaderabt. ZK KPD, 1946–47 Personalabt. Zentralsekretariat SED, 1947–52 Westkommission bzw. Westabt. PV bzw. ZK, 1952–54 stellv. Dir. Bezirksgericht Chemnitz, Bezirksstaatsanwalt, 1954 stellv. HA-Leiter Oberste Staatsanwaltschaft, 1955–58 stellv. Generalstaatsanwalt, 1956 Mg. Kommission ZK zur Rehabilitierung v. Parteimg., 1957 abgesetzt wegen „mangelnder Härte", 1958–60 Justitiar VVB Werkzeugmaschinenbau, 1960–63 Mitarbeiter Abt. Literatur u. Verlagswesen Min. Kultur, 1963–73 Leiter HV Verlage u. Buchhandel, 1965–73 stellv. Minister Kultur, 1973 ehrenamtl. Vertreter im Copyright-Büro UNESCO.
258f., 262f.

Hansen, Georg – Berufsoffizier, Spionagechef († 1944) Oberst Wehrmacht, Februar 1944 Nachfolger v. Canaris, Mitverschwörer d. 20. 7. 1944, danach verhaftet, zum Tode verurteilt u. hingerichtet.
329

Harich, Wolfgang – Philosoph (1923–1995) 1942/43 Kriegsdienst, verwundet, unerlaubte Entfernung v. d. Truppe, 1944–45 antifaschistischer Widerstand, 1945/46 KPD/SED, 1946–51 Red. „Telegraph", „Tägliche Rundschau", „Neue Welt", 1948 Lehrauftrag HU Berlin, 1951 Prom., 1950–56 Lektor Aufbau-Verlag, stellv. Cheflektor, Doz. HU Berlin, 1953–56 Mithrsg. u. Chefred. „Dt. Zeitschrift f. Philosophie", konzipiert 1956 oppositionelle Plattform, Verhaftung, 1957 Verurteilung 10 Jahre Zuchthaus, 1964 amnestiert,

1965 freier Autor, 1979 Invalidisierung, 1979–81 Österreich, BRD, Spanien, Schweiz, 1992–94 Vors. „Alternative Enquete-Kommission Dt. Zeitgeschichte".
17f.

Harig, Gerhard – Wissenschaftshistoriker (1902–1966) 1928 Prom., 1933 KPD, Verhaftung, Emigration UdSSR, Forschungsarbeit TH Leningrad, 1938 illegale Arbeit Dtland, Verhaftung, 1938–45 KZ, 1945–46 Leiter Statistisches Amt Leipzig, 1946 SED, 1947 Hauptreferent f. Philosophie PV, 1947/48 Prof. Leipzig, 1948–51 Dir. Franz-Mehring-Institut, 1951–57 Stsek. Hochschulwesen, Einführung marxistisch-leninistisches Grundstudium als Pflichtfach, 1957 Dir. Karl-Sudhoff-Institut Geschichte Naturwiss. u. Medizin Leipzig, 1958 Mg. d. SED-BL Leipzig, 1959–63 Dekan Mathematisch-Naturwiss. Fakultät, 1965 Vors. Nationalkomitee Geschichte u. Philosophie d. Wiss.
20f.

Hartke, Werner – Altphilologe (1907–1993) 1932 Prom., 1937 NSDAP, 1939 Habil., Dozent Königsberg, 1944 Kriegsdienst (Hauptmann) 1945 Dozent Göttingen, 1946 KPD, 1948 SED, 1948 Prof. Rostock, 1948–51 Dekan Philosophische Fakultät, 1955 Prof. HU Berlin, Dir. Institut f. Altertumskunde, 1955–57 Dekan, 1957–59 Rektor, 1955 OAkM, 1955–64 Dir. Institut griechisch-römische Altertumskunde DAW, 1958 NP, 1958–68 Präsident, 1968–72 Vizepräs. DAW, 1972 MfS-GMS, zeitweise Mg. SED-BL Berlin, 1972 em., 1983 Ehrenspange DAW.
48f., 51, 54, 56–62, 76f., 86, 99, 102, 126f., 137, 157–159, 161, 163–177, 181, 183, 190f., 193f., 196, 198, 200f., 206f., 212f., 215–217, 222, 225, 227–229, 231–234, 236, 238, 249, 256f., 264f., 267–269, 275, 277–291, 296–299, 301–311, 314f., 318–320, 322, 325–331, 333–343, 345, 347, 351f., 357–359, 369, 378f., 384, 391, 397

Hartke, Wilhelm – Altphilologe, Vater Werner Hartkes, Prom. theol., Prom. Phil., SPD, 1942 Mg. Europäische Union, Haft, Prof. HU Berlin, Mitarbeiter Sektion griechisch-römische Altertumswiss. DAW.
327–329

Hein, Franz – Chemiker (1892–1976) 1923 Prof. Leipzig, 1946 Prof. Jena, 1952 NP, 1953 OAkM, OM Leopoldina u. SAW, Dir. Forschungsstelle

Komplexchemie DAW.
226, 324

Heinicke, Gerhard – Chemiker, Abt.leiter Institut Physikalische Chemie DAW.
227

Heinrich, Helmut – Mathematiker (*1904), Prof. Dresden, 1964 OM Leopoldina.
370

Heinze, – stellv. Leiter Abt. Kultur ZK.
253

Heise, Wolfgang – Philosoph (1925–1987) 1944/45 Zwangsarbeitslager. 1945/46 KPD/SED, 1946 Aspirant HU Berlin, 1952 Oberassistent, 1954 Prom., 1955 Wahrnehmungsdozent, 1958 Wahrnehmungsprof., 1963 Habil., Prof. HU Berlin, 1962–64 Leiter Fachrichtung Philosophie, 1964 kurzzeitig Prorektor Gesellschaftswiss., Entpflichtung wegen Eintretens f. Havemann, 1965/66 Dekan Philosophische Fakultät, 1968 ao. Prof. HU Berlin, 1972 ord. Prof., 1985 KAkM, NP.
28, 31, 33, 36f., 150–152, 384, 396

Heisenberg, Werner – Physiker (1901–1976) 1923 Prom., 1927 Prof. Kopenhagen, 1927 Prof. Leipzig, 1932 Nobelpreis Physik, 1938 KAkM, 1941 Prof. Berlin, 1941–58 Dir. KWI (resp. MPI) Physik, Berlin, Göttingen, 1943 OAkM, 1946 Prof. Göttingen, 1949–51 Präs. Forschungsrat Bundesrepublik, 1958 Prof. München, Dir. Institut f. Physik u. Astrophysik, 1963 Vorstandsmg. Dt. Museums, 1967 Mg. beratender Ausschuß f. Forschungspolitik BRD, 1969 AAkM, OM Leopoldina, SAW.
59, 67, 80, 82, 157, 172, 212, 214f., 246, 267, 284, 288, 290, 299, 301, 311, 316, 325, 337, 339, 382, 383

Henselmann, Hermann – Architekt (1905–1995) 1934 Ausschluß aus Reichskulturkammer, 1945 Kreisbaurat Gotha, 1946 SED, 1945–49 Dir. Staatl. Hochschule Baukunst Weimar, 1949 Mitarbeiter Institut Bauwesen DAW Berlin, Architekt d. Stalinallee, 1954–59 Chefarchitekt Berlin, 1964–66 Chefarchitekt VEB Typenprojektierung, 1966–70 Chefarchitekt Institut Städtebau u. Architektur Dt. Bauakademie.
39f.

Herneck, Friedrich – Philosoph, Wissenschaftshistoriker (1910–1994) bis 1945 Kriegsgefangenschaft UdSSR, 1945 Mg. KPD, 1946 SED, Prom.,

1958 Habil. (Gutachter: Robert Havemann), Entzug d. Lehrbefugnis durch Dahlem verhindert.
24

Hertz, Gustav – Physiker (1887–1975) 1911 Prom., 1925 Nobelpreis Physik, 1926 Prof. Halle, 1927 Dir. Physikalisches Institut TH Berlin, 1935 Rücktritt vom Ordinariat aus politischen Gründen, Leitung Siemens-Forschungslaboratorium, 1945–54 Leitung Forschung im sowjetischen Atombombenprojekt Suchumi, 1951 Stalin-Preis, 1954–61 Prof. Leipzig, 1954 OAkM, Sekretar Klasse Mathematik, Physik u. Technik, 1955 NP, Mg. Forschungsrat, 1959 Helmholtz-Medaille DAW, OM SAW u. Leopoldina.
52, 60f., 80, 82, 84, 86, 161, 163f., 182f., 197, 214f., 268f., 280–285, 287–289, 291, 301, 303, 305f., 309, 311, 315f., 324, 335, 337, 339f., 345–347, 358, 384, 392f.

Heym, Stefan – Schriftsteller (*1913) 1933 Emigration CSR, USA, 1935 Prom., 1937–39 Chefred. „Dt. Volksecho" New York, 1943–45 US-Army, Psychological Warfare-Kompanie, wegen „prokommunistische" Haltung aus Armee entlassen, 1945 Mitgründer „Neue Zeitung" München, 1951 Warschau, Prag, 1952 DDR, 1953 PEN-Zentrum Ost u. West, 1954 Heinrich-Mann-Preis, Vorstandsmg. DSV, 1956 Kontroverse mit Ulbricht auf IV. Schriftstellerkongreß, 1959 NP, 1965 Angriff auf 11. Plenum, MfS-OV „Diversant", 1976 Mitunterzeichner Protest gegen Ausbürgerung Biermanns, 1979 Verurteilung wegen Devisenvergehens („Lex Heym"), 1979 Ausschluß aus SV, 4. 11. 1989 Redner Demonstration auf d. Alexanderplatz, 1994–95 MdB.
39, 48, 55, 103, 113, 116, 187, 208, 239–241, 250f., 253f., 256–263, 327

Hintze, Fritz – Ägyptologe (1915–1993) 1936–47 wiss. Hilfsarb. ägyptisches Wörterbuch DAW, 1940–45 Kriegsdienst, 1944 Prom., 1947 Habil., 1951 Prof. HU Berlin, 1957 Dir. Institut Ägyptologie, 1958–69 Expeditionen nach Afrika, 1959 KAkM, 1961 OAkM, 1963 Dir. Institut Afrikanistik HU Berlin, 1965–69 Dir. Institut Orientforschung DAW, 1968 Dir. Bereich Ägyptologie u. Sudanarchäologie, Vizepräs. URANIA.
325, 381

Hitler, Adolf – (1889–1945)
15, 116, 120, 122, 235, 246, 329

Hochhuth, Rolf – Schriftsteller (*1931)
246f.

Höpcke, Klaus – Journalist, Zensor (*1933) 1953 Mg. SED, 1960–62 stellv. SED-Sekr. Universität Leipzig, 1962–64 1. Sekr. FDJ-BL Leipzig, 1964–73 Abt.leiter Kultur ND, 1973–89 Stellv. Min. Kultur, Leiter HV Literatur, 1987 Mg. PEN DDR, 1989 Mg. PV SED-PDS, 1990 MdVk, 1990 MdL Thüringen.
187

Hörnig, Johannes – Funktionär (*1921) 1940–45 Kriegsdienst, 1945/46 SPD/SED, 1950 Kreisschulrat Kamenz, 1950–52 PHS, 1955–89 Leiter Abt. Wiss. ZK, 1963 Kand., 1967–89 Mg. ZK, 1985 Ehrenspange DAW, 1990 nicht aberkannt.
19, 22, 28, 53, 71, 95, 98f., 105, 148, 179, 183, 196f., 212, 240f., 250f., 255f., 278, 384

Hörz, Herbert – Philosoph (*1933) 1949 Mg. SED, 1960 Prom., 1962 Habil., 1965 Prof. HU Berlin, 1966–67 Dekan philosophische Fakultät, 1968–72 Dir. Sektion Philosophie, 1973 KAkM, 1973–89 Bereichsleiter Zentralinstitut Philosophie DAW, 1982–90 stellv. Dir., 1982 KM Akademie pädagogische Wiss., 1990–91 Vizepräs. DAW.
150f.

Hoffmeister, Cuno – Astrophysiker (1892–1968) 1927 Leibniz-Medaille DAW, 1930–45 Leiter Sternwarte Sonneberg, 1941 Prof. Jena, 1951 Dir. Sternwarte Sonneberg, 1951 NP, 1959 KAkM, 1961 OAkM, OM Leopoldina u. SAW.
324

Honecker, Erich – Politiker (1912–1994) 1929 KPD, 1930–31 Leninschule Moskau, 1935 in Köln verhaftet, 1937–45 Zuchthaus Brandenburg-Görden, 1945–46 Jugendsekr. ZK KPD, 1946 SED, 1946–55 Vors. FDJ, 1946–89 Mg. PV bzw. ZK, 1949–89 MdVk, 1950 Kand., 1958 Mg. PB, 1958–89 Sekr. ZK, 1971–76 1. Sekr., 1976–89 Generalsekr., 1971–89 Vors. Nationaler Verteidigungsrat, 1976–89 Staatsratsvors., 1981 Ehrenspange DAW, 1989 aberkannt, 1989 Ausschluß aus SED, 1990 Mg. KPD, 1990 U-Haft, 1991 Flucht nach Moskau, 1992 Auslieferung, 1993 Entlassung aus U-Haft, Ausreise nach Chile.
22, 30, 38f., 70f., 98, 111f., 123, 240, 250f., 255, 360

Humboldt, Wilhelm v. – Germanist, Philosoph (1767–1835) Gründer und Namenspatron d. Berliner Universität.
66, 377

Irmscher, Johannes – Byzantinist (*1920) 1947 Prom., 1951 Habil., 1953 Prof. Berlin, 1955–69 Dir. Institut griechisch-römische Altertumskunde DAW, 1969–85 Bereichsdir. Zentralinstitut Alte Geschichte u. Archäologie DAW, 1973 KAkM, 1990 OAkM.
212, 249, 284, 388

Jagoda, Genrich G. – sowjetischer Politiker (1891–1938) 1934–36 Volkskommissar d. Innern (Chef d. NKWD), verantwortlich f. Vernichtung d. innerparteilichen Opposition, 1938 im Prozeß gegen Bucharin u. a. zum Tode verurteilt und hingerichtet.
13

Jahn, Hans – Chemiker, Prom., 1966 stellv. Dir. Institut f. Kunststoffe DAW.
387

Janka, Walter – Verleger (1914–1994) 1932 KPD, 1933–35 Zuchthaus Brandenburg, KZ Sachsenburg, 1935 ČSR, 1936–39 spanischer Bürgerkrieg, 1939–41 Internierung Frankreich, 1941–47 Mexiko, Leiter „El libro libre", 1947 SED, persönlicher Mitarbeiter Paul Merkers im PV SED, 1948–50 Vorstandsvors. DEFA, 1950–54 Stellv., 1954–56 Leiter Aufbau-Verlag, 1956 Verhaftung, 1957 Verurteilung 5 Jahre Zuchthaus wegen Bildung einer „konterrevolutionären Gruppe", 1957–60 Zuchthaus Bautzen, nach anhaltenden internationalen Protesten entlassen, 1960–62 arbeitslos, 1962–72 Dramaturg, danach Rentner, 1990 Mg. Altenrat PDS, 1994 aus PDS ausgetreten.
17

Jante, Alfred – Techniker (1908–1985) 1946 Baurat Leipzig, 1948 Prof. TH Dresden, 1953 OAkM.
325

Jarowinsky, Werner – Politiker (1927–1990) 1945 Kriegsdienst, 1945/46 KPD/SED, 1951–56 Doz. HU Berlin, 1956 Prom., 1956/57 Leiter Forschungsinstitut Binnenhandel, 1957–58 Leiter HV, 1959–63 Stsek. Min. Handel u. Versorgung, 1963 Mg. ZK, Kand. PB, Sekr. ZK, 1963–90 MdVk, 1984 Mg. PB, 1989–90 Stellv. Präs. Volkskammer, 1989–90 Fraktionsvors. SED bzw. SED/PDS Volkskammer, 1990 Ausschluß aus SED/PDS.
70, 98, 123, 240, 251, 360

Jeshow, Nikolai I. – sowjetischer Politiker (1894–1939) 1936–38 Volkskommissar d. Innern (Chef d. NKWD), 1930–34 u. 1936–37 verantwortlich f. Verfolgung u. Ermordung d. innerparteilichen Opposition, 1939 hingerichtet.
13

Jopke, Walter – Philosoph, 1966 HU Berlin.
151

Jörg, Edgar – Leserbriefautor („Die Zeit").
329

Jung, Friedrich – Pharmakologe (*1915) 1940 Prom., 1944 Habil., 1949 Prof. Berlin, 1956 Dir. Pharmakologisches Institut DAW, 1957 NP, 1961 KAkM, 1963 SED (Bürge: Robert Havemann), 1964 OAkM, 1965 NP, 1972 Dir. Zentralinstitut Molekularbiologie DAW, 1974 NP.
325

Jungnickel, Rudolf – Journalist, Schriftsteller (*1922) 1941–45 Kriegsdienst, 1947–48 Leiter Rheinisches Theater Jugend, Boppard, freier Journalist u. Autor, ab 1970 Lehrer f. Geschichte, Berlin.
32, 51, 108, 113f., 116, 124, 220, 224, 326

Kaestner, Alfred – Zoologe (1901–1971) 1930 Kustos Naturkundemuseum Stettin, 1946 Kustos Zoologisches Museum Berlin, 1949 Prof. Berlin, 1951 Dir. Zoologisches Museum, 1955 OAkM, 1957 OM Leopoldina, 1957 Prof. München, 1969 AAkM.
226, 391

Kant, Immanuel – Philosoph (1724–1804)
66

Kaul, Friedrich Karl – Rechtsanwalt, Schriftsteller (1906–1981) 1931 Prom., 1932 KPD, 1933 Entlassung aus Justizdienst, 1935 KZ, 1937 Emigration Kolumbien, Mittelamerika, 1941/42 interniert Nikaragua, ausgeliefert an USA, 1945 Rückkehr, 1946 SED, 1946 Referendar u. Hilfsrichter Landgericht Berlin, 1946 Justitiar Berliner Rundfunk, 1947 Dt. Verwaltung f. Volksbildung, 1949 Rechtsanwalt, 1956 Verteidiger d. KPD vor Bundesverfassungsgericht, 1964–66 Nebenkläger Frankfurter Auschwitz-Prozeß, 1970 Nebenkläger Düsseldorfer Treblinka-Prozeß, 1960 Prof., 1965 Lehrbeauftragter HU Berlin, Dir. Institut zeitgenössische Rechtsgeschichte, Chefjustitiar Staatl. Komitee Rundfunk u. Fernsehen.
220, 396

Kautzsch, Hans-Friedrich Eberhard – Geologe (1905–1986) 1934 Geologe Dt. Montangesellschaft Wiesbaden, 1937 Leiter Studiengesellschaft Dt. Kupferbergbau Eisleben, 1946 Leiter Geologische Abt. HV Erzbergbau Eisleben, 1952 NP, 1956 Prof. HU Berlin, 1957 Chefgeologe Staatl. Geologische Kommission, 1957 OAkM, 1962 Dir. Geologisches Institut.
320

Kedrow, Bonifaz M. – Chemiker, Philosoph (1903–1985) 1941–45 Militärdienst, 1947–48 Chefred. „Woprosy filosofii", 1946–58 Prof. AfG Moskau, 1962 Leiter Institut Geschichte Naturwiss. u. Technik AdW UdSSR, 1973–75 Dir. Institut Philosophie AdW UdSSR, 1960 KM, 1966 OM AdW UdSSR, 1972 Mg. Leopoldina.
24

Keil, Gerhard – Chemiker (*1926) 1946 Chemie-Ingenieur Halle, 1946–50 Tätigkeit in UdSSR, 1954 Dozent Köthen, 1955 Merseburg, 1956 TU Dresden, 1960 Dir. Forschung/Entwicklung VEB Mineralölwerk Lützkendorf, Generaldir. VVB Photochemie, 1967 Prof., 1969 OAkM, 1970 NP, 1971 Prof. Jena, 1971 Leiter Forschungsbereich Chemie DAW, 1971 Vors. Klasse Chemie.
99

Kempke, Arwed – stellv. Leiter Abt. Wiss. ZK.
55, 59, 98, 100, 251, 325

Kennedy, John F. – Politiker (1917–1963) 1963 als Präsident d. USA ermordet.
26

Kettler, Louis-Heinz – Chirurg (1910–1976) 1943 Habil., 1948 Prof. Halle, 1952 ärztlicher Dir. Charité Berlin, 1953 Prof. HU Berlin, 1961 KAkM, 1964 OAkM, 1964 NP, 1967 Stellv. Vors. Forschungsgemeinschaft Medizin DAW.
34, 319

Kienle, Hans – Astrophysiker (1895–1975) 1918 Prom., 1924 ao. Prof. Göttingen, 1927 Prof. Göttingen, 1930 Präs. Heidelberger AdW, 1939–50 Prof. Berlin, Dir. Observatorium Potsdam, 1943 OM Leopoldina, 1946 OAkM, 1946–50 Prof. HU Berlin, 1950 Prof. Heidelberg, Dir. Sternwarte Königstuhl, 1960 em., 1960 Orden Pour le mérite Friedensklasse.
59, 338–340, 382

Kirchberg, Helmut – Montanwissenschaftler (1906–1983) 1937 Prom., 1943 Habil., 1943 Prof.

Personenregister

Breslau, 1946 Oberreferenz Dt. Zentralverwaltung Brennstoffindustrie, 1947 Prof. Freiberg, 1948–50 Dekan, 1953–54 Rektor, 1956 Dir. Forschungsinstitut Aufbereitung Min. Bergbau, 1956 KAkM, 1957 OAkM.
201

Klaffenbach, Günther Edmund Wilhelm – Epigraphiker (1890–1972) 1920 Studienrat Berlin, 1935 Prof. Berlin, 1953 OAkM, 1955 2. Dir. Institut griechisch-römische Altertumskunde DAW.
324, 381

Klare, Hermann – Chemiker (*1909) 1933 Prom., 1937 NSDAP, 1947–49 Chemiefaserwerk Klin (UdSSR), 1949 Betriebsleiter, 1951 Werkleiter Kunstfaserwerk Schwarza, 1951 NP, 1953–61 stellv. Dir., 1961–69 Dir. Institut Faserstoffforschung DAW, 1954–61 Prof. Merseburg, 1961 OAkM, 1961–68 Vors. Forschungsgemeinschaft DAW, 1962–64 Prof. HU Berlin, 1963 NP, 1963–68, 1979–84 Vizepräs. DAW, 1966 Mg. Präsidium Forschungsrat, 1968–79 Präs. DAW, 1980–90 Vors. Klasse Chemie, 1983 Ehrenspange DAW, OM Leopoldina.
46, 50f., 58, 79, 127, 129f., 132, 134, 136–138, 143f., 148, 157, 161f., 164, 166–171, 173–175, 178, 181–184, 191, 193f., 197, 198, 203, 207, 210, 226, 229, 232, 248, 267f., 275f., 279–281, 283, 286, 294, 298, 301, 303, 305, 307–309, 311, 337, 339, 347, 392f., 397

Klaus, Georg – Philosoph (1912–1974) 1929 KPD, 1933–36 Zuchthaus, 1936–39 KZ, 1942 Wehrmacht, 1945 Desertion, 1946 SED, 1947 Mg. LV Thüringen, 1947 Prom., 1950 Habil., 1950 Prof. Jena, 1951–53 Prorektor, 1953 Prof. HU Berlin, 1953–57 Dir. Philosophisches Institut, 1953–57 Prorektor, 1959 NP, 1961 OAkM, 1962–69 Dir. Institut Philosophie DAW, 1964 NP.
21f., 75, 150, 234, 315

Kleber, Will Philipp Andreas – Mineraloge (1906–1970) 1938 Habil., 1943 Prof. Bonn, 1953 Prof. HU Berlin, 1960 NP, 1961 OAkM, OM Leopoldina.
178, 226f., 230

Klemm, Wilhelm – Chemiker (1896–1985) 1923 Prom., 1929 ao. Prof. Hannover, 1933 Prof. Danzig, 1947 Kiel, 1951 Münster, KM Leopoldina, 1959 Vizepräs., 1965 Präs. IUPAC, 1964 em.
229

Klinkowski, Maximilian – Biologe (1904–1971) 1939 Regierungsrat, 1951 Prof. Halle, 1952 Dir. Biologische Zentralanstalt Aschersleben, 1960 NP, 1965 OAkM, OM Leopoldina u. SAW.
226f., 230, 372

Klix, Friedhart – Psychologe (*1927) 1953 Prom., 1960 Habil., 1962 Prof. Jena, 1965 OAkM, 1966 Prof. HU Berlin, 1968–75 Vors. Gesellschaft Psychologie, 1969 NP, 1970 Vors. Wiss. Rat Psychologie, 1970 OM Leopoldina u. Akademie Pädagogische Wiss.
212

Klotz, Hans – 1958 HU Berlin.
17

Knepler, Georg – Musikwissenschaftler (*1906) 1931 Prom., 1933/34 Österreich, 1934 KP Österreichs, Inhaftierung, Emigration England, 1946 Kulturreferent KPÖ Wien, 1950–59 Rektor Hochschule f. Musik Berlin, 1959 Prof. HU Berlin, 1962 NP, 1964 OM DAK, 1964 OAkM, 1971 em.
318, 381

Knöll, Hans – Mikrobiologe (1913–1978) 1932 NSDAP, 1932–35 SA, 1938 Prom., 1938–50 Leiter Bakteriologisches Laboratorium Jenaer Glaswerke Schott & Gen. 1949 NP, 1950 Habil., Prof. Jena, 1950–53 Werkleiter VEB Jenapharm, 1952 NP, 1955 OAkM, 1956–76 Dir. Institut Mikrobiologie u. Experimentelle Therapie DAW, 1976 em.
226, 319, 325, 341

Knop, Werner G. – amerikanischer Journalist, bereiste 1965 elf Wochen d. DDR.
44, 102, 236

Köhler, Karl – Metallurge (1896–1986) 1931 Prom., 1935 Leiter Stahlwerk Thale, 1952 Dir. Thale, 1957 KAkM, 1958 Hauptabteilungsleiter Eisenforschungsinstitut Hennigsdorf, 1964 OAkM.
324

Köppen, A. – 1966 SED-Sekr. am Dt. Institut f. Zeitgeschichte.
239

Koestler, Arthur – ungarischer Schriftsteller (1905–1983) Student Wien, 1926 Palästina, Journalist, Reisen im Orient, UdSSR, 1931 Mg. KPD, Teilnahme spanischer Bürgerkrieg, v. Francisten gefangen, zum Tode verurteilt, geflohen, 1938 Austritt aus KP, 1940 in Frankreich inter-

niert, Flucht nach England, 1940 „Darkness at Noon".
15

Kolakowski, Leszek – polnischer Philosoph (*1927) PVAP, 1953 Habil., 1957 Herausgeber „Studia filosoficzne", 1958 Prof. Warschau, 1966 Ausschluß PVAP, 1968 Entlassung, Emigration Kanada, Gastprof. Montreal, Berkeley, 1970 Prof. All Souls College Oxford, 1975 Prof. Yale, 1977 Friedenspreis Dt. Buchhandel, 1981 Prof. Chicago, 1988 Gastprof. Warschau.
24, 120

Kolman, Arnošt – tschechisch-sowjetischer Philosoph, Mathematiker (1892–1979) 1914 Prom., 1914–15 Kriegsdienst, 1915–17 Kriegsgefangenschaft Rußland, 1917 Mg. Bolschewiki, 1919–20 Teilnahme Bürgerkrieg, 1921–22 Kominternemmissär in Dtland., 1932 Dir. Institut Rote Professur, 1934 Prof. Universität Moskau, 1945 Leiter Abt. Propaganda KPTsch, 1946 Prof. Prag, 1948–52 Haft in d. Lubjanka, 1953 Mitarbeiter AdW UdSSR, 1959 Übersiedlung ČSSR, Dir. Institut Philosophie der AdW ČSSR, 1962 em., 1964 Rückkehr UdSSR, 1968 Unterstützung Prager Frühling, 1969 Parteistrafe, 1971 Reiseverbot, 1976 Austritt aus KPdSU, 1977 Ausschluß aus AdW ČSSR, 1977 Emigration Schweden.
24

Kosík, Karel – tschechoslowakischer Philosoph (*1926).
24

Kosing, Alfred – Philosoph (*1928) 1944/45 Kriegsdienst, 1946 SED, 1950–53 Lehrbeauftragter HU Berlin, 1953–64 Doz. bzw. Prof. Institut Gesellschaftswiss. ZK SED, 1956–70 stellv. Chefred. „Dt. Zeitschrift f. Philosophie", 1960 Prom., 1964 Habil., 1965–69 Prof. Leipzig, 1969 KAkM, 1969–90 Prof. IfG, 1971 OAkM, 1975 NP.
22, 150f.

Koziolek, Helmut – Ökonom (*1927) 1946 SED, 1949 Dozent Dt. Verwaltungsakademie Forst Zinna, 1953 Dt. Akademie f. Staat u. Recht Potsdam, Prodekan Wirtschaftswiss. Fakultät, 1953 Wahrnehmungsprof. u. Prorektor Hochschule Finanzwirtschaft Gotha, Lehrauftrag HfÖ Berlin, 1955 Prom., 1957 Prof. u. stellv. Rektor HfÖ Berlin, Vors. Beirat Wirtschaftswiss. Staatssekretariat Hochschulwesen, 1961 Habil., 1963–65 Leiter Ökonomisches Forschungsinstitut SPK, 1965–90 Dir. Zentralinstitut sozialistische Wirtschaftsführung ZK, 1965 OAkM, 1966, 1970 NP, 1972–90 Vors. Klasse Gesellschaftswiss. I, Mg. Forschungsrat, 1981–89 Mg. ZK.
315

Kraatz, Helmut – Gynäkologe (1902–1983) 1928 Prom., 1940 Habil., 1941 NSDAP, 1941–44 Kriegsdienst, 1944–49 Oberarzt Universitäts-Frauenklinik Berlin, 1948 Prof. HU Berlin, 1949–51 Halle, 1950/51 Dekan, 1952–70 Prof. HU Berlin, 1953 OM Leopoldina, 1954–56 Dekan, 1956 OAkM, 1960 NP, 1961–75 Sekretar Klasse Medizin, 1962 Präs. Rat Planung u. Koordinierung d. medizinischen Wiss. Min. Gesundheitswesen, 1966 Mg. Forschungsrat, 1970 em., 1972 Mg. Präsidium KB, Vors. Club Kulturschaffende.
52, 161, 164, 181, 301, 308f., 315, 318f., 337, 341, 346f.

Krauss, Werner – Romanist (1900–1976) 1929 Prom., 1932 Habil., 1942 ao. Prof. Marburg, 1940–42 Kriegsdienst, Mg. Widerstandsgruppe Schulze-Boysen, 1942 verhaftet, 1943 zum Tode verurteilt, 1944 Umwandlung d. Urteils in 5 Jahre Zuchthaus, 1945 Flucht, 1945–47 Prof. Marburg, 1945 KPD, Mg. Provisorische Landesregierung Hessen, Beauftragter f. Entnazifizierung Univ. Marburg, 1947 Prof. Leipzig, 1947 SED, 1947–51 Mg. PV bzw. ZK, 1949 OM SAW u. OAkM, 1951 Prof. HU Berlin, 1956 Dir. Institut romanische Sprachen u. Kultur DAW, 1965 em.
324, 369, 378

Kuba (Kurt Barthel) – Schriftsteller (1914–1967) 1933–35 SPD, 1933 Emigration ČSR, 1934 Teilnahme am Schutzbundaufstand in Wien, Red. „AIZ", 1938 Emigration England, 1946 SED, 1946–48 Red. Dietz Verlag, 1948–49 Kulturleiter Maxhütte, 1950 Kand. ZK, 1950–58 MdVk, 1952–54 1. Sekr. DSV, 1952 OM DAK, 1954–67 Mg. ZK, 1956 Chefdramaturg Volkstheater Rostock.
251

Kuczynski, Jürgen – Wirtschaftshistoriker (*1904) 1925 Prom., 1927–28 Leiter Forschungsabteilung American Federation of Labor, 1930 KPD, 1930–33 Wirtschaftsred. „Rote Fahne", 1933–36 illegale Arbeit, 1936 Emigration Großbritannien, 1944/45 Oberst US-Army, 1945 Präs. ZV Finanzen, 1946 SED, 1946–56 Prof. HU Berlin, Dekan, 1947–50 Präs. Dt.-Sowjetische

Personenregister

Freundschaft, 1949-56 MdVk, 1949-52 Dir. Dt. Wirtschaftsinstitut, 1949 NP, 1955 OAkM: 1956-68 Leiter Abt. Wirtschaftsgeschichte Institut Geschichte DAW, 1957-59 Revisionismusvorwurf, 1968 em., 1974 NP, 1990 Mg. Altenrat PDS.
197, 208, 315, 323, 333, 385, 392

Kunert, Günter – Schriftsteller (*1929) in NS-Zeit rassistisch verfolgt, überlebt illegal, 1947 freier Schriftsteller, 1949 SED, 1962 Heinrich-Mann-Preis, 1962/63 als „Formalist" kritisiert, 1965 Mg. PEN Ost-West, Mg. DAK, 1966 Angriffe wegen pessimistischer Geschichtssicht, MfS-OV „Zyniker", 1972-73 Gastprof. Austin (USA), 1975 Warwick (England), 1973 Johannes-R.-Becher-Preis, 1976 Mitunterzeichner Protest gegen Ausbürgerung Biermanns, 1977 Ausschluß aus SED, 1979 Übersiedlung in BRD.
187f., 241

Kuntzen, Heinrich – Chirurg (1893-1977) 1929 Habil., 1936 Prof. Leipzig, 1937 ärztlicher Dir. Chemnitz, 1951 Prof. Jena, Dir. chirurgische Universitätsklinik, OM Leopoldina, 1955 KAkM, 1959 OAkM.
324

Kurella, Alfred – Jounalist (1895-1975) 1914-18 Kriegsdienst, 1919 Mg. KPD, 1924-26 Leiter KP-Schule Frankreich, 1927-29 Mitarbeiter Komintern, Moskau, 1932-34 Paris, 1934-54 UdSSR, 1934 Sekr. Dimitroffs, 1943 stellv. Chefred. „Freies Deutschland", 1954 Mg. SED, 1954-57 Dir. Literaturinstitut „J.R. Becher", OM DAK, 1957 Leiter Kulturkommission PB, 1958-75 Mg. ZK, 1958-63 Kand. PB, 1958 MdVk, 1965-74 Vizepräs. DAK, 1968 Prom., Mg. Vorstand DSV.
36, 77

Landsberg – Chemiker, 1964 Prof. HU Berlin, Nachfolger Havemanns als Dir. Institut physikalische Chemie.
84

Lange, Werner – Metallurge (*1913) 1947 Prof. Freiberg, 1949 Leiter Zentralamt Forschung u. Technik, 1955 Prof. TU Dresden, 1961 KAkM, 1962-66 Prof. Freiberg, 1963 NP, 1964 OAkM, 1969 Vors. Klasse Werkstofforschung, 1988 em.
61, 239, 315, 343f.

Langenbeck, Wolfgang – Chemiker (1899-1967) 1928 Habil., 1933 Prof. Greifswald, 1940 Dresden, 1945 Chemiker Greifswald, 1947 Prof. Rostock, 1951 Halle, 1953 OAkM, 1955 NP, OM Leopoldina u. SAW.
226, 324

Langner – Mitarbeiter Ministerrat.
44, 102f.

Laue, Max v. d. – Physiker (1879-1960) 1906 Habil., 1912 Prof. Zürich, 1914 Frankfurt/M., 1914 Nobelpreis Physik, 1919 Prof. Berlin, Dir. (mit Einstein) KWI Physik, 1920 OAkM, 1933 Protest gegen d. Verunglimpfung Einsteins durch d. DAW, unterstützt Verfolgte d. Nazis, 1946 Honorarprof. Göttingen, 1951 Dir. MPI Physikalische Chemie, 1957 Unterzeichner d. Göttinger Appells, 1959 Helmholtz-Medaille.
20, 309

Lautenschläger, H. – Ökonom, ab 1. 1. 1966 Kaderleiter Forschungsgemeinschaft DAW.
294

Lehmann(-Gützlaff), Edgar Theodor – Kartograph (1905-1990) 1930 Prom., 1933-53 Bibliographisches Institut Leipzig, Leiter Kartographische Anstalt, 1939-45 Mg. Forschungsbeirat f. Vermessungstechnik u. Kartographie beim Reichsamt Landesaufnahme, 1940 NSDAP, 1950-70 Dir. Dt. Institut Länderkunde, 1952 Habil., 1952 Prof. Leipzig, 1956-68 Vizepräs. Dt. Gesellschaft Kartographie (BRD), 1959 OM SAW, 1959 KAkM, 1961 OAkM, 1961-67 Prof. Leipzig, Dir. Geographisches Institut, 1963-68 Sekretar Klasse Chemie, Geologie u. Biologie DAW, 1970 em., wiss. Berater d. Präs., 1971 Vors. Klasse Umweltschutz, 1989 Ehrenspange AdW.
41, 51, 53, 57-59, 61, 81, 161-163, 166, 178, 189-192, 194, 196-198, 200f., 206f., 226-230, 265-269, 271, 277, 280f., 283f., 286, 287-290, 297f., 301, 303-309, 311f., 314-317, 320f., 337, 340-343, 346-349, 351, 366f., 392f.

Lehnert, Martin – Philologe (1910-1992) 1935 Prom., 1948 Prof. Greifswald, 1951-75 Prof. HU Berlin, zeitweise Dekan, 1961 OAkM, 1964 NP, 1963-85 Präs. Shakespeare-Gesellschaft, 1975 em.
317, 381

Leibnitz, Eberhard – Chemiker (1910-1986) 1931 SPD, 1933 Prom., 1937 aus rassistischen Gründen entlassen, 1945-47 Chemiker Technisches Büro SMAD, 1947 SED, 1948-52 Technischer Dir. VVB Lacke u. Farben, 1951 ao. Prof. Leipzig,

1952–69 Dir. Institut Verfahrenstechnik, 1953 OAkM, 1955–58 Rektor TH Merseburg, 1959 NP, 1961–64 Dir. Institut f. Dokumentation DAW, 1964–68 stellv. Vors. Forschungsgemeinschaft DAW, 1968–71 Leiter Forschungsbereich Chemie DAW, Mg. Präsidium DAW, 1969 NP, 1971–86 Präs. URANIA, 1971–75 wiss. Berater d. Präs. DAW, 1975 em.
93, 99, 178, 191–193, 198, 226–230, 268f., 280f., 284, 286, 289, 291, 295, 298, 301, 334, 337, 339f., 342, 346f.

Leibniz, Gottfried Wilhelm Freiherr v. – Universalgelehrter (1646–1716) 1700 Gründungspräs. Brandenburgische Sozietät d. Wissenschaften (Vorläufer DAW)
65f., 310, 377

Lenin, Wladimir I. – (1870–1924)
119, 146, 219, 377

Leschnitzer, Franz – Schriftsteller, Übersetzer (1905–1967) 1922 Mg. Dt. Friedensgesellschaft, 1927 Mg. Rote Studenten, 1931 KPD, Bund proletarisch-revolutionärer Schriftsteller, 1932–33 Sekr. Dt. Kampfkomitee gegen Krieg u. Faschismus, 1933 Emigration Österreich, ČSR, UdSSR, Red. „Internationale Literatur", 1946–48 Lehrer Antifa-Schulen, 1959 Rückkehr, Mg. SED, 1963 Kritik an Ulbrichts Behauptung, in d. DDR sei Personenkult überwunden, Ausschluß aus SED
384

Leuschner, Bruno – Politiker (1910–1965) 1931 Mg. KPD, 1936 Verhaftung, 1937–45 Zuchthaus, KZ, 1945 Abt.Leiter Wirtschaft ZK KPD bzw. PV SED, 1947–49 stellv. Vors. DWK, 1949–65 MdVk, 1949–50 Stsek. im Min. f. Planung, 1950–65 Mg. ZK, 1950–52 stellv., 1952–61 Vors. Staatl. Plankommission, 1953 Kand. PB, 1955 stellv. Ministerpräs., 1958 Mg. PB, 1960-63 Mg. Staatsrat, 1961 Min. f. wirtschaftliche Koordinierung, 1962–65 ständiger Vertreter d. DDR beim RGW.
70

Leuschner, K.
383

Ley, Hermann – Philosoph, Politiker (1911–1990) 1927 SPD, 1930 Ausschluß, 1930 KPD, nach 1933 über 2 Jahre Haft, Kriegsdienst (Sanitätsoffizier), 1944 Prom., 1944 verhaftet u. degradiert, 1945 Sekr. KPD/SED Leipzig, 1947 stellv. Chefred. „Leipziger Zeitung", 1948 Habil., 1948 Prof. Leipzig, 1950 Prof. TH Dresden, Prorektor,

1956–62 Vors. Staatl. Rundfunkkomitee, 1959 Prof. HU Berlin, 1960 NP, 1962–68 Dir. Philosophisches Institut HU Berlin, 1977 em.
20, 150

Lichtenheldt, Willibald – Technikwissenschaftler (1901–1980) 1950 Prof. Dresden, Dir. Institut Getriebetechnik, 1956 KAkM, 1959 OAkM, 1962 NP.
316

Liebknecht, Karl – Politiker (1871–1919).
118

Lissner, Anton – Chemiker (1885–1970) 1913 Habil., 1920 Prof. Brünn, 1942 Prof. Prag, 1946 Prof. Freiberg, Dir. Institut chemische Kohleveredlung, 1952 NP, OM SAW, 1957 KAkM, 1964 OAkM.
315, 324

Loest, Erich – Schriftsteller (*1926) 1944 Kriegsdienst, 1947–50 Volontär, Red. „Leipziger Volkszeitung", SED, 1950 freier Schriftsteller, 1956/57 Mitarbeiter Kabarett „Die Pfeffermühle", 1957 Ausschluß aus SED, verhaftet, zu 7½ Jahren Zuchthaus verurteilt, 1964 Entlassung auf Bewährung, Veröffentlichung v. Abenteuer- u. Kriminalromanen unter Pseudonym, MfS-OV „Autor", 1979 Austritt aus SV, 1981 mit einem Dreijahresvisum nach Westdeutschland, kehrte nach Ablauf nicht zurück, 1981 Hans-Fallada-Preis, 1984 Marburger Literatur-Preis, 1984–86 2. Vors. Verband Schriftsteller BRD, 1994 1. Vors.
17

Löffler, K. – Mitarbeiter Ministerium Chemische Industrie.
294f.

Lohmann, Karl – Biochemiker (1898–1978) 1929 Habil., 1937 Prof. Heidelberg, 1937 Prof. Berlin, 1949 OAkM, 1949–61 Sekretar Klasse Medizin, 1951 NP, 1955 OM Leopoldina, 1957 Dir. Institut Ernährung DAW, Rehbrücke, 1961 Dir. Institut Biochemie DAW, 1978 Helmholtz-Medaille (posthum).
324, 358

Lohs, Karl-Heinz – Toxikologe (*1929) 1955 Prom., 1962 Habil., 1965 Prof. DAW, Dir. Institut Biochemie DAW, 1970–90 Leiter Forschungsstelle chemische Toxikologie (C-Waffenforschung) Leipzig, 1970 KAkM, 1972 OAkM, 1972 Vors. intern. Abrüstungsausschuß Weltföderation d.

Wiss., 1981–90 Vizepräs. URANIA.
387

Lombardo-Radice, Lucio – Mathematiker u. Philosoph (*1916) 1938 KP Italien, 1939–41 u. 1943–45 Haft, 1969 Mg. ZK KP Italiens, 1972 Prof. Rom, besuchte im Febr. 1977 v. DDR-Behörden unbemerkt Havemann in Berlin.
119, 149f.

Lüdemann, Karl Friedrich – Montanwissenschaftler (1912–1967) 1936 stellv. Betriebsleiter Klöckner Werke, 1944 Stahlwerksleiter Königshütte, 1947 Hauptingenieur, später Technischer Dir. Werk Silbitz, 1950 SED, 1950 Abt.leiter Eisenforschungsinstitut Hennigsdorf, 1953 Prof. HU Berlin, 1954 NP, 1954 Mg. Forschungsrat, 1956 Prof. Freiberg, Dir. Institut Sonderstahlkunde Bergakademie, 1959 KAkM, 1961 OAkM, 1963–67 Sekretar Klasse Bergbau, 1965–67 Rektor Freiberg.
301f., 306, 311, 315, 320, 337, 346f.

Ludwig, Nadeshda – Slawistin, Prof., 1966 Arbeitsgruppenleiterin Institut Slawistik DAW.
388

Lukács, Georg – ungarischer Philosoph (1885–1971) 1906 Prom., 1909 2. Prom., 1918 KP Ungarns, 1919 Mg. ZK, stellv. Volkskommissar Unterrichtswesen, 1919 Emigration Österreich, 1929 „Blum-Thesen": Abwahl aus ZK, 1930/31 Moskau, 1931–33 Berlin, 1933–45 UdSSR, 1942 Habil., 1945 Prof. Budapest, 1955 OAkM, 1956 intellektuelles Zentrum Petőfi-Club, Minister in Regierung Nagy, 1956 Ausschluß aus KPU (USAP), 1956–58 Internierung in Rumänien, 1967 Wiederherstellung USAP-Mitgliedschaft, 1969 AAkM.
10, 17, 36, 308

Luxemburg, Rosa – (1871–1919)
118, 120, 378

Lyssenko, Trofim D. – Pflanzenzüchter (1908–1976) 1934–39 Leiter Institut Genetik u. Saatzucht Odessa, 1939 OM AdW UdSSR, 1940 Leiter Institut Genetik AdW (nach Denunziation d. Vorgängers Wawilow), 1941, 1943 Stalinpreis, 1946–62 Mg. Oberster Sowjet, 1949 Stalinpreis, 1962 erste Kritik, 1964 Rücktritt als Institutsleiter.
377

Magon, Leopold – Germanist (1887–1968) 1917 Habil., 1926 Prof. Greifswald, 1950 Prof. HU Berlin, 1961 KAkM, 1964 OAkM.
177, 324, 381

Maihofer, Werner – Jurist, Politiker (*1918) 1950 Prom., 1953 Habil., 1956–70 Prof. Saarbrücken, 1966 Mg. BV Humanistische Union, später ausgeschlossen, 1969 Mg. FDP, 1970–78 Mg. Präsidiums FDP, 1970–81 Prof. Bielefeld, 1971 Mitautor Freiburger Thesen FDP, 1972–79 MdB, 1972 Bundesminister, 1974–78 Bundesinnenminister, 1981 Präs. Europäisches Hochschulinstitut Florenz.
59, 332, 383

Mann, Heinrich – Schriftsteller (1871–1950) 1926 OM DAK, 1930 Präs., 1933 Ausschluß DAK, 1933 Emigration Frankreich, USA, 1936 Präs. Ausschuß zur Vorbereitung Dt. Volksfront, 1949 Präs. DAK.
246

Mann, Thomas – Schriftsteller (1875–1955) 1898 Red. „Simplizissimus", 1910 freier Autor, 1929 Nobelpreis Literatur, 1933 Emigration Italien, Frankreich, Schweiz, USA, 1952 Schweiz, Ehrenmg. DAK.
246

Marek, Franz – österreichischer Philosoph, Politiker (*1913) 1934 Mg. KP Österreichs, Leiter Abt. Agitation/Propaganda, 1941–44 Résistance Frankreich, 1946–70 Mg. ZK KPÖ, 1948–69 Mg. PB, 1970 Ausschluß aus KPÖ, danach Chefred. „Wiener Tagebuch".
24, 120

Markov, Walter – Historiker (1909–1993) 1934 Prom., 1934 KPD, 1935 Verhaftung, Verurteilung zu 12 Jahren Zuchthaus, 1936–45 Zuchthaus Siegburg, 1945 Bonn, 1946 SED, Doz. Leipzig, 1947 Habil., 1947–50 Gastprof. Halle, 1949 Prof. Leipzig, 1949–68 Dir. Institut Kultur- u. Universalgeschichte, 1951–58 Dir. Institut Geschichte Europäische Volksdemokratien, 1951 Ausschluß aus SED, Aberkennung Status d. Verfolgten d. Naziregimes, 1961 OAkM, 1961 NP, 1964 OM SAW, Vizepräs. Liga f. Völkerfreundschaft, Vizepräs. Nationalkomitee Historiker, 1974 em.
315

Markowski, Paul – Funktionär (1929–1978) 1952 SED, 1953–66 Mitarbeiter ZK, 1961–62 PHS Moskau, 1966–78 Abt.Leiter Internationale Verbindungen ZK, 1967 Kand., 1971–78 Mg. ZK,

1971–78 MdVk, verunglückte bei Hubschrauberabsturz in Libyen.
384

Marx, Karl – (1818–1883)
16, 27, 146, 219, 377

Matern, Hermann – Politiker (1893–1971) 1911 SPD, 1914 ausgetreten, Kriegsdienst, 1918 USPD, 1919 KPD, 1928/29 Leninschule Moskau, 1932/33 MdL Preußen, 1933 verhaftet, 1934 Flucht, Emigration ČSR, Schweiz, Österreich, Frankreich, Holland, Norwegen, Schweden, 1941 Moskau, KI-Schule, Lehrer Zentrale Antifa-Schule Krasnogorsk, 1945 KPD-Gruppe Sachsen (Anton Ackermann), 1945–46 1. Sekr. BL Sachsen KPD, 1946–48 Vors. LV Groß-Berlin SED, 1946–71 Mg. Zentralsekretariat bzw. PB, 1949–71 Vors. ZPKK, 1948 Mg. Dt. Volksrat, 1949–71 MdVk, 1950–54 Vizepräs., 1954 1. Stellv. Vkpräs.
47, 70, 72, 96f., 123

Maurer, Eduard – Metallurge (1886–1969) 1919 Habil., 1919, stellv. Dir. KWI Eisenforschung, 1925 Prof. Aachen, 1925 Prof. Freiberg, 1945 Leiter sowjetisches Büro „Eisen", Freiberg, 1948 Berater DWK, 1948 Prof. HU Berlin, 1949 Dir. Eisenforschungsinstitut Hennigsdorf, 1950 NP, 1951 OAkM, 1954 NP, 1960 Leiter Forschungsstelle Eisen u. Stahl DAW, Freiberg.
324

May, 1950 Stadtrat f. Volksbildung im Magistrat v. (West-)Berlin.
131

Maye – 1956–64 MfS-Führungsoffizier Robert Havemanns.
29

Mayer, Hans – Literaturwissenschaftler (*1907) 1930 Prom., 1933–45 Emigration Frankreich, Schweiz, 1946/47 politischer Chefred. Radio Frankfurt/M., 1948 Prof. Leipzig, 1963 Übersiedlung BRD, 1963 Prof. Hannover, 1973 em.
177

Meisner, Heinrich Otto – Archivar, Historiker (1890–1976) 1921 Staatsarchivar, Habil., 1925 Leiter Brandenburgisch-preußisches Hausarchiv, 1935 Oberarchivrat Reichsarchiv Potsdam, 1953 Prof. HU Berlin, 1959 KAkM, 1961 OAkM.
324

Meisser, Otto – Geophysiker (1899–1966) 1923 Prom., 1923–40 Regierungsrat Reichsanstalt Erdbebenforschung, 1928 Habil., 1935 Prof. Jena, 1940–45 Freiberg, 1947 Berater im Bergwerksmin. Jugoslawien, 1950 freischaffend Göttingen, 1951 Prof. Freiberg, 1955–57 Rektor, 1957 OAkM, 1957 Sekretar Klasse Bergbau, 1957 Mg. Forschungsrat.
271, 315, 324

Mende, Erich – Politiker (*1916) 1936–45 Kriegsdienst, 1945 Mitbegründer FDP, 1949–80 MdB, 1960–67 Vors. FDP, 1963–66 Vizekanzler, Bundesminister gesamtdeutsche Fragen, 1970 Mg. CDU.
124f., 224

Meyer, Kurt – Chemiker (1904–1978) 1937 Forschungslaborleiter Zeiss Ikon, 1945 Chefchemiker, 1947–50 Tätigkeit in UdSSR, 1955 Abteilungsleiter Forschung u. Entwicklung Agfa Wolfen, 1956 ao. Prof. HU Berlin, 1956 NP, 1964 OAkM, 1965 NP.
145, 178, 182, 191, 226, 228f.

Mielke, Erich – Minister für Staatssicherheit (*1907) 1925 KPD, 1928–31 Mg. Parteiselbstschutz, 1931 Flucht in UdSSR wegen Ermordung v. 2 Polizisten, 1934 in Abwesenheit zum Tode verurteilt, 1932–33 geheimdienstliche Ausbildung Moskau, 1934–35 Leninschule, 1936–39 Chef Instruktionsabt. spanischer Bürgerkrieg, 1939/40 Internierung Frankreich, Flucht in UdSSR, 1945 Leiter Polizeiinspektion Berlin-Lichtenberg, 1946–49 Vizepräs. Dt. Verwaltung d. Innern, 1949/50 Leiter HV zum Schutz Volkswirtschaft, Generalinspekteur, 1950 Mg. ZK SED, 1950–57 Stsek. MfS, 1957–89 Minister Staatssicherheit, 1958–89 MdVk, 1971 Kand., 1976 Mg. PB, 1989 Rücktritt, 1993 Verurteilung zu 6 Jahren Gefängnis wegen d. Polizistenmorde 1931.
116, 123, 250f., 255

Mieth, Erika – Philosophiehistorikerin, 1964 Lektorin beim Dietz Verlag, später wiss. Mitarbeiterin Zentralinstitut Philosophie DAW.
31

Mitscherlich, Alexander – Psychoanalytiker (1908–1982) 1933–37 im Kreis um Niekisch, 1937 Emigration Schweiz, Rückkehr, 8 Monate Gestapohaft, wehrunwürdig, 1941 Prom., 1946 Habil., 1946 Prof. Heidelberg, 1967 „Die Unfähigkeit zu trauern" (mit Margarete Mitscherlich), 1967 Prof. Frankfurt/M., Leiter Sigmund-Freud-Institut

Personenregister

Frankfurt, 1969 Friedenspreis Dt. Buchhandel, 1973 em.
59, 332, 338, 383

Mittag, Günter – Politiker (1926–1994) 1943 Kriegsdienst, 1945/46 KPD/SED, 1949–50 Mg. KL Greifswald, 1951 Mitarbeiter ZK, 1953 Sektorleiter, 1953 Abt.leiter, 1958 Prom., 1958 Kand. ZK, 1958–61 Sekr. Wirtschaftskommission PB, 1961/62 Stellv. Vors. Volkswirtschaftsrat, 1962 Mg. ZK, Kand. PB, 1962 Mg. Forschungsrat, 1963 Leiter Büro Industrie u. Bauwesen ZK, 1963–89 MdVk, 1963–71 u. 1979–89 Mg., 1984–89 stellv. Vors. Staatsrats, 1966–89 Mg. PB, 1965–1973 Sekr. Wirtschaft ZK, 1973–76 1. stellv. Vors. Ministerrat, 1976–89 Sekr. Wirtschaft ZK, 1982–89 Mg. Nationaler Verteidigungsrat, 1989 v. Funktionen entbunden, aus SED ausgeschlossen, 1989–90 U-Haft.
70, 98, 123, 240, 251, 360

Möhwaldt – Mitarbeiter Abt. Wiss. ZK.
31 Werner

Mohrmann, Walter – Historiker HU Berlin.
23

Mollwo, Ludwig – Mathematiker, 1965 Prof., 1966 Dir. Heinrich-Hertz-Institut DAW.
387

Mond, Rudi – Historiker, Mitarbeiter Büro Arbeitsgemeinschaft d. gesellschaftswiss. Institute DAW.
170, 174

Mothes, Kurt – Biologe (1900–1983) 1925 Prom., 1928 Habil., 1935–45 Prof. Königsberg, 1940 OM Leopoldina, 1945–49 Gefangenschaft UdSSR, 1949–57 Abt.leiter Institut Kulturpflanzenforschung Gatersleben DAW, 1950–66 Prof. Halle, Dir. Institut Pharmakognosie, 1951–56 Leiter Pharmazeutisches Institut, 1953 NP, OAkM, 1954–74 Präs. Leopoldina, kann die weitgehende Autonomie dieser Akademie aufrechterhalten, 1958–65 Dir. Botanischen Anstalten, 1958–67 Dir. Institut Biochemie d. Pflanzen DAW, 1968 Orden Pour le Mérite f. Wissenschaft u. Künste, OM SAW.
52, 59, 93, 162, 182, 226, 316, 318f., 324f., 358, 368f., 371–373, 375f., 381f., 393

Mückenberger, Erich – Politiker (*1910) 1927 SPD, 1933–36 KZ, 1938 wieder verhaftet, 1942–45 Strafbataillon 999, 1946 SED, 1948–49 Vors. LV Sachsen, 1949–52 1. Sekr. Landesleitung Thüringen, 1950–90 MdVk, 1950–89 Mg. ZK, 1950 Kand. PB, 1952–53 1. Sekr. BL Erfurt, 1952–53 PHS, 1953–60 Sekr. ZK Landwirtschaft, 1954 Mg. PB, 1961–71 1. Sekr. BL Frankfurt/O., 1971–89 Vors. ZPKK, 1978 Präs. Dt.-Sowjetische Freundschaft, 1980–89 Vors. SED-Fraktion Vk., 1989 v. allen Ämtern zurückgetreten, 1990 aus SED-PDS ausgeschlossen.
70, 123

Müller, Hans-Joachim – Biologe (*1911) 1949 NP, 1956 Prof. Akademie Landwirtschaftswiss., 1958 Abt.leiter Institut f. Pflanzenzüchtung Quedlinburg, 1961 KAkM, 1964 OAkM, 1965 Prof. Jena.
226, 279, 325

Müller, Heiner – Schriftsteller (*1929) 1945 Arbeitsdienst, Kriegsgefangenschaft USA, 1954–55 wiss. Mitarbeiter DSV, 1959 freier Schriftsteller, 1983 OM DAK, 1986 OM AdK Westberlin, 1990 Präs. DAK.
39

Müller, Margarete – Politikerin (*1931) 1946–48 Gärtnerin, 1948–50 Traktoristin, 1951 SED, 1960–63 LPG-Vorsitzende, Mg. BL Neubrandenburg, 1971–89 Mg. Staatsrat, 1963–89 Mg. ZK, Kand. PB, 1963–89 MdVk, 1967–73 Mg. Rat f. Land-, Forst- u. Nahrungsgüterwirtschaft, 1976 Leiterin Agrar-Industrie-Vereinigung Pflanzenproduktion Friedland, 1989 mit ZK zurückgetreten, 1990 Ausschluß aus SED/PDS.
70, 123

Müller-Stoll, Wolfgang – Botaniker (*1909) 1949 Prof. PH Potsdam, 1953 Leiter Zweigstelle Potsdam Institut Landesforschung u. Naturschutz, 1961 KAkM, 1964 OAkM.
226

Nagy, Imre – Politiker, Ökonom (1896–1958) 1914–18 Kriegsdienst, russische Gefangenschaft, 1919 KP Ungarn, mit Bela Kun nach Ungarn, 1919–21 Emigration Rußland, 1921 Rückkehr Ungarn, 1927–30 Haft, 1930–44 Emigration UdSSR, Mg. PB KP Ungarn, 1944 Landwirtschaftsminister Ungarns, 1947 Parlamentspräs., 1949 Ausschluß PB, Prof. Budapest, 1951 Mg. PB, 1952 Landwirtschaftsminister, 1953 Ministerpräs., 1955 Amtsenthebung, Oktober 1956 Ministerpräs., November 1956 Verhaftung, 1958 hingerichtet, 1989 Rehabilitierung.
17

Nahke, Heinz – Germanist, Journalist (*1928) Prom., 1958–61 wiss. Mitarbeiter DSV, 1963–67 Chefred. „Forum".
39

Nathan, Hans – Jurist, 1948 Leiter Hauptabt. III d. Dt. Justizverwaltung, später Prof. HU Berlin, 1964 Justitiar d. Universität.
34

Naumann, Robert – Ökonom, Funktionär (1900–1978) 1920 Emigration UdSSR, 1920 Mg. KPR(B), 1926–30 Mitarbeiter Rote Professur, 1930–43 Mitarbeiter Sekretariat EKKI, 1943–50 stellv. Leiter Antifa-Schulen, 1950 Rückkehr DDR, Mg. SED, 1950 Prorektor Gesellschaftswiss. HU Berlin.
28, 30

Nelles, Johannes – Chemiker (1910–1968) 1945 Werkleiter Buna, 1949, 1951 NP, 1953 OAkM, 1956 Prof. Merseburg, Mg. Forschungsrat.
226

Nernst, Walter – Chemiker (1864–1941) 1889 Habil., 1891 Prof. Göttingen, ab 1905 Prof. Berlin, 1905 OAkM, 1920 Nobelpreis Chemie, 1921/22 Rektor Berlin, 1922–24 Dir. Physikalisch-Technische Reichsanstalt, unterstützt nach 1933 Laue in dessen Ablehnung d. Antisemitismus.
84

Neß, Karl-Heinz – Rechtsanwalt, Journalist, Hamburg.
32, 220, 395

Neugebauer, Werner – Funktionär (*1922) 1946 SED, 1954–81 Mg. ZK, 1955–63 Abt.leiter Volksbildung ZK, 1963 stellv. Leiter ideologische Kommission BL Berlin.
26, 36

Neumann, Alfred – Politiker (*1909) 1929 KPD, 1934 Emigration Dänemark, UdSSR, 1938/39 Teilnahme spanischer Bürgerkrieg, 1939–40 Internierung Frankreich, 1941 an Gestapo ausgeliefert, 1942–45 Zuchthaus Brandenburg-Görden, Strafbataillon 999, Übertritt zur Roten Armee, 1947–51 SED-BL-Sekr. Berlin, 1951–53 stellv. Oberbürgermeister Berlin, 1953–57 1. Sekr. BL Berlin, 1954–89 Mg. ZK, MdVk, 1954 Kand., 1958–89 Mg. PB, 1957–61 Sekr. ZK, 1961–65 Minister u. Vors. Volkswirtschaftsrat, 1962 Mg. Präsidium Ministerrat, 1965–68 Minister Materialwirtschaft, stellv. Vors. Ministerrat, 1968 1. Stellv. Vors., 1990 aus SED-PDS ausgeschlossen.
13, 70, 103, 123, 272

Neuss, Wolfgang – Schauspieler, Kabarettist (*1923–1989) 1940–45 Kriegsdienst, 1960 „Wir Kellerkinder", in 60er Jahren bekannt als „Mann mit d. Pauke", 1966 SPD-Ausschluß.
256

Norden, Albert – Politiker, Journalist (1904–1982) 1921 KPD, 1923/24 u. 1926 Haftstrafen, 1931–33 stellv. Chefred. „Rote Fahne", 1933–46 Emigration Frankreich, ČSR, USA, 1939–41 Internierung Frankreich, 1944 USA, Mitbegründer „Council for a Democratic Germany", 1946 SED, 1947–48 Pressechef DWK, 1948–49 Chefred. „Deutschlands Stimme", 1949–50 Mg. Dt. Volksrat, 1949–52 Leiter Presseabt. Amt f. Information d. Regierung, 1952 Prof. HU Berlin, 1954–55 Sekr. Ausschuß Dt. Einheit, 1955–81 Mg. u. Sekr. ZK, 1958–81 Mg. PB, 1958–81 MdVk, 1976–81 Mg. Staatsrat.
47, 70, 98, 123, 208, 240, 251, 360

Obenaus, Fritz – Elektrotechniker (1904–1980) 1929 Ingenieur, 1935 Oberingenieur, 1945 Leiter technische Abt. Elektrotechnische SAG Hermsdorf, 1951 Prof. Dresden, 1955 OAkM, 1972 NP.
317

Oelßner, Fred – Politiker, Ökonom, Historiker (1903–1977) 1919 USPD, 1920 KPD, 1923–25 Haft, 1926–32 Leninschule Moskau, Institut Rote Professur, 1932–33 Mitarbeiter ZK KPD Berlin, 1933–45 Emigration ČSR, Frankreich, 1935 UdSSR, Lektor Leninschule, 1937–40 wegen Abweichung Bewährung in Papierfabrik, 1940–45 Leiter Abt. Dtland d. Moskauer Rundfunk, 1942 Lehrer Antifa-Schule, 1945 KPD-Gruppe Ackermann Sachsen, 1945 Leiter Abt. Agitation/Propaganda ZK, 1946 Leiter Abt. Parteischulung PV SED, 1946–58 Mg. PV bzw. ZK, 1949 NP, 1949–58 MdVk, 1949/50 Mg. Sekretariat ZK, 1950–55 Sekr. Propaganda, 1950–58 Mg. PB, 1951–56 Chefred. „Einheit", 1953 OAkM, 1954 Vors. Sektion Wirtschaftswiss. DAW, 1955–58 stellv. Vors. Ministerrat, 1956 Prof. IfG, 1958 Kritik an Ulbricht, Ausschluß aus PB wegen „wiederholter Verletzung d. Disziplin d. PB", Enthebung aus Funktionen im Ministerrat, 1958 Dir. Institut Wirtschaftswiss. DAW, 1959 Selbstkritik, 1961–68

Mg. Präsidium DAW, Sekretar Klasse Gesellschaftswiss. I, 1969 em.
61, 197, 208, 269, 280f., 284, 301, 303, 305–309, 311, 315, 337, 342f., 346f.

Otterbein, Georg – Mathematiker (*1906) 1950–52 Leiter Institut Miersdorf DAW, 1966 wiss. Referent Klasse Mathematik.
315, 317

Papanin – Chemiker (UdSSR)
308

Pauer, Walter – Techniker (1887–1971) 1921 Habil., 1933 Prof. Dresden, 1946 Tätigkeit in UdSSR, 1952 Prof. Dresden, 1955 OAkM.
324

Pauling, Linus Carl – amerikanischer Physikochemiker (1901–1994) 1925 Prom., 1926 Guggenheim Fellow, 1929–64 Prof. Pasadena, 1954 Nobelpreis Chemie, 1958 Initiator und Überbringer einer Petition v. 11 000 Wissenschaftlern an d. UNO gegen Atomtests, 1962 Friedensnobelpreis, 1967–69 San Diego, 1969–94 Palo Alto.
49, 59, 83, 212, 216f., 222, 299, 301, 311, 325, 337, 339, 383

Peek, Werner – Althistoriker, Altphilologe (*1904) 1937 Habil., 1944 Prof. Berlin, 1951 Halle, OM SAW, 1961 NP, 1964 OAkM, 1981 AAkM.
381

Peiper, Albrecht – Kinderarzt (1889–1968) 1924 Habil., 1930 Prof. Berlin, 1943 Prof. Leipzig, Dir. Kinderklinik, OM SAW u. Leopoldina, 1953 NP, 1955 OAkM.
324

Perten, Hanns Anselm – Regisseur (1917–1985) 1938 Verhaftung, KZ, Arbeitsdienst, Kriegsdienst, 1944 Schauspieler, 1946–48 künstlerischer Leiter Landessender Mecklenburg, 1948 Chefintendant Volksbühnen Mecklenburg, 1950–52 Intendant Wismar, 1952–70 Intendant Rostock, 1969 OM DAK, 1970–72 Intendant Dt. Theater Berlin, 1972–85 Intendant Rostock.
251

Petersen, Jürgen – Journalist (*1909) 1934 Prom., 1937–41 Berliner Tageblatt, DAZ, 1940 Das Reich, 1942–45 Kriegsdienst, 1946 NWDR, 1955 HR, 1961 Deutschlandfunk.
31, 208

Pietsch, Herward – Chemiker, Mg. KPD, Übersiedlung in DDR, Student Halle, Assistent Havemanns an HU Berlin, Schüler, wiss. Mitarbeiter u. Freund Havemanns, nach Auflösung d. Arbeitsstelle f. Photochemie im Direktorat Forschung u. Entwicklung Fotochemisches Kombinat Wolfen.
143, 396

Pirker, Theo – Soziologe, Politologe (*1922) bis 1956 Mitarbeiter wirtschaftswiss. Institut DGB, 1956 Lehrauftrag London School of Economics, 1966 Prof. FU Berlin.
326

Planert, Werner – 1964–66 1. Sekr. Akademieparteileitung.
126, 148, 189, 195f., 206, 278, 343, 378, 380

Pöschel, Hermann – Funktionär (*1919) 1945 SPD, 1946 SED, 1946–50 Technischer Leiter Kinderwagenfabrik Zeitz, 1951 SED-Landesparteischule Ballenstedt, 1952–53 Abt.leiter Rat Bezirk Halle, 1953 Instrukteur, 1954–58 Sektorleiter ZK, 1958–89 Abt.leiter Forschung u. Technik ZK, 1963 Kand., 1967–89 Mg ZK, 1966–71 Mg. strategischer Arbeitskreises PB.
98f.

Pritzkow, Wilhelm – Chemiker, 1965/66 Hospitant Klasse Chemie DAW, Prof. Merseburg.
226

Prokop, Otto – Pathologe (*1921) 1948 Prom., 1953 Habil., Privatdozent Bonn, 1956–87 Prof. HU Berlin, Dir. Institut Gerichtsmedizin, 1961 NP, 1964 OAkM, 1981 NP, 1987 em.
58f., 319, 325

Rákosi, Mátyás – ungarischer Politiker (1892–1971) 1918 russischer Kriegsgefangenschaft nach Ungarn, 1918 Mitbegründer KP Ungarns, 1919 Volkskommissar d. Räterepublik, 1919 Emigration Sowjetrußland, 1924 Rückkehr, Verhaftung, 1926 zu 8 Jahren verurteilt, 1935 zu lebenslänglicher Haft, 1940 im Austausch f. d. 1849 v. d. Zarentruppen erbeuteten ungarischen Revolutionsfahnen in UdSSR entlassen, 1944 Generalsekr. KPU, 1945 stellv. Ministerpräs. Ungarns, 1952–53 Ministerpräs., 1956 aller Ämter enthoben, Flucht in UdSSR, Ungarn verweigert Wiedereinreise, 1962 aus USAP (KPU) ausgeschlossen.
17

Ramdohr, Paul – Geologe (1890-1985) 1922 Habil., 1926 Prof. Aachen, 1934 Prof. Berlin, 1936 OAkM, OM Leopoldina, 1946 Prof. Heidelberg, 1969 AAkM.
226, 324

Rammler, Erich – Techniker (1901-1986) 1925 Versuchsing. bei P. Rosin, Freiberg, erwirbt 1936 Rosins Büro, d. 1938 emigriert, 1937 NSDAP, 1941 Dt. Braunkohle-Industrie-Verein Halle, 1945 Technisches Büro Kohle d. sowjetischen Kohlemin. Freiberg, 1949 Prof. Freiberg, 1951 Dir. Institut Brikettierung, Miterfinder BHT-Koks, 1951 NP, OM SAW, 1953 OAkM, 1954-58 Mg. Europäische Wirtschaftskommission UNO.
320

Redetzky, Hermann – Arzt (1901-1978) 1925 Prom., 1930 SPD, 1939-45 Stabsarzt, 1946 SED, 1947 Habil., 1948 Prof. Rostock, 1949 Prof. Zentralinstitut Sozial- u. Gewerbehygiene Berlin, 1953-56 stellv. Minister Gesundheitswesen, 1955-64 Rektor Akademie Sozialhygiene, bzw. Ärztliche Fortbildung, Vizepräs. d. Internat. Ges. f. prophylaktische Medizin u. Sozialhygiene Wien, 1959 KAkM, 1961 OAkM, 1964 em.
314, 318f.

Reichardt, Hans – Mathematiker (1908-1991) 1940 Habil., 1944 Mitarbeiter Telefunken, 1946-52 Mitarbeiter Raketenentwicklung in UdSSR, 1952 Prof. Berlin, 1959 Bereichsdir. Institut Reine Mathematik DAW, 1960 NP, OM Leopoldina, 1962 KAkM, 1964 OAkM.
315f.

Reimann, Brigitte – Schriftstellerin (1933-1973) 1951 Lehrerin, 1953 freie Autorin, 1956 Mg. DSV, 1961, 1962 Literaturpreis FDGB, 1963 Mg. Jugendkommission ZK SED (R. ist nicht SED-Mg.), 1964 Mg. Zentralrat FDJ, 1965 Heinrich-Mann-Preis DAK, 1968 Krebserkrankung.
39f.

Reimann, Max – Politiker (1898-1977) 1919 KPD, 1920 Rote Ruhrarmee, 1939-45 KZ, 1946 Vors. KPD Ruhrgebiet, 1947 Vors. KPD-LV NRW, 1948 Vors. KPD, 1948 Mg. Wirtschaftsrat Bizone, 1948-49 Mg. Parlamentarischer Rat, 1949-53 MdB, Vors. KPD-Fraktion, 1954-69 Emigration DDR, 1957 1. Sekr. ZK KPD, 1971 Mg. u. Ehrenpräs. DKP.
47, 123

Rentsch, Paul – Zahnarzt (1898-1944) Freund Havemanns, Mg. „Europäische Union", 1943 verhaftet, zum Tode verurteilt und hingerichtet.
328

Richter, Herbert – Architekt (1901-1944) Freund Havemanns, Mg. „Europäische Union", 1943 verhaftet, zum Tode verurteilt und hingerichtet.
328

Richter, Werner – Persönlicher Referent d. Präsidenten DAW, Prom., 1987 wiss. Mitarbeiter Wiss. Informationszentrum DAW.
56, 134, 136, 148, 161, 163, 195f., 212, 215, 247, 267, 283-285, 287-291, 301, 310, 314, 316, 326f., 336f., 343

Rieche, Alfred – Chemiker (*1902) 1933-45 Leiter wiss. Laboratorium Agfa Wolfen, 1935 Habil., 1937 Prof. Leipzig, 1946-51 Tätigkeit in UdSSR, 1951 Prof. Halle, 1951 Leiter wiss. Laboratorium Agfa Wolfen, 1952 Prof. Jena, 1955 Prof. Berlin, 1956 KAkM, 1958 Dir. Institut Organische Chemie DAW, 1959 OAkM, 1959 NP, OM Leopoldina.
226, 228

Riedel, Hans-Günter – Chemiker (1912-1979) 1945-69 Werkdir. Böhlen, 1961 Prof. Freiberg, Mg. Forschungsrat, 1964 OAkM, 1965 NP.
178, 226f.

Rienäcker, Günther – Chemiker (1904-1989) 1926 Prom., 1936 Habil., 1936-42 Prof. Göttingen, 1942-54 Prof. Rostock. 1945 Mg. SPD, 1945 Dekan Philosophische Fakultät, 1946 SED, MdL Mecklenburg, 1946-48 Rektor Univ. Rostock, 1949-50 MdVk., 1951 Gründungsdir. Institut Katalyseforschung, 1953 OAkM, 1953-59 Vors. ZV Gewerkschaft Wiss., 1954-62 Prof. HU Berlin, 1955 NP, 1955-59 Mg. FDGB-BV, 1957-68 GeneralSekr. DAW, 1958-63 Mg. ZK, Forschungsdir. Institut Physikalische Chemie DAW, 1969 em., 1981 Ehrenspange AdW.
11, 51, 56, 58-60, 63, 78, 84, 93, 126, 140, 142, 148, 157f., 160, 163, 166, 175f., 193-195, 198, 201f., 207, 226f., 229f., 247, 266f., 269, 275-281, 283, 285-287, 289-291, 298, 300f., 303, 306f., 311f., 315, 320, 322f., 335, 337-339, 342f., 345, 346f., 362-364, 366, 379, 384, 389

Rompe, Robert – Physiker (1905-1993) 1930 Prom., 1930-45 bei Osram, 1932 KPD, 1945-49 HA-Leiter Hochschule/Wiss. Dt. ZV Volksbildung, Mitarbeiter sowjetisches Atombombenprojekt Tscheljabilsk, 1946-50 Mg. PV SED, 1946

Personenregister

Prof. HU Berlin, 1946–68 Dir. II. Physikalisches Institut, 1950–58 Dir. Institut Strahlungsquellen, 1958–89 Mg. ZK, 1958–70 Dir. Physikalisch-Technisches Institut DAW, 1951 NP, 1953 OAkM, 1954–87 Mg. Präsidium DAW, 1954–63 u. 1973–87 Sekretar Klasse Mathematik/Physik, 1963–68 stellv. u. amt. GeneralSekr., 1957–68 Vorstandsmg. Forschungsgemeinschaft, 1957–90 Mg., 1979 Ehrenmg. Forschungsrat, 1970–87 Vors. Physikalische Gesellschaft, 1982 Ehrenspange AdW.
56, 58, 168f., 170f., 173–175, 183, 191–194, 198, 215, 269, 279–281, 283f., 286–290, 298, 301–303, 306, 308f., 311, 315, 337, 340, 347, 358, 384

Rost, Rudolf – Beamter (1921–1981) Kriegsdienst, Antifa-Schule UdSSR, 1946 SED, 1950–62 Mitarbeiter ZK, 1963–75 Stsek., Leiter Büro Ministerrat, 1975 Prom., Prof. Akademie Staat u. Recht Potsdam-Babelsberg.
98

Ruben, Walter – Indologe (1899–1982) 1924 Prom., 1927 Habil., 1931–35 Privatdoz. Frankfurt/Main, 1935–50 Emigration, 1935–48 Prof. Ankara, 1948–49 Prof. Santiago de Chile. 1950 Prof. HU Berlin, Dir. Institut Indienkunde, 1955 OAkM, 1955 Stellv. u. 1962 Dir. Institut Orientforschung DAW, 1958 SED, 1959 NP, 1961–68 Sekretar Klasse Sprachen, Literatur u. Kunst, 1965 em.
85, 176, 268f., 301f., 311, 318, 324, 337, 347, 380

Sacharow, Andrej D. – Physiker (1921–1989) 1945 Aspirant bei Igor Tamm, 1948–68 Arbeit an Entwicklung thermonuklearer Waffen, 1953 OM AdW UdSSR, Leninorden, dreimal Held d. sozialistischen Arbeit, Leninpreis, 1961 Intervention bei Chruschtschow f. Teststopp, ab 1966 Einsatz f. Bürgerrechte, 1968 Entlassung aus Nuklearforschung, 1960 Mitarbeiter Physikalisches Institut AdW UdSSR, 1975 Friedensnobelpreis, 1980 Aberkennung sämtlicher Orden, Verbannung nach Gorkij, 1988 Aufhebung d. Verbannung, 1989 Deputierter d. Sowjetkongresses.
10

Samberger, Christa – Philologin, Prom., Assistentin Institut griechisch-römische Altertumskunde DAW.
249

Sanke, Heinz – Geograph (*1915) 1948 Habil., 1950 Prof. HU Berlin, 1961 KAkM, 1964 OAkM, 1965–68 Rektor HU Berlin, 1983 NP.
31, 34f.

Schaff, Adam – Philosoph (*1913) 1932 KP Polens, 1935–40 Emigration u. Studium Frankreich, Magister, 1940 Emigration UdSSR, Prom., 1945–48 Prof. Lódz, 1948–79 Prof. Warschau, 1950–57 Dir. Institut Sozialwissenschaft PVAP, 1954 Mg. ZK PVAP, 1957–68 Dir. Institut Philosophie Polnische AdW, 1964–82 Präs. Europäisches Zentrum f. Sozialwiss. Wien, 1968 Ausschluß ZK, 1972 Prof. Wien, 1984 Ausschluß PVAP, 1989 Rehabilitierung.
24

Schaldach, Herbert – 1966 wiss. Referent Klasse Medizin DAW.
320

Scharf, Joachim-Hermann – Anatom (*1912) Prof. Halle, 1961 OM Leopoldina.
227

Schauer, Helmut – Vors. SDS., Mitherausgeber „Neue Kritik", 1966 Sekr. des Kuratoriums „Notstand der Demokratie".
59, 331f., 383

Schellenberg, Walter – SS-General, SD-Chef (1910–52) 1933 Mg. NSDAP u. SS, 1934 SD, 1937 Regierungsrat Innenmin., 1939 Chef Inlandsabwehr RSHA, 1941 Chef Auslandsabwehr RSHA, 1944 Sturz v. Canaris, Übernahme militärische Abwehr, 1945 Flucht nach Schweden, Auslieferung, 1949 Verurteilung zu 6 Jahren Gefängnis, 1951 begnadigt.
329

Schirdewan, Karl – Politiker (1907–1995) 1925 KPD, 1934 verhaftet, Zuchthaus, KZ, 1945 KPD Nordbayern, 1945–47 Mitarbeiter ZK KPD bzw. PV SED, 1947 Westkommission PV, 1952 1. Sekr. Landesleitung Sachsen, 1952 1. Sekr. DL Leipzig, 1953 Mitarbeiter ZK, 1953 Mg. ZK u. PB, Sekr. ZK, 1952–58 MdVk, 1958 wegen „Fraktionstätigkeit" aus ZK ausgeschlossen, Leiter Staatl. Archivverwaltung Potsdam, 1965 Rentner, 1990 Mg. Altenrat PDS.
13–15

Schirmer, Wolfgang – Chemiker (*1920) Kriegsdienst, 1949 Prom. TH Berlin, 1950–53 Werkdir. Stickstoffwerk Piesteritz, 1952 SED, 1953–62

Werkleiter Leuna, 1954 Doz., 1955 Prof. Merseburg, 1954–67 Kand. ZK, 1959 KAkM, 1961 OAkM, 1964–85 Dir. Institut Physikalische Chemie DAW, 1963 Prof. HU Berlin, 1963 Mg. Forschungsrat, 1968 stellv. Vors. Forschungsrat, Vors. Rat d. Direktoren Forschungszentrum Adlershof DAW, 1972 NP, 1985 em.
129, 133, 144, 178, 226f., 229, 384

Schmidt, Emmo – Leiter Büro Fachbereich Chemie DAW.
294

Schmidt, Erhard – Mathematiker (1876–1959) 1905 Prom., 1906 Habil., 1908 Prof. Zürich, später Erlangen, Breslau, 1917–50 Berlin, 1918 OAkM, 1929 Rektor Berlin, unterstützt in NS-Zeit Issai Schur, 1946 Wiederaufnahme Lehrbetrieb als einer d. ersten Prof., Mg. Direktorium Institut Mathematik DAW, 1949 NP, 1950 em.
309

Schmidt, Helmut – Politiker (*1918) bis 1945 Kriegsdienst, 1946 Mg. SPD, 1949–90 MdB, 1956 Innensenator Hamburg, 1958 Mg. PV SPD, 1968 stellv. Vors. SPD, 1969–72 Bundesverteidigungsminister, 1972–74 Bundesfinanzminister, 1974–83 Bundeskanzler.
121

Schmidt, Karl-Heinz – Jurist, Abt.leiter auswärtige u. int. Angelegenheiten DAW.
327

Schober, Hans-Heinz – 1964–68 Dir. Hauptverwaltung Forschungsgemeinschaft DAW.
48, 127, 129, 133

Schön, Otto – Politiker (1905–1968) 1925 KPD, 1928–29 Mg. BL Ostsachsen, 1929/30 Leiter Unterbezirk Freital, 1933 verhaftet, 1933–37 Zuchthaus, KZ, 1942/43 Kriegsdienst, 1945 Sekr. KPD-KL Leipzig, 1946–47 Vors. SED-KV Dresden, 1947–50 2. Sekr. LV Sachsen, 1950–68 Mg. ZK, 1950–53 Mg. Sekretariat ZK, 1950–68 Leiter Büro PB, enger Mitarbeiter v. Ulbricht, 1958–68 MdVk.
71, 98, 240, 251, 360

Schottlaender, Rudolf – Philologe, Philosoph (1900–1988) 1923 Prom., 1933–45 Privatgelehrter, blieb durch Ehe m. nichtjüdischer Frau vor Deportation bewahrt, 1947 Prof. TH Dresden, 1949 Entlassung, Übersiedlung nach Westberlin, 1949–59 Lehrtätigkeit an Gymnasien, 1959 Entlassung aus Schuldienst wegen Eintretens gegen Wiederaufrüstung u. Atombewaffnung, 1960 Übersiedlung nach Ostberlin, Prof. HU Berlin, 1965 em., Mitte 60er Jahre öffentliche Kritik an gesellschaftlichen Verhältnissen, Engagement f. Havemann, 1979 Protest gegen Inhaftierung v. Bahro.
249, 284

Schröder, Kurt – Mathematiker (1909–1978) 1934 Prom., 1939 Habil., 1940 NSDAP, 1946 Prof. Berlin, Leiter II. Mathematisches Institut, 1950 Dir. Institut Mathematik DAW, 1950 OAkM, 1956 NP, 1959–65 Rektor HU Berlin, 1959–69 Leiter Institut angewandte Mathematik u. Mechanik DAW, 1962–72 Vors. Mathematische Gesellschaft, Mg. Vorstand Forschungsgemeinschaft DAW, Mg. Forschungsrat, 1969–72 Leiter Zentralinstitut Mathematik u. Mechanik DAW.
35, 61, 315, 343f., 384

Schröter, Karl – Mathematiker (1905–1977) 1941 Prom., Unterstützung jüdischer Mitbürger u. polnischer Mathematiker, 1941–43 dienstverpflichtet, Habil., 1948 Prof. HU Berlin, 1950 Dir. Institut mathematische Logik, 1954–77 Hrsg. „Zeitschrift f. Mathematische Logik u. Grundlagen d. Mathematik", 1960 NP, 1962 KAkM, 1964 OAkM, 1962–66 Prorektor HU Berlin, 1966–70 Dir. Institut reine Mathematik DAW, 1968–77 Sekretar Klasse Mathematik, Physik u. Technik, 1971 em.
315

Schubert, Werner – Funktionär, Mitarbeiter Abt. Wiss. ZK SED, 1987 Sektorleiter Abt. Wiss.
42, 61f., 126f., 183, 195–197, 205, 212, 291, 358f., 390

Schwabe, Kurt – Physikochemiker (1905–1983) 1928 Prom., 1933 Habil., 1939 Prof. TH Dresden, 1944–57 Leiter Forschungsinstitut Chemische Technologie Meinsberg, 1949 Prof. TH Dresden, Dir. Institut Elektrochemie u. Physikalische Chemie, 1953 OAkM, 1954, 1961 NP, 1961–65 Rektor TU Dresden, 1964–69 Dir. Zentralinstitut Kernforschung Rossendorf, 1965–80 Präs. SAW, 1970 em., 1971–80 Vizepräs. DAW, Mg. Forschungsrat, OM Leopoldina.
93, 226, 249f., 267, 290, 327f.

Schweitzer, Albert – Mediziner, Theologe, Philosoph, Musikwissenschaftler (1875–1965) 1902 Habil., 1913–17, 1924–65 Missionsarzt in Lam-

Personenregister

barene, 1952 Friedensnobelpreis.
49, 222

Schwiegerhausen – Mitarbeiter Stsek. f. Hoch- u. Fachschulwesen. Erl und cl
31

Seghers, Anna, – Schriftstellerin (1900–1983) 1924 Prom., 1928 Kleist-Preis, 1928 KPD, 1933 Gestapo-Haft, 1933–47 Emigration Schweiz, Frankreich, Mexiko, 1947 SED, Vizepräs. KB, 1950 Gründungsmg. DAK, 1952–78 Präs. DSV, 1978 Ehrenpräsidentin DSV.
242

Selbmann, Fritz – Politiker, Schriftsteller (1899–1975) 1917–20 Kriegsdienst, 1920 USPD, 1922 KPD, 1923 französische Schutzhaft, 1925–28 Mg. BL Ruhrgebiet, 1928/29 Leninschule Moskau, 1930–32 MdL Preußen, 1932/33 MdR, 1933–45 Zuchthaus, KZ, 1945 1. Sekr. KL Leipzig, 1945–46 Präs. Landesarbeitsamt, Vizepräs. Landesverwaltung Sachsen Wirtschaft u. Arbeit, 1946 SED, 1946–48 Minister Wirtschaft u. Wirtschaftsplanung Sachsen, 1946–50 MdL Sachsen, 1948/49 stellv. Vors. DWK, 1949–63 MdVk, 1949–50 Minister Industrie., 1950–51 f. Schwerindustrie, 1951–53 f. Hüttenwesen u. Erzbergbau, 1953–55 f. Schwerindustrie, 1954–58 Mg. ZK, 1955–58 Stellv. Vors. Ministerrat, 1958 d. Unterstützung Schirdewans bezichtigt, 1958–61 stellv. Vors. SPK, 1961–64 stellv. Vors. Volkswirtschaftsrat, 1964 freier Schriftsteller, 1969–75 Vizepräs. DSV.
21

Sibilitz – Klubleiter beim Hauptpostamt 4 (Nordbahnhof) Deutsche Post.
379

Šik, Ota – tshechoslowakischer Ökonom, Politiker (*1919) 1940–45 KZ, 1945 KPTsch, 1953–57 Prof. PHS Prag, 1957–62 Prof. AfG KPTsch, 1958 Kand. ZK, 1962–68 Dir. Institut Wirtschaftswissenschaften AdW ČSSR, 1962–69 Mg. ZK, 1963 Prom., 1964 Leiter ZK-Kommission f. Wirtschaftsreform, April-September 1968 stellv. Ministerpräs. ČSSR, 1968 Emigration Jugoslawien, Schweiz, 1970 ao. Prof., 1972 Prof. St. Gallen.
24

Simon, Marie – Philosphiehistorikerin (*1922) 1951 Prom., 1960 Habil., 1973 Prof. HU Berlin.
249

Sindermann, Horst – Politiker (1915–1990) 1929 KJVD, 1933 8 Monate Gefängnis, 1935–45 Zuchthaus, KZ, 1945/46 KPD/SED, 1945–47 Chefred. „Sächsischen Volkszeitung", „Volksstimme", 1947–49 1. Sekr. KL Chemnitz bzw. Leipzig, 1950–53 Chefred. „Freiheit", 1954–63 Abt.leiter Agitation/Propaganda ZK, 1958–63 Kand., 1963 Mg. ZK, 1967 Mg. PB, 1963–89 MdVk, 1963–71 1. Sekr. BL Halle, 1971–73 stellv. Vors., 1973–76 Vors. Ministerrat, 1976–89 Präs. Vk., stellv. Vors. Staatsrat. 1989 abberufen, Ausschluß SED, 1990 U-Haft, Haftentlassung aus gesundheitl. Gründen.
30, 70, 123

Singer, Hans – Chemiker (*1921) 1933 Emigration Schweiz, 1942 Sekr. NKFD Schweiz, 1944 Haft, 1945 KPD, 1948 SED, 1952–56 Abt.leiter Berlin-Chemie, 1956–61 1. Sekr. SED HU Berlin, 1961 Prom., 1961 Dir. Buna-Werke, 1967–69 Vors. Chemische Gesellschaft, 1969 Generaldir. Kombinat Buna, Prof. Merseburg.
19

Sinnecker, Horst – Chemiker, Freier Mitarbeiter am Institut f. Anorganische Katalyseforschung d. DAW.
178, 226

Snell, Bruno – Philologe (1896–1986) Prom., 1925 Habil., 1931 Prof. Hamburg, 1947 KAkM, 1961 em., 1969 AAkM.
383

Sontheimer, Kurt – Politologe (*1928) 1952 M. A., 1953 Prom., 1960 Habil., Prof. Osnabrück, 1962–69 Prof. FU Berlin.
59, 332, 338, 383

Springer, Axel Cäsar – Medienunternehmer (1912–1985) 1966 Inhaber u. a.: Verlage Axel Springer & Sohn, Hammerich & Lesser, Ullstein, Die Welt, Kindler & Schiermeier, Verleger u. a. d. Blätter: Bild, Bild am Sonntag, Hamburger Abendblatt, Hör zu, Die Welt, Welt am Sonntag, Das neue Blatt, Berliner Morgenpost, BZ, Bauwelt, Bravo.
113, 125, 235

Stalin, Josif W. – Politiker (1879–1953)
13–16, 25, 27, 38, 96, 120, 122, 240, 376

Stather, Fritz – Gerbereichemiker (1901–1974) 1935 Prof. Dresden, 1938 zugleich Dir. Dt. Lederinstitut Freiberg, 1950 Fachgruppenleiter Leder/

Schuhe/Rauhwaren Dt. Amt f. Material- u. Warenprüfung Freiberg, 1961 KAkM, 1964 OAkM.
226

Steenbeck, Max – Physiker (1904–1981) 1927 Prom., 1943 Techn. Leiter Siemens-Schuckert, 1945–56 Tätigkeit im sowjetischen Atombombenprogramm Suchumi, 1956 Prof. Jena, OAkM, 1956–59 Dir. Institut magnetische Werkstoffe, 1959–69 Dir. Institut Magnetohydrodynamik DAW, 1957–63 Leitung Büro Reaktorbau, 1959 NP, 1962–64 Vizepräs. DAW, 1965 Vors. Forschungsrat, 1978 Ehrenvors., 1971 NP.
22, 53, 58, 61, 148, 156–160, 169–176, 180f., 189, 191–194, 196, 198, 200, 267–269, 280–283, 286–291, 298, 301–306, 308f., 311, 337, 339–342, 345, 347, 392

Steiniger, Peter Alfons – Rechtswissenschaftler (1904–1980) 1928 Prom., 1933 aus Justizdienst entlassen, Annahme ČSR-Staatsbürgerschaft, 1946 Prof. HU Berlin, SED, 1947 Präs. Dt. Verwaltungsakademie Forst Zinna, 1949 Mg. Verfassungsausschuß Dt. Volksrat, 1949–50 MdVk, 1950 Prodekan HU Berlin, 1950–74 Mg. Weltfriedensrat, 1951 Bürge Havemanns bei SED-Aufnahme, 1955 Präs. Liga f. d. Vereinten Nationen in DDR, 1965–80 Vizepräs. Gesellschaft Völkerrecht, 1970 em.
34f.

Steinitz, Wolfgang – Philologe, Völkerkundler (1905–1967) 1923 SPD, 1927 KPD, 1932 Prom., 1933 Entlassung, 1934–46 Emigration, 1934–37 Prof. Leningrad, 1938–45 Gastprof. Stockholm. 1946 SED, 1946 Prof. Berlin, 1947–52 Vors. DSF Berlin, 1949 Dir. Finno-Ugrisches Institut HU Berlin, Studentendekan, 1949–53 Prorektor, 1950 Dekan Philosophische Fakultät, 1951 OAkM, 1952 Dir. Institut deutsche Volkskunde DAW, 1954–58 Mg. ZK, 1954–63 Vizepräs. DAW, dreimal NP.
85, 176, 208, 317, 326, 369, 379f., 382, 384, 391

Stern, Leo – Historiker (1901–1982) 1921–33 SPÖsterreichs, 1925 Prom., 1926–34 Doz. VHS Wien, 1933–50 KPÖ, 1934 6 Monate Haft, 1935 Emigration ČSR, 1936 UdSSR, 1936–39 Teilnahme spanischer Bürgerkrieg, 1940 Habil., 1940 Prof. Moskau, 1942–45 Offizier Rote Armee, 1945–49 Gastprof. Wien, 1950–66 Prof. Halle, Dir. Institut dt. Geschichte, 1950 SED, 1952 Mithrsg. „Zeitschrift f. Geschichtswiss.", 1951–53 Prorektor, 1953–59 Rektor Halle, 1955 OAkM, 1956 Abt.-Leiter Institut Geschichte DAW, 1963–68 Vizepräs. u. Vors. Arbeitsgemeinschaft gesellschaftswiss. Institut u. Einrichtungen DAW, 1968–81 Dir. Forschungsstelle Akademiegeschichte d. AdW.
169–175, 197, 280, 301, 315, 337, 340–342

Stille, Hans – Geologe (1876–1966) 1904 Habil., 1908 Prof. Hannover, 1912 Prof. Leipzig, Dir. Sächsische Geologische Landesanstalt, 1932 Prof. Berlin, 1933 OAkM, 1937–38 Sekretar Mathematisch-physikalische Klasse, 1946 Dir. Geotektonisches Institut DAW, 1946–51 Ständiger Vizepräs. DAW.
226

Stoph, Willi – Politiker (*1914) 1931 KPD, 1935–42 Kriegsdienst, 1945–47 Leiter Abt. Baustoffindustrie u. Bauwirtschaft, 1946 SED, 1947/48 Leiter HA Grundstoffindustrie Dt. Zentralverwaltung Industrie, 1948–50 Abt.leiter Wirtschaftspolitik PV, 1950–89 Mitglied, 1950–53 Sekr. ZK, 1953–89 Mg. PB, 1950–89 MdVk, 1952–55 Innenminister, 1954–62 stellv. Vors. Ministerrat, 1956–60 Minister Verteidigung, 1962–64 1. stellv. Vors., 1964–73 Vors. Ministerrat, 1963/64 Mg., 1964–73, 1976–89 stellv. Vors., 1973–76 Staatsratsvors., 1976–89 Vors. Ministerrat, 1989 Ehrenspange DAW (1989 aberkannt), 1989 Rücktritt v. allen Ämtern, 1989 Ausschluß SED, Ermittlungsverfahrens wegen Korruptionsverdachtes, 1990 aus gesundheitl. Gründen entlassen, 1993 endgültige Einstellung d. Verfahrens.
44, 56, 70, 103, 123, 212, 287, 318, 352, 380

Streisand, Christiane – Mitarbeiterin Präsidium DAW.
347

Stresemann, Erwin, – Ornithologe (1889–1972) 1924 Kustos Zoologisches Museum Universität Berlin, 1930 Prof. Berlin, 1946 Dir. Zoologisches Museum, 1955 NP, 1955 OAkM, 1969 AAkM.
215, 226, 227f., 230

Stubbe, Hans – Genetiker (1902–1989) 1939 Habil., 1943 Dir. KWI Kulturpflanzenforschung, Wien, 1944, Stecklenberg 1945 Gatersleben, 1940 OAkM, 1949 NP, 1951 Dir. Institut Kulturpflanzenforschung DAW Gatersleben, 1951 Präs. Akademie Landwirtschaftswiss., 1960 NP, 1963–86 MdVk, Mg. Vorstand Forschungsrat,

Personenregister 451

1968 Ehrenpräs. Akademie Landwirtschaftswiss.,
1975 Helmholtz-Medaille.
372

Szczesny, Gerhard – Verleger, Schriftsteller
(*1918) Mitbegründer u. Vors. Humanistische
Union, Mg. d. SPD, Hrsg. „Club Voltaire. Jahrbuch f. Kritische Aufklärung".
59, 332, 383

Teders – 1965 Mitarbeiter Stsek. Wiss. u. Technik.
143

Tembrock, Günter – Zoologe, Verhaltensbiologe
(*1918) 1941 Prom., 1952–59 amt. Dir. Zoologisches Institut HU Berlin, 1955 Habil., 1959–68
Stellv. Dir., 1961–83 Prof. HU Berlin, 1965 OM
Leopoldina, 1975 KAkM, 1990 OAkM.
227

Thälmann, Ernst – Politiker (1884–1944) SPD,
1914–18 Kriegsdienst, 1917 USPD, 1920 KPD,
1925–44 KPD-Vors., 1933–44 Zuchthaus, im KZ
Buchenwald ermordet.
118

Thiessen, Peter Adolf – Chemiker (1899–1990)
1923 Prom., 1926 Habil., 1926 NSDAP, 1932 Prof.
Göttingen, 1935 Prof. Münster, 1935–45 Dir. am
KWI physikalische Chemie u. Elektrochemie,
1937 Leiter Fachsparte Chemie Reichsforschungsrat, 1939 OAkM, 1946 Ausschluß aus
DAW, 1945–56 Mitarbeit am sowjetischen Atomprogramm Suchumi, 1956 Wiederaufnahme
DAW, 1956–64 Dir. Institut physikalische Chemie, Prof. HU Berlin, 1964 em., 1957 bis 65 Vors.
Forschungsrat, 1958 NP, 1960–63 Mg. Staatsrat,
1965 Ehrenvors. Forschungsrat, 1981 Helmholtz-Medaille DAW, 1988 Ehrenspange DAW.
10, 65, 81, 93, 95, 156, 178, 182, 226–228, 323f.,
359

Thilo, Erich – Chemiker (1898–1977) 1932 Habil., 1938 Prof. Berlin, 1943 Prof. Graz, 1946 Prof.
Berlin, 1949 OAkM, 1950 NP, 1950 Dir. Institut
Anorganische Chemie DAW, 1957–61 Vors. Direktorium Forschungsgemeinschaft Adlershof,
1961 NP, OM Leopoldina.
52, 161f., 165f., 178, 182, 191, 196, 226–230, 324,
326, 334, 337f., 391

Thinius, Kurt – Chemiker, Prof., 1966 Dir. Institut
f. chemische Technologie d. Plaste.
387

Togliatti, Palmiro – italienischer Politiker
(1893–1964) SP Italiens, 1919 mit Gramsci Gründung „Ordine Nuovo", 1921 Mitbegründer KP
Italiens, 1922–64 Mg. ZK, 1923, 1925 Haft,
1924–43 Mg. EKKI, 1925 Emigration Dtland.,
UdSSR, 1937–39 Teilnahme spanischer Bürgerkrieg, 1944/45 Stellv. italienischer Ministerpräs.,
1944–47 Justizminister, 1947–64 Generalsekr.
IKP.
24, 119, 376

Trautzsch, Gisela – Funktionärin (*1926) 1945
KPD, 1946 SED, Mitarbeiterin ZK SED, 1969 Leiterin Büro PB, 1971 Mg. ZK.
101, 123, 253

Treibs, Wilhelm – Chemiker (1890–1978)
1929–57 Besitzer u. Leiter Forschungslabor Freiburg i. B. u. Militz bei Leipzig, 1947 Prof. Leipzig, 1953 OAkM, 1954 NP, 1961 Prof. Heidelberg,
1969 AAkM.
226

Tröger, Hilmar – Funktionär (*1929) 1946 SED,
Mitarbeiter BL Chemnitz, 1956–58 Leiter HV
Steinkohle im Min. Kohle u. Energie, 1965–69
Abt.leiter Grundstoffindustrie ZK, 1969–90 Leiter
Oberste Bergbehörde DDR.
256

Trotzki, Lew D. – Politiker (1879–1940)
240

Tschersich, Hermann – Stellv. Stsek. Hoch- u.
Fachschulwesen, Mg. Sektionskonsilium DAW.
32

Turba, Kurt – Journalist, Politiker (*1929)
1952–63 Chefred. „Forum", 1963–65 Leiter Jugendkommission ZK, arbeitslos, 1967–89 Mitarbeiter bei ADN.
39, 71f., 111, 240

Tzschoppe, Werner – 1946 Mg. SED, Beginn 50er
Jahre u. 1961–64 1. Sekr. SED HU Berlin, Mg. BL
Berlin, 1064 abgesetzt wegen Unterstützung Havemanns, 1964–66 Mitarbeiter Dt. Institut Zeitgeschichte, 1966 entlassen, freier Journalist, Emigration UdSSR, lebt in Moskau.
22–24, 27–31, 36f., 116, 151, 239, 384

Ulbricht, Walter – Politiker (1893–1973) 1912
SPD, 1915–18 Kriegsdienst, 1919 Gründungsmg.
KPD, Mg. BL Mitteldeutschland, 1920/21 BL
Westsachsen, 1921–23 Politischer Leiter BL

Großthüringen, 1923-46 Mg. ZK KPD, 1925 Mitarbeiter EKKI Moskau, 1926-29 MdL Sachsen, 1928-33 MdR, 1927 Kand., 1929-46 Mg. PB KPD, 1928-43 Kand. EKKI, 1929-33 Politischer Leiter KPD-BL Berlin-Brandenburg-Lausitz-Grenzmark, 1932-46 Mg. Sekretariat ZK, 1933 Emigration UdSSR, 1933-38 Mg. Auslandsleitung KPD, 1938-43 Vertreter ZK KPD beim EKKI, 1945 Leiter KPD-Gruppe Berlin, 1946-73 Mg. PV bzw. ZK SED, 1946-73 Zentralsekretariat bzw. PB, 1946-50 stellv. Vors. SED, 1946-51 MdL Sachsen-Anhalt, 1948/49 Mg. Präsidium Dt. Volksrat, 1949-73 MdVk, 1949-55 Stellv., 1955-60 1. Stellv. Vors. Ministerrat, 1950-53 Generalsekr. SED, 1953-71 1. Sekr., 1960-71 Vors. Nationaler Verteidigungsrat, 1960-73 Staatsratsvors., 1971-73 Vors. SED.
13, 15, 17, 20, 22f., 25f., 28, 30, 38f., 48, 52, 56, 67, 70f., 76f., 96, 98, 102, 111-113, 123, 168, 187, 212, 240-242, 246, 251, 287, 333, 360, 379, 381, 398

Vent - 1964 Prof. an HUB.
34

Verner, Paul - Politiker (1911-1986) 1929 KPD, 1932-34 Moskau Korrespondent bei „Komsomolskaja Prawda", 1933 skandinavisches Büro KJI, 1934 Paris Chefred. „Junge Garde", (Eltern KPD, 1937 in d. UdSSR verhaftet), 1936-37 Teilnahme spanischer Bürgerkrieg, 1939 Schweden, 1940-42 Internierung, 1946 Mitbegründer FDJ, 1946 KPD/SED, 1946-49 Mitarbeiter PV, Mg. Zentralrat FDJ, 1948 Mg. Dt. Volksrat, 1949 Leiter Organisationsabt. ZK, 1950 Mg. ZK, 1950-53 Sekr. ZK gesamtdt. Fragen, 1953-58 Abt.leiter ZK gesamtdeutsche Fragen, 1958 Sekr. ZK, Kand. PB, 1958-86 MdVk, 1959-71 1. Sekr. BL Berlin, 1963 Mg. PB, 1971 Mg. Staatsrat, 1971-84 Sekr. ZK Sicherheit, 1971-83 Leiter Jugendkommission PB, 1981-84 Stellv. Vors. Staatsrat, 1984 aus gesundheitlichen Gründen Rücktritt v. allen Ämtern.
22, 24-28, 30, 33, 70, 77, 98, 123, 240, 251, 272, 360

Vibrans, H.G.
382

Vieweg, Kurt - Politiker (1911-1976) 1930-32 HJ (Ausschluß), 1932 KPD, 1933 Emigration Dänemark, 1936-40 Mitarbeiter KPD-Abschnittsleitung Nord, 1940-43 Widerstandsbewegung „Frit Danmark", 1943 Flucht nach Schweden, Internierung, 1945 Rückkehr nach Dänemark, Anstellung im Sozialmin., 1946 Rückkehr Deutschland, SED, 1947-52 Generalsekr. VdgB, 1947-57 Mg. ZV VdgB, 1948 Mg. Sekretariat DWK, 1949-54 MdVk, 1949-54 Mg. ZK, 1950-53 Sekr. ZK Landwirtschaft, 1951 OM Dt. Akademie Landwirtschaftswiss, 1954 Sekretar Sektion Agrarökonomik, 1953-57 Dir. Institut Agrarökonomik, 1954 Mg. Sektion Wirtschaftswiss. DAW, 1955 Prom., Habil., Prof. Dt. Akademie Landwirtschaftswiss, 1955 NP, 1957 Revisionismusvorwurf, Rücktritt v. allen Ämtern, Flucht BRD, Rückkehr, 1958-59 Verurteilung wegen „Staatsverrat" zu 12 Jahren Zuchthaus, Aberkennung Prof.-Titel, NP u. Mitgliedschaft Dt. Akademie Landwirtschaftswiss, 1964 Gnadenerlaß u. Entlassung, 1964 wiss. Mitarbeiter Nordisches Institut HU Berlin, 1969 Forschungsgruppenleiter, 1971 ao. Prof., 1974 em.
17

Volpe, Galvano della - italienischer Philosoph (1896-1968) nach 1945 Mg. KP Italiens.
149, 152-154, 156

Vormum, Günther - 1966 Dir. Institut angewandte Isotopenforschung DAW.
387

Waerden, Bartel Leendert van d. - niederländischer Mathematiker (*1903) Prof. Zürich.
370

Wagenbach, Klaus - Schriftsteller, Verleger (*1930) bis 1963 Lektor im S. Fischer Verlag Frankfurt/M., dort entlassen, weil er gegen Verhaftung d. DDR-Schriftstellers Günter Hofé protestierte, Mg. Gruppe 47, gründet 1963 Wagenbach Verlag Westberlin, der vornehmlich kritische Autoren aus Ost- und Westdeutschland publizieren (u. a. Biermann, Bobrowski, Hermlin, H. Müller).
326

Wagner, Siegfried - Funktionär (*1925) 1943-44 Kriegsdienst, 1944-46 Gefangenschaft USA, 1946 SED, 1. Sekr. FDJ-KL Greiz, 1947-49 Parteisekr. Universität Leipzig, 1950-52 Mitarbeiter Kulturabt. PV bzw. ZK, 1952-57 Sekr. Kultur BL Leipzig, 1953-56 PHS, 1958 Mg. Präsidialrat KB, 1957-66 Abt.leiter Kultur ZK, 1966 stellv. Minister Kultur, 1966-69 Leiter HV Film, 1969 Abbe-

rufung Leiter HV, verantwortlich f. kulturelle Massenarbeit, Museen u. Denkmalspflege, 1978–84 Vors. Staatl. Komitee Unterhaltungskunst, 1984 als stellv. Minister abgelöst, Ruhestand, 1984–89 Vors. Wartburgstiftung, 1987–89 Mg. Arbeitsgruppe Kabarett beim Min. Kultur, 1989 Austritt aus SED.
240–242, 246f., 251, 255

Walser, Martin – Schriftsteller (*1927) 1944–45 Kriegsdienst, 1950 Pro., 1950–57 Regisseur u. Red. Rundfunk, Mg. Gruppe 47, 1957 freier Autor.
187, 241f.

Wang – Kulturattaché Botschaft VR China in DDR.
327

Warburg, Otto – Physiologe (1883–1970) 1906 Prom., 1911 Prom., 1930–48 Dir. KWI Zellphysiologie, Berlin, 1931 Nobelpreis Medizin, 1946 OAkM, 1952 Orden Pour le mérite, Friedensklasse, 1956 Ehrenmg. Leopoldina, 1969 AAkM.
222, 226

Warnke, Herbert – Politiker (1902–1975) 1923 KPD, 1927 Mg. BL Wasserkante, 1929–30 Betriebsratsvors. Blohm & Voß, 1932–33 MdR, Emigration Saarland, Frankreich, 1938–45 Schweden, 1939–43 Internierung, 1946 Vors. FDGB-LV Mecklenburg, 1948/49 Mg. Dt. Volksrat, 1948–75 1. Vors. BV FDGB, 1949–75 Mg. PV bzw. ZK SED, 1949–75 MdVk, 1950–53 Mg. Sekretariat ZK, 1953 Kand., 1958 Mg. PB, 1971–75 Mg. Staatsrat.
70, 123

Watznauer, Adolf – Geologe (1907–1990) 1935 Prof. Preßburg, 1936 Prof. Brüx, 1939 Bezirksgeologe Reichsamt Bodenforschung Freiberg, 1947 Hauptgeologe SDAG Wismut, 1953 Prof. Freiberg, 1957 OAkM, OM Leopoldina. SAW.
315

Weber, Hans Hermann (1896–1974) – 1955 OM Leopoldina, 1966 Vizepräs. Leopoldina, 1971 Ehrenmg. Leopoldina.
373

Wegner, Richard Nikolaus – Anatom (1884–1967) 1914 Habil., 1923–39 Prof. Frankfurt/M., 1948 Prof. Greifswald, 1959 KAkM.
226

Wehner, Klaus – 1965/66 Hospitant Klasse Chemie DAW, Forschungsdir. VEB Leuna-Werke.
226

Weigel, Helene – Schauspielerin, Intendantin (1900–1971) 1924 Dt. Theater Berlin, 1933 Emigration Dänemark, Schweden, Finnland, UdSSR, USA, Schweiz, 1948 Rückkehr, 1949–71 Intendantin d. Berliner Ensemble.
384

Weischedel, Wilhelm – Philosoph (1905–1975) 1946 ao. Prof. Tübingen, 1952–70 Prof. FU Berlin, 1970 em.
59, 326, 332, 338, 383

Weiss, Carl Friedrich – Physiker (1901–1981) 1931 Mg. Physikalisch-Technische Reichsanstalt, Berlin, 1946–55 Tätigkeit in UdSSR, 1956 Prof. Leipzig, 1958 Dir. Institut angewandte Radioaktivität, Leipzig, 1958 NP, 1961 KAkM, 1964 OAkM.
178, 187, 226, 230, 324

Weiz, Herbert – Politiker (*1924) 1942 NSDAP, Kriegsdienst, Gefangenschaft UdSSR, 1945/46 KPD/SED, 1952–54 Werkleiter VEB „Optima", 1954 Leiter HV Leichtmaschinenbau Min. Maschinenbau, 1955–62 1. stellv. Werkleiter Carl Zeiss Jena, 1958 Mg. ZK, 1962 Prom., 1962–67 Stsek. Forschung u. Technik, 1963 Mg. Forschungsrat, 1963–90 Mg. MdVk, 1967 stellv. Vors. Ministerrat, 1974 Minister Wissenschaft u. Technik, 1982 faktisch Vors. Forschungsrat, 1987 Ehrenspange DAW (1990 nicht aberkannt), 1989 Rücktritt v. allen Ämtern.
44, 51, 98f., 101, 143–145, 334

Welskopf, Elisabeth Charlotte – Althistorikerin, Schriftstellerin (1901–1979) 1925 Prom., 1943–45 Teilnahme am Kampf gegen NS-Regime, 1946 KPD/SED, 1952–60 Doz. HU Berlin, 1959 Habil., 1960 Prof. HU Berlin, 1964 als erste Frau OAkM, 1966 em., 1972 NP.
315

Wencke, Karla – Stellv. Dir. Institut anorganische Katalyseforschung DAW, 1966 BGL-Vorsitzende Forschungszentrum Adlershof DAW.
186

Wessel, Harald (alias: Knappe, Hermann) – Journalist (*1930) 1948 SED, 1958 Prom., 1963 Mg. Jugendkommission PB, 1963–90 Mg. Redaktionskollegium „Neues Deutschland".
14, 39

Wetzel – 1965 Sekr.in Hermann Klares.
136

Wichert, Erich – General des MfS (1909–1985) 1929 Mg. KPD, 1933 Haft, 1934 3 Jahre Zuchthaus im sog. Bühlowplatz-Prozeß, in dem Mielke in Abwesenheit zum Tode Verurteilt wurde, anschließend KZ Sachsenhausen, 1946 Mg. SED, 1950 leitender Mitarbeiter MfS, 1958–74 Chef MfS-Bezirksverwaltung Berlin.
272

Wicke – Physikochemiker (*1914) 1966 Prof. Münster, 1972 OM Leopoldina.
228

Wielgosch, Harry – Chemiker, 1964 Assistent Havemanns an HUB, Sekr. SED-GO Chemie HUB.
31

Winter, Eduard – Theologe, Historiker (1896–1982) 1919 Priesterweihe, 1921 Prom., 1922 Habil., 1926 Prom., 1929 Prof. Prag, Mitarbeit in katholischer Jugendbewegung in ČSR, 1935 Habil., 1941 als Priester suspendiert, Prof. deutsche Univ. Prag, 1945–47 Abt.leiter Wien, 1947–51 Prof. Halle, 1948–51 Rektor, 1951 Prof. HU Berlin, 1955 OAkM, 1956 NP, 1966 em.
315, 324

Wipprecht, Gerhard – Jurist, 1965/66 Dir. zentrale Einrichtung Forschungszentrum Adlershof DAW.
133

Wissmann, Wilhelm – Sprachwissenschaftler (1899–1966) 1938 Habil., 1942 Prof. Königsberg, 1945 Prof. Berlin, 1949 OAkM, 1953 Prof. München, 1956 Vors. Sprachwiss. Kommission DAW, 1961 NP.
318, 381, 391

Wittbrodt, Hans – Ingenieur (*1910) Prof., 1953–54 Dir. bei d. DAW, 1954–57 Wiss. Dir. bei DAW, 1957–68 ständiger Stellv. d. Vors. d. Forschungsgemeinschaft DAW Berlin.
50, 137, 147, 168, 207, 248, 276

Wolf, Leopold Oswald – Chemiker (1896–1974) 1938 Habil., 1945–61 Prof. Leipzig, 1957 NP, 1959 KAkM.
226

Wolf, Hanna – Politikerin (*1908) 1930 KPD, 1933 Emigration UdSSR, 1942–47 Lehrerin Zentrale Antifa-Schule, 1947 SED, Referentin d. Leiters Dt. Zentralverwaltung Volksbildung, 1949 Leiterin Konsultationsbüro Geschichte d. KPdSU in Abt. Parteischulung ZK, 1950–83 Prof. PHS, Direktorin, Rektorin, 1954–58 Kand., 1958–89 Mg. ZK, 1990 aus PDS ausgeschlossen.
30

Wollenberger, Albert – Mediziner (*1912) Emigration, 1946 Fellow Boston (USA), 1951 Gastprof. Kopenhagen, Uppsala, London, 1954 Prof. HU Berlin, 1964 NP, 1965 Dir. Institut Kreislaufforschung DAW, 1966 Prof. DAW, 1972 KAkM, 1978 OAkM.
387

Woytt, Franz – 1966 Leiter Büro d. Vors. Forschungsgemeinschaft DAW, Vorstandsmg.
50, 137, 168, 207, 276

Ziert, Lotar – Jurist, Mg. SED, bis 1966 Leiter Büro d. Generalsekr. DAW, Dez. 1966 1. Sekr. Akademieparteileitung.
53, 56, 148, 171, 174, 205f., 275, 278, 301, 304, 337, 343, 346f.

Zitscher, – Oberrat Dt. Post.
370

Zumpe, Lotte – Wirtschaftshistorikerin.
388

Zweig, Arnold – Schriftsteller (1887–1968) 1915 Kleist-Preis, 1914–18 Kriegsdienst, 1923 Mitarbeiter „Jüdische Rundschau", 1926 Mg. PEN, 1929/30 1. Vors. Schutzverband Dt. Schriftsteller, 1933–48 Emigration Palästina, 1936 Mg. Ausschuß Vorbereitung dt. Volksfront, 1942/43 Hrsg. „Orient", 1949–67 MdVk, 1949–63 Vizepräs. KB, dann Ehrenpräs., 1950–53 Präs. DAK, 1953–57 Vizepräs., 1957 Ehrenpräs., 1957 Präs. PEN Ost u. West.
258, 384

Zweiling, Klaus – Philosoph (1900–1968) 1918 Kriegsdienst, 1922 Prom., 1922 SAG, Red., 1933–36 Haft, 1943–45 Kriegsdienst, 1945 KPD, 1946 SED, 1946–49 Chefred. „Einheit". 1948 Habil., 1949 Dozent, 1955 Prof. HU Berlin, 1959–68 Präs. Vereinigung d. Philosophischen Institute DDR, 1960–64 Prof. Leipzig, 1960–65 Vors. wiss. Beirat Philosophie Stsek. Hoch- u. Fachschulwesen, 1965 em.
22

Die Herausgeber

Silvia Müller

*1953 in Berlin, Vater Polizist, Mutter Sachbearbeiterin; 1971 Abitur; 1972–78 Studium der Kulturwissenschaften an der Humboldt-Universität Berlin; 1978–80 Redakteurin im Verlag „Junge Welt"; 1981 Dramaturgin am Puppentheater Frankfurt/Oder; Frühjahr 1981 erste Kontakte zur polnischen Gewerkschaft „Solidarność"; seit Sommer 1981 Mitarbeit im Friedenskreis der Evangelischen Studentengemeinde Berlin; 1981–85 Redakteurin im „Berliner Verlag"; 1983–89 Friedrichsfelder Friedenskreis; März 1984 Disziplinarmaßnahmen im „Berliner Verlag", die auf Berufsverbot hinausliefen; 1985 Invalidisierung; 1985 Mitarbeit in der Vorbereitungsgruppe des 1. Menschenrechtsseminars (November 1986); Mitbegründerin der Gruppe „Gegenstimmen"; 1987 Mitbegründerin des halblegalen Info-Blatts des Friedenskreises der Ostberliner Kirchgemeinde Friedrichfelde, „Friedrichsfelder Feuermelder"; Mitinitiatorin der Rumänien-Gedenktage 1988/89; 1988/89 Vertreterin der Menschenrechtsgruppen im Fortsetzungsausschuß „Frieden konkret".
September 1989 Mitbegründerin der „Vereinigten Linken"; Dezember 1989–März 1990 Vertreterin der VL am Zentralen Runden Tisch, Mitarbeit im Medienkontrollrat.

Bernd Florath

*1954 in Berlin, Vater SED-Funktionär, Mutter Juristin; 1971 Bekanntschaft mit Robert Havemann; 1973 Abitur; 1973–75 Wehrdienst; 1975 Studium der Geschichte an der Humboldt-Universität; 1976 Protest gegen die Ausbürgerung Biermanns, darauf Exmatrikulation, „Bewährung in der Produktion"; 1977–78 Schlosser bei Bergmann-Borsig; 1978–81 Fortsetzung des Studiums; 1981–91 wissenschaftlicher Mitarbeiter des Instituts für Geschichte der DAW; 1986 Eintritt in die SED; 1987 Promotion.
November 1989 Unterstützung der WF-Plattform in der SED; Dezember 1989/Januar 1990 Mitinitiator mehrerer Anträge zur Auflösung der SED-PDS, nach deren Scheitern Austritt; April 1990 Mitbegründer des Unabhängigen Historikerverbandes; Eintritt ins Neue Forum; September 1990–Juni 1993 Mitglied des Republiksprecher-, bzw. Bundeskoordinierungsrates des Neuen Forums; seit 1991 Assistent an der Humboldt-Universität.